大额保单营销突破

36个风险识别与方案实操

刘长坤　何启豪◎著

法律出版社 LAW PRESS·CHINA
北京

图书在版编目(CIP)数据

大额保单营销突破：36个风险识别与方案实操 / 刘长坤，何启豪著. -- 北京：法律出版社，2022(2024.7重印)
ISBN 978-7-5197-6667-2

Ⅰ. ①大… Ⅱ. ①刘… ②何… Ⅲ. ①保险业务－市场营销学 Ⅳ. ①F840.4

中国版本图书馆CIP数据核字(2022)第066472号

大额保单营销突破
——36个风险识别与方案实操
DA'E BAODAN YINGXIAO TUPO
—36 GE FENGXIAN SHIBIE YU FANG'AN SHICAO

刘长坤　何启豪 著

策划编辑 冯雨春　李沂蔚
责任编辑 李沂蔚
装帧设计 汪奇峰

出版发行 法律出版社
编辑统筹 法律应用出版分社
责任校对 朱海波
责任印制 刘晓伟
经　　销 新华书店

开本 710毫米×1000毫米　1/16
印张 50　**字数** 890千
版本 2022年7月第1版
印次 2024年7月第4次印刷
印刷 北京盛通印刷股份有限公司

地址：北京市丰台区莲花池西里7号(100073)
网址：www.lawpress.com.cn
投稿邮箱：info@lawpress.com.cn
举报盗版邮箱：jbwq@lawpress.com.cn

销售电话：010-83938349
客服电话：010-83938350
咨询电话：010-63939796

书号：ISBN 978-7-5197-6667-2　**定价**：188.00元

凡购买本社图书，如有印装错误，我社负责退换。电话：010-83938349

自　　序

"高客战略"和"专业化转型"可能是近5～10年来财富管理行业最为炙手可热的概念了。可以预见,随着中国第一批财富人士陆续进入传承年龄阶段,日益凸显的财富保全与传承的需求,使得在接下来的10年,"以服务高客为核心的专业化转型"仍将是私人财富管理行业的核心战略之一。

然而,这注定是一条艰难的道路,其中最艰难的部分就是人才的转型与成长。我2009年进入财富管理行业,刚好赶上中国私人财富管理的启蒙与发展,这也许就是人们常说的缘分吧。10多年来,我全程见证了中国私人财富管理行业取得的巨大进步,也深切体验了一路走来的种种艰辛。

作为中国私人财富管理行业的一分子,我们热爱这个行业,也一直期待能为行业的发展略尽绵薄之力。为此,我们这十多年做了很多的尝试和努力。这也是我们这本书的创作初衷。

一

这本书是为了解决问题而创作的。2013年开始,我们以CPBCLUB(中国私人银行俱乐部)为平台做了大量的理念普及和专业资源整合工作;2016年,我们正式启动了私人财富管理专业人才培训;2017年,我们四位伙伴一起出版了行业畅销书《大额保单操作实务》;2018年我们又开始了体系化、批量化培养私人财富专业人才的尝试。大量的实践让我们看到了行业优秀的伙伴们成长道路上的难点问题。

我们经常会把专业财富顾问比喻为"财务医生",医生的职责是治病,"财务医生"当然也一样,只不过他治的是财务上的病,我们一般把它叫作财务"风险"。所以,把"风险"研究透彻是财富顾问专业化转型道路上的一个关键点。中产以下家庭的"风险"相对比较简单,但高净值人士的财富"风险"种类繁多,纷繁复杂。我的老师颜怀江博士有句经典名言:"你们现在很幸福,因为你们就一个烦恼,没钱!等你们以后有钱了,烦恼就多了!”这是关于高净值人士财富“风险”繁多最经典的表达。

关于财富“风险”,优秀的财富顾问是学得不少,在过去五六年最流行的“法商”课程中,最多的内容就是各种财富“风险”。然而,即使到了今天,能运用这些风险相关的专业知识,真正帮客人发现“风险”并且有针对性地解决问题的财富顾问依然屈指可数,对“风险”的有效运用依然是财富顾问“专业转型道路”上最大的拦路虎。

为什么学了这么多,运用起来却如此艰难呢?原因主要有以下几个:

第一,学习“风险”非常零散,没有体系、逻辑混乱、相互重叠,在财富顾问的脑海中没有清晰的、体系的、完整的概念,掌握自然就不容易,更谈不上运用了。

第二,大多数课程,谈风险比较多,但关于风险解决方案及落地实操的细节谈得少,大多数课程中的解决方案只是一个理论上、方向上的描述,缺少实操。

第三,学习“风险”没有边界,范围非常宽泛,有的风险甚至是金融工具根本无法解决的问题,与金融机构业务关联不紧密,注定没有结果。同时,因为学习范围宽泛,导致每一个“风险”的学习都无法深入,浅尝辄止,根本达不到真正解决问题的深度,当然落地困难。

第四,对“风险”高发人群的画像缺乏总结提炼,这导致专业财富顾问对客人大概率存在的风险预判能力不足,面谈当然就没有清晰的思路,沟通难度极高。

第五,对“风险”发生时的典型场景与“风险”可能造成的典型后果缺乏细节上的总结与梳理,这导致与客人沟通具体风险时很难谈得很通透,很难让客人意识到及时规划的必要性,也会造成落地困难。

上述一系列原因,使得财富“风险”专业知识很难有效运用于实践,真正转化为落地的私人财富管理业务。

二

为解决这些问题,我们从2016年就开始深入思考和探索实践,一直持续努力至今。

第一,我们对高净值人士的财富风险进行了总结、归类和体系化。2016年下半年,受贾明军律师的专著《富人离婚的三十六个计策》的启发,我与当时的合伙人曾祥霞女士共同提出了“大额保单的三十六个卖点”的概念,构建起了第一个财富风险体系化图谱。2017年年初,考虑到财富风险体系应当有统一的底层逻辑，作者对“三十六个卖点”进行了重构，首次形成了“高净值人士的三十六个风险维度”。后来又经过三次大的优化改版，形成了目前的“高净值人士的三十六个风险维度【V4.0 版】”（见图 1）。本书主框架就是依托“三十六个风险维度”第四版构建而成。

第二，我们为专业财富顾问初步划定了高净值人士财富风险的专业边界，“高净值人士的三十六个风险维度【V4.0 版】”中的每一个风险都是需要金融工具参与才可以完整解决的，给风险专业知识落地和规划实务打下了良好的基础。

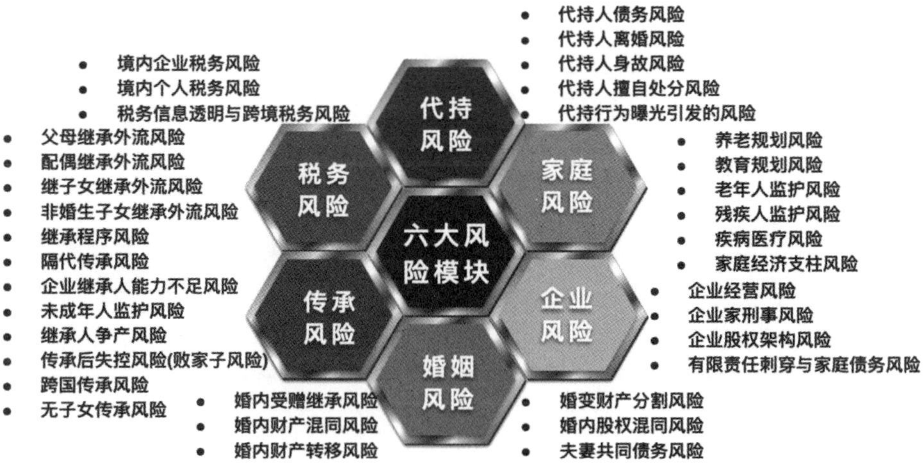

图 1　高净值人士的三十六个风险维度（V4.0）

第三，对“三十六个风险维度”中的每一个风险，我们都结合具体客户进行了落地实践，积累了数百个实际规划案例，形成了一整套完整的落地实操经验。

第四，为了方便专业财富顾问在面谈时能迅速地对客人的风险进行预判，我和曾祥霞女士还研发了专门用于风险预判的“标签法”。这几年，随着“三十六个风险维度”的升级改版，我对“标签法”也进行了进一步完善，并创造出“标签法”加“四分法”的风险预判模式（见图 2），使其实用性得到了较大提升。后来，为进一步增加“四分法”的实用性，我将其改造成“重点风险判定五大标准”，大大降低了风险预判的难度。关于“标签法”加“五大标准”的使用，将在本书附录部分给读者完整介绍，以方便广大读者更好地运用本书的内容。

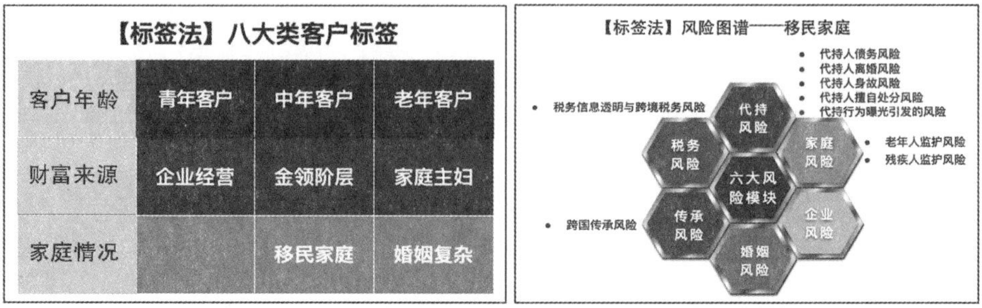

图2

第五，为了帮助专业财富顾问快速掌握每一个风险，我们研发了财富风险“七维学习法”（见图3），本书几乎每一章的架构都是依据“七维学习法”构建的。第一节通过一个风险故事形象地展现风险的内涵，同时方便财富顾问与客人沟通理念或者用来作专业沙龙的素材；第二节对风险进行详细解析，深入阐述相关法律依据和专业细节，做实专业基础部分；第三节总结该风险的高发人群，描述典型客户画像，并且结合客户人群详细阐述风险的发生场景以及风险对客人可能造成的后果与影响；第四节则阐述风险的规划成交思路和详细的设计方案以及落地实操的细节。让每一个“风险”都能达到足以支撑规划落地的深度。

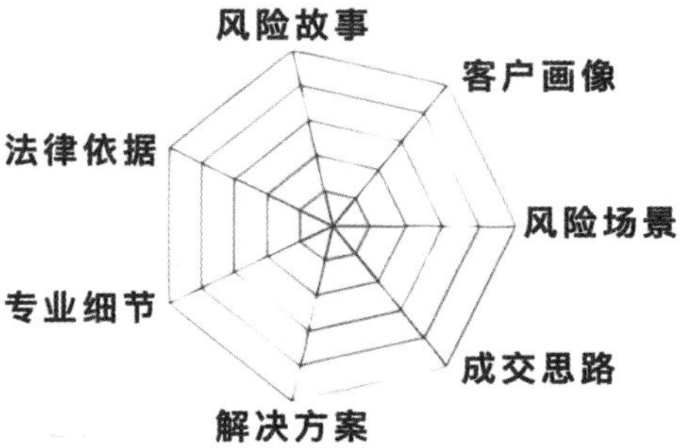

图3　财富风险“七维学习法”

第六，我们对解决方案部分进行了深入的研究。第一套解决方案系统的形成主要得益于第一本书《大额保单操作实务》。通过写作，让我们对财富规划解决方案有了第一次系统性的总结，因此在书稿完成后的2016年年底，我集中精力研发了“大额保单设计策略三十六计”，并且在2017年1月1日第一期全国财富律师集训营中首次将其转化为课程进行了讲解，让大家耳目一新，得到了一致认可。值得一提的是，虽然取名为“大额保单设计策略三十六计”，但解决方案并不限于保单工具，同时包含了家族信托工具的运用，甚至还包含了当时刚刚出现不久的保险金信托工具的运用，是一套比较全面的解决方案体系。

但是，当时的“三十六计”其实不够三十六个，大概只有二十六七个，取名“三十六计”纯粹是因为我喜欢三十六这个数字。而且当时的“三十六计”也比较零散，并没有统一的底层逻辑作为基础，很不成熟。后来通过不断的思考与总结，我终于构架起了有统一底层逻辑的财富管理解决方案体系，这就是以人寿保险为核心，综合保险金信托与家族信托工具的“金融工具财富规划功能一览表”（见表1）。其功能刚好是三十六个，姑且可以叫他“财富规划方案设计策略新三十六计”吧，谁叫我那么喜欢三十六这个数字呢？本书的解决方案部分就是在这套解决方案的基础上构建而成，比较系统地阐述了解决方案的设计与落地实操。

表1　金融工具财富规划功能一览表（V4.0）

法税功能				资产配置功能	
婚姻规划功能	财富传承功能	资产保全功能	税收筹划功能	生活品质保障功能	其他功能
01 防夫妻财产混同 02 一方个人财产 03 保单架构防分割 04 低现价防分割 05 无现价防分割 06 资产独立防分割 07 跨境配置防分割 08 增加财产控制力 09 负债持有资产	10 定向/高效/和谐传承 11 资产标签化传承 12 传承对象变更 13 非法定继承人传承 14 传承后控制 15 未成年人传承保护 16 身后流动性 17 失智人士照顾	18 隔离一代债务 19 三权分置 20 隔离二代债务 21 资产独立保全 22 资产剥离 23 保单赎买	24 免个人所得税 25 税收递延 26 遗产税筹划 27 跨境税收筹划 28 跨境传承规划	29 责任替代 30 应急现金流（减保功能） 31 身前现金流（教育、养老） 32 终身现金流（养老） 33 养老金杠杆	34 收益锁定 35 长期投资 36 资金融通

随着实践的逐步深入，我越来越觉得应该把这些积累总结成一本书。一方面可以作为专业财富顾问学习私人财富管理规划实务的基础教材，另一方面可以成为一本供财富顾问随时查阅的工具书。可惜的是，因为工作繁忙，一直没有机会静下心来动笔。

三

2020年，新冠疫情的暴发，对我的工作产生了巨大的影响。但因祸得福，我终于有时间能静下心来动笔了。2020年上半年，我完成了书稿二十六章的架构设计，并完成了十章左右的主体内容。但随着防疫形势的好转，我的工作又忙了起来,书稿的创作又被迫停滞了。可笑的是,我还跟很多行业内的朋友和学员说了写新书的计划,闹了个只见雷声不见下雨的笑话。

幸运的是,2020 年年底,我终于有了新合伙人,我的好朋友谭健先生。我们从 2018 年开始就一直合作研发高客专业经营队伍的培养体系,他的加盟把我从公司管理工作的泥潭中解放了出来,我终于又能动笔了。

同时,为了本书专业的严谨度,2021 年年初我力邀好友,即本书共同作者,中国政法大学保险法学副教授何启豪先生加入写作团队。启豪的加入,使得本书的专业性和严谨度有了坚实的保证。2021 年上半年整整6 个月,我们终于把二十六章全部完成,顺利地将书稿交到了法律出版社。

本书的作者虽然只有我与何启豪先生,但其实为本书作出贡献的专家有很多。

首先就是我的合伙人谭健先生,部分书稿出来后,谭健先生对书稿的章节架构作了非常深入的梳理和调整。正是他的工作,让这本书的逻辑性,可读性都得到了本质性的提升。

同时,由于本书的内容涵盖过于广泛,包括保险法、信托法、家事法、公司法、税法等部门法律,专业内容涉及意定监护、遗嘱监护、继承权公证、人寿保险、家族信托、保险金信托、特殊需要信托、跨境税务信息透明及税收筹划、跨境信托股权转让、股权代持等,凭我一己之力是很难保证其内容的严谨性的,所以我把相关的章节发给了相关专业的好朋友们帮忙修改、斧正。他们分别是,目前供职于 OECD 负责 CRS 和反洗钱的燕彬先生、上海普陀公证处李辰阳先生、中伦律师事务所贾明军先生、湖南师范大学法学教授王葆莳先生、安致勤资会计师事务所创始人吕旭明先生及北京办公室负责人张国礼先生、光大信托家族信托专家董文龙先生、万向信托特殊需要信托项目负责人杨欢女士,等等。没有他们的无私帮助,不会有这本书的最终完成。

如今,这本书终于付梓了,要写自序,感慨良多,10 多年酸甜苦辣的往事电影般地重现在脑海中。经历和体验是珍贵的,但更为珍贵的是伴我一同走过的家人和朋友们。

我真正踏上私人财富管理之路的引路人是颜怀江老师,是他的精彩课程给了我现代私人财富管理的启蒙,让我认识到这可能是我下半辈子最愿意做的事情。

让我能有机会站上私人财富管理行业中心舞台的是曾祥霞女士,是她给我机会加入当时的 CPBCLUB。还要特别感谢俱乐部另一位创始人陈云先生,是祥霞和陈云的信任，才让我有机会和他们一起在这个优秀的平台上一展拳脚，开启了创业的征程，为我在私人财富管理行业的发展打下了坚实的基础。

我在法律专业上的进步，主要得益于贾明军律师的悉心指导与无私帮助，尤其是他办理疑难案件心得体会的分享，大大提升了我对超高净值客户群体的理解，也学到了很多非常有效的经验。

在我二次创业最艰难的时候，我又非常幸运地迎来了毛越女士的加入。毛毛冰雪聪明、天资聪慧，工作尽心尽力，给了我很大的支撑。3年间，我们取得了巨大的发展，我也从她身上学到了很多的东西。

我现在的合伙人谭健先生，真可谓受命于危难之际。也正是他的加入，才让我能够有机会完成本书的写作。并且，本书的可读性、实用性之所以比较高，谭健对书稿章节架构逻辑的梳理工作甚为关键。

还有很多很多的好朋友、学员、合作伙伴，是他们给我信任，给我帮助，伴我成长，他们都是我生命中的贵人。

当然，对我支持最大的还有我的家人，我的妻子，我的父母，正是他们的理解与支持，才让我有机会潜心研究私人财富管理专业，才让我有足够的时间完成百万字的写作。这本书也是献给他们的最好的礼物。

刘长坤

2022年4月15日

简　　目

第一篇　婚　姻　篇

第一章　婚内财产混同风险 …… 003
　第一节　风险案例 …… 005
　第二节　风险解析与法律依据 …… 007
　第三节　典型高风险人群与风险发生场景 …… 016
　第四节　解决方案设计策略与规划实操 …… 025
第二章　婚内财产转移和婚变资产分割风险与解决方案设计 …… 035
　第一节　风险案例 …… 037
　第二节　风险解析与法律依据 …… 039
　第三节　典型高风险人群与风险发生场景 …… 046
　第四节　解决方案设计策略与规划实操 …… 053
第三章　婚内受赠继承风险与解决方案设计 …… 065
　第一节　风险案例 …… 067
　第二节　风险解析与法律依据 …… 070
　第三节　典型高风险人群与风险发生场景 …… 078
　第四节　解决方案设计策略与规划实操 …… 081
第四章　夫妻共同债务风险 …… 085
　第一节　风险案例 …… 087
　第二节　风险解析与法律依据 …… 089
　第三节　典型高风险人群与风险发生场景 …… 095
　第四节　解决方案设计策略与规划实操 …… 098
第五章　婚内股权混同风险 …… 107
　第一节　风险案例 …… 109

第二节 风险解析与法律依据 …… 113
第三节 典型高风险人群与风险发生场景 …… 118
第四节 解决方案设计策略与规划实操 …… 121

第二篇 传 承 篇

第六章 继承程序风险与方案设计策略 …… 135
第一节 风险案例 …… 137
第二节 风险解析与法律依据 …… 139
第三节 典型高风险人群与风险发生场景 …… 148
第四节 解决方案设计策略 …… 154
第七章 继承人争产风险与解决方案设计 …… 163
第一节 风险案例 …… 165
第二节 典型高风险人群与风险发生场景 …… 170
第三节 解决方案设计策略 …… 181
第八章 父母继承外流风险 …… 191
第一节 风险案例 …… 193
第二节 风险解析与法律依据 …… 196
第三节 典型高风险人群与风险发生场景 …… 203
第四节 解决方案设计策略与规划实操 …… 207
第九章 传承后失控风险 …… 213
第一节 风险案例 …… 215
第二节 传承后失控风险的发生场景 …… 217
第三节 解决方案设计策略 …… 218
第十章 配偶与继子女继承外流风险解析与解决方案设计 …… 227
第一节 风险案例 …… 229
第二节 风险解析与法律依据 …… 233
第三节 典型高风险人群与风险发生场景 …… 240
第四节 解决方案设计策略与规划实操 …… 248
第十一章 非婚生子女继承外流风险 …… 261
第一节 风险案例 …… 264

第二节　风险解析与法律依据 …… 266
第三节　典型高风险人群与风险发生场景 …… 271
第四节　解决方案设计策略 …… 274
第十二章　隔代传承风险 …… 287
第一节　风险案例 …… 289
第二节　风险解析与法律依据 …… 291
第三节　典型高风险人群与风险发生场景 …… 300
第四节　解决方案设计策略 …… 305
第十三章　企业继承人能力不足风险 …… 317
第一节　风险案例 …… 319
第二节　风险解析与法律依据 …… 323
第三节　典型高风险人群与风险发生场景 …… 333
第四节　解决方案设计策略 …… 339
第十四章　未成年人监护风险 …… 351
第一节　风险案例 …… 353
第二节　风险解析与法律依据 …… 356
第三节　典型高风险人群与风险发生场景 …… 365
第四节　解决方案设计策略与规划实操 …… 370
第十五章　跨境传承风险解析与规划策略 …… 377
第一节　风险案例 …… 379
第二节　风险解析与典型风险场景 …… 382
第三节　跨境传承风险规划设计策略 …… 391

第三篇　企　业　篇

第十六章　企业经营风险解析 …… 403
第一节　风险案例 …… 405
第二节　详解民营企业经营风险 …… 409
第三节　企业经营风险的财富管理应对方法 …… 431
第十七章　企业家家庭债务风险解析与解决方案设计 …… 437
第一节　风险案例 …… 439

第二节　风险解析与法律依据 …… 442
第三节　典型高风险人群与风险发生场景 …… 456
第四节　解决方案设计策略与规划实操 …… 462
第十八章　资产代持风险解析与解决方案设计 …… 477
第一节　风险案例 …… 479
第二节　风险解析与法律依据 …… 483
第三节　典型高风险人群与风险发生场景 …… 502
第四节　解决方案设计策略 …… 505
第十九章　企业股权架构风险解析与解决方案设计 …… 523
第一节　风险案例 …… 525
第二节　股权架构风险详解 …… 529
第三节　股权架构风险的影响与规划策略 …… 545
第二十章　企业家刑事风险解析与防范 …… 553
第一节　风险案例 …… 555
第二节　民营企业家刑事风险详解 …… 558
第三节　企业家刑事风险的典型影响与应对策略 …… 579

第四篇　税务风险篇

第二十一章　企业税务风险与解决方案设计 …… 587
第一节　风险案例 …… 589
第二节　风险解析与法律依据 …… 592
第三节　民营企业家涉税风险防范 …… 597
第二十二章　税务信息透明与跨境税务风险 …… 603
第一节　风险案例 …… 606
第二节　跨境财富管理专业知识介绍与应对原则 …… 608

第五篇　家　庭　篇

第二十三章　家庭经济支柱风险与解决方案设计 …… 631
第一节　风险案例 …… 633

第二节　风险解析与典型风险人群 …… 636

第三节　解决方案设计策略与规划实操 …… 642

第二十四章　教育规划风险与解决方案设计 …… 651

第一节　风险案例 …… 653

第二节　教育金风险详解与解决方案设计 …… 654

第二十五章　养老现金流与老年监护风险 …… 667

第一节　风险案例 …… 669

第二节　风险解析与法律依据 …… 671

第三节　典型高风险人群与风险发生场景 …… 678

第四节　解决方案设计策略与规划实操 …… 691

第二十六章　失智残疾人士监护风险 …… 699

第一节　风险案例 …… 701

第二节　风险解析与法律依据 …… 703

第三节　典型高风险人群与风险发生场景 …… 711

第四节　解决方案设计策略与规划实操 …… 716

附录　风险预判“标签法”的运用方法 …… 726

详　目

第一篇　婚　姻　篇

第一章　婚内财产混同风险

第一节　风险案例 …… 005
一、案例导读 …… 005
二、案例详情 …… 005
三、案例解析 …… 007
第二节　风险解析与法律依据 …… 007
一、我国婚姻财产法律制度中的“劳动共同原则” …… 007
（一）“劳动共同原则”的含义 …… 007
（二）“劳动共同原则”与对家务劳动价值的认可 …… 009
（三）《民法典》中的家务劳动补偿制度解析 …… 010
二、恒有原则与混同原则 …… 010
（一）婚内个人财产之恒有原则 …… 010
（二）个人财产向共同财产的转变之“混同原则” …… 011
三、人寿保单及其婚内增值部分是否属于夫妻共同财产 …… 011
（一）从保费来源的角度分析保单本身及增值部分的归属 …… 012
（二）从投保时间与投保行为人的角度分析个人保单增值部分的归属 …… 012
（三）从收益种类的角度分析个人保单增值部分的归属 …… 013
（四）关于夫妻一方在婚内取得的“保险生存金”性质认定的问题 …… 014
第三节　典型高风险人群与风险发生场景 …… 016
一、婚姻财产混同风险典型高风险人群 …… 016

(一)担忧子女婚姻高净值人群的典型特征 …… 016
1. 需要到达一定年龄阶段 …… 016
2. 子女到达适婚年龄阶段就会引发担忧 …… 016
3. 女婿/儿媳的家世背景有差距 …… 016
(二)高净值再婚家庭的典型特征 …… 017
1. 夫妻再婚,双方或者至少一方前段婚姻有子女 …… 017
2. 夫妻一方或者双方婚前财产积累比较丰厚 …… 017
二、婚内财产混同风险的典型发生场景 …… 017
(一)不动产婚内混同的典型发生场景 …… 017
1. 婚后换房导致婚前房产被混同 …… 019
2. 婚前一方支付首付购房,婚后共同财产还贷,导致房产混同 …… 020
3. 婚后加名导致房产混同 …… 021
(二)金融资产婚内混同的典型情形 …… 021
1. 金融资产婚内账户混同 …… 021
2. 金融资产婚内收益与本金混同 …… 021
3. 金融资产投资亏损、获利并存加剧混同风险 …… 022
(三)家族企业股权资产婚内混同的典型场景 …… 024
(四)婚内一方投资、创业导致财产混同的情形 …… 024
第四节 解决方案设计策略与规划实操 …… 025
一、不动产防混同规划方案设计 …… 025
二、金融资产的防混同规划方案 …… 026
(一)通过签署婚姻财产协议防混同 …… 026
(二)用人寿保险防止金融资产的混同 …… 027
1. 父母通过人寿保险规避子女婚内财产混同风险的方法 …… 027
2. 再婚家庭通过人寿保险规避子女婚内财产混同风险的方法 …… 028
(三)用保险金信托防止金融资产的混同 …… 028
(四)设立家族信托防止金融资产混同 …… 029
1. 父母设立家族信托规划子女的婚姻风险 …… 030
2. 再婚家庭设立家族信托防止婚姻财产混同 …… 031
三、股权资产防混同的规划策略 …… 033

第二章　婚内财产转移和婚变资产分割风险与解决方案设计

第一节　风险案例 …… 037
一、案例导读 …… 037
二、案例详情 …… 037
三、案例解析 …… 038
第二节　风险解析与法律依据 …… 039
一、婚内财产转移风险的含义及转移财产的六种典型手段 …… 039
(一)利用代持转移隐匿夫妻共同财产 …… 039
(二)虚构交易转移隐匿夫妻共同财产 …… 039
(三)虚构债务转移隐匿夫妻共同财产 …… 040
(四)伪造账目转移夫妻共同财产 …… 041
(五)抽空优质企业资产转移夫妻共同财产 …… 041
(六)利用海外账户隐匿转移夫妻共同财产 …… 041
二、婚变资产分割风险的含义及五大客观原因 …… 042
(一)弱势一方对夫妻共同财产范围不掌握造成公平分割困难 …… 042
(二)离婚纠纷中公司股权分割的法律障碍 …… 042
(三)企业股权评估困难带来的分割障碍 …… 043
(四)弱势一方缺乏企业经营能力带来的障碍 …… 044
(五)家庭财富结构造成的公平分割困境 …… 045
第三节　典型高风险人群与风险发生场景 …… 046
一、婚内财产转移和婚变资产分割风险的高发人群 …… 046
二、婚内财产转移与婚变资产分割的三大典型发生场景 …… 047
(一)婚内共同财产被转移给企业家的前段婚姻的子女或非婚生子女 …… 047
(二)夫妻关系恶化导致双方疯狂转移夫妻共同财产 …… 049
(三)离婚纠纷中的财产转移与财产分割风险 …… 049
1. 企业家家庭协议离婚的特点 …… 049
2. 企业家家庭诉讼离婚的五大特点 …… 050
3. 企业家家庭离婚子女抚养权问题处理的特点 …… 051
三、婚姻纠纷对企业家一方的五大典型影响 …… 052
(一)女方的资产保全措施会对企业经营造成严重影响 …… 052

(二)旷日持久的离婚诉讼会对企业和企业家个人都造成严重影响 …… 052
(三)婚姻纠纷可能导致公司融资、上市受阻、公司股价降低 …… 052
(四)女方可能通过刑事手段反制甚至报复男方 …… 052
(五)婚姻纠纷会对子女造成严重影响,甚至导致子女与强势方反目成仇 …… 053
第四节 解决方案设计策略与规划实操 …… 053
一、企业家配偶婚内资产保全规划的几大基本原则 …… 054
二、隐性资产显性化,增加配偶的财产掌控力 …… 055
三、争取让配偶或配偶的近亲属在家族企业中拥有股东身份,以取得对企业状况的知情权 …… 056
四、运用人寿保险保障配偶的生活品质,增加配偶的安全感 …… 057
(一)"医疗、重疾保险"规划提升配偶安全感,助力婚姻财富规划 …… 057
(二)"商业养老保险"规划提升配偶安全感,助力婚姻财富规划 …… 057
(三)"储蓄型人寿保险"规划提升配偶安全感,助力婚姻财富规划 …… 058
五、运用人寿保险为子女规划保障,增加配偶安全感 …… 058
(一)"储蓄型人寿保险"规划未成年子女保障,助力婚姻财富规划 …… 058
1. 未成年子女保单不应当被离婚分割的四大理由 …… 059
2. 避免未成年子女保单分割的三层屏障 …… 060
(二)"医疗、重疾保险"规划子女保障,助力婚姻财富规划 …… 060
六、利用家族信托保障配偶与子女,增加配偶的安全感 …… 061

第三章 婚内受赠继承风险与解决方案设计

第一节 风险案例 …… 067
一、案例导读 …… 067
二、案例详情 …… 067
三、案例解析 …… 070
第二节 风险解析与法律依据 …… 070
一、"运气共同原则"与"尊重意愿原则" …… 071

1."运气共同原则" …… 071
2."尊重意愿原则" …… 072
二、遗嘱和赠与协议中相关问题的分析与处理 …… 073
(一)遗嘱规划子女或孙子女的婚姻财富的方法与存在的问题 …… 073
(二)赠与协议规划子女或孙子女的婚姻财富的方法与存在的问题 …… 074
三、父母赠与子女房产相关规定的变化 …… 074
(一)子女婚前父母为其准备婚房的情况 …… 074
(二)子女结婚后父母赠与子女房产的情况 …… 075
(三)婚后父母全款出资购房,登记在己方子女名下的情况 …… 075
四、婚内夫妻一方继承权的放弃问题 …… 076
五、人寿保险死亡理赔金,家族信托受益金是否属于夫妻共同财产 …… 077
(一)人寿保险死亡理赔金是否属于夫妻共同财产 …… 077
(二)家族信托受益金是否属于夫妻共同财产 …… 078
第三节　典型高风险人群与风险发生场景 …… 078
一、婚内受赠继承风险的典型人群 …… 079
(一)担忧子女婚姻的高净值人群的特征 …… 079
(二)"高净值二代"人群的特征 …… 080
二、婚内受赠继承风险的典型发生场景 …… 080
(一)支持子女结婚缺乏规划 …… 080
(二)生前赠与子女财产缺乏规划 …… 080
(三)身后传承缺乏合理的规划 …… 081
第四节　解决方案设计策略与规划实操 …… 081
一、通过遗嘱和赠与工具规划婚内受赠继承风险 …… 082
(一)趁子女结婚前赠与财产 …… 082
(二)合理运用赠与协议,规划子女婚内的赠与 …… 082
(三)遗嘱明确约定遗产的归属预防婚内受赠继承风险 …… 082
二、人寿保险规划预防婚内受赠继承风险 …… 083
(一)用人寿保险死亡理赔金规划婚内继承风险问题 …… 083
(二)用人寿保险锁定金融资产,资产标签化便于传承 …… 083
三、家族信托规划婚内受赠继承风险 …… 084

第四章　夫妻共同债务风险

第一节　风险案例 ………………………………………… 087
一、案例导读 ………………………………………… 087
二、案例详情 ………………………………………… 087
三、案例解析 ………………………………………… 088
第二节　风险解析与法律依据 ……………………………… 089
一、夫妻共同债务的概念 ………………………………… 090
二、备受争议的"二十四条" ……………………………… 091
三、对"二十四条"的改进规定 …………………………… 091
四、夫妻共同债务认定的三个层次 ………………………… 092
五、《民法典》中夫妻债务认定原则对高净值人士的影响 ………… 094
第三节　典型高风险人群与风险发生场景 …………………… 095
一、夫妻共同债务风险的高风险人群 ……………………… 095
二、夫妻共同债务风险的五种典型表现形式 ………………… 095
(一)离婚被负债,没有还款能力 …………………………… 095
(二)企业家因疾病意外等失去工作能力,债务危机爆发,牵连配偶 ………… 096
(三)企业家入狱,债务危机爆发,牵连配偶 ………………… 096
(四)企业家身故,债务危机爆发,牵连配偶 ………………… 097
(五)夫妻对内有财产协议,但对外承担连带责任 …………… 097
第四节　解决方案设计策略与规划实操 ……………………… 098
一、应对夫妻共同债务风险的三大基本原则 ………………… 098
(一)签署任何文件必须清楚文件内容,避免被负债 ………… 098
(二)尽量从法律上保持对企业经营的知情权,避免过于被动 …… 098
(三)做好部分资产的保全隔离,保障好家人的生活、教育、医疗、养老等 ………… 099
二、夫妻共同债务风险的人寿保险规划策略 ………………… 100
(一)商业养老保险产品规划夫妻共同债务风险的六大优势 ……… 100
(二)通过投保人和险种搭配设计,保全的同时解决生活费、教育、医疗等问题 ………… 101
(三)保单作为婚姻财产协议之补偿,保障企业家夫人免受共同

债务威胁 …… 102
三、夫妻共同债务风险的家族信托规划策略 …… 103
（一）家族信托规划企业家夫人离婚时共同债务风险的三大典型优势 …… 103
（二）家族信托规划作为婚姻财产协议的补偿，预防企业家夫人的共同债务风险 …… 104

第五章　婚内股权混同风险

第一节　风险案例 …… 109
一、案例导读 …… 109
二、案例详情 …… 109
三、案例解析 …… 111
第二节　风险解析与法律依据 …… 113
一、我国婚姻财产划分中的“劳动共同原则” …… 113
二、股权资产婚内增值部分的归属判断 …… 115
三、婚内取得股权的归属判断 …… 117
第三节　典型高风险人群与风险发生场景 …… 118
一、婚内股权混同风险的高发人群 …… 118
二、婚内股权混同风险的典型表现形式 …… 118
（一）“富二代”“富三代”股权混同风险的表现形式 …… 118
1. 继承、赠与股权缺乏规划导致混同 …… 118
2. 股权增值部分属于共同财产导致混同 …… 118
3. 婚内取得股权导致股权财产混同 …… 119
（二）再婚企业家群体股权混同风险的表现形式 …… 119
1. 股权增值部分属于共同财产导致混同 …… 119
2. 婚内取得股权导致股权财产混同 …… 119
三、婚内股权混同风险的五大典型影响 …… 119
（一）巨额股权分割补偿款影响企业现金流 …… 120
（二）股权分割导致投票权外流，影响企业经营 …… 120
（三）股权分割威胁企业控制权 …… 120
（四）可能影响企业的融资与上市，影响上市公司股价等 …… 121

（五）股权纠纷引发企业家及相关经营者的刑事风险 …………… 121
第四节 解决方案设计策略与规划实操 …………………………… 121
一、婚内股权混同风险的信托解决方案……………………………… 122
（一）家族信托持有股权解决股权混同风险的优势 ……………… 122
（二）国内家族信托持有企业股权的操作方法 …………………… 123
（三）国内股权家族信托实操的五大现实困难 …………………… 123
1. 信托登记对股权家族信托实操造成的障碍 …………………… 123
2. 缺乏针对设立信托的相关税收制度造成税收成本障碍 ………… 125
3. 股权信托中股权控制权问题处理造成的困难 ………………… 125
4. 家族信托持有上市公司股权的困难 ………………………… 125
5. 家族信托持有股权对公司 IPO 的影响 ……………………… 125
二、婚内股权混同风险的婚姻财产协议解决方案………………… 126
用婚姻财产协议解决股权混同问题的六大要点 ………………… 126
1. 不是每一个企业家家庭都适合用婚姻财产协议 ……………… 126
2. 婚姻财产协议最好提前规划，在婚前签订…………………… 126
3. 签订协议前的双方背景调查非常重要 ………………………… 126
4. 适当划定个人财产范围，照顾对方感受，促进婚姻和谐幸福 …… 127
5. 规避对方的共同债务风险，给对方安全感，以免对将来企业融资造成困难 ……………………………………………………… 127
6. 必须给对方以补偿，避免出现“不平等条约”，导致协议无效 …… 128
三、婚姻财产协议的人寿保险补偿方案…………………………… 129
四、婚姻财产协议的信托补偿方案………………………………… 129
（一）婚姻财产协议补偿信托方案的五大设计要点 ……………… 130
（二）家族信托作为补偿方案的六大典型优势 …………………… 130

第二篇 传 承 篇

第六章 继承程序风险与方案设计策略

第一节 风险案例 ……………………………………………… 137
一、案例导读……………………………………………………… 137
二、案例详情……………………………………………………… 137

三、案例解析 …… 139
第二节 风险解析与法律依据 …… 139
一、我国目前的继承程序概况 …… 139
二、我国的公证继承程序介绍 …… 140
(一)资料准备阶段 …… 140
1. 死者死亡证明提供中可能存在的难题 …… 141
2. 亲属关系证明提供中可能存在的难题 …… 141
3. 被继承人婚姻关系证明及所有继承人的身份证件提供中可能存在的难题 …… 142
4. 死者财产证明提供中可能存在的难题及"独生子女继承难的误区" …… 142
5. 已故继承人的死亡证明提供中可能存在的难题 …… 142
(二)公证员对遗产情况及继承人情况核实的阶段 …… 143
1. 对遗产情况进行核实 …… 143
2. 核实遗嘱、遗赠抚养协议情况 …… 143
3. 法定继承人的核实 …… 143
4. 继承人有死亡的,核定死亡时间及先后顺序 …… 144
5. 继承人丧失继承权情况的核实 …… 144
6. 核实继承人放弃继承权的情况 …… 144
(三)遗产分配方案商议阶段 …… 144
三、诉讼继承程序介绍及弊端 …… 144
(一)诉讼继承程序一般耗时比较长 …… 145
(二)诉讼继承程序诉讼费用支出可能比较高 …… 145
(三)诉讼继承程序一般对亲情伤害比较大 …… 145
四、遗嘱无效的八种典型情形 …… 145
(一)遗嘱不符合法定形式导致遗嘱无效 …… 146
(二)立遗嘱人欠缺行为能力导致遗嘱无效 …… 147
(三)见证人不适格导致遗嘱无效 …… 147
(四)遗嘱意思表示不真实导致遗嘱无效 …… 147
(五)违背公序良俗,危害公共利益的遗嘱无效 …… 147
(六)没有保留必留份导致遗嘱无效 …… 147

(七)多份遗嘱内容冲突导致遗嘱无效 …… 148
(八)内容不清、自相矛盾或无法实现等导致遗嘱无效 …… 148
第三节 典型高风险人群与风险发生场景 …… 148
一、继承程序风险的典型高发人群 …… 148
(一)超高净值民营企业家家庭 …… 149
(二)超高净值跨境、移民家庭 …… 149
(三)家庭结构复杂的超高净值家族 …… 150
(四)婚姻关系复杂的家庭 …… 150
二、继承程序风险的典型发生场景 …… 150
(一)遗产复杂庞大,遗产查明困难 …… 150
1.遗产过于庞大、种类过多、范围过大导致查明困难 …… 151
2.财产持有结构复杂及财产代持导致遗产查明困难 …… 151
3.财产跨境分布导致遗产查明困难 …… 151
(二)继承人范围过广、关系证明困难、召集不易 …… 152
1.父母继承权导致继承人范围过广、关系证明难、召集不易 …… 152
2.婚姻关系复杂导致继承人范围过广、关系证明难、召集不易 …… 153
3.继承人移民导致继承人召集不易 …… 153
(三)继承人各有想法,达成一致困难 …… 153
(四)存在多份遗嘱,遗嘱效力争议大 …… 154
(五)最终被迫进入继承诉讼程序 …… 154
第四节 解决方案设计策略 …… 154
一、一般家庭遗产继承安排的误区 …… 154
二、避免继承程序风险的财富传承规划六大基本原则 …… 155
(一)能避免用继承程序继承的尽量避免 …… 155
(二)情况特殊、复杂的家庭一定要尽早规划 …… 156
(三)如果必须要用遗嘱,公证遗嘱是最佳方式 …… 156
(四)订立遗嘱时要考虑全面,订立后要定期检视 …… 156
(五)安排可靠的遗嘱执行人、遗产管理人很重要 …… 157
(六)合理选择遗嘱保管形式,做好遗嘱的保管工作 …… 157
三、大额保单传承财富的程序性优势 …… 157
(一)人寿保险死亡理赔程序更加简单 …… 158

(二)人寿保险死亡理赔程序更加高效 …………………………… 158
(三)保险死亡理赔程序更加确定无争议 ………………………… 159
(四)人寿保险生存受益金传承的程序优势 ……………………… 160
四、家族信托传承财富的程序优势……………………………………… 160
(一)信托可以避免继承程序的法律依据 ………………………… 160
(二)家族信托相比法定的继承程序的优势 ……………………… 160
1. 家族信托设立后争议小、无效可能性低……………………………… 161
2. 委托人去世,信托财产不属于委托人的遗产,不需要经过任何程序 ……………………………………………………………… 161
3. 信托财产独立,受益人争产可能性低……………………………… 161

第七章　继承人争产风险与解决方案设计

第一节　风险案例 …………………………………………………… 165
一、案例导读……………………………………………………………… 165
二、案例详情……………………………………………………………… 165
三、案例解析……………………………………………………………… 169
第二节　典型高风险人群与风险发生场景 …………………………… 170
一、李某斌遗产继承纠纷案的经验总结……………………………… 170
(一)婚姻财产协议并不能排除配偶继承权 ……………………… 170
(二)重病期间立遗嘱,法律效力堪忧 ……………………………… 171
(三)忽视监护人的安排造成的问题 ……………………………… 171
(四)成年子女与年幼子女争产,幼子利益堪忧 …………………… 172
二、继承人争产风险的典型高风险人群……………………………… 173
(一)老夫少妻再婚家庭 …………………………………………… 173
(二)双方都有自己的子女的再婚家庭 …………………………… 174
(三)婚姻关系复杂的家庭 ………………………………………… 174
(四)家族主要财富“传男不传女”的家庭…………………………… 174
(五)其他类型的家庭 ……………………………………………… 174
三、继承人争产风险的六大典型风险场景…………………………… 175
(一)子女与继母争产的情形 ……………………………………… 175
1. 从子女视角看,与继母争产风险问题……………………………… 175

2. 从继母视角看，与丈夫前段婚姻子女争产风险问题 …………………… 176
（二）同父异母子女及其母亲们争产的情形 …………………… 177
（三）亲兄弟姐妹争产的情形 …………………… 177
1. 对亲兄弟姐妹争产风险认识的两个误区 …………………… 178
2. 防止亲兄弟姐妹争产规划的核心要诀 …………………… 178
（四）“传男不传女”引发子女争产纠纷的情形 …………………… 178
（五）公婆与儿媳争产的情形 …………………… 179
（六）亲生子女与亲生母亲争产的情况 …………………… 180
第三节　解决方案设计策略 …………………… 181
一、继承人争产风险预防规划五大基本原则 …………………… 181
1. 规划必须未雨绸缪，安排规划宜早不宜迟 …………………… 181
2. 追求“相对公平”“绝对确定”“确定无争议”是定分止争的关键 …… 181
3. 重要、核心财产的传承最好避免经过继承程序 …………………… 182
4. 预留身后现金流，避免遗产分割僵局 …………………… 182
5. 重点注意继承人中弱势成员的权益保护安排 …………………… 182
二、四种典型财富传承工具的确定性分析与运用原则 …………………… 182
（一）身前赠与工具的确定性分析 …………………… 182
（二）人寿保险工具的确定性分析 …………………… 183
（三）家族信托工具的确定性分析 …………………… 183
（四）遗嘱工具的确定性分析 …………………… 184
三、传承规划中弱势继承人的规划与保护 …………………… 185
（一）父母的照顾安排与权益保护 …………………… 185
1. 做好父母的照顾安排对实现和谐传承的意义 …………………… 185
2. 父母品质养老现金流的规划方法 …………………… 185
3. 父母品质医疗的规划方法 …………………… 185
4. 父母失能后的护理品质的规划方法 …………………… 186
5. 高龄父母的照顾安排的规划方法 …………………… 186
（二）配偶的传承安排与权益保护 …………………… 186
1. 做好配偶的传承安排对实现和谐传承的意义 …………………… 186
2. 配偶的传承安排规划方法 …………………… 187
3. 人寿保险规划配偶生活、医疗、养老现金流的优势 …………………… 187

（三）未成年子女的传承安排与权益保护 …… 189

第八章 父母继承外流风险

第一节 风险案例 …… 193
一、案例导读 …… 193
二、案例详情 …… 193
三、案例解析 …… 195
第二节 风险解析与法律依据 …… 196
一、我国法定继承制度中父母的独特继承地位 …… 196
（一）父母作为第一顺位法定继承人，财富逆向传承存在的问题 …… 197
（二）我国继承法律制度对父母继承遗产份额规定产生的问题 …… 198
（三）继父母的继承权与养父母、亲生父母没有区分的问题 …… 199
二、父母作为第一顺位继承人对财富传承产生的弊端 …… 199
（一）亲生父母、养父母继承导致财产流向兄弟姐妹 …… 199
（二）继父母继承导致财产外流风险更加严重 …… 200
（三）父母继承导致继承人范围扩大，继承程序更加复杂 …… 201
（四）父母继承导致遗产争夺风险加大 …… 201
（五）继父母对受其抚养的继子女有继承权，可能造成财产外流，甚至产生道德风险 …… 202
第三节 典型高风险人群与风险发生场景 …… 203
一、父母继承外流风险的典型风险人群 …… 203
（一）夫妻双方的父母还有健在的，并且夫妻有自己的子女 …… 203
（二）健在的父母有其他的子女或者有再婚的配偶 …… 203
（三）被继承人的经济状况显著优于父母、兄弟姐妹、父母的再婚配偶等 …… 203
（四）部分家族成员比较看重经济利益或家族成员之间关系不融洽 …… 204
二、父母继承外流风险的典型表现场景 …… 204
（一）父母的其他子女不同意老人放弃遗产，导致父母继承外流 …… 204
（二）被继承人父母与女婿、儿媳争产导致父母继承外流 …… 204
（三）被继承人父母行为能力缺失导致父母继承外流 …… 205

(四)转继承导致父母的其他继承人和被继承人的子女配偶争产 …… 206
(五)继父母坚持继承继子女遗产,导致财产继承外流 …… 206
(六)继父母继承未成年继子女的遗产 …… 207
第四节 解决方案设计策略与规划实操 …… 207
一、家庭内部的传承规划设计三大基本原则 …… 208
(一)财产分配须可控 …… 208
(二)照顾全面、雨露均沾 …… 208
(三)没有公平,只有确定 …… 208
二、家族内部传承规划实操的步骤和注意的要点 …… 209
(一)父母的养老、医疗、护理等安排 …… 209
1. 父母品质养老生活的规划方法 …… 209
2. 父母品质医疗的规划方法 …… 209
3. 父母品质护理的规划方法 …… 210
4. 父母快乐养老的规划方法 …… 210
(二)超高净值人士对兄弟姐妹的安排 …… 210
1. 对兄弟姐妹子女的教育支持规划 …… 210
2. 对兄弟姐妹及家庭成员的大病及医疗支持规划 …… 211
3. 残疾兄弟姐妹的照顾规划 …… 211
三、家族主要财富的传承安排 …… 212

第九章 传承后失控风险

第一节 风险案例 …… 215
一、案例导读 …… 215
二、案例详情 …… 215
三、案例解析 …… 216
第二节 传承后失控风险的发生场景 …… 217
一、子孙因财富丧失斗志,缺乏价值感,陷入消沉 …… 217
二、缺乏父母足够的陪伴,代之金钱补偿,惯坏子女 …… 217
三、子孙面临的诱惑太多,自控力不足最后沾染恶习 …… 218
第三节 解决方案设计策略 …… 218
一、传承后失控风险规划的三个层次 …… 218

（一）孩子心智成熟前，提供现金流保障不给予财产的所有权和处置权 …… 218
（二）通过受益机制让财富成为子孙前进的动力，而非骄奢淫逸的温床 …… 219
（三）培养子孙后代的社会责任感，使其有更远大的理想和抱负 …… 219
（四）对已经沾染恶习的子孙做好防挥霍规划 …… 220
二、“第一层次现金流”的规划 …… 220
（一）人寿保险创造基础现金流，并提供完备的健康保障 …… 220
1. 大额保单规划子孙教育、养老、品质生活现金流保障 …… 220
2. 子孙后代健康保障的保单规划设计 …… 222
（二）人寿保险和家族信托结合的现金流保障规划策略 …… 222
1. 人寿保险与家族信托优劣势及互补性分析 …… 222
2. 人寿保险和家族信托结合的现金流保障规划要点 …… 223
三、“第二层次激励机制”的规划与实操要点 …… 224
1. 设立家族成员的奖学金计划 …… 224
2. 设立家族成员创业激励计划 …… 224
3. 设立家族成员生育激励计划 …… 225
4. 建立家族成员职业激励计划 …… 225
四、“第三层次社会责任感培育”的规划与实操要点 …… 225

第十章　配偶与继子女继承外流风险解析与解决方案设计

第一节　风险案例 …… 229
一、案例导读 …… 229
二、案例详情 …… 229
三、案例解析 …… 232
第二节　风险解析与法律依据 …… 233
一、配偶继承权与继子女继承权的概念 …… 233
（一）我国配偶继承制度的现状与问题 …… 233
（二）我国继子女继承制度的现状与问题 …… 235
二、继父母与继子女之间扶养关系形成的标准及扶养关系的解除问题 …… 236

(一)继父母对继子女进行扶养的情况 …… 236
(二)继子女对继父母进行赡养的情况 …… 236
(三)继父母子女扶养关系的解除 …… 237
三、配偶继承权和继子女继承权对财富传承的影响 …… 237
(一)配偶继承遗产导致资产外流 …… 237
(二)继子女继承导致财产外流 …… 238
(三)再婚夫妻死亡先后顺序影响巨大 …… 238
第三节 典型高风险人群与风险发生场景 …… 240
一、配偶与继子女继承外流风险的典型高风险人群 …… 240
(一)双方都有子女的中年再婚人群的典型特征 …… 241
(二)双方都有子女的老年再婚人群的典型特征 …… 241
(三)老夫少妻再婚人群的典型特征 …… 242
二、配偶与继子女继承外流风险的典型发生场景 …… 243
(一)中年再婚人群的风险发生的典型场景 …… 243
(二)老年再婚人群的风险发生场景 …… 245
(三)“老夫少妻”人群风险发生场景 …… 246
第四节 解决方案设计策略与规划实操 …… 248
一、再婚家庭财富传承规划的六大基本原则 …… 249
(一)结婚前要商量好婚后财产的归属,最好签订书面的婚姻财产协议 …… 249
(二)尽早做好遗产传承安排,安排方案夫妻商定 …… 249
(三)要充分考虑对方及对方子女的感受,方案要理性 …… 250
(四)传承方案规划的重点指标是确定无争议 …… 250
(五)重要财产的传承最好不要走继承程序 …… 250
(六)用遗嘱解决剩余财产的传承问题,完全避免法定继承 …… 250
二、“赠与工具”在再婚家庭财富传承安排中的运用 …… 251
三、人寿保险在再婚家庭财富传承规划中的运用 …… 252
(一)通过保险理赔金传承金融资产的架构设计及优势分析 …… 252
1. 保险的死亡理赔金不是遗产,直接赔付给受益人,可以实现指定传承 …… 252
2. 保险理赔金的支付受到法律保护,没有争产空间,传承无争议 …… 253

3. 可以通过受益人、受益份额、受益顺序等设计实现合理分配 …… 253
4. 人寿保险还可以预防夫妻财产混同的风险 …………………… 253
5. 配置的年金保险、增额终身寿险,解决夫妻养老问题还兼顾传承 …………………………………………………… 253
(二)通过保单加提前赠与或者遗嘱的架构实现确定传承 ………… 254
四、家族信托在再婚家庭财富传承规划中的运用与优势 ………… 255
(一)"老夫少妻"家庭的信托规划安排 …………………………… 256
(二)中年再婚家庭的信托规划安排 ……………………………… 258
五、遗嘱的兜底安排规划 ……………………………………………… 258

第十一章 非婚生子女继承外流风险

第一节 风险案例 ………………………………………………………… 264
一、案例导读 ……………………………………………………… 264
二、案例详情 ……………………………………………………… 264
三、案例解析 ……………………………………………………… 265
第二节 风险解析与法律依据 ……………………………………………… 266
一、非婚生子女的权利地位 ……………………………………… 266
(一)非婚生子女的抚养与监护 …………………………………… 267
(二)非婚生子女的继承权 ………………………………………… 267
(三)非婚生子女的亲子关系确认 ………………………………… 268
二、企业股权的继承与未成年股东的股东权利之行使 …………… 269
(一)未成年人是否可以继承企业股权取得股东地位 …………… 269
(二)未成年股东的股东权利之行使 ……………………………… 269
三、非婚生子女继承权对财富传承的影响 ………………………… 270
(一)非婚生子女继承权导致大量资产外流 ……………………… 270
(二)非婚生子女继承可能引发遗产争夺大战 …………………… 270
(三)非婚生子女继承外流风险可能影响企业经营 ……………… 270
(四)企业股权的纷争甚至容易引发企业家的刑事风险 ………… 271
第三节 典型高风险人群与风险发生场景 ………………………………… 271
一、非婚生子女继承外流的典型人群 ……………………………… 271
二、非婚生子女继承外流风险的典型发生场景 …………………… 272

(一)男方为非婚生子女隐匿转移夫妻共同财产阶段的情形 …… 272
(二)男方身故,非婚生子女与原生家庭继承纠纷阶段的情形 …… 273
(三)继承程序完成后的持续纠纷阶段的情形 …… 274
第四节 解决方案设计策略 …… 274
一、非婚生子女继承外流风险解决方案的方向选择 …… 275
二、非婚生子女继承风险方案设计中的利益取舍与规划原则 …… 275
(一)非婚生子女案件中当事人的利益取舍与平衡 …… 275
(二)非婚生子女继承风险方案设计的七大基本原则 …… 276
1. 妥善处理女方与丈夫及非婚生子女的关系 …… 276
2. 照顾非婚生子女成长,保障非婚生子女的权益 …… 277
3. 注意防止监护人侵害非婚生子女的权益 …… 277
4. 给予非婚生子女的母亲适当的安置和补偿 …… 278
5. 充分保护好妻子的权益,增加妻子的婚姻安全感 …… 278
6. 充分保护好婚生子女的权益,安抚好妻子与亲生子女的情绪 …… 279
7. 做好家族核心资产的传承安排,防止因继承产生激烈冲突 …… 279
三、大额保单在非婚生子女继承风险规划中的运用 …… 280
(一)用大额保单解决非婚生子女及其母亲的补偿与抚养问题的方法 …… 280
1. 大额保单解决非婚生子女母亲补偿费用问题的优势与规划策略 …… 280
2. 大额保单解决非婚生子女抚养问题的优势与规划策略 …… 281
(二)用保单解决女方及其子女的保障,增强女方安全感的设计方法 …… 283
1. 大额保单解决女方保障问题的规划方法 …… 284
2. 大额保单解决婚生子女保障问题的规划方法 …… 284
(三)用保单配合做好男方的传承规划,防止非婚生子女争产的设计方法 …… 285
1. 做好家族核心资产的传承安排,保证确定传承,防止非婚生子女争产 …… 285
2. 股权传承安排要特别注意 …… 285
3. 对非婚生子女的传承可以通过人寿保险实现 …… 286

第十二章　隔代传承风险

第一节　风险案例 …… 289
一、案例导读 …… 289
二、案例详情 …… 289
三、案例解析 …… 291
第二节　风险解析与法律依据 …… 291
一、孙辈及往后的晚辈直系血亲不属于法定继承人 …… 292
二、我国的代位继承制度介绍 …… 293
1. 只有直系尊血亲作为继承人先于被继承人死亡的情况下才有代位继承 …… 293
2. 只有子女的晚辈直系血亲才有代位继承的资格 …… 293
3. 直系卑血亲代位继承没有辈数限制 …… 295
4. 并不是所有继承人先于被继承死亡的,其晚辈直系血亲都可以代位继承 …… 295
5. 代位继承人只能继承已故继承人的份额 …… 296
6. 代位继承中的“代位权说”与“固有权说” …… 296
三、我国法律体系中的遗赠制度介绍 …… 297
1. 遗赠生效的要件 …… 298
2. 遗赠与遗赠人债务、税款的清偿 …… 298
3. 遗嘱继承与遗赠的区别 …… 298
4. 遗赠与遗赠扶养协议的区别 …… 299
5. 受遗赠权利的接受与放弃 …… 299
第三节　典型高风险人群与风险发生场景 …… 300
一、隔代传承风险的典型高发人群 …… 300
(一)成年子女败家的高净值人士 …… 300
(二)子女英年早逝,孙子女未成年的高净值老人 …… 301
(三)有隔代传承部分资产心愿的老人 …… 301
二、隔代传承风险的典型发生场景 …… 301
(一)隔代赠与中存在的问题 …… 302
(二)隔代遗产继承中的三个困难 …… 303
(三)隔代传承中的未成年监护风险问题 …… 304

第四节 解决方案设计策略 …………………………………… 305
一、通过"身前赠与"实现隔代传承的要点 ………………… 305
(一)身前赠与中保持财产控制力的方法 ………………… 305
1. 用"共有"的方式增加赠与财产的控制力 ……………… 305
2. 用设立居住权的方式增加住宅地产的控制力 ………… 306
3. 用附义务的赠与方式增加控制力 ……………………… 306
(二)注意考虑税费成本问题 ……………………………… 307
1. 赠与不动产的税收成本问题 …………………………… 307
2. 赠与财产的公证费成本问题 …………………………… 307
二、通过"遗赠制度"规划隔代传承的要点 ………………… 308
(一)注意保证遗赠所立遗嘱的有效性 …………………… 308
(二)注意让受遗赠人及时作出接受遗赠的意思表示 …… 309
三、人寿保险实现隔代传承的规划策略与优势分析 ……… 309
(一)祖辈自己同时作为投保人和被保险人架构的优势与操作要点…… 309
1. 祖辈自己同时作为投保人和被保险人架构的操作要点 ……… 309
2. 祖辈自己同时作为投保人和被保险人架构的五大优势 ……… 310
(二)祖辈作为投保人,孙辈作为被保险人的保单架构 …… 311
1. 祖辈为孙辈投保架构的操作要点 ……………………… 311
2. 祖辈为孙辈投保架构的五大优势 ……………………… 312
四、家族信托实现隔代传承的规划策略与优势分析 ……… 312
(一)家族信托实现隔代传承的规划要点 ………………… 313
1. 通过家族信托保证孙辈的成长环境、教育品质、医疗品质等 …… 313
2. 通过家族信托给予孙辈婚嫁及创业支持 ……………… 313
3. 通过家族信托将部分资产的所有权直接传承给孙辈 …… 313
4. 通过家族信托鼓励子孙后来努力学习、积极婚育、传承家族文化等 ………………………………………………… 314
(二)家族信托实现隔代传承的六大优势 ………………… 314

第十三章 企业继承人能力不足风险

第一节 风险案例 ……………………………………………… 319
一、案例导读 ………………………………………………… 319

二、案例详情 …… 319
三、案例解析 …… 322
第二节　风险解析与法律依据 …… 323
一、股权继承的相关法律规定 …… 323
(一)股权法定继承造成的问题 …… 323
1. 父母、配偶继承股权可能造成继承纠纷 …… 323
2. 继父母/子女、非婚生子女、多段婚姻子女继承加剧继承纠纷 …… 324
3. 法定继承导致股东和最佳经营者不一致 …… 324
4. 继承中股权对价补偿缺乏现金流 …… 324
(二)股东资格继承造成的问题 …… 324
(三)股权继承面临的继承程序问题与遗产管理人的意义 …… 325
二、股东权利与对公司治理的影响 …… 325
(一)股东权利概述 …… 325
1. 有限责任公司股东持股比例的权利内涵 …… 326
2. 股份有限公司股东持股比例的权利内涵 …… 327
(二)继承后股东权利问题对公司治理的影响 …… 328
1. 股权分散引发控制权转移 …… 328
2. 年轻遗孀股东对成年子女经营企业的影响 …… 328
3. 婚姻复杂造成多子女管理企业的乱局 …… 329
三、家族企业股权继承后的七大经营难题 …… 329
(一)继承人众多,遗产争夺大战可能影响企业经营 …… 329
(二)继承人中很难有合格的经营者 …… 330
(三)继承人众多,股权分散导致经营困难 …… 330
(四)继任者难以服众,导致经营困难 …… 331
(五)投资者、债权人对继任者缺乏信心,导致资金链紧张 …… 331
(六)代持人反水,导致财产争夺大战 …… 331
(七)社会资源难以继承,导致经营困难 …… 332
第三节　典型高风险人群与风险发生场景 …… 333
一、继承人能力不足风险典型高风险人群 …… 333
(一)高风险人群的四大典型特征 …… 333
1. 家族核心资产是企业股权,且企业家是企业经营的核心 …… 333

2. 企业家的继承人中没有能力足够强的继承人 …… 333
3. 如果继承人人数众多，会加剧风险发生 …… 334
4. 如果企业家有多段婚姻且有子女，或者有非婚生子女，会加剧风险发生 …… 334
（二）三大类典型高风险人群画像 …… 334
1. 青年创一代企业家家庭，妻子不参与经营的 …… 334
2. 老夫少妻有幼子企业家家庭 …… 334
3. 婚姻复杂的企业家家庭 …… 335
二、继承人能力不足风险的典型发生场景及典型影响与后果 …… 335
（一）青年创业型企业家家庭风险发生场景 …… 335
（二）老夫少妻有幼子家庭风险发生的场景 …… 336
（三）婚姻复杂企业家家庭风险发生的场景 …… 337
（四）继承人能力不足风险的典型影响与后果 …… 338
1. 引发继承人争产纠纷，家人反目，祸起萧墙 …… 338
2. 导致企业经营失败，资产变成负债，并传导至家庭，导致债务危机发生 …… 338
3. 对配偶、成年子女的生活、婚姻、医疗、养老等产生严重影响 …… 338
4. 对未成年子女、孙子女的教育与成长产生严重影响 …… 338
第四节　解决方案设计策略 …… 339
一、继承人能力不足风险解决方案设计的基本原则 …… 339
（一）提前做好传承安排，防止争产风险的出现 …… 339
（二）提前做好公司管理权的传承规划或股权资产的处置规划 …… 339
（三）股权传承切忌管理权分散 …… 339
（四）利用好遗产管理人制度 …… 340
（五）提前做好企业经营失败后家人的债务隔离规划，提前建立最后屏障 …… 340
（六）要优先保障家人的教育、生活、医疗、养老等基本核心需求 …… 340
二、公司股权保全与传承设计策略 …… 340
（一）尽早培养家族企业接班人 …… 340
（二）有条件地尝试职业经理人管理模式 …… 341
（三）合理设计公司的股权架构与传承架构 …… 341

三、股权代持方案设计的要点 …… 341
(一)代持一定要有清晰的书面协议 …… 341
(二)代持财产范围明晰,并且要有代持财产清单 …… 342
(三)最好不要用亲人作为财产的代持人 …… 342
1. 亲人做代持人较难签署条款严格的代持协议 …… 342
2. 亲人参与企业的可能性较高,代持隔离意义不大 …… 342
3. 亲人的继承权与代持撞车,引发纠纷 …… 342
4. 发生纠纷,不仅损失财产,还会损失亲情 …… 342
四、继承人能力不足的保单规划设计策略 …… 343
(一)利用保险死亡理赔金规划现金流并实现债务隔离 …… 343
1. 保险死亡理赔金债务隔离设计的三个要点 …… 343
2. 保险金信托做企业家身故后的债务隔离的四大优势 …… 344
(二)保单资产提供现金流,投保人转换实现债务隔离设计策略 …… 345
1. 投保人转换实现债务隔离设计的基本原理 …… 345
2. 投保人转化实现债务隔离的实操要点 …… 346
3. 投保人转换实现债务隔离设计架构的优势 …… 347
五、继承人能力不足风险的家族信托设计策略 …… 347
(一)企业股权传承与处理的家族信托规划设计策略 …… 348
(二)资产保全家族信托的规划设计策略 …… 348
1. 必须设立不可撤销信托,以隔离委托人债务 …… 349
2. 信托受益人及受益规则的债务隔离设计 …… 349
3. 家族信托中的金融资产安排 …… 349
4. 家族信托中房产的安排 …… 350
5. 家族信托中的人寿保单安排 …… 350
6. 信托的受益分配安排要优先保护受益人的核心基本需求 …… 350

第十四章　未成年人监护风险

第一节　风险案例 …… 353
一、案例导读 …… 353
二、案例详情 …… 353
三、案例解析 …… 354

第二节　风险解析与法律依据 …… 356
一、未成年人的法定监护 …… 357
（一）未成年人的法定监护人的范围 …… 357
（二）父母离婚失去抚养权是否会影响监护权 …… 357
（三）养父母、继父母是否可以作为未成年人的监护人 …… 358
（四）亲生父母去世，继父母的监护权问题的处理 …… 359
（五）未成年人的监护人的权利与义务 …… 360
二、未成年人的遗嘱监护 …… 361
（一）未成年人的遗嘱监护制度 …… 361
（二）父母的一方在另一方有监护权的情况下依然通过遗嘱指定监护人 …… 362
三、监护人侵害未成年人利益的现实情况与司法难点 …… 363
（一）未成年人监护缺乏有效监督 …… 363
1. 监督人很难有有效的监督手段 …… 363
2. 起诉监护人障碍重重 …… 363
3. 即使提起诉讼，证据搜集的难度也比较大 …… 364
（二）我国法律对未成年人财产保护不足 …… 364
1. 实体法对未成年人的财产保护不足 …… 364
2. 我国法律在被监护人财产处分程序上存在不足 …… 364
（三）继父母对继子女的继承权容易导致道德风险 …… 365
第三节　典型高风险人群与风险发生场景 …… 365
一、未成年人监护风险的高发人群 …… 366
1. 夫妻离婚，抚养子女一方对自己身故后另一方独立抚养子女不放心 …… 366
2. 亲生父母一方身故，生存一方对自己身故后子女监护问题不放心 …… 366
3. “老夫少妻”家庭，男方担心自己去世后子女的监护风险 …… 366
4. 亲生父母身故，孩子的祖辈对自己身故后孙辈的监护不放心 …… 366
二、未成年人监护风险的典型表现场景 …… 366
（一）离异家庭的未成年人监护风险表现场景 …… 366
（二）单亲家庭的未成年人监护风险表现场景 …… 368

(三)老夫少妻家庭的未成年人监护风险表现场景 …………………… 369
第四节　解决方案设计策略与规划实操 …………………………………… 370
一、未成年人监护风险预防方案设计的五大基本原则……………… 370
(一)未雨绸缪,提前规划 …………………………………………… 370
(二)提前选任好可靠的监护人,做好遗嘱监护设计 ……………… 371
(三)建立遗嘱监护权的“负面清单”……………………………… 371
(四)尽量实现人身监护与财产监护分离 ………………………… 371
(五)从情感上充分信任人性,从规则上防止用财富考验人性 …… 371
(六)设计好监护监督体系 ………………………………………… 371
二、遗嘱监护,结合公证工具,预防未成年人的监护风险…………… 372
(一)通过遗嘱监护为子女设立监护人 …………………………… 372
(二)结合公证制度,做好孩子的财产监护安排 ………………… 372
1. 房产的安排 ……………………………………………………… 372
2. 存款和现金等金融资产的安排 ………………………………… 373
三、人寿保险在预防未成年人监护风险中的运用方法……………… 373
(一)人寿保险结合遗嘱监护的设计方法 ………………………… 373
(二)人寿保单结合公证工具的设计方法 ………………………… 374
(三)通过保险金信托保护未成年人的权益 ……………………… 374
1. 保险金信托架构设计方法 ……………………………………… 374
2. 保险金信托预防未成年人监护风险的五大优势 ……………… 375
四、家族信托在预防未成年人监护风险中的运用方法……………… 375

第十五章　跨境传承风险解析与规划策略

第一节　风险案例 ………………………………………………………… 379
一、案例导读………………………………………………………… 379
二、案例详情………………………………………………………… 379
三、案例解析………………………………………………………… 380
第二节　风险解析与典型风险场景 ……………………………………… 382
一、典型国家或地区的赠与、继承程序特征与难点概述 ………… 382
(一)我国涉外赠与、继承程序特征与难点概述 ………………… 382
(二)我国香港特别行政区赠与、继承程序简介 ………………… 384

（三）新加坡赠与、继承程序简介 …… 384
（四）日本遗产税、赠与税简介 …… 386
1. 日本遗产税简介 …… 386
2. 日本的赠与税简介 …… 386
（五）美国遗嘱认证程序简介 …… 387
二、跨境传承中的典型难点问题 …… 388
（一）资产持有资格引发的问题 …… 388
（二）外汇管制引发的问题 …… 388
（三）税收制度不同引发的问题 …… 389
（四）税务信息披露与申报引发的问题 …… 389
（五）资产代持引发的问题 …… 390
（六）家族成员身份全球化引发的问题 …… 390
第三节 跨境传承风险规划设计策略 …… 391
一、“合法”是跨境财富保全与传承的“全球通行证” …… 391
二、家族成员身份安排规划值得注意 …… 392
（一）居住地、住所、国籍、税务居民身份的关系 …… 392
1. “住所”与“居住地”及税务居民身份之间的关系 …… 392
2. 无“住所”个人的税务居民身份判定 …… 393
（二）家族成员税务居民身份规划思路 …… 393
1. 家族成员税务居民身份规划思路 …… 393
2. 慎重对待“小国护照” …… 393
3. 注意不同国家税法的特殊性及跨境法律冲突问题 …… 394
三、跨境财富传承要有系统性思维 …… 394
（一）针对不同国家要有不同的规划策略 …… 394
（二）国内资产的传承规划不可忽视 …… 395
1. 全家移民后有没有必要做国内的传承规划 …… 395
2. 牵涉外籍继承人时，要充分考虑各种资产的传承方式 …… 396
3. 关于外籍继承人继承国内遗产后的申报出境问题 …… 396
4. 关于外籍受益人取得国内人寿保险死亡理赔金后的申报出境问题 …… 397
5. 要为外籍子女回国继承遗产准备现金流 …… 398

（三）运用规划工具要因地制宜，勿迷信某种规划工具 …………… 399
（四）要用动态的思维对待跨境传承规划 ……………………………… 399
（五）身后流动性的准备需要引起重视 ………………………………… 400

第三篇　企　业　篇

第十六章　企业经营风险解析

第一节　风险案例 ……………………………………………………………… 405
一、案例导读………………………………………………………………… 405
二、案例详情………………………………………………………………… 405
三、案例解析………………………………………………………………… 408
第二节　详解民营企业经营风险 ……………………………………………… 409
一、企业陷入经营危机的15种典型模式 ……………………………… 409
（一）政策变化对企业经营的影响 ……………………………………… 409
（二）金融危机导致企业经营失败 ……………………………………… 411
（三）行业淘汰导致企业经营失败 ……………………………………… 411
（四）突发自然灾害导致企业经营失败 ………………………………… 412
（五）非正常政商关系导致企业经营失败 ……………………………… 413
（六）盲目扩张导致企业经营失败 ……………………………………… 413
（七）应收账款被拖欠导致资金链断裂 ………………………………… 415
（八）被企业间担保互保拖累导致经营失败 …………………………… 416
（九）安全事故引发企业经营危机 ……………………………………… 418
（十）竞争对手“陷害”导致企业经营失败 ……………………………… 419
（十一）股东“内斗”导致企业经营陷入困局 …………………………… 421
（十二）“恶性竞争”导致企业经营失败 ………………………………… 424
（十三）“老板入狱”导致企业经营陷入困境 …………………………… 425
（十四）老板突然离世导致企业经营陷入困境 ………………………… 426
（十五）企业接班失败导致企业经营陷入困局 ………………………… 427
二、企业经营风险的典型影响与后果…………………………………… 429
（一）债务危机一般是企业经营失败的高概率衍生品 ………………… 429
（二）中国民营企业的债务危机大概率会传导到家庭 ………………… 430

(三)家庭陷入债务危机会对家庭成员造成严重影响 …… 430
第三节 企业经营风险的财富管理应对方法 …… 431
一、企业家自身预防企业经营风险的基本原则 …… 431
(一)规范经营,避免落入各种法律陷阱 …… 431
(二)科学经营,提升企业治理水平 …… 432
(三)理性经营,避免骄傲、盲目思想 …… 432
(四)与人为善,合作共赢 …… 432
(五)居安思危,有备无患 …… 433
二、应对企业经营风险的财富管理规划的基本原则 …… 433
(一)未雨绸缪,在财务状况好时及时剥离资产,做好规划 …… 433
(二)剥离的资产应独立于企业家夫妇的家庭资产之外 …… 433
(三)运用科学、合理、阳光的规划方法规划 …… 434
(四)合理运用具有法律属性的金融保全工具 …… 434
(五)规划有重点,守护好给家人的最后一道防线 …… 434

第十七章 企业家家庭债务风险解析与解决方案设计

第一节 风险案例 …… 439
一、案例导读 …… 439
二、案例详情 …… 439
三、案例解析 …… 441
第二节 风险解析与法律依据 …… 442
一、企业债务产生的秘密及四大典型融资手段 …… 443
(一)直接借款创造合理负债,提升利润 …… 443
(二)通过应付账款产生良性负债,补充流动资金,提升利润 …… 444
(三)通过公司资产和项目融资产生良性负债,加大杠杆,提升利润 …… 444
(四)引入风险投资产生良性负债,提升公司实力 …… 445
二、刺穿有限责任的"八把钢刀" …… 445
(一)有限责任制度与股东债务隔离 …… 445
(二)刺穿有限责任的"八把钢刀" …… 446
1.第一把"钢刀":个人账户直接收取公司账款 …… 446

2. 第二把“钢刀”:用报销的方式获取家庭资产 …………………… 447
3. 第三把“钢刀”:虚假交易,虚假账目转移公司资产 ……………… 447
4. 第四把“钢刀”:抽逃出资或过高设定注册资本 ………………… 448
5. 第五把“钢刀”:公司未注销导致重要财务文件丢失 …………… 448
6. 第六把“钢刀”:股东借款代替分红获取家庭资产 ……………… 448
7. 第七把“钢刀”:股东为公司债务承担连带担保责任 …………… 450
8. 第八把“钢刀”:民间借贷融资或承担担保责任 ………………… 450
三、司法保全、司法拍卖与企业家家庭债务风险 ……………………… 451
(一)司法保全措施的概念与影响 ………………………………… 451
(二)司法拍卖的概念与影响 ……………………………………… 452
四、个人破产制度与企业家家庭债务风险……………………………… 453
(一)个人破产制度的概念 ………………………………………… 453
(二)我国个人破产制度的发展状况 ……………………………… 454
五、人寿保险的强制执行问题探讨……………………………………… 454
(一)人寿保险的现金价值是否可以被强制执行 ………………… 454
(二)人寿保险的保险理赔金可不可以被强制执行 ……………… 455
(三)人寿保险受益权能不能被强制执行 ………………………… 455
第三节　典型高风险人群与风险发生场景 ……………………………… 456
一、家庭债务风险的高发人群…………………………………………… 456
二、企业家债务危机爆发的五种模式…………………………………… 457
(一)无法清偿到期债务导致危机爆发 …………………………… 457
(二)公司账户、资产被冻结导致危机爆发 ……………………… 458
(三)偶然事件导致债权人挤兑,债务危机爆发 ………………… 458
(四)因企业家入狱导致债务危机爆发 …………………………… 459
(五)因企业家身故导致债务危机爆发 …………………………… 459
三、民营企业家应对债务风险的“四大法宝” ………………………… 460
(一)资产代持 ……………………………………………………… 460
(二)“假离婚” …………………………………………………… 460
(三)转移财产 ……………………………………………………… 460
(四)身份出境、资产出境 ………………………………………… 461
四、债务风险对企业家家庭的八大典型影响…………………………… 461

第四节 解决方案设计策略与规划实操 …… 462
一、家企隔离的方法和现实难度 …… 462
二、企业家家庭资产保全规划设计的六大基本原则 …… 462
三、人寿保险合理、合法“隔离债务”的四大规划方案 …… 467
(一)为什么人寿保险不能“避债”却可以作“债务隔离”规划 …… 467
(二)用保险死亡理赔金作企业家身后的债务隔离规划 …… 467
(三)合理设计投保人和受益人,通过保单架构实现债务隔离 …… 468
(四)利用低现金价值保险和无现金价值保险产品实现债务隔离规划 …… 469
(五)用保险金信托进行债务隔离规划 …… 470
四、家族信托在企业家家庭资产保全中的应用 …… 470
(一)家族信托进行债务隔离规划的法律依据 …… 471
(二)家族信托债务隔离规划设计的六大基本原则 …… 473
1. 必须未雨绸缪,避免信托被债权人撤销 …… 473
2. 信托目的、信托财产必须合法,否则信托无效 …… 473
3. 最好设立不可撤销信托 …… 474
4. 切断委托人间接取回信托财产的通道 …… 474
5. 合理设计受益人“债务隔离条款” …… 474
6. “债务隔离”信托中最好不要直接持有家族企业的股权 …… 475
(三)家族信托的典型的债务隔离方案设计 …… 475

第十八章 资产代持风险解析与解决方案设计

第一节 风险案例 …… 479
一、案例导读 …… 479
二、案例详情 …… 479
三、案例解析 …… 481
第二节 风险解析与法律依据 …… 483
一、我国司法体系对股权代持行为的态度 …… 483
(一)有限责任公司股权代持的法律效力与争议处理 …… 483
(二)上市公司股权代持的法律效力与争议处理 …… 484
(三)关于股权代持效力和争议处理的一些其他问题 …… 486

1. 关于名义股东的债权人对代持股份申请强制执行，实际出资人是否有权利以股份代持为理由提出执行异议，要求停止执行的问题 …… 486
2. 股权代持没有书面的股权代持协议是否有效的问题 …… 486
3. 关于实际出资人请求确认股东资格，但没有合法身份资质问题的处理 …… 487
（四）我国司法体系对股权代持态度的总结 …… 487
二、代持人身故，被代持财产的继承分割风险 …… 487
（一）代持人身故风险案例 …… 488
（二）代持人身故风险详解 …… 490
三、代持人离婚，被代持财产的离婚分割风险 …… 491
（一）代持人离婚风险典型案例 …… 492
（二）代持人离婚风险解析 …… 493
四、代持人欠债，被代持财产被强制执行的风险 …… 494
（一）代持人债务风险典型案例 …… 494
（二）代持人债务风险解析 …… 496
五、代持人擅自处分、反水、私吞代持财产的风险 …… 496
（一）代持人反水风险典型案例 …… 496
（二）代持人反水风险解析 …… 498
六、跨境代持风险 …… 499
（一）跨境代持风险典型案例 …… 499
（二）跨境代持风险解析 …… 501
七、代持财产暴露风险以及因此而引发的其他风险简析 …… 501
第三节　典型高风险人群与风险发生场景 …… 502
一、代持风险的高发人群 …… 502
（一）负债经营的民营企业家群体 …… 502
（二）有政策规避需求的民营企业家群体 …… 502
（三）高净值再婚家庭 …… 502
（四）高净值移民家庭 …… 503
二、中国高净值人群使用"代持"工具的七种典型情况 …… 503
（一）为规避政策限制产生的代持 …… 503

(二)因为公司股权架构、治理等原因产生的代持 …… 503
(三)因为婚姻问题,转移财产产生的代持 …… 503
(四)因为债务问题,隐匿财产产生的代持 …… 504
(五)委托他人投资产生的代持 …… 504
(六)担心露富、避免麻烦产生的代持 …… 504
(七)因为移民问题产生的国内资产代持 …… 504
第四节 解决方案设计策略 …… 505
一、传统资产代持规划的六大基本原则 …… 505
(一)必须有书面代持协议,最好有第三人作为见证人 …… 505
(二)代持协议最好有代持人配偶的签字 …… 506
(三)代持人为被代持财产订立专门的遗嘱,说明情况 …… 506
(四)保留代持财产转移的相关证据 …… 506
(五)通过抵押、质押登记进行权利公示,防止代持人擅自处分 …… 507
(六)谨慎选择合适代持人 …… 507
二、国内公司股权代持规划设计的四大注意事项 …… 507
(一)通过股权代持规避法律的强制性规定可能无效 …… 508
(二)为规避外商禁入行业监管而采用股权代持要谨慎 …… 508
(三)合理采用其他方法替代股权代持方案 …… 508
(四)要提前考虑股权代持无效情况下的补偿方案 …… 508
三、家族信托替代代持工具的优势与运用方法 …… 509
(一)财产代持和家族信托的六大相同点 …… 509
(二)家族信托相对财产代持的十大优势 …… 510
(三)家族信托替代代持工具进行债务隔离规划 …… 512
1. 家族信托在债务隔离规划中相对代持的四大优势 …… 512
2. 家族信托替代代持进行债务隔离规划的四大注意之点 …… 513
(四)家族信托替代代持工具进行婚姻财产规划 …… 515
1. 家族信托在婚姻财富规划中相对于代持的三大优势 …… 515
2. 家族信托替代代持规划婚姻财富的注意之点 …… 516
四、人寿保单作为代持工具的原理与运用 …… 516
(一)企业债务隔离领域 …… 517
1. 先聊聊避债 …… 517

2. 常见保险产品类型的利益归属与债务规划时的配置建议 ……… 517
3. 实战运用思路 …………………………………………………… 519
（二）婚姻规划中的保单代持 …………………………………… 520
1. 常见运用场景和代持方案结构建议 …………………………… 520
2. 生前规划的方式 ………………………………………………… 520
（三）传承规划中的保单代持 …………………………………… 521

第十九章 企业股权架构风险解析与解决方案设计

第一节 风险案例 ………………………………………………… 525
一、案例导读 ……………………………………………………… 525
二、案例详情 ……………………………………………………… 525
三、案例解析 ……………………………………………………… 527
第二节 股权架构风险详解 ……………………………………… 529
一、企业股权架构的基本法律概念 ……………………………… 529
（一）有限责任公司制度简介 …………………………………… 529
1. 股东数量为2人以上,50人以下 ……………………………… 530
2. 公司有独立人格,股东对公司承担有限责任 ………………… 530
3. 属于人合兼资合的公司 ………………………………………… 531
4. 有限责任公司股权比例在管理权上的意义 …………………… 532
（二）有限责任公司的特殊形式:一人有限公司 ……………… 533
1. 一人有限公司每个自然人只能设立一个 ……………………… 533
2. 一人有限公司没有股东会 ……………………………………… 534
3. 一人有限责任公司需要股东举证证明公司财产独立于股东财产 …………………………………………………………………… 534
（三）股份有限公司 ……………………………………………… 534
1. 发起股东数量上升至200人,公众股东数量没有限制 ……… 534
2. 是纯资合公司,没有人合属性 ………………………………… 534
3. 资本必须实缴,不适用认缴制度 ……………………………… 535
4. 公司管理要求更加规范、财务要求更加公开与透明 ………… 535
5. 股份有限公司股权比例与股东权利的关系 …………………… 535
（四）有限合伙公司 ……………………………………………… 536

1. GP(普通合伙人)与 LP(有限合伙人)并存的制度 …………… 537
2. GP 的独特管理权地位的利用 ………………………………… 537
3. LP 承担有限责任的特性的利用 ……………………………… 537
4. 合伙企业税收架构的特性 …………………………………… 538
二、最常见的十一种“问题股权架构”详解 ……………………… 538
(一)1∶1 股权分配架构问题解析 ……………………………… 538
(二)股权平均分配的股权架构的问题解析 …………………… 539
1. 股权平均分配的典型案例 …………………………………… 539
2. 股权平均分配架构的问题解析 ……………………………… 540
(三)股权过于集中的股权架构的优劣势 ……………………… 540
1.“股权集中”架构的优势分析 ………………………………… 540
2.“股权集中”架构的四大弊端 ………………………………… 541
3. 被小股东狙击的大股东——“雷士照明吴某江案” ………… 541
(四)夫妻店持股架构的五大弊端 ……………………………… 542
(五)婚姻关系人持股架构的五大弊端 ………………………… 542
(六)家族成员代持股权的问题解析 …………………………… 543
(七)老板间接持股主体公司架构存在隐患 …………………… 543
(八)单一单层股权架构的弊端 ………………………………… 544
(九)企业家简单直接持股多家公司存在的弊端 ……………… 544
(十)缺乏股东退出机制设计存在的问题 ……………………… 545
(十一)任意持有员工股权激励股权存在隐患 ………………… 545
第三节　股权架构风险的影响与规划策略 …………………… 545
一、股权架构风险的五大典型影响 ……………………………… 545
(一)容易造成决策效率低下,甚至造成股东僵局 …………… 545
(二)容易引发股权纠纷,对企业经营产生严重影响 ………… 546
(三)容易引发企业家刑事风险 ………………………………… 546
(四)最终导致企业经营失败,陷入债务危机 ………………… 546
(五)债务危机传导到股东家庭,对股东家人产生严重影响 … 546
二、科学的股权架构设计的七大基本原则 ……………………… 546
(一)合理梳理公司业务,分板块设立公司 …………………… 547
(二)直接持股和间接持股相结合,科学设计多层伞型持股架构 …… 547

(三)合理利用不同类型公司,优化持股架构 …… 547
(四)合理安排各公司法定代表人,分散降低实际控制人刑事风险 …… 548
(五)家族成员持股尽量限制在血亲范围内 …… 548
(六)用心设计公司章程,合理设计股东投票权、股东退出机制等 …… 548
(七)提前设计股权传承计划,规划好股权传承基金 …… 549
三、详解"股东互保" …… 550
(一)股东意外离世的影响与"股东互保"的意义 …… 550
(二)传统"股东互保"方案中存在的问题 …… 550
1.很难做到保险额度与股东持有股权价值对等 …… 550
2.让保险额度和股权价值对等,保险费公司一般无法承受 …… 550
3."股东互保"引发的道德风险严重,不可控 …… 551
4.对死亡股东的继承人显失公平,易产生纠纷,无效可能性大 …… 551
(三)"股东互保"制度设计的关键 …… 551

第二十章　企业家刑事风险解析与防范

第一节　风险案例 …… 555
一、案例导读 …… 555
二、案例详情 …… 555
三、案例解析 …… 558
第二节　民营企业家刑事风险详解 …… 558
一、民营企业家刑事犯罪概况 …… 558
(一)民营企业家高频罪名统计 …… 558
(二)民营企业家犯罪年龄、环节及刑罚标准统计 …… 560
二、民营企业家刑事犯罪的典型特征 …… 560
(一)为了经济利益,普遍性违法犯罪 …… 561
(二)缺乏法律意识,无意识违法犯罪 …… 561
(三)主观恶性一般不大,罪名以经济犯罪为主 …… 561
(四)往往由经济纠纷引发刑事案件,独立犯案情况极少 …… 561
(五)失去人身自由导致失去企业,财富严重受损,家人受牵连 …… 562
三、民营企业家刑事犯罪的典型罪名详解 …… 562

(一)非法吸收公众存款罪、集资诈骗罪详解 …… 563
1. 典型案例:杨某群等集资诈骗案[(2019)浙刑终407号] …… 563
2. 案例解析 …… 564
(二)合同诈骗罪详解 …… 565
1. 典型案例:王某强汽车质押合同诈骗案[新疆高院(2020)新刑终70号] …… 566
2. 案例解析 …… 567
(三)企业家融资环节犯罪的五种典型场景 …… 567
1. 把企业当"孩子"无底线输血,最终因为融资犯罪 …… 568
2. 因为赌徒心理作祟而陷入融资黑洞,最终导致犯罪 …… 568
3. 因融资环境恶化陷入融资旋涡,最终导致犯罪 …… 568
4. 因高利贷陷入融资旋涡,最后触犯刑律 …… 568
5. 法律意识淡薄,自作聪明而作茧自缚 …… 568
(四)职务侵占罪、挪用资金罪详解 …… 568
1. 典型案例:兰某波挪用资金案[(2016)吉0103刑初201号] …… 569
2. 案例详解 …… 572
(五)企业家犯"职务侵占"与"挪用资金罪"的三种典型场景 …… 573
1. 个人账户直接收取公司账款 …… 573
2. 通过虚构账目、虚开发票等办法从公司账户套取资金 …… 574
3. 挪用资金给集团其他企业输血或者挪用资金做投资 …… 574
四、最容易被企业家忽视的犯罪行为 …… 574
(一)串通投标罪简介 …… 574
(二)贷款诈骗罪简介 …… 575
(三)侵犯商业秘密罪简介 …… 576
五、企业家刑事犯罪案发的五种典型模式 …… 578
(一)被他人举报、控告导致案发 …… 578
(二)经营失败无法善后导致刑事案件 …… 578
(三)被贪腐案件牵连导致案发 …… 579
(四)偶然的社会事件引发刑事案件 …… 579
(五)因为犯罪本身引发严重后果而案发 …… 579

第三节　企业家刑事风险的典型影响与应对策略 …………………………… 579
一、企业家刑事风险影响的三个层次……………………………………… 579
(一)企业家刑事风险导致企业经营困难 ………………………………… 579
(二)企业经营失败可能导致债务危机爆发,甚至牵连企业家家庭 … 580
(三)债务危机对企业家家庭成员产生严重影响 ……………………… 580
二、企业家刑事风险的五大预防与规划策略……………………………… 580
(一)加强企业家法律意识,提升企业治理水平,合法合规经营 …… 580
(二)聘请企业法律顾问或者建立法务部门,做好法律风险管控 ……… 581
(三)追求和谐,避免各种矛盾激化,引发刑事风险 …………………… 581
(四)合理设计股权结构和法定代表人,避免关键人物冤枉入狱 ……… 582
(五)做好资产保全规划,为家庭成员建立最后屏障 ………………… 582

第四篇　税务风险篇

第二十一章　企业税务风险与解决方案设计

第一节　风险案例 ……………………………………………………………… 589
一、案例导读……………………………………………………………… 589
二、案例详情……………………………………………………………… 589
三、案例解析……………………………………………………………… 591
第二节　风险解析与法律依据 ……………………………………………… 592
一、金税系统简介………………………………………………………… 592
二、金税三期系统税收稽查的“十一步”布局 …………………………… 593
(一)规范纳税人资料 ……………………………………………………… 593
(二)规范纳税人发票 ……………………………………………………… 593
(三)规范纳税人开票 ……………………………………………………… 593
(四)规范纳税人申报 ……………………………………………………… 593
(五)规范发票的查询 ……………………………………………………… 593
(六)办税人员实名制 ……………………………………………………… 594
(七)规范纳税人等级 ……………………………………………………… 594
(八)建立完善的运行模式 ………………………………………………… 594
(九)设置涉税监管岗位 …………………………………………………… 594

(十)企业账务软件并网 …… 594
(十一)后台大数据分析 …… 594
三、企业家涉税违法行为的法律后果 …… 594
(一)税控系统被锁,影响企业经营 …… 594
(二)补税、行政处罚 …… 595
(三)涉税违法的刑事责任 …… 595
四、企业家涉税入刑对企业与家庭的严重影响 …… 596
第三节 民营企业家涉税风险防范 …… 597
一、民营企业税收筹划常见的九种方法 …… 597
(一)充分利用税收优惠政策 …… 597
(二)分散税基,合理降低税负 …… 598
(三)利用核定征收政策 …… 598
(四)通过转让定价降低税负 …… 599
(五)合理利用会计技术 …… 599
(六)优化企业税收架构 …… 599
(七)利用税收洼地 …… 600
(八)纳税人身份筹划 …… 600
(九)合理设计业务模式与交易结构 …… 600
二、涉税风险引发的刑事风险的应对策略 …… 601
(一)运用人寿保险进行资产保全规划,保护家庭及家人 …… 601
(二)运用保险金信托 2.0 进行资产保全规划 …… 602
(三)运用家族信托实现资产保全规划 …… 602

第二十二章 税务信息透明与跨境税务风险

第一节 风险案例 …… 606
一、案例导读 …… 606
二、案例详情 …… 606
三、案例解析 …… 607
第二节 跨境财富管理专业知识介绍与应对原则 …… 608
一、国籍、永久居留权、税务居民与跨境税收之间的关系 …… 608
二、离岸财富管理的兴起与“避税天堂” …… 610

三、中国高净值人群的跨境财富管理现状 …………………………… 611
（一）拥有跨境财富分布的典型高净值人群 …………………………… 611
（二）典型人群的跨境财富结构的特点 ………………………………… 612
1. 移民人群的跨境财富结构特征 ……………………………………… 612
2. 拓展海外版图的企业家人群的跨境财富结构特征 ………………… 613
四、FATCA 与 CRS 制度介绍与发展进度 ……………………………… 614
（一）FATCA 法案基本介绍 ……………………………………………… 614
（二）FATCA 法案的发展进度 …………………………………………… 615
（三）CRS 制度基本介绍 ………………………………………………… 616
1. 多边互换模式（MCAA） ……………………………………………… 616
2. 双边互换模式 …………………………………………………………… 616
3. 双边非互换模式 ………………………………………………………… 616
（四）CRS 的发展进度 …………………………………………………… 617
（五）中国的 CRS 发展情况 ……………………………………………… 618
五、国际反洗钱制度对跨境税收的影响 ………………………………… 618
六、FATCA 与 CRS 对传统跨境财富布局构成的影响 ………………… 620
（一）财富涉税信息阳光化、税收规划专业化是趋势 ………………… 620
（二）将给中国高净值移民人群带来巨大的潜在税务风险甚至刑事风险 ………………………………………………………………… 620
（三）因 CRS 和反洗钱双重影响，将极大地改变传统离岸财富持有的架构 ……………………………………………………………… 622
（四）将改变全球私人财富分布的形态 ………………………………… 623
（五）各国“税收竞争”的永远存在将导致“避税天堂”不可能消失 …… 623
七、对 CRS 理解的十大常见误区 ………………………………………… 623
八、跨境财富架构搭建的一些指导原则 ………………………………… 627

第五篇　家　庭　篇

第二十三章　家庭经济支柱风险与解决方案设计

第一节　风险案例 ……………………………………………………… 633
一、案例导读 …………………………………………………………… 633

二、案例详情 …… 633
三、案例解析 …… 635
第二节 风险解析与典型风险人群 …… 636
一、家庭经济支柱的三大典型风险类型 …… 636
二、中产以下家庭经济支柱风险产生的三大损失 …… 637
(一)家庭经济支柱风险的直接经济损失 …… 637
(二)家庭经济支柱风险造成的收入损失 …… 637
(三)紧急变卖财产的损失 …… 638
三、中产家庭风险规划的认识误区 …… 638
四、高净值家庭的经济支柱风险特点 …… 638
五、家庭经济支柱风险的典型人群 …… 639
(一)单经济支柱的白领金领家庭的特征 …… 639
(二)单经济支柱的企业家家庭的特征 …… 640
第三节 解决方案设计策略与规划实操 …… 642
一、中产家庭的家庭经济支柱风险规划方案设计 …… 642
(一)保险计划的保障范围要全面 …… 642
(二)保单设计中收入填补原则的运用 …… 642
(三)保单设计中收入覆盖债务原则的运用 …… 642
(四)保单设计中要注意区分家庭责任阶段 …… 643
(五)善于利用定期保险降低保费、提升保额、匹配需求 …… 643
(六)利用高免赔额的医疗保险低成本转移大额医疗费用风险 …… 644
二、企业家家庭经济支柱风险解决方案设计 …… 644
(一)企业家家庭资产保全规模的确定 …… 644
(二)企业家家庭经济支柱风险的保险解决方案设计 …… 645
1. 通过保单架构的合理设计的保全规划方法 …… 645
2. 通过保险死亡理赔金隔离债务风险的规划设计方案 …… 647
(三)企业家家庭经济支柱风险的家族信托规划设计策略 …… 648

第二十四章 教育规划风险与解决方案设计

第一节 风险案例 …… 653
一、案例导读 …… 653

二、案例详情 …… 653
三、案例解析 …… 654
第二节　教育金风险详解与解决方案设计 …… 654
一、教育成长的三条典型路径 …… 655
二、高品质教育金的三大核心要求 …… 655
（一）教育金的“时间刚性”要求 …… 655
（二）教育金的“金额刚性”要求 …… 655
（三）教育金必须要现金的要求 …… 656
三、中产家庭的教育金规划策略 …… 656
（一）中产家庭教育金储备的四大误区 …… 656
1. 只重视储蓄，忽视家庭经济支柱风险 …… 656
2. 不做专户管理，不注意专款专用 …… 657
3. 用高风险投资产品储备刚性教育金 …… 657
4. 用普通的年金保险做教育金规划 …… 657
（二）中产家庭做教育金储备规划的要点 …… 658
1. 中产家庭教育金规划中的经济支柱保障的规划 …… 658
2. 中产家庭教育金储蓄需求的诊断 …… 658
（三）中产家庭教育金保险规划设计策略 …… 659
1. 中产家庭教育金储蓄保险规划的四大要点 …… 659
2. 人寿保险储蓄教育金的六大优势 …… 660
（四）中产家庭教育金定投规划设计策略 …… 660
1. 基金定投在教育金储备中的五大优势 …… 661
2. 基金定投储备教育金的实操注意之点 …… 661
四、高净值家庭教育金规划策略 …… 661
（一）高净值家庭教育金规划的四大要点 …… 661
1. 未雨绸缪，切忌拖延 …… 661
2. 安全第一，收益不论 …… 662
3. 短期积累，迅速剥离 …… 662
4. 独立于家庭资产之外，隔离风险 …… 662
（二）高净值家庭教育金保险规划方案 …… 662
1. 高净值家庭教育金保险规划的实操要点 …… 663

2. 人寿保险在高净值家庭教育金储备中的优势 …… 663
(三)高净值家庭教育金的信托规划方案 …… 664
1. 家族信托规划高净值家庭教育现金流的三大独特优势 …… 665
2. 人寿保险与家族信托结合的教育金规划方案 …… 665

第二十五章 养老现金流与老年监护风险

第一节 风险案例 …… 669
一、案例导读 …… 669
二、案例详情 …… 669
三、案例解析 …… 671
第二节 风险解析与法律依据 …… 671
一、成年人监护的概念与监护人的权利和义务 …… 671
(一)成年人监护的概念与成年人的法定监护 …… 672
1. 设立监护制度的目的 …… 672
2. 哪些成年人需要监护人的监护 …… 672
3. 成年人的法定监护人 …… 673
(二)监护人的权利与义务 …… 673
1. 监护人的监护职责 …… 674
2. 监护人履行监护职责的原则 …… 674
3. 监护人的监督与监护资格的撤销 …… 674
二、我国的意定监护制度 …… 675
(一)意定监护制度的含义与对保护老年人权益的积极意义 …… 675
(二)意定监护的设立与生效 …… 676
1. 意定监护协议的设立 …… 676
2. 意定监护协议的生效 …… 677
三、老年人因监护而产生的相关风险 …… 677
(一)监护人缺乏责任心,导致被监护老年人处于无人照管的困境 …… 677
(二)监护人滥用监护权,侵害被监护老年人的财产权益 …… 677
(三)多个监护人意见不一、相互推诿等,导致被监护老年人陷入困境 …… 678

(四)老年人没有法定监护人,导致监护人缺位 …… 678
(五)多个监护人争夺被监护人财产,导致被监护老年人陷入困境 …… 678
第三节　典型高风险人群与风险发生场景 …… 678
一、高净值人群养老风险高发人群 …… 679
(一)独生子女的高净值老年人群 …… 679
(二)婚姻复杂、子女关系复杂的高净值老年人群 …… 679
(三)子女不孝、家庭财产纠纷复杂的高净值老年人群 …… 679
(四)无子女的高净值老年人群 …… 680
二、高净值老人监护风险发生的四种典型情况 …… 680
(一)监护人缺位或监护人无法履行监护职责 …… 680
(二)监护人扯皮、不作为 …… 680
(三)监护人通过争夺监护权来争夺财产 …… 681
(四)监护人不负责任,甚至侵害老人权益 …… 684
三、高净值老年人群护理品质风险的表现模式 …… 686
(一)养老生活三阶段及各阶段的特点 …… 686
(二)专业养老护理的三个层面 …… 686
四、高净值老年人群的养老现金流风险 …… 688
(一)养老现金流的三个特点 …… 688
1. 必须肯定有 …… 688
2. 必须一直有 …… 689
3. 时间刚性 …… 689
4. 金额刚性 …… 689
(二)高净值人群在准备养老现金流上的误区 …… 689
1. 误认为房产、商铺可以养老 …… 689
2. 过分追求收益率,将养老金集中投资于高风险渠道 …… 690
3. 投资过于保守,误认为简单地储蓄可以养老 …… 690
4. 资产交给儿女,靠儿女养老 …… 690
5. 高净值老年人群的遗产争夺风险 …… 690
第四节　解决方案设计策略与规划实操 …… 691
一、高净值老年人群监护规划的方法 …… 691

(一)意定监护实际案例介绍 …… 691
(二)高净值老年人群的意定监护规划注意事项 …… 693
1. 有必要的家庭才需要进行意定监护规划,不要画蛇添足 …… 694
2. 要谨慎选择自己的监护人,并和监护人达成一致 …… 694
3. 要约定好监护人的监护范围、监护原则等,体现被监护人的意愿 …… 694
4. 如果有条件最好人身监护与财产监护分离,并设置监护权“负面清单” …… 694
5. 合理运用人寿保险、家族信托、公证处提存账户等加强财产监护的监管 …… 694
6. 儿女以外的监护人,最好约定明确的监护报酬 …… 695
7. 最好借助有经验的公证处与公证员做意定监护安排 …… 695
8. 做好监护的同时要做好传承规划方案 …… 695
二、高净值老年人群的养老品质规划方法 …… 695
三、高净值老年人群的养老现金流规划方法 …… 696
(一)人寿保险规划养老现金流的四大天然优势 …… 696
(二)利用人寿保险规划三大养老现金流 …… 697
四、高净值老年人群身后传承规划的方法 …… 697

第二十六章 失智残疾人士监护风险

第一节 风险案例 …… 701
一、案例导读 …… 701
二、案例详情 …… 701
三、案例解析 …… 702
第二节 风险解析与法律依据 …… 703
一、失智残疾人士的监护制度 …… 704
(一)失智残疾人士的监护人是哪些人 …… 704
(二)失智残疾人士的监护人的权利与义务 …… 705
(三)残疾人法定监护面临的问题 …… 705
1. 监护人缺位的问题 …… 706
2. 法定监护人缺乏监督,不作为或侵害被监护人权益风险比较大 …… 706

3. 监护人和继承人身份重合,道德风险也比较大 …………………… 706
二、遗嘱监护制度与失智残疾子女监护 …………………………… 706
(一)遗嘱监护制度的内涵与发展现状 …………………………… 707
1. 谁有通过遗嘱指定监护人的权利 ………………………………… 707
2. 指定监护与法定监护谁更优先 …………………………………… 707
3. 指定的监护人的监护权何时生效 ………………………………… 707
(二)失智残疾子女遗嘱监护的设立程序 ………………………… 707
(三)委托监护对遗嘱监护的补充 ………………………………… 708
三、专业机构监护人及监护制度的设计 …………………………… 708
(一)专业机构监护人解决失智残疾子女监护问题的优势 ……… 708
1. 专业机构担任监护人,可以解决监护人稀缺的问题 …………… 708
2. 专业机构担任监护人,可以解决监护人缺乏经验和专业知识积累不足的问题 …………………………………………………… 709
3. 专业机构担任监护人,可以方便建立完善的监护人监督体系,可以降低监护人侵害被监护人的风险 ……………………………… 709
4. 专业机构担任监护人,可以方便解决继任监护人问题 ………… 709
5. 专业机构担任监护人,有利于建立规范的监护服务市场 ……… 709
(二)监护机构章程设计的几个基本的建议性原则 ……………… 709
第三节　典型高风险人群与风险发生场景 ……………………… 711
一、失智残疾子女家庭的分类和特点 ……………………………… 711
二、失智残疾人士监护与照顾的九大难点 ………………………… 712
(一)监护人缺位的问题 …………………………………………… 712
(二)监护人缺乏责任心,甚至侵害、虐待被监护人的问题 ……… 712
(三)监护人缺乏专业性的问题 …………………………………… 713
(四)被监护人生活、医疗费用等不足的问题 …………………… 713
(五)监护人侵害被监护人财产的问题 …………………………… 714
(六)被监护人财产流动性不足的问题 …………………………… 714
(七)被监护人身后遗产的处理问题 ……………………………… 715
(八)残疾人士的生活照顾、护理等问题 ………………………… 715
(九)缺乏专业的照顾机构的问题 ………………………………… 715
三、残障子女家庭父母自身的监护和护理问题 …………………… 716

第四节 解决方案设计策略与规划实操 …… 716
一、残疾人士监护、照顾方案设计的七大基本原则 …… 716
(一)监护和看护分离 …… 716
(二)人身监护和财产监护分离 …… 717
(三)设立监护权"负面清单" …… 717
(四)构建监护监督机制 …… 717
(五)现金流规划重于财产规划 …… 717
(六)父母的监护必须关注 …… 717
(七)被监护人遗产处理要设计好 …… 717
二、公证制度对残障人士监护的意义与典型方案 …… 718
三、人寿保险对解决残障人士监护、照顾问题的意义和典型方案 …… 719
(一)残障人士监护、照顾中需要的现金流的四大特点 …… 719
1. 生活费、看护费等供给必须足额、准时、稳定 …… 719
2. 与生命等长的现金流 …… 719
3. 随时必须有应急医疗费用的储备 …… 719
4. 可能产生长期的慢性疾病治疗和康复费用 …… 719
(二)人寿保险规划残障子女保障现金流的方法 …… 719
(三)保险金信托及人寿保险结合公证处提存账户/信托专户的规划方法 …… 720
四、家族信托解决残障人士监护、照顾问题的八大规划要点 …… 721
(一)放入信托的财产要充分考虑其流动性,非现金资产要考虑变现方式与变现条件 …… 721
(二)信托支付和分配规则既要考虑受托人的监督职能,又要考虑支付的效率 …… 721
(三)要充分考虑委托人的特殊意愿和残障受益人的特殊需求 …… 722
(四)信托财产投资安全性要作为第一考虑要素,然后再兼顾收益性 …… 722
(五)要考虑和人寿保险的结合,利用人寿保险的杠杆和收益锁定的功能,创造现金流 …… 722
(六)要合理设计信托受托人及保护人的自由裁量权,防止信托合同的僵硬性在一些特殊情况下严重影响受益人信托利益

的支付 …… 723
(七)设计好受益人去世后剩余信托财产的传承规则 …… 723
(八)家族信托可以兼顾保障父母的养老、看护现金流 …… 725

附 录 风险预判“标签法”的运用方法

一、“标签法”与重点风险判定“五大标准”简介 …… 726
(一)高净值人士的“八大类标签” …… 727
(二)“八大类标签”的风险图谱 …… 727
(三)“标签法”的运用方法 …… 728
(四)重点风险判定的“五大标准” …… 729
1. 我们可以提供解决方案的 …… 729
2. 明显与客人相关 …… 730
3. 热点问题或者盲点问题 …… 730
4. 风险发生后对客人最关心的人和事影响重大 …… 730
5. 风险可能已经发生或即将发生 …… 730
二、“标签法”运用实例演示 …… 730
(一)案例情况概述 …… 730
(二)给客人钱先生贴标签 …… 730
(三)绘制钱先生的风险图谱 …… 731
(四)用“五大标准”判定重点风险 …… 731
1. 代持风险部分 …… 731
2. 家庭风险部分 …… 732
3. 企业风险部分 …… 732
4. 婚姻风险部分 …… 732
5. 传承风险部分 …… 733
6. 税务风险 …… 733

PART 01

第一篇

婚姻篇

第一章

婚内财产混同风险

第一节 风险案例

一、案例导读

2015 年，北京市开庭了一起离婚资产分割案，被告人李某和妻子王珊（化名）结婚 3 年多，房产和大部分银行存款等是李某的父母在婚前赠与李某的，房产也是李某父母婚前过户到儿子名下的。但是最终王珊却在离婚时分走了几乎一半的资产，总价值高达 400 万元，为什么会发生这种事呢？

二、案例详情

李某是北京人，父母也是老北京，在海淀区花园桥有两套房产，大的那套归李某和妻子居住，小一点的那套父母住，两个房子距离不算远，所以李某的父母经常会去李某家一起吃饭。

李某的妻子是他的大学同学，叫王珊。王珊是当年大学的班花，人长的美又非常聪明，因为擅长跳舞，经常出现在各种文艺汇演现场，是学校里的红人。李某一直以朋友的身份和王珊相处，到大四终于追到了王珊，成为男女朋友。毕业后 1 年多，他们就登记结婚了。在结婚之前，李某的父母将大的那套房子作为婚房过户到李某名下，结婚的时候王珊也没有提出要求要把婚房写上两个人的名字。

结婚之后，因为工作忙，李某没有精力像上学时候那样对王珊关怀备至，而王珊也因为刚开始工作很多方面不顺心，心情经常比较差，因此，两个人很容易因为一些生活琐事吵架。李某的母亲比较传统而且顾儿子，主观地把责任都怪在了儿媳王珊身上，对王珊经常没什么好脸色，时不时还喜欢含沙射影地说王珊几句。婆婆的所作所为让王珊非常不高兴，但她也没什么办法，只能忍着。

结婚后的第 2 年，也就是 2013 年秋天，有一次李某的母亲来家里吃饭，因为看不惯王珊家里什么活儿也不干，还总是浓妆艳抹地去参加各种聚会，直截了当地说了很多重话。王珊对婆婆的指责非常不满，两个人长期的积怨终于在当天第一次爆发了婆媳大战。二人互不相让越吵越厉害，最后李母情急之下放了狠话："这是我的房子，你给我滚出去！"王珊听到后十分激动，当场掀了桌子，李母看到儿媳如此顶撞，眼前一黑当场晕倒……

李某看到母亲被气得晕过去，顿时火冒三丈，情急之下狠狠甩了王珊一记耳光，然后赶紧送母亲去了医院。王珊从小在父母的宠爱下长大，哪里受过这种委屈，根本顾不上别的，转头买机票回了江苏娘家。

母亲到医院做了检查，并没有什么大碍，只是情绪激动罢了。看到母亲安然无恙，李某开始担心起妻子来，赶紧联系王珊想要安慰和好。但是王珊信息不回，电话不接，这让李某非常担心。李某想去江苏找王珊，但母亲不同意，认为儿子不能这样惯着儿媳妇。这样僵持了两周以后，李某实在憋不住了，每天像热锅上的蚂蚁。母亲看到儿子这样，担心儿子憋出病来，也就同意了儿子去江苏找王珊。

在王珊娘家，无论李某如何道歉、保证，王珊都不为所动。后来，李某考虑母亲那句"我的房子，你给我滚出去！"对王珊伤害最大，就跟王珊保证回北京就将房子加上王珊的名字，让王珊再也不用担心母亲赶她出门了。王珊听到这话方才有所缓和，李某又哄了几天之后，终于消了气和李某一起回了北京。

回到北京之后，李某瞒着父母偷偷带着王珊去房管局将房子加上了王珊的名字。但好景不长，因为两个人的脾气性格没有改变，随着生活琐事越来越多，二人的争吵越来越频繁。又过了不到 1 年，李某开始怀疑王珊有婚外情人，王珊坚决否认并且认为李某是疑心病、无理取闹，二人的生活进入了不争吵就冷战，根本没有有效沟通的地步。这样的时间又持续了 1 年，二人终于心力交瘁，一致同意离婚，但是双方在财产分割上产生了严重分歧。李某和王珊争议的财产包括：

价值 600 万元住房一套，夫妻持有；

银行理财 100 万元左右，账户持有人李某；

股票账户 80 多万元，账户持有人李某；

李某的工资卡余额 20 多万元；

王珊的工资卡余额 10 万元；

宝马汽车一辆，王珊的嫁妆，持有人王珊。

李某认为，车子是王珊家给的还归王珊，同时再给她 100 万元补偿，房子和存款这些都是父母婚前给自己的，应当归自己所有。但王珊不同意，因为房产证上有自己的名字，所以要求所有财产一人一半。两人无法达成一致，最终闹上了法庭。李某和王珊的离婚财产纠纷让两个人再次心力交瘁，李某的母亲也因为这次纠纷再一次住进了医院。

最后，李某做出了让步，房子和其他金融资产都归李某，李某给王珊 300 万元现金补偿,半年之内付清,车子归王珊所有,双方最终调解结案。后来,因为李某实在凑不齐300万元补偿款,不得已只好把房子卖掉了。因为卖得急,又需要对方全款付清,600万元的房子最终只卖了560万元,几年之后这套房子的市场价格涨到了1000万元以上。

三、案例解析

在这个案件中,争议的财产最初大部分是李某的婚前财产,为什么王珊最后会分走几乎一半呢?最主要的原因就是在婚后的3年时间,这些财产由于各种原因不同程度上发生了混同。譬如,李某婚前的房产,因为加上了王珊的名字,变成了夫妻共同财产;又如,理财产品账户,因为婚后反复地存取以及加上几年的理财收益,也根本分不清哪些是个人财产哪些是共同财产。于是,最终导致二人的婚内个人财产与婚姻共同财产无法有效地分开,最终只能按照夫妻共同财产进行分割,最终李某及其母亲付出了惨痛的代价。由此可见,对于高净值家庭来说,婚姻财产混同的问题是非常值得关注的。

第二节　风险解析与法律依据

我国婚姻财产法体系是以“婚后所得共同制”为基础的,相比英美及大陆法系的主流婚姻财产法律制度,我国的婚姻财产法律制度中的“婚后所得共同制”更彻底,更有利于婚姻中的弱势方。所以,从保护弱势方的角度上讲,我国的婚姻财产法律制度是更先进的。但是,对于一些高净值家庭来说,我国现行的婚姻财产法律制度会对他们的财富造成诸多风险,其中,最为重要的两大风险是“婚内受赠继承风险”与“婚内财产混同的风险”,并且,这两个风险在现实生活中经常相生相伴。本章重点讨论婚内财产混同的风险。

一、我国婚姻财产法律制度中的“劳动共同原则”

(一)“劳动共同原则”的含义

“劳动共同原则”是笔者自己总结的我国婚姻财产制度“七大原则”之首。其内涵为:“夫妻结婚后,夫妻双方的任何一方的劳动力如果没有其他约定,应当归夫妻共同所有，因此，因夫妻一方付出劳动而取得的财产应当属于夫妻共同财产。”这也是我国婚姻法体系对婚内家务劳动价值充分尊重，充分保护婚姻中女性权益的重大体现。[①] 支持这个原则的法律规定包括见图1－1：

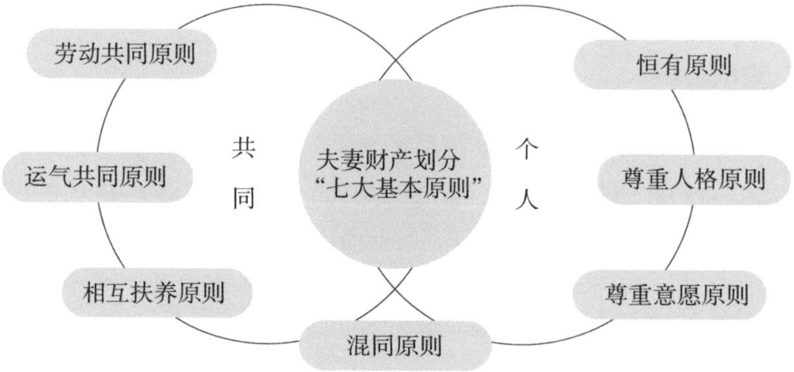

图1－1

《民法典》第1062条，婚姻关系存续期间内取得的工资、奖金、劳务报酬、生产收益、经营收益、投资收益、知识产权收益属于夫妻共同财产。上面列举的每一种财产都有一个共同的特性，一般需要夫妻一方付出劳动方能取得。这是《民法典》中“劳动共同原则”的体现。

《最高人民法院关于适用〈中华人民共和国民法典〉婚姻家庭编的解释（一）》（以下简称《民法典婚姻家庭编的解释（一）》）第25条，婚内一方以个人财产取得的投资收益，婚内取得的住房补贴、住房公积金属于夫妻共同财产。个人财产的投资收益一般情况下也需要付出劳动方能取得，因此属于夫妻共同财产。住房补贴、住房公积金一般也是夫妻一方在工作单位取得的劳动报酬的一种形式。这两点也是“劳动共同原则”的具体体现。

《民法典婚姻家庭编的解释（一）》第26条，夫妻一方个人财产取得的收益，除孳息和自然增值外，应当认定为夫妻共同财产。这里作为除外处理的自然增值，它的特点就是不需要付出任何劳动就可以取得，这刚好从反面印证了“劳动共同原则”，而孳息，在理论上也可能需要付出劳动，但考虑现实生活中很难有很纯粹的概念，取得孳息需要付出的劳动可以说微乎其微，并且，其付出的劳动也一般

---

① 参见最高人民法院民法典贯彻实施工作领导小组主编：《中华人民共和国民法典婚姻家庭编继承编理解与适用》，人民法院出版社2020年版，第153～154页。

不会影响孳息的多少，因此，也可以认为取得孳息基本不需要付出劳动，这又是对“劳动共同原则”的反面印证。

同时，最高人民法院还有关于婚前购买股票，婚后没有经过任何操作，其收益的认定原则①。虽然股票收益属于典型的投资收益，但最高人民法院依然认为如果股票婚后没有经过任何操作，没有付出劳动，则应当认定为类似于自然增值，属于一方个人财产。还有，关于婚前房产婚后取得的租金的认定原则。虽然房租属于典型的法定孳息，但全国法院的通说观点依然认为，房租如果经过了夫妻一方的经营，如找租户、维修房屋等，付出了劳动，则属于经过了经营而获得的房租，因此应当认定为共同财产。典型的投资收益因为没有付出劳动就属于个人财产，典型的法定孳息因为需要付出劳动就属于夫妻共同财产，可以清晰地看出法律背后的认定逻辑就是“劳动共同原则”。

请务必注意，“劳动共同原则”是笔者自己总结的一个不严谨的原则，仅限于帮助广大的非法律人士理解我国婚姻法中的婚姻财产划分制度，并非科学严谨的学术理论。

（二）“劳动共同原则”与对家务劳动价值的认可

在社会实践中，夫妻分工的情况是普遍存在的。结婚之后，大部分家庭中女性会更多地承担照顾子女、照顾家庭及老人的责任，而男性则更偏向于“赚钱养家”，承担起家庭经济支柱的责任。虽然很多女性在婚后并不会完全放弃职业或者事业，但相比男性而言，其重心还是会偏向于家庭，很多时间用于完成家务劳动，一般收入也会低于其丈夫。但是，相比于职业或者事业经营等劳动，家务劳动是不会被计算报酬的，这就造成了对女性的一种不公平。这种不公平在人类历史上持续了千年之久，虽然随着社会的发展已经有很大的改善，但提升空间依然较大。

相比之下，我国婚姻法律体系对家务劳动价值的认可是相对比较先进的，其中最重要的体现就是“劳动共同原则”。从前文的分析我们可以清晰地看到，我国婚姻财产制度中把夫妻任何一方通过劳动获得的财产，包括薪资收入、经营收入、个人财产经过劳动后的投资收益、知识产权收入以及因付出劳动而获得的各种补偿如住房公积金、失业补偿等都作为夫妻共同财产处理。如此，男女双方无论怎么分工，他们各自付出的劳动都有对方之一半，家务劳动和职业或者经营性劳动在婚内得到了公平的对待。

---

① 最高人民法院民事审判第一庭编：《民事审判指导与参考》（总第57辑），人民法院出版社2014年版，第144～148页。

(三)《民法典》中的家务劳动补偿制度解析

虽然我国的婚姻财产制度在婚姻关系存续期间实现了对家务劳动价值的认可,但这并不足以在夫妻分工问题上达到完全的公平,其不公平性主要体现在夫妻离婚之后。因为承担家务劳动多的一方,虽然家务劳动没有报酬的缺陷已经由"劳动共同原则"解决,但更多地承担家务劳动造成职业能力或者经营能力下降,也就是俗话讲的"赚钱能力"的下降,在夫妻离婚之后就会体现出不公平。

在现实中我们经常会看到,很多夫妻在结婚之前双方都有自己的职业或者事业,能力差别并不明显。而在结婚后,为了家庭和孩子,必然有一方,在大部分情况下是女性要更多地回归家庭,承担起更多的家务劳动。经过长时间后,更多回归家庭的一方的职业或者事业必然就会受到比较大的影响,夫妻双方之间赚钱能力的差别就逐步扩大了。夫妻只要不离婚,赚钱能力有无差别理论上没有影响,因为劳动共同。但是,如果双方离婚,双方赚钱能力的差别影响就非常明显了。

为此,我国《民法典》增加了家务劳动补偿制度,这是对家务劳动价值进一步认可的体现。《民法典》第 1088 条(关于离婚经济补偿)规定:"夫妻一方因抚育子女、照料老年人、协助另一方工作等负担较多义务的,离婚时有权向另一方请求补偿,另一方应当给予补偿。具体办法由双方协议;协议不成的,由人民法院判决。"要注意,这是在夫妻共同财产已经被公平分割的基础上,更多承担家务劳动的一方还有权要求对方给予补偿,这就是对自己能力损失的一种补偿。

二、恒有原则与混同原则

(一)婚内个人财产之恒有原则

《婚姻法》(已废止)颁布后,个人的婚前财产与婚内的个人财产不会再随着婚姻的持续而自然转化为夫妻共同财产。从理论上说,夫妻一方的个人财产永远都属于其一方的个人财产,这就是恒有原则。

恒有原则的法律依据有二。首先,《民法典》第 1063 条对夫妻个人财产的规定,"一方婚前的财产"属于个人财产。① 其次,《民法典婚姻家庭编的解释(一)》

---

① 《民法典》第 1063 条　下列财产为夫妻一方的个人财产:
(一)一方的婚前财产;
(二)一方因受到人身损害获得的赔偿或者补偿;
(三)遗嘱或者赠与合同中确定只归一方的财产;
(四)一方专用的生活用品;
(五)其他应当归一方的财产。

第 31 条[①]规定，一方个人财产不因婚姻关系的延续而转化为夫妻共同财产。由此可见，夫妻一方婚前财产或者婚内取得的个人财产理论上永远都会属于其个人的财产，如一方的房产、存款、投资性资产或者其他一切的财产，都不会因为婚姻关系的延续而转化为夫妻共同财产。

（二）个人财产向共同财产的转变之“混同原则”

虽然理论上个人财产不会因婚姻关系的延续而转换为夫妻共同财产，但是在现实生活中的情况要复杂得多。很多时候，如果婚姻持续时间较长，最终很难还有纯粹的一方个人财产，造成这个结果的主要原因就是“混同”问题。

“混同原则”和法律规定没有关系，而是一个自然逻辑，就是当一方的个人财产和夫妻共同财产混在一个财产中，没有切实有效的证据能够证明哪些是个人财产，哪些是共同财产时，只好将其作为共同财产处理，然后尽量考虑双方对财产的贡献进行合理的分割。

混同主要有两个层次：第一个层次是个人财产和共同财产在管理过程中直接发生混同；第二个层次是个人财产产生的投资收益与财产本身混同。第一个层次混同的预防还是比较简单的，只要注意管理方法，譬如，做好专户管理，保存好个人财产流动或者形式转化的证据，就可以防止混同的发生。但第二个层次，个人财产与其自身产生的投资收益的混同是非常难以预防的。因为在我国目前的婚姻财产法律体系下，因为有“劳动共同原则”的存在，一方个人财产在婚内如果产生了收益，而收益的取得又经过了一方或者双方的劳动，则收益部分属于夫妻共同财产，这相当于个人财产本身中有了共同财产的部分。譬如，一个婚前的银行账户，即使做了专户管理，预防了第一个层次的混同风险，但如果婚后多年理财产生了大量属于共同财产的投资收益，同时又从账户中陆陆续续支出很多资金，就很难能有证据证明该账户中哪些属于个人财产哪些属于共同财产了。又如，被反复操作的股票，哪怕是专户管理，也非常容易发生投资收益与本金的混同。还有家族企业的股权，如果家族企业股权在婚内增值幅度很大，也非常容易发生混同的问题。

三、人寿保单及其婚内增值部分是否属于夫妻共同财产

人寿保单及其婚内增值部分是否属于夫妻共同财产呢？要分析这个问题必

---

① 《民法典婚姻家庭编的解释（一）》第 31 条　民法典第一千零六十三条规定为夫妻一方的个人财产，不因婚姻关系的延续而转化为夫妻共同财产。但当事人另有约定的除外。

须要分情况进行讨论：

（一）从保费来源的角度分析保单本身及增值部分的归属

要分析人寿保单婚内的增值部分是否属于夫妻共同财产，首先就要分析其保费的来源，保费来源大概可以分为四种情形。

第一种情形，人寿保险为一方在婚内购买，全部保费均来源于夫妻共同财产。此时人寿保险本身就是夫妻共同财产，其增值部分当然属于夫妻共同财产无疑，不用讨论。

第二种情形，人寿保险为一方在婚前购买且全部保费都是用个人财产缴付。此时，人寿保险本身是夫妻一方的个人财产，但增值部分是否属于夫妻共同财产还要看是否需要付出劳动，如果增值的取得没有付出劳动，则类似于自然增值，属于个人财产，反之则属于共同财产。

第三种情形，人寿保险为其他人投保，然后指定赠与给夫妻一方。此时，人寿保险本身是夫妻一方的个人财产，增值部分是否属于夫妻共同财产也要看是否需要付出劳动，如果增值的取得没有付出劳动，则类似于自然增值，属于个人财产；反之则属于共同财产。

第四种情形，人寿保险为婚前投保，但婚后用夫妻共同财产缴付部分保费。此时，人寿保险属于个人财产和共同财产的混合体，具体的归属就要结合个案的证据情况才好确定，但判定原则与前面的三种情形并无二致。

（二）从投保时间与投保行为人的角度分析个人保单增值部分的归属

从前述分析中我们知道，如果保单本身属于夫妻共同财产，增值无论如何都属于夫妻共同财产，无须讨论。这里我们主要讨论一方个人的保单在婚内增值部分的归属。从前文分析中我们还可以清晰地看到，增值部分是否属于共同财产要从劳动共同原则的角度上进行考量，而保单中最重要的投资行为是投保行为。因此，投保行为是否夫妻中的一方做出，做出时间是在婚内还是在婚前，可能会影响增值部分的归属。

首先，如果投保行为是夫妻一方做出，并且是在婚内做出的，即使保费来源全部是一方个人财产，即保单本身属于个人财产，但其投保的行为大概率会被认定为是投资行为，付出了劳动，因此其保单的增值部分大概率应该属于投资收益，属于夫妻共同财产。

其次，虽然投保行为是夫妻一方做出，但是是在婚前做出的，并且保费全部来源于一方个人财产。如果在投保后没有付出其他劳动，则保单本身属于个人财产，增值部分因为没有付出任何劳动，应该类似于自然增值，也属于一方个人财产。

最后，投保行为并非夫妻一方做出，保单为夫妻一方通过接受赠与或者遗产取得，并且有明确意思表示归夫妻一方，属于一方个人财产。这种情况和情形二其实并无二致，如果没有付出其他劳动，增值部分也属于夫妻一方个人财产。

（三）从收益种类的角度分析个人保单增值部分的归属

与前一问题相同，这里还是专门讨论夫妻一方个人的保单在婚内增值部分的归属。人寿保险的增值有多种方式，至少包括赔付的保险金超过保费的部分、保单的分红、保险的生存金、万能保险的收益、投资联结保险的收益等。笔者对其分别进行了分析。

首先，赔付的保险金超过保费的部分，这部分其实不能认为是增值的部分，这部分应当属于风险造成损失的补偿，并且从最高人民法院在《第八次全国法院民事商事审判工作会议（民事部分）纪要》（以下简称《八民会议纪要》）中表明的态度来看，无论是夫妻在婚内的取得的死亡理赔金，还是重疾、医疗、残疾等保险金均属于一方的个人财产，因此，就不用讨论增值不增值的问题了。

其次，关于人寿保险的分红。人寿保险分红可分为现金分红与保额分红，如果保单最终正常赔付，则二者无疑都应当认定为是保单的增值部分。在实践中，分红型的人寿保险合同成立后，投保人就再也不用也没有机会再对保单本身作出任何投资方面的调整了，也就是说，两种分红的取得其实是不需要夫妻任何一方付出任何劳动的，按照劳动共同原则并参考最高人民法院对婚前购买的股票，婚后没有经过任何操作，其增值部分宜认定为自然增值①的认定原则，两种分红都应该类似于自然增值，依然属于夫妻一方的个人财产。

再次，关于万能型保险的投资收益部分。要注意，与分红保险不同，万能保险是可以追加保费的。一方个人的保单，如果婚后没有过任何追加保费的行为，那么万能保险的投资收益投保人也是没办法再付出任何劳动的，当然应当属于一方个人财产。但是，如果其在婚后有反复追加保费的行为，其追加行为可以认定为一种投资行为，其增值部分的归属问题就比较复杂了，至少因为其追加行为而多取得的投资收益部分要认定为夫妻共同财产。

复次，关于投资联结保险的投资收益部分。投资联结保险不仅像万能保险一

---

① 最高人民法院民事审判第一庭编：《民事审判指导与参考》（总第 59 辑），人民法院出版社 2015 年版。

样可以追加保费，还可以调整投资账户的仓位，追求更好的投资效果。所以，如果投保人在婚内没有追加过保费也没有调整过仓位，也就是说，没有付出过任何的劳动，则增值部分当然也要类似于自然增值，依然属于个人财产。但是，如果投保人在婚内有追加保费、频繁调整投资账户仓位等行为，付出了大量的劳动，则其增值部分就极有可能部分甚至全部被认定为夫妻共同财产。如果还伴随了很多的领取现金价值的行为，还可能导致保单本身的本金部分都被混同成共同财产。

最后，关于夫妻一方在婚内取得的保险生存金，这个问题比较复杂，以下进行详细讨论。

(四)关于夫妻一方在婚内取得的“保险生存金”性质认定的问题

最高人民法院发布的《八民会议纪要》婚姻家庭部分第 5 条第 2 款认为，婚姻关系存续期间，夫妻一方依据以生存到一定年龄为给付条件的具有现金价值的保险合同获得的保险金，宜认定为夫妻共同财产，但双方另有约定的除外。

从文义解释的角度上看，似乎最高人民法院认为婚内取得的所有的保险生存金都宜认定为夫妻共同财产。但从最高人民法院肖峰法官的《肖峰：简析离婚案件中的保险金分割》①一文看来，似乎不能如此简单地理解。肖峰法官在文中如是解析该问题：

“至于在婚姻关系存续期间，夫妻一方依据以生存到一定年龄为给付条件的具有现金价值的保险合同获得的保险金，则宜认定为夫妻共同财产。这里以生存到一定年龄为给付条件的具有现金价值的保险合同主要有生存保险和两全保险。……

由于上述保险类型都存在储蓄性，也即生存到一定年龄，保险公司给付的保险金一般都大于收取的保险费，故均具有一定的投资属性。相应地，生存到一定年龄后所取得的保险金都可作为投资收益，由于该收益的取得发生在婚姻关系存续期间，故根据《婚姻法》(已废止)第 17 条规定，应属于夫妻共同所有的财产。当然，如果投保人为自己所投生存保险、两全保险所支付的保费是以个人财产支付，那么最终所得保险金扣除所交保费的剩余部分可作为夫妻共同财产分割。”

可见，肖峰法官认为，《八民会议纪要》中关于“生存金属于夫妻共同财产”至少包含两层意思：第一层意思，生存金属于夫妻共同财产的依据是生存金属于投资收益；第二层意思，如果保费是个人财产支付，只有超过保费的剩余部分才属于投资收益，没有超过的部分是本金的返还，依然属于个人财产。

---

① 资料来源：肖峰：《简析离婚案件中的保险金分割》，载微信公众号“法语峰言”2017 年 5 月 15 日。

肖峰法官的分析非常有道理,进一步明确了《八民会议纪要》相关认识的内涵,但笔者认为还有一些问题值得商榷。

首先,如果保费是夫妻共同财产进行支付的,其生存金无论如何都属于夫妻共同财产,这毋庸置疑也不用讨论。因此,只有保单本身属于夫妻一方的个人财产或者根本不属于夫妻任何一方的财产的情况才值得讨论。个人认为可以分为以下几种情形。

情形一,保单为夫妻一方在婚内购买并用个人财产支付全部保费。购买保单的行为应当是一种投资行为,在这种情形下笔者完全认同肖峰法官的分析,没有超过保费的部分应当认为是保费的返还,依然属于个人财产,这完全符合《民法典》第 1063 条的规定。超过保费的部分是因为一方的投资行为产生,付出了劳动,因此属于夫妻共同财产,完全符合《民法典》第 1062 条投资收益属于夫妻共同财产的规定。

情形二,保单为夫妻一方婚前购买并用个人财产支付全部保费。这类型的保单在婚内取得的生存金应该如何认定?按照肖峰法官的意思,没有超过保费的部分依然应当是一方个人财产这个不用讨论,但超过保费的部分是否属于投资收益呢?投保行为是婚前发生的,从实践来看,生存保险或者两全保险的特点是一旦投保完成,后续投保人就没有机会再为保单付出任何劳动了。如果没有付出任何劳动,超过保费部分认定为投资收益是否合适呢?笔者认为,参考最高人民法院目前的态度,没有付出劳动应当认为类似于自然增值比较合适。

情形三,保单为夫妻一方的父母购买,交完保费后将投保人的权益通过赠与合同或者遗嘱给到夫妻一方,并明确属于一方的个人财产。这种情形下,保单是一方通过接受赠与或者继承而来,不属于投资行为,后续也没有机会再付出任何劳动。这种情形和情形二本质上并无二致,因此其超过保费的部分也应当认定为类似于自然增值比较合适。

情形四,保单为夫妻一方的父母购买,投保人是夫妻一方的父母,被保险人和生存受益人是夫妻一方,这时取得的生存金如何认定呢?这种情形肖峰法官没有给出分析。在笔者看来,在这种情况下取得的生存金可以类比为两种婚内收入。

首先,可以类比为婚内取得的养老金。因为保险生存金的本质就是以人的生存为保险事故而进行给付的赔偿金,和养老金非常之类似。如果理解为类似于养老金则依据《民法典》第 1062 条("其他应当归共同所有的财产")的规定,应当认定为夫妻共同财产。

其次,也可以认定为属于父母对子女的赠与。譬如,在美国税法体系下,投保人和生存受益人如果不一致,生存受益人领取的生存金一般都会被认定为投保人对生存受益人的赠与,需要计入赠与税缴税基数中。如果认定为赠与行为,则关键是父母有没有明确的意思表示是给子女一方的个人财产。如果有明确意思表示,当然属于个人财产;反之则是共同财产。但是,父母为子女购买生存保险或两全保险的行为能不能认为这就是属于子女个人的意思表示呢?笔者认为虽然有道理,但还不够充分,所以在这种情形下,父母如果有意让生存金属于个人子女个人财产,最好作出明确的意思表示。

第三节 典型高风险人群与风险发生场景

一、婚姻财产混同风险典型高风险人群

婚姻财产混同的高风险人群主要有两个:第一个群体就是前文案例所分析的,担忧子女婚姻的高净值人士,其子女结婚后财产混同的风险较大;第二个群体则是再婚家庭,如果一方或者双方再婚前财产比较丰厚,担心结婚以后财产混同,很容易引发家庭内部矛盾和子女争产。

(一)担忧子女婚姻高净值人群的典型特征

担忧子女婚姻的高净值人群有以下几个典型特征。

1. 需要到达一定年龄阶段

父母只有到了一定年龄阶段子女才可能出现婚姻风险。一般来说,一线城市居民结婚较晚,父母55岁以上子女才开始进入适婚年龄阶段;而三、四线或者思想比较保守的地区,父母50岁左右甚至更年轻,子女就已经进入适婚年龄阶段。

2. 子女到达适婚年龄阶段就会引发担忧

子女不一定要结婚或者准备结婚时,父母才会担忧其婚姻风险,实际上,在很多情况下只要子女进入适婚年龄阶段,开始恋爱了,父母就会考虑这一系列的问题。并且,从规划的角度讲,未雨绸缪本身就非常重要。

3. 女婿/儿媳的家世背景有差距

一般来说,如果女婿/儿媳家世背景远落后于当事人家庭,父母对子女婚姻风

险的担忧，尤其是婚内受赠继承和婚内财产混同风险的担忧就会越显著。如果双方家世背景不相上下，所谓门当户对，又或是对方家世背景更好，则父母的担忧可能大大下降。

要注意，担忧子女婚姻的人群不一定都需要是家庭资产特别丰厚的高净值或超高净值家庭，很多时候中产家庭，譬如，父母有一套以上的住房将来会留给子女的，都可能会比较担心子女婚姻风险。

（二）高净值再婚家庭的典型特征

担忧婚内财产混同风险的高净值再婚家庭一般需要具备以下几个特征。

1. 夫妻再婚，双方或者至少一方前段婚姻有子女

在再婚家庭中，双方或者至少一方前段婚姻有子女是非常重要的特征。如果双方虽然是再婚，但都没有过孩子，将来二人结婚再生一个共同的子女，这和初婚是没有太大区别的。但如果双方前段婚姻有子女，双方在为子女利益的立场上就会产生不一致，如果婚后财产再发生了混同，就非常容易引发家庭内部矛盾甚至争产的风险。

2. 夫妻一方或者双方婚前财产积累比较丰厚

夫妻至少需要有一方财产积累是比较丰厚的，才会有比较典型的财产混同风险的存在。并且，如果双方之间婚前财产积累差距较大的话，积累丰厚一方的担忧也会显著地增高。

即使双方财富积累差距不大，但如果双方都比较丰厚，再加上双方各有子女，则如果财产界限不清晰，也非常容易引发家庭经济矛盾，财产混同风险也是比较典型的。

二、婚内财产混同风险的典型发生场景

（一）不动产婚内混同的典型发生场景

随着经济的发展，中国家庭的财富积累逐渐变得可观，2008 年至今，中国各线城市的房价又迎来几轮疯长，房价的上涨使得部分家庭的财富迅速上涨，在城市中催生了一大批高净值家庭，同时，也造成很多家庭的资产集中在不动产上，不动产在家庭资产中的占比甚至达 80% 以上。年轻人结婚时，是否有住房也成为

重要的考量因素，甚至出现了没有房子没法结婚的情况[①]。而中国老百姓又有一个传统，就是子女结婚，结婚用的房产大部分是父母出资购置或者赠与，很多父母甚至为此耗尽半生积蓄，有的还要举债。

但近年来，中国的离婚率也在不断地攀升，尤其是年轻人的离婚率上升更加明显，据最高人民法院院长周强透露，[②]目前，离婚人群的婚姻平均持续时间已经由原来的"七年之痒"变为"三年之痒"。其中尤其以 80 后、90 后的婚姻平均持续时间为最短。从民政部发布的《2018 年 4 季度各省社会服务统计数据》可以看出，中国各城市的离婚率居高不下，并且呈逐年上升趋势（见图 1－2）。

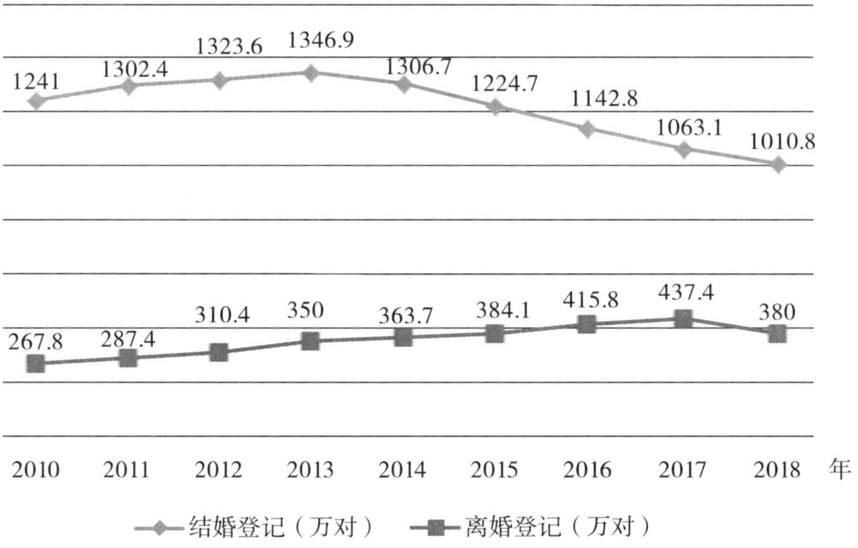

图 1－2　2010～2018 年中国结婚及离婚人数变化

以上几个因素综合，导致出现了离婚时财产分割纠纷的焦点很多集中在房产上，并出现了大量的父母给子女的婚房几年之后离婚就被分走一半的情况，给老人的财产造成了重大损失，甚至成为一个典型的社会问题，李某家的案例很有代

---

① 对外经济贸易大学和社会科学文献出版社在京联合发布《青年蓝皮书：中国青年发展报告（2014）No. 2》。调查显示，住房已经成为影响部分城市青年生命周期演进的重要因素，主要体现在住房对其结婚、生育等重大决策的安排上。住房通过转变青年的社会经济地位进而间接影响婚育决策的现象在现实生活中较为普遍。大部分城市青年代表均明确表示，在住房问题没有解决之前不考虑结婚或者生育问题。

② 资料来源：http://news. sina. com. cn/bn/society/2019－11－12/detail－iihnzahi0424550. d. html。

表性。

在案件中，本来李某名下的房产是婚前其父母赠与的房产，属于李某的婚前财产，依据当时《婚姻法》（已废止）第 18 条，现《民法典》第 1063 条规定，婚后依然属于李某的个人财产。但是李某在和王珊争吵后，承诺在房产证上加王珊的名字，发出了婚内赠与房产的意思表示，并且随后办理了不动产变更登记，房产成为李某和王珊的婚内共同财产。

虽然 2011 年最高人民法院审判委员会通过了《最高人民法院关于适用〈中华人民共和国婚姻法〉若干问题的解释（三）》（以下简称《婚姻法解释三》）。其中第 7 条对婚内赠与房产及婚内一方父母全额出资购买房产的情况进行了一些特殊的规定，目的在于从一定程度上保护房产持有方的利益，防止父母辛苦半生取得的房产因为儿女的离婚而遭受重大损失，保护老人的真实意愿。

但是，在本案中，因为李某已经完成了产权登记，即使房屋的出资人是李某的父母，也已经改变不了房屋所有权归李某和妻子王珊共有的事实。李某婚前的房产就因为婚内赠与，房产加名而导致了混同。

并且，在本章第二节笔者分析过，《婚姻法解释三》第 7 条已经废止，并且没有被《民法典婚姻家庭编的解释（一）》继承，其保护作用已经存在争议。

除了婚内赠与，加名导致房产的混同，还有三种常见的房产混同方式。

1. 婚后换房导致婚前房产被混同

在社会实践中，夫妻婚后换购更大的房子或者学区房是比较普遍的现象。因为房价很高，所以通常会将婚前房产出售，以婚前房产的出售款作为首付，婚内共同还贷，或者用婚前房产出售款添加夫妻共同财产作为房款全资购买新的房子，如此一来，婚后重新购置的房产很容易因发生混同成为夫妻共同财产。

从法律上讲，婚前房产的出售款虽然在财产形式上发生了变化，但依然属于一方的婚内个人财产。但是，在现实生活中，房产出售后，对于售房款去向的记录和各种证据的保留往往都会被忽视。有时用于收款的账户中原本就有夫妻共同财产，就容易发生混同。而对于婚后购买的房产，出资相关的记录和证明文件在多年以后往往很难弄清楚，混同就在所难免了。

并且，婚后用个人财产换购房产如果发生了增值，购买房产的行为就有了投资的成分了，因此与婚前房产的增值属于自然增值不同，婚后用个人财产换购的房产的增值部分按照《民法典婚姻家庭编的解释(一)》第 25 条①的规定,应当属于夫妻共同财产。

2. 婚前一方支付首付购房,婚后共同财产还贷,导致房产混同

一方父母或者夫妻一方在婚前支付首付购买房产,并登记在出资一方名下,但婚后用夫妻共同财产还贷。在这种情况下,虽然人民法院一般会判决不动产归产权登记一方,但是婚后支付的款项及其相对应财产增值部分,离婚时需要产权登记方对另一方作出补偿②。

以《北京市高级人民法院民一庭关于明确离婚时房屋补偿计算标准的通知》(2014 年 11 月 17 日发布)为例,人民法院在审理离婚案件中,判决由产权登记一方对另一方进行补偿时,应当查明婚前签订合同支付首付款、银行贷款及还贷、产权登记、夫妻共同支付款项、财产增值、尚未归还贷款情况。

房屋补偿标准的计算公式为:$A = B \div (C + D) \times E \times 50\%$。

A:房屋补偿款

B:夫妻共同支付款项(包括本息)

C:房屋购买价

D:全部应付利息

E:房屋评估现值(或夫妻认可房屋现值)

房屋评估现值以法院委托时确定的时间为准,对房贷的计算标准可通过当事人提供、向各银行查询及通过互联网查询等方式了解。

上述计算标准是离婚时夫妻分割财产的基准,人民法院可根据实际案件情况,综合考虑购房与结婚时间、为购房支付的税费等各项支出、妇女及子女权益等多种因素,充分保护双方当事人利益,酌情判定补偿数额。

这是房屋首付的出资情况简单、还款情况等证据充分的情形。如果购房时间是在夫妻婚礼筹备期间,房屋出资情况比较复杂,另一方也在一定程度上参与了出资并且账目不明晰,则房屋离婚分割就更加复杂了。

---

① 《民法典婚姻家庭编的解释(一)》第 25 条 婚姻关系存续期间,下列财产属于民法典第一千零六十二条规定的"其他应当归共同所有的财产":

(一)一方以个人财产投资取得的收益;

(二)男女双方实际取得或者应当取得的住房补贴、住房公积金;

(三)男女双方实际取得或者应当取得的基本养老金、破产安置补偿费。

② 这是依据《婚姻法解释三》第 10 条的规定,虽然该司法解释已经废止,但因为该内容仅仅是对法律的解释,符合社会实践,并且与现行《民法典》相关规定的精神依然是匹配的,因此,笔者认为其处理原则今后还会被法院继续沿用。

3. 婚后加名导致房产混同

在前述第二种情形中，很多情况下虽然是一方出首付，但如果买房时间是在结婚筹备阶段，另一方极有可能要求房产证上写上男女双方的名字。如果产权登记为双方共有，首先这是支付首付一方对另外一方的赠与行为，并且办理了产权登记。如果双方随后结婚并且生活了一段时间，这样的赠与就很难撤销，如果双方离婚，房产一般就会按共同财产进行处理。其次，依据物权的登记主义原则，如果没有相反的证据证明，该房屋直接可以判定为共有物，如果离婚也会面临分割。

即使购房的时候没有加名，或者房屋为双方筹备婚礼前早已购买甚至没有任何贷款，纯粹属于夫妻一方婚前财产。但是，在社会实践中，结婚后房产加名也是非常常见的，很多是在一方急于对另外一方表忠心的情况下发生，就像本章第一节李某的案例，为了让妻子回心转意，给予其足够的安全感进行加名的处理，发出了婚内赠与房产的意思表示，并且随后办理了不动产变更登记，房产由一方的个人财产转化为共同财产。虽然这种加名的行为也有最终因受胁迫、意思表示不真实被判定为无效的可能性，但举证责任之重，证明之难，能获得法院支持的可能性非常低。

（二）金融资产婚内混同的典型情形

相比于不动产，金融资产婚内发生混同的风险要高很多，这是因为金融资产的流动性相比不动产要高很多，同时，金融资产大多数时候在反复投资，这又是造成混同的重要原因。金融资产婚内混同有以下三个典型的层次：

1. 金融资产婚内账户混同

如果个人账户在婚后大量收入共同财产，同时又有频繁的支出，婚前婚内的金融资产很快就无法清晰分辨，混同就产生了。

2. 金融资产婚内收益与本金混同

即使将个人的金融资产在婚内进行专户管理，不主动向个人资产账户中注入任何的共同财产，但依然无法防止金融资产在婚内的混同问题。因为依据《民法典》“婚姻家庭编”第 1062 条①及《民法典婚姻家庭编的解释(一)》第 25 条规定,一方个人财产在婚内取得的投资收益属于夫妻共同财产。同时,关于一方个人财产在婚内产生的投资收益的认定问题,《民法典婚姻家庭编的解释(一)》第 26 条②作了进一步的解释,一方个人财产在婚内产生的孳息和自然增值依然属于一方的个人财产,投资收益才属于共同财产。由此,我们可以清晰地看到,婚前财产在婚后产生的增值部分,如果属于孳息和自然增值,就仍然属于一方个人财产。但是,如果是投资收益,就属于夫妻共同财产。在第二节笔者分析过,在区分孳息、自然增值及投资收益上,是否付出了劳动是判断是否为夫妻共同财产的关键所在。

在社会实践中,绝大部分人不会长期以银行活期或者定期存款的方式来持有金融资产,而是会经常进行投资理财。而投资理财是需要付出脑力劳动的,故个人的金融资产通过投资理财获得的收益部分就属于《民法典婚姻家庭编的解释(一)》第 26 条中规定的投资收益,属于共同财产。如此,虽然没有任何共同财产进入个人专户中,但是在账户中产生了共同财产。如果这个账户一方面经常有支出,一方面又不断产生投资收益,长时间后就很难清晰地界定出哪些是个人财产,哪些是共同财产,最终被彻底混同,只好作为共同财产来处理。

3. 金融资产投资亏损、获利并存加剧混同风险

一方个人的金融资产如果在婚内长期进行有风险的投资,亏损、获利反复交替并存会加剧其混同的风险。笔者以炒股为例进行分析和解释。

如果从通常理解来看,买股票是典型的投资行为,股票的增值那当然就属于投资收益了。事实上并非如此,这和司法实践中对投资收益、孳息、自然增值的理解是完全不同的。关于婚前的股票婚后产生的增值部分,最高人民法院民一庭有

---

① 《民法典》第 1062 条　夫妻在婚姻关系存续期间所得的下列财产,为夫妻的共同财产,归夫妻共同所有:

(一)工资、奖金、劳务报酬;

(二)生产、经营、投资的收益;

(三)知识产权的收益;

(四)继承或者受赠的财产,但是本法第一千零六十三条第三项规定的除外;

(五)其他应当归共同所有的财产。

夫妻对共同财产,有平等的处理权。

② 《民法典婚姻家庭编的解释(一)》第 26 条　夫妻一方个人财产在婚后产生的收益,除孳息和自然增值外,应认定为夫妻共同财产。

明确观点①,江苏省高级人民法院②则有明文的通知,通说观点认为如果股票婚后没有任何操作,没有付出劳动,增值部分应当类似于自然增值,仍然属于一方个人财产。如果婚后进行了主动操作,则属于主动增值,属于投资收益,属于夫妻共同财产。

回到前面的案例,股票账户的80万元本金是李某婚前获得的,这部分股票李某如果放在账户中,没有任何操作的话,这些钱就都是李某的个人财产,即使有增值的部分,因为未付出任何劳动,类似于自然增值,增值部分依然属于一方个人财产,离婚时也不会涉及财产分割。

但是,现实中李某在婚后对持有的股票进行了频繁的卖出和买进,有亏损也有收益,因为投资收益是夫妻共同财产,就会出现以下这样特别尴尬的情况。

股票账户赚钱的时候,因为增值部分属于付出劳动后取得的投资收益,属于夫妻共同财产,但当股票账户发生亏损时,却很难说清楚亏损的是投资收益还是本金的部分。在本案中,经过3年的不断操作之后,股票账户中到底有多少是李某婚前的本金,多少是取得的投资收益,没人能够分得清楚。如此,只好将账户作为夫妻共同财产处理。

当然,前面的分析是从法律上严格的分析,在司法实践中,如果股票账户中没有在婚后直接再投入夫妻共同财产,只是原账户的涨跌或者赎回的话,一般不会将整个账户作为夫妻共同财产处理。在通常情况下,如果股票账户整体发生了亏损,譬如,婚前1000万元的账户,婚后亏损至600万元,在这种情况下,很多法院可能会认为整体来看账户没有收益,只有亏损,因此账户依然属于夫妻一方个人财产。如果股票账户升值了,譬如,从1000万元增值至了1600万元,很多法院也会整体认为股票账户婚内的投资收益为600万元,投资收益部分属于夫妻共同财产。遗憾的是,在大部分情况下,股票账户在婚后或多或少会被投入婚内共同财产,如此,就难以避免被混同的命运了。

---

① 参见最高人民法院民事审判第一庭编:《民事审判指导与参考》(总第59辑),人民法院出版社2015年版,民事审判信箱。

② 《江苏省高级人民法院关于审理婚姻家庭纠纷案件的最新解答》。

28. 夫妻一方婚前购买的股票婚后增值,夫妻另一方能否请求分割增值部分?

对于夫妻一方婚前购买的股票婚后增值,如果婚前购买的股票,婚后对股票账户没有进行运作,股票因市场行情变化导致增值,此种增值为自然增值,依照《婚姻法解释三》第五条的规定,该增值为夫妻一方的个人财产,离婚时夫妻另一方请求分割增值部分的,不予支持。如果夫妻一方对婚前的股票账户进行运作,此种增值为主动增值,属于一方以个人财产投资取得的收益,依照《婚姻法解释二》第十一条的规定,该增值为夫妻共同财产,离婚时夫妻另一方请求分割增值部分的,应予支持。

（三）家族企业股权资产婚内混同的典型场景

股权资产和其他的资产不同，股权资产是属于一种必须要持续经营才能保持其价值的特殊财产。又因为在我国，判定婚内取得的财产是否属于共同财产时，“劳动共同原则”是最为重要的原则。这使股权资产在婚内被混同是非常难以避免的。

因为在目前我国的法律制度环境下股权混同风险的解决方案和其他资产混同解决方案有较大差别，并且股权又是高净值家庭中最为重要的资产，所以本书专章讨论该风险并阐述解决方案，故本章不作重复讨论。

（四）婚内一方投资、创业导致财产混同的情形

婚内如果财产较少的一方进行投资创业，也特别容易导致财产混同。无论是高净值二代的婚姻还是再婚家庭，都可能存在这方面的问题。下面通过一个小案例来说明。

甄某丽的前夫是一位企业家，二人离婚后，甄某丽分得了房产 5 套，价值 1500 万元，金融资产 1000 多万元，女儿甄某由甄某丽抚养。2013 年，甄某丽与小她 3 岁的贾某帅结婚，贾某帅是一个网络电影制片人，经济条件一般。

2014 年，贾某帅拿到了一个好剧本，准备开拍一部网络电影，电影总投资 3000 万元，有老板愿意给他投资，但提出他自己必须跟投 300 万元，但贾某帅自己没有什么积蓄，于是和甄某丽商量，甄某丽也觉得是好机会，就从个人财产中拿出 300 万元给了贾某帅。但最终电影不成功，投资血本无归。

2016 年，贾某帅又遇到了好的机会，需要自己投资 500 万元，但这次贾某帅提出，和甄某丽借款 500 万元，并愿意和甄某丽签订借款合同，希望甄某丽能支持他抓住这个机会。甄某丽思索再三，没敢与贾某帅签借款合同，她想如果签订了借款合同，无论贾某帅是否成功，对她都不会是好结果。如果这次再失败，丈夫也没有经济实力来还款，借款合同相当于一纸空文，没什么意义。如果贾某帅这次成功了，新的事业属于她们的夫妻共同财产，甄某丽不但不好开口让贾某帅归还这 500 万元，反而借钱创业的这个事情就会成为他们婚姻中永远的污点，甚至可能会是婚姻中的定时炸弹。于是，甄某丽再次无条件支持了贾某帅创业。然而，奇迹没有出现，结果依然是血本无归。

因为两次亏损 800 余万元，两人开始经常争吵，2018 年，二人的婚姻走到了尽头。虽然离婚的时候，5 套房子依然属于甄某丽的个人财产得到了保留，但 1000 多万元的金融资产、4 套房子的租金收入，在两人 5 年的婚姻生活中，大量的花销

加上800万元的亏损，消耗殆尽。而这些损失事实上都是甄某丽一人承担的。

好在5套房子在这些年增值不少，现在市值已经高达近3000万元，房租也涨了不少，否则，甄某丽和孩子的生活品质可能都要受到很大的影响。而对于婚姻，甄某丽已经几乎没有再次步入的勇气了。

第四节　解决方案设计策略与规划实操

一、不动产防混同规划方案设计

如果父母希望自己全款或大比例出资给孩子购买的房产在子女婚姻存续期间能避免混同风险的发生，有以下几个建议可供参考。

首先，房产留在父母名下，父母去世后再传承给子女。在这种情况下，父母必须提前做好遗嘱安排，遗嘱的形式最好采用公证遗嘱，并在遗嘱中明确表示房产归子女个人所有，与其配偶无关。

其次，如果父母计划在生前就将房产提前传承给子女，登记在子女名下。最好在子女婚前将房产过户给子女，如果是在婚内赠与，则一定要注意配合指定赠与协议，明确表示赠与给子女一方，与其配偶无关，并妥善保管好赠与协议。同时，要记得自己保留一点份额，如子女占房产的95%，父母中的一方占5%，这样就避免了子女瞒着自己给女婿或儿媳加名，或者偷偷卖掉小房换大房。

前面两种情况在父母在世的情况下，可以很好地防止房产被混同，同时，在父母去世的时刻还会属于子女一方个人财产。并且，因为不动产作为一种形态相对可以长期保持稳定的财产形式，还是有可能在父母去世以后的相当长的时间之内不被混同。但是，如果子女自我保护意识不强，出现了房产加名、换房等情况，房产是依然有可能被混同的。

若要进一步防止混同，还有以下几点值得注意。首先，婚后房产尽量避免出售，不转换财产的类型。其次，如果出售，建议开立专户管理售房款，避免账户的混同。如果购置新的房产，新购置房产的出资记录必须完整地保存，并尽可能避免登记为两个人的名字。但是，这样的操作方式真的是非常麻烦的，而且很容易出现问题。

通过家族信托持有房产的方式防止婚姻财产混同是更加科学地防止婚姻财

产混同的方法。对此,可以由父母作为委托人设立信托或者夫妻一方在婚前作为委托人设立信托,并将房产装入信托中,子女或者夫妻一方作为信托的受益人,享受房产的居住权或者领取受益金等。因为信托财产的独立性,受益人仅在信托中享有受益权,对信托财产本身并没有所有权,因此即使受益人离婚,也可以避免信托财产本身被离婚财产分割。

当然,因为国内目前房产放进信托的相关法律还不够完善,且房产放入信托只能交易过户,税费成本高,同时,放置在信托架构的房产属于法人名下,还需要交房产税。而且还由于事务性管理、限购政策等一系列的原因,用信托持有不动产进行传承还没有被广泛地采用。

但是,相对于不动产的归属问题,笔者认为税费问题相对是一个小问题,而信托公司的事务性管理能力也将不断提升,限购政策等也是阶段性的问题,信托持有大额的不动产实现资产的保全,这会是非常值得期待的发展趋势。

二、金融资产的防混同规划方案

金融资产和不动产相比,因为流动性更强,更容易混同成为夫妻共同财产,对于金融资产的防混同,可以从以下几个方面进行考虑。

(一)通过签署婚姻财产协议防混同

通过签署婚姻财产协议防混同,依据《民法典》第1065条[①]的规定,如果夫妻在婚姻约定财产归各自所有,则可以最大限度地避免财产的混同,是最简便且最有效的方法。婚姻财产协议不仅可以约定金融资产及其收益的归属,还可以约定房产、股权等。

但在中国的文化环境中,婚姻财产协议的签订是比较难的,而且比较严重地影响夫妻之间的感情,因此,一般老百姓家庭是比较少签订婚姻财产协议的。一般只有夫妻双方财富相差巨大,一方处于绝对的弱势地位的时候,婚姻财产协议才会具有一定的可行性。譬如,大的财富家族的老板或者二代结婚,另一方才较大可能性会同意签订婚姻财产协议,并且一般还需要给予对方一定的补偿。

---

① 《民法典》第1065条第1款、第2款　男女双方可以约定婚姻关系存续期间所得的财产以及婚前财产归各自所有、共同所有或者部分各自所有、部分共同所有。约定应当采用书面形式。没有约定或者约定不明确的,适用本法第一千零六十二条、第一千零六十三条的规定。

夫妻对婚姻关系存续期间所得的财产以及婚前财产的约定,对双方具有法律约束力。

关于婚内运用婚内财产协议进行防婚内财产混同的方法，本书在股权混同风险一章中有非常详细的介绍，这里不再重复。

（二）用人寿保险防止金融资产的混同

在本章第二节分析过，保险作为一种金融资产管理工具，因为其长期稳定的结构和清晰明确的权利归属以及收益部分大多数情况下不需要付出劳动，类似于自然增值的特点，对于婚前婚内财产防混同有非常明显的优势。

1. 父母通过人寿保险规避子女婚内财产混同风险的方法

以李某的案件为例，父母给李某的 300 万元金融资产，如果将其中的一部分转化为大额保单，则结果完全不同。具体可以这样操作。

以李某父母为投保人，李某为被保险人，父母为死亡受益人购买大额年金保险或者储蓄型的增额终身寿险，假设年交 50 万元，交 3 年，共计保费 150 万元，投保架构见表 1－1。

表 1－1　投保架构表

投保人	被保险人	死亡受益人	险种
父母	李某	父母	年金/增额终身寿

要注意，投保人权益的传承安排甚为关键。保费交完以后，如果父母对李某放心，可以将投保人变更为李某，并同时签订指定赠与协议，明确表示保单赠与给李某个人；如果父母不完全放心，也可以自己作为投保人持有保单，不过要立一份遗嘱，最好是公证遗嘱。约定投保人去世以后，保单投保人的权益归李某个人所有，与其配偶无关。

这样的安排有诸多优势：

优势一：父母作为投保人时，保单的财产权利父母所有，小两口离婚，保单不会被分割；

优势二：父母去世或者变更投保人后，因为有明确归子女个人所有的意思表示，保单依然属于子女的婚内个人财产，离婚时保单本身依然不会被分割；

优势三：保单的年金或部分领取等可以作为子女夫妻双方的家庭生活现金流，只要两口子不离婚，保单小两口都可以享用，促进家庭和谐；

优势四：这种情况下，保单的收益不需要子女付出劳动，类似于自然增值，属于子女婚内个人财产，不会发生本金收益混同；

优势五：赠与协议的签署不需要子女的配偶签字，签署完成后妥善保管，只要

不离婚就不需要被子女的配偶知晓,不会引起家庭矛盾;

优势六:如果遇到子女配偶婚内创业需要现金流支持,还可以运用保单贷款进行创业支持。如此安排既支持创业、促进夫妻感情、支持家庭发展,同时,又预留了面临离婚时的资产保全的后手。

2. 再婚家庭通过人寿保险规避子女婚内财产混同风险的方法

再婚家庭防止婚姻财产混同,大额保单也具有明显的优势。在甄某丽的案例中,如果她在婚前以自己为投保人和被保险人,购买大额年金或者增额终身寿险,并在婚前交完所有保费,则可以很好地做到防止婚内财产混同的目的。

表1-2　投保架构

投保人	被保险人	死亡受益人	险种
甄某丽	甄某丽	女儿	年金/增额终身寿

这样的安排有以下几个优势:

优势一:保单为甄某丽婚前购买并交完全部保费,属于甄某丽婚前财产;

优势二:保单的收益不需要付出劳动,取得的收益类似于自然增值,属于婚内个人财产,不会发生本金收益混同,离婚保单也不会被分割;

优势三:保单的年金与收益可以作为甄某丽及孩子的生活费、教育金等,活多久领多久,伴随一生的现金流;

优势四:用保单贷款支持丈夫创业,风险共担,收益共享,还不影响夫妻关系。

要注意,如果甄某丽已经再婚,就不能由其自己直接作为投保人配置大额保单了,因为配置大额保单的行为本身可能被认定为投资行为。这时可以这样操作,甄某丽先将自己的部分个人金融资产赠与给自己的父母作为保费,由父母作为投保人投保,交完保费之后父母再通过指定赠与或者遗嘱的方式将投保人的权益传承给甄某丽,并明确表示归甄某丽个人所有,就可以达到和前面同样的效果了。

(三)用保险金信托防止金融资产的混同

在父母给子女作婚姻资产规划时,保险金信托是非常好的防止金融资产混同的工具。仍以李某的案件为例,父母如果还有一些金融资产计划在自己百年后再传承给李某的,就可以用保险金信托的方式。

保险金信托的架构可以这样设计:以父母自己作为投保人和被保险人,保险金信托为死亡受益人,李某、李某的配偶、李某将来的孩子为受益人,设立保险金信托。

表 1-3 投保架构

投保人	被保险人	死亡受益人	信托受益人
父母	父母	保险金信托	子女、子女配偶、孙子女

保险金信托在防止子女婚姻财产混同方面有如下优势：

优势一：死亡理赔金直接进入信托，信托财产本身独立于受益人，不可能属于受益人的婚内共同财产，更不可能被离婚分割。

优势二：信托财产独立，因此信托财产取得的收益自然也独立于受益人，也不可被离婚分割。

优势三：信托财产独立，还可以防止子女挥霍。

优势四：信托财产独立，还可以隔离子女的债务。

优势五：保险金信托还可以接受其他金融资产，可以防止其他金融资产被混同。

保险金信托除了防止婚姻分割外还有很多其他方面的优势，在本书的其他章节有详细的介绍，这里就不再重复。

（四）设立家族信托防止金融资产混同

如果客户资产量比较大，可以利用信托财产的独立性，设立家族信托规划婚姻财富防混同也是非常好的选择。

运用家族信托规划传承及子女婚姻风险时，虽然在理论上信托可以持有任何类型的资产。但结合目前国内家族信托的发展阶段考虑，还是要区分资产类型考虑的。

用家族信托传承金融资产并预防子女婚姻风险的规划是比较成熟的模式：一则信托设立时没有税费成本的压力；二则金融资产管理是国内信托机构最擅长的工作，相比子女自己管理和投资，信托机构更加成熟与专业。

关于不动产，虽然目前在国内不动产可以装入信托，但因为需要交易过户的问题，税费成本还是比较高的，并且装入信托后由法人持有，房产税的问题也需要考虑。一方面，不动产本身可以通过遗嘱或指定赠与预防婚内受赠继承风险；另一方面，不动产在婚内混同风险相对较小。因此，如果没有其他目的，仅仅考虑子女的婚姻财富规划问题，目前的家族信托解决不动产问题并非最佳选择。

关于家族企业股权，虽然股权资产目前在国内也是可以装入信托的，其主要障碍还是税费问题。从实践来看,如果不考虑其他目的,用婚内财产协议解决防股权混同问题成本更低,且更简单有效。

1. 父母设立家族信托规划子女的婚姻风险

父母在财富传承过程中如果考虑同时预防子女的婚姻风险,家族信托是非常好的规划工具。财富传承兼顾预防子女的婚姻风险要从两个方面考虑。第一是考虑子女的婚内受赠继承风险;第二是考虑子女的婚内财产混同风险。一般可以这样设计:父母一方作为委托人设立家族信托,将计划传承给子女的财产转移到信托的名下,同时指定子女、孙子女、子女的配偶等为受益人,并依照自己的意愿和安排设计受益条款。其结构如图1-3所示。

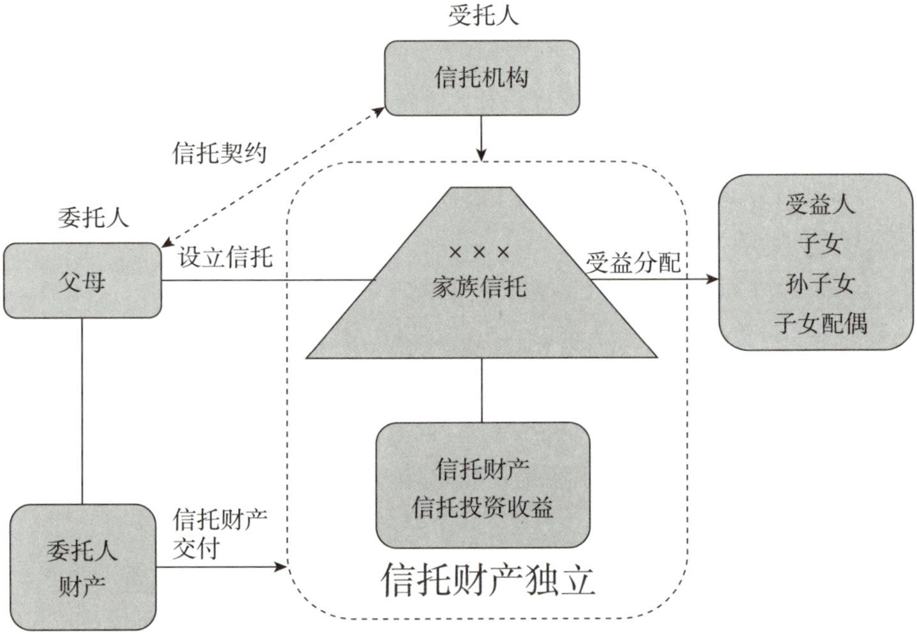

图1-3　受益结构

请务必注意,规划预防子女婚姻风险的目的不是为子女离婚做准备,不是当守财奴。而是要通过合理的规划促进子女婚姻和家庭的和谐、稳定、幸福。因此,在受益条款的设计上要很注意。一方面,因为信托财产的独立性的特点,信托财产的本金及收益没有离婚分割风险,受益人通过受益金的分配享用信托财富,理论上受益金如果有明确意思表示都可以依然属于受益人婚内个人财产,但必要性不大,因为受益金是用于受益人各项生活、教育、养老、医疗等支出的,是为了保证受益人及家人的生活品质,没有区分的必要,不区分更有利于家庭和谐与婚姻幸福。另一方面,还可以指定子女的配偶为受益人,只需要注意指定子女配偶身份为受益人,就可以起到既照顾了女配偶的情感,还侧面保护婚姻的稳定性的作用。

家族信托规划预防子女婚姻风险有以下几个方面的独特优势:

优势一:家族信托设立后,父母的资产通过信托交付进入家族信托,独立于委托人,父母去世时不再作为遗产处理,规避婚内受赠继承风险。

优势二:指定子女、孙子女等为受益人,用信托受益分配的方式照顾好他们生活成长的方方面面。

优势三:子女作为受益人,对信托财产拥有受益权却不拥有所有权,即使离婚信托财产也不面临分割风险。

优势四:信托取得的投资收益属于信托,同样独立于受益人,当然也不会发生婚内财产混同的问题。

优势五:还可以指定子女的配偶身份作为受益人,既照顾子女配偶的情感,又有利于婚姻的稳定。

优势六:还可以通过一些特殊受益条款和受益规则的设计,进一步促进子女婚姻家庭的和谐、稳定、幸福。

除了以上六个方面的独特优势外,家族信托在解决复杂的传承、资产保全、身后控制力等问题上有诸多优势,这些优势在其他章节有详细阐述,这里不再重复。

2. 再婚家庭设立家族信托防止婚姻财产混同

在再婚家庭中,因为夫妻一方或双方婚前财产积累丰厚,并且各自前段婚姻都有子女,各自的财产都有自己的传承安排与计划,为了防止因婚后的财产混同引发家庭内部矛盾及将来子女的争产,利用家族信托做好防混同规划并同时做好该部分资产的传承安排是不错的选择。

再婚家庭的防混同信托规划既可以在婚前完成,也可以在婚内规划,当然,前提是在个人财产的界限相对还比较清晰的情况下。如果仅一方婚前财产积累丰厚,积累丰厚的一方做好信托规划即可。如果双方均比较丰厚,双方都可以做好规划。其规划架构见图 1 – 4:

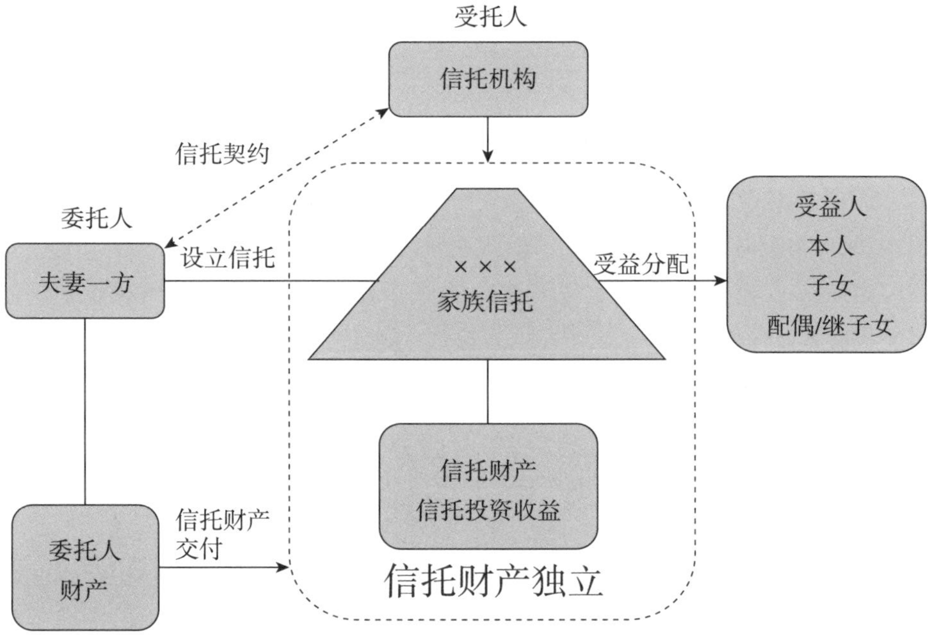

图 1－4　规划架构

再婚家庭的家族信托防混同规划的目的是明晰夫妻双方的财产权利，让婚后生活中的财产关系更简单，家庭成员之间发生矛盾的可能性更小，从而促进家庭的和谐、稳定、幸福。因此，在信托设立的过程中要注意以下几点。

首先，再婚家庭防混同信托的委托人是夫妻中的一方，同时其本人也必然是受益人，所以这里切忌受益人只设置委托人一人导致信托变为自益信托，不符合《信托法》第 15 条的规定，丧失信托财产的独立性。当然，在大部分情况下必然还有委托人的子女作为受益人，如果委托人父母健在，也可以设置父母为受益人之一，用信托照顾好父母的养老生活等。

其次，设立信托防混同是为了财产关系清晰减少矛盾可能性而不是防着配偶及其子女。所以，在设置受益人时，为配偶及继子女设置受益规则，体现家庭的情感与爱是非常有必要的。

再次，如果考虑万一将来离婚，在受益规则中可以设定，如果夫妻双方离婚，配偶及继子女随即丧失受益权。如此既能避免离婚后仍然藕断丝连比较麻烦，还可以对婚姻关系的稳定从反面起到一定的保障作用。

最后，因为家族信托在解决不动产及企业股权混同问题上还有一些现实的障碍，不能一并解决问题。因此，如果夫妻双方观点一致，建议通过婚姻财产协议对不动产及企业股权的问题进行合理的规划。企业股权与不动产资产形态稳定性比较好,通过婚姻财产协议解决成本低,可靠性也完全可以保证。

家族信托规划再婚家庭的婚内财产混同风险有以下几个方面的独特优势:

优势一:家族信托设立后,资产通过信托交付进入家族信托,独立于委托人,不再属于委托人的财产,离婚不可能成为分割对象。

优势二:委托人本人及子女等作为受益人,不影响其享用财富。

优势三:信托取得的投资收益属于信托,同样独立于委托人与受益人,因而不会发生婚内财产混同的问题。

优势四:指定配偶及继子女为受益人,体现家庭的温暖与爱,利于婚姻稳定、和谐、幸福。

优势五:离婚配偶及继子女即丧失受益权,既避免麻烦,又促进婚姻稳定。

除了以上五个方面的独特优势外,家族信托在解决复杂的传承、资产保全、身后控制力等问题上有诸多方面的优势,这些优势在其他章节有详细阐述,这里不再重复。

三、股权资产防混同的规划策略

股权混同风险对于企业家家庭来说,影响是比较深远的,必须妥善解决。但股权混同风险是高净值客户面临的财富管理风险中比较难解决的问题之一。难点主要是股权增值部分的问题。通过前文分析可知,股权资产是必须妥善经营的资产,而且,在一般情况下,最佳经营者应当就是股份的主要持有者,即使是上市公司,也很难完全用职业经理人管理。并且,即使由职业经理人完成所有日常经营管理工作,但股东依然需要行使股东权利,这种行使股东权利的行为依然可能被法院认定为属于间接参与企业经营管理的行为。如此,股权持有者就对股权付出了劳动,依据"劳动共同原则",股权增值部分属于婚内的共同财产。几乎可以这样说,一个人在婚内持有的属于其个人的股权资产,除非他是一个完全的、永久的傀儡,否则增值部分大概率属于夫妻共同财产,离婚就会面临分割问题。无论是家族企业的"一代""二代"还是"三代",都会面临这个情况。

要彻底解决这个问题,笔者认为目前在国内较为妥善的方法只有两个。第一个方法是将股权放入家族信托,使得股权的所有权独立于家族成员之外,则股权增值部分也属于家族信托,也独立于家族成员之外,可以避免股权混同和被分割的风险;第二个方法就是依据《民法典》第1065条的规定签订婚前或者婚内财产协议,对股权以及增值部分的归属进行明确约定,从而解决股权混同的问题。

关于股权资产防混同本书专章予以讨论,解决方案的具体操作细节这里不再重复。

第二章

婚内财产转移和婚变资产分割风险与解决方案设计

第一节 风险案例

一、案例导读

丈夫是某大型钢材公司第二大股东，公司风生水起，即将拟赴港上市，得意扬扬之余在外面明目张胆包"二奶"。妻子全心照顾家庭，抚养子女，劳心费力最终被迫离婚，而且在离婚诉讼和财产分割中吃尽苦头，究竟有何内情？

二、案例详情

这个故事发生在浙江省的T市，故事的女主人公叫李英(化名)。[①] 故事发生时，李英48岁，李英的丈夫王厚(化名)是当地明星企业X钢材制品厂的副总，第二大股东。二人的儿子王易在英国读书。

二人于20世纪80年代结婚，当年王厚家庭条件不好，李英是顶着家里的压力和王厚结婚的。结婚后，李英的父亲利用关系将王厚安排进了X钢材制品厂。王厚非常有本事，通过近20年的努力，成功成为公司的第二大股东，占股12%，且公司即将赴港上市，眼看身价又要成倍增长。

然而，随着社会地位的提升，王厚也染上了商场中的不良之风，"包二奶"。而王厚包的这个"二奶"尤其厉害，居然让王厚在50来岁的年纪还铁了心要和原配离婚，扶正"二奶"。

考虑名声和影响，李英死活不同意离婚，为此二人闹得特别僵，这下惹恼了王厚。王厚放话说，如果李英同意离婚，他可以给300万元安家费。如果不同意，大家"撕破脸皮"闹上了法庭，他就要利用他的关系让李英什么都得不到。

但只给李英300万元安家费确实是有点欺负人的，因为公司注册资本金高达1.2亿元且是实缴，仅按注册资本金计算，12%的股权就价值1440万元，加上不动产，李英按分一半计算，也超过800万元。

考虑到王厚在当地的关系，李英决定要请一个大律师帮自己来打这个离婚官司，于是她专程到上海聘请了贾律师。

① 参见贾明军：《富人离婚的36个计策》，法律出版社2009年版。

一开庭，李英和律师就感受到了“关系”的厉害。首先就是管辖权之争，王厚选择在基层人民法院起诉，但本案的争讼标的高达上千万元，按照当时最高人民法院的规定，基层人民法院是没有管辖权的，案件应当由T市中级人民法院受理。贾律师当即提起管辖权异议，按照当时法院的通行做法，即使法院不认可，也应当用“裁定书”驳回管辖权异议，如此李英可以提起上诉，案件就去市中级人民法院了。到了市中级人民法院，王厚没有那么过硬的关系了，李英就主动多了。没想到，法院居然下了“决定书”，上诉没有可能了，案件就留在了基层法院。

在法庭上，法官的公正性也很成问题，王厚一方开庭时搞证据的突然袭击。律师指出其过了举证期限，依法拒绝质证。但法官竟然说是他工作失误忘记转交，举证期限没过，只是给了李英一方10天的质证期限。

更过分的是，关于王厚12%的股权，对方居然出示了一份香港特别行政区某律师行的“代持协议”，证明王厚的股份实际是替某离岸公司代持，不属于夫妻共同财产。当律师提出要对该协议落款日期和实际形成日期进行鉴定，以证明协议的真实性时，法院居然以有香港律师公证为由拒绝鉴定，直接采信。

这哪是李英和王厚打官司，这简直是李英与法院在打官司，案件到此几乎就陷入了绝境。

好在贾律师经验丰富，技高一筹，他敏锐地发现一个重大漏洞，X钢材制品厂提交给港交所的文件与王厚提交给法院的文件必然是冲突的，如果通过法院判决认定了香港那份代持协议为真，则会证明公司上市文件涉嫌造假。

贾律师通过多方调查，并结合王厚提交的证据，郑重向法院指出，X钢材制品厂香港特别行政区上市文件涉嫌造假。如果此事做实，将牵涉几十亿元的融资失败。此时，企业的大股东和投资人慌了，给王厚施加了巨大压力。在这样的背景下，王厚不得不做出了让步，最后在法院的积极调解下，以王厚支付给李英财产共计2500万元结束了离婚官司。

三、案例解析

李英的案例除了感觉让人愤慨之外，也是非常值得人深思的。可以想象，假若李英没有聘请贾律师，这个案件可能就真会如王厚说的那样，李英什么都得不到。

但是，即使在经验丰富的律师的支持下，李英争取自己合法权益的道路走得也并不顺利。首先，因为对方在地方上的影响力，和公检法部门的关系，导致一开始案件就陷入被动,连管辖权异议也被违规驳回,申请鉴定证据的合理要求也被借故驳回,难度可想而知;其次,因为李英不参与公司经营,在公司也没有股权,所以配偶可以利用公司经营的便利方便地转移财产,李英都很难拿到证据。并且,对方还非常"方便"伪造证据,这个证据几乎无法推翻。即使最后律师另辟蹊径,抓住了对方上市的软肋,间接掌握了其伪造证据,转移隐匿夫妻共同财产的铁证,李英在财产分割上也不算占到了便宜,因为公司上市后,其市值可能会上亿元,2500万元只是二人家庭资产的小部分。这就是婚内财产转移与婚变资产分割风险的典型表现形式。

第二节 风险解析与法律依据

婚内财产转移风险和婚变资产分割风险在婚姻纠纷中是非常常见的,可以毫不夸张地说,几乎存在所有的离婚诉讼中。即使是协议离婚的案件,其中存在婚内财产转移现象的也不在少数。尤其是在高净值人士的离婚纠纷中,婚内财产转移和婚变资产分割的风险的影响就更加重大了,值得重点关注。

一、婚内财产转移风险的含义及转移财产的六种典型手段

婚内财产转移风险是指婚内的一方有可能利用一些手段将婚内共同财产隐匿或者转移,造成另外一方的财产损失。婚内财产转移风险不仅仅存在于高净值人士的婚姻中,普通老百姓也是可能面临这个风险的。婚内隐匿、转移夫妻共同财产的手段非常多,至少存在以下六种典型手段。

(一)利用代持转移隐匿夫妻共同财产

利用代持转移隐匿夫妻共同财产是最为常见的,通常的手段是将配偶未掌握的夫妻共同财产直接交给父母、兄弟姐妹或者其他非常信任的朋友代持;或者利用自己掌握夫妻共同财产的便利,用消费作为掩护,通过蚂蚁搬家的方式,慢慢将共同财产转移到代持人名下,从而达到隐匿转移夫妻共同财产的目的。

(二)虚构交易转移隐匿夫妻共同财产

虚构交易隐匿夫妻共同财产的手段也非常常见,一般都是利用夫妻共同财产登记在一方名下的漏洞,由一方和其他人串通,虚构交易转移财产,名为交易,实

为财产隐匿转移。转移财产主要是以不动产、企业股权等为主，其中尤其以股权转移最为典型。贾明军律师在其著作中感慨："股权转让，时下已成为婚姻纠纷案件中夫妻一方转移、隐匿共有财产最常见的高效、快捷的形式。"①如果持有股权一方私自以较低对价转移企业股权，配偶一方救济并不容易，主要有以下原因。

首先，法律中对夫妻一方擅自转让股权限制较少②，如《公司法》第72条对有限公司股东转让股权主要受到其他股东"优先购买权"的限制，但并未对配偶因股权财产共有这一性质的股权转让作出限制。《民法典》"合同编"、《证券法》等相关法律对于夫妻一方擅自转让共同财产的股权也没有作出明确的限制。而《民法典》"婚姻家庭编"规定的夫妻财产平等的处理权，通常只是对夫妻间具有约束力，不得及于善意第三人。

其次，股权一旦已经转让，即使通过司法途径救济都非常较复杂，虽然也不乏成功案例，但困难重重。因为转让企业股权的一方一般都是强势方，拥有更多的专业资源与社会关系，如果弱势一方不能找到足够专业的律师与其对抗，几乎没有胜利的机会。并且，如果要主张股权转让无效，需要证明股权转让行为本身是无权处分，受让方支付对价明显过低且属于恶意的第三人，而这些证明都是比较困难的。还有，即使诉讼能够成功，弱势一方损害救济也主要就有两种方式③：一是股权回转，二是婚内分财。但因为弱势一方对企业缺乏经营能力，这两种救济途径都只能说可以挽回一些损失，但要达到真正意义上的公平分割，非常困难。

（三）虚构债务转移隐匿夫妻共同财产

在2018年《最高人民法院关于审理涉及夫妻债务纠纷案件适用法律有关问题的解释》颁布之前，因为"二十四条"④的影响，在离婚纠纷中虚构债务的手段是非常常见的。因为"二十四条"将夫妻一方在婚内发生的债务直接推定为夫妻共

---

① 贾明军、吴卫义主编：《上市公司股权分割与传承》，法律出版社2016年版，第209页。夫妻一方擅自转让企业股权以转移夫妻共同财产的问题非常复杂，读者如需深入了解，请参阅贾明军律师著作《上市公司股权分割与传承》第四章。

② 贾明军、吴卫义主编：《上市公司股权分割与传承》，法律出版社2016年版，第209～210页。

③ 贾明军、吴卫义主编：《上市公司股权分割与传承》，法律出版社2016年版，第209、235～236页。

④ "二十四条"是指《婚姻法解释二》第24条，因为其确立的夫妻共同债务的推定原则，导致很多女性被负债，一度成为一个社会问题，故被简称为"二十四条"。随着2018年《最高人民法院关于审理涉及夫妻债务纠纷案件适用法律有关问题的解释》的颁布实施，"二十四条"问题得到实质性解决。2021年1月1日实施的《民法典》吸纳了《最高人民法院关于审理涉及夫妻债务纠纷案件适用法律有关问题的解释》的核心内容。

同债务，除非被负债的配偶一方可以证明债务为虚构或者没有用于夫妻共同生活或经营，但这是非常难以证明的。如果虚构债务成功，另一方就要承担偿还责任，从而间接地实现了财产的转移。见图2－1。

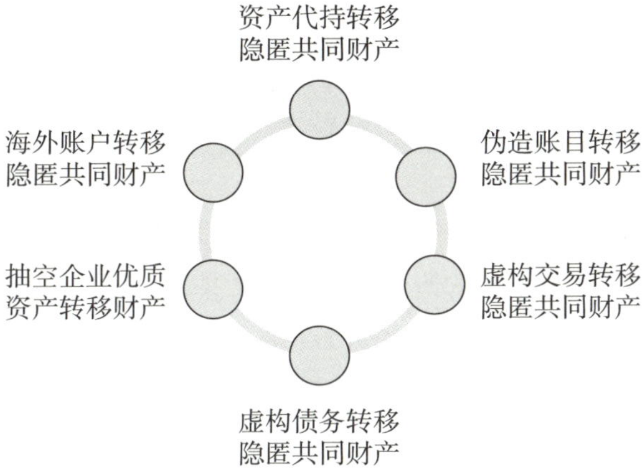

图2－1　婚内财产转移与婚变资产分割风险

（四）伪造账目转移夫妻共同财产

对于企业家家庭来说，如果企业家配偶一方不参与企业经营，则经营企业的一方可以利用伪造公司账目的方式转移隐匿夫妻共同财产。这样的手段具有操作非常方便，但非常难以被发现和举证的特点。如果配偶一方在公司没有股东身份，甚至连查账都是很困难的事，更别说发现和证明对方转移财产的行为了。

（五）抽空优质企业资产转移夫妻共同财产

如果配偶一方在家族企业中占有比较大份额的股份，但缺乏经营能力，并且企业架构比较简单，另起炉灶比较方便的话，抽空优质企业资产转移夫妻共同财产的手段就比较有效了。一般的操作方式是以经营企业一方的亲属或信任的朋友的名义重新成立一家和家族企业同一性质的公司，然后将家族企业的优质业务、人力资源、客户资源、技术资源等直接转移到新公司，然后怠于经营家族企业，很快就会导致家族企业的价值被抽空。

（六）利用海外账户隐匿转移夫妻共同财产

还有一部分有海外背景或者海外业务的高净值人士会利用海外账户隐匿和转移夫妻共同财产。因为海外账户的信息国内的配偶很难有手段获取，维权之困难程度就可想而知了，在开头案例中王厚伪造海外公司的代持协议隐匿共同财产时，李英几乎是难以证明的，若不是因为有公司上市的软肋，王厚几乎就成功了。

即使在税务信息透明时代来临的今天，海外账户的信息也仅用于税收征管，最多扩展到“三反”①的领域，对于离婚纠纷来说，这些信息依然是非常隐秘的。

二、婚变资产分割风险的含义及五大客观原因

婚变资产分割风险是指在离婚分割夫妻共同财产时，由于一些客观的原因，导致婚姻中弱势的一方无法公平地分割到共同财产的应有份额。这些客观原因主要有以下几种。

（一）弱势一方对夫妻共同财产范围不掌握造成公平分割困难

虽然我国婚姻法制度对婚姻中弱势一方，尤其是弱势的女方保护力度是比较大的，不但通过“劳动共同原则”对家务劳动的价值予以了充分的肯定，同时在离婚财产分割时，《民法典》第1087条明确规定应当照顾女方和未成年人。但是，这一切都必须以夫妻共同财产的范围非常明晰为前提。但是，在高净值家庭中，尤其是企业家家庭，弱势的女方对家庭财产的掌控力很弱，很多财产甚至女方完全不知情，导致根本没有被列入分割范围，从而造成分割的不公平。

（二）离婚纠纷中公司股权分割的法律障碍

我国绝大部分家族企业的主要组织形式为有限责任公司。但是，有限责任公司的股权，不拥有股东身份的配偶直接分割股权是有困难的。虽然很多时候公司的股权确实属于夫妻共同财产，但因为有限责任公司是人合兼资合的公司，不仅要考虑股东的出资，还要考虑股东之间的关系，分割企业的股权相比股份有限公司就要更多地考虑其他股东的感受和权益，因此是比较复杂的。

依据《民法典婚姻家庭编解释（一）》第73条②的规定，没有公司股东身份的配偶要想分割股权，首先必须要过半数的股东同意，这就很难。只要作为企业家

---

① “三反”：反洗钱、反恐怖融资、反逃税。

② 《民法典婚姻家庭编解释（一）》第73条　人民法院审理离婚案件，涉及分割夫妻共同财产中以一方名义在有限责任公司的出资额，另一方不是该公司股东的，按以下情形分别处理：

（一）夫妻双方协商一致将出资额部分或者全部转让给该股东的配偶，其他股东过半数同意，并且其他股东均明确表示放弃优先购买权的，该股东的配偶可以成为该公司股东；

（二）夫妻双方就出资额转让份额和转让价格等事项协商一致后，其他股东半数以上不同意转让，但愿意以同等条件购买该出资额的，人民法院可以对转让出资所得财产进行分割。其他股东半数以上不同意转让，也不愿意以同等条件购买该出资额的，视为其同意转让，该股东的配偶可以成为该公司股东。

用于证明前款规定的股东同意的证据，可以是股东会议材料，也可以是当事人通过其他合法途径取得的股东的书面声明材料。

打一下招呼，其他的股东大概率就会配合。其次，即使取得了过半数股东的同意，其他股东依然有优先购买权，若其他股东行使优先购买权，配偶依然无法直接取得股权。当然，如果能到行使优先购买权的地步那已经是很大的胜利了，因为这至少能在一定程度上取得股权的对价。但现实情况是，优先购买权之前需要夫妻双方关于转让份额和转让价格协商一致，而这几乎是很难协商一致的。

因此，在现实情况中，没有股东身份的配偶要取得有限责任公司的股权，用贾明军律师的话说就是："配偶分股权，难于上青天。"

股份有限公司的股权分割相对有限责任公司要好一些，但也不是说想分就一定能分到的，尤其是还未公开上市的股份公司的股权。因为《民法典婚姻家庭编解释（一）》第 72 条①规定，仅按市价分配有困难的，人民法院可以根据数量按比例分配。未上市的股份公司的股权虽然没有直接的股票价格，但也可以通过所有者权益等方法进行价值评估，若按市价分配没有困难，就不需要按比例分配，而是可以由企业家向配偶支付对价。但这在价值评估中是可以有很大的操作空间的②，在这个问题上，社会资源更加丰富的企业家一方的优势还是比较明显的。

（三）企业股权评估困难带来的分割障碍

当不能直接分割企业股权时，就只能对股权的财产性权益提出分割请求。但是，股权的价值评判是一个非常复杂的问题，弱势的配偶一方要想求得公平也是非常困难的。

首先，对于有限公责任公司来说，如果配偶一方没有股东身份，则依据《公司法》第 33 条的规定，公司股东才有查账权，配偶作为股权的共有人，但如果没有股东身份，同样是没有查账权的。在这种情况下，配偶需要等到离婚诉讼时才可能请求法院对公司股权的价值进行审计，效率太低，掌握股权一方有足够的时间进行很多的暗箱操作。

其次，在公司股权价值评估上可操作空间也很大，婚姻案件中股权价值确定

---

① 《民法典婚姻家庭编解释（一）》第 72 条　夫妻双方分割共同财产中的股票、债券、投资基金份额等有价证券以及未上市股份有限公司股份时，协商不成或者按市价分配有困难的，人民法院可以根据数量按比例分配。

② 参见贾明军、吴卫义主编：《上市公司股权分割与传承》，法律出版社 2016 年版，第二章、第五章第一节。

一般有三种方法①，以注册资本金为基础计算股权价值、以资产负债表中的所有者权益为基础计算股权价值、以审计评估后的价值为基础计算股权价值。第一种注册资本计算法一般是比较难以实现公平的。而后两种也需要以公司账册为基础，但公司账册是经营者制作的，这里面的可操作空间也很大。

除此之外，还有很多的影响因素，如复杂的股权架构的影响，跨境架构造成的评估困难等，都会使得股权价值的评估很难对弱势方很公平公允。

（四）弱势一方缺乏企业经营能力带来的障碍

不参与企业经营，没有企业经营能力的配偶，即使在非上市企业中有股东身份，分到了企业的股权也不一定是好事，因为股权既有可能是资产，还有可能是负债，甚至可能由资产迅速转变为负债。

这里需要特别说明的是，如果是上市公司的股权，配偶还是可以要求分割的，因为上市公司是公众公司，其财务相对透明，股权有公开的市场价值，变现也相对容易，和非上市公司的股权有很大的区别。

此处从一个小案例来说明为什么非上市公司的股权可能会从资产变成负债。

补充案例

孙凯（化名）和刘玫（化名）是夫妻，孙凯是某国企的部门经理。在孙凯的资金支持下，刘玫与妹妹刘蓉（化名）开了一家国贸公司，股东名册登记孙凯占股75%，妹妹刘蓉占股25%。但孙凯完全不参与企业经营，经过姐妹几年的打拼，公司积累了不错的资产。孙凯夫妇的日子也过得越来越红火。②

但生活总是充满了意外，孙凯部门来了一位新同事叫李颖（化名），小姑娘大学毕业刚分配过来，孙凯作为领导对新同事自然是比较关照一些。但这些关照让李颖对孙凯产生了依赖感与感情，后来小姑娘竟然主动表白了。开始孙凯也是拒绝的，但李颖很坚持，时间长了，竟然逐步发展成了情人的关系，甚至后来竟然提出要和刘玫离婚。

虽然孙凯对离婚的事情非常内疚，但离婚的态度却非常坚决，而且对夫妻共同财产的诉求也非常坚决，要求分割外贸公司的资产。

没想到的是，在离婚诉讼开始时，以刘玫母亲和刘蓉为股东的另一家外贸公司开张了，经营的是和原外贸公司同样的业务，姐妹俩的全部精力都投入新公司

① 参见贾明军、吴卫义主编：《上市公司股权分割与传承》，法律出版社2016年版，第110～114页。

② 贾明军：《富人离婚的36个计策》，法律出版社2009年版。

的经营，对于原来的外贸公司，刘玫和刘蓉基本上不闻不问，因为孙凯自己是国企领导，根本无暇经营企业，就只能眼睁睁地看着公司业务陷入停顿，核心员工出走，主要客户被刘蓉带到新公司。几个月以后，企业几乎就到了破产的边缘，而相比之下，刘蓉的新公司却生意兴隆，日进斗金。

等到真正离婚分割财产时，为了避免外贸公司的剩余三角债的麻烦，孙凯明智地放弃了企业的股权。

从上述案例可以清楚地看到，公司是需要经营的，经营得好，公司股权就是优质的资产，可以产生源源不断的现金流。但如果经营不善，公司股权就是一个吸金的黑洞，不仅不是资产，而且是非常可怕的负债。

在本案例中，刘玫姐妹的手段还是非常普通的，仅仅是另外开了一家公司，对原公司怠于经营，没有其他任何的隐秘手段。但在很多其他案件中，实际经营者用非法手段转移公司资产，伙同他人伪造公司债务等手段也屡见不鲜。

由此可见，如果没有经营能力，不参与企业经营的一方分得了公司股权，他就极有可能会面临公司资产被转移，公司经营恶化，公司股权迅速从资产变成负债的风险。

因此，我们一般建议没有经营能力的配偶离婚，不要寻求直接分割非上市企业的股权，而是尽量主张多分现金资产、金融资产、不动产等价值相对确定的资产，作为对放弃股权的补偿。这是对配偶最为有利的分割方案。见图2－2。

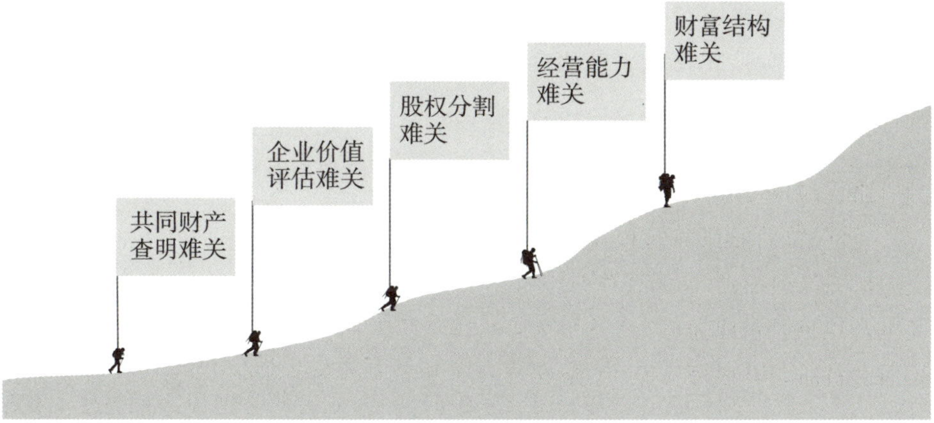

图2－2

（五）家庭财富结构造成的公平分割困境

从前文可以看出，对于缺乏经营能力的配偶来说，直接分割取得企业的股东既缺乏可行性,也不是明智之举。所以,对于企业家配偶来说,比较明智的选择是不要股权要资产。但是,这样的选择有一个天生的缺陷。因为在一般的企业家的家庭中,最有价值的就是股权资产;尤其是在中大型企业控制人的家庭中,企业股权要占全部资产的80%以上,财富量级越高,股权资产的占比越高。不动产、现金资产、金融资产的占比就越小。不仅如此,现金资产、金融资产一般都是企业现金流的重要备份和补充,关乎企业的生命线,不能在短时间内大量地分割给企业家配偶。因而就会出现以下两个问题。

问题一,即使绝大部分的不动产、现金资产和金融资产分割给放弃股权的配偶一方,也只是家庭总资产的一小部分,分割结果在财产的价值上是不可能公平的。

问题二,现金资产、金融资产很难一次性补偿,而是需要分期分批地给付,以防止企业的现金流出现问题。譬如,在李英和王厚的案例中,最终补偿的1800万元现金,王厚需要通过2年逐步补偿给李英。

由此可见,弱势配偶一方要通过分割股权以外的资产取得相对公平的财产份额是比较困难的。

第三节　典型高风险人群与风险发生场景

一、婚内财产转移和婚变资产分割风险的高发人群

婚内财产转移和婚变资产分割的风险主要集中发生在企业家配偶的身上,总的来说,企业家配偶参与企业经营越少,对家庭财产和企业财产的掌握力度越弱,其面临的风险就会越严重。

最典型的高风险人群的特征为:首先,家庭主要财富来源于企业经营;其次,配偶方基本不参与企业经营且缺乏经营能力;再次,家庭财产的主要控权在企业家手中,或者名义上配偶方掌管家庭财产,但家庭财产可能随时反哺企业;最后,婚姻关系复杂或者不稳定。譬如,二婚家庭且一方或者双方前段婚姻有子女;又如,企业家有非婚生子女;还有其他的一些婚姻不稳定的情况。

一个高净值家庭如果具备以上四个方面的特征,则双方在婚姻关系存续期间内转移隐匿夫妻共同财产的可能性是极高的。一定要注意,转移隐匿夫妻共同财产一般是双方都会有的行为,只不过弱势一方因为掌握财产比较少,因此会处于

劣势。而一旦离婚,在离婚纠纷分割共同财产时,弱势一方就会像前文分析的那样,一般都会比较被动,几乎决定于强势一方的态度。如果强势一方念及往日情义,则分割会相对比较公平;如果双方矛盾激化,则弱势一方可能就会面临比较尴尬的境地了。

二、婚内财产转移与婚变资产分割的三大典型发生场景

婚内财产转移风险与婚变资产分割风险虽然属于不同的两个风险,但往往联系非常之紧密,尤其是在企业家家庭中,甚至可以认为是一个行为的两个阶段。对于企业家家庭来说,如果婚姻关系内发生了婚内财产转移的情况,最终导致了离婚,则婚变资产分割时弱势一方必然会非常被动,甚至引发激烈的诉讼。如果婚变资产分割时弱势一方非常地被动,则基本可以断定在离婚前已经经历过婚内财产转移的阶段。

发生这两个风险是有一定原因的。一般来说,如果夫妻感情融洽,且也只有二人共同的子女,这种情况下一般不会发生财产转移的风险。同时,不离婚当然也没有所谓财产分割的风险。发生这些风险的典型原因有两个:一是为了自己的子女转移财产;二是夫妻关系恶化,争夺利益。至于其他的原因一般都不是很典型,如婚外情,一方转移财产以供养情人,这种情况如果没有导致婚姻危机,则财产转移的规模会非常有限,不至于引发危机。当然,这种情况是可以发展到夫妻关系恶化的。还有,如为照顾家族其他成员(如兄弟姐妹)而转移财产,转移规模也会非常有限,一般不会达到需要作为风险进行规划的地步。

如果发生前面说的两种情况,发展到一定程度可能会导致婚姻破裂,夫妻双方争夺财产的战争也会由地下转向地上,矛盾也会进一步升级,所以婚变财产分割风险一般比婚内财产转移风险表现更为激烈。下面就对这两个风险发生的一些具体的情况和特点作一些讨论。

(一)婚内共同财产被转移给企业家的前段婚姻的子女或非婚生子女

在财产争夺问题上,为子女的情况是比较多的。而在企业家家庭中,夫妻双方有不同的子女的情况相比于一般老百姓家庭会更加的普遍。一般有以下三种典型的情况:第一种,年长的企业家迎娶年轻妻子,企业家前段婚姻有子女;第二种,企业家迎娶有魅力有能力的中年女性,二人前段婚姻均有子女;第三种,企业家有非婚生子女。在三种情况中,第一种、第三种比较常见,第二种相对较少但也能经常遇到,因此不可忽略。

在第一种情况下，一般来说，企业家离婚时，考虑和年轻妻子再婚后的生育问题，前段婚姻子女大多和前妻共同生活。并且企业家前段婚姻的子女一般年龄相对较大，因此财务方面的需求也相对现任妻子子女的需求更大，如留学、移民等教育相关的需求，婚嫁、创业的相关需求都是对资金需求比较大的。需要注意的是，抚养未成年子女是父母的法定义务，所以，企业家将夫妻共同财产用于前段婚姻子女的教育、医疗等，并不属于转移隐匿夫妻共同财产，并且，教育医疗费用一般也不会出现明显的不合理，这里就不作讨论了。但是，前段婚姻子女一旦成年，则企业家一方已经没有法定抚养义务，这时候从夫妻共同财产中给予成年子女的资金支持理论上就应当取得配偶的同意，过多不合理的支持就构成对配偶共同财产权的侵犯，已经属于广义上的转移隐匿夫妻共同财产了。在前段婚姻子女与本段婚姻子女的年龄差别过大，或者受到“传男不传女”观念影响的情况下，前段婚姻子女可能被选定为家族财产的传承人，财产就可能被大量地转移给前段婚姻的子女。而实际上，这些财产可能大部分属于夫妻共同财产，从严格的法律视角来看，这是对弱势一方配偶财产权的侵犯。这种财产转移可能是隐秘的，也可能是完全公开的。同时，弱势配偶一方因为受到传统伦理、能力弱势等的制约，可能会敢怒不敢言，或者虽然反对但无法阻止。

当然，我们也要意识到，家庭关系并非纯粹的利益交换关系，更重要的还是血缘、感情的结合体。并且，家庭还要受到所处社会环境、传统伦理的制约。最重要的是家庭的和谐与幸福。因此，在发生这种情况时，夫妻双方还是应当更多地考虑整个家庭的和谐与幸福，在利益的分配上，适当作出一些让步和妥协是有必要的。

向非婚生子女转移财产这是弱势配偶一方更加不能接受的情况。与向前段婚姻子女转移财产的情况不同，向非婚生子女转移财产一般都是比较隐秘的。当然，转移规模一般也比前一种情况要小一些。但是，如果婚姻关系开始出现恶化，这种规模就可能迅速地扩大。

各自都有子女的情况虽然相对较少，但却是三种情况中转移财产情况最为严重的，并且非常容易导致矛盾的升级。

至于转移财产所用的手段，在本阶段相对来说还是比较平和的，毕竟夫妻之间还是有比较深厚的感情维系的，双方都会顾及对方的感受，也不会忍心任意践踏对方的情感和利益。用的手段主要有利用代持、在公司账面上动一些手脚转移财产，基本上就是把自己完全掌控且方便转移的财产进行适当的转移。具体的手段笔者在第二节中已经作过详细的讨论，这里就不再重复了。

（二）夫妻关系恶化导致双方疯狂转移夫妻共同财产

在夫妻关系逐步恶化，婚姻名存实亡，并且可能走向结束的情况下，一方面没有了感情的维系，另一方面因为长时间的冲突和矛盾，夫妻之间甚至存在相互憎恶的情况，此时的财产转移手段就会变得恶劣起来，财产转移的规模也会大幅度上升。

这时运用的手段就不仅仅是简单地转移自己完全掌控且方便转移的财产了，这时候虚构交易、抽空公司优质资产、虚构债务以及利用海外账户转移资产等手段都会被利用起来，这些手段的具体表现形式我们在第二节有过详细的讨论，这里不再重复。

强调一下，在夫妻关系恶化的阶段，最值得防范的是掌握企业的一方通过虚构交易转移企业股权。从最高人民法院及各省高级人民法院公布的涉及离婚与股权分割的典型案例中看，配偶一方单方转让股权在离婚时引发争议的案件占半数以上①。配偶单方面转让股权一般有以下五个特点。② 第一，争讼股权标的额相对较大；第二，持股配偶男性居多；第三，转让时夫妻关系已经恶化；第四，受让方与转让方关系“亲密”；第五，股权转让价款较低或无对价。一旦发生这种情况，财产损失大，挽回损失难度大。因此，在夫妻关系恶化的阶段，婚内财产转移的风险尤其值得引起重视。

（三）离婚纠纷中的财产转移与财产分割风险

当最终走到离婚的阶段时，婚变财产分割风险就到来了。在现实生活中，企业家家庭的离婚大多数不会经历激烈的冲突，绝大部分是协议离婚，还有一小部分会通过诉讼的方式离婚。

1. 企业家家庭协议离婚的特点

值得注意的是，并不是没有激烈的冲突，和平协议离婚就意味着财产分割一定是公平的，弱势方配偶一定是被尊重的。相反，只有在少量的企业家家庭协议离婚案中女性得到了法律意义上的公平的财产分割，而在大多数协议离婚案件中，弱势方配偶更多的可能是处于听从安排的地位。当然，在协议离婚的情况下，强势一方大多数还是会尽力保证弱势一方初步的品质生活的，但这和法律意义上的财产公平分割相去甚远。一般来说，在财产分割上，首先，企业股权在协议离婚

---

① 参见贾明军、吴卫义主编：《上市公司股权分割与传承》，法律出版社 2016 年版，第 209 页。
② 参见贾明军、吴卫义主编：《上市公司股权分割与传承》，法律出版社 2016 年版，第 214 页。

中很少会分给没有经营能力的配偶一方;其次,房产、商铺金融资产的分割上会给女方以照顾,以保证女方初步的品质生活;最后,即使离婚后,尤其是在弱势方负责抚养子女的情况下,企业家依然会认为自己对弱势方的家庭有一定的责任,因此可能还会经常接济。当然,与之相对应的代价就是弱势方配偶很少再婚。

2. 企业家家庭诉讼离婚的五大特点

在部分企业家家庭的离婚案件中,弱势方会利用法律手段来尽力争取自己的权益,会选择诉讼离婚。企业家家庭诉讼离婚一般有以下五大特点。

特点一,财产分割争议是高净值人士离婚诉讼中的焦点问题。

与一般家庭的离婚诉讼相比,财产分割问题是高净值家庭离婚诉讼中的焦点问题。一是因为高净值家庭财产规模更加庞大,较大的利益必然导致更大的争议;二是高净值家庭资产结构更加复杂,相比其他争议问题处理起来也更加的复杂,所以自然就成为核心问题。

特点二,围绕股权财产分割的争议会比较激烈。

在所有资产类型中,股权资产是创富工具,是财富源泉,相对其他资产价值更高,升值潜力更大,争夺自然就比其他资产更加激烈;并且,资产规模越大的家庭,股权资产的占比就会越高,围绕股权资产的争夺就会越激烈;同时,与其他资产相比,股权资产的分割更加纷繁复杂,也导致股权资产分割的争议更加激烈。

特点三,伴随离婚诉讼的可能还有一些相关的财产纠纷诉讼。

与一般老百姓家庭的离婚诉讼不同,越是超高净值家庭,其财产结构就越复杂,财产查明、财产的确权、财产的分割就更加复杂,因此就会导致在离婚诉讼之外还需要一些以查明财产、财产确权、损失挽回等为目的的诉讼来辅助离婚财产分割的诉讼;不仅如此,高明的律师可能还会通过设计一些策略性的诉讼来摆脱在离婚财产分割中的被动地位,①正如贾明军律师所说:“有时候,打是为了更好地谈。”所以,如果说普通老百姓家庭的离婚诉讼是一场战斗,那么高净值人士的离婚诉讼就是一场包括很多场战斗的战役,而一些超高净值人士的离婚诉讼则可能是一次旷日持久,纷繁复杂的战争。并且,这场家庭内部的战争一般不会有胜利者。

特点四,强势一方社会资源丰富,在离婚诉讼中占据较大优势。

企业家是一群拥有强大社会资源,并且非常善于运用社会资源的人。他们的

---

① 参见贾明军、吴卫义主编:《上市公司股权分割与传承》,法律出版社 2016 年版,第 432 ~ 451 页。

这种优势也会体现在离婚诉讼中。尤其是在大部分情况下,离婚诉讼案件的管辖法院都在基层人民法院,这些企业家的社会关系对基层人民法院的影响无疑是巨大的。所以弱势的配偶一方在离婚诉讼纠纷中的被动地位就可以想象了。

这也是为什么一些代理弱势方的非常有经验的律师会通过一些策略性诉讼或者其他的方法,尽量尽早提高管辖法院的级别。① 因为相对来说,管辖法院级别越高,企业家一方的社会资源对管辖法院的影响力会越小,弱势一方取胜的希望就越大。在国际化家庭离婚案中,高明的律师甚至需要巧妙建立管辖连接点,选择其他国家或地区的法院起诉离婚,从而避免强势一方的社会资源的影响,争取诉讼中的主动。

由此可见,对于大部分的弱势方来说,在离婚诉讼中占到便宜的可能性是比较低的。

特点五,除上市公司外,弱势方一般很少最终直接取得企业的股权。

在前文中笔者分析过,除了上市公司股权外,弱势配偶一方直接取得企业股权的难度是比较大的。并且,因为缺乏经营能力,弱势方即使取得了企业股权也不一定是好事,甚至最后资产变负债也不是不可能。因此,在司法实践中,弱势方一般很少会直接取得企业的股权,通常会以其他财产作为补偿对价来完成对企业股权资产的分割。但是,正如第二节所分析的,这样的补偿方式本身就会导致弱势方只能分得较少的利益。

3. 企业家家庭离婚子女抚养权问题处理的特点

企业家家庭离婚时子女抚养问题的处理和普通老百姓家庭子女抚养问题的处理差别比较大。在社会生活中,越是底层的家庭,最终子女归男方抚养的比例会越高。而在越是高净值家庭中,除了少数传统文化影响深远的地区的男孩以外,子女抚养权归女方的比例就越高。经济条件较差的家庭和超高净值家庭离婚中子女抚养权争夺一般不会特别激烈,反而处于中部的中等收入家庭子女抚养权争夺会非常激烈。

因为对于高净值家庭来说,强势的男方一般很快可能再婚,并且再婚对象很多时候是较为年轻的女性,一定会有生育子女的计划。所以,由弱势的女方抚养子女可以减少将来的家庭矛盾,也有利于子女的成长,这点很容易在双方之间形成默契。

---

① 参见贾明军、吴卫义主编:《上市公司股权分割与传承》,法律出版社 2016 年版,第 426 页。

同时，如果弱势的女方担任了抚养子女的责任，一般再婚的可能性就比较低，并且还会与男方保持比较紧密的联系，亦会频繁接受男方的接济和照顾，子女成年以后还可能会进入父亲的企业参与管理，继承家业。

三、婚姻纠纷对企业家一方的五大典型影响

虽然前文一直在强调夫妻中弱势一方在离婚中面临的风险问题，但我们一定要明白一个规律：就是在婚姻家庭纠纷中，从来都没有赢家。所以，在婚姻纠纷中，企业家一方面临的风险和影响也是很大的，至少有以下几个典型的风险和影响。

（一）女方的资产保全措施会对企业经营造成严重影响

在离婚诉讼中，如果双方处于比较严重的对立状态，即使女方在企业中没有任何股权，但其依然有可能以财产共有人的身份申请对企业的股权进行冻结、保全。股权被冻结，可能对企业经营造成很多的不便，对企业股权转让、并购等造成阻碍，打击客户对公司的信心，对公司业务造成损害，影响是比较大的。

（二）旷日持久的离婚诉讼会对企业和企业家个人都造成严重影响

旷日持久的离婚财产分割诉讼，一方面，可能会直接影响公司的各项经营活动；另一方面，旷日持久的诉讼会损耗企业家的大量精力；并且，家庭纠纷相比其他纠纷更加复杂，家庭成员之间的情感纠葛，反复地争论吵闹，孩子抚养权的争夺，会让企业家疲于应付，精疲力竭。

（三）婚姻纠纷可能导致公司融资、上市受阻、公司股价降低

因为婚姻纠纷导致公司上市受阻的案例已经不仅仅土豆网一家，并且因此而催生了“土豆条款”。婚姻纠纷不仅对公司上市有影响，现在的风险投资人对创始人的婚姻稳定状况也尤为重视，不稳定的婚姻会让投资人敬而远之，对公司融资造成影响。对于上市公司股东来说，离婚不仅会直接导致股份被分割，造成巨额的财产损失，而且还会导致股价的下跌，进一步造成损失。并且，股份后面是投票权，是控制权，如果不能与手握股份的前妻保持融洽关系，甚至可能造成控制权的丧失。

（四）女方可能通过刑事手段反制甚至报复男方

对于企业家来说，因为逃税、职务侵占、挪用资金等行为而触犯刑法的可能性是比较大的，但只要没有掌握有力证据的人主动向公安机关举报，一般案发的可能性很低。值得注意的是，作为家庭核心成员，配偶对企业家的很多情况是比较

了解的，并且极有可能还掌握着有力的证据。在婚姻纠纷中，如果双方陷入激烈的对抗，女方一旦以此作为要挟或者反制手段，男方面临的风险可想而知。

（五）婚姻纠纷会对子女造成严重影响，甚至导致子女与强势方反目成仇

婚姻纠纷不是单纯的财产纠纷，而是情感、血缘、财产等纠葛的纠纷，这是和其他民事纠纷的核心区别。由于牵涉血缘的问题，因此，只要当事人还在人世，这种纠纷是很难结束的，所以说"婚姻家庭纠纷没有赢家"。并且，在婚姻纠纷中，从长远来看，最核心的利益点并不是财产利益，而是亲情、血缘的利益。但是，如果夫妻在离婚纠纷中过于对立，甚至反目成仇，那么孩子也将卷入其中，可能造成赢了财富却丧失了孩子与亲情，这显然是得不偿失的。对此，贾明军律师有一句名言："我们评判一个婚姻家事律师的案件做得成不成功，不在于三年、五年后当事人说这个律师当时帮我争取了多少权益。而在于三十年、五十年以后，当双方当事人再坐在一起回想当年的案件，都觉得当年那个律师处理得没错，这才是真正的成功！"

综上所述，对于企业家们来说，虽然他们可以方便地转移隐匿夫妻共同财产，在离婚财产分割中也可以占尽先机。但是，这并不能成为我们在婚姻中可以有恃无恐的理由，因为在离婚纠纷中，弱势的配偶方依然是有非常有力的反击手段的。因此，无论是在婚姻生活中，还是在离婚纠纷中，和谐都是最佳的选择。在婚姻生活中，和谐幸福的家庭生活可以让生活更加美好，孩子更加健康快乐。在离婚纠纷中，和谐的分手方式可以最大程度地照顾到各方的利益，并且对自己、孩子、其他亲人产生的伤害也最小。

第四节　解决方案设计策略与规划实操

当企业家的配偶，尤其是非上市企业家的配偶面临离婚时，在婚姻财产分割的问题上确实是比较被动的，如果没有任何的婚姻财富规划，一旦面临婚变的问题，不参与企业经营，没有经营能力的配偶一方的利益非常难以保证。因此，企业家配偶的婚姻财富规划是非常必要的。

企业家配偶的婚姻财富规划是一个非常复杂的课题，而且各种安排还需要非常具有艺术性，如果安排得不好，不但最终起不到很好的效果，还会导致夫妻关系

的恶化,得不偿失。

正因如此,在讲具体规划方案之前,我们有必要先确定婚姻财富规划的主旨思想,指导原则。

一、企业家配偶婚内资产保全规划的几大基本原则

原则一,规划的目的是守护婚姻的幸福而不是为离婚做准备。

财富管理的第一目的是和谐与幸福,这是做财富管理规划的最高原则。理财师要通过规划帮助客户成为财富的主人,让财富服务于幸福。而不是为了获得更多的财富而规划,让客户被财产的得失牵绊,最终沦为财产的奴隶。同理,婚姻财富规划的目的一定是守护婚姻幸福,而不是为离婚做准备。

为什么婚姻财富管理可以更好地守护婚姻幸福呢?这是因为,夫妻双方要一生和谐幸福,平衡是非常必要的条件。企业家家庭的夫妻双方,因为双方创造财富的能力不同,造成双方在财富掌控权上逐渐失去平衡,从而造成一方在婚姻中的话语权越来越大,另一方逐渐沦为一方的附庸,很多方面只能服从和隐忍。话语权大的一方逐渐失去监督,甚至为所欲为。话语权小的一方则对生活逐渐失去安全感,夫妻间逐渐失去信任,幸福就无从谈起。

而婚姻财富管理规划的目的,一则通过规划,在规则与制度上给予一方一定的制衡与监督,防止权力失控;二则通过规划,增加另一方的安全感,增进夫妻双方的相互信任,从而让婚姻生活更加和谐与幸福。

原则二,分财产不是目的,保证配偶生活品质与幸福才是目的。

在现实中,想通过规划绝对保证配偶一方在财产分割上的平等权利是几乎做不到的。我们虽然可以通过一定的规划和制度设计对企业经营者一方进行一定的制衡与监督,但从实操层面上讲,在制度上无法做到充分的制衡监督,并且过分地制衡与监督同样会伤害夫妻的感情与信任。

相比之下,通过规划增加不参与企业经营一方配偶的安全感,增进夫妻双方的相互信任,在实操层面上有更强的可操作性,并且只会对夫妻感情产生正向的作用,值得着重研究。

增加配偶一方的安全感,主要应当从保证生活品质上来下功夫,作规划。无数的案例表明,财富多少本身不能给人带来安全感和幸福感。能给人,尤其是给女性带来安全感的往往是富足、稳定、有保障的品质生活。当不参与企业经营的配偶一方以及她的子女在生活、教育、医疗、婚嫁和养老等方面都拥有充分的保障

以后，其他财产的多与少都只是锦上添花的程度不同而已，对其生活幸福已经不再有实质的影响，不参与企业经营的配偶一方当然就会有比较高的安全感了。

原则三，给孩子足够的保障最能给予企业家配偶安全感。

对于绝大多数女性来讲，孩子利益是更加重要的，因此，做好子女的教育、婚嫁、创业等支持与保障可以大大增加女性在婚姻中的安全感。并且，在财富规划实践中，如果单纯从照顾、保障企业家配偶一方的角度出发进行规划，有时候容易遭到企业家一方的反对，有时候阻力是比较大的。

但是，在孩子的保障问题上，夫妻是很容易达成一致的。并且，当配偶一方提出要为孩子进行必要的规划，以保障他们的健康、教育、成长等，或者提前布局给他们一定的财产分配时，企业家一方相对也比较难以拒绝。而孩子名下的财产或者为孩子所作的规划，离婚时一般不会被分割，并且，女方作为孩子的母亲具有一定的掌控力，财产不会流向企业家的下一段婚姻。所以，这样的规划对女方安全感的提升作用是比较大的，对婚姻幸福和谐有百利而无一害。

从以上三大基本原则出发，可以根据每个家庭的具体情况进行一系列的方案设计，本书给大家提供以下五种方案设计的思路和建议，这五种思路并非独立的方案，而是可以相互配合使用的方案，可以根据需要合理组合设计。

二、隐性资产显性化，增加配偶的财产掌控力

大部分企业家存在家企不分的情况，企业资产和家庭资产的大部分由企业经营一方掌控，一则不利于隔离企业的经营风险，企业一旦经营失败就会导致家庭资产承担连带责任；二则不经营企业的一方几乎没有资产的掌控力甚至没有起码的知情权。因此，及时地对企业利润进行剥离，让利润回归家庭并做好合理的规划对夫妻双方来说都是非常好的选择，至少有以下三个方面的益处。

第一，回归家庭的财产最好以不参与企业经营的一方的名义进行持有，一般是妻子。妻子持有家庭资产，资产依然属于夫妻共同财产，但因为妻子不直接参与企业经营，企业债务只要妻子没有直接承担连带责任，依据《民法典》“婚姻家庭编”第1064条[1]的规定，要认定夫妻共同债务，债权人有比较重的举证责任，对

---

[1] 《民法典》第1064条　夫妻双方共同签名或者夫妻一方事后追认等共同意思表示所负的债务，以及夫妻一方在婚姻关系存续期间以个人名义为家庭日常生活需要所负的债务，属于夫妻共同债务。

夫妻一方在婚姻关系存续期间以个人名义超出家庭日常生活需要所负的债务，不属于夫妻共同债务；但是，债权人能够证明该债务用于夫妻共同生活、共同生产经营或者基于夫妻双方共同意思表示的除外。

家庭资产的安全是一层保护。同时,丈夫持有企业资产,妻子持有家庭资产,相对比较平衡,双方都有安全感,可以增加夫妻间的相互信任,促进婚姻的和谐与幸福。

第二,回归家庭的财产还可以通过大额人寿保险、保险金信托、家族信托等工具进行资产的进一步保全,即使因为企业债务牵连了家庭资产,经过了保全的家庭资产并不会因此而受到牵连,既可以为企业渡过难关提供现金流的支持,还可以保证家人的生活品质不降低,父母养老、子女教育等不受到影响。

第三,回归家庭的资产处于妻子的管理之下,即使发生离婚风险,因为共同财产在夫妻之间相对阳光化,妻子的权益相对来说会有更好的保护,婚姻资产的分割相对更加公平,并且双方也不会因为婚姻财产分割而产生过于激烈的矛盾,丈夫可以顺利地取得企业的资产,妻子也可以得到相对公平的补偿。父母不产生过于激烈的矛盾,对子女的成长影响就会相对较小,从长远的角度上讲,对双方、子女都有益处。

三、争取让配偶或配偶的近亲属在家族企业中拥有股东身份,以取得对企业状况的知情权

虽然很多时候女方不参与企业经营,但很多家族企业还是属于夫妻共同财产的。在这种情况下,妻子或者其近亲属在家族企业中拥有股东身份还是比较重要的,股东身份的背后就是对企业经营和财务状况的知情权。这是对企业经营者最起码的制衡和监督,也是对妻子最起码的权力保护措施。

当然,我们也要注意到一些现实的情况。对于一些需要引入风投、有上市计划的企业来说,夫妻共同持股是投资人比较忌讳的,因为有土豆网上市受阻的教训,现在的投资人一般会要求配偶退出企业的持股,并且放弃对企业股权的权利。

不仅如此,如果夫妻双方都有机会介入企业的经营管理,双方感情融洽时还好,如果双方感情恶化,就可能出现争夺企业控制权的现象,譬如,某当网创始人李某庆夫妇多年的控制权之争,给企业的发展造成了很多不利的影响。

因此,关于企业股东资格的安排,可以根据各个家庭的自身情况来合理安排。可以安排双方都有股东身份,也可以安排仅一方有股东身份,但必须对不持股的一方从家庭财产的控制权和各种人身与生活保障等各方面做好补偿和安排,以达到一个相对的平衡状态。让不持股的一方配偶拥有较高的安全感,从而增进夫妻间的相互信任,保证婚姻的和谐与幸福。

四、运用人寿保险保障配偶的生活品质，增加配偶的安全感

在不能绝对保证企业家配偶一方对财产的知情权和掌控权的情况下，如何做好配偶生活品质的保障，增加配偶的安全感就尤为重要。而人寿保险在保障生活品质方面有非常独到的优势。具体可以作以下设计。

（一）“医疗、重疾保险”规划提升配偶安全感，助力婚姻财富规划

通过重大疾病保险和医疗保险保障配偶一方的医疗品质。以企业家配偶自己为投保人与被保险人，购买高额的重大疾病保险和医疗保险。医疗保险解决医疗费的问题，重大疾病保险作为医疗费的补充以及支付护理费、营养费，等等。如果有条件还可以配置高端医疗保险，以获取丰富的境内外医疗资源。

这样的设计在婚姻财富规划中有几个优势。

优势一，提供完备的医疗费用与医疗资源保障，保证随时享受高品质医疗，保障企业家配偶的身体健康，增加安全感。

优势二，重疾与医疗保险现金价值低甚至没有现金价值，即使离婚，依据《八民会议纪要》婚姻家庭部分第 4 条的规定，①可以通过付出保单现金价值的一半补偿对方即可保全保单，婚姻财富保全空间较大。

优势三，如果婚内发生理赔，依据《八民会议纪要》婚姻家庭部分第 5 条的规定②，婚内取得的医疗、健康保险的理赔金宜认定为一方的个人财产。

优势四，重疾、医疗保险现金价值低，人身属性强，再考虑到男方经济实力较强，女方在财产分割方面比较弱势。在离婚时，法官有可能会依据《婚姻法》第 39 条，从保障女方生活，照顾女方利益的角度出发，直接判决保单归女方。

（二）“商业养老保险”规划提升配偶安全感，助力婚姻财富规划

企业家配偶一方可以自己作为投保人和被保险人，配置高额的商业养老保险，以保障自己的养老生活品质。选择产品时建议注意以下几个原则。一是要选择保障终身的养老保险产品，以应对长寿风险；二是要选择现金价值相对较低的

---

① 《八民会议纪要》（民事部分）婚姻家庭部分 4. 婚姻关系存续期间以夫妻共同财产投保，投保人和被保险人同为夫妻一方，离婚时处于保险期内，投保人不愿意继续投保的，保险人退还的保险单现金价值部分应按照夫妻共同财产处理；离婚时投保人选择继续投保的，投保人应当支付保险单现金价值的一半给另一方。

② 《八民会议纪要》（民事部分）婚姻家庭部分 5. 婚姻关系存续期间，夫妻一方作为被保险人依据意外伤害保险合同、健康保险合同获得的具有人身性质的保险金，或者夫妻一方作为受益人依据以死亡为给付条件的人寿保险合同获得的保险金，宜认定为个人财产，但双方另有约定的除外。

产品,以保证有较大的婚姻财富保全空间;三是养老年金一定要有保底,要可以锁定收益,以预防长期利率下行的风险;四是最好配置养老社区服务,以保障较好的养老生活和护理的品质。

在养老年金保险的配置方面,目前市场上有一种类型的专业养老年金产品是最适合的。这类产品有以下几个特征。

特征一,一般要到一定年龄阶段才可以开始领取,如 50 岁、55 岁、60 岁等,是专业的养老年金产品,并且,投资积累时间长,年金给付标准高。

特征二,一般保证领取一定年限,如 20 年。20 年后如果被保险人生存,持续给付养老年金,直至被保险人身故为止。20 年后若被保险人身故,没有任何身故责任。由于 20 年后没有身故责任,因此相对有身故责任的年金产品,年金给付标准高很多。

特征三,一般现金价值极低,有很多甚至开始领取养老金后现金价值就为零。现金价值为零,离婚时一般对方很难主张分割。

(三)"储蓄型人寿保险"规划提升配偶安全感,助力婚姻财富规划

企业家配偶还可以自己作为投保人和被保险人购买普通年金保险产品,作为自己的生活费保障。但值得注意的是,普通年金保险产品一般现金价值比较高,婚姻财产保全空间不是很大,所以要用以下方法进行补充规划。

第一,在丈夫(企业家)同意的前提下,可以将投保人变更为妻子的父母。如此一来,保单的现金价值属于父母的财产,不属于离婚分割的范围。

第二,可以将年金保单设立保险金信托,最好能选择保险金信托 2.0,将投保人也变更成信托,设定妻子自己和孩子为信托的受益人,如此,即使离婚,因为信托财产的独立性,不再属于共同财产的范围,保险金信托不会被离婚分割,可以持续保障受益人的生活。

五、运用人寿保险为子女规划保障,增加配偶安全感

对于绝大多数女性来讲,孩子利益是更加重要的,因此,做好子女的教育、婚嫁、创业等支持与保障可以大大增加女性在婚姻中的安全感。而人寿保险在保障子女的生活、健康、教育、婚嫁、创业方面也有着独到的优势。具体可以如下操作。

(一)"储蓄型人寿保险"规划未成年子女保障,助力婚姻财富规划

以妻子为投保人,孩子为被保险人配置高额的年金保险,作为孩子的生活费与教育金、婚嫁金及创业的支持。配置这类保单时,建议一定要让丈夫知情,并最

婚内财产混同
婚变财产分割与转移
婚内受赠继承混同
夫妻共同债务
股权混同
继承程序
继承争产
父母继承外流
传承后失控
继子女继承外流
非婚生继承外流
隔代传承
继承人能力不足
未成年人监护
跨境传承
企业经营风险
企业家家庭债务
资产代持
股权架构
企业家刑事风险
企业税务风险
税务透明与跨境
家庭经济支柱
教育规划
养老与监护
失智监护

好取得丈夫的同意。为孩子的成长而配置的保单,丈夫不同意的可能性不大。用夫妻共同财产支付保费,以未成年子女为被保险人购买的保单,离婚时应当如何分割,这个问题在法律上并没有明确的规定,在司法实践中亦存在争议。一种观点认为,用夫妻共同财产支付保费,以未成年的亲生子女为被保险人购买的保单,应当认定为夫妻双方对子女的赠与,离婚时不予分割;另一种观点认为,现金价值部分依然属于夫妻共同财产,应当予以分割。①

笔者赞同第一种观点,理由有以下四点:

1. 未成年子女保单不应当被离婚分割的四大理由

第一,保单为夫妻双方为保障亲生子女的生活、教育等而购买,是履行抚养义务的一种方式,保单承保后,子女产生了基于保单的可期待利益,这种可期待利益是值得保护的。

第二,关于这类保单是否能够退保,笔者认为如果夫妻双方一致同意,可以退保。但如果一方为子女利益考量而不同意退保,无论是从保护未成年子女权益的角度出发,还是保护子女已经获得的可期待利益的角度出发,维持保单的效力都是比较合适的。并且,一般退保时会产生一定的损失,相比之下,子女失去的利益多,而父母因此而获得的利益少,父母一方此时坚持退保,为自己之小利而损害儿女之重要利益,有违公序良俗,也不应当得到支持。

第三,夫妻双方为保障子女的生活、教育购买保单,处分了夫妻共同财产。这种处分行为比较类似于将夫妻共同财产以订立保险合同的形式赠与给子女。父母为子女生活与教育而作出的赠与,是有道德义务的赠与,按照《民法典》“合同编”第 658 条②的规定,不得任意撤销。因此,夫妻离婚时,保单的现金价值不适宜作为夫妻共同财产进行分割。

第四,依据《民法典》“婚姻家庭编”第 1087 条③的规定,离婚财产分割时应当遵循照顾未成年子女的原则。而保单作为未成年子女生活与教育的保障,如果作为夫妻共同财产进行分割,让未成年子女原本已经有保障的生活与教育失去其保

---

① 参见李国彪:《婚姻存续期间购买人身保险分割问题的研究》,载 http://www.360doc.com/content/15/0804/21/22551567_489531662.shtml。

② 《民法典》第 658 条 赠与人在赠与财产的权利转移之前可以撤销赠与。

经过公证的赠与合同或者依法不得撤销的具有救灾、扶贫、助残等公益、道德义务性质的赠与合同,不适用前款规定。

③ 《民法典》第 1087 条 离婚时,夫妻的共同财产由双方协议处理;协议不成的,由人民法院根据财产的具体情况,按照照顾子女、女方和无过错方权益的原则判决。……

障，实在是有违照顾未成年子女的原则。

综上所述，婚姻关系存续期间内，夫妻双方为亲生子女投保的保单，在离婚时不宜分割。

目前，明确支持第一种观点的法院有浙江省高级人民法院与江苏省高级人民法院。上海市的一些法院在审理该类案件的过程中，也采用了第一种观点。2016 年，浙江省高级人民法院在其发布的文件，《关于审理婚姻家庭案件若干问题的解答[高法民一(2016)2 号]》中的第 15 项①对该问题作出了明确回答。2019 年 7 月，江苏省高级人民法院发布《家事纠纷案件审理指南(婚姻家庭部分)》②第 43 条第 3 款③，其中第 43 条最后一项对该问题进行了讨论，明确支持第一种观点。

2. 避免未成年子女保单分割的三层屏障

因此，如果企业家配偶一方在婚内为孩子配置保险保障，在面临离婚分割风险时至少有三层屏障。

第一层屏障，保单财产相对其他财产具有一定的隐秘性，不容易被认为是一种财产，如果对方没有主张分割当然就可以很好地保留。

第二层屏障，夫妻离婚本身对孩子伤害就比较大，此时父母对孩子是有愧疚的感情的。离婚时，如果一方不同意退保分割保单，另一方如果坚持退保分割，会面临非常大的“道德压力”，甚至可能导致与孩子关系的恶化。在这样的压力下，一方一般不会坚持退保而伤害孩子的利益。

第三层屏障，就是前面所说的法律上可能会判定不予分割。

企业家配偶合理利用这三层屏障进行婚内财富规划，保护自己和孩子合法权益的策略就是财富规划设计策略三十六计中的“树上开花”。

(二)“医疗、重疾保险”规划子女保障，助力婚姻财富规划

以妻子为投保人，孩子为被保险人配置高额重大疾病保险与医疗保险，保障

---

① 《浙江省高级人民法院关于审理婚姻家庭案件若干问题的解答[高法民一(2016)2 号]》15. 婚姻关系存续期间，夫妻一方为子女购买的保险，在离婚时可否作为夫妻共同财产予以分割？

答：婚姻关系存续期间，夫妻一方为子女购买的保险视为双方对子女的赠与，不作为夫妻共同财产分割。

② 资料来源：http://www.360doc.com/content/19/0719/05/349969_849675178.shtml。

③ 《江苏高院家事纠纷案件审理指南(婚姻家庭部分)》第 43 条第 3 款 为未成年子女购买人身保险的处理婚姻关系存续期间，夫妻一方或者双方为未成年子女购买的人身保险获得的保险金，如果未成年子女未死亡，应当专属于未成年子女所有。

离婚时，如果为未成年子女购买的人身保险合同尚处于保险有效期的，因保险的最终利益归属于未成年子女，该保险应当视为对未成年子女的赠与，不再作为夫妻共同财产分割。

孩子的健康与医疗品质。在婚姻财产分割中,孩子的重疾保险,医疗保险因为现金价值相比年金保险等更低,而且具有更强的人身属性,更加不应当进行分割,并且,同样受到前文中所说的“三层屏障”的保护。即使分割,因为现金价值很低,妻子只需要付出少量的代价就可以保全保单,保护孩子的利益,保全功能依然很强大。

综上所述,通过科学合理的规划,孩子的利益得到了保障,女方在婚姻中的安全感就会大大增加,可以增进夫妻的相互信任,大大提升婚姻的幸福感,这对于企业家一方也是有百利而无一害的。

六、利用家族信托保障配偶与子女,增加配偶的安全感

除了人寿保险外,家族信托也是保障企业家配偶与子女生活品质和成长的上佳工具。在企业经营比较好的时候,将企业的利润及时从企业中剥离出来,以企业家或者企业家夫人为委托人,设立不可撤销的家族信托,指定企业家夫人,子女为受益人,并通过信托合同约定好受益规则,以达到资产保全、保障家人生活并增加配偶安全感的目的。

设计此类家族信托在实操中有几个关键点是非常值得注意的。首先,委托人设计非常重要,因为在国内目前的家族信托中,委托人保留的权力非常大。如果放入信托的财产占家庭总资产份额比较少,可以考虑由配偶担任委托人。如果放入信托的财产占家庭资产份额比较大,一般还是只能由企业家担任委托人。也比较好辅助实施。其次,这类的家族信托一般不要将家族企业的股权直接放入信托,否则不仅操作比较复杂,成本高,阻力也会很大。最好是以放入金融资产为主,如现金资产、人寿保险、理财产品等,如果不考虑成本,也可以放入一部分不动产。家族企业的收益也可以通过一些间接渠道放入家族信托。最后,如果由企业家担任委托人,最好对委托人更改受益人和受益规则的权力予以一定的限制。虽然信托是使用夫妻共同财产设立的,但在国内家族信托实操中,配偶同意函一般会至少含两方面的内容:一是同意用夫妻共同财产设立信托,二是同意信托的条款设计。如果信托条款赋予了委托人过大的调整受益人和受益规则的权力,离婚后委托人就可能通过更改受益人和受益规则侵犯原配偶及其子女的权益。如果能设置配偶为监察人当然更为可靠,但是现实中很多时候没有可行性。

家族信托在企业家配偶婚姻财富规划方面至少有以下几个方面的优势。

优势一,婚内共同财产设立信托后,夫妻离婚时信托财产一般不会被分割。

当家族信托设立以后，依据《信托法》第 15 条的规定，信托财产与委托人的固有财产相区别，信托财产会独立于委托人之外。因此不再属于夫妻共同财产，也不属于夫妻任何一方的财产。当夫妻离婚时，信托财产根本不存在分割的问题。某湖地产吴某军夫妇的离婚案，就因为二人在婚姻存续期间内将某湖地产的主要股份放入了二人设立的两个家族信托中，夫妻二人的离婚对某湖地产的股权架构没有产生任何影响。

优势二，委托人变更受益人及受益规则的权力被限制，即使离婚，受益权也基本不受离婚风险的影响。

因为信托合约中对委托人变更受益人及受益规则的权力进行了一定的限制。因此，即使夫妻二人离婚后，委托人很难单方面对信托的受益人和受益规则作出调整。譬如，增加后一段婚姻的配偶、子女等为受益人，取消前任配偶、前段婚姻子女的受益资格，或者通过改变受益规则损害前任配偶、前段婚姻子女的受益权等，更可靠地保障企业家配偶及其亲生子女们的权益。

优势三，家族信托可以给配偶、子女等提供稳定、可靠的保障，大大提升配偶一方的安全感，有助于婚姻的稳定、和谐，促进家庭幸福。

通过合理的家族信托规划设计，可以很好地安排好配偶、子女等的生活、养老、教育、医疗、创业等各项需求。即使离婚，这些安排也通过家族信托很好地固定下来，完全不用担心婚姻风险的影响。如此稳定、可靠的安排可以大大提升弱势一方在婚内的安全感，对于增进夫妻间的相互信任，促进婚姻的稳定、和谐、幸福有着无与伦比的意义，同时更加有利于子女的健康、快乐成长。

优势四，还可以通过家族信托设置多种个性化条款设计，增加夫妻之间的信任，提高离婚成本，增进婚姻稳定。

家族信托的条款设计非常灵活，资金体量足够大的客户，可以根据自己的需求定制条款，以增加夫妻间的信任，提高离婚成本，进而增加婚姻的稳定性。

譬如，配偶一方可以要求男方将企业现金流合法提出，交给配偶，由配偶每年定期交付至家族信托。在家族信托受益人设计上，要把男方、女方和孩子均纳入受益人范围。同时，可以对男方作为受益人的收益条款进行创造性设计，即如若男方提出离婚或者女方发现信托合约约定的限制性行为，男方受益权将被剥夺，受益份额归属子女享有；亦可以在信托终止条款进行设计，如若男女双方婚姻持续 10 年，男方受益权比例提升至 10%，男女双方婚姻持续 50 年，男方受益权比例提升至 30% 等设计。在信托财产层面，增加男方提出离婚的成本或者提高男方破坏婚姻的成本。

另外，若女方担心，男方不从企业财产中逐年提取资金进入女方账户，或者成本过高，家族信托亦有解决方案，即可通过家族信托向家族企业融资的方式，将每年现金流通过融资利息的形式进入家族信托，保障整个资金流动可控。

除了以上几个在婚姻财富规划方面的优势以外，合理的家族信托设计还能同时解决资产保全、财富传承、传承后控制等多方面的问题，还可以结合人寿保险等金融工具进一步丰富家族信托安排的功能，是高净值家庭的睿智之选。

第三章

婚内受赠继承风险与解决方案设计

第一节 风险案例

一、案例导读

很多的父母认为，自己的财产理所当然的将来都是自己孩子的财产，但如果我们不懂得法律，不提前做好规划，结果可能会令我们大跌眼镜。上海的老张，自己的6套房产，最后只有一套半归了他的独生女儿，就是最好的例证。为什么会这样呢？请看下面的案例——“我家的房子是谁家的？”

二、案例详情

“我家的房子是谁家的？”，这个标题很多人可能无法理解，我家的房子就是我家的，怎么会搞不清是谁家的呢？我们不妨先来看看案例。

老张是上海郊区的一个农民，年轻的时候，爱人就因病去世了，给他留下了一个宝贝女儿张某。因为孩子从小没妈，老张对女儿张某非常宠爱，从小娇生惯养，导致张某从小不爱学习，好吃懒做，长大了也没有什么出息。2011年，张某结婚，招了个上门女婿，女婿是外地人，也是好吃懒做没什么本事，小两口就一起啃老。老张对此非常忧虑，自己家条件一般，儿女又是这个样子，自己现在还能挣点钱，能让他们啃一啃，将来自己干不动了，都不知道他们能指望谁。

但这样的担心并没有持续太久，2012年，老张家就拆迁了，因为老张盖的房子比较大，地也比较多，拆迁以后补偿非常丰厚，仅回迁房就有6套。有了这6套房子，老张就再也不担心了。因为自己就一个女儿，这6套房子将来给到女儿，一套房子自己住，5套房子出租，租金就可以让女儿一家一生衣食无忧。

老张家是个大家庭，父母80多岁了，但都还健在，父亲身体不好，得了阿尔茨海默病，母亲只有一点高血压，其他没什么大毛病，父母都和老张生活在一起。老张兄弟姐妹4个，还有一个姐姐、一个弟弟和一个妹妹。其他兄弟姐妹家也拆迁了，但条件远不如老张家。

老张家虽然家庭条件好了，但女儿却总是怀不上孩子，两口子结婚好几年了，也没给老张生下个一男半女，这个事情把老张急得够呛，但女儿跟女婿呢，总跟没事人一样，没有孩子更好玩。日子就在老张盼孙子的急切心情中一天一天过去了。

然而,更让人想不到的是,2016 年 4 月,老张在跟几个朋友喝酒的时候突发急性心梗,还没送到医院,人就没了。老母亲听到消息后,受不了这个打击,当场昏迷,送到医院才知道是脑出血了,在医院昏迷了不到 1 个月,也去世了。老母亲住院后,老父亲一时没有专人看护,结果一个人跑出去,掉进河里,也去世了。

家里连续 3 个人去世,丧事办了 1 个多月才算办完。办完丧事以后,女儿张某就开始着手办理继承手续,去房管局和银行一问,才知道要先去公证处。但到了公证处,公证员问了他的大概情况后,居然让她去把他的 2 个姑姑和 1 个叔叔都找过来要一起商量才能办。原来,老张生前没有留下过遗嘱,也没有做任何安排,他去世以后只能法定继承。按照《继承法》(已废止)第 10 条的规定,第一顺位继承人是父母、配偶、子女。配偶早年去世不用考虑,母亲和父亲去世在老张后面,都是老张遗产的继承人,还有女儿张某。所以老张的遗产有 3 个继承人继承,没有特殊情况,3 个人均分,6 套房产,每人 2 套。见图 3 - 1。

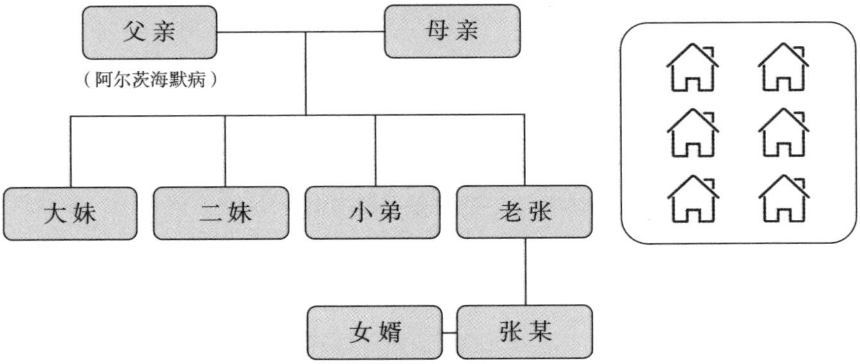

图 3 - 1　婚内受赠继承风险

但老母亲和老父亲也已经去世了,她们继承的这部分又要转继承,姑姑、叔叔都是继承人,张某也可以代位继承。这就是公证员让姑姑、叔叔一起来商量的原因所在。按照法律的规定,张某爷爷奶奶的这 4 套房产有大姑、小姑、叔叔和张某(代位父亲),共 4 个继承人,没有特殊情况,基本平分,相当于一人一套房子。

如此,老张的 6 套房子就有 3 套归了兄弟姐妹了,女儿张某仅继承了 3 套。大家想想,我家的房子到底是谁家的呢?

因为这个事情,小两口的情绪受到很大影响,两个人因此没有少吵架。张某甚至还想离婚,但咨询了一个律师朋友后,张某打消了离婚的想法。为什么呢?原来这 3 套房产是张某婚姻存续期间继承的,属于夫妻共同财产。如果张某选择离婚，就需要付出分走一半的代价，自己仅能剩下一套半。

老张原计划给女儿留下的6套房产，到最后真正属于女儿自己的竟然只有一套半，这恐怕是老张做梦都没有想到过的事情。我们再想想开头的标题，我家的房子到底是谁家的呢？

笔者总结过一句话："我们今天在拼命地赚钱，但我们的钱到底是替谁赚的呢？如果没有经过很好的规划，可能是替兄弟姐妹赚的，可能是给女婿/儿媳赚的，也可能像王某瑶一样是给司机赚的，甚至还可能是给隔壁那个谁赚的。"

张某还是幸运的，因为她和丈夫毕竟还没有离婚，3套房产加上拆迁款，也还可以让她们有一个不错的经济基础。但浙江企业家金总的女儿金枝（化名）就没有那么幸运了，这就是第二个案例故事——"巨额遗产的福与祸"。

金总是浙江的一位民营企业家，企业做得比较大。金总和老张一样，都是妻子去世比较早，太心疼女儿，所以女儿就被惯坏了。女儿金枝到了婚嫁年龄后，因为长相普通，身材比较胖，花钱大手大脚，尤其是脾气古怪，没人能忍受得了，所以找对象就成了问题。后来实在没办法，就招了一个外地的老实巴交的上门女婿，小伙子名叫吴强（化名），吴强虽然没什么本事，但很听话，而且能逆来顺受，无论金枝怎么折腾，他都可以一声不吭。所以女儿结婚以后，小两口日子过得还挺幸福的。

但金总对小两口还是不放心，女儿花钱没有节制，大手大脚，不能给她太多钱。女婿虽然老实，但如果给他钱多了，也保不齐会变样。所以金总除了给她们一些零花钱以外，其他的财产都在自己的名下掌管。金总才55岁，身体也不错，所以这一切都尽在掌握之中，他也没有太在意。

但人生总是充满了意外，2014年，金总在高速公路上发生了严重车祸，当场死亡。好在与前面的老张不同，金总的父母早就去世了，因此，金总的继承人有且仅有一个，就是女儿金枝。金总留下的近1个亿的遗产，女儿金枝顺利地继承了下来。

虽然金枝继承了全部遗产，但金枝的命运并不比老张的女儿张某更幸运，因为近一个亿的遗产价值实在太大了，对人性的考验也太大了，尤其是对丈夫吴强的考验。

为什么说对吴强的考验大呢？这是因为依据当时《婚姻法》（已废止）第17条的规定，金枝继承的遗产属于夫妻共同财产。如果不离婚，家里的财权在金枝手中，吴强还是只能逆来顺受，靠着老婆生活。但只要吴强和金枝离婚，1个亿的夫妻共同财产就会被分割，即使分不到一半，都足够吴强过上富足的生活，从此不用再受金枝的窝囊气。有了这些钱,他可以娶一个又年轻、又漂亮、又温柔的妻子,从此彻底翻身得到解放,过上自由、幸福的生活。从一定意义上来讲,离婚几乎会成为女婿吴强的刚需。

果不其然,金总去世后不久,吴强的脾气就越来越大,再也不能忍受金枝的坏脾气,两口子吵架的时候越来越多,终于走到了离婚这一步。最终,吴强分走了3000 多万元的财产。

三、案例解析

在上述两个案例中,父母都没有提前做好财产的传承规划,导致自己突然去世时,所有遗产都只能按照法定继承处理。按照《婚姻法》(已废止)第 17 条,现《民法典》第 1062 条的规定,夫妻一方在婚姻存续期间内继承的遗产属于夫妻共同财产。如果夫妻不离婚,遗产是否属于夫妻共同财产其影响并不明显,但是,一旦夫妻面临离婚,则一方继承的遗产就会面临巨大的分割外流的风险。

遗产外流不仅会造成经济损失,还会对子女造成精神方面的损害。以前面案例中的金枝为例。她先是失去了父亲,随后又失去了家庭,父亲的遗产也被分走一小半,精神和经济上都遭受了严重的打击。虽然现在还剩下数千万元的财产,但这巨额的遗产对她的意义到底是什么呢?下半生的日子她会怎么度过呢?还会不会再婚?如果再婚,什么样的男人会喜欢这样一个长得不好,脾气坏,还不是特别聪明,只有一个长处就是有钱的二婚女人呢?这个男人喜欢的到底会是什么?是钱还是人?如果喜欢的是钱,等待金枝的会是什么样的婚姻生活?她还有没有可能生孩子?家庭有没有可能再次破裂?金枝是不是会再有信心走入下一段婚姻?如果没有勇气,金枝是不是就只能孤独终老?可以孤独终老可能还是比较好的结果,如果金枝大手大脚的习惯不改,这几千万元够她花多少年?会不会被人骗?如果将来钱花完了,金枝的生活该如何继续?无论怎么想,我们都很难想象出金枝幸福的模样。所以,金总给女儿留下的这巨额遗产对于金枝来说到底是“福”还是“祸”呢?这是值得所有高净值人士深思的问题。

第二节　风险解析与法律依据

对于上述两个案例,考究其法律上的根本原因,就是因为当时的《婚姻法》

（已废止）第 17 条明确规定，婚姻存续期间，夫妻一方继承的遗产属于夫妻共同财产。虽然《民法典》颁布实施后《婚姻法》（已废止）已经废除，但《婚姻法》（已废止）第 17 条的内容已经由《民法典》第 1062 条①完整地继承。其第 1 款第 4 项明确规定，婚姻关系存续期间内继承或者受赠的财产，除《民法典》第 1063 条第 3 项规定的财产外，都属于夫妻共同财产。夫妻在婚内受赠继承的财产的判定与分割我们可以从以下几个方面进行解析。

一、"运气共同原则"与"尊重意愿原则"

夫妻共同财产的划分是婚姻财富管理中一个非常重要的问题，其法律规定是比较复杂的，理财师们要真正掌握并不容易。为了帮助理财师更好地理解与掌握我国婚姻法律制度中关于夫妻财产划分的部分，笔者总结了夫妻财产划分的"七大基本原则"。这七大基本原则并不是严格的法律概念，也并不够严谨，但是可以帮助广大理财师理解与记忆相关法律规定，降低专业学习的难度。在婚内受赠继承风险的部分，我们需要学习其中的"运气共同原则"与"尊重意愿原则"。

1."运气共同原则"

在我国婚姻法律制度体系中，"婚后所得共同制"是基础原则，也就是说，法律没有明确规定属于夫妻一方个人财产的，一般都属于夫妻共同财产。因此，凡是因为夫妻一方的运气比较好而取得的偶然性收入一般都属于夫妻共同财产，如婚内用个人财产买的彩票中奖了，奖金属于夫妻共同财产。笔者把这种偶然性收入属于夫妻共同财产的原则形象地称为"运气共同原则"。

出生在家庭条件优越的老百姓都会称这为"命好"，是"最高等级的运气好"。由此可以推断出，婚姻关系存续期间内继承或者接受赠与所获得的财产一般属于夫妻共同财产。请务必注意，这些原则都只是帮助理解与记忆，并非真正的法律原则。

当然，并不是所有的国家和地区婚姻关系存续期间继承或者受赠的财产都属

---

① 《民法典》第 1062 条　夫妻在婚姻关系存续期间所得的下列财产，为夫妻的共同财产，归夫妻共同所有：

（一）工资、奖金、劳务报酬；

（二）生产、经营、投资的收益；

（三）知识产权的收益；

（四）继承或者受赠的财产，但是本法第一千零六十三条第三项规定的除外；

（五）其他应当归共同所有的财产。

夫妻对共同财产，有平等的处理权。

于夫妻共同财产。譬如,在我国台湾地区和香港特别行政区,婚内受赠继承的财产一般属于夫妻一方的个人财产。并且,婚内受赠继承的财产一般属于夫妻一方的个人财产是当前世界的主流,世界上大多数国家的法律,无论是大陆法系、英美法系还是苏联国家的法律,夫妻一方继承或者受赠的财产一般都属于个人特有财产。[①] 在《民法典》编撰的过程中,改变《婚姻法》(已废止)中关于受赠继承财产认定的呼声是比较高的,但最终立法机关给予维持法律稳定性的考虑,没有进行修改。

同时,要注意继承发生的时间点的问题。譬如,夫妻双方在协议离婚或者离婚诉讼期间,如果一方的父母去世,但是一方在离婚后才完成遗产继承程序,那么一方继承的遗产另一方有没有权利主张分割呢? 答案是肯定的,因为根据《民法典》第1121条的规定,继承从被继承人死亡时开始。虽然一方在离婚后才完成继承程序,但其取得遗产所有权会追溯到被继承人死亡时生效,因此依然属于在婚姻关系存续期间内继承的遗产,一般属于夫妻共同财产,另外一方有权分割。

2."尊重意愿原则"

并不是所有在婚姻关系存续期间内受赠或者继承的财产都属于夫妻共同财产,因为法律还规定了一种例外情况,就是《民法典》第1063条[②]第3款规定的,在婚姻关系存续期间内夫妻一方取得的遗嘱或者赠与合同中确定只归一方的财产依然属于夫妻一方的个人财产。这样的规定是符合民法中的"意思自治"的基本原则的,因为毕竟财产是赠与人或者被继承人的财产,所以赠与人或者被继承人的意愿是必须要受到尊重的,如果赠与人或者被继承人的意愿就是要将财产给到夫妻间的一方而不是双方,那么这些财产依然还会属于夫妻一方的个人财产。这就是"尊重意愿原则"的体现。

"尊重意愿原则"会体现在夫妻财产划分的各个方面,譬如,男女双方可以通过婚前或者婚内财产协议约定财产的归属,夫妻在离婚时可以协议进行财产的分割,这些约定如果发生在合法自愿的前提下,都会受到法律的尊重。

---

① 参见最高人民法院民法典贯彻实施工作领导小组主编:《民法典婚姻家庭编继承编理解与适用》,人民法院出版社2020年版,第151~152页。

② 《民法典》第1063条 下列财产为夫妻一方的个人财产:

(一)一方的婚前财产;

(二)一方因受到人身损害获得的赔偿或者补偿;

(三)遗嘱或者赠与合同中确定只归一方的财产;

(四)一方专用的生活用品;

(五)其他应当归一方的财产。

"尊重意愿原则"是高净值人士非常值得关注的原则,尤其在我国目前的法律体系下,运用好"尊重意愿原则"提前规划是高净值人士避免财产法定分割、守护自己及家人的财富与权益的重要方式。

二、遗嘱和赠与协议中相关问题的分析与处理

在《民法典》第1063条(关于"夫妻个人财产")第1款第3项的规定基础上,我们可以运用遗嘱与赠与协议进行婚姻财富的规划与保全。

(一)遗嘱规划子女或孙子女的婚姻财富的方法与存在的问题

在社会实践中,绝大部分的父母希望将自己的财富大部分传承给自己的子女或者孙子女,并属于其婚内个人财产。但是,如果老人没有提前规划,婚内法定继承的遗产属于夫妻共同财产,这是大部分老人不愿意看到的情况。

因此,老人们很有必要依据《民法典》第1063条第3项的规定,在遗嘱中明确表示遗产归继承人或者受遗赠人个人所有,与其配偶无关,这样就能保证其子女或者孙子女继承的遗产属于其婚内的个人财产。在社会实践中,人们把遗嘱中明确表示财产归子女个人所有,与其配偶无关的条款戏称为"防女婿/儿媳条款"。

虽然从较高的道德标准角度上讲,在遗嘱中选择"防女婿/儿媳条款"似乎有些不近人情或者说不那么正能量。但是,一则父母顾子女是天性,是人之常情,不好用过高的道德标准来要求的;二则财产是父母的,从尊重老人意愿的角度上讲,老人给谁不给谁其实也无可厚非,惦记老人的财产本身在较高的道德标准上也站不住脚。并且,在社会实践中,老百姓也会用自己的脚来投票。《2019中华遗嘱库白皮书》对登记的12万份遗嘱的统计数据显示①,在遗嘱中选择"防女婿/儿媳条款"的老人的比例高达99.9%,这就是社会现实。

当然,当女婿/儿媳看到这样的遗嘱内容感到失落与不快也是人之常情,这也是可以理解的。同时,因为遗嘱在被继承人去世后一定会公布,遗嘱中的"防女婿/儿媳条款"虽然合法,但对继承人的夫妻情感总会有一些不利的影响。

同时,即使遗嘱中写了"防女婿/儿媳条款"也只能保证在继承人继承遗产的当时属于其一方个人财产,这些财产将来会不会转变为共同财产其不确定性依然很大,因为这些财产还会面临婚内财产混同的风险,这个风险笔者将用单独的章节予以讨论。

---

① 资料来源:和讯网:https://news.hexun.com/2019-03-22/196582779.html。

(二)赠与协议规划子女或孙子女的婚姻财富的方法与存在的问题

与遗嘱相同,父母通过赠与协议配合“防女婿/儿媳”条款也可以达到赠与给子女或孙子女的财产属于其婚内个人财产的目的。并且,赠与协议与遗嘱相比还有一个明显的优势,就是赠与协议一般不会影响受赠人的夫妻情感。因为赠与协议并不需要受赠人的配偶签字,并且签订后可以安全保管起来,不面临离婚分割就不用拿出来,不会被受赠人的配偶发现,因而不会影响夫妻情感。

但在运用赠与协议的过程中也会面临一些问题。首先,赠与是在老人身故之前的行为,老人一旦将财产赠与给子女或者孙子女后就会同时失去对财产的控制力,如果遇到子女不孝或者有挥霍恶习,身前赠与风险就会比较大;其次,与遗嘱相同,也只能保证在收到赠与财产的当时属于其一方个人财产,将来依然要面临混同风险。

三、父母赠与子女房产相关规定的变化

房产是当今我国老百姓最重要的财产,在社会实践中,父母赠与子女房产的情况是非常常见的,典型的情况包括子女结婚时父母为其准备婚房以及子女结婚后父母出资为子女购买房产。父母赠与给子女房产的财产划分问题是老百姓最为关注的问题,在司法实践中也是比较复杂的。不过,如果我们能熟练运用“意外之财分一半原则”、“尊重意愿原则”及“你的恒是你的原则”来综合判断,问题还是比较简单的。

(一)子女婚前父母为其准备婚房的情况

子女婚前父母为其准备婚房的情况,除了适用《民法典》第 1062 条与第 1063 条外,《民法典婚姻家庭编的解释(一)》第 29 条第 1 款还给予了更加直接的解释,即当事人结婚前,父母为双方购置房屋出资的,该出资应当认定为对自己子女个人的赠与,但父母明确表示赠与双方的除外。

首先,子女结婚前,男女双方没有法律上的关系,因此如果一方父母出资并登记在己方子女名下,如果没有明确意思表示是对男女双方的赠与,则当然跟对方没有任何关系,属于一方婚前财产。二人结婚后,依据《民法典》第 1063 条第 1 项的规定,婚前财产属于一方的个人财产。并且依据《民法典婚姻家庭编的解释(一)》第 31 条[①]的规定,该房产并不会因为婚姻关系的延续而变为夫妻共同财

① 《民法典婚姻家庭编的解释(一)》第 31 条 民法典第一千零六十三条规定为夫妻一方的个人财产,不因婚姻关系的延续而转化为夫妻共同财产。但当事人另有约定的除外。

产，这就是"恒有"原则。

其次，如果一方父母出资，但有明确意思是对男女双方的赠与，或者虽然没有明确意思表示，但登记在男女双方的名下的。依据"尊重意愿原则"或者"物权的登记主义原则"，应当认定为对男女双方的赠与，属于夫妻共同财产。

再次，如果双方父母出资，并且没有明确的约定。因为男女双方没有结婚，不存在法律上的关系，其份额当然应当认定为父母是对自己子女的赠与，属于各自的婚前财产，即使两人结婚，也不影响其归各自所有的属性。如果双方有明确约定，当然要尊重意愿，按照约定处理。

最后，如果父母出资支付首付，结婚后夫妻双方用共同财产还款，则首付部分适用前面的原则，共同还款部分则属于夫妻共同财产。

（二）子女结婚后父母赠与子女房产的情况

子女结婚后，父母赠与子女房产的情况，除了适用《民法典》第 1062 条与第 1063 条外，《民法典婚姻家庭编的解释（一）》第 29 条第 2 款也予以了解释，即当事人结婚后，父母为双方购置房屋出资的，依照约定处理；没有约定或者约定不明确的，按照《民法典》第 1062 条第 1 款第 4 项规定的原则处理。

首先，婚内一方父母出资为子女购房，如果没有明确的约定，应当按照《民法典》第 1062 条第 1 款第 4 项，作为夫妻婚内共同财产处理，这适用于"意外之财分一半原则"。若有明确约定，根据"尊重意愿原则"，按照约定处理。

其次，婚内双方父母出资为子女购房，如果没有明确的约定，也应当按照《民法典》第 1062 条第 1 款第 4 项，作为夫妻婚内共同财产处理。如果有约定当然按照约定处理。值得注意的是，即使不动产登记簿上登记的是一方的名字，也不能作为属于一方个人财产的约定。如果登记的是双方的名字，当然作为共同财产处理。如果登记了双方名字并登记了份额，一般会被认为是一个有效的约定。从物权登记主义原则上讲，按照份额进行所有权的认定也是有道理的。

最后，父母出首付，子女用婚内共同财产还贷，如果没有明确的约定，当然也会按照共同财产来处理。

（三）婚后父母全款出资购房，登记在己方子女名下的情况

关于"父母为子女购房出资"性质的认定问题，《民法典婚姻家庭编的解释（一）》有明显的变化，其沿用了《婚姻法解释二》（已废止）第 22 条，却删除了《婚姻法解释三》（已废止）第 7 条。

没有被沿用的《婚姻法解释三》（已废止）第 7 条第一款是根据法律规定做的

一个推定,把将产权登记在出资人子女名下的行为推定为单独赠与己方子女的意思表示。《婚姻法解释三》(已废止)第 7 条的推定虽然和《婚姻法》(已废止)的规定有些不一致,但从法理上还是有依据的,并且在司法实践中有积极的现实意义。因为房子属于老百姓最重要的财产,在子女婚姻问题的处理上,父母很多的想法又不能明说,这样的推定,在事实上符合父母真实意思的概率很高,在离婚率高企的今天,这样的推定也可以很好地保护老年人的权益。

但是,在《民法典婚姻家庭编的解释(一)》中,我们没有看到这一条被沿用,这释放出什么信号呢?可以得出一些什么结论呢?对财富保全与传承会产生何种影响呢?

第一,第一批司法解释没有沿用这一条,不能得出以后的司法解释也不会沿用这一条的结论。

第二,2021 年 1 月 1 日后,第二批司法解释出来之前,父母全额出资为子女购房,登记在出资方子女名下,但没有明确表示赠与给己方子女的,只能按照《民法典》第 1062 条的规定来进行推定。因为原《婚姻法解释三》已经废止,不再有法律效力。

第三,如果父母想单独赠与给己方子女,必须通过指定赠与协议等手段作出明确的意思表示,否则就可能承担赠与给子女夫妻双方的法律后果。

第四,虽然目前还不能确定最高人民法院是否有可能在后续的司法解释中再沿用《婚姻法解释三》(已废止)第 7 条的内容,但我国的民法体系朝着专业化、体系化、尊重意思自治的方向发展的趋势是非常明确的。因此,对财富的保全与传承工作来说,法律主动干预,主动保护的成分将越来越少,越来越需要依靠财富的拥有者们自己积极地安排和规划,以保证财富能得到更好地保全以及传承给想传承的对象。

从满足高净值人士希望将财富传承给自己的子女,并预防子女离婚分割风险需求的角度上讲。虽然《民法典》规定婚内接受的继承和赠与属于夫妻共同财产,但也明确规定了,如果赠与人明确赠与夫妻一方的,属于夫妻一方的个人财产。因此,只要财富的拥有者自己主动做了安排,达到这样的目的并不难。

四、婚内夫妻一方继承权的放弃问题

虽然婚内继承的遗产如果没有明确的约定则属于夫妻共同财产,但是如果继承遗产的一方放弃继承权,另一方就无法获得遗产了。那么一方放弃遗产的行为法律是否允许,是否会牵涉侵害配偶的权益呢?以下通过一个小案例来进行分析。

小明和小丽正在闹离婚,在离婚诉讼期间小明的父亲去世了,留下了一套价值300万元的房产,没有做任何传承安排,需要按法定继承处理。小明考虑到如果自己继承了遗产,因为父亲去世在离婚诉讼期间,遗产将属于夫妻共同财产需要被分割,所以小明放弃了自己的遗产继承权,让小明的母亲作为唯一继承人继承了房产。随后小明又让母亲立下遗嘱,明确表示遗产归继承人个人所有,与其配偶无关。如此,即使母亲在小明婚姻关系存续期间内去世,小明继承的房产不属于夫妻共同财产,小丽没有任何机会。见图3-2。

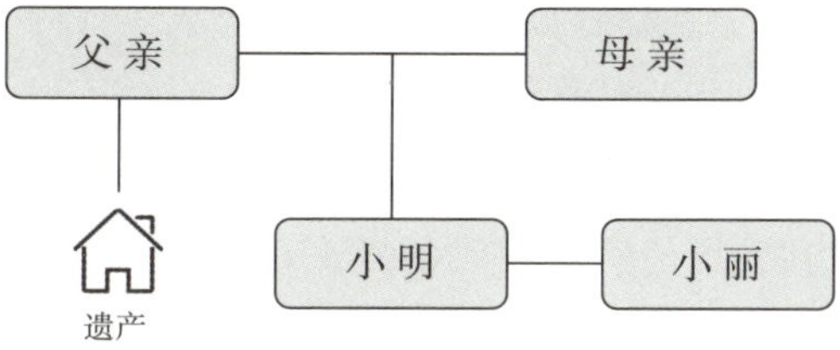

图3-2

在本案中,小明放弃遗产的行为是否被法律允许?小丽是否可以以小明侵害自己的权益为由提起诉讼呢?答案是小明可以放弃,小丽无权干涉。因为小明的继承权是基于其与父亲的特定身份关系而享有的权利,配偶小丽不能共有。双方分享的只能是继承来的财产,并不能分享继承权,因此如果一方放弃继承,另一方以损害其权益为由提起诉讼的,人民法院原则上不应予以支持①。

五、人寿保险死亡理赔金,家族信托受益金是否属于夫妻共同财产

(一)人寿保险死亡理赔金是否属于夫妻共同财产

夫妻一方在婚姻关系存续期间内取得的保险死亡理赔金是否属于夫妻共同财产呢?法律上虽然没有明确的规定,但最高人民法院趋向于认为其属于夫妻一方的个人财产。这个观点体现在《八民会议纪要》第5条第1款后半部分:婚姻关系存续期间……或者夫妻一方作为受益人依据以死亡为给付条件的人寿保险合同获得的保险金,宜认定为个人财产,但双方另有约定的除外。

① 参见最高人民法院民法典贯彻实施工作领导小组主编:《民法典婚姻家庭编继承编理解与适用》,人民法院出版社2020年版,第152页。

(二)家族信托受益金是否属于夫妻共同财产

夫妻一方在婚姻关系存续期间内取得的家族信托的受益金或者说信托财产分配是否属于夫妻共同财产呢？这个问题法律并没有规定，最高人民法院也没有过相关的观点，因此，需要我们依据现有的法律来进行分析。

首先，受益人取得信托财产分配的行为在法律上属于什么行为呢？如果将家族信托看作一个独立持有财产的“人”来处理的话，应该是属于接受赠与。如果将家族信托看作一个民事契约，则属于信托公司依照契约向第三方支付财产的行为。

其次，如果按照赠与行为处理，如果没有明确约定，应当按照共同财产处理；如果信托契约中明确约定受益财产的分配属于受益人一方的个人财产，与其配偶无关，则应当按照一方的个人财产处理。

最后，如果认定为契约，如果契约对此有约定则按照约定，如果没有约定，受益人取得的财产应当属于《民法典》第 1062 条中的其他财产，依据婚内所得共同的原则，应当认定为夫妻共同财产。

由此可见，按照我国现有的法律制度，信托受益金的认定如果信托合约有约定应当按照信托合约的约定处理，如果没有约定，应当认定为夫妻共同财产。

第三节 典型高风险人群与风险发生场景

夫妻一方在婚姻关系存续期间内受赠或继承的财产，如果从理想的道德层面上讲，一方父母给予已婚子女财产，无论是赠与还是遗产，都应该对女婿/儿媳一视同仁，一碗水端平，所以，这些财产都归夫妻共同所有是理所应当的。只有对女婿/儿媳视如己出，孩子们的婚姻才会更加和谐，生活才能更加幸福。

但在现实生活却比预想的要复杂得多，近年来，我国的离婚率持续上升，尤其是年轻人闪婚闪离的情况越来越多。据最高人民法院院长周强介绍，从 2019 年离婚大数据看，中国离婚人群的婚姻持续时间显著缩短，已经从原来的“七年之痒”变成“三年之痒”，而又以 80 后、90 后的婚姻持续时间最短。

子女一旦离婚，子女在婚内受赠或者继承的大量财产就会通过婚姻分割大量地外流。就像金枝的案例，夫妻结婚时间才几年，两个人甚至都没有孩子，两人一离婚,父亲金总辛苦半生留下的亿万身家,一小半就被吴强带走了,无论是对创造财富的父母,还是对子女都是极为不公平的。

同时,在这个案例中,吴强因为入赘了一个富裕家庭,没有付出辛勤的努力去创造财富,只是忍气吞声,逆来顺受几年,通过离婚就获得了数千万元的资产。而一般的年轻人努力读书、工作很多年,财富的积累可能还不及吴强的一个零头。这样的案例如果多了,年轻人的婚恋观、事业观都会产生不利的影响,影响社会风气。

同时我们要注意到,婚内受赠或继承财产由夫妻共同所有,对夫妻的感情不一定是正向的作用。尤其是因为缺乏规划而流向子女,变为夫妻共同财产时,反而会成为人性的考验,对儿女的婚姻起到破坏的作用。正如金总的案例中,金总因为缺乏传承规划,在自己意外去世的情况下,巨额财产变成女儿金枝和女婿吴强的夫妻共同财产,极大地考验着女婿吴强的人性,但最终吴强没有经受住考验,女儿因此失去了第一段婚姻。

由此可见,社会现实不是理想状况,不能天真地用理想和道德来解决问题。

一、婚内受赠继承风险的典型人群

从上述分析可以看出,婚内受赠继承风险的典型人群应该有两类:一类是担忧子女婚姻的高净值人士,另一类就是这些高净值人士的子女,即高净值二代。

(一)担忧子女婚姻的高净值人群的特征

介于当前社会离婚率高企的现状,导致很多高净值人士对子女婚姻的稳定性信心不足,所以担忧子女的高净值人群普遍存在,其一般有以下几个特征:

首先,从年龄阶段上说至少应当在 45 岁子女才有可能到达适婚或已婚的年龄阶段,如果在一、二线城市,因为人们结婚较晚,所以父母年龄至少应当在 50 岁甚至 55 岁。

其次,从子女情况上来说,应当已经处于适婚或者已婚阶段,如果子女年还年幼,则父母不会担心子女的婚姻问题。

再次,一般来说,只有女婿/儿媳的家室背景和自己的家事背景存在较大差距,父母才会显著担心婚内受赠继承的风险。如果双方在财富积累上旗鼓相当,甚至对方家庭的经济实力远超过己方,则一般也不会担心婚内受赠继承的问题。

最后,父母自身对子女婚姻的态度和信心也非常重要,如果父母对子女婚姻的稳定和幸福非常有信心,当然也不会担心婚内受赠继承的问题。

（二）“高净值二代”人群的特征

值得注意的是，相比父母，“高净值二代”担忧自己的婚内受赠继承风险的比例要低得多。一方面，是因为“二代”本身处在感情生活中，当然对自己的婚姻会更加乐观；另一方面，“二代”的风险意识一般没有父母的风险意识强。但也有一部分“高净值二代”是比较担心自己的婚姻稳定性，从而担心婚内受赠继承风险的。这类人群一般具有以下几个特点。

首先，一般家世背景很好，至少属于超高净值家庭，家庭资产规模至少应当在亿元级别。一般高净值家庭的“二代”是不会太担忧婚内受赠继承风险的。

其次，如果恋爱对象或者配偶的家世背景与自己相差悬殊，则其担忧婚内受赠继承风险的可能性大大增高。

最后，所处感情阶段对“二代”的风险意识影响非常显著。

二、婚内受赠继承风险的典型发生场景

婚内受赠继承风险的发生主要是因为父母给予子女财产时缺乏相应的规划，有以下三种具体的表现形式。

（一）支持子女结婚缺乏规划

子女结婚是中国父母的重要任务，在结婚时会给予大量的财产支持，如果缺乏适当的规划，支持子女结婚的财产就会直接变成共同财产。尤其是当婚姻双方财富等级不对等时，就特别容易引发问题。

购买婚房容易变成共同财产。结婚前父母出资购买婚房，依据《民法典婚姻家庭编的解释（一）》第29条之规定，应当认定为对己方子女的赠与，但如果直接登记为双方子女且未约定份额，则非常容易认定为共同财产。而中国式结婚还有一个习惯，先领证再筹备婚礼，从法律上讲，办理结婚登记才是婚姻真正的开始。《民法典婚姻家庭编的解释（一）》第29条第2款规定，婚内为子女购置房屋的出资，应当认定为对夫妻双方的赠与，属于夫妻共同财产。

相比于房产，结婚时赠与给子女的其他财产几乎没有特殊的法律保护，如结婚时给女儿的陪嫁，现金、黄金、车辆等，一般都在婚礼当天给付。而举办婚礼时，双方一般都已经办理了结婚登记，处于婚姻关系存续期间内。依据《民法典》第1062条的规定，都属于夫妻共同财产。

（二）生前赠与子女财产缺乏规划

子女成家立业后，高净值父母会选择将一部分的财富提前传承给子女，包括

不动产、金融资产、企业股权等。但在传承的过程中，父母很多意识不到这是一个严肃的法律问题，处理起来比较随意，缺乏规划意识。

传承不动产时，将不动产通过赠与的方式或者实为赠与但名义上通过买卖的方式过户给子女，一般都不会为此而签订父母与子女间的赠与协议，如此，刚好落入《民法典》第 1062 条的规定范围之内，属于夫妻共同财产。

金融资产的赠与则更加随意，往往直接通过银行转账完成，并且父母与子女账户之间甚至会有经常性的资金往来，而资金流动原因几乎不会有任何书面的协议与文件，所以很难证明属于子女一方的婚内个人财产。

最重要的是家族企业股权的赠与，很多也是通过简单的股权变更登记来完成，或者是父母出资，以子女的名义设立公司，以父母为主经营，子女辅助，以后再慢慢实现管理上的接班。而这些法律行为的实施几乎也不会有任何父母与子女之间的协议，当然也很难证明属于子女一方的婚内个人财产。

（三）身后传承缺乏合理的规划

比起生前的赠与，更加容易被高净值人士忽视的是身后的传承规划。因为身后规划是很多中国人不太愿意提及的问题，尤其是四五十岁，年富力强的中年企业家，几乎不会考虑身后传承的问题，连遗嘱一般都不会考虑订立，更别说运用各种传承工具做比较完善的安排了。只有到了七八十岁，身体出现了问题的时候才开始考虑立遗嘱，做身后的安排。

在没有提前做好规划的情况下，如果父母遭遇突然的重大疾病甚至是意外事故导致身故，则遗产会陷入法定继承的尴尬境地，子女在婚姻存续期间内法定继承的遗产就会属于夫妻共同财产。

值得注意的是，有的高净值人士虽然立有遗嘱，但遗嘱中对财产的归属往往没有明确归属于自己子女的表示，也依然属于夫妻共同财产。

第四节　解决方案设计策略与规划实操

相比本书中的其他风险，婚内受赠继承风险还是比较好解决的，可以说是所有财富保全与传承的问题中最好解决的问题之一。《民法典》第 1063 条规定，一方婚前的财产属于婚内的个人财产，遗嘱或赠与合同中确定只归夫或妻一方的财产属于一方的婚内个人财产。所以,父母可以通过婚前赠与,赠与协议规划还有遗嘱规划方便地实现婚内受赠继承风险的解决,还可以合理运用保险、信托等财富规划工具很好地解决问题。具体方法如下。

一、通过遗嘱和赠与工具规划婚内受赠继承风险

(一)趁子女结婚前赠与财产

在子女结婚前将计划传承给子女的财产提前传承给子女,依据《民法典》第1063条的规定,一方婚前财产属于个人财产。并且,依据《民法典婚姻家庭编的解释(一)》第31条的规定,一方的个人财产不会因为婚姻关系的延续而转化为夫妻共同财产。

(二)合理运用赠与协议,规划子女婚内的赠与

在子女婚姻关系存续期间内赠与子女财产,父母和子女可以签订书面的赠与协议,协议中明确约定哪些财产是赠与给子女夫妻双方的,哪些财产是赠与给子女个人,与其配偶无关的。依据《民法典》第1063条的规定,明确表示赠与给一方的财产属于其婚内的个人财产。

同时,赠与协议只需要父母和子女签订即可,并不需要女婿/儿媳知情,因此赠与协议并不会影响夫妻之间的感情。并且,赠与协议在夫妻婚姻存续期间内并没有什么实际意义,也不影响夫妻一同享用获得的财产。只要夫妻不离婚,赠与协议甚至可以永不见天日,相当于废纸一张,因此也不会对子女的婚姻造成负面影响。

但是,一旦子女遭遇婚姻危机,面临离婚,则该赠与协议可以很好地证明财产原本的归属,可以起到保护子女利益的作用。要注意的是赠与协议的保管,必须要安全隐秘,银行保险箱和公证处可能都是不错的选择。

(三)遗嘱明确约定遗产的归属预防婚内受赠继承风险

在预防婚内继承风险时,父母的遗嘱是非常重要的。如果父母在遗嘱中明确指出了哪些财产归子女个人所有,依据《民法典》第1063条之规定,属于子女一方的婚内个人财产,可以很好地避免婚内继承风险。

值得注意的是订立遗嘱的注意事项,首先,遗嘱中对于希望属于子女一方个人财产的部分,一定要明确表示归子女个人所有,与其配偶无关的意思。其次,重要资产的传承,最好订立公证遗嘱。遗嘱规划具体的注意事项,笔者在继承程序一章中有非常详尽的阐述,这里不做重复。

但遗嘱也不能解决所有问题，相对而言，遗嘱比较适合处分财产形态相对固定的资产，譬如不动产、股权等。金融资产等形态变化比较频繁的资产，遗嘱处理时可能会有一些问题，最好用其他工具辅助处理。

遗嘱还有一个比较明显的缺陷，就是遗嘱在父母去世以后一定会公布，遗嘱中归子女个人所有，与其配偶无关的条款可能会刺痛女婿/儿媳，对子女的婚姻生活可能会产生一定的影响。

二、人寿保险规划预防婚内受赠继承风险

（一）用人寿保险死亡理赔金规划婚内继承风险问题

依据最高人民法院发布的《八民会议纪要》（民事部分）婚姻家庭部分第 5 条第 1 款[①]的确定的规则，婚姻关系存续期间内，夫妻一方作为受益人依据以死亡为给付条件的人寿保险合同获得的保险金，宜认定为个人财产。因此，若以父母为投保人和被保险人购买高额人寿保险，指定子女为受益人，当父母去世后，子女作为受益人取得的死亡理赔金属于其婚内个人财产，以达到规避婚内继承风险的目的。

通过人寿保险传承金融资产，不仅传承可靠，手续简单，而且不需要父母作出任何关于财产归子女个人所有、与其配偶无关的意思表示，在保护自己子女权益的同时不影响夫妻感情，是非常智慧的传承和保全方法。

值得注意的是，虽然子女取得理赔金时属于夫妻一方个人财产，但这些财产一旦进入子女的账户，将来势必要面临婚内财产混同的问题。所以最好配合保险金信托是比较好的规划方法。具体的规划方法笔者在婚内财产混同风险一章中有非常详细的讨论，这里不再重复。

（二）用人寿保险锁定金融资产，资产标签化便于传承

人寿保险以人的寿命为标的，合同持续时间长，往往会伴随被保险人一生。相关的金融资产将被锁定在保险合同中，从而实现了金融资产的锁定，让形态不定的金融资产特定化，打上标签固化下来。并且，若以子女为被保险人，这种固化标签的形态将伴随子女之一生。如此，无论是生前赠与还是遗嘱，都可以方便地处分。资产标签化传承策略的具体实操在婚内财产混同风险一章中也有非常详

① 《八会议纪要》（民事部分）婚姻家庭部分第 5 条第 1 款　婚姻关系存续期间……或者夫妻一方作为受益人依据以死亡为给付条件的人寿保险合同获得的保险金，宜认定为个人财产，但双方另有约定的除外。

细的讨论，这里不再重复。

三、家族信托规划婚内受赠继承风险

父母在有生之年，自己作为委托人，将希望传承给子女的资产委托给信托公司，设立家族信托，并通过信托合同明确指定信托的受益人和受益规则。当父母去世时，依据《信托法》第 15 条的规定，委托人去世，委托人不是信托唯一受益人的，信托存续，信托财产不作为其遗产。当然也就不会因为法定继承而成为受益人的夫妻共同财产。

同时，受益人在家族信托中只拥有信托的受益权，对信托财产本身没有所有权，因此当然也不可能成为受益人的婚内共同财产。

值得注意的是，信托受益人不仅可以是委托人的子女、孙子女等直系亲属，还可以是子女的配偶，只要子女不离婚，其配偶就可以从信托中取得受益权，真正地对女婿/儿媳一视同仁，视如己出。但如果子女离婚，则女婿/儿媳会因为失去配偶的身份而失去信托的受益权，更不可能分割信托财产。如此，还可以促进子女婚姻的稳定性。

最后需要说明的是，为何本章的解决方案都写得如此之简洁呢？这是因为本章讨论的婚内受赠继承风险比较好解决，并且，一般都不会单一地存在，而是会和婚内财产混同风险先后伴随发生，如果我们只解决了婚内受赠继承风险而忽视婚内财产混同风险，那就等于完全没有解决问题。此外，相对于婚内受赠继承风险，婚内混同风险的解决要复杂得多。所以关于解决方案的部分，笔者选择在“婚内财产混同风险”一章中详细讨论。

第四章

夫妻共同债务风险

第一节　风险案例

一、案例导读

当明星、嫁豪门，这是多么让人羡慕的人生机遇。然而，有谁能想到，嫁入豪门短短8年，她就由一个豪门贵妇变成了负债数亿元，沦为失信被执行人，被限制高消费，限制出境，养育孩子都成问题的可怜女性，令人唏嘘。

二、案例详情

甘某，一个非常甜美的重庆女孩，出生于1984年的她曾和景某、韩某、白某被称为“京城四美”。甘某从小就表现出较高的艺术天分，并以优异的成绩考入解放军艺术学院。2004年，甘某在一个饭局上认识了她的真命天子贾某。当时的贾某才30岁，单身，年轻有为。二人一见钟情，坠入爱河。也是在那一年，贾某创立了某网。2年后，甘某和贾某成婚，开启了他们幸福的生活。

婚后的贾某事业突飞猛进。甘某为贾某的事业也助力不少，她演艺界的明星小姐妹及朋友们都纷纷跟投某网。2016年，贾某家族以650亿元的财富位列胡润中国百富榜第八名。也是在这一年，甘某给贾某生了一个儿子，2年前，甘某为贾某生了一对双胞胎女儿。娇妻美眷，儿女双全，这一年的贾某充分诠释了人生赢家的概念。

但此后某网就开始出问题，因为资金链断裂，2017年7月初，贾某赴美国洛杉矶开会，从此滞留美国不归。7月6日，贾某宣布辞去某网董事长。月底，贾某直接持有的股份被全部冻结。自此，贾某陷入债务危机的泥潭。

2018年1月1日，作为贤内助的甘某临危受命，顶着巨大的舆论压力，代表贾某回国处理债务问题。截至目前，虽然甘某竭尽全力，但无奈贾某在债务泥潭中陷入太深，债务问题的解决目前看还遥遥无期。并且，因为夫妻共同债务问题的影响，甘某不仅名下所有财产都被冻结，而且自己也被列为失信被执行人，还被限制出境。其牵涉的债务虽然没有准确统计数字，但至少有数十亿元人民币之多。

虽然2019年10月，甘某提出了离婚，但业内普遍认为这属于技术性离婚。并且这对拯救甘某逃脱债务泥潭应该是没有什么实质性帮助。笔者通过天眼查软件查询发现,2020 年 11 月 3 日,上海市第一中级人民法院的执行裁定书中,甘某依然是 4 亿多元债务的被执行人之一,虽然该案件因债务人和债权人达成了和解而终止执行,但如果债务没有被及时清偿完毕,债权人随时可以能再次申请执行。并且,这并非甘某需要承担连带责任的全部债务,甘某在债务清偿的道路上依然任重而道远。

值得肯定的是,在面对如此的窘境的时候,一方面,贾某能主动采取技术性离婚的方式,期望能让妻子先摆脱债务泥潭;另一方面,作为妻子的甘某能在丈夫事业出现危机的时候挺身而出,勇敢面对。他们夫妇二人在大难临头时的表现让人们看到了人间真情、伉俪情深,这确实是非常难能可贵的。

这不禁让我们想起演艺圈的另外一位对经商失败的爱人不离不弃,替夫还债的女明星刘某。刘某和王某结婚不到 2 年就遭遇了王某生意失败,欠下 3 亿元的巨债。这时早已回归家庭的刘某不得不重新出道,拼命接戏演戏,最密集的时候,一年接戏达到 18 部。最终,刘某帮老公还清了所有债务。好在王某只欠了 3 亿元,而重新出道的刘某因为有贵人相助,也能迅速走红,所以成就了这一段励志的爱情故事。如果刘某今天站在甘某的位置,恐怕就很难翻身了。所以,在罗某的故事中,当罗某欠下 6 亿元债务以后,他的妻子也曾经建议去美国再也不回来了。好在罗某的网红身份赶上了网红捞金的时代,6 亿元的债务逐步都能够还清,否则,罗某的爱人也很难比甘某更加幸运。

当然,无论是刘某、甘某还是罗某的爱人,他们都是幸运的,他们有的自己有还债能力,并且有赚钱能力的老公都还健在,还有翻身的机会。哪怕是甘某,因为有贾某在,翻身的希望还是有的。

三、案例解析

无论是甘某,还是刘某,她们都有一些共同的特点。首先,她们的丈夫都是企业家,在成功时都赚了很多钱,但后来经营由于种种原因出现了问题;其次,她们所背负的债务都不是她们自己所欠,而是丈夫所欠,但是由于夫妻共同债务的原因,她们需要对债务承担连带责任。

譬如,甘某,她本身并没有参与某网集团的经营活动,大多数时候她忙于自己的演艺事业和照顾家庭与孩子。所以,从债务发生的原因的角度讲,集团所负的债务其实和她并没有直接的关系。但是,她的丈夫贾某是集团的控制人和经营者,集团相关债务的发生和贾某是有直接关系的。并且,贾某拥有的集团的股权,大部分应当是他们夫妻二人的共同财产，集团所获的经营收益也属于他们的夫妻共同财产，因此这就属于典型的共同经营。从公平角度来说，既然经营成功甘某可以共享收益，理所当然应当共担经营的风险。因此，因集团经营最终所负债务，如果丈夫贾某有责任，妻子甘某也就应当有责任，这也是我国婚姻法律体系中关于夫妻共同债务的一个基本立法理念。

不仅有共同债务的问题导致甘某需要承担责任，在实际经营中，集团在进行融资时，债权人可能会要求实际控制人的夫妻双方都需要签字对债务承担连带责任。如果甘某在借款协议上直接签字承担了连带担保责任，则不需要通过夫妻共同债务的认定，因为这就是甘某个人直接对债务承担了连带担保责任，甘某本身就属于直接的责任人，需要直接承担责任。

我们还可以从案例中看到一个现象，就是贾某的债务范围和甘某并不完全一致，并不是每一笔贾某作为被执行人的债务甘某都同时是被执行人。因为，在司法实践中，要将夫妻的另一方追加为被执行人，是需要经过相应的法律程序的，这也是我们必须要注意的。

无论是由于何种原因和渠道承担了债务，这对于甘某来说影响都是巨大的。首先，甘某名下的几乎所有财产都被冻结并用来清偿了债务，这对她自己和家人的生活肯定会产生较大的影响；其次，她自己被列为失信被执行人，这对于她个人的生活影响也是比较大的。但是，受影响最大的估计还是她的 3 个孩子，尤其是孩子的教育，虽然到 2021 年，他们的一对双胞胎女儿 7 岁多，儿子也才刚刚 5 岁，还没有进入教育阶段。但可以预见的是，当 3 个孩子进入教育阶段后，如果他们家的债务问题还没有解决，孩子是很难享受一般高净值家庭的“贵族式”教育的。当然，在对孩子教育的影响这个问题上，贾某夫妇应该说是幸运的，因为他们的孩子可能一开始就走公立教育的道路，不会产生落差。

总之，对于企业家的夫人们来说，共同债务风险对于她们来说是一个非常现实的问题，虽然不一定发生，但是一旦发生，对她们的影响，尤其是对她们的未成年孩子的影响无疑是巨大的，非常值得关注。

第二节　风险解析与法律依据

夫妻共同债务问题是摆在众多企业家配偶面前的一个非常现实的问题。虽然在《民法典》中，已经在立法上加大了对婚姻中弱势一方在夫妻共同债务问题上的保护力度，但对于像刘某、甘某、金某这样的企业家夫人来说，是没办法真正有效地解决问题的。为什么这样说呢？下面就对夫妻共同债务问题展开比较详细的讨论。

一、夫妻共同债务的概念

关于夫妻共同债务学术界并没有统一的概念，笔者认为，夫妻共同债务的概念，如果仅从债务承担上下结论，就可以总结为一个固定的概念："夫妻一方或者双方所负的，婚姻关系导致夫妻双方都需要承担连带责任的债务就是夫妻共同债务。"如果从夫妻共同债务的内涵上定义，概念就比较多了，而且内涵不同，概念就不尽相同。

在我国婚姻法律制度的体系中，夫妻共同债务的概念不同的学者有不同的看法。有的学者认为"维持共同生活所需或者共同经营所负的债务"①属于夫妻共同债务；有的学者则从"共同生活所需与履行法定抚养义务所需"②角度下定义；还有的学者则从"生活、生产、经营"③角度下定义。最高人民法院民事审判第一庭在《最高人民法院婚姻法解释（二）理解与适用》中如是定义夫妻共同债务④："夫妻共同债务是指夫妻双方因婚姻共同生活及在婚姻关系存续期间履行法定抚养义务所负的债务。一般包括夫妻在婚姻关系存续期间为解决共同生活所需的衣、食、住、行、医等活动以及履行法定义务和共同生产、经营过程中所负的债务。"

要注意，最高人民法院下的定义是对我国婚姻法体系中夫妻共同债务内涵的理解，虽然并不一定与其他国家或地区规定的夫妻共同债务内涵一致，但这个定义对于夫妻共同债务的认定是具有指导作用的。理解透最高人民法院对夫妻共同债务内涵的认识，有助于我们理解具体的法律规定。值得注意的是，虽然《最高人民法院关于适用〈中华人民共和国婚姻法〉若干问题的解释（二）》（以下简称《婚姻法解释（二）》）中夫妻财产的认定原则有了实质性的变化，但主要是推定规则的变化，最高人民法院对于夫妻共同债务的理解至今没有发生实质性的变化。

---

① 马原主编：《新婚姻法条文释义》，人民法院出版社2002年版，第309页。

② 蒋月：《夫妻的权利与义务》，法律出版社2001年版，第206页。

③ 陈苇主编：《婚姻家庭继承法学》，群众出版社2005年版，第258页。

④ 最高人民法院民事审判第一庭编著：《最高人民法院婚姻法司法解释（二）的理解与适用》，人民法院出版社2015年版，第257页。

二、备受争议的"二十四条"

在夫妻共同债务认定的问题上，我国这几年在立法改革上步子是比较大的。《婚姻法》(已废止)颁布以后，在夫妻共同债务认定上的规定很笼统，导致一些别有用心的人利用夫妻共同债务认定的漏洞逃避债务，侵害债权人权益。为了更好地保护债权人的权益，维护公平正义，2003 年，最高人民法院颁布了《婚姻法解释二》，对夫妻共同债务的认定作了重大修改。但也是从这时候起，夫妻共同债务的规定成为婚姻法中最备受诟病的部分，具体一点说，即争议最大的"二十四条"①问题。

"二十四条"的由来是有历史原因的，因为在《民法典》颁布之前，我国婚姻法并没有构建夫妻共同债务制度，而只规定了推定规则。通说观点认为，夫妻共同债务是指婚姻关系存续期间内，夫妻双方或者一方为维持共同生活或者为共同经营所负之债务。在"二十四条"颁布之前，人民法院在认定夫妻共同债务时，一般沿用 1993 年最高人民法院发布的《关于人民法院审理离婚案件处理财产分割问题的若干具体意见》(已废止)第 17 条，即夫妻为共同生活或为履行抚养、赡养义务等所负债务应认定为夫妻共同债务，并列举了不能认定为夫妻共同债务的几种情况。但是在随后的司法实践中，出现了很多夫妻串通架空债务的情况，无法有效地保护债权人②。考虑债权人是外人，对夫妻之间债务是否用于了共同生活或共同经营非常难以举证，因此，"二十四条"就简单地将婚姻关系存续期间内所负债务直接推定为共同债务，再让夫妻一方举证证明不属于夫妻共同债务。

"二十四条"一出，举证不能导致"被负债"的案例大量出现，据中国裁判文书网的公开数据，2014 年至 2015 年因"二十四条"被判定为夫妻共同债务的案件，连续 2 年高达 7 万余件。案件中举债人配偶往往对借债及借款去向、下落并不知情。此类案件中，上诉率、申诉率居高不下，③甚至成为社会问题。

三、对"二十四条"的改进规定

2017 年 2 月 28 日，最高人民法院发布《关于适用〈中华人民共和国婚姻法〉

---

① 《婚姻法解释二》(已废止)第 24 条　债权人就婚姻关系存续期间夫妻一方以个人名义所负债务主张权利的，应当按夫妻共同债务处理。但夫妻一方能够证明债权人与债务人明确约定为个人债务，或者能够证明属于婚姻法第十九条第三款规定情形的除外。

② 参见马贤兴：《夫妻债务司法认定及实案评析》，法律出版社 2018 年版，第 10 页。

③ 参见马贤兴：《夫妻债务司法认定及实案评析》，法律出版社 2018 年版，序言第 7 页。

若干问题的解释(二)的补充规定》(以下简称《婚姻法解释的补充规定》,对"二十四条"补充了两款规定,同时发布了《依法妥善审理涉及夫妻债务案件有关问题的通知》,对具体的适用提出了要求。但这个补充规定仅强调非法债务、恶意串通的债务不受法律保护;虽然上述通知强调了要考虑共同债务案件的复杂性,以及"生存权大于债权的概念",但并没有从实质上改进"二十四条"。

2018年1月17日,最高人民法院发布《关于审理涉及夫妻债务纠纷案件适用法律有关问题的解释》,首次提出了共债共签的概念,并规定超过夫妻家庭日常生活部分的债务,由债权人负举证责任。随后,浙江省高级人民法院首次将夫妻家庭日常生活部分的标准定格为20万元。至此,"二十四条"的问题才得到实质上的解决。

2020年制定《民法典》时,基本沿用了2018年最高人民法院司法解释的核心内容,并且,从表达上进行了规范。首次对夫妻共同债务进行了明确的定义:共同签署或者追认的债务属于共同债务,夫妻一方以个人名义为家庭日常生活所需所负债务也属于夫妻共同债务。而超出家庭日常生活所需的部分,不属于共同债务,除非债权人能够证明该债务用于了夫妻共同生活、经营或者有共同意思表示。①

从《民法典》对夫妻共同债务的定义可以看出,夫妻共同经营所负的债务是明确属于夫妻共同债务的。所以,即使在《民法典》时代,企业家为共同生产经营所负的债务仍然确定属于夫妻共同债务,企业家的配偶即使不参与企业的实际经营,也不影响公司仍属于夫妻共同经营的事实。

四、夫妻共同债务认定的三个层次②

夫妻共同债务制度在司法实践中的关键点是共同债务的认定规则。《民法典》确立的夫妻共同债务认定规则分为三个层次。

层次一:"共债共签"原则

如果婚姻关系存续期间内所负债务为夫妻双方依共同意思表示所负,则当然

---

① 《民法典》第1064条　夫妻双方共同签名或者夫妻一方事后追认等共同意思表示所负的债务,以及夫妻一方在婚姻关系存续期间以个人名义为家庭日常生活需要所负的债务,属于夫妻共同债务。

夫妻一方在婚姻关系存续期间以个人名义超出家庭日常生活需要所负的债务,不属于夫妻共同债务;但是,债权人能够证明该债务用于夫妻共同生活、共同生产经营或者基于夫妻双方共同意思表示的除外。

② 参见最高人民法院民法典贯彻实施小组领导小组主编:《中华人民共和国民法典婚姻家庭编继承编理解与适用》,人民法院出版社2020年版,第167页。

属于夫妻共同债务，这就是所谓的“共债共签”原则。“共债共签”可以是在借债时有共同的意思表示，也可以是另一方在借债之后追认。并且，事后追认的方式也不限于书面形式，而是包括电话录音、短信、微信、邮件等其他可以证明的形式。

“共债共签”原则可以在家庭重大财产利益的处分上尊重另一方的知情权和同意权，保护另一方的合法权益。同时，也可以大大减少事后纠纷的发生概率。但是，在社会实践中，“共债共签”也很难完全解决问题，因为在婚姻关系存续期间内，为维护婚姻关系的需要或者基于高度信任，另一方“被迫签字”或者在不知情的状况下“盲目签字”的状况也是不少的，并且一旦签字，几乎没有抗辩的机会。

层次二：“家庭日常生活标准”原则

家事代理权的出现在很大程度上就是为了解决家庭生活中一般财产处分的效率问题。因为，如果为家庭生活需要处分任何财产都要夫妻双方同意，譬如说买件衣服、买个电视都需要夫妻双方同意，家庭生活是没办法进行下去的。因此，法律赋予了夫妻的任何一方在正常的吃穿用度、子女教育抚养、老人赡养、家庭成员的医疗等方面拥有直接代表夫妻处分财产的权利，这就是家事代理权。① 因此，夫妻一方当然也有在这个范围内直接代表夫妻举债的权利，因满足家庭正常的吃穿用度、子女教育抚养、老人赡养、家庭成员的医疗等所负之债务，属于夫妻共同债务。这就是“家庭日常生活标准”的原则。

在司法实践中，如何认定所负债务是否用于了正常吃穿用度、子女教育抚养、老人赡养、医疗，以及举证责任如何分配等问题都需要具体实施细则。2018 年，浙江省高级人民法院首次对此出台了细则②：

以下情形，可作为各级法院认定“为家庭日常生活需要所负债务”的考量因素：(1)单笔举债或对同一债权人举债金额在 20 万元(含本数)以下的；(2)举债金额与举债时家庭收入状况、消费形态基本合理匹配的；(3)交易时债权人已尽谨慎注意义务，经审查举债人及其家庭支出需求、借款用途等，有充分理由相信债务确系为家庭日常生活需要所负的。

以下情形可作为各级法院认定“超出家庭日常生活需要所负债务”的考量因素：(1)单笔举债或对同一债权人举债金额在 20 万元以上的；(2)债务发生于夫

---

① 《民法典》第 1060 条规定了家事代理权，即“夫妻一方因家庭日常生活需要而实施的民事法律行为，对夫妻双方发生效力”。

② 《浙江省高级人民法院关于妥善审理涉夫妻债务纠纷案件的通知》(浙高法〔2018〕89 号)。

妻分居、离婚诉讼等夫妻关系不安宁期间，债权人知道或应当知道的；(3)出借人明知借款人负债累累、信用不佳，或在前债未还情况下仍继续出借款项的；(4)借贷双方约定高额利息，与正常生活所需明显不符的。

层次三："债权人举证"原则

对于夫妻一方所负债务，同时超出了"家庭日常生活标准"，如果该债务确实用于了夫妻共同生活或者共同经营，依然应当认定为夫妻共同债务。但是，在这种情况下债权人需要负举证责任，这就是"债权人举证"原则。

"债权人举证"原则虽然在一定程度上加重了债权人的责任，但是，因为债权人在"建立债权债务关系时"一般处于主导地位，他完全可以要求债务人夫妻双方"共债共签"。并且，将举证责任交给债权人，可以倒逼债权人在建立债权债务时尽到审慎的注意义务。

关于"债权人举证"，浙江省高级人民法院在《关于妥善审理涉夫妻债务纠纷案件的通知》中也制定了相应的细则：

"有证据证明存在以下情形的，可以考虑认定为夫妻共同债务：(1)负债期间购置大宗资产等形成夫妻共同财产的；(2)举债用于夫妻双方共同从事的工商业或共同投资；(3)举债用于举债人单方从事的生产经营活动，但配偶一方分享经营收益的。

而如有证据证明存在以下情形的，可以考虑认定为个人债务：(1)婚姻持续短暂且夫妻关系存续期间无大宗开支，负债用于家庭共用共益的可能性较低的；(2)债务发生于夫妻分居、离婚诉讼等婚姻关系不安宁期间，配偶有固定工作或稳定收入来源的；(3)债务用途存在指向举债人从事赌博、吸毒等违法犯罪活动的高度可能性；(4)债务用途与举债人无直接关联，而是举债人单方自愿负担且用途与家庭共同生活、共同生产经营无关的，如与家庭共同生活、共同生产经营无关的担保、债务加入等；(5)债务用途无益于家庭甚至有损于家庭安宁生活的，如用于婚外同居生活等。"

五、《民法典》中夫妻债务认定原则对高净值人士的影响

新的夫妻共同债务的认定方式只能解决虚假的、非法的共同债务问题，防止弱势一方不合理地"被负债"。但是，对于真实的、合法的夫妻共同债务，在婚姻中不参与企业经营的一方，毋庸置疑，仍然是需要负担的。从立法角度看，既然不参与企业经营的一方可能因为共同经营而受益，当然就需要承担经营风险。

不仅如此，对于企业家配偶来说，夫妻共同债务对他们的影响可能更大。因为在《民法典》时代，“共债共签”将成为债权人的共识。可以预见，在将来几乎所有的借款协议上，都会有配偶一方的亲笔签名，直接承担连带责任，根本无推定认定之必要，更别说需要债权人承担举证责任了。

更进一步说，即使夫妻双方签订了财产协议，约定了婚内财产和债务归各自所有，也依然会被债权人要求共同签署借款协议。因为对于债权人来说，配偶一方不签名的风险太大。你们夫妻如何约定我不管，要想从我这里借款，就必须要共同签字。

第三节　典型高风险人群与风险发生场景

一、夫妻共同债务风险的高风险人群

在现实生活中有一类人群，她们因为他们的爱人而有了很强的赚钱能力，但也因为他们的爱人“被迫”有了很强的欠债能力。当他们跟爱人离婚，或者因爱人出现一些问题而失去赚钱能力的时候，她们可能就只剩下“被迫”欠债的能力，这是一种令人绝望的处境。这类人群就是没有足够经营能力的企业家夫人们。

在新婚姻法解释确立的夫妻共同债务认定原则的框架下，普通老百姓家庭的夫妻共同债务风险不再典型。但对于民营企业家的夫人们来说，从前文分析我们可以清楚地看到，他们面临的风险不是更小了，而是更大了。

夫妻共同债务风险较高的民营企业家夫人符合以下几个特点：第一，丈夫是民营企业家，且企业存在现实的或者潜在的债务风险；第二，丈夫是企业的主要经营者，担负主要经营责任；第三，妻子不参与企业经营或者参与企业经营但是经营能力比较弱，离开丈夫以后无法独立经营企业；第四，家庭成员中没有其他合格的企业继任者；第五，子女、孙子女的生活、教育等主要依赖家族企业的经营收入。

二、夫妻共同债务风险的五种典型表现形式

（一）离婚被负债，没有还款能力

企业家夫妻离婚时如果有共同债务，在夫妻内部是可以通过离婚协议约定债务的归属问题的，但是这样的约定对内有效，但并不能对抗外部的债权人。即使

是在《民法典》时代，夫妻在借债时都在借款协议上签字承担了连带责任，即使二人离婚了，并约定了债务由企业家一方独立承担。如果债权人没有明确认可，则其依然有权要求另一方对债务承担连带责任。

不是每一个企业家的离婚案件都会如此友好。很多时候，离婚纠纷夫妻双方的冲突是比较激烈的，在财产分割问题上的争端也会比较激烈。这时候共同债务可能就会成为争夺财产的手段。利用共同债务争夺财产的手段比较多，譬如一方面转移共同财产，另一方面增加共同债务。增加共同债务可能是真实增加，也可能是虚假增加。并且，"共债共签"和超出日常生活需要部分由债权人举证并不能完全杜绝一方通过一定手段增加共同债务。

首先，"共债共签"不能杜绝通过手段增加共同债务的现象。在现实生活中，企业经营中会经常有文件需要企业家的配偶来签署，而且这些文件可能数量多，内容复杂，没有经营能力的配偶很难看懂，因此她们很多时候会直接签字。而这些文件里面可能就有借款协议，这样的现象在司法实践中比比皆是。

其次，即使配偶一方没有签字，债权人要证明所借款项用于了夫妻共同经营也是不难的，尤其是在经营企业一方的配合下。按照《民法典》第 1064 条的规定，一方婚内借债，债权人能够证明用于了夫妻共同经营的，属于夫妻共同债务。

综上所述，在企业家家庭的离婚案件中，没有经营能力的一方因为离婚而被负债的风险是完全有可能发生的。离了婚，没有赚钱能力，还背负着债务的配偶一方，虽然在债务清偿过程中，法院会给其保留基本生活、医疗及孩子教育的费用，但仅仅能维持最基本生存的需要，生活品质、教育品质、医疗品质、养老品质都将是奢望。

（二）企业家因疾病意外等失去工作能力，债务危机爆发，牵连配偶

除了离婚会让没有经营能力的一方失去赚钱的能力，企业家因疾病、意外等失去工作能力，也会让整个家庭失去赚钱的能力。在债务危机爆发的情况下，企业家的父母，独立的成年子女的处境还要稍微好一些，因为不同家庭之间有天然的债务屏障，他们名下的财产一般不会被企业家家庭的债务牵连。但企业家配偶就不同了，夫妻共同债务不仅会威胁到其名下的夫妻共同财产，就连她名下的个人财产，可能也需要用来清偿夫妻共同债务。

（三）企业家入狱，债务危机爆发，牵连配偶

企业家入狱也会让整个家庭失去赚钱的能力，债务危机爆发，配偶也会因夫妻共同债务而受到牵连。当然，如果刑期不是特别长，当企业家出狱后可能恢复

家庭的赚钱能力,还有翻身的希望。

但如果刑期比较长,企业家出狱以后也很难再恢复强大的赚钱能力。因为社会发展迅速,经过几年的监狱封闭的生活,无论是从技术、思维、时机、年龄、资源等各方面企业家都不会再有优势。在现实生活中也不乏典型案例,曾叱咤风云的顾某军、牟某中、兰某立、李某纯等企业家,出狱以后都很难复制当年的成功和辉煌。好在这些企业家入狱时都只是失去了大部分的财富,并没有爆发债务危机。否则,他们及他们的配偶就可能会长久地陷入债务危机的旋涡。

(四)企业家身故,债务危机爆发,牵连配偶

企业家身故,债务危机爆发,牵连配偶的最典型案例莫过于金某负债 2 个亿的案例了。企业家身故,家庭失去赚钱能力是不可逆的,给家庭和配偶造成的影响也是最为严重和深远的。这样的案例虽然很少见于新闻媒体,但实际上在现实生活中不在少数,只不过没落家庭无人关注而已。对于这种情况,我经常会给企业家一个忠告:

"古话说商场如战场,但我个人认为战场比商场要好一些,因为人们上战场前,一定会先把爱人孩子安顿在后方,没有人会傻到带着老婆孩子冲上战场。然而,商场却没有后方。所以,当我们带着自己的妻儿,冲上这片没有硝烟的战场时,是不是应当考虑先给他们穿一件防弹衣?挖一个防空洞?因为在这片战场上,真正能保护他们的只有我们自己而已!"

(五)夫妻对内有财产协议,但对外承担连带责任

在一些超高净值客户家庭,夫妻双方结婚时会签署夫妻财产协议,约定婚后财产的归属。协议内容各个家庭都会不同,但其中会有一个共同特点,就是关于企业股权资产的归属问题,一般会约定企业股权及其增值属于企业经营一方个人所有。与之相对应地,当然也会约定因企业经营产生的债务,也由经营企业一方承担。

但这个协议是夫妻内部的协议,对内有效,但对作为第三人的债权人,其效力就有待商榷了。首先,依据《民法典》第 1065 条第 3 款的规定,只有债权人知道该约定的,才对债权人有效。但是,目前我国并没有夫妻财产协议的登记和公示制度,所以债权人很难知道。即使债权人知道,也很难在司法实践中证明债权人知道。其次,即使债权人知道,如果债权人要求夫妻必须共同签字,债务人及其配偶也很难拒绝,因为拒绝就意味着融资困难,会对企业经营造成巨大影响,这个后果是夫妻双方都很难承受的。

所以，在现实中，夫妻财产协议也很难起到规避夫妻共同债务，保护企业家配偶免受债务侵扰的作用。

第四节　解决方案设计策略与规划实操

无论是对于没有足够经营能力的企业家配偶，还是对于一个负责任的企业家本人来说，做好夫妻共同债务风险的应对和规划都是非常必要的。

对于没有足够经营能力的企业家配偶来说，做好夫妻共同债务风险的应对和规划，首先是对自己负责任的表现，同时也是对自己的孩子负责任的表现。因为自己一旦卷入债务危机无法自救，要承受后果的不仅仅是自己，还会牵连自己抚养和教育的孩子们。

对于一个负责任的企业家来说，不仅自己要尽最大的努力为家庭负责任，而且必须要考虑到当自己出现意外不能照顾家人时，依然要保证妻子、父母、儿女不会受到自己的影响。因为企业家不同于其他群体，企业家经营的事业不仅能给家庭带来财富和幸福，也有可能带来债务与灾祸。这一切都是因为企业家具备冒险精神和冒险能力，但当自己的能力不再时，家人就需要为我们的冒险精神买单，而他们有可能不具备买单的能力。这是每一个企业家都应当意识到的问题。

一、应对夫妻共同债务风险的三大基本原则

通过科学合理的规划做好夫妻共同债务风险的应对，需要遵循以下三大基本原则。

（一）签署任何文件必须清楚文件内容，避免被负债

养成谨慎签字的习惯是对自己负责，也对爱人负责。因为当你有认真对待签字文件的习惯时，配偶一方就不会想从这个方面做手脚，既保护好了自己，也避免了配偶犯错误，最终酿成害人害己的苦果。

虽然认真对待签字根本避免不了大多数文件必须要签字，还需要承担责任的结果，但是，至少可以避免伪造的、恶意串通的债务的出现。

（二）尽量从法律上保持对企业经营的知情权，避免过于被动

大部分企业家配偶不仅不参与企业经营，很多时候在企业连股东身份都没

有，这就导致其对企业的经营和财务状况没有法律上的知情权，这就给另一方制造债务提供了可乘之机。所以，对于企业家配偶来说，尽量在企业保留少量的股权以保留自己作为股权财产的共有人而应当保留的法律上的知情权，以及在面临问题时可以直接起诉的权利，从理性角度讲还是有一定必要性的。

当然，作为以感情为基础缔结的婚姻关系，信任是极为珍贵的。这种保留知情权的做法从感情上还是会让人感觉有一些别扭的，似乎会体现出对配偶方的不信任，也非常容易受到道德上的批判。但从另外一个方面讲，这个世界的秩序从来都不能只靠感情和道德约束。并且，在只有感情和道德约束的领域，往往还容易诱惑一部分人犯错误。这就是人性的复杂性。因此，要不要保留知情权，需要每个人根据自己和自己家庭的状况，以及当地的风俗习惯等综合考量，并没有标准做法。

我们还要注意到，即使企业家配偶一方希望能保留知情权，也可能由于很多现实原因无法保留，这也是现实情况，不可强求。

（三）做好部分资产的保全隔离，保障好家人的生活、教育、医疗、养老等

前面的两个原则都是降低伪造夫妻共同债务风险的方法，但并不能直接解决夫妻共同债务的问题。因此，在夫妻共同债务风险规划工作中，做好部分资产的保全隔离，保障好家人的生活、教育、医疗、养老等，就是最直接、最有效也最具备可行性的方法。

为应对夫妻共同债务而做的资产保全和债务隔离规划在本质上和“企业家家庭债务风险解析与解决方案设计”一章中讲的债务隔离规划没有本质性区别，因此，解决方案的设计请参阅“企业家家庭债务风险解析与解决方案设计”一章中的方案设计方法，这里不再重复。

当然，有两种特殊情况的规划是需要注意的：一种是因离婚而引发的夫妻共同债务风险；另一种是夫妻财产协议情况下的夫妻共同债务风险。在这两种情况下，企业家配偶一方不仅需要进行资产保全和隔离，而且必须保障保全和隔离的财产最终必须可以服务于自己和自己的孩子。

要保证财产最终服务于自己和自己的孩子，有几种方法可以实现。第一种最简单的方法是将部分资产提前赠与给自己的父母。资产在父母名下，当自己面临债务风险时，父母名下的财产不会被牵连。但是，这种方法也会有比较明显的副作用，可能会导致父母遗产纷争等问题。第二种方法是将部分资产提前赠与给自己独立的成年子女，这种方法的副作用主要是失控的问题。第三种方法是运用代

持的方法进行资产保全，但是代持的副作用也是比较大的，在本书"资产代持风险解析与解决方案设计"一章中有详细的阐述。第四种方法是通过保单、信托等专业工具规划来进行资产保全，确定财产将来可以服务于保障家人，并且保持一定的控制力。这是相对更加科学、合法且安全的规划方法。

二、夫妻共同债务风险的人寿保险规划策略

这里主要探讨因离婚和婚姻财产协议产生的夫妻共同债务风险的人寿保险规划策略。人寿保险因为其一些特殊的法律属性，并且通过受益人制度使其拥有对人的专属性的特点，可以有效地完成债务隔离并同时兼备财产对人的专属性的规划目标。

（一）商业养老保险产品规划夫妻共同债务风险的六大优势

有一类专业的养老保险金产品是非常适合在保证好养老品质的同时可以兼顾债务隔离规划的。这类保险养老保险产品的特点是，首先，只有在合同约定的年龄后才可以开始领取养老年金；其次，一般保证领取 20 年，20 年以后被保险人身故没有身故责任，但只要被保险人生存，可以继续领取养老年金；最后，现金价值很低，开始领取养老金后，现金价值大部分为零。

由企业家配偶自己作为投保人和被保险人配置保单，被保险人为保单的默认的生存受益人，指定子女为保单的死亡受益人。当交完保费或者开始领取以后，可以将保单的投保人变更为自己的父母或者成年子女。这样规划有以下几个优势。

优势一：养老年金的受益人是被保险人，因此具有了资金使用的专属性，只要被保险人生存就可以持续领取养老金，真正专属于被保险人的与生命等长的现金流，为被保险人的养老生活提供可靠的现金流保障。

优势二：保单现金价值低，开始领取后甚至没有现金价值，资产保全功能强大。在没有现金价值的情况下，退保不能取得任何经济利益，很难通过强制执行清偿债务；即使初期有现金价值，现金价值也很低，可以依据《最高人民法院关于适用〈中华人民共和国保险法〉若干问题的解释（三）》（以下简称《保险法解释三》）第 17 条付出较小的代价，保全较大的资产。

优势三：如果投保人已经变更成父母或者成年子女，则保单即使有现金价值，也一般不会受到债务问题的威胁。

优势四：保单现金价值低，父母或者成年子女作为投保人持有保单时，擅自处分保单的可能性比较低，相对安全。现金价值归零后，投保人去世不会牵涉现金

价值继承的问题，投保人也无法退保，更加安全可靠。

优势五：当生存金受到债务问题威胁时，还可以变更生存受益人为保单投保人，保全后续生存金。

优势六：如果在面临离婚风险时，因为现金价值比较低甚至没有现金价值，被离婚分割的风险相对较小，并且可以通过支付比较小的对价就可以保全保单，依然可以为企业家夫人提供可靠的养老品质保障。

以上是针对于夫妻共同债务风险这些人寿保险架构设计的功能优势，除以上优势外，这些架构在财富保全、财富传承、婚姻财富规划等方面还有很多的优势，这些优势在其他章节中有详细的介绍，这里不再重复。

（二）通过投保人和险种搭配设计，保全的同时解决生活费、教育、医疗等问题

以没有债务风险的企业家夫人的父母作为投保人，未成年孩子作为被保险人隔代投保人教育金保险，专款专用解决孩子的教育金问题。以没有债务风险的父母或者成年子女为投保人，每一位家庭成员作为被保险人，配置年金保险、增额终身寿险、重大疾病和医疗保险，专款专用解决家人的生活品质、医疗品质问题。这样的规划设计有几个优势。

优势一：没有债务风险的家庭成员作为投保人持有保单，保单现金价值不会受到夫妻共同债务的威胁，不会被强制执行。

优势二：保险事故发生时，生存金、教育金、医疗保险金归被保险人取得，具有人身专属性，专款专用。

优势三：取得教育金的子女，取得医疗保险金或者生存金的其他家庭成员一般也没有债务风险，保险金不会受到债务的威胁，依然可以保证子女的教育，家庭成员的医疗品质等。

即使是有共同债务风险的企业家夫人取得医疗保险金，因为医疗保险金有保障其健康权利的属性，比其他资产在法律上受到保护的可能性更大，当然也完全可能被强制执行。

优势四：人寿保险规划一般都有专款专用的特点，并且教育金和医疗保险的现金价值一般比较低，对投保人的财产价值并不高。并且，挪用保单现金价值比较麻烦，需要通过退保或者保单贷款的方式，并且保单贷款还需要被保险人签字确认，因此相比于普通的资产代持，如现金资产的代持、投资性金融资产的代持、房产的代持等，投保人挪用财产、擅自处分的风险更小。

优势五:企业家夫人的父母作为投保人,保单现金价值归投保人所有,因此当面临离婚分割时,保单现金价值因为不属于夫妻共同财产可以免于分割,依然可以为孩子和家人提供可靠的生活品质、教育品质、医疗品质的保障。

优势六:如果有条件,可以结合运用保险金信托2.0,用信托作为投保人持有保单,保单受益人也变更为信托,家庭成员作为信托的受益人。如此,投保人彻底实现财产的独立,规避了投保人代持的风险,同时,还可以可靠地隔离夫妻共同债务,并且避免离婚分割。

以上是针对于夫妻共同债务风险这些人寿保险架构设计的功能优势,除了以上优势外,这些架构在财富保全、财富传承、婚姻财富规划等方面还有很多的优势,这些优势在其他章节中有详细的介绍,这里不再重复。

(三)保单作为婚姻财产协议之补偿,保障企业家夫人免受共同债务威胁

在企业家与配偶之间签订了婚前或者婚内财产协议的情况下,企业家夫人的共同债务风险是比较大的。在前文中及本书《企业股权混同风险》一章中有过详细阐述,婚内财产协议一般约定了企业的所有权及其增值部分归属于企业家,但夫妻间的财产协议并不能对抗作为债权人的第三人,并且,在很多情况下企业家夫人还会被要求在借款协议上签字,如此,企业家夫人的共同债务风险就更大了。

在企业家与配偶之间有婚姻财产协议的案例中一般都有一个特点,就是配偶方一般年龄都不会太大。企业家自身再婚的情况,大部分结婚对象是年纪相对较轻的,如果是二代或者三代结婚,配偶方当然年纪也很轻。配偶方父母的年龄因而一般也相对不是太大,比较适合当保单的投保人。因此,婚姻财产协议的人寿保险补偿方案用配偶方的父母作为投保人进行保单规划是具备可行性的。

具体来说,可以以配偶方父母为投保人,配偶被保险人,配置年金、医疗、养老等保单。分别保障配偶的日常生活、医疗品质、将来的养老品质等。双方的子女出生以后,还可以为子女做好教育金的安排。如此安排有几个优势。

优势一:配偶方父母作为投保人,即使将来企业家夫人因为共同债务风险陷入债务危机,保单依然不会受到债务的威胁。

优势二:企业家夫人的生活、医疗、养老及孩子的教育成长等都有可靠的保障,并且不受债务威胁,配偶在婚内充满安全感,有利于婚姻的稳定、和谐与幸福。

优势三:相对直接补偿房产、资金等,房产、资金等由父母持有时其控制力是比较弱的,风险也相对较大。而通过保单规划,作为被保险人的配偶方对保单还具备一定的控制力,父母代持保单的风险相对较小。即使被保险人是未成年子

女,配偶作为子女的监护人和法定代理人,对保单依然具有一定控制力。

优势四:如果企业家夫人将来面临婚姻风险时,这些补偿的财产都在父母的名下,不属于夫妻共同财产,当然不会被分割,仍然可以很好地保障配偶及其子女的生活、医疗、养老、教育等各项基本需求。

优势五:如有可能,也可以结合运用保险金信托2.0,用信托作为投保人持有保单,保单受益人也变更为信托,企业家夫人及孩子作为信托的受益人。如此,信托专为企业家夫人及孩子的利益而存在,是比父母作为投保人更加可靠的补偿,规避了父母作为投保人的代持风险的同时可以可靠地隔离企业家夫人的夫妻共同债务风险。

以上是针对于夫妻共同债务风险这些人寿保险架构设计的功能优势,除了以上优势外,这些架构在财富保全、财富传承、婚姻财富规划等方面还有很多的优势,这些优势在其他章节中有详细的介绍,这里不再重复。

三、夫妻共同债务风险的家族信托规划策略

在规划企业家夫人的夫妻共同债务风险方面,家族信托也有非常独特的优势。因为在企业家夫妇不离婚、不签订婚姻财产协议情况下的夫妻共同债务风险,已经完全包含在企业家家庭债务风险的范畴中,笔者已经用了专章讨论这个风险以及规划方案,需要详细了解请参看企业家家庭债务风险一章,这里就不再重复。这里只讨论企业家夫人在离婚或者签订了婚姻财产协议情况下的共同债务风险的规划策略。

(一)家族信托规划企业家夫人离婚时共同债务风险的三大典型优势

在家庭财务状况良好时,以企业家夫妇的任何一方作为委托人,设立不可撤销的家族信托,并指定企业家夫人及其子女等家庭成员为信托的受益人,以保障受益人的品质生活、教育、医疗、养老等需求。信托财产一般以金融资产和人寿保险为主,如果有可能,也可以放入一些不动产。一般不会直接放入家族企业的股权,但可以通过债权债务关系等方式间接放入家族企业的受益权。企业家也可以作为信托的受益人之一,但要注意受益权禁止用于清偿债务条款的设计。除了要设立不可撤销的家族信托以外,还要注意不要保留委托人间接从信托中大量取回信托财产的通道,以免债权人通过代位权的行使通过这些预留通道间接执行信托财产,同时,避免夫妻离婚后委托人通过这些通道侵害配偶的权益。值得注意的是,如果企业家作为信托的委托人,国内信托委托人保留的权力一般是比较大的。

所以，对于委托人更改受益人及受益规则的权利最好在信托合约中有所限制，譬如，禁止减少企业家夫人作为受益人的受益权，禁止增加本家庭以外的人为受益人等。当然，如果企业家夫人的家庭地位不足够高，这些限制性条款的设计在实操中可能会存在困难。这样的家族信托设计可以很好地规避企业家夫人在离婚情况下的夫妻共同债务风险，因为其具有以下方面的优势。

优势一：因为信托财产独立于委托人，当信托设立后，依据《信托法》第15条与第17条，信托财产不会受到夫妻共同债务风险的影响，也不会被债权人强制执行；同时，因为信托关闭了所有委托人间接取回大部分信托财产的通道，因此，债权人也很难通过这些通道执行信托财产。

优势二：即使企业家夫人或者企业家作为信托的受益人，共同债务风险也很难波及信托财产。首先，因为受益人只拥有受益权，信托财产本身独立于受益人，故共同债务风险不能通过受益人直接威胁到信托财产。其次，还可以依据《信托法》第47条限制受益人用受益权清偿债务，从而进一步防止信托财产受到间接影响。最后，甚至信托中还可以设置自由裁量条款，当受益人债务超过规定规模时，停止对受益人的受益分配。

优势三：信托设立后，信托财产即独立于企业家夫妻双方，不再属于夫妻共同财产，因此，当二人离婚时，信托并不会受到离婚分割的影响，依然可以给受益人提供可靠的保障。

除了以上几个在夫妻共同债务风险防控方面的优势以外，合理的家族信托设计还能同时解决资产保全、财富传承、传承后控制等多方面的问题，还可以结合人寿保险等金融工具进一步丰富家族信托安排的功能，这些优势在其他章节有较为详细的介绍，这里就不再重复了。

（二）家族信托规划作为婚姻财产协议的补偿，预防企业家夫人的共同债务风险

在企业家与配偶签订婚姻财产协议时，用家族信托作为对配偶的经济补偿在预防配偶的共同债务风险方面也有着非常独到的优势。

优势一：家族信托的财产独立，独立于委托人也独立于受益人，因此，可以免受夫妻共同债务的影响。

优势二：可以通过限制信托受益权偿债，防止夫妻共同债务的债权人间接威胁信托财产。

优势三：信托的受益人设计为配偶及以后的亲生子女，即使配偶因为夫妻共

同债务风险被停止了受益金的分配,子女的生活、教育等依然不受影响。信托持有的住房配偶依然可以居住,但不会被债权人追偿。其他受益人还可以依托于信托对配偶进行照顾,保证其基本的生活、医疗、养老等。

关于家族信托作为婚姻财产协议补偿的设计及其他方面优势在“婚内股权混同风险”一章中有详细的阐述,这里不再重复。

第五章

婚内股权混同风险

第一节 风险案例

一、案例导读

湖北的付先生可能会感觉很委屈，他二婚的妻子马女士要求分割他婚前股权的增值部分2000多万元，婚后分红200多万元，以及婚后增资部分股权的一半。这里面还有他前妻的遗产、他儿子的权益等。他觉得自己是老伴去世后才和当时已经年近50岁的马女士结婚的，两个人也就是做个伴，马女士对公司也没什么贡献，两个人婚姻关系维持也仅10年左右，凭什么分割自己婚前的股权呢？法院会怎么判决呢？

二、案例详情

故事还得从2005年说起。① 2005年5月，付先生和另外27位股东一同发起成立了京山宏硕投资有限公司（以下简称京山宏硕公司），付先生作为小股东出资48.88万元，占公司股权的1%。付先生仅作为股东，但并不参与企业的日常经营管理。

2005年6月，付先生结发妻子熊某去世，二人育有一子小付。但对于熊女士的遗产，他们没有办理遗产继承手续，股权依然由付先生持有。

付先生丧偶一段时间后，与小自己10岁的马女士结为连理。在二人结婚以后，2012年12月，京山宏硕公司进行了增资，付先生又投入48.88万元，股权比例依然是1%。2013年5月，京山宏硕公司更名为京山轻机控股有限公司（以下简称京山公司）。

2014年，京山公司统一安排年纪比较大的股东都将公司股权赠与给子女，因此，付先生和小付签订赠与协议，付先生将1%的股权全部赠与给儿子小付，小付接受了赠与。

2018年，付先生和马女士通过法院判决离婚，关于财产分割问题，两人陷入

① 参见《马某、付某1离婚后财产纠纷二审民事判决书》【(2020)鄂08民终285号】，载中国裁判文书网：https://wenshu.court.gov.cn/website/wenshu/181107ANFZ0BXSK4/index.html?docId=51d48371e2cd4257b754abde00aa12f6。

了争议。截至离婚前,京山公司的股权发生了巨额的增值,初步估计高达数千万元。并且,仅在付马二人婚姻关系存续期间取得的现金分红就高达 200 多万元。付先生认为,这些资产都是自己的婚前财产,自己未参与企业经营,因此增值部分也应当是自己的个人财产,并且这里面还有妻子熊某的遗产。马女士则认为,婚前财产在婚后产生的增值属于夫妻共同财产,应当分割;现金分红也属于夫妻共同财产,应当分割;婚后增值的部分股权属于夫妻共同财产,应当分割。见图 5 – 1。

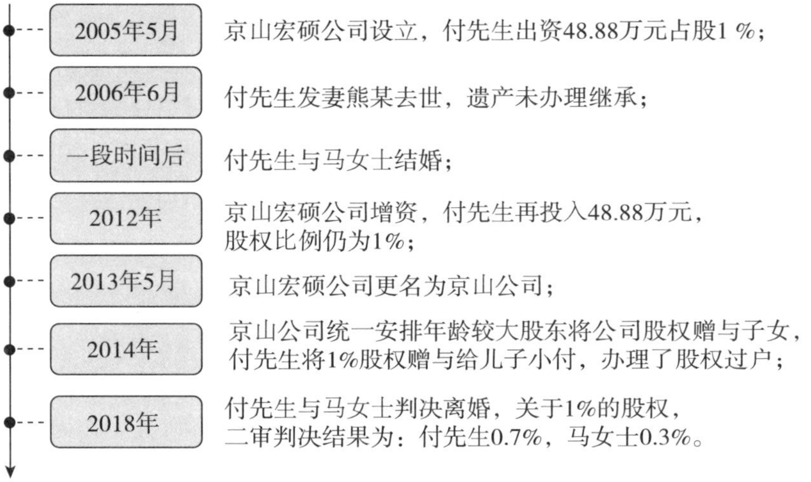

图 5 – 1　婚内股权混同险

后经两级法院两审判决,结果如下:

第一,关于付先生 1% 的股权的定性,分为两部分。婚前出资 48.88 万元对应的 0.5% 属于婚前财产,妻子熊某的遗产也在其中;婚后增资 48.88 万元对应的 0.5% 为婚姻关系存续期间内取得的股权,属于夫妻共同财产。

第二,关于婚前 0.5% 部分股权对应的增值部分,二审法院认为"付某 1 原为轻机公司的原始股东,通过行使股东权利间接对公司进行经营和管理,投入了一定精力,因公司经营带来的股权增值属经营性收益,不是自然增值。依据《婚姻法解释三》第 5 条之规定"夫妻一方个人财产在婚后产生的收益,除孳息和自然增值外,应认定为夫妻共同财产",付某 1 婚前股权在婚后的增值应认定为夫妻共同财产"。因此,马女士对增值部分有权分割。

第三,关于婚后取得的 0.5% 股权的分割,二审法院认为:"2012 年轻机公司增资时,是基于付某 1 原始股东的身份才享有的增资权利,带有部分福利性质,在增资时轻机公司 0.5% 股权的市场价值是远高于 48.88 万元的。因此,对婚后夫妻共同增资形成的0.5%股权付某1的贡献更大。"因此,这一部分付先生应当多分。

第四,关于1%中应当由儿子小付继承的部分,婚前0.5%的一半应当属于熊某的遗产,由付先生和小付继承,因为没有进行遗产继承分割,因此这0.5%由付先生和小付共同共有。

第五,关于马女士主张的付先生私自赠与儿子小付股权,隐匿转移夫妻共同财产的行为。法院认为虽然付先生确实存在转移财产的行为,赠与行为是京山公司的统一安排,因此付先生转移财产的主观恶性较小,也没有造成损害结果,因此不予考虑。

第六,因为关于婚前0.5%股权的增值的价值不好估价,不好确定补偿数额。同时,婚后的0.5%的股权分割应当照顾付先生的贡献。法院综合考量后,决定直接分割股权,最终判决由马女士分得1%股权中的0.3%。

关于分红200多万元的处理,判决书中没有详细说明,但这个方面在法律上并没有太大争议,《婚姻法》(已废止)第17条及现行《民法典》第1062条均明确规定,婚姻关系存续期间内取得的生产、经营、投资收益属于夫妻共同财产。

三、案例解析

在上述案例中,虽然仅通过判决书我们并不能了解案件过程的全貌,但依然可以发现很多有价值的细节。

从判决书描述的情况来看,付先生肯定不属于企业家,估计也没有太多的经营能力,京山公司可能是一家改制的企业,但由于历史的原因使得付先生有机会参与出资成为企业的股东,虽然仅占1%的股权,但这1%的股权使得付先生不到100万元的出资,最终增值到了数千万元。这数千万元在付先生及小付看来,是命运对他们老付家的眷顾,属于他们老付家的财产。从熊女士去世后付先生和小付并没有办理遗产继承手续来看,两父子极有可能就是这种想法。

同时,从判决书信息可以看出,付先生与马女士应该是在2006~2012年结婚的,这时候的付先生年龄处于55~60岁,马女士年龄处于45~50岁。两人应该说都已经过了生育年龄,而且极有可能马女士也有自己的子女,并且可能已经成年。在传统风俗习惯看来,两个人的结合更多的时候是为老年有个伴,在经济上会各顾各的子女,经济相对应该是比较独立的。所以,付先生极有可能会认为自己的财产就是自己的,将来是都要留给小付的,从2014年将股权赠与给小付的行为,以及 200 多万元的分红款自己一手掌控的行为来看,在离婚纠纷未发生之前,付先生可能误认为这些财产都属于自己个人,跟马女士根本没有关系。

但现实和付先生的想象完全背离了。

第一,虽然付先生婚前取得的企业股权确实属于婚前个人财产,并且不会因结婚而直接转化为共同财产。但是,婚前的股权在婚后产生的增值部分就很难说了。哪怕付先生没有参与企业的日常经营工作,但在荆门市中级人民法院看来,付先生作为股东参加股东会,行使股东权利对企业间接地进行了经营管理,付出了一定的精力,因此增值部分应当认定为经营收益,依据当时的《婚姻法》(已废止)第 17 条的规定,应当属于夫妻共同财产。如此,因为婚前股权婚后增值的问题,付先生的股权资产产生了第一次被分割的风险。

第二,付先生 2012 年的增资行为,虽然仅出资了 48.88 万元,而当时京山公司的股权价值远超过其出资,付先生是基于其原始股东的身份才享有了增资权利,带有部分福利性质。但是,这改变不了付先生在婚姻关系存续期间内取得该部分股权的现实,该部分股权依然属于夫妻共同财产,只能在分割时考虑付先生为此贡献更多的现实,予以适当照顾。如此,付先生的婚前股权因为婚后增资的问题,产生了第二次被分割的风险。

第三,对于法院将原始出资的 48.88 万元和增资的 48.88 万元对等处理,将股权平分为两个部分是否合理的问题。从朴素观点来看,显然原始出资更有价值,但因为这两次出资各自的价值根本没有科学合理的办法来进行衡量,二者混同在一起根本没有办法进行分割,因此法院采取平均分割的办法也是在不得已的情况下作出的相对更加合理的分割。如此,付先生婚前股权因为混同的问题,产生了第三次被分割的风险。

第四,虽然法院对婚内取得的分红 200 多万元没有进行处理,但是,婚内取得的股权的分红属于夫妻共同财产在法律上更加没有争议。如此,付先生婚前股权的收益,因为分红问题,产生了第四次被分割的风险。

最终的结果是,马女士取得了 0.3% 的股权,除去小付通过继承应当分得的股权份额 0.125% 左右,马女士分得的股权占整个可分配股权的 34% 左右。在不到 10 年的婚姻关系存续期间内,在付先生没有参与企业日常经营,仅行使股东权利的情况下,依然有 34% 左右,价值数千万元的股权因为婚内股权混同的一系列问题而被分割,婚内股权混同风险对企业家股权的影响之大可见一斑。

第二节　风险解析与法律依据

本章讨论的婚内股权混同风险，是指企业家婚前取得的股权，或者企业家的子女在婚前或者婚内通过受赠或者继承取得的股权。在婚姻关系存续期间，因为增值部分属于共同财产，婚内新取得的股权属于夫妻共同财产及婚前和婚内共同财产混同的问题，导致在离婚时面临被分割的问题。

股权资产和其他的资产不同，股权资产是属于一种必须要持续经营才能保持其价值的特殊财产。又因为在我国，判定婚内取得的财产是否属于共同财产时，"劳动共同原则"是最为重要的原则。这就使得股权资产在婚内被混同是难以避免的，值得引起每一个企业家家庭的重视。

一、我国婚姻财产划分中的"劳动共同原则"

什么是"劳动共同原则"①呢？这是笔者总结的从法理上分析问题的原则。虽然这个原则并未出现在正式的法律规范中，但综合法律规定和最高人民法院的解释、通知等来看，这个原则是真实存在的，且在一些学者的著作中也有类似的表达。

请大家务必注意的是，"劳动共同原则"并不是婚姻法中严谨的学术理论，而是笔者基于实践的总结，以帮助非法律人士理解我国婚姻法中婚姻财产划分制度。在婚姻财产理论中，只有对家务劳动价值的承认与劳动共同原则有比较紧密的关系。并且，"劳动共同原则"也不广泛适用于世界上其他的司法管辖区，即使是在我国的香港特别行政区和台湾地区也并不适用。在英美法系地区，夫妻财产关系的处理一般是以扶养费为中心的处理制度，当然就不可能有"劳动共同原则"。即使是在大陆法系地区，虽然有成文的婚姻法，并且有法定的婚姻财产制

---

① 注："劳动共同原则"，又名"军功章原则"。为笔者总结的我国婚姻财产划分七大基本原则之一。七大基本原则分别是：劳动共同原则、意外之财分一半原则、你我一起养活原则、恒有原则、尊重人格原则、尊重意愿原则、混同原则。请注意，七大基本原则并规范的法律概念，仅仅是帮助读者理解法律规定的通俗方法而已，所以取名字都非常通俗，没有书面化。

度,如“婚后共同所得制”“延期共同财产制”“法定补偿条款制”等。[①] 即使是同一种制度类型,在不同的国家和地区又各有不同的内涵,不一定都有“劳动共同原则”的典型特征。因此,“劳动共同原则”仅限于帮助广大的非法律人士理解我国婚姻法中的婚姻财产划分制度。

“劳动共同原则”的内涵为:“夫妻结婚后,夫妻双方的任何一方的劳动力如果没有其他约定,应当归夫妻共同所有,因此,因夫妻一方付出劳动而取得的财产应当属于夫妻共同财产。”这也是我国婚姻法体系对婚内家务劳动价值充分尊重,充分保护婚姻中女性权益[②]的重大体现,支持这个原则的法律规定包括:

《民法典》第 1062 条规定,婚姻关系存续期间内取得的工资、奖金、劳务报酬、生产受益、经营受益、投资收益、知识产权收益属于夫妻共同财产。上面列举的每一种财产都有一个共同的特性,一般需要夫妻一方付出劳动方能取得。这是《民法典》立法中“劳动共同原则”的体现。

《民法典婚姻家庭编的解释(一)》第 25 条,婚内一方以个人财产取得的投资收益,婚内取得的住房补贴、住房公积金属于夫妻共同财产。个人财产的投资收益在一般情况下也需要付出劳动方能取得,因此属于夫妻共同财产。住房补贴、住房公积金一般也是夫妻一方在工作单位取得的劳动报酬的一种形式。这两点也是立法中“劳动共同原则”的具体体现。

《民法典婚姻家庭编的解释(一)》第 26 条,夫妻一方个人财产取得的收益,除孳息和自然增值外,应当认定为夫妻共同财产。这里作为除外处理的自然增值,它的特点就是不需要付出任何劳动就可以取得,这刚好从反面印证了“劳动共同原则”,而孳息,在理论上也可能需要付出劳动,但是,考虑到现实生活中很难有很纯粹的概念,取得孳息需要付出的劳动可以说微乎其微,并且,其付出的劳动也一般不会影响孳息的多少,因此也可以认为取得孳息基本不需要付出劳动,这又是对“劳动共同原则”的反面印证。

同时,还有最高人民法院关于婚前购买股票,婚后没有经过任何操作,其收益的认定原则。[③] 虽然股票收益属于典型的投资收益,但最高人民法院依然认为如

---

① [德]Katharina Boele - Woelki、[德]Jens M. Scherpe,[英]Jo Miles 主编:《欧洲婚姻财产法的未来》,樊丽君等译,法律出版社 2017 年版,第 20 ~ 28 页。

② 最高人民法院民法典贯彻实施工作领导小组主编:《中华人民共和国民法典婚姻家庭编继承编理解与适用》,人民法院出版社 2020 年版,第 153 ~ 154 页。

③ 参见最高人民法院民事审判第一庭编:《民事审判指导与参考》(第 59 辑),人民法院出版社 2015 年版。

果股票婚后没有经过任何操作，没有付出劳动，则应当认定为类似于自然增值，属于一方个人财产。还有，关于婚前房产婚后取得的租金的认定原则。虽然房租属于典型的法定孳息，但全国法院的通说观点依然认为，房租如果经过了夫妻一方的经营，如找租户、维修房屋等，付出了劳动，则属于是经过了经营而获得的房租，因此应当认定为共同财产。典型的投资收益因为没有付出劳动就属于个人财产，典型的法定孳息因为需要付出劳动就属于夫妻共同财产，可以清晰地看出法律背后的认定逻辑就是“劳动共同原则”。

二、股权资产婚内增值部分的归属判断

夫妻一方在婚前取得的股权属于夫妻一方的个人财产，这是《民法典》第1063条第1款明确规定的。但是，随着婚姻关系的延续，股权如果产生了增值，增值部分是否属于夫妻共同财产呢？这就需要运用“劳动共同原则”来进行判断了。如果没有特殊约定，并且增值部分是因为夫妻一方或者夫妻双方付出劳动而取得，则应当认定为夫妻共同财产。如果双方都没有付出劳动，应当认为这部分股权的增值相对他们夫妻来说，更类似于自然增值，仍然属于一方的个人财产。从司法实践中来看，大多数时候法院确实是如此处理的。

在《姚某、张某1离婚后财产纠纷二审民事判决书》[（2016）浙04民终2001号]①中，浙江省嘉兴市中级人民法院认为：“根据《最高人民法院关于适用〈中华人民共和国婚姻法〉若干问题的解释（三）》第五条的规定，夫妻一方个人财产在婚后产生的收益，除孳息和自然增值外，应认定为夫妻共同财产。张某1婚前投入公司的290万元出资对应股权系其婚前个人财产，该股权在其与姚某婚姻关系存续期间产生了增值，而张某1作为公司的实际管理人员，投入了个人的劳动（体力或脑力劳动的付出），故该增值不属于孳息和自然增值范畴，对于该部分增值，应认定为夫妻共同财产，并依法予以分割。”这是股权增值需要付出劳动获得的典型判决。

值得注意的是，不仅参与公司的日常经营属于付出了劳动，在前文付先生的案件中，付先生没有参与企业日常经营，仅仅行使了股东权利间接参与了公司的管理，在付出劳动比较少的情况下，法院依然判决付先生付出了劳动，增值部分应当认定为夫妻共同财产。

---

① 资料来源：中国裁判文书网：https://wenshu.court.gov.cn/website/wenshu/181107ANFZ0BXSK4/index.html?docId=42f89e884d2f470a8029a79a0114a65c。

股权的增值部分没有付出劳动的,在司法实践中也有典型判决。譬如,在《谭某离婚后财产纠纷再审审查与审判监督民事裁定书》[(2020)最高法民申1003号],①最人民法高院认为:"根据原审查明的事实,新鸿基公司成立后,未对土地进行开发,也未进行其他生产经营活动。由此,雷某持有的新鸿基公司股权价值在婚后的变化,主要是由公司所持有的地产市场行情变动引起,并不是雷某对公司进行经营管理或者利用该股权进行再投资产生的收益。"并且,法院据此驳回了谭某主张雷某持有股权在婚后产生的增值属于夫妻共同财产并要求进行分割的申请再审的请求。

与此类似的还有苏州市虎丘区法院关于某"富二代"婚前持有的股权在婚后上市产生巨额增值是否属于夫妻共同财产的判决,②在该案中,法院认为:"婚姻关系存续期间,一方以个人财产投资取得的收益,属于夫妻共同财产。一方个人财产婚后取得的孳息和自然增值归一方所有。本案中,由于原告在A公司持有的股份系其婚前取得,属于原告婚前个人财产;考虑到原告在庭审中主张未参与公司实际经营,公司所担任职务仅为挂名,结合公司招股说明书中对持股情况的说明,其所持上述股份的增值部分及分红,可能属于其个人财产的孳息或自然增值,而被告又未能提供证据证明上述股份增值部分及分红属于原告小王以个人财产投资并通过劳动付出所取得的收益,且公司股权的增值主要取决于市场因素。因此,小兰认为小王持有的A公司股份婚后增值部分及分红属于夫妻共同财产,依据不足,不予支持。"

前文的两个没有付出劳动,增值部分被判属于一方个人财产的案件,其中对没有付出劳动的判断标准还是比较严格的。在第一个案件中,新鸿基公司是没有任何经营活动的,这种情况其实极为罕见。在第二个案件中,"富二代"小王在公司担任的职务只是挂名,并且小兰没有提供证据证明小王付出了劳动,因而最终小兰的诉求因证据不足而没有得到支持。在大部分的企业家家庭,子女多少会参与公司的经营,公司股权的增值就很难认定为没有付出任何劳动,很难被判定为一方个人财产。

综上所述,在司法实践中,企业家本人或者其子女等婚前或者婚内属于个人

---

① 资料来源:中国裁判文书网:https://wenshu.court.gov.cn/website/wenshu/181107ANFZ0BXSK4/index.html?docId=5fc74be56beb46a8837babd101166fcd。

② 资料来源:东方网:http://news.eastday.com/eastday/13news/auto/news/csj/20181107/u7ai8177264.html。

的股权资产,只要股权持有者或多或少参与了企业的经营,其在婚内产生的增值部分大概率会被判定为属于夫妻共同财产。一旦离婚,财产是极有可能被分割的。

三、婚内取得股权的归属判断

除了在婚前取得股权外,企业家或者企业家的子女在婚内也极有可能会取得股权。取得股权的方式包括增资扩股、设立新的公司、收购取得股权、受赠取得股权、继承取得股权,等等。这些股权应当属于夫妻共同财产还是个人财产呢?

增资扩股,设立新公司或者收购其他公司的股权都需要支付相应的对价,因而实质上这属于财产形式的转换。所以,依据《民法典婚姻家庭编的解释(一)》第31条的精神①,若增资扩股,设立新的公司或者收购其他公司股权所支付的对价属于一方的婚内个人财产,则因此而取得的公司的股权也应当属于一方的婚内个人财产。

值得注意的是,在司法实践中,夫妻一方在增资、收购、设立公司等时,关于所用资金的来源往往不太注意。有时候支付的资金既有个人财产又有共同财产,混在一起根本无法分清。即使支付的资金全部是一方个人财产,但往往又不会保存完整的证据。所以,当夫妻离婚时,一方往往很难证明支付的对价属于夫妻一方的个人财产。因此,在大多数案件中,在婚内取得的股权一般最后被认定为夫妻共同财产。

对于婚内通过受赠或者继承取得的股权,依据《民法典》第1062条和第1063条的规定,如果赠与人或者被继承人没有明确表示归夫妻一方所有,则属于夫妻共同财产。而在司法实践中,大部分父母在传承过程中很少做安排,更别说指定给自己子女的明确意思表示了。

所以,如果希望在婚内取得的股权依然属于一方的个人财产。当增资扩股、收购股权、设立公司时,一定全部使用个人财产支付对价,并且保存完整的证据证明;当受赠或继承时,赠与人或者被继承人一定要提前做好规划,明确表示股权指定给自己的子女个人所有,与其配偶无关。如此,则在婚内取得的股权在取得时应当属于一方的个人财产。

当然,随着婚姻的延续,股权增值部分依然极有可能属于夫妻共同财产,如果离婚,依然有被分割的风险。

---

① 《民法典婚姻家庭编的解释(一)》第31条 民法典第一千零六十三条规定为夫妻一方的个人财产,不因婚姻关系的延续而转化为夫妻共同财产。但当事人另有约定的除外。

第三节　典型高风险人群与风险发生场景

一、婚内股权混同风险的高发人群

婚内股权混同风险主要发生在两类人群的身上，第一类是企业家的子女、孙子女等，也就是我们通常讲的“富二代”“富三代”；第二类则是再婚或者即将再婚的成功“创一代”企业家。

股权风险高发人群有几个特点。首先，企业规模越大，沉淀在企业中的资产越多，股权价值越高，股权混同风险越大。而对于一般的小微企业，轻资产、贸易型企业，虽然产生利润不一定很低，但资产一般不会沉淀在企业中，股权价值不高，这一类型的企业家家庭不必过多地关注企业股权混同的风险。其次，有上市融资计划的公司因为股权增值空间巨大，比一般公司的股权混同风险更加集中。再次，“创一代”和参与企业经营的“二代”“三代”，因为主持或者参与企业经营，对企业股权价值有重大影响，股权混同风险更集中，完全不参与企业经营的“二代”“三代”股权混同风险并不是太大。最后，上市公司因为配偶一方有机会直接分股权，可能直接导致股权外流甚至影响企业控制权，股权混同风险更集中。

二、婚内股权混同风险的典型表现形式

（一）“富二代”“富三代”股权混同风险的表现形式

1. 继承、赠与股权缺乏规划导致混同

父母缺乏财富传承的意识和规划，导致因赠与、继承直接转换为夫妻共同财产。有些父母在赠与已婚子女股权时，直接简单地办理了股权的变更登记，没有签订赠与协议作出明确赠与子女的意思表示，依据《民法典》第 1062 条的规定，直接属于夫妻共同财产。有的父母注意到了这个风险的存在，因此坚持自己持有公司的股权，但又对提前的传承规划缺乏足够的重视，一再拖延。一旦发生意外而被迫传承时，股权被法定继承，依据《民法典》第 1062 条的规定，也属于夫妻共同财产。当子女离婚时，股权就被作为共同财产进行分割。

2. 股权增值部分属于共同财产导致混同

即使“一代”在继承和赠与时作了明确表示，“二代”“三代”在取得公司股权

时属于一方的个人财产，但是持有股权的“二代”或者“三代”自己参与公司经营，当公司的股权逐步增值后，增值部分因为付出了劳动，依据“劳动共同原则”属于夫妻共同财产。即使“二代”或者“三代”不直接参与公司的日常经营管理，如果正常行使了股东权利，从而间接地参与了公司的管理与决策，依据“劳动共同原则”，增值部分依然属于夫妻共同财产。一旦离婚，增值部分就可能作为夫妻共同财产分割。

3. 婚内取得股权导致股权财产混同

子女或者孙子女在婚姻存续期间内增资扩股、收购公司或者创业设立新的公司，所用资金可能来源于父母，也可能来源于自己的个人财产，还有可能来源于夫妻共同财产。如果没有经过专业的规划，并保留完整的证据，在一般情况下会被直接认定为夫妻共同财产。即取得股权当时属于一方个人财产，也依然很难避免股权增值的部分被认定为夫妻共同财产。一旦离婚，依然又可能被分割。

（二）再婚企业家群体股权混同风险的表现形式

对于第二类人群，即再婚或者即将再婚的成功企业家，股权混同风险主要有以下几种表现形式。

1. 股权增值部分属于共同财产导致混同

婚前个人的股权婚后增值部分变成共同财产。因为企业家一般都是企业的主要经营者，股权的增值最主要的原因一般就是企业家出色的经营，所以，企业家婚前的股权在婚内产生的增值部分，几乎可以肯定属于夫妻共同财产。如果企业股权增值幅度特别大，甚至在再婚期间企业成功上市，甚至会导致股权增值部分占了企业股权价值的绝大部分，企业股权几乎全部变成了夫妻共同财产。

但是，这一般都不是再婚企业家所期望的。因为对于大部分再婚企业家来说，再婚的妻子一般不是和他一起艰苦创业的伴侣，年龄也可能相对较小。并且，企业家的前一段或者几段婚姻大概率还有孩子，甚至可能子女都已经成年。所以，在一般情况下，虽然企业家对其现任妻子有深厚的感情，但却并不希望其财产的所有权和管理权与现任妻子完全共享，尤其是最核心的企业的股权。

2. 婚内取得股权导致股权财产混同

再婚期间内，设立新公司、收购股权、增资扩股等的情况和第一种人群的风险表现形式非常类似，这里就不再重复。

三、婚内股权混同风险的五大典型影响

股权作为高净值客户资产列表中最为特殊的一种资产类型，一旦被混同并面

临被离婚分割的风险，带来的影响绝不是简单的财产外流那么简单的。需要引起企业家及其子女、孙子女们足够的重视。婚内股权混同及分割风险带来的影响主要包括以下四个方面。

（一）巨额股权分割补偿款影响企业现金流

企业股权一旦因为混同被离婚分割时，牵涉的资产价值往往都是比较巨大的。在一般情况下，虽然配偶方对企业股权的增值有分割的权利，但如果公司是一般的有限责任公司，依据《公司法》及《民法典婚姻家庭编的解释（一）》第73条的规定，[①]配偶不一定能取得股东资格。在这种情况下，法院的通行做法就是股权持有方补偿对方应分割股权对应的财产。如此巨额的财产补偿会给企业家的现金流造成较大的困扰，就算最终协商在一定期限内进行补偿，但对企业家现金流的影响还是比较大的，若在此期间企业遇到一些风险，就有可能造成严重后果。

（二）股权分割导致投票权外流，影响企业经营

虽然有限责任公司，配偶一方分得企业股权的可能性在实践中比较低，但还是存在这种情况的。如果公司是股份有限公司，则依据《民法典婚姻家庭编的解释（一）》第72条的规定，[②]配偶可能直接分割企业股权并取得股东地位。离婚的两个人同时在企业中拥有股权，发生股东不和的可能性是极大的，对企业经营的影响不言而喻。如果配偶分得股权超过一定份额，如34%，甚至可能导致股东僵局的出现。

（三）股权分割威胁企业控制权

对于上市公司的实际控制人来说，如果公司是在婚姻存续期间内上市的，极有可能股权大部分是婚后的增值。依据《民法典婚姻家庭编的解释（一）》第72

---

① 《民法典婚姻家庭编的解释（一）》第73条　人民法院审理离婚案件，涉及分割夫妻共同财产中以一方名义在有限责任公司的出资额，另一方不是该公司股东的，按以下情形分别处理：

（一）夫妻双方协商一致将出资额部分或者全部转让给该股东的配偶，其他股东过半数同意，并且其他股东均明确表示放弃优先购买权的，该股东的配偶可以成为该公司股东；

（二）夫妻双方就出资额转让份额和转让价格等事项协商一致后，其他股东半数以上不同意转让，但愿意以同等条件购买该出资额的，人民法院可以对转让出资所得财产进行分割。其他股东半数以上不同意转让，也不愿意以同等条件购买该出资额的，视为其同意转让，该股东的配偶可以成为该公司股东。

用于证明前款规定的股东同意的证据，可以是股东会议材料，也可以是当事人通过其他合法途径取得的股东的书面声明材料。

② 《民法典婚姻家庭编的解释（一）》第72条　夫妻双方分割共同财产中的股票、债券、投资基金份额等有价证券以及未上市股份有限公司股份时，协商不成或者按市价分配有困难的，人民法院可以根据数量按比例分配。

条的规定，配偶有可能直接取得企业的股权，并且股权比例有可能和实际控制人非常接近。如果配偶手中股权的投票权被别有用心的人控制，就有可能直接导致上市公司的控制权易手。所以，可以看到，在社会实践中，上市公司实际控制人离婚，双方离婚以后的一致行动协议基本上属于标准配置，目的就是防止上市公司的控制权易手。

（四）可能影响企业的融资与上市，影响上市公司股价等

因为公司实际控制人的婚姻问题导致公司融资或上市受阻的案例已经不在少数，而大股东离婚导致上市公司股价下跌的案例就更加数不胜数了。即使企业为企业家婚前创立的，属于其婚前财产。但由于增值部分属于夫妻共同财产的原因，当其面临婚姻风险时，依然无法避免股权被分割的问题。完全可能对企业的融资上市或者上市公司的股价造成重大影响。

（五）股权纠纷引发企业家及相关经营者的刑事风险

在社会实践中，作为持有股权的一方，虽然股权可能面临分割风险。但是，因为对方一般不具备股东身份，因此股权持有方的反制手段还是非常多的。做低企业估值、转移公司财产，甚至虚构债务等，可以让配偶方实际分到的财产大大减少，甚至几乎分不到财产都是有可能的。这些在“婚内财产转移和婚变资产分割风险与解决方案设计”一章中有非常详尽的介绍，这里不再重复。

但如此，就可能引发比较激烈的纠纷。配偶既不参与企业经营，同时，作为核心家庭成员对企业经营中可能存在的违法违规行为了解得相对比较多，并且可能掌握关键证据。如此，这将成为配偶方制约股权持有方的严厉手段，如果该手段被付诸实施，就有可能引发企业家及其相关经营者的刑事风险，后果非常严重。

第四节　解决方案设计策略与规划实操

股权混同风险对于企业家家庭来说，影响是比较深远的，必须妥善解决。但股权混同风险是高净值客户面临的财富管理风险中比较难解决的一个。难点主要是股权增值部分的问题。通过前文分析可知，股权资产是必须妥善经营的资产，而且，一般情况下，最佳经营者应当就是股份的主要持有者，即使是上市公司，也很难完全用职业经理人管理。并且，即使由职业经理人完成所有日常经营管理

工作，但股东依然需要行使股东权利，这种行使股东权利的行为依然可能被法院认定为属于间接参与企业经营管理的行为。如此，股权持有者就对股权付出了劳动，依据“劳动共同原则”，股权增值部分属于婚内的共同财产。可以这样说，一个人在婚内持有的属于其个人的股权资产，除非他是一个完全的、永久的傀儡，否则增值部分大概率属于夫妻共同财产，离婚就会面临分割问题。无论是家族企业的“一代”“二代”还是“三代”，都会面临这个情况。

要彻底解决这个问题，笔者认为目前在国内较为妥善的方法只有两个。第一个方法是将股权放入家族信托，使得股权的所有权独立于家族成员之外。则股权增值部分也属于家族信托，也独立于家族成员之外，可以避免股权混同和被分割的风险。第二个方法就是依据《民法典》第 1065 条①的规定签订婚前或者婚内财产协议，对股权以及增值部分的归属进行明确约定，从而解决股权混同的问题。

一、婚内股权混同风险的信托解决方案

（一）家族信托持有股权解决股权混同风险的优势

将股权装入家族信托，利用信托财产的独立性解决婚内股权混同与分割的问题是国际通行的，比较稳妥的方案。这在欧美发达国家的高净值家族中是非常常见的，其中比较有名的是传媒大鳄默某克的家族信托规划案。据说默某克是因为和第二任妻子离婚时，被迫支付了 17 亿美元的天价抚养费，并且导致了旗下公司股价的下跌的重大教训，所以和邓某迪结婚时不仅签订了婚前财产协议，并且设立了一系列的信托来避免离婚对其股权产生威胁。对于默某克系列信托，我们很难通过公开资料窥其全貌，但是结果是可以看到的。2013 年年底，当邓某迪结束与默某克长达 14 年的婚姻时，默某克传媒集团并没有受到太多影响。

国内有不少的民营企业家已经在用境外的信托架构持有国内的股权，关于婚姻风险规划方面比较有名的是龙湖地产的信托持股架构。因为信托架构对股权资产提前进行了比较清晰的分割，当吴某军夫妇离婚时，龙湖地产的股权并没有受到任何影响，股价不降反升。

---

① 《民法典》第 1065 条第 1 款、第 2 款　男女双方可以约定婚姻关系存续期间所得的财产以及婚前财产归各自所有、共同所有或者部分各自所有、部分共同所有。约定应当采用书面形式。没有约定或者约定不明确的，适用本法第一千零六十二条、第一千零六十三条的规定。

夫妻对婚姻关系存续期间所得的财产以及婚前财产的约定，对双方具有法律约束力。

(二)国内家族信托持有企业股权的操作方法

对于绝大部分民营企业家来说,用境外信托持有国内的股权是不实际的。从长远的角度来看,国内的家族信托将是解决国内企业家股权持有问题的主力军。从目前的发展状况来看,国内家族信托持有股权的尝试还处于初级阶段,有少量的实践案例,但普遍推广还有难度。

国内目前设立股权家族信托的具体架构及流程对各个信托机构还是核心技术,所以这里笔者只能做一下方向性的介绍。股权信托从持有的财产类型来看可分为直接持有股权的信托和间接持有股权收益权的信托,其中持有股权的信托是主流。间接持有受益权的信托因为其设立比较简单,不存在交易过户的税收成本,还有较强的税收筹划功能,也具有相当的价值;直接持有股权的信托,持有上市公司股权和非上市公司股权也会有差别;目前大部分持有股权的信托,信托并不会直接持有实体公司股权,中间一定会搭建几层架构。2017 年,李魏律师提出了资金信托 + SPV 架构持有公司股权的设想,这是一种比较典型的国内股权家族信托的设立模式。其基本流程为:客户以资金成立家族信托,信托公司以家族信托资金与客户共同设立 SPV 公司,SPV 公司一般选用有限合伙企业,家族信托做 LP,客户或者客户指定公司做 GP,SPV 公司作为持股平台,买入目标公司(拟装入公司)股权。未来股权增值部分、股权分红均成为信托财产,信托公司按照家族信托约定的信托利益分配方式进行分配。股权家族信托还有可能采用多层合伙架构的模式,以解决股权交易的税费问题和委托人家族对企业的控制权问题。

(三)国内股权家族信托实操的五大现实困难

虽然国内设立股权家族信托的案例已经有所尝试,但离发展成熟还有很大的差距,还不是主流的解决方案,因为还有一些现实的难点问题需要解决。

1. 信托登记对股权家族信托实操造成的障碍

信托登记问题是目前公认的一个现实困难,目前的主流观点认为,除资金信托,现金作为信托财产只需要交付,不需要登记外,股权信托、不动产信托需要面临信托登记的问题,依据《信托法》第 10 条①的规定,需要登记的信托财产未登记可能会导致信托不产生效力。

---

① 《信托法》第 10 条 设立信托,对于信托财产,有关法律、行政法规规定应当办理登记手续的,应当依法办理信托登记。未依照前款规定办理信托登记的,应当补办登记手续;不补办的,该信托不产生效力。

但笔者持有不一样的观点。笔者认为，我国《信托法》第 10 条目前不会造成信托的无效。关于信托登记生效的问题，在目前的法律环境下，在实务上可以理解为物权登记的概念，并非指信托登记。所以，只有房产、股权、机动车、飞行器、船舶等物权法上需要登记的财产，在设立信托时，必须登记至受托人的名下，才发生物权变动的效力，物权真正变动到了受托人名下，信托方才生效。所以，并非信托登记生效，而是信托财产登记生效才会引起物权变动。因此，即使是股权和不动产，从目前的法律环境来说，只要办理了权属登记就不会因为登记问题而无效。

即使按照目前信托界的通说观点，需要进行除物权变动登记以外的“信托登记”，如果没有登记，信托不产生效力。从《信托法》第 10 条原文逻辑说，法律行政法规没有规定需要办理信托登记的财产，是不需要进行“信托登记”的。目前，我国还没有任何一部法律和行政法规对哪些财产需要进行信托登记进行规定。因此，在实务中，按照《信托法》第 10 条的规定，不存在“信托登记”的问题，更不可能有某些信托财产因为未登记而导致信托无效的问题了。即使将来出台了法律，补办登记手续即可，有何效力问题存在呢?

同时，如果股权、不动产等不进行信托登记可能无效，那么资金信托不进行信托登记也会无效。目前，信托界普遍认为，资金信托只需要交付就发生效力，因此不存在登记生效的问题。但是，资金只需要交付就可以发生效力这是一个物权概念，是动产只需要交付就发生物权变动的效果。在信托登记上，根本不存在资金不需要登记只需要交付的概念，这是混淆了物权登记和信托登记。因此，如果信托登记的缺失可能导致股权、不动产信托的无效，就会同时造成其他所有的信托无效。

目前，我国信托产品登记均在中国信托登记有限责任公司进行集中统一登记。它是经国务院同意、由原中国银监会批准设立并由其实施监督管理，现由中国银保监会直接监督管理、提供信托业基础服务的会管非银行金融机构。在中国境内，由金融机构担任受托人的家族信托，均需在该机构进行登记，包括：预登记、初始登记及变更登记等，具备较为成熟的信托登记体系。当然，“信托登记”虽然是大陆法系信托的原创，但是作为信托关系的公示手段对家族信托的发展还是非常重要的。公示的核心意义主要是将信托财产和受托人固有财产区别开来，是一个对抗第三人的概念。譬如，在我国台湾地区、日本、韩国等司法管辖区，“信托登记"主要是对抗要件。① 但是,仅靠信托登记来区别受托人固有财产与信托财产,这样的公示手段是远远不够的,在信托关系越来越透明化的今天,在财产权属登记,如物权登记、股权登记、银行账户开立等方面,体现信托财产和受托人固有财产的区分,是更为便捷之公示手段。

2. 缺乏针对设立信托的相关税收制度造成税收成本障碍

股权放入信托时的税费成本问题是一个很大的现实障碍,因为目前我国缺乏针对设立信托的相关税收制度,如果简单地将股权通过买卖交易的方式放入信托,牵涉到交易过户的税费问题,尤其是个人所得税/公司所得税等,是令很多想设立股权信托的企业家望而却步的核心原因。当然,目前各个信托公司在这个问题上做了很多有益的尝试,再加上业界也在不遗余力地推进信托配套的税收法律制度的出台,相信不久的将来这将不再是障碍。

3. 股权信托中股权控制权问题处理造成的困难

股权放入信托后的控制权处理问题,也是企业家们最关心的问题。笔者认为,这个问题大陆法系的信托比英美法系下的信托有优势。因为控制权问题有很多持股架构可以解决。最简单的譬如有限合伙架构,家族作为 GP 取得股权的控制权,信托作为 LP 持有股权资产,取得收益的权利。在英美法系下,"受托人中心主义"使得家族对信托财产保持过大的控制权可能影响信托财产的独立性,如 BVI 刚推出 VISTA 信托时,就被一些英美的资深信托专家诟病。但是,我国《信托法》下信托财产的独立性是法律直接规定的,只要家族没有设计通过控制权获取信托财产的通道,家族对企业保留控制权并不会对信托财产的独立性产生影响。

4. 家族信托持有上市公司股权的困难

信托持有上市公司股权也存在一些现实困难。如超过 5% 的披露问题、超过 30% 触发"要约收购"的问题等。这些问题有待证券市场监管制度的进一步完善解决。

5. 家族信托持有股权对公司 IPO 的影响

信托持有非上市公司股权目前来说对公司将来的 IPO 也会造成一定的现实影响。可喜的是,目前科创板对信托持有股权的公司比较友好,并且已经有上市

① 我国台湾地区"信托法"第 4 条 以应登记或注册之财产为信托者,非经信托登记,不得对抗第三人。日本《信托法》第 14 条 信托财产的权利取得、丧失或变更须经登记后可对抗第三人。韩国《信托法》第 3 条 应登记或注册之财产权为信托者,非经信托登记,不得对抗第三人。

成功的案例。我们相信随着制度的完善和发展,主板也将不是问题。

综上所述,因为还有这么多现实困难的存在,在短时间内,境内家族信托持有股权的方案可以尝试,但不会是解决婚内股权混同风险的主流方案。

二、婚内股权混同风险的婚姻财产协议解决方案

相对来说,婚姻财产协议是解决婚内股权混同风险相对比较成熟、操作简单、成本低廉的解决方案。资本市场是中国企业家使用婚姻财产协议解决问题的重要推手。经过 2008 年刘某东婚前财产协议案例与 2010 年某豆网上市因股东离婚纠纷受阻案例的教育,让很多民营企业家和“二代”们意识到了在结婚前签订婚姻财产协议的重要性。

从理论上讲,通过婚姻财产协议解决股权混同问题是比较简单的。只需要男女双方在平等自愿的前提下,通过书面形式,明确约定公司股权以及通过股权而取得的所有收益、增值等都属于股权持有方的个人财产。则依据《民法典》第 1065 条的规定,股权资产及其增值部分就将确定属于一方的个人财产,如此就解决了婚内股权混同的问题。

用婚姻财产协议解决股权混同问题的六大要点

虽然理论上用婚姻财产协议解决股权混同问题相对比较简单,但是,从社会实践的角度上讲,婚姻财产协议的签订并不那么简单,有很多值得注意的要点。

1. 不是每一个企业家家庭都适合用婚姻财产协议

婚姻财产协议和我国传统文化观念是不一致的,因此,并不是每一个家庭都可以接受婚姻财产协议的方式,尤其是在一些思想比较传统的地区。财富管理要追求的目标是和谐与幸福,如果婚姻财产协议导致婚姻不幸福,家庭不和谐,那将会得不偿失。所以,高净值人士一定要根据自己家庭的实际情况来决定是否采用这种规划方式。

2. 婚姻财产协议最好提前规划,在婚前签订

在《民法典》中,关于财产协议的部分修改了两个关键字,即把原来的“夫妻”二字改成了“男女”。如此,使得婚前财产协议有了明确的法律依据。因为与结婚以后再讨论和签订财产协议相比,结婚前讨论商定财产协议的难度要低得多。虽然在现实中也有一些双方在结婚后成功签订了财产协议的案例,但操作难度,尤其是做通弱势一方的思想工作的难度是非常大的。

3. 签订协议前的双方背景调查非常重要①

一份合格的婚前财产协议是建立在充分尽职调查的基础上的，因为高净值人士往往对自己的财产情况并非完全掌握，尤其是对财产的法律特性就更加不了解了。没有深入的尽职调查，协议出现问题的可能性是很大的。尽职调查的范围包括协议双方的背景调查，这个背景要延伸到两个家庭的历史、背景以及家庭中关键人物的态度等，非常重要。同时，尽职调查需要包括双方财产情况的调查，包含财产的性质，目前的持有结构，将来可能产生的变化，等等。

4. 适当划定个人财产范围，照顾对方感受，促进婚姻和谐幸福

婚姻是因为两个人具有深厚的感情而缔结的，期待的是永结同心、白头偕老。并且，完整的婚姻还将会由孩子来完成对夫妻二人血脉的连接。因此，婚姻并非一种纯粹的契约，它更多的是情感的、生命的神圣地结合。但是，因为人性的弱点以及社会的进步，现代婚姻并不稳定。并且，财产利益会对婚姻提出极大的考验，进一步增加婚姻的不稳定性，暴露人性的弱点。

婚前财产协议是为婚姻的不稳定进行必要的风险管控，也是一定程度上减少财产利益对婚姻的考验，不得已而为之的举措。因此，婚前财产协议不是守财奴的保护伞，需要注意度的把握。作为风险管控手段，没有必要覆盖所有的财产范围，只需要覆盖最核心的、不可以损失的财产即可，如股权、极为重要的不动产等。其他财产可以不做约定，以体现婚姻非契约的、情感纽带的属性，在一定程度上照顾对方的感受，促进婚姻的幸福、和谐。

5. 规避对方的共同债务风险，给对方安全感，以免对将来企业融资造成困难

在以保护股权资产为核心的婚姻财产协议中，不持有股权的一方其实是非常被动的。因为依据财产协议的约定，企业经营成功，增值获利与其在法律上并没有太大关系。但是，在现实中，如果企业需要融资，债权人或投资方要求企业家对融资或债务承担回购或者连带责任时，一般都会要求其配偶也必须签字承担连带责任。虽然二人签订了财产协议，但为了企业经营的大计，不持有股权的一方不得已必须要配合。如此，一旦企业经营失败陷入债务危机，不持有股权的一方将需要对债务承担连带责任。

而不持有股权的一方，既没有财富的积累，也难有创富的本事，对这从天而降的巨额债务根本不可能有偿还能力，其风险程度可想而知，这是极为不公平的。

---

① 参见贾明军、吴卫义主编：《上市公司股权分割与传承》，法律出版社2016年版，第483页。

同时,在"共债共签"的时代,企业融资时,配偶的签字很多时候是必要条件,如果配偶因为害怕承担债务风险而拒绝签字,会对企业融资造成障碍。

因此,在签订财产协议时,为对方提前考虑好应对共同债务危机的办法是有必要的。一则可以让对方在融资时放心地签字。二则对方在婚姻内有安全感,可以促进婚姻生活的和谐与幸福,对将来子女的健康成长也意义重大。

6. 必须给对方以补偿,避免出现"不平等条约",导致协议无效①

虽然我国《民法典》关于婚姻财产协议并未规定当排除弱势方取得共同财产的权利时,是否应当予以补偿。但是,高净值人群很多是有国际背景的,他们婚姻缔结可能在国内,但离婚时却不一定在国内,婚姻财产也不一定在国内。因此,他们的婚姻财产协议不仅要考虑国内的法律,也要适度考虑境外法律的影响。在欧美很多国家,婚姻财产协议中的约定如果明显对一方不公平,财产协议是无效的。尤其是中国民营企业家庭的财产协议,一边排除另一方对企业的收益权,一边另一方现实中还会通过夫妻共同债务,连带担保责任等间接承担经营风险。这样的协议在欧美的一些法院极有可能被判无效。

因此,在排除另一方对企业股权的权利时,合理的补偿是非常重要的。

这种情况下的补偿和一般的补偿不同,不仅要考虑补偿问题,还需要考虑资产保全,隔离夫妻共同债务的问题。因为配偶一方将来因为夫妻共同债务问题而可能牵涉的债务规模是无法估算的。因此,即使给配偶一方补偿了财产,当其卷入债务危机中时,这些财产都将成为其夫妻共同债务的责任财产,很难得到保全。

保证补偿配偶的财产可以免受将来夫妻共同债务威胁的方法有以下几种:第一种方案是通过补偿配偶父母的方式,当配偶是独生子女家庭,父母子女关系融洽时,父母持有资产,一边可以免受子女债务的威胁,一边还可以照顾子女,是可行方案之一。当然,毕竟财产在父母名下,当父母遇到一些风险或问题时,风险也是不小的。第二种方案是通过人寿保险合理的架构设计进行补偿和保全,进一步增强其安全性和可控度。第三种方案就是通过信托进行补偿和保全,利用信托财产的独立性,给予配偶方更加安全可靠的保障,增加其安全感,保证婚姻的稳定、和谐、幸福。

---

① 参见贾明军、吴卫义主编:《上市公司股权分割与传承》,法律出版社 2016 年版,第 480、485 页。

三、婚姻财产协议的人寿保险补偿方案

在需要签订婚姻财产协议预防股权混同风险的案例中，都有一个特点，就是配偶方一般年龄都不会太大。对于企业家自身再婚的情况，大部分结婚对象是年纪相对较轻的，如果是“二代”或者“三代”结婚，配偶方当然年纪也很年轻。配偶方父母的年龄因而一般也相对不是太大，比较适合当保单的投保人。因此，婚姻财产协议的人寿保险补偿方案用配偶方的父母作为投保人进行保单规划是具备可行性的。

具体来说，可以以配偶方父母为投保人，配偶被保险人，配置年金、医疗、养老等保单。分别保障配偶的日常生活、医疗品质、将来的养老品质等。双方的子女出生以后，还可以为子女做好教育金的安排。如此安排有以下几个优势：

优势一：配偶方父母作为投保人，即使将来配偶方陷入债务危机，保单依然不会受到债务的威胁。

优势二：配偶的生活、医疗、养老及孩子的教育成长等都有可靠的保障，并且不受债务威胁，配偶在婚内充满安全感，有利于婚姻的稳定、和谐与幸福。

优势三：婚姻财产协议对配偶方有相应的补偿，即使面临境外法院的裁判时，依然可以保持其效力。

优势四：相对直接补偿房产、资金等，房产、资金等由父母持有时其控制力是比较弱的，风险也相对较大。而通过保单规划，作为被保险人的配偶方对保单还具备一定的控制力，父母持有保单的风险相对较小。

优势五：人寿保险具有本金安全、锁定收益和风险对冲的特点，在提供生活费用、医疗费用、养老现金流、教育现金流方面，具有更确定、更稳定的特点，可以更好地保障配偶及子女的生活、医疗、教育等。

优势六：将来共同的子女成年以后，还可以通过变更投保人给子女的方式，保持保单资产保全的功能的同时可以起到财富传承规划的功能。

四、婚姻财产协议的信托补偿方案

签订婚姻财产协议预防婚内股权混同风险时，用家族信托设计对配偶方进行补偿的方案也是上佳选择。以企业家自己、企业家配偶或者配偶的父母作为委托人，设立不可撤销信托，信托受益人为企业家配偶，或“二代”“三代”的配偶，以信托受益权作为对其签订婚姻财产协议的补偿。设计信托架构时有以下几个值得

注意的关键点。

（一）婚姻财产协议补偿信托方案的五大设计要点

第一，委托人的设计有讲究，因为国内的家族信托，委托人一般保留了比较大的权力，如果从可行性方面考虑，企业家自己作为委托人可能会比较顺畅。但是，毕竟这是对配偶的财产补偿，配偶在这种情况下也有很大的主动权，如果考虑配偶的安全感，先将财产赠与给配偶，再由配偶或者配偶的父母作为委托人可能更加合适。

第二，如果以企业家自己为委托人，要在信托合约中对委托人变更受益人，变更受益规则或者其他间接获得信托财产，侵害配偶受益权的权力予以限制。以免信托被境外法院认定为虚假信托，从而导致财产协议显失公平，最终被判定为无效。

第三，如果信托以配偶父母作为委托人，最好对委托人的权力进行最大限度地限制，让委托人在信托设立后就失去对信托的控制，最大程度预防风险。

第四，信托财产以金融资产为主，还可以结合人寿保险，重点以创造现金流，如果不考虑成本问题，还可以将主要住房放入信托，保障配偶及将来子女的品质生活、教育、医疗、养老等，提升配偶的安全感，促进婚姻的和谐与幸福。

第五，还可以将配偶的父母也指定为信托的受益人。首先，父母作为信托受益人可以帮助配偶尽到自己的赡养义务，保障好父母的医疗、养老等问题；其次，如果配偶卷入共同债务纠纷中，信托停止向配偶分配受益金时，配偶的父母可以依托于信托继续照顾好配偶的生活、医疗等。

（二）家族信托作为补偿方案的六大典型优势

用家族信托作为补偿方案有以下几个方面的优势。

优势一：补偿信托设立资金信托即可，相比股权信托设立难度低，在目前的法律环境下切实可行。

优势二：信托设立后，信托财产独立于委托人，也独立于受益人。因此，当债务危机爆发时，信托财产不会受到债务的威胁。

优势三：信托还可以约定信托受益权不能清偿受益人的债务，不仅信托财产不会直接受到债务威胁，连信托受益权都可以得到很好的保全。

优势四：信托分配的方式和规则可以进行个性化的设计，不仅可以合理安排受益人的生活、医疗、养老、教育、婚嫁等，还可以通过规则限制受益人的不良财务习惯，鼓励受益人的自我成长，促进婚姻的稳定、和谐、幸福。

优势五：信托还可以与人寿保险结合，合理利用人寿保险本金安全、可以长期锁定收益率、可以利用杠杆转移风险的特点，更完善地解决基础现金流保障的问题。

优势六：当企业家配偶因为夫妻共同债务风险而被停止信托受益金分配时，信托持有的住房不会受到债权人的影响，配偶的父母、成年子女作为信托的受益人可以依托信托继续照顾好配偶的生活、医疗、养老等。

PART 02

第二篇

传承篇

第六章

继承程序风险与方案设计策略

第一节 风险案例

一、案例导读

我国的遗产继承程序的发展至今还不完善，还存在很多问题。如果没有什么特殊情况，继承程序还是比较好完成的，但在遇到一些特殊情况的时候，遗产继承的程序就会非常麻烦，甚至有时候会“无解”，山东的杨女士就遇到了这样一个问题。

二、案例详情

2018 年 8 月，山东电视台播出了一期节目，在威海的杨女士去世 20 年的丈夫名下，有一套房产。杨女士想要过户到自己的名下，却被告知要准备 7 份材料，其中就包括 5 份死亡证明。但这些材料杨女士提供难度很大，继承陷入了僵局。[①]

原来，杨女士居住的房产产权证上的名字是丈夫戚某敏一个人，但丈夫 20 多年前就去世了，因为房子一直都是自己居住，办继承手续也比较麻烦，所以这么多年一直没有去办继承手续。现在杨女士年纪大了，想把房屋过户到自己名下，继承手续就不得不办了。

但办继承手续需要 5 份死亡证明，还需要戚某敏的 3 个兄弟的放弃继承证明和戚某敏一家的亲属关系证明，杨女士准备起来非常困难。5 份死亡证明分别是丈夫戚某敏的死亡证明、公公的死亡证明、婆婆的死亡证明、婆婆的父亲的死亡证明、婆婆的母亲的死亡证明。

丈夫已经死亡 20 年，死亡证明早就找不到了，好在除了死亡证明，杨女士还可以通过申请相关部门开具，或调取丈夫的档案证明或拍摄丈夫的墓碑，非利害关系人证明都可以达到证明丈夫已经死亡的目的。

但公公婆婆的死亡证明就难了，有读者可能会问，为什么还需要公公婆婆的死亡证明呢？这是因为，我国当时的《继承法》（已废止）第 10 条[②]规定，第一顺位

① 资料来源：齐鲁网：http://weihai.iqilu.com/whminsheng/2018/0826/4028262.shtml。

② 《继承法》（已废止）第 10 条的内容已经被现行有效的《民法典》第 1127 条吸收。

继承人有父母、配偶、子女。对于丈夫的房子,不仅杨女士是继承人,公公婆婆也是继承人,如果公公婆婆还在世,或者公公婆婆在丈夫之后死亡,他们是有继承权的,因此需要他们的死亡证明。但公公婆婆生活在东北,杨女士和丈夫生活在威海,而且公公死了几十年了,婆婆也死了10多年,杨女士开证明的难度就可想而知了。好在杨女士丈夫的兄弟姐妹人比较好,为了这个事情,戚某敏的五弟还特意来威海配合办手续。见图6-1。

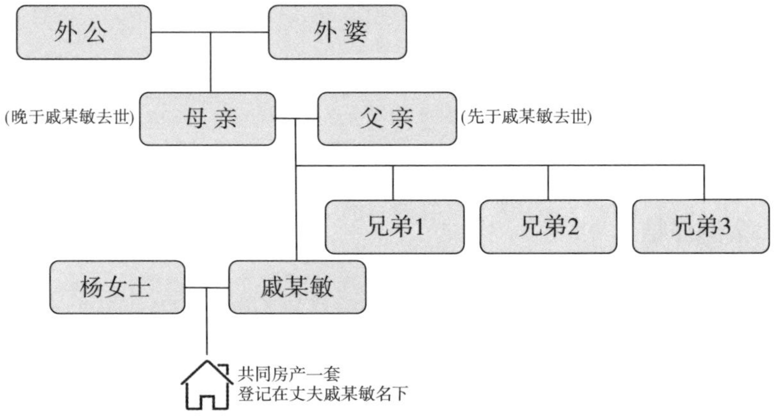

图6-1 继承程序风险

据戚某敏五弟反馈,戚某敏父母的死亡证明他可以回去想办法开出来,但戚某敏外公外婆的死亡证明他实在是没有办法。因为外公外婆去世的年头太长了,他们兄妹连外公外婆是哪个村的,坟在哪里都不知道。到这里,读者又要纳闷了,要戚某敏父母的死亡证明可以理解,但要戚某敏外公外婆的死亡证明是何道理?原来,戚某敏的母亲是10多年前去世的,所以她是这套房子的继承人之一,母亲去世以后,她的遗产继承人理论上有戚某敏的外公、外婆,所以需要二老的死亡证明。但两位老人去世时间久远,加上人口流动,要取得二老什么时候死亡的证据确实太难了。

除了上述5份死亡证明外,还需要戚某敏三个兄弟的放弃继承声明,因为戚某敏的母亲去世在戚某敏之后,因此母亲有权继承杨女士居住的这套房子,而母亲去世以后,戚某敏的三个兄弟又可以转继承这套房子的份额。所以需要他们三个人去老家的公证处,做一个放弃继承份额的公证。好在老家三兄弟都通情达理,表示愿意配合,但需要杨女士去东北协调,也是非常麻烦。

如果这些证明最后准备不齐全,则杨女士就剩下最后一条路,去法院起诉。

以自己的两个女儿和老家戚某敏的三兄弟为被告,由法庭进行调查取证,并最后作出判决。如果两个女儿和三兄弟都愿意放弃继承,杨女士就可以拿着判决书将房子过户到自己名下。如果有人不愿意放弃继承,杨女士就还需要作出相应的补偿才能将自己住的房子过户到自己名下。这样,又不知道要花多少钱,耗费多少时间和精力。

三、案例解析

像杨女士这样的案子,在现实生活中不在少数,都是亲人去世以后,因为手续麻烦,所以一直没有办理继承手续,多年以后再要寻找这些证明文件可谓难上加难。

不仅仅是上面案例所提及的困难,在遗产继承程序中,还有很多值得注意的地方。我国的遗产继承程序复杂一定程度上是因为法律的一些特殊规定,譬如父母作为第一顺位继承人,这就导致了需要提供父母,甚至祖父母、外祖父母的死亡证明。同时,我国关于遗产继承的法律程序不完善也是导致继承程序困难的原因之一。这一点虽然在《民法典》颁布以后有了一些改善,譬如,《民法典》规定了遗嘱信托制度,还规定了遗产管理人制度,但距离完善还有较大的改善空间。这些都仅仅是原因之一,而最主要的原因是遗产继承程序在全球范围之内都是非常复杂的,尤其是对于高净值人士来说。在欧美遗产继承程序法律制度完善的国家,相对于高净值人士,其继承程序甚至比我国现有的继承程序还要复杂,为此他们甚至专门发明了一个词叫"遗嘱替代"。

第二节　风险解析与法律依据

一、我国目前的继承程序概况

在我国现行环境下,继承遗产的程序可以粗略地分为两种:通过公证处办理的无争议非讼继承程序和通过法院诉讼继承程序。

或许有读者要提出疑问,现在公证已经不是不动产继承转移登记的前置程序了,这里笔者解释一下。在以往,房产继承需要先经过公证备受诟病,一个原因是公证程序中需要提供各种证明,很多证明难以取得,所以老百姓就指责公证处故意刁难。另一个原因是公证费用,因为遗产公证的收费标准一般为遗产价值的2%,现在房产价值很高,公证费就备受诟病。2016年《不动产登记暂行条例实施细则》颁布后,公证程序不再是办理不动产登记的必要条件。所以很多人认为不需要经过公证程序就可以直接办理继承遗产了。但从2016年至今,不经过公证成功办理房产继承的案例屈指可数,而且,即使办理成功的,花费的时间、精力和费用可能都超过公证程序。为什么会这样呢?这是因为公证程序在继承中具有重要的意义。公证程序的作用是通过公证处这个依法独立行使公证职能的证明机构,依职权确认继承事件中牵涉的各种必要要素的真实性、合法性,然后不动产登记部门才能依据这些经过证明机构确认的继承事实将财产登记到相应继承人的名下,如果不通过公证程序直接去不动产登记部门办理手续,则不动产登记部门也同样需要先确认继承牵涉的各种必要要素的真实性,其实这个过程不可能省略,但因为不动产登记部门对这个工作并不熟悉,缺乏确认真实性所需要的专业和经验,更欠缺对于继承事件各要素确认的司法权,所以相对走公证程序,花费的时间和精力必然更长,所花费之费用也不一定比公证费低,尤其是各地的房屋继承公证收费大幅下降(比如,在上海,法定继承公证是按所继承房屋的遗产面积为基数,以每平方米80元计算),从费用上已经不存在之前的诟病。除了不动产登记外,金融资产的继承,金融机构依然还是要求有公证处的公证书或法院的判决书的。因此,不通过公证程序和诉讼程序的继承情况,本书中不再探讨。

二、我国的公证继承程序介绍

我们先分析通过公证程序的继承。这个程序的核心工作是办理继承公证,继承权公证的办理需要经历以下几个阶段。

(一)资料准备阶段

要办理继承公证,申请人通常需要提供以下资料。

表6-1

序号	资料名称	备　注
1	公证申请人身份证件	
2	被继承人的死亡证明	没有提供线索
3	亲属关系证明	
4	被继承人的婚姻状况证明	

续表

序号	资料名称	备　注
5	所有继承人的身份证件	后序顺位的继承人无须提供
6	死者的财产凭证	没有凭证提供证据或线索
7	死者立有遗嘱的提供遗嘱	
8	已故继承人的死亡证明	继承人没有死亡的不需要提供

以上的资料在大多数情况下取得还是比较方便的，但如果出现一些特殊情况，就像前文中提到的杨女士，有一些资料准备可能会遇到一些难题。

1. 死者死亡证明提供中可能存在的难题

死者的死亡证明在一般情况下是很容易提供的。但是，如果死者去世时间已经比较长，死亡证明丢失，申请人自己准备资料就比较困难了。但只要提供相应线索，公证处可以帮助申请人调取相关的证据资料，一般解决也不会有问题。

2. 亲属关系证明提供中可能存在的难题

亲属关系证明的主要意义是两个方面：一是证明继承人与被继承人的亲属关系，二是证明被继承人有哪些继承人，以防止继承人之遗漏；根据《民法典》第1127条的规定，①第一顺位继承人为配偶、子女、父母，第二顺位继承人为兄弟姐妹、祖父母外祖父母。在有前一顺位继承人的情况下，后一顺位的继承人的亲属关系证明无须准备。在现实生活中，因为继承人之间跨越三代，年龄跨度大，又广泛存在父母与子女不在同一户口本上的情况，还有的被继承人有多段婚姻有多个子女，但前段婚姻子女多年不来往，甚至失散，再加上人口的迁移，很多档案丢失等，亲属关系证明经常会成为资料搜集工作的一个难点，在这方面如果提供有困难，还可以通过证人证言解决。

还有，由于父母为第一顺位继承人的关系，死者去世时，父母如果健在，父母

---

① 《民法典》第1127条　遗产按照下列顺序继承：

（一）第一顺序：配偶、子女、父母；

（二）第二顺序：兄弟姐妹、祖父母、外祖父母。

继承开始后，由第一顺序继承人继承，第二顺序继承人不继承；没有第一顺序继承人继承的，由第二顺序继承人继承。

本编所称子女，包括婚生子女、非婚生子女、养子女和有扶养关系的继子女。

本编所称父母，包括生父母、养父母和有扶养关系的继父母。

本编所称兄弟姐妹，包括同父母的兄弟姐妹、同父异母或者同母异父的兄弟姐妹、养兄弟姐妹、有扶养关系的继兄弟姐妹。

去世以后，兄弟姐妹因转继承而变成继承人，可能的继承人的范围就被大幅扩大。导致继承人的叔叔、姑姑、舅舅、阿姨，甚至表兄弟姐妹、堂兄弟姐妹都可能成为遗产的继承人，使得亲属关系证明的提供变得更加复杂。

3. 被继承人婚姻关系证明及所有继承人的身份证件提供中可能存在的难题

被继承人的婚姻关系证明一般也是比较好提供的。但是，如果被继承人去世时间比较久远，或者婚姻比较复杂，有时候也会出现自己调取困难的情况。这种情况下也需要提供线索后，求助公证处进行调取、调查等来解决。

对于要求的所有继承人的身份证件，如果出现部分继承人失联的情况或者部分继承人拒绝配合，就有可能准备困难。请注意，并不是所有法定继承人的身份证件都需要提供，而是只需要提供有继承资格的顺位的继承人的身份证件即可。譬如当申请人为第一顺位继承人，就只需要提供所有第一顺位继承人的身份证件。

4. 死者财产证明提供中可能存在的难题及“独生子女继承难的误区”

死者的财产证明的提供一般都会遇到问题，尤其是有的死者死亡比较突然，继承人对其财产的分布情况不了解，就更加典型了。此时，继承人可以请求公证处帮助调查死者的财产情况。

死者的财产证明资料的调取，有一个比较大的误区。这就是前几年网络上比较流行的一个说法——“独生子女继承难”，报道出来的全国各地的案例也层出不穷，其主要意思是独生子女的父母去世以后，因为对父母的遗产情况不清楚，去金融机构、财产登记机关查询，相关机构要求出具继承权公证书才给查询，但去办理继承权公证，又因为资料不足而无法办理。求助法院调查则必须起诉，但独生子女，没有其他继承人，导致没有被告又无法起诉，法院除了诉讼程序以外，根本没有继承相关的非讼程序，所以就陷入了困境。

不得不说独生子女继承难确实是现实存在的情况，但并非无法解决，笔者就这个问题向上海普陀公证处的李辰阳先生请教，据李辰阳先生介绍：“首先，绝大部分独生子女继承财产是很顺利的，并不存在普遍的独生子女继承难的问题。其次，少量的独生子女继承难的案例，究其原因，是某些地方的公证处的个别公证员服务不好，没有主动为当事人服务，仍然是过往的以证换证，让当事人开具证明，目前绝大部分公证处实行绿色继承，公证处跑资料，你提供线索就行了。到公证处办理继承业务，要和看病一样，多换几个公证员或公证处，学会比较。”

5. 已故继承人的死亡证明提供中可能存在的难题

如继承人中有人死亡的，需要提供已故继承人的死亡证明和注销户口证明。

这一项资料出现困难的也比较多。因为我国《民法典》比较独特地规定了父母为第一顺位继承人，死者年龄如果比较大或者死者多年前去世，继承手续拖延的，父母去世的年头可能就更长了。而且，如果死者去世时，父母有健在的，后来父母再去世，死者的爷爷奶奶，外公外婆的死亡证明都可能要提供，但这些老人可能几十年前，甚至中华人民共和国成立前就去世了，连坟墓都找不到，更别说生前的单位、档案等了。就好像杨女士的案子一样，居然需要提供丈夫的外公、外婆的死亡证明，难度可想而知。但不提供也不行，而且仅证明老人已去世是不够的，还必须确定老人的死亡时间，因为如果老人去世时间在儿女之后，他合法的继承权必须予以保证，所以死亡证明一是证明其已经死亡，二是必须确定去世的时间，以判断其是否有继承权，二者缺一不可。这不是公证机关在故意刁难群众，而是法律要求的必要程序。

（二）公证员对遗产情况及继承人情况核实的阶段

在各种资料准备齐全以后，就要进入下一个阶段，由公证员对遗产的情况、继承人的情况进行核实主要有以下项目。①

1. 对遗产情况进行核实

对遗产情况核实的内容包括：个人合法财产及财产权利的种类、数量，是否与他人共有或者是夫妻共同财产，是否有典当、抵押、出质或其他权利受限制情况，现存放何处，由何人保管。

2. 核实遗嘱、遗赠抚养协议情况

公证机构必须向所有法定继承人进行核实，确认被继承人生前是否立有遗嘱或与他人订立遗赠扶养协议。有遗嘱的，按照遗嘱继承或者遗赠办理；有遗赠扶养协议的，按照协议办理。有遗嘱、遗赠扶养协议的必须审查其真实性、合法性，并应注意遗嘱、遗赠扶养协议是否包括被继承人全部的遗产。

3. 法定继承人的核实

法定继承人的核实，首先核实被继承人第一顺序继承人，注明其身份，没有第一顺序继承人的应予以说明，其次再核实第二顺序继承人的身份。特别应注意《民法典》第 1127 条、第 1129 条②有关子女、父母、兄弟姐妹、丧偶儿媳、女婿的规

① 参见《继承权公证书样》，载 http://www.doczj.com/doc/58d741b3f5335a8103d220c8-2.html。

② 《民法典》第 1129 条　丧偶儿媳对公婆，丧偶女婿对岳父母，尽了主要赡养义务的，作为第一顺序继承人。

定以及《民法典》第1128条[①]规定的代位继承人。所有符合《民法典》规定条件的法定继承人均予以列入。

4. 继承人有死亡的，核定死亡时间及先后顺序

继承人有死亡的，公证员还需要查明继承人与被继承人死亡的先后时间，核实代位继承的代位继承人、其他继承人是否符合条件。

5. 继承人丧失继承权情况的核实

公证员还需要查明继承人丧失继承权的情况，如果没有丧失继承权的情况要如实记录，如有丧失继承权情况的，公证员需要依法进行相应的处理。

6. 核实继承人放弃继承权的情况

继承人放弃继承权的，公证员应进行询问。继承人确定放弃继承权的，证词中应具体写明继承人放弃继承的遗产的范围。

（三）遗产分配方案商议阶段

公证员对需要核实的事项进行核实后，就要主持商议遗产的分配方案，遗产的分配，如果有遗嘱的按照遗嘱进行分配，没有遗嘱的由所有继承人商议具体分配方案，需要注意考虑法定继承人是否有丧失劳动能力又没有生活来源的情况。

即使有遗嘱，但如果遗嘱没有经过公证，无法进行笔迹鉴定或者存在多份遗嘱，是不是最后一份遗嘱的真实性存疑，加上法定继承人无法就真实性达成一致，在这种情况下，公证机关就无法依职权确认遗嘱效力了，必须通过诉讼经法院判决才能确定遗产受益人。但如果是经过公证的遗嘱，即使有利害关系人提出异议，但不能举证异议成立的证据，则公证处有权依职权确认遗嘱效力，这个是大陆法系国家通行的做法，即公证机构在继承事件中行使非讼裁量权。

当然，在没有遗嘱的情况下，如果所有继承人能够达成一致，公证处更可依法出具继承权公证文件，继承人凭此公证书去各相关主管部门或机构办理财产的继承手续。如果不能达成一致，可能就要通过诉讼的程序进行继承。

三、诉讼继承程序介绍及弊端

如果继承公证程序继承人无法达成一致，或者部分继承人不配合或其他客观

---

① 《民法典》第1128条　被继承人的子女先于被继承人死亡的，由被继承人的子女的直系晚辈血亲代位继承。

被继承人的兄弟姐妹先于被继承人死亡的，由被继承人的兄弟姐妹的子女代位继承。

代位继承人一般只能继承被代位继承人有权继承的遗产份额。

原因导致继承公证无法完成，又或者部分继承人找不到或在国外通知困难的，继承人可以使用继承诉讼程序来完成遗产的继承，继承诉讼可以解决诸多公证继承不能解决的问题。虽然如此，诉讼继承依然还是有很多弊端，因此能不采用还是尽量不要采用。

(一)诉讼继承程序一般耗时比较长

诉讼继承耗时长，简单的继承可以适用简易程序，一般 3 个月审结，复杂一些的适用普通程序，审限为 6 个月。虽然审限确实是 3 个月或 6 个月，但因为一些特殊情况，延长也是极有可能的。一审判决后，如果原被告不服判决，还可以上诉，继承诉讼两审终审。但也不是审判结束继承就结束了，还牵涉执行程序。因此，很多继承诉讼耗时几年也是正常现象，往往最后双方当事人都筋疲力尽了。

(二)诉讼继承程序诉讼费用支出可能比较高

诉讼可能产生大量的费用支出。继承案件属于财产争议的案件，诉讼费用依据《诉讼费用交纳办法》第 13 条的规定，从 0.5% ~2.5% 不等，确实不算高。但诉讼继承的费用不仅仅是诉讼费，如果需要执行，还牵涉执行费；如果需要财产保全，还需要保全费用。这都还是法院需要收取的费用。诉讼一般还要请律师，律师费根据争议财产的价值与律师水平的高低，几千元、上万元、几十万元甚至数百万元都有。而且原被告各方都需要请律师，这又是一笔不小的支出。至于因诉讼产生的差旅、误工等损失，或者因为财产保全冻结产生的其他损失就不好计算了。因此，如果要通过诉讼程序继承，费用问题是需要考虑的。

(三)诉讼继承程序一般对亲情伤害比较大

家人对簿公堂，对亲情损害比较大。和西方人不同，中国人是不喜欢诉讼的，一旦上法庭，就说明原被告双方到了矛盾不可调和的地步。而在法庭上的你来我往，会进一步地伤害亲人之间的感情，亲人之间如果上过法庭，就算反目成仇了，可能出了法庭就老死不相往来。

综上所述，虽然诉讼继承确实能解决问题，但其耗时耗力、劳民伤财、伤害亲情，不到万不得已，不建议采用。

四、遗嘱无效的八种典型情形

在继承程序之外，还有一个问题值得特别关注，就是遗嘱的效力问题。为了使遗产能按照被继承人的意愿分配，定分止争，防止继承人争产，亲人反目。每一个人,尤其是高净值人士应当要提前做好传承的安排。而做好传承安排,遗嘱是非常重要的工具,被广泛采用。

但并不是立了遗嘱,继承就能顺利进行,被继承人的意愿就一定能得到实现,在现实生活中,被继承人立了遗嘱但最后全部无效或部分无效的情况普遍存在,2016年北京、上海、深圳、南京法院调研数据显示,超过60%的遗嘱被法院认定为无效或部分无效①,非常值得我们关注。

为何遗嘱如此容易无效呢?这是因为遗嘱是一份有严格要求的法律文件,而大部分立遗嘱人不具备专业的法律知识,再加上立遗嘱时与立遗嘱人死亡时,情势可能已经变更,就导致很多的遗嘱部分无效或全部无效。

(一)遗嘱不符合法定形式导致遗嘱无效

《民法典》第1134条规定了自书遗嘱,应由遗嘱人亲笔书写,签名,注明年、月、日。第1135条规定了代书遗嘱,应当有两个以上见证人在场见证,由其中一人代书,注明年、月、日,并由遗嘱人、代书人和其他见证人签名。第1136条规定了打印遗嘱,应当有两个以上见证人在场见证。遗嘱人和见证人应当在遗嘱每一页签名,注明年、月、日。口头遗嘱应当有两个以上见证人在场见证。第1137条规定了录音录像遗嘱,以录音录像形式立的遗嘱,应当有两个以上见证人在场见证。遗嘱人和见证人应当在录音录像中记录其姓名或者肖像,以及年、月、日。第1138条规定了口头遗嘱,遗嘱人在危急情况下,可以立口头遗嘱。口头遗嘱应当有两个以上见证人在场见证。危急情况消除后,遗嘱人能够以书面或者录音录像形式立遗嘱的,所立的口头遗嘱无效。第1139条规定了公证遗嘱,应由遗嘱人经公证机构办理。

由此可见,法律对于遗嘱的形式要求是比较严格的,不能任意而为。譬如他人书写自己签名的遗嘱,他人打印自己签名又没有合格见证人的遗嘱既不符合自书遗嘱的要求,也不符合代书遗嘱的要求,无效。自书遗嘱之所以要求遗嘱人亲笔书写,代书遗嘱、打印遗嘱等要求有两个以上没有利害关系的见证人,是为了保证遗嘱内容为遗嘱人之真实意思表示。而他人书写自己签名,他人打印自己签名,很难确认遗嘱人的真实意思表示,故无效。录音录像遗嘱欠缺见证人,口头遗嘱欠缺见证人,或非危急情况,或危急情况解除后未转化为其他遗嘱形式,都会无效。

---

① 资料来源:法制日报网:http://www.china.com.cn/legal/2016-09/19/content_39324359.htm。

(二)立遗嘱人欠缺行为能力导致遗嘱无效

《民法典》第1143条①条规定“无行为能力人或限制行为能力人所立遗嘱无效”。而立遗嘱人立遗嘱时是否具备完全民事行为能力,如果利益相关人有合理理由怀疑,证明起来是非常难的;如果无法证明,则遗嘱会全部无效。

(三)见证人不适格导致遗嘱无效

《民法典》第1140条②规定无行为能力人、限制行为能力人、继承人、受遗赠人、与继承人、受遗赠人有利害关系的人都不可以作为遗嘱的见证人。《最高人民法院关于适用〈中华人民共和国民法典〉继承编的解释(一)》(以下简称《民法典继承编的解释(一)》)第24条③规定:继承人、受遗赠人的债权人、债务人,共同经营的合伙人,也应当视为与继承人、受遗赠人有利害关系,不能作为遗嘱的见证人。老百姓立遗嘱总喜欢找身边的人做见证,如果见证人属于上述人员之一,则遗嘱无效。

(四)遗嘱意思表示不真实导致遗嘱无效

《民法典》第1143条规定,遗嘱必须表示遗嘱人的真实意思,受欺诈、胁迫所立的遗嘱无效。在司法实践中,遗嘱人是否受到胁迫、欺诈在立遗嘱人去世之后都会变得非常富有争议。一旦遗嘱被从一定角度证实存在意思表示不真实,就可能导致遗嘱无效。

(五)违背公序良俗,危害公共利益的遗嘱无效

遗嘱虽然是一种私权处分,但也不能违背公序良俗,危害公共利益,譬如,已婚人士将部分遗产留给自己的情人就属于违背公序良俗的行为,遗嘱的这个部分就可能无效。

(六)没有保留必留份导致遗嘱无效

《民法典》第1141条规定了“必留份”,即遗嘱应当为缺乏劳动能力又没有生

---

① 《民法典》第1143条 无民事行为能力人或者限制民事行为能力人所立的遗嘱无效。
遗嘱必须表示遗嘱人的真实意思,受欺诈、胁迫所立的遗嘱无效。
伪造的遗嘱无效。
遗嘱被篡改的,篡改的内容无效。

② 《民法典》第1140条 下列人员不能作为遗嘱见证人:
(一)无民事行为能力人、限制民事行为能力人以及其他不具有见证能力的人;
(二)继承人、受遗赠人;
(三)与继承人、受遗赠人有利害关系的人。

③ 《民法典继承编的解释(一)》第24条 继承人、受遗赠人的债权人、债务人,共同经营的合伙人,也应当视为与继承人、受遗赠人有利害关系,不能作为遗嘱的见证人。

活来源的继承人保留必要的遗产份额。换言之,没有给无劳动能力又没有生活来源的继承人保留必要份额,也会导致遗嘱部分无效。

(七)多份遗嘱内容冲突导致遗嘱无效

在现实生活中,经常会出现多份遗嘱,并且多份遗嘱中的部分内容甚至全部内容是相互抵触的。《民法典》第 1142 条规定,[①]立有数份遗嘱,内容相抵触的,以最后的遗嘱为准。立遗嘱后,遗嘱人实施与遗嘱内容相反的民事法律行为的,视为对遗嘱相关内容的撤回。立有数份遗嘱,内容相抵触的,以最后的遗嘱为准。

请注意,《民法典》删除了公证遗嘱的最高效力,也就是说,公证遗嘱与其他类型的遗嘱的优先级已经完全相同。一份合法的时间更晚的其他形式的遗嘱是完全可能撤销以前所立的公证遗嘱的。这个法律制度虽然进一步完善了我国的遗嘱制度,改善了公证遗嘱不容易修改的弊端,但也使得遗嘱继承的不确定性进一步增加了。

(八)内容不清、自相矛盾或无法实现等导致遗嘱无效

在现实中,立遗嘱人因为自己的文字能力、表达能力所限,可能导致书写的遗嘱表达含混不清,甚至内容自相矛盾,无法确定其真实意思表示的,也会导致遗嘱无效。

由此可见,遗嘱虽然不复杂,但要订立一份有效的遗嘱还是实属不易的,因此在财富传承规划中,尤其是重要的财产,有条件用其他更为可靠的传承工具实现传承的就不要用遗嘱。如果不得不用遗嘱,则聘请专业律师进行帮助和咨询是最起码的,订立公证遗嘱也是比较明智的选择。

第三节　典型高风险人群与风险发生场景

一、继承程序风险的典型高发人群

继承程序风险在高净值人群中是广泛存在的,继承程序之所以会带来风险,一方面是因为继承程序本身在财产结构复杂甚至牵涉跨境问题时会比较麻烦,另

---

① 《民法典》第 1142 条　遗嘱人可以撤回、变更自己所立的遗嘱。
立遗嘱后,遗嘱人实施与遗嘱内容相反的民事法律行为的,视为对遗嘱相关内容的撤回。
立有数份遗嘱,内容相抵触的,以最后的遗嘱为准。

一方面是因为复杂的程序会增加继承的争议性与不确定性，引发或者加深继承纠纷。因此，在高净值人群中，家庭财产结构过于复杂或者家庭成员关系过于复杂的，继承程序风险都相对更加集中。

（一）超高净值[①]民营企业家家庭

超高净值民营企业家家庭一般财产种类、结构等都会非常复杂，继承程序风险就会相对比较集中。这类家庭的主要特征如下：

特征一：财产规模比较大，家庭可投资资产在3000万元人民币以上。

特征二：家庭资产的财产种类繁多，结构复杂，分布范围广。一般经营有一个或多个企业，持有多种不动产、金融资产或其他另类投资等。财产分布相对较广，譬如不动产地域分布较广，如金融资产种类多，分布在多个金融机构，牵涉多种金融机构。分布持有结构比较复杂、持有人比较多，甚至可能有很多代持的资产。

超高净值民营企业家家庭的继承程序风险，一方面，来自遗产的查明，因为遗产种类过多、分布过广、持有结构复杂、持有人多甚至有很多代持，遗产查明相对难度较高。另一方面，因此遗产价值规模过大，一般可投资资产在3000万元人民币以上的，家庭总资产最保守也在亿元，在继承程序中容易引发继承纠纷。

（二）超高净值跨境、移民家庭

超高净值家庭如果存在因家庭成员移民而牵涉跨境传承，或者因家庭财产分布在全球而牵涉跨境继承，则继承程序风险也会比较集中。这类家庭的特征如下：

特征一：财产规模比较大，家庭可投资资产在3000万元人民币以上。

特征二：家庭成员中有移民或者家庭资产全球分布导致需要跨境继承。

超高净值跨境、移民家庭的继承程序风险主要源于跨境继承程序的复杂性。跨境继承程序的复杂程度主要取决于牵涉的国家和地区的多少以及牵涉国家的继承程序的复杂程度，还要考虑不同国家和地区之间继承程序的冲突。复杂程度远远高于单一国家继承程序的复杂程度。

---

① 注意：本书所说的“超高净值人群”和胡润富豪榜的超高净值人群标准不同。本书按照家庭可投资资产规模将高净值人群分为四个层级：

中产家庭，可投资资产在100万元人民币以上；

高净值家庭，可投资资产在600万元人民币以上；

超高净值家庭，可投资资产在3000万元人民币以上；

富豪家庭，可投资资产在3亿元人民币以上。

请注意，家庭可投资资产并非总资产，也并非家庭资产，而是家庭可投资的金融资产。

（三）家庭结构复杂的超高净值家族

家庭结构复杂的超高净值家族的继承程序风险也是比较大的，其主要的特征有：

特征一：一般都经营有较大规模的家族企业，有的还是家族成员共同创业。

特征二：财产规模比较大，家庭可投资资产在3000万元人民币以上。

特征三：家庭结构比较复杂，如父母还在，兄弟姐妹比较多。譬如，父母带领兄弟姐妹共同创业等。

（四）婚姻关系复杂的家庭

比家庭结构复杂风险更集中的是婚姻关系复杂的家庭。婚姻关系复杂家庭不仅牵涉继承人比较多，而且继承人之间一般都或多或少存在矛盾，所以，即使家庭资产不是很多，仅是中产或一般高净值家庭，继承程序也容易出问题。其特征如下：

特征一：有多段生育有子女的婚姻。

特征二：有亲生子女也有非婚生子女。

特征三：再婚家庭且前段婚姻有各自的子女。

一个家庭只要具备以上三个特征中的一个或者几个，就可以称为婚姻关系复杂的家庭了，婚姻复杂家庭的继承程序风险主要就集中在引发继承纠纷的问题上。

以上虽然列举了四类典型高风险客户类型，但实际上，上述四种类型重复率是极高的，很多家庭可能会兼具上述四种的几种甚至全部特征，由此可见高净值人群继承问题的复杂性。

二、继承程序风险的典型发生场景

前面我们分析过，四种客户类型重复性高，在很多情况下一个家庭可能兼具四种中的几种甚至全部四种类型的特征。所以在阐述典型发生场景时，把四种类型的典型发生场景放在一起阐述反而是比较符合现实情况的。在高净值家庭的继承程序中，很多会遇到以下的一些典型场景。

（一）遗产复杂庞大，遗产查明困难

在继承权公证程序的资料准备阶段有一项对高净值家庭来说比较困难的工作，就是遗产的查明。为什么超高净值家庭的遗产查明难度更高呢？对此，主要有以下几种原因：

1. 遗产过于庞大、种类过多、范围过大导致查明困难

与普通老百姓家庭相比，超高净值家庭的财产规模都是非常庞大的，这就势必导致财产的数量、种类也会异常庞大，分布范围也会非常广，以至于对超高净值人士来说，他自己对自己的财产范围都很难清晰，他们自己亲自进行一次财产的梳理都是一件非常繁杂的工作。笔者曾数次见证财产梳理工作，常见的情况是当事人的财产证明文件都是用大行李箱装的，有的甚至需要两三个行李箱才能装下。这还只是有财产证明文件且证明文件被妥善保存的部分，另有一些财产是没有法定证明文件的，可能只有一些财产清单之类的记载，如艺术品、古董、昂贵家具、黄金、钻石等。财产查明整理工作对财产拥有人本人都是比较繁杂的工作，何况是在他去世以后由继承人来完成这项工作呢？

如果被继承人留下了清晰的财产清单、财产证明文件，虽然整理工作确实繁杂但查明还是不困难的。但现实是绝大部分高净值人士没有财产清单，财产证明文件很多也没有集中存放，在这种情况下被继承人去世以后，对于继承人来说，寻找财产证明与财产线索就会变得极为困难，即使求助于公证处进行财产线索查明，难度也是比较高的。更何况一般还有大量不需要登记的不记名财产、没有被清晰记载的债权、没有取得所有权的不动产，等等。

2. 财产持有结构复杂及财产代持导致遗产查明困难

高净值家庭其财产持有结构也是比较复杂的，很多财产都不一定会由财产所有权人直接持有，财产由家族成员分工持有的情况很多，还有更多的财产甚至会由家族成员以外的人代持。而财产持有的分工情况，还有财产代持的情况都不一定有非常清晰的记载以及相应的证明文件，并且有很多是被继承人亲自安排或办理的，缺少知情者。所以当被继承人去世以后，很多就成了糊涂账，很难有人可以说得清楚，更多的甚至最后都不会被发现，直接归属了实际的持有人或代持人。

还有，被继承人的财产的夫妻财产划分也是比较复杂的问题，尤其是有很多企业家夫妻是再婚夫妻，这就导致夫妻共同财产情况非常之复杂，要进行清晰的查明是非常困难的。

3. 财产跨境分布导致遗产查明困难

很多超高净值家庭的财产分布是跨境的。当家庭财富规模到达一定的等级后，全球资产配置就会成为必然的需求。然而，在家庭资产进行了全球化配置后，继承程序中的遗产查明难度就更高了。

境外资产的特点是分布范围广、持有方式灵活，这就导致如果没有清晰的财产线索，查明几乎是不可能的。有时候甚至知道不动产的所在地，也不一定能拿到财产证明文件，完成遗产查明。譬如，不动产在美国，但持有该不动产的不是自然人，而是一个美国公司，而这个公司的持有者又是一个离岸公司，但是很多离岸公司公开登记的董事为隐秘性考虑根本不是实际持有人，如果继承人找不到持有该离岸公司的法律文件，就无法证明该财产归属于被继承人。更何况有一些离岸资产因为被继承人的突然去世，根本没来得及告知继承人财产线索与法律文件存放的所在。

（二）继承人范围过广、关系证明困难、召集不易

对于超高净值家庭来说，继承人范围过广、关系证明困难、召集不易是继承程序中面临的又一个难题。

1. 父母继承权导致继承人范围过广、关系证明难、召集不易

我国《民法典》规定的第一顺位继承人包含了父母，并且被继承人去世时父母还在世的情况是比较常见的，而且经常会有办理继承手续比较拖延的习惯，往往导致真正办理继承手续时父母又已经去世，这时候牵涉的继承人范围就非常广了。

首先，父母继承再转继承会牵扯到被继承人的兄弟姐妹。所以就需要证明已经找到被继承人所有的兄弟姐妹，如果父母居住地固定，婚姻不复杂这个证明还是不难的。但是，如果被继承人的父母一生中多次更换工作生活地，加上时间久远，证明起来就不容易了。有的父母还有多段婚姻，有的婚姻时间已经很久远，婚姻情况的证明就是一个难题。并且，有一些兄弟姐妹完全有可能已经失联，找到这些继承人非常困难。

其次，如果兄弟姐妹有已经去世的，又会通过代位继承牵涉兄弟姐妹的子女们。这时证明兄弟姐妹到底有几个子女又成为一个问题，笔者就曾见过继承人被要求证明其二舅没有私生子的情况，因为其二舅虽然只有一个孩子，但没有独生子女证，所以被要求证明其没有其他子女。

再次，如果牵扯的继承人亲属关系较远，继承份额很少并且从道义角度考虑只能选择放弃时，难免有一些继承人会没有积极性来配合办理继承手续，这也是现实中经常遇到的问题。

最后，因为被继承人的祖父母外祖父母也是被继承人父母的继承人，所以老人的死亡证明也是需要提供的。很多时候被继承人死亡时年纪就已经比较大了，其祖父母外祖父母去世的年代可能已经非常久远，后人对老人的去世时间、地点等都有可能不清楚，死亡证明就无从找起，有的甚至在中华人民共和国成立前就已经去世，连墓地在何方都无从知晓，其死亡证明的提供难度就可想而知了。

2. 婚姻关系复杂导致继承人范围过广、关系证明难、召集不易

被继承人如果婚姻关系复杂，也会导致继承人范围过广。依据《民法典》的规定，非婚生子女、形成了抚养关系的继子女以及形成了抚养关系的继父母都是法定继承人。

首先，在现实中被继承人的继子女、继父母很多时候并不和被继承人共同生活，并且形成扶养关系也没有明确的法定程序，这就导致当有继子女、继父母参与继承时，继承程序往往会比较复杂。还有一些家庭，继子女继父母已经失联，召集就更加困难了。

其次，被继承人如果有非婚生子女，继承程序也会更加复杂。很多时候问题会出在非婚生子女与被继承人的关系证明上，一般可能要经过诉讼才能解决问题。

3. 继承人移民导致继承人召集不易

在前面的两种情况中，如果有的继承人已经移民，长期生活在境外，有的甚至已经失联，召集起来就更加不容易了。如果境外的继承人继承份额比较少，或者从道义或风俗习惯角度出发他还应当放弃继承份额，大部分人不会主动配合回国参与继承程序，配合放弃继承。

（三）继承人各有想法，达成一致困难

在通过公证程序继承的继承程序中，最终继承人们是需要关于遗产分配达成一致的，但这在高净值家庭遗产继承程序中往往难度会更高。

首先，超高净值家庭牵涉遗产规模巨大，对于继承人来说，继承份额的多少关系到的利益是巨大的。因此，相对于普通老百姓家庭的继承，超高净值家庭继承人更不容易就遗产分配友好协商并达成一致。

其次，对于婚姻复杂家庭来说，被继承人的子女众多并且并非一母所生，继承人之间原本就存在或多或少的矛盾。所以，与普通老百姓家的继承相比，婚姻复杂家庭的继承人们可以就遗产分配友好协商并达成一致的可能性大大降低。

最后，如果因为父母继承再转继承的问题牵涉了过多的继承人，如牵涉了被继承人的兄弟姐妹或者兄弟姐妹的子女们。从道义或者风俗习惯上说，兄弟姐妹或者其子女们应该主动放弃相应的继承份额。但是，因为牵涉遗产规模巨大，这些继承人虽然可以继承的遗产份额比例不高，但遗产的绝对价值却可能很高，所以难免有一部分人不愿意放弃，这就会和被继承人的子女及配偶发生矛盾，达成一致就很不容易了。在现实中，有的继承人虽然愿意放弃，却想得到一些补偿，处理起来也是比较麻烦的。

（四）存在多份遗嘱，遗嘱效力争议大

对于超高净值家庭来说，在继承程序中出现遗嘱争议的可能性也是比较大的。尤其是一些年纪比较大的被继承人去世前，立有多份内容相互有冲突的遗嘱的现象是很常见的，主要有以下几种情况：第一种情况是立遗嘱人是依据自己的真实意思订立的遗嘱，但随着时间的推移，立遗嘱人的想法发生变化，于是又重新订立了遗嘱；第二种情况是立遗嘱人为了安抚某些继承人，或者在某些被继承人胁迫的情况下，违背自己的真实意愿立下内容相冲突的遗嘱；第三种情况是立遗嘱人在精神状况不正常的情况下立下内容相冲突的遗嘱；第四种情况是继承人伪造的遗嘱。

这些遗嘱一般都要在立遗嘱人去世以后才会被公布出来，此时这些遗嘱的真实性、效力性等就会变得非常不确定。加之有的立遗嘱人因为缺乏相应的法律知识，所立的遗嘱还存在瑕疵，其争议性就更强了。

（五）最终被迫进入继承诉讼程序

如果公证继承程序最终无法完成，就会被迫进入继承诉讼程序。继承诉讼是解决有较大争议的继承问题的程序，既然是解决有较大争议的继承，其复杂程度相对公证继承程序当然就更加复杂与麻烦了。这样，不仅耗时长、成本高，还会导致亲人对簿公堂，甚至最终反目成仇。

由此可见，继承程序问题对于超高净值家庭、婚姻复杂家庭等继承问题相对复杂的家庭来说，其风险是比较集中的，影响是比较大的，最好提前进行科学合理的规划。

第四节　解决方案设计策略

一、一般家庭遗产继承安排的误区

在阐述解决方案之前，首先要说一下近年来财富管理领域宣导的一个误区。

一部分律师、理财师一说起继承程序,都会将其描述得非常困难,似乎不立遗嘱,不做传承安排,继承这个问题解决起来就一定会非常麻烦。

其实,对于普通老百姓家庭,如果财产不是特别多,家庭结构、关系都比较简单,家庭成员之间关系也比较和谐,继承问题一般都不会是什么大问题。即使没有做任何传承安排,老人去世以后,继承人一起去公证处在公证员的主持下,商议一下遗产的具体分配和安排,绝大部分家庭可以顺利地完成继承。中华民族自古就重视亲情,讲究父慈子孝、兄友弟恭、家人相互谦让,家和万事兴,因此,公证处处理的普通老百姓家庭的继承案件其实绝大部分是在和谐、谦让的氛围下顺利完成的,发生激烈矛盾的继承案件其实并不多见。

值得注意的是,很多老百姓家庭在老人去世以后,大家迟迟不去办继承手续,拖几年甚至一二十年,这样的拖延会生出很多麻烦来。所以对于大部分的普通百姓家庭,家庭成员去世以后及时去办理遗产继承手续是关键。

但是,如果是家庭资产比较丰厚的中产及高净值家庭,或者是家庭成员较多、家庭关系比较复杂的家庭,提前做好传承安排就非常重要了。否则,在将来的继承程序中,就一定会碰到上文中讲到的一系列问题。那么,如何规划才可以更加简便、高效、确定地完成财富的传承呢?对此,可以从两个方面的思路考虑:第一个思路,避免遗产继承程序,通过其他更简单的方式完成传承;第二个思路,减少继承程序中产生争议的可能性,没有争议,自然就可以更加高效地完成继承。

我们先探讨可以避免继承程序的传承方法。非继承传承财产的方法主要有以下几种,即身前赠与、人寿保险和家族信托。

二、避免继承程序风险的财富传承规划六大基本原则

在我国目前的社会与法律环境下,想让继承程序更加简单、高效、可靠、无争议,高净值人士在做继承安排时,应当尽量做到以下几点原则。

(一)能避免用继承程序继承的尽量避免

"遗嘱替代"是欧美发达国家在进行财富传承规划时经常会用到的概念,因为在欧美发达国家,随着其继承程序的进一步完善,其法定的继承程序比我国目前的程序还要复杂和麻烦。因此,欧美发达国家的高净值人士早就总结出了经验,就是能不用继承程序的就要避免用继承程序,以至于发明了"遗嘱替代"这个名词。遗嘱替代的常见形式有身前赠与、人寿保险、家族信托、基金

会等。

当然，并非所有的家庭继承都很麻烦，尤其是普通老百姓家的老人们根本无需焦躁。因为对于家庭结构简单、感情和睦、财产机构也不复杂的家庭，法定继承是最省钱也最省事的方法，通过公证处都能解决。更重要的是，继承人们一定要明白：家和万事兴，家庭成员之间不要斤斤计较，要多为他人考虑。在现实中，父母死后，子女之间相互谦让的情景，在公证处天天发生。

（二）情况特殊、复杂的家庭一定要尽早规划

对于婚姻不美满，再婚家庭，失独或者子女不孝、兄弟姐妹不和，子女移民，单亲家庭、同性伴侣、丁克群体，有非婚子女，资产全世界分布的，要尽早订立遗嘱，不要拖延，必须避免在面临严重疾病或者意外事故的情况下才仓促订立遗嘱，避免对立遗嘱人的行为能力产生争议，这些都是因为家庭成员不和睦、重资产负担所带来的人生法律成本，避免不了。

（三）如果必须要用遗嘱，公证遗嘱是最佳方式

在做遗嘱安排时，最好用公证遗嘱的方式。虽然《民法典》删除了公证遗嘱具有更高效力的规定，但是公证遗嘱相对其他遗嘱的优势依然是比较明显的。

首先，公证遗嘱有专业的公证员协助，很少有遗嘱无效的风险。其次，当有其他遗嘱和公证遗嘱内容相抵触时，公证遗嘱的真实性可以得到很好的保证，其他遗嘱则需要进一步证明遗嘱本身的真实性。

全世界遗嘱采用公证形式已经是人类主流的观念，也是一种实行了2000年的古老制度，甚至沿袭到现在仍然是最有效的遗嘱方式。

（四）订立遗嘱时要考虑全面，订立后要定期检视

订立遗嘱时，一定要考虑全面，要注意自己的行为能力状态，要合理选择遗嘱方式、见证人，要考虑财产的处分权是否完整，还要充分考虑给依法应当分配遗产或预留遗产的继承人分配遗产，避免遗嘱安排因不符合法律强制性规定而发生争议。

遗嘱订立后还要定期检视，因为从遗嘱订立后到生效可能会有数年甚至数十年，随着时间的推进、财产的状况、继承人的情况和立遗嘱人的意愿都会发生变化，因此遗嘱需要定期地检视，必要时要及时修改。

（五）安排可靠的遗嘱执行人、遗产管理人很重要

2021 年 1 月 1 日施行的《民法典》规定了遗产管理人制度，[①]并且对遗产管理人的责、权进行了明确的规定，这是对遗嘱执行人一系列制度体系的进一步完善，是我国继承法律制度的一大进步。遗嘱执行人、遗产管理人制度对高净值家庭的继承有尤其重要的意义。提前安排好忠实可靠、专业干练的遗嘱执行人和遗产管理人（或管理人团队），可以有效地减少遗产继承的不确定性、减少纠纷，并且切实提升继承程序效率。

（六）合理选择遗嘱保管形式，做好遗嘱的保管工作

遗嘱要妥善保管，公证遗嘱一般可以保管在公证处，是比较可靠的。非公证遗嘱也可以保管在公证处，但建议如果保管在银行的保险柜，要由遗嘱执行人掌握密码或者钥匙，当被继承人去世后，由遗嘱执行人通知公证处取回公证遗嘱或者去银行保险柜取回遗嘱，并组织召开继承人会议。

做到了以上几点，财产传承就不会再复杂，即使有一部分财产必须通过继承程序继承，也会相对更加简单、高效、可靠、无争议。

三、大额保单传承财富的程序性优势

通过死亡受益金传承，保单架构应该是客户自己作为投保人和被保险人，指定传承对象为受益人，并约定受益份额与受益顺序。如此，依据《保险法》第 42 条[②]的规定，指定了受益人的保险死亡理赔金不属于被保险人的遗产，因此，受益

---

① 《民法典》第 1147 条　遗产管理人应当履行下列职责：

（一）清理遗产并制作遗产清单；

（二）向继承人报告遗产情况；

（三）采取必要措施防止遗产毁损、灭失；

（四）处理被继承人的债权债务；

（五）按照遗嘱或者依照法律规定分割遗产；

（六）实施与管理遗产有关的其他必要行为。

第 1148 条　遗产管理人应当依法履行职责，因故意或者重大过失造成继承人、受遗赠人、债权人损害的，应当承担民事责任。

第 1149 条　遗产管理人可以依照法律规定或者按照约定获得报酬。

② 《保险法》第 42 条　被保险人死亡后，有下列情形之一的，保险金作为被保险人的遗产，由保险人依照《民法典》的规定履行给付保险金的义务：

（一）没有指定受益人，或者受益人指定不明无法确定的；

（二）受益人先于被保险人死亡，没有其他受益人的；

（三）受益人依法丧失受益权或者放弃受益权，没有其他受益人的。

受益人与被保险人在同一事件中死亡，且不能确定死亡先后顺序的，推定受益人死亡在先。

人当然不用通过继承的程序取得保险死亡理赔金，而是通过保险的理赔程序获取保险死亡理赔金。相对继承程序，保险的理赔程序更加简单、高效、确定无争议。

（一）人寿保险死亡理赔程序更加简单

保险死亡理赔程序相对于遗产继承程序，一则需要提供的资料较少，而且准备难度不大；二则需要参与的人很少，因此相对简单。

表6-2　人寿保险死亡理赔和继承程序需要准备的关键资料对比

人寿保险死亡理赔需要准备的关键材料	继承程序需要准备的关键材料
受益人身份证件 被保险人的死亡证明 保险事故证明材料	公证申请人身份证件 死者的死亡证明 亲属关系证明 被继承人的婚姻状况证明 所有继承人的身份证件 死者的财产凭证 死者立有遗嘱的提供遗嘱 已故继承人（如有）的死亡证明

关于材料的准备，从表6-2中可以看出，人寿保险理赔需要的关键材料仅有三项，其中两项和继承程序是重合的，并且非常容易准备。唯一不同的是保险事故的证明材料，这个材料的准备难度很低，如果是疾病身故，自然有医院的病历作为保险事故的证明，如果是意外身故，自然有公安机关的事故认定书作为保险事故的证明材料，非常好获得。

人寿保险死亡理赔需要参与的人与继承相比，一则更加确定，二则范围更小。继承程序需要所有的继承人都参与，又因为在我国父母属于第一顺位继承人，如果发生了转继承、代位继承等情况时，继承人的范围可能就会牵涉特别广泛，而且非婚生子女、多段婚姻多子女等情况，还会导致继承人的范围不确定，这个问题我们在前面做过详细的分析。而人寿保险理赔的参与人只有受益人，受益人可能是一人，也可能是数人，但相对继承人会少很多，而且非常确定。因此，保险理赔程序执行起来比继承程序会简单很多。

（二）人寿保险死亡理赔程序更加高效

当然，牵涉财产较少的简单的继承程序效率也是非常高的，但如果是中产家庭、高净值家庭甚至超高净值家庭，财产丰厚，牵涉面广的继承，正如前文分析的那样，一般耗时就会比较长了。我国台湾地区富豪蔡某霖的继承案是该地区历史上富豪继承案中办理最为顺利的，耗时都1年有余。而相比继承案件，保险理赔案件的耗时就会要短得多，一般来说，如果提供材料真实、充分，保险公司最快24小时内，最慢也不会超过10天，就可以完成赔付。如果情况特别复杂或者存在争议，《保险法》第23条①对理赔时间的限定也有明确规定：

保险人收到被保险人或者受益人的赔偿或者给付保险金的请求后，应当及时作出核定；情形复杂的，应当在三十日内作出核定……对属于保险责任的，在与被保险人或者受益人达成赔偿或者给付保险金的协议后十日内，履行赔偿或者给付保险金义务。

当然，如果保险理赔中争议比较大，需要通过诉讼解决赔付问题，时间也会比较长。但是，保险理赔诉讼的产生一般都是因为购买保险时存在不如实告知，或者事故不在保险责任规定的范围之内等，究其原因大多是保单规划不专业、不合理造成的。如果保单规划科学合理，购买保单时做到了诚实信用，保险理赔产生争议的可能性就极小，传承效率自然就会很高。由此可见，通过保险传承财富，选择专业的理财师帮助设计规划是非常重要的。

（三）保险死亡理赔程序更加确定无争议

在继承程序中，遗嘱效力的认定经常会对继承产生较大的影响，同时，被继承人债务的处理、遗嘱是否牵涉处分了不属于被继承人的财产、继承份额的分配、法定预留份、继承人的身份存疑、继承权的丧失等，都会给继承带来不确定性。而在保险死亡理赔程序中，保险合同的效力很少会有争议；又因为死亡理赔金不属于被保险人的遗产，因此，也不牵涉被继承人的债务问题；保险金的归属和份额，也完全根据保险合同中受益人以及受益份额的约定执行，可争议空间很小；同时，《保险法》第23条第3款规定，任何单位和个人不得非法干预保险人履行赔偿或者给付保险金的义务，也不得限制被保险人或者受益人取得保险金的权利。因此，保险金给付过程的可靠性也有强有力的法律保护。而且，《保险法》第16条明确规定，保险合同成立超过2年，保险人不得解除合同，发生保险事故的，保险人

---

① 《保险法》第23条　保险人收到被保险人或者受益人的赔偿或者给付保险金的请求后，应当及时作出核定；情形复杂的，应当在三十日内作出核定，但合同另有约定的除外。保险人应当将核定结果通知被保险人或者受益人；对属于保险责任的，在与被保险人或者受益人达成赔偿或者给付保险金的协议后十日内，履行赔偿或者给付保险金义务。保险合同对赔偿或者给付保险金的期限有约定的，保险人应当按照约定履行赔偿或者给付保险金义务。

保险人未及时履行前款规定义务的，除支付保险金外，应当赔偿被保险人或者受益人因此受到的损失。

任何单位和个人不得非法干预保险人履行赔偿或者给付保险金的义务，也不得限制被保险人或者受益人取得保险金的权利。

应当承担赔偿责任或给付理赔金。这就是保险的不可抗辩条款,这也会使得很多保险理赔的诉讼案件变得更加简单。

(四)人寿保险生存受益金传承的程序优势

通过生存受益金传承一般采用这样的架构。客户作为投保人,传承对象作为被保险人,购买定期或者终身型年金保险,被保险人同时作为受益人,领取生存金,实现财富的传承。与死亡理赔金传承相比,这种传承方式不仅是金融资产的传承,还是现金流的传承。生存金的领取为保险公司依据合同直接给付受益人,条件仅为被保险人生存,程序极其简单,几乎没有争议空间。

但要特别注意的是,这种传承方式是一种不完全的传承方式,如果投保人去世时,保单还没有结束,保单的现金流就会作为投保人的遗产而需要继承,因此,生存受益金传承,如果可以设立第二投保人就必须要设立第二投保人,如果没有第二投保人,就最好配合身前赠与或者遗嘱,遗嘱如何安排能更加可靠,以下进行详细讲解。

四、家族信托传承财富的程序优势

继承程序风险其实不仅仅是存在于我国,在继承法体系和程序都比较成熟的欧美国家,继承程序同样非常复杂。如美国,美国法院的遗产程序对于很多遗产比较丰富一点的家庭,尤其是高净值家庭来说,是非常复杂、耗时长、综合成本高的,因此,美国人大多会用信托来避免复杂的继承程序。在美国,信托更多地用于避免复杂的遗产继承程序而不是规划遗产税。

(一)信托可以避免继承程序的法律依据

为什么信托可以避免继承程序呢?这是信托本身的属性决定的。这里,只从我国的《信托法》体系来分析信托传承财富在程序上的优势。为了区别于常见的营业信托,本书还是采用家族信托这个名词。我国《信托法》第 15 条明确规定:“信托财产和委托人未设立信托的其他财产相区别。设立信托后,委托人死亡或者依法解散……委托人不是唯一受益人的,信托存续,信托财产不作为其遗产或者清算财产……”由此可见,客户以自己为委托人为自己的家人、想照顾的人的利益而设立家族信托后,即使客户自己去世,信托继续存续,信托财产独立于委托人,不作为委托人的遗产处理。客户的家人、想照顾的人作为受益人,从信托获得信托受益权,从而实现了不经过继承程序而传承的目的。

(二)家族信托相比法定的继承程序的优势

通过家族信托传承相比于继承的方式在程序上有以下三大优势:

1. 家族信托设立后争议小、无效可能性低

家族信托一般由委托人生前亲自设立(不包含遗嘱信托),并且在国内设立家族信托,一般受托人为专业信托机构,很多时候还会有律师等专业人士参与。受托人对信托目的、信托财产等的合法性都会认真审核。家族信托设立后争议小、无效的可能性很低。

2. 委托人去世,信托财产不属于委托人的遗产,不需要经过任何程序

委托人去世时,《信托法》第15条明确规定信托财产不属于委托人的遗产,因此家族信托不会由于委托人去世而受影响,不需履行任何程序,仍然按照信托文件的安排有序运行。

3. 信托财产独立,受益人争产可能性低

与遗产继承容易引发争产纠纷的情况不同,《信托法》第43条①规定,受益人是指在信托中享受信托受益权的人。由此可见,家族信托设立后,受益人仅享受信托的受益权,对信托财产本身并没有所有权。因此,信托财产本身很难成为受益人争夺的对象。

并且,《信托法》第45条②规定,共同受益人按照信托文件的规定享受信托利益。可见,受益人的受益权与受益规则在信托合同中有明确规定,一般情况下不会有争夺的空间,很少发生受益人之间争产的风险。

家族信托还有很多其他非程序性的优势,这些优势笔者在其他章节有详细的介绍,这里不再重复。

值得注意的是,家族信托传承虽然在程序上有诸多的优势,但是,除了现金类家族信托外,目前在国内设立家族信托本身的程序也还是比较复杂的,不像人寿保险那样比较简单。因此,家族信托一般适合家庭财产特别丰厚,而传承问题又相对比较复杂的人群。并且,对于房地产信托、股权信托等家族信托,设立时还会牵涉很多其他问题,还可能有不低的设立成本,是需要我们提前进行认真考量的。当然,对于很多高净值人士来说,相比身故后可能产生的各种争端和麻烦,哪怕设立家族信托的时候麻烦一点、成本高一点,也是完全值得的。

---

① 《信托法》第43条　受益人是在信托中享有信托受益权的人。受益人可以是自然人、法人或者依法成立的其他组织。

委托人可以是受益人,也可以是同一信托的唯一受益人。

受托人可以是受益人,但不得是同一信托的唯一受益人。

② 《信托法》第45条　共同受益人按照信托文件的规定享受信托利益。信托文件对信托利益的分配比例或者分配方法未作规定的,各受益人按照均等的比例享受信托利益。

第七章

继承人争产风险与解决方案设计

第一节 风险案例

一、案例导读

2017年2月，著名地产集团的老板李某斌病逝，享年57岁，留下遗产超百亿元。然而，就在李某斌病重期间，其弟弟李某杰伙同李某斌的儿子李某东将集团多个公司股权转移至自己名下，导致李某斌第二任妻子、央视主持人徐某及其一儿一女面临无财产可继承的尴尬局面。为此，徐某母子三人将李某杰告上法庭。2018年年底，北京市海淀区人民法院一审宣判徐某胜诉。被告不服判决提起上诉。2019年3月27日，北京市第一中级人民法院作出终审判决：驳回上诉，维持原判。[①]

虽然徐某及一双儿女通过法律手段最终赢得了法院的支持，但不走完执行程序，案件还不能说是尘埃落定。同时，比起这个案件的最终结果更加波折，甚至可以说惊险的是争夺遗产的过程，骗取文件、转移遗产甚至死亡威胁，笔者通过对互联网公布信息的搜集和整理，梳理出了案件的大致脉络，可能不一定完全真实和准确，但还是具有相当的参考价值的。

二、案例详情

李某斌，山东聊城人，早年供职于农村信用社，一路做到了行长的位置。2003年，李某斌看中了聊城一个烂尾楼项目，辞职下海开始了他传奇的商业征程。李某斌最擅长接烂尾楼项目，每次都能化腐朽为神奇，其中最经典的案例是2009年收购烂尾楼北京市海天广场的案例，几个月就让烂尾10年的海天广场起死回生，成为行业的经典示范案例。到2017年李某斌去世前夕，他的集团公司拥有大型物业20余处，其中北京就有接近10处。据估算，其集团资产已过百亿元。

李某斌婚姻并不复杂，第一任妻子因病去世，留下儿子李某东。第二任妻子徐某是李某斌聊城老乡，在第一任妻子去世后才认识的，他们2006年相识时，李某斌辞职下海才3年，只能说小有成就。30岁的徐某当时是某电视台主持人，在

① 资料来源：新浪网：http://k.sina.com.cn/article_6468040956_1818678fc02000g70k.html。

电视台是有名的才女。二人虽然相差16岁,但情投意合,很快就走到了一起。婚后他们生下一儿一女,李某斌去世时,儿子8岁,女儿2岁。见图7-1。

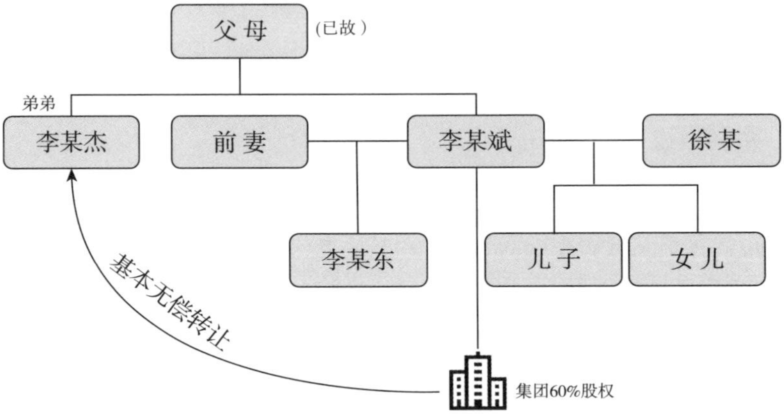

图7-1

李某斌去世后,遗孀徐某惊奇地发现,李某斌名下的公司股权已经全部转让给弟弟李某杰,李某斌银行账户中的大部分财产也被转移,仅剩下4000元。作为第一顺位继承人的她和她的一儿一女,居然到了面临无遗产可继承的地步。

据徐某事后回忆,这种异常其实在李某斌病重期间就已经非常明显了,在李某斌在301医院住院的时期,徐某和当时7岁的儿子经常在医院陪伴李某斌。但后来李某杰强烈要求将李某斌转院到302医院,李某斌住进了302医院后,李某杰就以李某斌已经进ICU、见到小儿子会激动等理由阻止徐某和李某斌见面,徐某经常只能隔着ICU的玻璃看李某斌。

在此期间的2017年2月3日,李某杰和其律师让李某斌签下了股权转让的文件,并当场录像,后来这段录像被当作证据提交给法庭。李某杰提交给工商部门办理股权变更登记的文件显示,也是在2017年2月3日这一天,李某斌名下的8家公司召开了股东会议,这8家公司分别位于北京、聊城、冠县三地,但重病在身,住在ICU病房的李某斌居然在文件上签了字,把8家公司的股份以超低的对价转让给了弟弟李某杰。其中,7家为零对价转让,一家以1400万元对价转让,但这1400万元也在李某斌去世后的第七天被不明人士转走。某集团系公司股权在变更前,李某斌占股份的60%,李某杰占20%,大儿子李某东占20%。变更后,李某斌的全部股权均变更至李某杰名下。见图7-2。

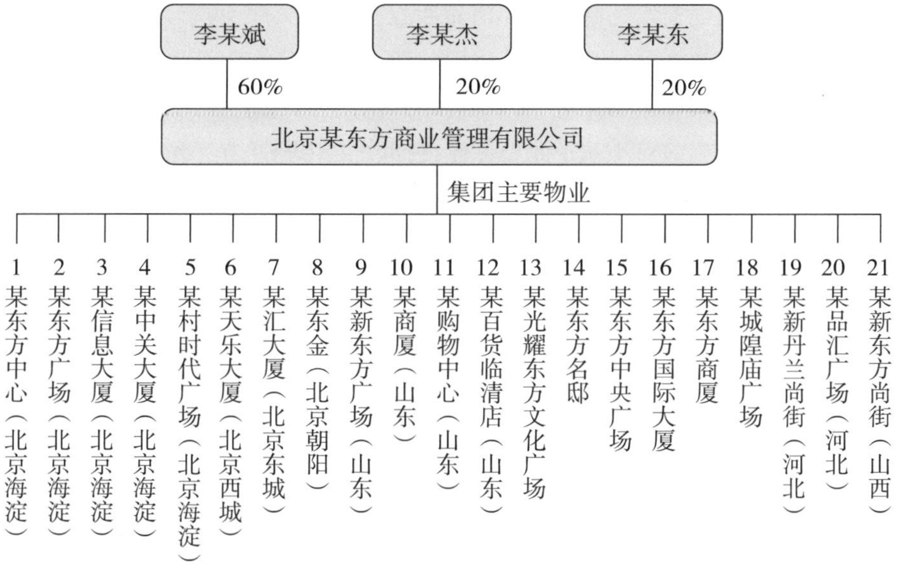

图7－2　某东方集团主要物业图谱

遗孀徐某一开始并没有发现这些问题，直到好心人提醒她李某斌名下的股权已被变更，她才发现李某斌名下的财产已被悉数转移，她和一双儿女居然无遗产可继承。徐某在起诉前曾多次与李某杰沟通，但李某杰态度非常强硬，多次沟通无果后，徐某将李某杰告上法庭。

在遗产争夺大战中，李某斌的家属分为两派。一派是遗孀徐某和她的一双儿女，另一派则是弟弟李某杰与大儿子李某东。虽然在股权转让的案件中，李某东表面上并不牵涉其中，但李某东在接受《华夏时报》采访时曾明确说道①："我父亲的意思是若要维持某东方集团的稳定、持续经营，须由李某杰负责总体经营管理，因为他一起经营公司多年，而徐某从未参与过公司事务，我父亲也明确提出'与徐某有约定公司跟她没有任何关系'，父亲从开始到去世前就是这样的安排，我也理解他的安排。"试图以此从侧面印证李某杰取得公司股权为李某斌的真实意思。

然而，种种证据表明，李某斌转让股份的安排有诸多可疑之处。首先，李某斌签字的录像表明，当时李某斌神志不清，当时李某斌甚至似乎并不记得自己的名字，需要别人在旁反复提醒，却仍未能写对，而是莫名其妙地写了"我""贾贝贾"

---

① 资料来源：腾讯网：https://new.qq.com/omn/20201017/20201017A01SU200.html。

等字样。其次，在提交给工商管理部门做股权变更的文件中，李某斌的签名涉嫌伪造。最后，作出 8 家公司股权转让决议的股东会议都在 2 月 3 日召开，而会议地点遍布北京、聊城和冠县三地，股东会议决议明显存在造假。

并且，李某斌生前对小儿子尤为疼爱，去世之后不给小儿子留下任何财产，这显然不合理。

在审理过程中，关于签字当时李某斌的行为能力状态，海淀区人民法院委托北京中衡司法鉴定所进行了鉴定，鉴定意见书称，根据住院病历及法院提供的录像资料，李某斌在 2017 年 2 月 3 日、4 日患有器质性精神障碍，受所患疾病的影响，应评定为限制民事行为能力。

而关于李某斌签字造假的问题，北京市天平司法鉴定中心出具的笔迹鉴定意见为：证明 2017 年 2 月 3 日《股东会决议》以及《出资转让协议书》上的“李某斌”签字不是李某斌亲手书写的。而在山东案件的庭审中，企业方代理人则当庭承认这些签字就是仿冒签字。

2018 年年底，北京市海淀区法院一审判决，支持徐某的诉讼请求，李某斌转让股权的行为无效。但被告李某杰不服判决，提起上诉。

2019 年 2 月，徐某在微博中爆出，受到死亡威胁并已经报警。同时，她还爆出了很多争端的细节，徐某在微博中称，过往念及亲情，对非法集资、涉黑、职务侵占等事并未举报，但大儿子李某东在父亲死后从来没有来看过弟弟妹妹一眼，甚至扬言弟弟妹妹并非亲生，还编造百亿元家产被夺的谎言，恶人先告状。

2019 年 3 月 13 日，本案二审在北京市第一中级人民法院开庭，3 月 27 日，北京市第一中级人民法院二审判决驳回李某杰的上诉请求，维持原判。3 月 28 日，遗孀徐某发了一条微博“老公，你已经走了两年的时间了，你不知道这两年，我们过得怎样炼狱般的生活！如果你知道你最心爱的孩子和你势单力薄的妻子正在被恶人肆无忌惮地攻击和侵害，你在地下，能闭上眼睛吗？”见图 7 – 3。

2003年 --- 李某斌辞职下海经营烂尾楼，从此所向披靡，财富增长迅猛；

2006年 --- 丧偶的李某斌与央视才女徐某一见钟情，二人相差16岁；

2009年 --- 北京海天广场项目一战成名，财富增长再次加速，直至打造出百亿元帝国；

2009年 --- 徐某生下大儿子，二人可能结婚于2008年至2009年；

2016年11月 --- 李某斌脑梗将企业经营交给大儿子李某东与弟弟李某杰，徐某不参与经营；

2017年1月28日 --- 李某斌被下达病危通知书，徐某反映，李某杰和李某东阻止徐某与李某斌见面；

2017年2月3日 --- 李某斌、李某杰、李某东及律师在病房召开股东会，李某东全程录像，李某斌称股权归自己所有，与徐某有口头协议并将集团60%股权以1400万元的对价转让给弟弟李某杰；

2017年2月6~9日 --- 某东方主要股权完成变更登记，李某斌名下60%的股权基本无偿转让给李某杰；

2017年2月9日 --- 徐某发微博称接到过几次死亡威胁；

2017年2月13日 --- 李某斌病逝；

2017年年底 --- 徐某发现李某斌名下几乎没有财产，遂向法院提起诉讼；

2018年 --- 庭审中李某东表示父亲希望把事业发展下去而唯一能胜任的只有叔叔李某杰，所以父亲期望将企业交托给李某杰，并出示了病房中签署转让协议的录像，但徐某提供证据主张李某斌在签署协议时有器质性精神障碍，行为能力欠缺；

2018年12月28日 --- 一审判决徐某胜诉，股权转让无效，李某杰不服判决提起上诉；

2019年3月17日 --- 李某东发微博称徐某操纵媒体刻意混同股权转让与遗产继承，并影响集团经营，不顾集团万名职工的生计；

2019年3月18日 --- 徐某发微博称李某东恶人先告状编造谣言抢夺财产并称自己知晓李某东、李某杰等人非法集资、涉黑、职务侵占、恶意转移公司资产…… 自己念及亲情并未举报；

2019年3月27日 --- 北京市第一中级人民法院终审判决徐某胜诉；

2019年5月6日 --- 李某杰名下60% 的股权重新回转至李某斌名下，直至2021年9月李某斌仍持有60%的股权，说明遗产继承并未结束。

图 7－3

三、案例解析

俗话说，豪门恩怨多。利益的争夺在高净值家庭中是普遍且长期存在的，财产的主要创造者和控制人能够全盘控制的时候表现一般不会特别明显。一旦主要控制人因为疾病和衰老失去控制力或者身故时，隐藏在水面下的暗流涌动就浮出水面，变为惊涛骇浪了。在华人界，尤其是在我国台湾地区和香港特别行政区，豪门争产案比比皆是。不光是主要掌控人已经过世的争产案件，主要控制人没有去世的争产案也不在少数，非常著名的就有某赌王争产案以及李某家族争产案。

由此可见，对于高净值人士来说，继承人争产的风险是非常值得注意的。

第二节 典型高风险人群与风险发生场景

在李某斌遗产继承纠纷案中,从徐某的表述和诸多证据显示来看,大儿子李某东和弟弟李某杰似乎是有点厚颜无耻、手段卑劣、欺负孤儿寡母。但理性地想,大儿子李某东阐述的他父亲的愿望是让李某杰接手商业帝国的表述到底是凭空捏造还是确有其事?李某杰的一系列取得股权的操作是完成李某斌的愿望还是争夺财产?李某斌真实的意愿到底如何?这些谜团随着李某斌的去世都已经无从知晓。

对此,我们不妨撇开是非争辩,纯粹地从理性的角度上来对其中的专业问题和财产安排问题进行一下分析和思考,总结一些经验和教训。

一、李某斌遗产继承纠纷案的经验总结

(一)婚姻财产协议并不能排除配偶继承权

关于企业股权是否有夫妻财产约定和继承权问题,从徐某婚后完全没有参与企业管理和完全没有企业的股份,以及大儿子李某东对他们夫妻二人关于股权全部归李某斌的表述来看。徐某和李某斌有婚前财产协议或者有公司股权都归李某斌的口头约定是完全有可能的。

但李某东以此就认为继母徐某没有权力继承股权则完全没有依据。即使徐李二人真的有财产约定,这也丝毫不影响徐某作为继承人继承丈夫遗产的权利。配偶不仅有继承权,而且在继承企业股权时,依据《公司法》第75条①的规定,可以当然地取得股东的资格,其中的风险笔者在非婚生子女争产一章中做过详细解析,这里不再重复。

这里可以总结出一条经验,如果企业家担心配偶结婚后插手家族财产事务,从而签订婚前财产协议的话。在签订财产协议的同时,应该要做好遗产和传承的安排,这里并不是要排除配偶的继承权,而是要通过安排对所有继承人,包括配偶的继承份额作出明确的安排,防止配偶作为继承人掀起家族财产争夺

① 《公司法》第75条 自然人股东死亡后,其合法继承人可以继承股东资格;但是,公司章程另有规定的除外。

婚内财产混同
婚变财产分割与转移
婚内受赠继承混同
夫妻共同债务
股权混同
继承程序
继承争产
父母继承外流
传承后失控
继子女继承外流
非婚生继承外流
隔代传承
继承人能力不足
未成年人监护
跨境传承
企业经营风险
企业家家庭债务
资产代持
股权架构
企业家刑事风险
企业税务风险
税务透明与跨境
家庭经济支柱
教育规划
养老与监护
失智监护

的风波。

(二)重病期间立遗嘱,法律效力堪忧

李某杰在ICU与李某斌签订的文件的效力问题。为了证明文件的效力性,李某杰与其律师还对签字的整个过程进行了现场的录音录像。但戏剧性的是,恰恰是这份录像成为推翻文件效力的关键证据。为什么会这样呢?

从公开的资料来看,我们无法明确知道这份文件到底是遗嘱还是股权转让协议,但从专业的角度来判断,这应该是一份转让协议而不是遗嘱。因为遗嘱需要在立遗嘱人死亡时才生效,他死亡以前就无法进行股权的变更。从随后的股权变更登记来看,当时签订的应该是股权转让协议。

但无论是遗嘱还是股权转让协议,在ICU中签订都会有非常严重的法律问题,就是当事人是否具有相应的民事行为能力。在本案中,根据录像资料和病历资料,鉴定机构最终给出了李某斌当时属于限制民事行为能力人的结论。

如果是遗嘱,依据《继承法》(已废止)第22条的规定,限制行为能力人所立的遗嘱无效。这里可以总结出一条经验,立遗嘱要趁早,不能到了发生意外或罹患重病的时候才立,因为这时候行为能力是一个非常大的问题,稍有不慎就会无效。如果要立遗嘱,也必须请专业人士对当时的行为能力作出判定并留下有力证据,千万不要像李某杰和他的律师一样,自己录制了导致自己败诉的关键证据,这就是不专业的教训。

(三)忽视监护人的安排造成的问题

如果是转让协议,属于合同的范畴,依据《民法典》第22条的规定,不能完全辨认自己行为的成年人为限制民事行为能力人,实施民事法律行为由其法定代理人代理或者经其法定代理人同意、追认,但是可以独立实施纯获利益的民事法律行为或者与其智力、精神健康状况相适应的民事法律行为。在本案中,转让股权的行为显然不是纯获利益的行为,也和其精神健康状态显然不相适应。所以需要其法定代理人代理或者同意、追认。而当时李某斌的法定代理人是谁呢?

依据《民法典》第23条的规定,限制民事行为能力人的监护人是其法定监护人，而根据《民法典》第28条[①]的规定，无民事行为能力或者限制民事行为能力的成年人的第一顺位法定监护人为配偶。所以，此时作为配偶的徐某是李某斌的法定代理人。然而，自始至终，作为法定代理人的徐某对这个协议并不知情，更别说代理实施或者同意了，因此股权转让协议当然无效。

从这里我们又可以总结一条经验，如果企业家签订夫妻财产协议，同时，就要考虑自己在缺乏行为能力时对监护人的设置，否则将功亏一篑。在这个案例中，如果李某斌真的如儿子李某东所说，希望企业由弟弟李某杰来经营，而且和妻子徐某签订了夫妻财产协议，那么监护人设置的漏洞就会是一个严重问题。因为大部分人在离世之前，往往会有一段时间是缺乏行为能力的状态，这时候他就必须有监护人，而监护人作为法定代理人有权处分被监护人的财产。而成年人的第一顺位法定监护人恰恰是配偶。此时，即使有夫妻财产协议，但依然不能阻挡配偶作为监护人处置财产，所有的安排就会面临争端，争产大战就会一触即发。所以，在签订婚前财产协议的同时，企业家还需要安排好自己的监护人，这一点2017年之前还有一定难度，随着2017年《民法总则》（已废止）的颁布，成年人可以用意定监护制度[②]为自己提前设置法定监护人，从而达到防止配偶通过监护权操纵家族财富传承的目的。

（四）成年子女与年幼子女争产，幼子利益堪忧

成年子女和未成年子女的争产问题。在本案中，李某斌的大儿子早已成年，而小儿子和女儿则还都是未成年人。虽然在财产争夺大战中，李某东似乎并未参与，但明眼人一眼就可以看出，叔叔李某杰更多的是代表李某东的利益，因为心甘情愿地把父亲所有的股权拱手送给叔叔是绝对不可能的事情。从李某东叔侄的实际行动来看，对弟弟妹妹几乎是毫不留情，丝毫不考虑年幼的弟弟妹妹将来的生活。而且，如果不是孩子的母亲徐某是电视台主持人，社会背景比较深厚，也懂

---

① 《民法典》第28条　无民事行为能力或者限制民事行为能力的成年人，由下列有监护能力的人按顺序担任监护人：

（一）配偶；

（二）父母、子女；

（三）其他近亲属；

（四）其他愿意担任监护人的个人或者组织，但是须经被监护人住所地的居民委员会、村民委员会或者民政部门同意。

② 《民法典》第33条　具有完全民事行为能力的成年人，可以与其近亲属、其他愿意担任监护人的个人或者组织事先协商，以书面形式确定自己的监护人，在自己丧失或者部分丧失民事行为能力时，由该监护人履行监护职责。

得用法律武器保护自己，叔侄俩的操作几乎就成功了。他们利用的无非两个方面的优势：第一个优势是弟弟妹妹是未成年人，保护自己的能力不足；第二个优势是弟弟妹妹不是企业的股东，不参与企业的经营，李某东利用了自己和叔叔是企业股东的优势，将企业的股权悉数转移给叔叔，釜底抽薪地剥夺了弟弟妹妹继承家族股权的权利。

很多企业家有多段婚姻，多个子女，而且子女的年龄跨度特别大，成年子女和未成年子女往往又不是一母所生，感情相对较浅，甚至处于敌对的状态。而且，成年子女往往都参与企业的经营，而未成年子女以及未成年子女的母亲往往都不参与企业的经营，也不是企业的股东。这就导致在遗产争夺大战中，成年子女就会占尽优势，未成年子女的利益就很难得到保障，又由于感情不好，成年子女对未成年子女“痛下杀手”的情况也是常有发生的，就好像在本案中，李某东甚至绝情到不给弟弟妹妹留一分钱的股权。

即使未成年子女取得了企业的股权，也并不意味着利益能得到保障，因为成年子女依然可以通过自己经营企业的优势，将企业的利益通过各种经营活动输送到自己的名下，侵害弟弟妹妹的利益。未成年人继承的股权将来到底是资产还是负债都不可知。

所以，为了防止成年子女与未成年子女争产，保护未成年子女的利益，必须要提前作出有针对性的、足够专业的安排，简单地将财产平分给子女的安排照样会引发遗产争夺大战，不可不察。

二、继承人争产风险的典型高风险人群

所谓“豪门恩怨多”，高净值人士家庭继承人争产的情况是非常常见的，但也并非所有高净值家族都会发生争产的风险，这主要还是取决于家族文化传统、家族成员之间的关系等。但是，如果从概率角度上讲，还是有一些规律可循的。继承人争产风险的典型高风险人群有以下几种：

（一）老夫少妻再婚家庭

老夫少妻的再婚家庭，继承人发生争产风险的可能性是比较大的，其表现一般是企业家去世后，企业家前段婚姻的成年子女与年轻的继母及年幼的弟弟妹妹争产。这类家庭如果具有以下两个特征，发生争产风险可能性一般就比较大。第一个特征是再婚家庭为老夫少妻的组合，并一般生育有年幼子女；第二个特征一般是男方前段婚姻有子女，最大的子女往往已经成年并参与企业经营。

这种类型的家庭中,成年子女与年轻继母及年幼的弟弟妹妹之间关系一般都不会很好,并且成年子女与继母在家庭地位上可谓势均力敌、不相上下,企业家在世时还可以和平相处,企业家一旦去世,双方发生利益冲突的可能性是极大的。这种类型的家庭在现实生活中非常常见。

(二)双方都有自己的子女的再婚家庭

夫妻年龄相仿的再婚家庭,如果双方前段婚姻都有各自的子女,则无论结婚后是否再生育子女,只要掌握家庭核心资产的夫妻一方去世,继承人争产风险也是比较大的。

遗产争夺大战发生在去世一方的子女与继母及继兄弟姐妹之间,如果去世一方的子女未成年,则其另外一方亲生父母也将作为监护人加入战争之中。但是,这一类型的家庭在现实生活中并不常见。

(三)婚姻关系复杂的家庭

前面两种再婚家庭的婚姻关系已经开始有复杂的趋向,但现实生活中还有一些家庭的婚姻关系比前面的两种家庭更为复杂。譬如,在有的家庭中,夫妻一方(一般是男方)有多段生育有子女的婚姻,子女人数较多,且年龄跨度比较大。还有的家庭甚至除了有多段婚姻外,还有非婚生子女。

在这种家庭中,一旦作为家庭核心的男性去世,每一段婚姻的子女及未成年子女的母亲们都可能是遗产的有力争夺者。并且,在这种家庭中,子女之间相互的关系更加复杂,感情基础更加薄弱,矛盾冲突更加尖锐,一旦发生遗产争夺大战,其复杂程度与激烈程度都是比较高的。这种类型的家庭在现实生活中也不在少数。

(四)家族主要财富“传男不传女”的家庭

在我国的很多地方,如广东、福建、浙江、山东等地区,宗族观念的影响依然比较深厚,尤其是在很多民营企业家群体中,传宗接代,家族财产“传男不传女”的现象还普遍地存在。

如果企业家的子女有男有女,并且又有家族财产“传男不传女”的计划,就一定要注意子女争产风险的发生。如果没有提前做好规划,让主要的遗产继承进入法定程序,则法律规定与传统习俗就会产生直接的冲突,导致子女争产风险的发生。这种类型的家庭在这种传统地区的民营企业家群体中比比皆是。

(五)其他类型的家庭

除了以上四种典型的高风险家庭外,还有一些非典型的家庭类型。

譬如，年轻高净值丁克家庭，因为没有亲生子女，如果夫妻一方去世比较早，父母还在世时，父母与女婿/儿媳争产的风险就比较大。

又如，在一些母子关系紧张的中年企业家家庭中，如果作为企业家的父亲去世，子女与亲生母亲争产的现象也是时有发生的。

再如，在一些青年企业家家庭中，配偶年轻，子女年幼，父母双亲健在，任意一方意外身故，尤其是主要负责企业经营的一方意外身故，身故方的父母极有可能担心年轻的女婿/儿媳带着孩子再婚，导致财产外流。如此，父母与女婿/儿媳争产的风险就会发生。虽然年轻的企业家夫妇意外身故的概率并不高，但这类型的案件也是时有发生的，不可忽视。

三、继承人争产风险的六大典型风险场景

（一）子女与继母争产的情形

继母与子女之间的争产问题。在一般情况下，继母与子女之间或多或少都会存在一些矛盾，尤其是在遗产争夺这个问题上，在关系重大利益的情况下，矛盾激化，不可调和是常态。继母与子女争夺财产的案例是举不胜举，在6位艺术家遗产争夺案中，娄某白、李某染和徐某达3位的遗产争夺案发生在子女与继母之间。

子女与继母争夺遗产，没有哪一方理所当然属于正义的一方，也不存在继母更值得保护还是子女更值得保护，这只是在现有法律架构下，关于财产分配问题的纠纷，合法的权益都值得保障，如何能在法律允许的范围内为自己争取更大的权益，是双方自由的权利。因此，需要从两个视角来分析这个问题。

1. 从子女视角看，与继母争产风险问题

首先从子女的视角来看，企业家父亲再婚，往往迎娶妙龄佳人，一则从面子上难堪，二则父亲的财产可能外流。面子上难堪的问题事小，财产外流问题事大。将来父亲一旦去世，与继母的一场遗产争夺大战就在所难免。继母相对子女有哪些优势值得子女一方特别注意呢？

第一大问题是父亲财产的混同问题，在本案中就存在李某斌的儿子李某东与继母徐某争夺遗产的问题。如果实际情况是徐李夫妻二人没有财产约定，那么作为配偶的徐某，对于丈夫亲自经营与控制的企业集团在婚后产生的增值部分，法律界的通说观点认为这属于夫妻共同财产。因此，虽然徐某不是企业的股东，但李某斌持有的股权有相当一部分是夫妻共同财产，为夫妻二人共同所有。所以，即使李某斌希望将自己名下所有的股权死后全部给弟弟李某杰，他的遗愿的有效

性也非常值得商榷。当然,作为公司的股东是否有权转让属于夫妻共同财产的股权这是《公司法》上一个非常有争议的专业问题,我们在这里不做讨论。

因此,可以总结一条经验教训,如果企业家在迎娶年轻貌美的妻子时,希望将来自己前段婚姻的子女更多地接班家族企业、主导家族财富的话,婚前财产协议就是必须考虑的,否则一旦发生混同,企业家即使订立了遗嘱,也只有权处分共同财产中属于自己的那部分,子女将处于极度被动的地位。

第二大问题是企业的经营权问题,因为继母可以通过继承取得企业股东的地位,如果企业经营成年子女已经接班或深度参与,则继母完全有可能通过股东权利的行使取得子女在经营中的各种违法行为的证据,成为要挟子女的利器。在本案中,继母徐某是个非常善良的人,不愿意举报李某东的各种违法行为,但也在微博上明确表示了其掌握这些情况。如果徐某不考虑亲情,对李某东痛下杀手,恐怕李某东现在已经身陷囹圄。

由此,又可以总结出一条经验教训,如果企业家不希望自己的配偶将来接班自己的企业,除了签订财产协议以外,还要做有针对性的安排,可以将股权以外的资产多留给配偶,以保障其品质生活,同时避免配偶通过继承取得股东地位。

第三大问题是如果前段婚姻的子女未成年,前段婚姻子女在和继母争夺财产的过程中就会处于弱势地位,这里和成年子女与未成年子女争产的情况非常相似,就不再重复阐述了。

2. 从继母视角看,与丈夫前段婚姻子女争产风险问题

我们再从继母的视角来分析一下这个问题。在遗产争夺大战中,继母的权益也同样值得保护,尤其是在本案中,作为继母的徐某没有非分之想,行事也内敛善良,一开始就在遗产争夺战中处于绝对的弱势地位,后来通过2年多的不懈努力,揭穿了层层阴谋,还数次被死亡威胁之后,才算保住了自己的合法权益。由此可见,继母的合法权益可能面临哪些挑战,应当如何保护也是非常值得探讨的。

在实际生活中,就像本案一样,小李某斌16岁的徐某婚后并不太参与家族企业的经营和家族资产的管理,甚至连丈夫走后,丈夫的银行账户都不在自己的控制之下。因此,当李某东和叔叔联合转移丈夫财产时,徐某甚至一开始都没有发现。要保护好自己的合法权益何其难也。

在徐某发现财产被转移以后,她及时地采取了法律手段,通过2年的艰苦诉讼,保护了自己的合法权益。但我们必须注意到,徐某比一般的企业家夫人更有优势。这是因为,她是某电视台主持人,有自己的事业,社会地位较高,社会资源较丰富，个人能力也比较强。即使如此，她还是在诉讼过程中受到了诸多威胁，甚至死亡威胁。而绝大部分的企业家的年轻夫人们，她们的职责就是相夫教子，经济不独立，能力不强，没有社会资源。当她们的合法权益受到侵犯时，她们有没有足够的实力与掌握公司控制权的继子女对抗，这是要画问号的。

即使像徐某一样，通过法律手段保护住了自己的合法权益，取得了企业的股权，但毕竟自己不参与企业经营，就像我们在前文中分析的一样，尤其是非上市公司，股权到底属于资产还是负债都未可知。

同时要注意到，以徐某为代表的企业家夫人们不仅代表自己的利益，还代表着她们未成年子女的利益，自己的利益都确保不了，子女的利益就更无从保护了。

由此，又可以总结出一条经验教训，企业家的夫人们在企业家在世的时候，一定要做好自己和子女将来的安排与保护。而企业家们，也应该提前考虑好美娇妻和未成年子女的权益保护，防止企业家去世以后，掌握财产控制权的子女转移财产，利用优势地位欺负孤儿寡母，滥用股东权利侵害继母和未成年弟弟妹妹的权益。对处于弱势地位的继母和未成年子女，如何做好财产和现金流的安排，保障他们的生活、医疗、养老、教育品质，提前做好子女们将来成年以后的创业和婚嫁支持是规划的关键。在防止争产、做好现金流规划、保障品质生活方面，人寿保险、保险金信托、家族信托、基金会等是最佳工具。

（二）同父异母子女及其母亲们争产的情形

有一些高净值人士因为有多段婚姻，多个子女，有的还可能有非婚生子女，而且子女的年龄跨度特别大，又因为众多子女并非一母所生，很多子女之间感情相对较浅，甚至处于敌对的状态。在作为关系核心的父亲在世并掌权的情况下，子女及子女的母亲之间矛盾还不会过于激化。但是，一旦出现父亲身故或者失去行为能力的状况，众多子女之间的争产问题就会迅速地凸显出来。

同父异母子女及其母亲们争产的情形其实就是子女与继母争产情形的加强版，相比之下关系更加复杂，利益更难平衡，矛盾更加容易激化，有这种情况的高净值家庭必须要认真对待，及早规划，减少传承的不确定性，避免矛盾在父亲身故或者失去行为能力后激化升级。

（三）亲兄弟姐妹争产的情形

亲兄弟姐妹虽然血脉相连，但这并不意味着亲兄弟姐妹就不会争产；反之，古今中外，在巨大利益的驱使下，兄弟反目、祸起萧墙的案例可谓举不胜举。在对亲兄弟姐妹争产这个问题的认识上有两个误区。

1. 对亲兄弟姐妹争产风险认识的两个误区

第一个误区，希望通过教育和道德解决问题，用巨大的利益去考验人性。结果就是在巨大利益的面前，人性善的一面被掩盖，而恶的一面被充分放大，最后兄弟反目，祸起萧墙。

第二个误区，认为父母只要一碗水端平，公平地作出安排，子女就不会争产。殊不知，关于公平，每个人心里都有一个标准，父母认为自己做到了公平，但结果是每个子女都觉得不公平，父母一去世，兄弟姐妹依然打得不可开交。关于公平，笔者给大家讲一个案例。笔者曾经帮助一位企业家作了财富传承的安排，这个企业家有两个儿子，大儿子从小勤奋懂事，大学毕业以后跟随父亲南征北战，为家族立下了汗马功劳，甚至可以说家族的大半壁江山其实应该是大儿子的，但大儿子孝顺，所以家族的主要财产都在父亲的名下。小儿子则从小娇生惯养，好吃懒做、吃喝嫖赌。在做具体传承方案之前，笔者和两个儿子都进行了沟通，听听他们的想法。大儿子认为，如果父亲比较公平的话，应该把大部分资产传承给自己，理由有以下三点：第一，家族财产本来就有一大半是自己赚的；第二，资产在弟弟的手里也是被败掉，所以不能给他太多；第三，将来弟弟肯定还要自己养活，那倒不如大部分财产给自己，将来自己来养活弟弟。然而，小儿子却有自己的想法，他认为，如果父亲公平的话，应该给自己多分一些财产，因为自己没能力，财产花一分少一分。哥哥有能力，即使少点，他也可以自己挣。家里是讲爱的地方，所以大家都应该多照顾他。可以想象，如果老爷子决定平分家产，那么两个儿子都不会满意。

2. 防止亲兄弟姐妹争产规划的核心要诀

因此，在财富传承安排上笔者总结了一条帝王原则："财富传承安排，没有公平，只有确定。"想通过公平安排来传承财富，最终达到定分止争的目的，这条路是几乎走不通的，因为每个人心里都有着自己公平的标准。但通过确定的安排来定分止争，让继承人争无可争，反而会是最有效的方案。一方面加强子女教育与沟通，让继承人认识到自己安排的意义和良苦用心；另一方面以霹雳手段，让传承安排没有被挑战的机会，反而会促进继承人之间的感情。

（四）"传男不传女"引发子女争产纠纷的情形

虽然说当今社会主流讲究男女平等，男孩女孩一样对待。但在社会实践中依然会遇到不少的高净值人士希望将大部分的财产，特别是家族的事业传给儿子，给女儿则只提供财产上的支持，或者给予少量的股权。并且，有意思的是，子女对父母的这种想法往往都比较清楚，因为这是中国传统封建思想的残留，还深深地刻在一些人群的思想意识中，故而，男孩们对这样的安排往往是欣然接受的，他们自小就认为，家里的主要财产将来就是要传给男孩的，姐姐妹妹将来是要出嫁的。女孩们虽然对此会有不满，但因为从小就受到这种思想的洗礼，在一般情况下还是会安然接受。这种情况笔者在广东、福建、浙江、山东等地方遇到得比较多。

高净值人士如果有"传男不传女"的想法，就需要在财富的传承安排上及早地作出整体的规划，因为他的这种想法和我们国家目前的法律规定是冲突的。在法律上，儿女作为继承人是完全平等的，如果不作安排，按照法定继承，依据《民法典》第 1130 条①的规定，同一顺位的继承人继承遗产的份额一般应当均等。但很多人对此却并不了解，所以当笔者给一些当事人指出如果不作安排，遗产会被平分的时候，当事人会非常吃惊。如果没有提前做好安排，一旦父母去世，儿子一般早就认为大部分财产应该归自己所有，并且女儿一开始也已经几乎认可这种安排。但是，在办理继承手续的过程中，当女儿发现只要她不主动放弃，就有机会依照法律的规定取得和其兄弟同等的遗产继承权时，其拒绝放弃的概率是不低的。如此，亲兄弟姐妹间的争产纠纷就不可避免了。

（五）公婆与儿媳争产的情形

公婆与儿媳争产的情况在现实中也是比较多的，一般都是因为被继承人的子女还比较年幼，公婆担心儿媳带着孩子及财产改嫁他人，所以希望由自己掌控家族核心资产。如果发生被继承人子女已经去世或者没有子女的情况，其争产的矛盾就会更加凸显。

在被继承人有子女作为继承人的情况下，公婆有机会与儿媳争产是我国目前法律环境下的一种比较独特的情况，因为在全世界大多数国家和地区，父母不会作为第一顺位继承人而存在。譬如，在德国、日本、我国台湾地区等，第一顺位继承人是晚辈直系血亲，同时，配偶作为零顺位继承人，当有第一顺位继承人时，其同第一顺位继承人共同继承，没有第一顺位则与后序顺位继承人共同继承。但我国继承法体系将父母、配偶都直接列为第一顺位继承人。因此，即使被继承人有亲生子女，父母依然可以作为第一顺位继承人参与法定继承。尤其是对很多企业

---

① 《民法典》第 1130 条　同一顺序继承人继承遗产的份额，一般应当均等。
对生活有特殊困难又缺乏劳动能力的继承人，分配遗产时，应当予以照顾。
对被继承人尽了主要扶养义务或者与被继承人共同生活的继承人，分配遗产时，可以多分。
有扶养能力和有扶养条件的继承人，不尽扶养义务的，分配遗产时，应当不分或者少分。
继承人协商同意的，也可以不均等。

经营者英年早逝的家庭来说，子女未成年，父母还健在，如果父母对女婿/儿媳不放心，通常就会发生争产纠纷。

如果被继承人没有子女或子女先于或者与被继承人同时去世又没有其他子女的话，因为父母和女婿/儿媳之间已经完全没有血缘关系的联系纽带，所以双方利益冲突从现实的角度上讲会更加激烈。这种情况虽然不多见，但却不乏著名案件，如小甜甜龚某如与公公的世纪争产纠纷，持续达10年左右。还有云南某联集团董事长郝某与独生子同机遇难，结果造成90岁父亲与遗孀争产，遗产继承纠纷持续数年。

（六）亲生子女与亲生母亲争产的情况

不仅有继子女与继母争产的案例，在一些特殊情况下，亲生子女与亲生母亲争产的情况也时有发生。香港某丰集团争产案和香港慈善名伶邓某祥家族争产案就都是亲生子女在父亲去世以后和母亲对簿公堂的案例。

在很多企业家家族中，女方往往不深度参与企业的经营，但其对家族财产的相当一部分却拥有所有权。当丈夫去世以后，子女和母亲在对资产的控制权上就可能会产生矛盾。

读者可能会奇怪，母亲怎么会和亲生子女争产呢？她的财产最终不都是子女的吗？其主要原因是缺乏安全感，担心一旦放弃控制权，子女如果不孝，自己老年生活的品质就不是自己说了算了，老了还要看儿女的脸色生活，甚至落得个无依无靠的下场，所以母亲就容易把着控制权不放。

那儿女为什么要和亲生母亲争夺控制权呢？将来母亲去世了以后不都是自己的吗？这是因为企业在父亲去世以后，经营主要还是要靠儿女，但母亲如果和自己的经营思路不同，企业管理就会受阻。儿女要实施一些新的战略也会感觉处处掣肘。并且，财产控制权在母亲手中，担心母亲被其他人欺骗，导致财产外流也是很多儿女的常见想法，尤其是母亲如果还有另结新欢的迹象时，子女就尤其担心了。所以子女也难免想尽早地取得财产的控制权。

而控制权的争夺又会加剧母子之间的不信任，加剧母亲的不安全感，加剧儿女的担心，而加剧的担心又升级了争夺的手段，事情就进入了恶性循环。这时候，亲生母子对簿公堂，甚至反目成仇就不足为奇了。好好的家庭，因为财产的矛盾分崩离析，留下无数的遗憾。

由此，又可以总结出一条经验教训，企业家们的配偶之所以要和子女争产，主要原因就是缺乏安全感，企业家们必须要为自己的配偶做好安排，让他们能在自己去世以后仍然可以绝对地保证有高品质的养老生活、高品质的医疗条件，以及子孙后代的尊重和爱戴。配偶有了足够的安全感，她自然就不会太追求对其他财产的控制，子女和母亲之间关于财产发生矛盾的根基就不复存在。一家人自然就会其乐融融，代代兴旺发达。

第三节 解决方案设计策略

所谓继承人，一般都是被继承人最亲的人，父母、子女、配偶、兄弟姐妹，不是朝夕相处就是血脉相连。如果发生最亲的人争产、家族内斗、祸起萧墙，这是最最遗憾的事情。所以我们必须要提前做好安排，避免争产的情况的发生。

一、继承人争产风险预防规划五大基本原则

虽然谁都不希望自己最亲的亲人们发生争产纠纷，但是预防继承人争产风险的规划并不容易，以下五条原则是值得参考的。

1. 规划必须未雨绸缪，安排规划宜早不宜迟

未雨绸缪是任何规划的第一原则，因为我们永远不知道意外和明天到底哪一个会先来。还有突如其来的疾病，就像前面案例中说的李某斌先生，正值壮年，但一场大病来袭，最后都来不及做好传承的安排。

2. 追求“相对公平”“绝对确定”“确定无争议”是定分止争的关键

传承安排的确定、无争议最重要。因为在财产分配上，每个人的想法不同，因此，不可能有让所有继承人都认为公平的方案，所以靠追求公平分配定分止争是不实际的。实际上，只有传承安排非常确定，争无可争，才能真正防止争产风险的发生。

值得注意的是，“确定无争议”的安排方法与手段往往都是比较强硬的，而财富传承毕竟是家族内部的事情，所以单纯地使用这些冰冷强硬的手段是不合适的，必须要辅助以很多温暖与人性化的安排和手段，再加上相对公平，才可以做到既避免争产，还充满温情，让一家人可以更加有爱和谐地生活。这也是笔者经常说的一句话：“用霹雳手段，显菩萨心肠。”这也是私人财富管理中非常重要的一个规划指导原则。

3. 重要、核心财产的传承最好避免经过继承程序

因为继承程序需要所有的继承人员参与并达成一致，是非常容易引发纠纷的。因此，家族最为重要的、核心的资产的传承最好不要经过继承程序。

最重要的如家族企业股权的传承，最好在身故前提前做好家族企业主要股权资产的转移。譬如，通过身前赠与的方式给接班人，或者用合理的控股架构提前将企业的控制权交给接班人，还可以通过家族信托架构集中持有股权，将管理权与受益权分开传承等。

总之，不要让这些核心资产经过复杂的继承程序进行传承，以免旷日持久的继承纠纷对家族核心资产造成严重损害。

4. 预留身后现金流，避免遗产分割僵局

在遗产分割的过程中，因为有一些财产价值较大，又不宜由众多家族成员共有，也不宜出售分割价款。譬如，高价值的不动产，不宜共有，临时出售可能很不划算。又如，企业的股权，虽然可以分割股权，但股权分散对企业经营有较大影响，也不宜分割。此时，就有必要对其他愿意放弃该资产继承份额的继承人予以资金补偿，但是，高净值家庭大部分的资产是非流动资产，就会造成因为遗产流动性不足而导致分割困难甚至陷入僵局。因此，预留身后流动性是非常重要的。在预留身后流动性的问题上，人寿保险无疑是最佳工具。

5. 重点注意继承人中弱势成员的权益保护安排

在传承安排规划中，弱势继承人的权益保护安排是需要重点考虑的。因为他们自己缺乏足够保护自己权益的能力，如果不对他们做周全的安排，他们的权益就很容易被其他强势的继承人侵害。如果发生权益被侵害的事情，一方面对弱势方不公平，也不符合被继承人的真实意愿，同时，如果引发了弱势方的强烈不满，在家族内部，弱势方对强势方也是有反制手段的。就像在李某斌遗产纠纷案中，弱势方徐某曾在微博中称，过往念及亲情，对非法集资、涉黑、职务侵占等事并未举报。一旦爆发激烈纠纷，立时祸起萧墙，两败俱伤。

因此，只有在传承规划中充分考虑了弱势继承人权益的保护，在继承人之间实现了相对均衡，才能真正做到让继承人没有争产的动力，也争无可争。

二、四种典型财富传承工具的确定性分析与运用原则

（一）身前赠与工具的确定性分析

身前赠与，提前传承。在被继承人去世之前就将一部分财产分配完成，在被

继承人的亲自控制下完成传承。当被继承人去世后，这些财产的归属早已成埃落定，当然就争无可争。

只不过要注意的是，如果被继承人在家族中没有足够的权威，又或者身前赠与的传承安排过于地有失公允，身前赠与的安排可能当时就会引发家庭成员之间的矛盾，这是很多老人不愿意用身前赠与工具传承财富的原因所在。

还有，身前赠与不容易保持控制力，很多老人也会担心财产提前传承了，会不会导致自己老年生活没有足够的尊严。

所以，身前赠与工具适宜于家族内部矛盾不算太深，大家对被继承人的安排权威性服从度比较高，并且继承人比较有出息、孝顺的家庭或家族。

（二）人寿保险工具的确定性分析

通过人寿保险死亡理赔金实现直接传承，确定性很高，可以实现争无可争。人寿保险的死亡理赔金依据《保险法》第 42 条直接属于受益人，不属于被保险人的遗产。同时，有《保险法》第 23 条防止相关利益人介入保险金支付的过程。因此，通过人寿保险死亡理赔金传承是可以做到争无可争的。

人寿保险的传承是身后传承，身前可以保持控制力，这是一个很好的优势。当然，人寿保险传承财富的范围非常有限，仅限于金融资产，并且是金融资产的一部分，而在大部分的高净值家庭中，金融资产占比并不太高。

因此，人寿保险工具不会是高净值家庭或家族的主要传承工具，其在传承中主要用来传承部分的金融资产，并且利用其独有的特点准备足够的身后现金流，以促进整体的传承工作能更顺利、更和谐地完成。

（三）家族信托工具的确定性分析

这里所说的家族信托是委托人在自己具有掌控力的时候，将自己的一部分财产以信托的方式委托给受托人，由信托受托人以自己的名义持有并管理，并按照信托合同约定的受益人和受益规则，将相应的受益权分配给受益人的一种财富安排的方式。信托设立后，委托人交给受托人的财产就不再是委托人的财产，当委托人去世的时候，依据《信托法》第 15 条的规定，信托存续，信托财产不属于委托人的遗产，因此完全不受委托人去世的影响，更不可能牵涉遗产分配的问题。因此在委托人去世这个问题上，家族信托几乎不存在争产的风险。

信托成立后，信托财产不仅独立于委托人，同时独立于受益人。根据《信托法》第 43 条的规定，受益人是在信托中享有信托受益权的人。因此，受益人对信托的权益是受益权，受益人对信托财产本身是不可以主张权利的。并且，受益人的受益权来自信托文件的约定,因此,受益人对信托财产很难有争夺的机会,从这一点上说,继承人的争产风险也很小。

可以预见,随着我国家族信托的快速发展,其必将成为高净值家庭或家族最为重要的传承工具,其将承担家族最重要、最核心的资产的传承。

(四)遗嘱工具的确定性分析

相比之下,遗嘱工具传承的确定性相对是差一些的。其主要原因就是遗嘱的效力问题。在现实生活中,被继承人立了遗嘱但最后全部无效或部分无效的情况普遍存在,2016年北京、上海、深圳、南京法院调研数据显示,超过60%的遗嘱被法院认定为无效或部分无效①,非常值得我们关注。

为何遗嘱如此容易无效呢?这是因为遗嘱是一份有严格要求的法律文件,而大部分立遗嘱人不具备专业的法律知识,再加上立遗嘱时与立遗嘱人死亡时,情势可能已经变更,就导致很多的遗嘱部分无效或全部无效。导致遗嘱无效笔者总结了至少八种情形:(1)遗嘱不符合法定形式导致遗嘱无效;(2)立遗嘱人欠缺行为能力导致遗嘱无效;(3)见证人不适格导致遗嘱无效;(4)遗嘱意思表示不真实导致遗嘱无效;(5)违背公序良俗,危害公共利益的遗嘱无效;(6)没有保留必留份导致遗嘱无效;(7)多份遗嘱内容冲突导致遗嘱无效;(8)内容不清、自相矛盾或无法实现等导致遗嘱无效。这八种无效情形在本书“继承程序风险与方案设计策略”一章中有详细阐述,这里不再重复。

当然,如果在订立遗嘱时聘请了专业人士协助订立,譬如,在专业律师的指导和见证下订立或者到公证处订立公证遗嘱,其无效的可能性就会大大降低。至少可以避免因行为能力、见证人不适格、内容不清、没有保留必留份等诸多方面的无效情形。但是,因为遗嘱毕竟以最后一份为准,所以即使是专业人士协助订立的遗嘱,至少有多份遗嘱内容冲突而导致无效的可能性。由此可见,遗嘱传承的确定性相对前三种工具是不高的。

因此,在财富传承规划中,尤其是重要的财产,有条件用前三种更为可靠的传承工具实现传承的就不要用遗嘱。遗嘱则用来处理前三种工具不方便处理或者还来不及处理的财产。如果高净值人士能够及早地通过以上四种手段对自己的主要财产作安排,那么,在其去世的时候,他的继承人们即使对安排有意见,但基本上是没有机会也没有手段来进行争产的。唯有如此,才能真正达到定分止争的效果。

---

① 资料来源:法制日报网:http://www.china.com.cn/legal/2016-09/19/content_39324359.htm。

三、传承规划中弱势继承人的规划与保护

与通过规划使得传承确定无争议同样重要的就是对弱势继承人的关注。继承人中哪些人是弱势成员呢？一般来说，年迈的父母、年幼的孩子、缺乏赚钱能力的妻子都是继承人中可能的弱势成员。通过科学合理的规划，守护好他们的权益是传承规划中最为重要的一环，也是保证和谐传承的关键之一。

（一）父母的照顾安排与权益保护

1. 做好父母的照顾安排对实现和谐传承的意义

在高净值人士的继承案件中，父母如果白发人送黑发人，情感上悲伤不说，还会失去养老生活的依靠，非常没有安全感。但是，如果让父母作为法定继承人和孩子一起继承财产，又会导致大量的财产通过父母流向兄弟姐妹甚至继父母，还有和自己完全没有血缘关系的继兄弟姐妹。父母和孙子女，女婿/儿媳争产的动机恰恰就是这两个：一个是为了自己的安全感，另一个是为了其他的子女。

因此，在传承安排中，第一是要通过合理的规划，避免大量的家庭财产通过继承流向父母，同时又要充分考虑父母的养老生活，父母的安全感。如此，让父母既无争的必要，也无争的可能，自然就能定分止争。

父母的照顾安排的关键是让父母老有所依，老有所养，保证父母有一个金色的晚年生活。父母的规划的关键就是做好父母的养老、医疗、护理等的安排。

2. 父母品质养老现金流的规划方法

养老现金流的准备并不是为父母准备一笔钱那么简单，因为父母养老时间的长短是不确定的。在父母的有生之年必须保证每个月可以稳定、足额地领到养老金，并且必须活多久领多久。

因此，父母的养老现金流的最佳规划工具无疑非商业养老保险产品莫属，因为商业养老保险的特点就是本金安全、现金流供给稳定，并且可以活多久领多久。具体操作办法是用父母自己作为投保人和被保险人购买商业养老保险，死亡受益人可以指定为其子女或者孙子女等。如果父母的财务调查不好通过的话，可以先用企业家做投保人，交完保费后再变更。

3. 父母品质医疗的规划方法

在做好养老现金流规划的同时，医疗费用的规划也是非常关键的。但医疗费的最大的特点就是不确定性，比养老现金流更加不确定。因此，父母的医疗风险也最好通过重大疾病保险和医疗报销型险种组合来进行风险对冲。以父母自己

作为投保人和被保险人,购买足额的重大疾病保险与医疗报销保险。

值得注意的是,目前国内的医疗报销类保险还有一些不完善,首先是目前很少有可以保障终身的医疗报销保险产品;其次是医疗报销产品大多数是自然费率,每年需要缴费,保费来源也是一个问题。所以,建议用更高保额的重大疾病保险来替代一部分医疗报销保险,间接解决问题。

4. 父母失能后的护理品质的规划方法

父母部分失能或者全部失能之后的生活品质才是父母养老品质规划的关键所在,因此,父母的护理安排是非常关键的。一般来说,居家护理养老的品质是不好保证的,如果家人亲自照顾,会给其他家人带来很重的负担,如果聘请护工居家照顾,护工的护理品质很难保证,并且,居家护理硬件设施的短板也是比较明显的。因此,父母失能后的护理品质最好通过高端养老社区来保证。

5. 高龄父母的照顾安排的规划方法

请注意,前面介绍的一系列规划方法的前提是父母目前年纪还不是特别大,基本上不能超过65岁,而且要求身体还比较健康。一旦父母年龄过大或者健康状况不好,他们就很难作为被保险人购买医疗保险和养老保险了。

年龄和身体不符合要求的父母建议通过保险金信托来安排,以高净值人士自己作为投保人和被保险人,购买高额的寿险,如果健康条件允许,可以配置高杠杆的,如果健康条件不允许,就配置没有杠杆的,指定死亡受益人为信托。然后再指定父母、配偶、子女等为保险金信托的受益人,被继承人如果先于父母去世,则由信托支付父母的生活费,医疗费,护理费等。

(二)配偶的传承安排与权益保护

1. 做好配偶的传承安排对实现和谐传承的意义

在高净值人士的继承案件中,配偶之所以与子女争产,有两种典型的情况:一种存在于原生家庭,配偶与亲生子女争产,一般是因为配偶担心自己如果没有相应的财产权利,将来子女可能会不孝顺,自己的老年生活品质可能会有问题;另一种多见于再婚家庭,配偶与前段婚姻的成年子女争夺遗产,这种情况发生的概率更大。

配偶争产对家族财富持续传承是不利的,因为家族的主要财富正常情况下还是应当传承给子女,才能真正实现家族财富的持续传承。如果大量的财产传承给配偶,若是原生家庭还好,因为配偶将来还是会传承给自己的子女,最终还是可以实现持续的传承。但是,因为配偶一般不参与企业的经营,如果配偶与经营企业的子女争产，就可能导致企业经营受损（这个笔者在前面已经做过分析）；如果是再婚家庭，有的配偶甚至还非常年轻，将来会再婚生子（前文中分析过），这样会导致大量家族资产外流。

因此，在安排配偶的传承时，最主要的是要提前做好配偶的生活及各种保障安排，让他们对生活有足够的安全感，从而没有太大的动力和子女争产。

2. 配偶的传承安排规划方法

在配偶与有经营能力的子女的财产分配上，可以相对给配偶多分配不动产、保险资产、理财产品等不需要经营和管理的财产。而将需要经营和投资管理的资产更多地分配给有经营能力的子女。

在具体的安排问题上，原生家庭和再婚家庭是不太相同的。因为在原生家庭中，家庭资产绝大部分是夫妻共同财产，因此被继承人虽然实际对家庭资产全面掌控，但真正拥有完整处分权的只有一半。因此，在原生家庭中，夫妻二人要就资产传承达成一致的观点，并统一作出安排，在作安排的过程中妻子的权益的保护同样是非常重要的。如果是再婚家庭，并且，在大部分财产所有权属于被继承人婚内个人财产的情况下，他确实是可以独立作出规划安排的。

配偶的传承安排与权益保护重点是以下几个方面：住房的保障、品质生活现金流的保障、医疗品质的保障和养老品质的保障。

住房保障的规划方法有以下几种：首先，可以通过提前将房产过户到配偶个人名下，并约定归配偶个人所有的方法，这种方法直接、可靠、有效；其次，可以通过公证遗嘱或者持续性委托代理的安排方法比较可靠地传承给配偶；再次，可以将房产装入信托，配偶有居住权，不动产的租金通过信托受益金的模式给配偶提供现金流保障；最后，可以结合《民法典》新规定的居住权制度，为配偶在不动产上设立居住权以保障配偶有生之年的居住权。

3. 人寿保险规划配偶生活、医疗、养老现金流的优势

除了保证居住权外，配偶各项现金流需求的保障也是非常关键的，至少应当包括品质生活、品质医疗与品质养老三方面的现金流保障。在现金流保障的规划上，可以用人寿保险结合其他投资理财的方式，用人寿保险规划基础保障现金流，其他投资和理财规划改善性现金流。

人寿保险可以如此安排，以配偶自己作为投保人和被保险人分别配置年金保险、重疾保险、高端医疗保险和专业商业养老保险，其投保结构如下：

表 7－1

投保人	被保险人	死亡受益人	险种	备注
配偶	配偶	子女	年金、增额终身寿	生活现金流
配偶	配偶	子女	重大疾病保险	医疗费用
配偶	配偶		高端医疗保险	医疗资源/费用
配偶	配偶	子女	专业商业养老保险	养老现金流

在高净值人士配偶的生活、医疗、养老等现金流的保障上，人寿保险具有非常独特的优势。

优势一：本金安全，不怕亏损，不需要任何投资操作，不会被骗。

优势二：可以锁定收益，在利率下行通道和低利率时代比较有优势。

优势三：具有一定的投资功能，收益比较稳健，可以一定程度上抵御通胀。

优势四：可以构建伴随一生的现金流，活多久领多久，对冲长寿风险。

优势五：可以利用保险杠杆，解决医疗费和养老金的问题。

优势六：高端医疗保险背后有高端医疗资源，对医疗品质有保障。

优势七：高端养老保险还可以配置高端养老社区，对养老品质有保障。

优势八：配偶还可以通过指定受益人的方式决定保单剩余财富的传承，在一定程度上可以对冲儿女不孝的风险。

优势九：年轻配偶如果再婚，保单资产不容易在婚后产生混同，一直都会属于配偶的个人财产，可以更好地保护配偶的权益。

当然，人寿保险也有一些不足之处，主要的不足之处有两点。第一点是人寿保险的财产不具有独立性，如果配偶因为夫妻共同债务卷入债务危机，则以配偶作为投保人的保单可能受到威胁。第二点是人寿保险的投保人有合同的任意解除权，也就是投保人可以随时退保并获得保单的现金价值。如果配偶财务习惯不好，甚至有挥霍的恶习，则这些保单安排可能最后会因为配偶退保而落空。

对于保单资产可能受到债务威胁的问题，如果配偶的父母比较年轻，可以考虑用父母作为投保人，从而达到隔离债务的目的；同时可以一定程度上防止配偶退保。只是要注意，如果配偶还有其他兄弟姐妹，或者父母的婚姻比较复杂，一定要注意投保人权益的继承问题，要配合好第二投保人的设置或者遗嘱的设置。如果配偶自己是独生子女，父母家庭结构比较简单，则投保人权益的继承问题影响不大。

相对父母作为投保人,保单与信托的结合规划会更有优势,但最好是能将保单的投保人变更为信托。保单的投保人一旦变更为信托,一则通过信托财产的独立性,解决了保单的债务隔离问题;二则投保人是信托,配偶没有保险合同的解除权,又可以很好地规避配偶挥霍的风险。并且,相对于单纯的保险安排,信托还可以提供更加丰富的受益规则和受益安排,可以更加人性化地满足配偶的各种安排,让配偶拥有更高的生活品质和安全感。

(三)未成年子女的传承安排与权益保护

如果企业家有多段婚姻,子女年龄差距比较大,同时有成年子女又有未成年子女,成年子女与未成年子女又非一母所生,感情不是太深厚,甚至相互之间存在矛盾。企业家一旦去世,成年子女可能就会利用自己的有利地位,侵害未成年子女的权益,甚至像前文案例中李某斌的大儿子一样,对弟弟妹妹的权益痛下杀手。因此,在作传承安排时,未成年子女是要作特殊安排的。

因为未成年子女和成年子女最大的区别就是未成年子女没有经营能力,并且,未成年子女的母亲也不一定有经营能力。因此,在作财产传承安排时,尽量不要给未成年子女留下经营性资产,而应当更多地留下不需要经营的不动产、金融资产等。而将经营性资产更多地留给成年子女,避免成年子女与未成年子女在利益上产生激烈的冲突,也防止成年子女利用经营手段侵害未成年子女的权益。

未成年子女具体的安排方法,在“未成年人监护风险”一章中笔者进行了非常详尽的阐述,本章不再重复。

第八章

父母继承外流风险

第一节　风险案例

一、案例导读

林先生和林太太天资聪颖，名牌大学毕业后，跟着大股东把一家公司做上市，刚刚不惑之年便坐拥8亿元家产。夫妻俩的兄弟姐妹众多，均受到这两口子的恩惠。不承想一次意外之后，林家两口子因车祸身亡，七个兄弟姐妹，不仅不帮，还伙同两家老人，与林先生、林太太的一双儿女争夺遗产！到底是农夫与蛇的故事还是另有隐情？手足之情如此脆弱不堪吗？

二、案例详情

林先生和林太太是大学同学，毕业以后一起进某研究所工作并结婚，研究方向为高分子材料。2002年，夫妻二人辞职，和另外一位朋友共同创业，因为掌握核心技术，企业发展迅速，并顺利于2015年上市。夫妻作为企业的第三大股东，身价暴涨数亿元。夫妻二人的儿子林某然1994年出生，15岁就只身去美国上高中，学习成绩优异。2015年公司上市后，林太太发现自己意外怀孕了，二人一直都希望能有两个孩子，让孩子们别那么孤单，苦于公司工作太忙，再加上计划生育的影响，所以一直未能如愿，如今公司也上市了，所以毫不犹豫地留下了，2016年6月，小女儿林某霏呱呱坠地。

林先生和林太太小时候家庭条件都一般，家里兄弟姐妹也比较多，因为二人都是家里的老大，而且又最有出息，一直都是家里的顶梁柱。特别是林先生和林太太创业成功以后，给弟弟妹妹们的关照就更多了。借钱给弟弟妹妹们买房，做生意给投资，孩子上学给钱。两大家子凭借林先生夫妇的成功，生活水平得到了很大的提升，四个老人看着孩子们都有了好的生活，高兴得都合不拢嘴。

事业成功，儿女双全，老人身体健康，兄弟姐妹和睦。特别是林先生夫妇买了独栋别墅以后，两个大家族20来口人，每年过年都要相聚在大别墅中，这本来应该是世界上最幸福的故事。

这一切随着2018年8月的一场车祸戛然而止。这一天，林先生和林太太大学班长的孩子结婚，两个人开车去参加婚礼，不幸在高速公路上发生严重车祸，夫妻二人当场身亡。

一个大家庭一下子就失去了主心骨，全家人乱成一片。好在公司已经上市，而且夫妻二人并非企业的实际控制人，而且大股东愿意全资收购夫妻二人留下的股权，按当时的市值计算，高达8亿元人民币。但需要先办理好继承的手续才能进行收购，为了让股权收购更加顺畅，大股东出资聘请了专业律师团队帮助家族办理股权的继承手续。见图8－1。

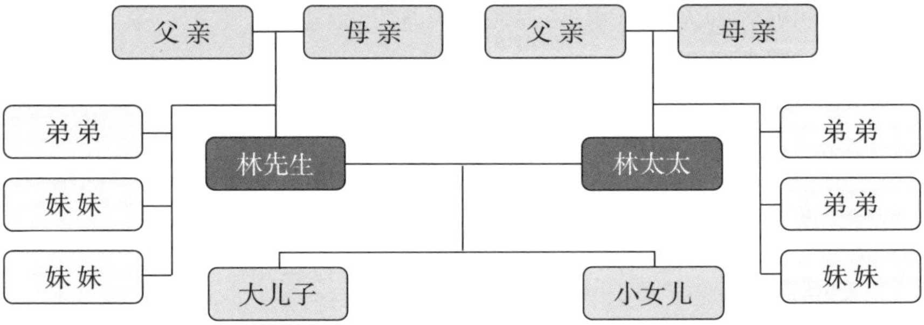

图8－1

然而，就是这8亿元股权的继承，让原本幸福和睦的大家族最终祸起萧墙，反目成仇了。这究竟是怎么一回事呢？

原来，林先生夫妻二人都还比较年轻，去世的时候才不到50岁，所以也没有作任何的传承安排，夫妻二人去世以后，所有的遗产就只能按法定继承来处理。夫妻二人父母都在，所以按照当时《继承法》第10条的规定，四个老人与两个孩子都是遗产的第一顺位继承人，林先生的继承人有林先生的父母和两个孩子，而林太太的继承人则是林太太的父母和两个孩子。没有其他特殊的情况，从法律上来讲，夫妻二人的遗产将一分为八，四个老人各继承一份，两个孩子各继承两份。如此，就将有4亿元的遗产被老人继承，而两个孩子只能各继承2亿元，对于这样的结果，大儿子林某然觉得太不公平了，无法接受。

当然，在很多老人参与的继承案件中，老人会放弃部分遗产的继承权，经济条件比较不错的老人甚至会全部放弃遗产，这样的话两个孩子就可以继承大部分甚至是全部遗产。在本案中，律师也按照经验，劝说老人放弃部分遗产。让人想不到的是，老人根本不愿意放弃遗产。

老人为何会如此坚决呢？律师通过调查了解以后才明白，并不是老人自己想要遗产，而是几个儿女给老人施加了特别大的压力。原来，林先生和林太太都各有三个兄弟姐妹，收入都不高，原来有林先生夫妇的支持，所以生活品质得到了很大的提高。现在林先生夫妇去世了，如果父母继承了遗产，按照目前的价值，将来父母去世以后，每个兄弟姐妹都可以继承到3000多万元遗产。有了这笔遗产，每个兄弟姐妹的家庭都可以有富足的生活，最关键的是他们的孩子能有一个很好的经济基础。而且他们认为，林先生夫妇的两个孩子，每个人现在可以继承2个亿，也是吃不完用不完了。但如果四个老人放弃大部分的遗产，那么将来其他兄弟姐妹的经济条件就无法保证了，关键是，他们的孩子们就没有一个很好的经济基础了。老人也不是没有想过放弃一部分遗产，因为孩子已经去世了，孙子、孙女这么小就没了父母，自己还要去和孙子、孙女抢遗产，老人们心里就别提多难受了。但跟其他儿女一商量，就遭到了儿女们的强烈反对，认为老人应该一碗水端平，同样是孙子孙女，为什么林某然兄妹一人2个亿都还嫌不够，他们将来也就是一家几千万元都还要放弃，这样太不公平了。有的子女甚至威胁老人如果老人放弃，就断绝关系。孙子、孙女们也或多或少地表达了不希望放弃的意思。

老人们跟律师也讲得很恳切，他们说，我们几个老的，都土埋到脖子的人了，现在白发人送黑发人，已经够伤心的了，要这些钱有什么用呢？但毕竟自己还有这么几个孩子，孙子、孙女还有一大堆，自己当老人的也必须要考虑，毕竟都是自己的亲生骨肉，手心手背都是肉，少了谁都难。

所以最终的结果是，四个老人一分钱都没有放弃，完全按照法定继承的份额继承，调解结案。

继承手续办完以后，大儿子林某然对家庭极度失望，回美国继续读研究生了，和爷爷奶奶、外公外婆还有叔叔、姑姑、舅舅、阿姨们再也没有感情可言。因为小女儿从小是由外公外婆带得比较多，哥哥林某然还是学生，没有精力也没有能力做妹妹的监护人，所以暂时由外公外婆作为监护人抚养。小女儿的遗产份额由四位老人共同管理，哥哥林某然监督。

三、案例解析

案子结束了，一大家子人又各奔东西了，只留下那一栋曾经热闹非凡的大别墅孤零零地站立在那里。昨天那里面还充满热闹、幸福、其乐融融，今天却只剩下冷漠、孤独。这一切在其他人的口中只是一个传奇的故事，当人们聊起来的时候，更多的可能还是对那几个亿财产的无比羡慕。但是，对于这个家族来说，金钱能带来多少幸福我们目前不得而知，但跨越几代人的伤害是真真实实的。

目前，受伤害最大的可能是大儿子林某然，刚刚开始成熟步入社会的他，目睹了亲情在巨大的金钱利益面前的脆弱,看到了人性在面临金钱诱惑时的丑陋。失去父母对一个仅 20 出头的孩子来说已经打击够大,而自己最亲的亲人们却在这个时候无情地抢走了原本应该属于自己和妹妹的财产。从此,在这个孩子的心中,可能再也不会相信亲情,哪怕他坐拥 2 亿元的财富,也再也不会有安全感。将来他会不会孤独抑郁? 组成家庭会不会有心理障碍? 会不会染上不良嗜好? 会不会被坏人乘虚而入? 2 亿元的财产,到底是福是祸真的很难下判断。

年幼的林某霏可能现在还无法了解家里发生的这种种的变故,但将来随着年龄的增长,家里的这一桩桩往事,对她的成长会是一个什么样的影响? 外公外婆将来怎么跟他讲这些事,外公外婆年纪大了,将来可能还需要哥哥来抚养。但哥哥的前途会如何呢? 哥哥的性格会对年幼的妹妹产生什么样的影响呢? 这一切,我们都不得而知。如果没有了健康的成长,2 亿元的财富对这样一个小女孩,又有什么意义呢?

四个老人在孩子们的压力下没有放弃遗产继承,却造成了与孙子反目成仇的结果。还要面对社会舆论的评价,老人们的心理压力可想而知。但对于老人来说,事情还远远没有结束,因为接下来还要处理财产如何给子女们分配的问题,这又将是一场激烈的争端。在接下来的这一场争端中,兄弟姐妹们的感情恐怕又会被无情地撕裂。

第二节　风险解析与法律依据

一、我国法定继承制度中父母的独特继承地位

虽然我国继承法律制度在《民法典》编撰过程中有了较大的提升,但很多方面还是与现实情况不匹配。

其中的一个典型问题就是关于父母法定继承权的规定。《民法典》“继承编”第 1127 条[①]对父母法定继承权的规定完全地承袭了《继承法》(已废止)第 10 条

---

① 《民法典》第 1127 条　遗产按照下列顺序继承:
(一)第一顺序:配偶、子女、父母;
(二)第二顺序:兄弟姐妹、祖父母、外祖父母。
……本编所称父母,包括生父母、养父母和有扶养关系的继父母。……

的规定,父母依然属于第一顺位继承人。关于继承份额问题,依然非常粗糙,与《继承法》(已废止)没有区别。这样的法定继承制度对于遗产很少的底层老百姓不会有什么负面影响,但对于中产及中产以上家庭的财产继承,负面影响是巨大的。我国父母继承的法律制度主要有三个方面的问题。

(一)父母作为第一顺位法定继承人,财富逆向传承存在的问题

将父母在法律上列为第一顺位继承人是我国法定继承制度非常独特的规定。之所以这样规定也有当时的历史原因。首先,我国法定继承的两个顺位与苏联1964年《苏俄民法典》几乎相同,都是第一顺位为配偶、子女、父母;第二顺位为兄弟姐妹,祖父母、外祖父母。其次,父母作为第一顺位继承人是为了解决丧子老人的赡养问题。在以往社会保障体系不完善,人们的私人财富也不丰富的历史阶段,这样的规定给老年人在子女去世的情况下,提供了经济上的保障。再次,从法理上讲,我国《继承法》遵循的是"死后扶养思想",①缺乏"财富传承"的概念。因为继承法制定时我国处于改革开放初期,温饱问题刚刚解决,社会保障体系基本缺失,家庭成员的扶养依然是家庭经营的核心问题,所以遵循"死后扶养思想"来立法是符合当时的国情的。为何会缺乏"财富传承"的概念呢?因为在当时,私有财产虽然已经开始积累,但学术界、法律界对私有财产的地位还处于讳莫如深的状态,立法者当然就不可能考虑"财富传承"的问题。并且,以当时人们的认识,绝想不到今天老百姓的私有财产会如此之丰富,当然也就无法预见到"财富传承"的问题。最后,从亲等上来分析,父母和配偶、子女一样都属于第一亲等。父母是子女最近的直系尊亲属,与子女之间的相互扶养关系甚为紧密②,作为第一顺位继承人似乎也合情合理。并且,如此一来,父母在我国法定继承制度中的第一顺位地位就确立了。

但是,这样的法律制度是不太适应私有财产比较丰富的市场经济环境的。因为在私有财产丰富、经济高度发展、社会保障体系趋于完善的市场经济环境中,有了社会保障体系的支持,家庭成员的扶养已经不再是核心问题。尤其是对中产及中产以上家庭来说,继承的意义基本脱离了"家庭成员的扶养","财富传承"成为继承的核心意义。而"传承"应当是自上而下的,如果将父母列为第一顺位继承人,一旦子女先于父母去世,父母作为继承人将导致财产的逆向流动,这是不符合

① 王家桢:《一部符合中国国情的继承法》,载《西北政法学院学报》1985年第3期。

② 参见最高人民法院民法典贯彻实施工作领导小组主编:《民法典婚姻家庭编继承编理解与适用》,人民法院出版社2020年版,第530页。

“财富传承”的基本规律。因此，无论是我国传统的继承思想，还是目前全球的主流继承制度，都没有将父母列为第一顺位继承人。

首先，从我国传统的继承习惯上看，自上而下传承是我国从古至今深入人心的继承观念，最为典型的就是嫡长子继承制。我国传统继承习惯在我国台湾地区保存相对比较良好，我国台湾地区现行“民法典”继承编第1138条明确规定，第一顺位继承人为直系血亲卑亲属，第二顺位继承人为父母。当被继承人有子女时，父母并不参与财产的继承。

其次，从继承制度的国际视角上看，自上而下的传承制度也普遍被采用。采用直系血亲卑亲属作为第一顺位继承人是全球立法的主流，如美国、法国、德国、日本、意大利等，父母一般都会被列为第二顺位继承人。除了当年的《苏俄民法典》以及受其影响的法域以外，几乎找不到将父母列为第一顺位继承人的立法体例。

综上所述，从财富传承的角度上看，父母作为第一顺位法定继承人是有违基本规律，是不太合理的，当然也会带来一系列的问题。

（二）我国继承法律制度对父母继承遗产份额规定产生的问题

我国《民法典》“继承编”第1130条[①]关于继承份额分配的规定，相对《继承法》（已废止）也几乎没有作出修改，依然沿用均等分配的方式，然后再根据赡养义务的履行情况以及继承人扶养的需要给予一定的调整。这样的规定明显还是以“死后扶养思想”为指导的制度设计。这样的制度设计对于中产以下家庭或者贫困家庭是比较适合的，因为遗产非常有限，只能解决基本的扶养问题，甚至可能都还不够，所以不用考虑财产传承的问题。但是，对于中产及中产以上家庭来说，遗产的价值将远远超过家庭成员扶养的标准，依然按照“死后扶养思想”考虑遗产的分配就非常不合理了。

尤其是现在很多家庭是独生子女，两个老人和一个孙子女及被继承人的配偶共同继承，两个老人可以继承遗产的1/2。如果继承人没有配偶，则两个老人继承遗产份额的2/3，孙子女只能继承1/3。而老人继承的遗产可能远远超过其基本扶养的需求，所以大部分将作为老人的遗产再继承，如果老人的子女比较多，孙

---

① 《民法典》第1130条　同一顺序继承人继承遗产的份额，一般应当均等。
对生活有特殊困难又缺乏劳动能力的继承人，分配遗产时，应当予以照顾。
对被继承人尽了主要扶养义务或者与被继承人共同生活的继承人，分配遗产时，可以多分。
有扶养能力和有扶养条件的继承人，不尽扶养义务的，分配遗产时，应当不分或者少分。
继承人协商同意的，也可以不均等。

子女代位继承的份额就很少，大部分财产流向了老人的其他子女。就像本章开头的案例，上亿元资产流向老人的其他子女，这是极为不公平的。即使是普通的城市中产阶层，只要有房子的，遗产价值就可能高达百万元。如果发生子女先于父母死亡，几十万元甚至上百万元就会流向老人的其他子女，对被继承人子女的财产损害可想而知。

（三）继父母的继承权与养父母、亲生父母没有区分的问题

继父母继承权问题是我国法定继承制度的又一大缺陷。继父母和亲生父母、养父母有本质的区别。亲生父母和子女之间是一等血亲，二者之间从血缘、情感以及相互扶养方面都有着非常深厚的亲情关系。养父母属于拟制血亲，前提是养父母从小抚养养子女，并且形成收养关系后，养子女和亲生父母之间的关系会终止，因此养父母和养子女之间的关系无疑也是非常深厚的。然而继父母与子女的关系就不同了。首先，二者之间关系是姻亲关系而非血亲，关系相对不稳定，会因为父母婚姻关系的解除而发生变化；其次，关系的形成对于子女来说往往是被动的，并且和子女本身关系不大；最后，继父母和子女之间的关系相较于亲生父母养父母大部分情况下要疏远得多。但是，在我国法定继承制度中，继父母仅凭一个与继子女抚养关系的形成就拥有了继承权，这是不合理的；并且，继父母继承后还会导致财产流向与被继承人更加疏远的继兄弟姐妹，这就更加不合理了。

我国学界对继父母与继子女的继承权问题缺乏研究。继父母和继子女之间形成抚养关系理论上有两种形式：第一种是继父母对继子女履行了抚养义务，因而继父母对抚养关系未中断的继子女有继承权。第二种是子女成年以后父母再婚，继子女对父母进行了赡养，形成了抚养关系。第二种抚养关系在学理上很多学者认为不能作为抚养关系形成的一种形式，但并没有形成统一的观点，我国法律对此并没有规定。在这两种情况下形成的抚养关系如果最终导致了继父母对中产以上的继子女的遗产有继承权，会带来比较严重的问题。

二、父母作为第一顺位继承人对财富传承产生的弊端

（一）亲生父母、养父母继承导致财产流向兄弟姐妹

从理论上说，父母作为子女的至亲拥有对子女遗产的继承权本合情合理、无可厚非，作为子女，如果先于父母去世，考虑到父母将来的养老生活问题，给父母留下遗产也是子女义不容辞的责任。因此，父母作为第一顺位继承人的继承制

度，在物质生活匮乏，私人财产极少的年代，其积极的社会意义远大于消极社会意义。

但是，现在我国已经处于由小康社会迈向发达国家的阶段，社会财富已经极度丰富，中产及高净值家庭的遗产也已经非常丰厚，远远超过了父母赡养之标准与需求。在这种情况下，虽然父母继承子女的遗产从道义上依然无可厚非，但有一个现实问题就必须要考虑了，就是父母死亡后的遗产继承问题。

因为父母继承中产或者高净值子女的遗产后，大概率会有大量的财产剩余，将来就是父母的遗产，而这些财产原本是其某一个子女创造的。如果父母就一个子女，则孙子女外孙子女等将通过代位继承重新获得这些遗产，没有任何问题。但是，如果父母有其他子女，则其他子女及其后代就会有资格继承父母留下的遗产，这就导致被继承人的遗产居然间接地流向了兄弟姐妹及其后代，并且，因为父母继承份额均等的问题，甚至会导致大量的财产流向兄弟姐妹及其后代，被继承人的亲生子女反而获得的份额较少，这是极不合理的。

（二）继父母继承导致财产外流风险更加严重

比亲生父母继承更为严重的是继父母继承。在继父母通过抚养继子女形成抚养关系的情况下，因为继父母在被继承人年幼时对其有过一段时间的抚养，所以继子女在继父母年老时应当对其进行赡养，以报当年的养育之恩，这是理所应当的。当然，也应当要考虑一些与亲生父母养育子女不同的现实问题：首先，继父母养育继子女时间不一定很长，因为目前一般超过2年就可能形成抚养关系；其次，继父母与继子女之间的关系相比亲生父母可能更加疏远，虽然有抚养关系，但情感并不深厚；最后，还有少部分继父母和继子女之间可能存在矛盾，如抚养过程中有嫌弃甚至虐待的行为等。从报答事实的养育之恩的角度上讲，规定继子女在继父母年老后应当给予赡养是比较合适的。

但赡养和继承是两个完全不同的概念，赡养的财产支出是有限的，但继承是无限的，完全取决于被继承人的遗产规模，从几十数百万元到几十数百亿元都有可能，这是极为不合理的。

前面还只是考虑到继子女成年后死亡的情况，如果继子女未成年死亡呢？要知道，在现在的社会上，未成年人名下拥有大量财产的情况在高净值人士家庭中普遍存在。这时候的继父母居然对继子女拥有财产的继承权，一则不合理，二则道德风险非常之严重。然而对于这些问题，我国继承法律制度几乎没有涉及。

第二种形成扶养关系的可能是成年子女年老的父母再婚，成年子女对继父母进行了赡养,形成了扶养关系。虽然很多学者对这种情况认为不应当属于形成扶养关系的情况,因为这是一种单方面的付出。但如果按照"死后扶养思想"的逻辑,年老的继父母对继子女已经产生了生存上的依赖,分得遗产也不是没有道理的。最关键的问题是,我国的继承法制度对此语焉不详,而学者们对这种情况下继父母对继子女是否有继承权的问题在诸多的论文中居然也鲜有提及。虽然发生这种情况的概率比较低,但是,一旦被认为扶养关系成立,其后果的严重程度也是很高的,这样的结果都不能用不合理来形容。在继父母有第一顺位继承权的情况下,以后孝顺继父母都是一件高风险的事情了,这是多么滑稽。

(三)父母继承导致继承人范围扩大,继承程序更加复杂

父母作为第一顺位继承人还会导致继承人的范围被显著扩大,并使得继承程序更加复杂。

首先,父母作为第一顺位继承人会导致继承人范围大大扩大,父母继承了子女的遗产后,父母的再婚配偶可能因为夫妻共同财产问题而取得遗产。继承了遗产的父母去世时,其他的子女及其后代将进入继承人的范围,父母的再婚配偶也将成为继承人,还有父母的父母还在世的情况也是可能存在的,这样继承人的范围就进一步被扩大了。

其次,在我国目前继承的社会实践中,老人去世以后不及时办理继承手续的情况普遍存在,经过一段时间,如果继承人中有人去世,则马上牵涉转继承的问题。在遗产继承牵涉转继承的情况下,继承程序的复杂程度将会大大提高。第一,继承人范围扩大,继承资料的准备难度就增加了,譬如,被继承人的爷爷奶奶、外公外婆的死亡证明,被继承人兄弟姐妹及其子女的相关证明。甚至在笔者经历的一起继承案件中,被继承人的儿子被要求提供其二舅没有私生子的证明。第二,继承人扩大导致遗产分配达成一致的难度增大。由于父母继承的原因,有继承权的继承人们之间的关系有可能是比较疏远的,关于遗产份额分割达成一致的难度肯定会增加。第三,如果发生诉讼,当事人范围的增加当然也会导致诉讼程序更加复杂。

(四)父母继承导致遗产争夺风险加大

父母继承还会导致遗产争夺风险的加大。

首先,在父母不是继承人的情况下,一般继承人就包括配偶与子女。在大部分情况下,配偶与子女之间有血缘关系,因此产生争端的风险相对就要小一些。当父母加入继承人行列后,父母与儿媳、女婿之间的关系就较为疏远了,产生争产

的风险就比较大了。

其次,虽然父母继承时,父母的其他子女并不直接属于继承人,理论上不能参与继承。并且,父母也有放弃继承的自由与权利。如果父母放弃继承,将来就不存在其他兄弟姐妹争产的问题,也不会继承外流。但是,在现实中,如果遗产比较丰厚,其他的兄弟姐妹会给年老的父母施加影响力,间接参与继承,争夺财产。就像本章开头的案件一样,父母是身不由己的。还有,如果父母没有民事行为能力,也会使得其他兄弟姐妹可以参与遗产继承,争产风险也大大增加。不仅如此,前文提到的因为办理继承手续不及时导致转继承,被继承人的兄弟姐妹及其子女就会直接参与遗产继承,争产风险就更高了。

最后,兄弟姐妹与被继承人的子女、配偶之间毕竟还是有比较近的亲属关系的,如果继承人范围进一步扩大,牵涉被继承人父母的再婚配偶及其子女、牵涉被继承人祖父母的子女及其后代,这些人之间的亲属关系就比较远了,产生争产风险的可能性就进一步加大了。

(五)继父母对受其抚养的继子女有继承权,可能造成财产外流,甚至产生道德风险

这种风险主要发生在高净值客户家庭。有一些年长的企业家存在"老夫少妻有幼子的"情况,幼子有婚生子女也可能有非婚生子女,企业家身故后,幼年子女可能因继承取得大量的遗产。子女的母亲一般来说还会再婚,则幼年子女和将来共同生活的继父之间就会形成抚养关系,并且,这种抚养关系并不必然随着母亲与继父的婚姻关系之解除而当然终止。如此,不管是幼年子女在未成年时去世还是将来成年后去世,继父都有可能属于其法定继承人,从而产生继承外流的风险。同时,如果子女未成年,继父可以通过继子女死亡而获得巨额遗产,这里面隐藏的道德风险也是巨大的。

综上所述,对于中产及高净值家庭来说,在我国法定继承法律制度中,父母作为第一顺位继承人的问题是影响非常重大且非常深远的,是非常值得注意的,稍有不慎就会导致财产外流,甚至家人反目,祸起萧墙。

给予父母继承权的最主要意义是解决父母的赡养问题,这个问题的解决通过遗产预留份的方式比直接将父母列为第一顺位继承人要合理得多,近年来,也有不少学者提出了这样的观点和建议,但还不是主流。随着将来高净值继承案件的增多,父母继承弊端进一步暴露后,相信在将来《民法典》修改的过程中予以改进。

第三节 典型高风险人群与风险发生场景

一、父母继承外流风险的典型风险人群

从理论上讲,父母在留足了养老生活所需要的财产份额后,完全可以放弃剩余部分遗产的继承权,这是法律赋予继承人的权利与自由。如果父母放弃继承,就不会造成财产外流的问题。在现实生活中,尤其是在中产以下的家庭的继承案中,老人放弃继承的现象普遍存在。

但是,在中产以上家庭和高净值家庭中,父母却往往由于各种原因不容易放弃继承权,又或者父母欠缺民事行为能力而导致无法放弃,就可能出现父母继承外流的风险了。有父母继承外流风险的人群很难用一两句话总结或者描述出来,简单一点可以描述为"上有老下有小的中产以上家庭"。但并不是所有上有老下有小的中产以上家庭都会存在父母继承外流的问题,有此风险的家庭一般会具备以下四个典型特征。

(一)夫妻双方的父母还有健在的,并且夫妻有自己的子女

夫妻双方的父母只要有一个在,则相应的一方去世,对于夫妻双方来说都会存在财产外流的可能性。同时,夫妻双方有子女的特征非常重要,如果没有子女,财产通过父母流向其他兄弟姐妹可能恰好是符合他们的安排的。

(二)健在的父母有其他的子女或者有再婚的配偶

也就是说,健在的父母除了被继承人的子女外,还有其他的继承人,如果没有其他继承人,财产就会在将来通过代位继承再回到被继承人子女的手中,并没有外流风险。健在父母的其他继承人不仅包括其他的子女,还要考虑其再婚配偶。再婚配偶相比其他子女的风险其实更大,因为在父母法定继承取得遗产时,其他子女还需要等父母去世才能再继承,而再婚配偶在此时就依据婚姻共同财产制度取得了遗产的一半,并且将来还有继承权。

(三)被继承人的经济状况显著优于父母、兄弟姐妹、父母的再婚配偶等

如果父母、兄弟姐妹、父母的再婚配偶等的经济状况和被继承人差不多或者甚至优于被继承人的时候,这些人出于风俗传统、道德评价、社会评价等方面的考虑,一般都会放弃继承,财产并没有太大的外流风险,也不会有太大的争产的

风险。

(四)部分家族成员比较看重经济利益或家族成员之间关系不融洽

并不是符合上述三个特征的家庭就一定会有父母继承外流的风险。因为,如果家族有看重亲情的传统,家族成员之间关系融洽,传统伦理道德观念影响深远,相比经济利益大家更加看重伦理道德。尽管家庭成员之间的经济条件有差别,也不会出现争产问题。在现实生活中,兄弟姐妹主动放弃继承的案件比比皆是,数不胜数。

但是,如果家族成员中有人比较看重经济利益,又或者家族成员之间本身就有很多利益纠葛,关系紧张。一旦牵涉继承外流问题,那其他家族成员借此争产的可能性就极大了。

如果牵涉的遗产规模特别巨大,那么对人性的挑战也是巨大的,可能会摧毁传统的伦理道德的防线。就像本章开头的案例那样,因为遗产有数亿元之巨,导致兄弟姐妹原本深厚的感情基础也被摧毁了。

如果一个家庭符合了以上的四个特征,那么父母继承外流风险就比较典型了。虽然说从自然规律上来说,子女先于父母死亡的概率并不高,但对于高净值人士群体来说,首先,父母往往因为经济条件好,长寿得很多;其次,高净值人士一般事业压力、心理压力比较大,亚健康的状况显著高于其他人群。相比之下,高净值人士的父母继承外流风险比中等收入群体可能会更大。

二、父母继承外流风险的典型表现场景

在现实生活中,父母继承外流的风险在各个不同的家庭、家族中表现又不尽相同,总结下来有以下一些典型场景。

(一)父母的其他子女不同意老人放弃遗产,导致父母继承外流

一般来说,被继承人的父母坚持继承子女遗产的情况并不多。在大部分情况下,是因为老人还有其他的子女,老人迫于其他子女的压力而不能放弃继承。上面林先生夫妇的继承案就是典型的这种现象,其中的缘由在案例中已作详尽分析,这里就不再重复。

(二)被继承人父母与女婿、儿媳争产导致父母继承外流

因为在第一顺位继承人中,除了父母、子女之外,还有配偶。如果是夫妻一方去世,去世一方的父母放弃继承权,其放弃的份额就将按照《民法典》“继承编”第1154条的规定,按照法定继承办理,也就是说,将由配偶和子女按照法定继承来

分配,如果子女未成年,全部遗产将由配偶控制。子女的全部遗产都由女婿或者儿媳全部控制,这是一些老人不放心的。即使子女已经成年,女婿、儿媳也能继承很大一部分遗产,这对于一些老人来说也无法接受。正因如此,部分老人不愿意放弃遗产。这时候就会引发父母与儿媳女婿之间的争夺遗产大战。

富豪家庭中父母与女婿、儿媳争夺遗产比较有名的案例有两个:一个是小甜甜龚某心与公公王某歆长达十多年的争产风波,最后以龚某心去世落幕;另一个是昆明某联国际(集团)董事长郝某的妻子刘某云与公公争夺百亿元遗产的案件。

有的读者可能会有疑问,父母放弃遗产会导致放弃的部分被法定继承,难道就不可以把自己的遗产份额指定转让给孙子女或者外孙子女吗?答案是不能,因为继承权是一种基于继承人自身而拥有的一种人身权,并非财产权利。这种人身权利脱离了拥有者自身后就不复存在,当然是无法转让的。对这个问题,司法部在《关于办理继承权公证和赠与公证等问题的复函》(司法部〔89〕司公字第10号)中作过明确答复:“继承人放弃继承就不能再通过继承协议的方式将他应继承的份额转让给其他继承人。”那父母的遗产份额有没有办法指定传承给孙子女外孙子女呢?当然是有的,就是父母先行使继承权取得财产的所有权,然后再隔代传承给孙子女和外孙子女。当然,隔代传承也是有很多值得注意的问题的,具体参见“隔代传承风险”一章。

(三)被继承人父母行为能力缺失导致父母继承外流

在一些案件中,作为继承人的父母已经是年老体衰,由于各种原因而欠缺行为能力人。譬如,老人得了阿尔茨海默病、昏迷、有精神疾病等。此时,老人自己是无法作出放弃继承的意思表示的。他的法定代理人是否可以代理其作出放弃继承的意思表示呢?答案依然是不行。因为依据《民法典》第35条的规定,监护人应当按照最有利于被监护人的原则履行监护职责。监护人除为维护被监护人利益外,不得处分被监护人的财产。放弃继承权显然不是维护被监护人的利益,因此,监护人不能代理被监护人放弃遗产。

如果父母由于以上诸多的原因没有放弃继承权,而父母又有多个子女,则大量的财产就会通过父母继承的方式外流给其他的兄弟姐妹。这里值得注意的是,父母有多个子女的,即使其他子女已经先于去世,只要子女还有晚辈直系血亲,都还可以代位继承。对于父母继承外流问题,财产外流影响事小,由此引发的遗产争夺大战、亲人反目、祸起萧墙才是关键所在。

(四)转继承导致父母的其他继承人和被继承人的子女配偶争产

如果被继承人的父母在办理完成被继承人的遗产继承手续之前去世,则会发生转继承的问题。这就会造成被继承人父母的其他子女、再婚配偶与被继承人的配偶、子女分割遗产的情况。这是一种更加容易发生纠纷的情形,并且,这种情形也并不少见。

造成转继承的原因有以下几个:首先,父母与子女在同一事件中死亡但先后顺序明确;其次,子女去世后父母着急导致病情恶化很快去世的;最后,在我国目前的社会实践中,一个人去世以后长时间不办理遗嘱继承的情况也是比较普遍的,也很容易导致转继承情形的发生。

发生转继承后,一方面,被继承人的子女、配偶都是遗产的继承人。另一方面,作为第一顺位继承人的父母去世,其应当继承的遗产份额依据《民法典》第1152条①的规定发生转继承,这时父母的继承人们就会间接地成为被继承人遗产的继承人,和被继承人的子女、配偶等一起分割遗产。

父母的继承人们包括其他的子女、再婚的配偶、已故子女的子女,甚至可能包括特别长寿的被继承人的祖父母外祖父母。这些人之间的关系相比之下就更为疏远,感情基础更弱。如果牵涉被继承的遗产价值较高,则发生激烈的遗产争夺大战的可能性是很大的。

(五)继父母坚持继承继子女遗产,导致财产继承外流

与亲生父母相比,继父母与继子女之间的关系相对更远,而继父母继承又会导致财产流向继兄弟姐妹,与流向亲兄弟姐妹相比,这是更加难以接受的结果。并且,在大部分情况下,继父母以及继兄弟姐妹争夺遗产的动力可能会超过亲兄弟姐妹之间。

在司法实践中,继父母继承继子女遗产的案件在继承案件中的占比其实也不低,在裁判文书网上查阅了大概40份继承案件的判决书,其中就有两份牵涉继父母对继子女遗产的继承。一份是(2020)桂民申4557号,继母要求继承继子的死亡抚恤金的案件,最终法院判决结果认为继母与被继承人的父亲结婚时,被继承人已经16岁并已经开始工作,认定继母与被继承人之间没有形成抚养关系,因此没有继承权。另一份是(2015)徐民一(民)初字第163号,生父继母与生母继父争夺子女遗产的案件,子女的遗产包括保险理赔金结余100余万元,以及上海一

---

① 《民法典》第1152条　继承开始后,继承人于遗产分割前死亡,并没有放弃继承的,该继承人应当继承的遗产转给其继承人,但是遗嘱另有安排的除外。

套价值 200 多万元的房产。最终法院的判决结果是，继母与继子没有共同生活过，不能继承。继父与继子共同生活 4 年左右，形成了抚养关系，对继子的财产具有继承权。

（六）继父母继承未成年继子女的遗产

在现实生活中，企业家庭“老夫少妻有幼子的”情况非常常见。还有一种情况就是年长的企业家有年幼的非婚生子女，这种情况比“老夫少妻有幼子”的情况更加常见。在这样的家庭结构中，年长的企业家如果在孩子成年以前就不幸去世，就会引发一系列的问题。

其中的一个问题是，未成年的孩子作为继承人，可能会继承父亲较大额的遗产，这些遗产是属于未成年自己的财产。并且，企业家去世以后，其年轻的妻子，或者是年轻的女朋友改嫁的可能性是极大的。并且，未成年的子女一定会跟随母亲一起生活，当然也就会跟继父共同生活。虽然从理论上讲未成年子女在财产上有足够的自给能力，但大概率不会影响继父在生活上对其的抚养，也可能不会影响抚养关系的形成。

抚养关系一旦形成，继父与未成年子女之间就形成了相互继承的权利，如果拥有大量财产的未成年子女去世，继父就有可能因此而获得大笔的遗产继承。这无论是对未成年人的亲生母亲，还是对其已故的父亲来说，都是不能接受的结果。并且，继父作为拥有巨额财产的未成年继子女的继承人，其中隐藏的道德风险是非常大的。

综上所述，父母继承外流风险在现实生活中还是广泛存在的，尤其是对高净值及超高净值家庭来说，其风险程度是更高的。并且，一旦发生风险，不但会导致家庭财产的大量外流，甚至可能直接导致家庭成员亲人反目、祸起萧墙，值得我们高度关注。

第四节　解决方案设计策略与规划实操

家庭内部的传承规划设计是要非常注意的，无论是父母还是兄弟姐妹，都是自己至亲至爱之人，虽然大多数人希望将更多的财富能传承给自己的子女，但让父母有金色的晚年，高品质的养老生活同样是大多数高净值人士非常重视的问题。兄弟姐妹的照顾同样也是大多数高净值人士的愿望。我们经常强调,我们是财富的主人,要让财富为幸福服务,千万不要当守财奴。

一、家庭内部的传承规划设计三大基本原则

(一)财产分配须可控

因为我国法定继承制度关于父母继承方面的缺憾,加上现在独生子女较多,如果没有很好地做好传承规划,财产分配按照法定继承原则进行,则会出现大量财产外流给兄弟姐妹,对子女极度不公平的现象,这就是财产分配的失控。我们设计家族内部的传承规划时,财产份额的分配必须要提前规划好,多少份额给子女,多少份额给配偶,多少份额给父母,多少份额照顾兄弟姐妹,必须要可控。做到份额分配可控需要借助传承工具,提前赠与、遗嘱、人寿保险、信托,超高净值客户甚至可以选择基金会的方式。

(二)照顾全面、雨露均沾

家族内部传承的设计不仅要份额可控,还要考虑全面地照顾所有的家族成员,覆盖面要广,雨露均沾,才能体现家族的温情,才能让家族更加和谐与幸福。对于一般的中产以上或者高净值家庭来说,其财富实力可能还不足够照顾兄弟姐妹,但父母的赡养是法律义务,需要进行合理的规划。照顾好了父母,其实也就间接地照顾了兄弟姐妹,同样可以促进家族的和谐与幸福。超高净值客户家庭,很多时候兄弟姐妹会较多地依附于客户,因此,客户在做身后安排时就要适当地考虑兄弟姐妹的照顾,否则客户去世以后,兄弟姐妹失去依附,生活水准下降,就会产生抱怨和矛盾。如果有了合适的规划安排,兄弟姐妹就会感受到兄弟情深,感受到家族的温暖,家族自然就更加和谐幸福。在安排时,可以有侧重,但一定不要漏掉家族成员,否则容易产生抱怨。

(三)没有公平,只有确定

传承的时候,份额应该如何安排呢?大多数人会有一个误区,认为要做到公平公正大家才不会有意见。但事实是,绝对的公平是永远不存在的,因为每个人心中都有一个公平的标准,想要通过公平的分配来定分止争,最后的结果将是大家都有意见,甚至打得不可开交。定分止争的唯一办法是确定,没有争夺的机会和可能性,自然就不争了,不争就不会伤害感情,反而会让家族成员内部更加和谐。因此,家族内部的传承规划,如何合理地使用各种传承工具,做到高度确定,没有争议的机会,是关键所在。

二、家族内部传承规划实操的步骤和注意的要点

(一)父母的养老、医疗、护理等安排

莫道桑榆晚,人间重晚晴,孝道是我们中华民族传承几千年的光荣传统,因此,我们的传统文化中又有百善孝为先之说,并且,父母是孩子最好的老师,我们今天孝顺父母,将来子孙才会孝顺我们,这本身就是家族文化的传承。由此可见,父母晚年的安排是家族财富传承中非常重要的组成部分。父母的金色晚年需要如何才能保证呢?

这主要取决于四个方面,品质生活、品质医疗、品质护理、子孙的关心。前三个方面是物质的保证,最后一个方面是精神方面的保证。

1. 父母品质养老生活的规划方法

主要要做好现金流的安排,笔者不止一次地说过,养老规划不是财产规划,而是现金流规划。留给父母多少财产都不一定能保证父母有品质的养老生活,但给父母安排一条充足的、专享的、伴随一生的现金流,却可以切实地保证父母养老生活品质。父母已经年老,养老金没有积累期,因此收益对父母的养老规划不重要,重要的是安全、稳健、伴随一生。因此,养老保险是规划父母养老现金流的最佳方式,如果父母年纪还可以当被保险人,可以以父母为被保险人,购买商业养老保险。如果父母年纪过大,可以以子女为被保险人,父母为投保人购买年金保险,每年的年金作为父母的养老金,将来父母去世以后,还可以作为子女的养老金。

2. 父母品质医疗的规划方法

如果父母年纪不大,同时又有经济条件,高端医疗当然是最好的选择了,中产家庭和一般高净值家庭,百万医疗等中端医疗产品也是上佳的选择,同时可以配合重大疾病保险等。当然,很多父母年纪过大或者身体健康不满足要求,医疗保险和重疾保险可能都很难配置,这时候就只能通过现金的储备来解决父母的养老问题了。前面配置的商业养老保险其实也是有保障父母医疗品质的功能的,养老金每年的年金可以作为父母的养老生活费用的保障,如果父母面临疾病,需要大笔现金支付医疗费用,万能险账户的部分领取功能和保单的保单贷款功能可以为医疗提供充足的应急现金流,保证父母的医疗品质。如果客户的财富量够大,设立家族信托,在家族信托受益规则中设置父母医疗费的支付计划也是非常好的方式。

3. 父母品质护理的规划方法

一是要有充足的现金流,二是护理机构的选择是关键,高端养老社区是不二选择。为父母选择高端养老社区,医养结合,专业品质。既可以减轻子女照顾父母的现实压力,也可以让父母得到更加专业、舒适的照顾。现在大部分的高端养老社区是保险集团建立的,购买商业养老保险就可以获得入住资格。这样既解决了现金流的问题,又解决了父母的护理品质问题,真可谓一举数得。

4. 父母快乐养老的规划方法

前面都是物质上的保证,最后一个子孙后代的关心是精神层面上的,这如何来规划和保证呢?这里一般要用到家族信托,需要在家族信托中设立一些受益规则。譬如,对经常看望老人的子孙设立孝悌金,给予子孙需求的福利,也可以设置规则让长期不看望老人的子孙失去受益权等,通过制度设计让子孙后代意识到家族尊老敬老的文化传统。

(二)超高净值人士对兄弟姐妹的安排

一般来说,除了超高净值客户以外,普通高净值客户和中产家庭是不用考虑有生活能力的兄弟姐妹的安排的,并且,做好对父母的养老安排,就已经是对兄弟姐妹很好地支持和照顾了。而超高净值客户,兄弟姐妹的安排就是有必要的了。兄弟姐妹的安排和父母的安排不同,父母是要保证其高品质的生活。兄弟姐妹是独立的家庭,他们的生活品质我们没有保证的义务,过多的生活品质的支持有可能会使其变得懒惰。有意义的应该是扶危助困和鼓励发展,因此可以从以下几方面考虑:一是兄弟姐妹的子孙后代的教育支持;二是家族成员的大病医疗支持;三是兄弟姐妹中孤寡人群、残疾人群的照顾。

1. 对兄弟姐妹子女的教育支持规划

兄弟姐妹的子孙后代的教育支持意义非凡,子孙后代有出息,第一,可以让兄弟姐妹家庭将来有更好的条件,从根本上帮助兄弟姐妹;第二,可以为家族企业储备更多的人才,为自己的孩子多培养左膀右臂;第三,可以让整个家族的精英有更强的凝聚力,家族事业自然会更加兴旺。

支持教育的方式有很多,但笔者比较推荐设立支持家族成员教育的家族慈善信托,在家族信托基础上增加慈善功能,如定向捐赠公益教育的慈善项目,定向捐赠给慈善基金会。这一方面可以用家族信托规划家族成员子女教育问题,另一方面可以通过慈善捐赠鼓励家族成员。家族信托的信托财产具有独立性,不会牵涉家族成员争产的问题。家族信托层面设立受益规则,建立家族成员的奖学金制度，一是鼓励家族成员后代更加努力地学习，有利于家族形成良好的学习文化。二是给学习成绩好的后代提供强大的经济支持，更好地完成学业。三是可以鼓励受益的家族成员在事业成功后继续为慈善事业作出贡献，通过家族慈善信托持续精神提升，保证家族人才辈出，代代兴旺。

我国古代义庄文化的成功就是非常好的例证。从宋代开始，我国的义庄文化就逐步发展，尤其以江浙最为盛行，譬如，中国最早的范氏义庄，为北宋皇祐四年范仲淹所设立，持续发展900多年，在范氏义庄的庇佑下，范氏家族到了清代还人才辈出，仅顺治和康熙年间，中进士者就多达20多人。而明代设立的怀海义庄，民国到中华人民共和国成立短短的几十年内，培养出以国学大家钱穆为代表的6位院士。义庄文化最为发达的江苏苏南地区，明清时期的状元有一半皆出于此。如此人才辈出，家族焉有不兴旺发达之理？

2. 对兄弟姐妹及家庭成员的大病及医疗支持规划

兄弟姐妹的重大疾病支持是高净值家庭必须承担的责任，如果兄弟姐妹有人罹患重大疾病向客户求助，他是很难推脱的，这虽然不属于法定义务，但现实中在情理上却很难逃脱。因此，与其用自有资金支持兄弟姐妹的重疾治疗，还不如用保险杠杆，将风险转嫁给保险公司。在具体规划上，笔者认为中端医疗与重大疾病保险是最佳选择。由客户出资，为所有兄弟姐妹配置好医疗保险，如此，既可以增进兄弟姐妹的感情，又可以避免大额医疗费用的支出。对于一般的高净值客户，给每个兄弟姐妹购买百万医疗一类的中端医疗产品就可以了，每人每年几百上千元，费用支出少，但却可以转移上百万元的医疗风险。对于超高净值客户，建议在中端医疗的基础上再加上一定额度的重大疾病保险，如此医疗费、护理费、康复费用就都解决了。

3. 残疾兄弟姐妹的照顾规划

兄弟姐妹中孤寡伤残人士的照顾也是高净值客户的现实责任，孤寡伤残人士的照顾主要是两个方面：一是现金流上的保障，二是护理人员上的保障。因此，商业保险加养老社区又是不二选择了。经济实力足够强的客户，可以给自己想照顾的孤寡或伤残的兄弟姐妹，家族成员配置带养老社区的商业养老保险，当他们需要人照顾的时候，就可以入住养老社区，完美地解决问题。有条件的客户还可以在家族信托中设立孤寡伤残兄弟姐妹，家族成员的受益规则，也可以很好地解决问题。

三、家族主要财富的传承安排

安排好了父母和兄弟姐妹，剩余的家族财富就可以放心地传承给自己的子女了。至于家族财富如何才能更加确定、高效、低成本、无争议地传承给想传承的对象，在本书传承部分的多个章节中有大量的篇幅讨论这个问题，这里就不再重复讨论了。

在本章的最后，再反思一下林先生夫妇的继承案，如果林先生夫妇能够未雨绸缪，按照第四节中的方法早早地做好传承的安排以防意外。在传承安排中，将绝大部分的资产留给自己的一双儿女，同时做好父母的养老和医疗的安排与保障，如给父母购买养老社区，如果父母还能够购买保险，则给父母买充足的养老金和医疗保险，甚至可以给父母设立养老的信托，保证父母的养老、医疗和护理费用，几千万元的投入就可以完美解决。对自己的兄弟姐妹也做一定的安排，譬如，拿出5000万元设立保险金信托，将弟弟妹妹以及他们的子女列为信托的受益人，孩子们考上大学的给予奖学金的奖励，婚嫁时给予婚嫁的支持，生孩子了给大红包，家族成员有重大疾病，可以拨款予以支持，甚至可以拨款让每个家族成员购买重大疾病保险。

如果林先生夫妇提前做了这样的安排，可以想象，他们二人意外去世，父母不担心养老和医疗，弟弟妹妹们以及他们的子女们此生都会感激哥哥姐姐的照顾。兄弟姐妹们的这份感激最终化作对林某然两兄妹的爱，在以后的岁月里回报给他们。哪怕将来四个老人去世了，因为有信托的存在，还能将一大家子聚集在一起，林氏兄妹还将继续感受家人们浓浓的爱意。

第九章

传承后失控风险

第一节　风险案例

一、案例导读

美国某著名主持人安德森·库柏曾经公开表示其不愿意继承母亲高达2亿美元的遗产。这样的决定对于绝大部分人来说可能是一个无法理解的决定，但是，这样的案例在现实中其实并不罕见。并且，对于和库柏一样的高净值家族后代来说，这样的决定可能非但不是错误的决定，甚至可能是非常英明而睿智的决定。为什么会这样呢？

二、案例详情

库柏出身于美国三大家族之一的范德比尔特家族，他的先祖科尼利尔斯1877年就留下了1.05亿美元的财产，相当于现在的1800亿美元。著名的范德堡大学就是其家族捐赠的。由于家族留下的巨额财产，范德比尔特家族的后代们从小就生活在安逸奢华的环境中，他们生下来就有着花不完的钱，对财富创造的不易根本没有概念，导致他们普遍地都存在不求上进，生活骄奢淫逸的问题。正是因为家族有很多这样的继承人，才最终导致了范德比尔特家族今天的没落。

“财富是诅咒”，听起来虽然夸张，但在某种意义上却是一句实话。因为除了范德比尔特家族之外，还有太多的案例印证了这句话。

李某会的故事也是很令人唏嘘的。2003年1月，山西海鑫钢铁集团董事长李某仓在办公室遇刺身亡，正在国外读大学的独子李某会当时年仅22岁，回家继承了价值40亿元的企业集团。李某会并没有一开始就表现出败家子的特性，反而奋发图强，再加上运气，他把海鑫钢铁的总资产做到了百亿元规模，成为当时的山西首富。

但正如孟子所说的那样，生于忧患而死于安乐，渡过难关以后，李某会贪图安逸享乐，骄奢淫逸的特性就展露出来了。他不惜重金追求演员车某，为博车某欢心，花5000万元办婚礼，但这段婚姻却没有维持太长时间就离婚了。跟车某离婚之后，他又沉溺于网络女主播，经常一掷千金。

企业经营每况愈下，最终在2014年，海鑫钢铁集团被迫停产，2017年2月，因公司资不抵债，李某会被限制出境。2018年，因多笔债务无法执行，李某会被列入失信人员名单，其中最大的一笔高达26亿元。此时，李某会名下已经完全没有任何可供执行的财产。

李某会的人生用《桃花扇》的戏词来说就是：眼见他起高楼，眼见他宴宾客，眼见他楼塌了，而这些事情就发生在短短的10年之间。假若当初他父亲不是那么早就意外去世，能让他再成熟一些，不至于稍有成绩就骄傲自满，挥霍无度，也许海鑫集团和他本人的结局会不一样。

三、案例解析

为何这么多的家族到了几代之后都会逐渐败落呢？真的是因为一代不如一代吗？这真的是"财富有诅咒"吗？

其实并不是，而是人的天性使然，孟子在2000年前就说过："生于忧患，死于安乐。"能在优越的环境中还能够保持旺盛的斗志和积极的上进心是非常艰难的，即使是那些开创家族基业的创一代，如果把他们放到优越的环境中，他们也不一定能取得如今的成就。有人说"贫穷是父母留给孩子最好的礼物"，这也是很多富豪家庭推崇孩子要穷养的理念的原因所在。我国台湾地区曾经的首富王某庆的女儿王某红在欧洲留学时是需要刷盘子挣取生活费的，就连王某聪也曾说，在16岁以前他根本不知道家里有钱。在穷养的环境下，虽然家庭财产丰厚，但子孙后代实际可以掌控的财富是有限的，如此，他们就会相对更有上进心，也不会过早地染上不良嗜好。

因此，对于高净值家族来说，谁能更好地避免家族财富的失控，谁就可以更久地传承。以美国最著名的几大家族为例，洛克菲勒家族、罗斯柴尔德家族、杜邦家族等，都因为有比较完善的家族治理规章和家族信托，虽历经百年以上，仍然经久不衰，就是因为他们通过家族信托和家族规章很好地保持了家族财富的控制力，避免传承失控。虽然其子孙后代中也出现了一些不肖子孙，但家族整体上保持了长盛不衰。但前面提到的范德比尔特家族，却因为没有做保持控制力的安排，家族财富在创始人尼利厄·范德比尔特身故后就逐渐分散且败落。在他去世后的第48年，他的孙子中就有一个人死于身无分文。在他去世后的78年，曼哈顿第5大道范德比尔特大厦被推倒。如今，以他们家族姓氏建造的10座豪华大厦，有的被迫出售，有的转为博物馆，无一幸存。他的后裔中，虽然还有少量的富豪，但财富等级早已不能与洛克菲勒家族、杜邦家族、罗斯柴尔德家族等相提并论。100

多年后的今天，只有家族捐建的范德比尔特大学保留了当年家族辉煌时的印记。由此可见，传承后的失控是多么危险，保持财富在传承后的控制力是何等重要。

"富有"是一个中性词，对子孙后代来说，"财富"是一把"双刃剑"，因此，对于高净值人士来说，如何让财富更好地造福子孙后代，而不给他们带来灾祸与伤害，是最值得研究的问题。

第二节　传承后失控风险的发生场景

传承后失控风险，这是全球高净值家族都迟早会面临的问题。究其原因，就是孟子说过的那句话："生于忧患，死于安乐！"家族巨大的财富积累虽然可以为子孙后代的成长和发展提供优越的条件和坚实的基础，但也是对子孙后代的巨大挑战。财富之所以会给子孙后代带来负面影响和挑战，大致可以归为以下三类原因。

一、子孙因财富丧失斗志，缺乏价值感，陷入消沉

有人曾对部分巨额遗产的继承人们继承财产后的生活进行了调查，发现20%的人会变得懒惰、生活没有目标、终日无所事事，因为无聊染上各种不良嗜好，酗酒、滥交、吸毒，有的最后陷入抑郁甚至是违法犯罪。

中国有句古话，富不过三代，这是因为富足的生活容易让后代只知道安享荣华，普遍地丧失斗志，坐吃山空者甚多。正如红楼梦中冷子兴说贾府："主仆上下安富尊荣者尽多，运筹谋划者无一，其日用排场费用又不能将就俭省，如今外面的架子虽未甚倒，内囊却也尽上来了。这还是小事，更有一件大事。谁知这样钟鸣鼎食之家，翰墨诗书之族，如今的儿孙，竟也一代不如一代了。"

二、缺乏父母足够的陪伴，代之金钱补偿，惯坏子女

富足的生活容易让人丧失斗志固然是一个原因，但缺少父母足够的陪伴也是一个很大的问题。很多企业家在二代小时候处于创业阶段，工作忙碌，对孩子陪伴比较少，从而容易滋生补偿的心理。在教育和陪伴上的缺失加上金钱和优越的生活条件的弥补，最终很可能导致惯坏了孩子，毁了他的一生。

三、子孙面临的诱惑太多，自控力不足最后沾染恶习

一方面，是因为高净值家庭的收入非常高；另一方面，也是出于父母的补偿心理，高净值家庭的孩子一般都拥有不菲的生活费。这样大额的生活费，使得孩子在社会上面临的诱惑大大增加。但是，孩子在幼年与青年时代对诱惑的抵抗能力是极低的，所以孩子在物质享受上会逐渐升级，轻则攀比成瘾，花钱毫不顾忌，重则沾染恶习。一旦在人格的发育与形成期沾染上恶习，成年以后再想改正难以登天，孩子极容易陷入贪婪和短视的陷阱，一生难以翻身。

中国人最喜欢给儿女留下点什么，很多人努力半辈子，不是为自己，而是为儿孙奋斗，希望给儿孙创造更好的条件，让他们生活得更好，让他们更有出息。然而，给儿女创造了更好的条件就一定能让他们生活得更好，一定能让他们有出息吗？优越的生活条件，父母创造的雄厚的经济基础，带给子女的可能是帮助与支持，但也可能是挑战与伤害。因此，对于高净值家庭和家族来说，适当地做好传承后的规划是对子孙后代最好的保护。

第三节　解决方案设计策略

分析以上原因，可以看到子孙后代出现问题的症结集中在两个点：一是孩子在心智没有完全成熟前就接触甚至掌握了太多的财富；二是孩子的人生缺乏引导。据此，我们可以通过以下的方式进行合理的规划。

一、传承后失控风险规划的三个层次

（一）孩子心智成熟前，提供现金流保障不给予财产的所有权和处置权

孩子的成长是需要现金流的，尤其是高品质的教育更加需要强大的现金流作为支撑。孩子的成长过程，也需要足够的健康保障，才可以让孩子更加健康地成长。但这些其实都只需要通过现金流和保障实现，并不需要给孩子很多的钱，更不需要给孩子很大的财产所有权和处分权。孩子掌握太多的资金、财产的所有权和处分权，只会让他们面临更多的诱惑，吸引别有用心的人的关注，其他没有益处。

如果孩子拥有足够的教育成长的现金流，充足的健康保障。但却只有很少量的可以自由处分的财产和资金，那么，孩子一则没有被诱惑的机会，二则不会成为别有用心的人的目标，三则不会养成攀比、骄奢淫逸的生活习惯，更加不可能有条件染上恶习。

即使对于已经沾染恶习的成年子女，以上的原则也是完全适用的。首先，无论子女是否沾染恶习，子女的生活首先是父母希望保障的，生活的保障，同样也只需要有充足的现金流就可以，而产生现金流的财产的所有权，则完全没有必要让子女拥有。陈凯律师有依据经典名言："享用财富，而不要去拥有它。"子女的健康保障也是父母最关心的问题，但这也只需要有健康保障就可以，而不需要财产的所有权来解决问题。而恰恰是不让有不良习惯的成年子女掌握财产的所有权和处分权，他们就没有财力去满足他们的不良嗜好或习惯，也没有办法挥霍财产，身边的不良好友久而久之也会离他而去，他们的生活还可能有回归正常的那一天。

（二）通过受益机制让财富成为子孙前进的动力，而非骄奢淫逸的温床

家族成员享受家族财富一定要有规则，要通过激励机制，让孩子从小就意识到，如果不努力，家族即使有再多的财富，家族财富的分配机制也只会给自己基本的生活支持，自己不会有高品质的生活。如果自己非常地努力，家族财富的分配机制会给予奖励，自己可以有更好的成长基础，将来不但会有更加富足的生活，而且还能实现自己远大的梦想和抱负。这样，孩子从小就不会有躺在家族财富的温床上睡觉的想法，会有适度的压力，会有为自己的人生奋斗的动力，人生会有目标，会有梦想，人生不会空虚，不会失去方向，也能从奋斗中找到属于自己的价值感。

（三）培养子孙后代的社会责任感，使其有更远大的理想和抱负

高净值家庭的子女有了家族财富作为基础，以物质为基础的基本生活保证、对家人的基本责任一般都可以比较轻松地解决。因此，他们是有更好的基础可以追求更高层面的目标的。《大学》说："修身、齐家、治国、平天下。"《孟子》又说："穷则独善其身，达则兼济天下。"从物质层面上来说，普通人一般要先修身、齐家，然后才有可能追求治国、平天下。但高净值家庭的子女，修身、齐家的物质基础先辈已经帮他们打好了，他们应当从小培养治国、平天下、兼善天下、承担社会责任、回馈社会的远大志向。有了更高的追求目标，子女的人生才会更有方向，家族才能人才辈出，青出于蓝而胜于蓝，家族才能朝着更加健康、昌盛的方向发展。

（四）对已经沾染恶习的子孙做好防挥霍规划

如果子孙中已经有人沾染恶习，想让其痛改前非、浪子回头是比较不容易的。将来如果他继承了大量的遗产，财力的支持往往会加重挥霍的恶习，遗产很快被挥霍一空都在其次，挥霍的过程对其自身造成的伤害才是最可怕的后果。

在这种情况下，做好其防挥霍的规划就显得尤为重要了。防挥霍规划的指导思想非常简单：保障加限制，不直接给予重要财产的所有权与处分权。保障就是在基本生活，医疗健康，基本养老方面给予保障，保证其生存与健康。除此之外，在经济上予以限制，让他没有财产可以进行挥霍。这样，一方面可以通过“断血”的方式遏制其各种恶习；另一方面当他缺乏经济支持时，一些不良的朋友也会自然离他远去，对遏制其各种恶习也有很大的作用。限制的方式就是不直接给予重要财产的所有权与处分权。当然，在大陆法系的制度下，将所有权和受益权分开是比较难的，需要借助于各种工具。譬如，利用《民法典》规定的居住权制度，赋予其居住权但房屋所有权由其他人持有；合理利用家族信托所有权、管理权与受益权分离的功能，以及人寿保险所有权、管理权与受益权部分分离的功能进行防挥霍规划也是有效的。

二、“第一层次现金流”的规划

（一）人寿保险创造基础现金流，并提供完备的健康保障

1. 大额保单规划子孙教育、养老、品质生活现金流保障

大额保单可以用来规划子孙后代的教育、养老、品质生活的现金流，架构设计见表9－1。

表9－1　保单架构

投保人	被保险人	死亡受益人	险种	备注
客户/客户子女	子女/孙子女	被保险人近亲属	年金、养老年金 增额终身寿	

以客户或者客户成年子女中财务习惯较好，比较可靠的人为投保人，以客户子女或者孙子女、外孙子女为被保险人，有目的性地进行教育现金流、生活保障现金流及养老现金流的规划，专款专用，为子孙后代的生活与成长提供有力的现金流保障。用人寿保险给家族成员创建教育、养老、品质生活的现金流有五个其他

工具所不具备的优势。

优势一:本金安全,收益锁定,保障可靠。

保险制度是金融体系的基础屏障,因此相对其他其他金融工具,保险的安全性更具优势。同时,保险合同一旦签订,其预定利率就将锁定被保险人一生,几十年甚至上百年,这是其他金融工具不可能做到的。

优势二:专人专款专用,保障有针对性。

与其他金融产品不同,通过保单的规划设计可以实现资金的储备定人、定事。譬如,为未成年的子女及孙子女储备教育金,被保障的子女孙子女是被保险人,并且保险产品和教育金需求可以高度匹配,当教育金需求发生时,保单可以提供针对性的保障,定人、定事,专款专用。生活品质及养老品质保障也是如此。

优势三:可以提供与生命等长的现金流,完美的养老基础保障工具。

养老现金流储备要求是比较高的,必须要做到活多久领多久。因为人的寿命不确定,因此其他金融产品是不可能做到活多久领多久的。而人寿保险以人的寿命为保险标的,只要配置了保障终身的养老保险产品,无论被保险人寿命多长,这个风险由保险公司承担,因此人寿保险是全世界唯一可以创设与生命等长现金流的工具,是完美的养老基础保障工具。

优势四:保单专款专用,不会惯坏子孙后代。

给子孙后代的保单保障规划虽然也相当于给他们大量的财产,但这些财产是专款专用的,譬如保障教育的教育金就只能用于教育支出,教育完成后可能保障就结束了。又如保障生活品质的保单,大部分是年金保险,只能按年或者按月领取相应的生活费保障,总资产规模很大但是细水长流;养老保障也是一样,现金流可以活多久领多久,但却是细水长流的保障。这样的现金流一方面可以保障子孙后代,另一方面因为是专款专用,细水长流,不能用来支撑奢侈的生活或者生活恶习,因而不会惯坏他们。

优势五:投保人控制保单,在一定程度上可以防挥霍。

人寿保险中的投保人和被保险人可以分别为不同的人,投保人控制保单,被保险人享受保障,受益权与所有权及处分权分开。让成熟的财务习惯好的家庭成员担任投保人,保单财产就很难被挥霍。即使有的家庭中有的子孙后代已经沾染恶习,挥霍无度,但他们却只能享受保单提供的细水长流的现金流保障而很难挥霍到保单本身,这是非常有益的。当然,有时候在家庭中找到合适的投保人也确实不容易,并且投保人死亡后可能会面临很多问题,在规划时要引起注意。

2. 子孙后代健康保障的保单规划设计

用人寿保险为家族的每一个成员构建完备的健康保障也是非常必要的。健康医疗需求与教育、生活、养老的需求不同,教育、生活、养老的需求对现金流的要求是相对确定的,但健康医疗需求确实偶然性极大的。因此,在健康医疗保障规划中,具有射幸性质的保险工具是其最佳解决工具。

首先,可以给每一位家庭成员都购买高额的重大疾病保险和中端医疗保险。重大疾病保险的主要功能是在家庭成员确诊重大疾病后,可以及时提供充足的医疗费垫付的现金流,疾病治疗中为昂贵药物的使用提供医疗费用的支持和补充,保证医疗品质。疾病治愈后还可以提供充恢复期照顾的费用。

其次,中端医疗保险在解决家庭成员的医疗费用支出方面也有其相当的优势,是许多高净值家庭可以选择的。中端医疗保险通过报销的方式,作为社保的有力补充,解决医疗费用支出的问题。中端医疗虽然一般有较高的免赔额,一般1万元以上起,保险额度也不够高,大部分只有百万级别,但也基本可以满足国内治疗的要求。

最后,对于超高净值家庭,重大疾病保险和高端医疗搭配是较为妥当的健康保障解决方案。高端医疗保险相对中端医疗保险,其保额要高得多,少则数百万元,多则数千万元,甚至完全不限额。并且,保障范围也更加广泛,并且支持海外医疗支出,是超高净值人士解决健康保障问题的不二之选。然而,高端医疗不仅仅解决医疗费用的问题,它更多的是解决医疗品质的问题,它的后面是强大的医疗服务网络,汇集了全世界最一流的医疗资源,可以保证家族成员在面临疾病威胁的情况下,可以及时享受全世界最好的治疗手段,医疗品质,并且在费用上甚至可以实现直接结算。

用人寿保险解决医疗保障问题,不仅可以解决医疗费用和医疗品质的问题,还可以利用其高杠杆转移风险,节省现金流。值得注意的是,不是每一位家族成员的健康保障问题都可以通过保险解决,因为在购买保险时,保险公司对被保险人的健康状况有要求。因此,一定要尽早为家族成员配置健康保险,如果由于身体原因配置不了健康保险的,就需要用其他方式解决健康保障问题了。

(二)人寿保险和家族信托结合的现金流保障规划策略

1. 人寿保险与家族信托优劣势及互补性分析

除了人寿保险以外,家族信托也是很好的现金流保障工具。家族信托作为现金流保障工具与人寿保险相比,互有优劣势,是相辅相成,互相补充的关系。家族信托与人寿保险相比，在医疗保障上没有杠杆可以利用，在现金流提供上无法承诺本金安全，也不能锁定收益，更加不可能承诺创设伴随受益人一生的现金流。但是家族信托的优势也非常明显。

首先，家族信托对受益人的健康状况不做要求，每一位家族成员都可以享用。其次，家族信托的信托财产投资更加自由，虽然不能保证本金安全，也不能锁定收益，但却有机会博取更高的收益。再次，家族信托可以持有的资产更加丰富，人寿保险只能用现金购买用以创造现金流，但家族信托理论上可以持有任何资产，可以持有股票、基金、债券等金融资产创造现金流，也可以持有房产通过房租的形式创设现金流，还可以持有股权通过利润的形式创设现金流。复次，家族信托支付现金流的方式更加灵活，人寿保险只能经过保险的赔付，对于年金的领取，部分领取等方式支付现金流，相对来说比较死板，也很难设立支付的条件，在支付上也没有什么自由裁量的空间。而家族信托可以通过信托合同设计各种受益规则，既可以按时间给付，也可以按事件给付，还可以设置触发条件，并且，可以赋予受托人或者监察人决定信托收益权分配的自由裁量权，从而更好地体现信托委托人的意愿。最后，家族信托是金融资产的持有工具，也可以作为投保人持有人寿保险，信托作为投保人持有人寿保险后，可以解决人寿保险的资产缺乏独立性，容易引发债务追偿和婚姻资产分割继承分割的弊端。

2. 人寿保险和家族信托结合的现金流保障规划要点

在创设现金流这个问题上，人寿保险和家族信托可以紧密地结合，各自发挥优势，力求达到最好的效果。规划有以下四个要点：

首先，对于家族成员的健康保障，成员中可以购买健康保险的，可以用保险解决健康保障问题，对由于身体原因不能购买健康保险的家庭成员，则在家族信托中设计以疾病事件为触发条件的给付规则，解决医疗费用的问题。

其次，对于家族成员的教育、养老和品质生活现金流的准备，可以通过资产配置的方式来解决。家族成员的教育和基本养老的现金流，因为时间、金额刚性，养老现金流还要求伴随一生，因此必须保险才能达到要求。基本生活品质的现金流，也建议用保险解决，力求基础保障可靠。而品质养老和品质生活的现金流，则可以通过信托持有其他资产的方式予以解决，品质养老和品质生活不是刚需，即使发生一些风险或者暂时出现不能及时变现的情况，也不会对家庭成员的生活产生本质上的影响，可以承担一定的风险，当然就有机会博取更高的收益。

再次，家族成员所有的保单，如果能将投保人变更为家族信托则变更成家族信托，让保单的所有权具有独立性，如此，就彻底地实现了第一层次中所说的，提供现金流和保障，但不给予家族成员过多的财产的所有权和处分权，如此就会让坏习惯和别有用心的人远离他们。不仅如此，在家族成员面临债务、婚姻分割和继承分割的情况下，家族信托能提供强有力的保全功能。

最后，将保单的死亡受益人变更为信托，当家庭成员死亡以后保单中的资产进入信托，通过信托再向其他受益人分配，可以更好地优化分配机制，充分发挥信托在受益金分配中的优势。

通过以上家族成员的保障与现金流的规划设计，家族成员的教育成长、基本生活、医疗健康与养老生活都有了充分的保障。若发展得不好，甚至懒惰成性，不思进取，也没有关系，其基本生活都会有很好的保障，不至于让子孙后代陷入生活上的困境。与此同时，因为没有给予他们太多的财产所有权和处置权，所以能保障生活，却不能被挥霍，也不可能支撑其赌博、吸毒，更不会成为别有用心人士的目标。让财富保障幸福的功能得到一定的发挥，很好地规避了财富给子孙后代可能带来的灾祸与伤害。

三、“第二层次激励机制”的规划与实操要点

美国现代信托之父斯考特教授说：“信托的应用范围可以与人类的想象力媲美。”在子孙后代激励机制的设计方面，家族信托也具有其无可比拟的优势。激励机制依据委托人的希望和意愿结合委托人家庭或家族的现实情况来设计，可以设计成各种各样，我们这里可以给出一些基本的设计建议。

1. 设立家族成员的奖学金计划

子孙后代的教育是家族传承的关键，良好的教育一则可以避免子孙后代误入歧途，二则可以让子孙后代有更大的发展空间。但良好的教育不仅要求有优质的教育资源，还需要受教育者有较高的积极性，客观条件和主观意愿相结合，才能取得最佳的效果。客观条件好准备，主观意愿是最难的。但并非无法规划，奖学金激励计划就是很好的方式。奖学金激励分为两个方面：一方面为金钱上的激励，对于在学业上取得成绩的，给予金钱上的奖励；另一方面为精神上的激励，可以每年召开家族表彰大会，公开颁奖，精神激励。

2. 设立家族成员创业激励计划

为了鼓励子孙后代勇于创新，敢于进取的精神，可以设立家族成员创业激励计划，对家族成员的创业，提供经济上的支持。值得注意的是，领取创业金一定要

设立条件，不能成为家族成员普遍的福利。条件可以从以下几个方面考虑。首先，可以对优秀大学毕业的家族成员给予创业上的支持；其次，可以对职业发展得好，成为企业的管理层的家族成员给予创业上的支持；再次，可以对拥有很好的专业技术技能，甚至有发明专利的家族成员给予创业上的支持；复次，要求申领人领取创业金必须做好详细的商业计划书，由家族评审委员会评审合格方能取得创业金；最后，创业金的额度必须要有规则和限度。

3. 设立家族成员生育激励计划

家族人力资源是家族兴旺发达的关键所在，人力资源来自更多的人口，因此，鼓励生育是一项非常重要的激励计划。现在的年轻人大多生育意愿不强，尤其是好逸恶劳的子孙后代就更加没有生儿育女的责任心，如果子孙后代不愿生育，家族成员就会越来越少，家族的衰落就会成为必然。因此，家族可以设计生育激励计划，可以从以下几个方面设计。首先，对女性生育期间给予补贴和奖励，孕期与生育期提供营养费支持，孩子生完以后可以给母亲一笔奖金；其次，根据亲生孩子的多少给予母亲长期的生活费与养老金的奖励；最后，每个孩子都可以按标准领取生活费、教育金等，减轻抚养孩子的负担，增加生育的意愿。

4. 建立家族成员职业激励计划

对于家族成员中职业发展比较好的家族成员也可以予以激励，鼓励家族成员追求职业上的发展。首先可以普遍地鼓励家族成员自食其力，对于有正当职业的家族成员，都可以领取一定的职业发展补贴；如果坐享其成，则没有任何补贴。此外，可以对家族中的教师、教授、医生、律师、会计师、工程师等专业人士予以奖励，可以领取专业发展津贴；还可以对家族中从事艺术创作职业的人予以奖励，音乐、美术、影视创作人员都可以领取艺术发展补贴。

四、“第三层次社会责任感培育”的规划与实操要点

对于财富家族来说，发展到了一定层次以后，社会责任就是其最重要的责任，财富源于社会，最终要回馈给社会。真正的贵族精神，勇于担当，以天下苍生为己任的精神。因此，引导子孙后代从小就树立更高的理想和抱负，带领孩子做慈善是最好的方法之一。

对于一般的高净值家庭，慈善信托是非常好的选择，慈善信托设立门槛较低，几十万元、几百万元就完全可以成立慈善信托。并且，自己家族设立的慈善信托完全可以按照自己家族的意愿开展慈善活动，非常易于操作和落地。

对于超高净值家庭，具有公开接受捐赠功能的慈善基金就是更好的选择，慈善基金要起设立门槛比较高，管理也相对更加规范，并且可以公开接受捐赠，可以让子孙后代在更高、更宽广的平台上从事慈善活动，增长知识、开阔眼界、积累更高端的人脉、培养胸怀与抱负。子孙后代有了更远大的理想、更宽广的胸怀，他们的人生就不会失去目标，不容易误入歧途，生活也会更加快乐与幸福。

第十章

配偶与继子女继承外流风险解析与解决方案设计

第一节 风险案例

一、案例导读

近年来,我国的离婚率逐年上升,再婚的家庭也越来越多。再婚家庭中,如果一方或者双方婚前财产积累比较丰厚,而双方在前段婚姻又有子女,就很容易形成双方各为其子女争取利益的局面。为了减少婚后的财产争端,一些人,尤其是高净值人士再婚会选择签订婚前财产协议。但是,有了婚前财产协议是不是就万事大吉了呢?我们不妨来看下面这个案例。

二、案例详情

老李,北京通州人,农民。早年爱人因病去世,给他留下了一个儿子。老李家庭条件一般,爱人生病又花掉不少钱,他一个人含辛茹苦把儿子拉扯大,一直也没有再娶。好在儿子还算争气,比较有出息,大学毕业后进北汽当了一名汽车工程师,收入还不错。2011 年,儿子结婚了,儿媳虽然是外地人,但工作也在北汽集团,并且第二年就给他生了一个大孙子,老李带着大孙子,一家其乐融融。

2015 年,北京市政府搬迁到通州,老李家被拆迁,获得回迁房几套,拆迁款上千万元。家庭经济条件好了,给他介绍对象的人也多起来。老李开始也没有怎么动心,因为毕竟五十大几的人了,一个人也过了 20 来年了,都习惯了。

但来自四川的小冯的出现,让老李动了心。小冯 30 来岁,话不多,文文静静的很漂亮。她的丈夫前两年因病去世了,为了给丈夫治病,她花光了所有的积蓄,连房子都卖掉了。为了讨生活,小冯带着 7 岁的女儿来到北京打工。但一边要带女儿,一边要打工,小冯过得特别不容易,所以同事就把小冯介绍给了老李。

小冯的温柔、善良,尤其是对丈夫不离不弃的精神让老李非常感动。看着小冯带着孩子如此不易,老李的疼爱之情泛滥了。小冯对老李也比较满意,因为老李和她一样当年都为了给另一半治病竭尽全力,是个可靠之人,况且 50 多岁的老李身体很好,看起来也显年轻,小冯就有了托付终身的意思。

但儿子小李不同意这桩婚事。他反对的理由有两个:第一是小冯太年轻,甚至比自己还小 1 岁,并且带着一个 7 岁的女儿,老爸娶一个比自己还小的带孩子的女人,传出去面子上不好看;第二是一个这么年轻漂亮的女人愿意嫁给一个老头子,惦记他们家钱的可能性比较大。

老李和小冯诉说了自己的苦衷,没想到小冯当场表示自己要寻找的是一个依靠,只要能对她好,能帮着自己把女儿拉扯大,自己就愿意和老李相守一生,对老李家的钱不感兴趣。为此,老李和小冯找律师起草了一份婚前财产协议。协议明确约定,老李名下所有的财产以及老李结婚后再取得的所有财产均归老李个人所有,作为补偿,老李必须出资全款为小冯在四川老家购买一套价值 50 万元以内的商品房并装修好,同时必须与小冯一起将女儿抚养至大学毕业。

有了婚前财产协议作为保证,儿子小李也就不能再坚持反对了,于是老李和小冯 2015 年年底就领了结婚证,小冯通情达理,没有要求什么婚礼,二人低调地就结婚了,儿子、儿媳对此也比较满意。

老李结婚以后的生活非常幸福,小冯把老李的孙子、老李还有自己的女儿的生活都照顾得很好。因为带孩子不用操心,小冯还做的一手好菜,儿子和儿媳都更喜欢回老李家了。

古语有云,祸兮福之所倚,福兮祸之所伏。这样的幸福生活只过了 2 年多,老李就遭遇了一场车祸,因为没有系安全带,当场死亡。但是更让人意外的是老李的遗产继承案件。

老李意外去世,小冯特别伤心,上一任丈夫对自己也很好,但不幸得病去世了,好不容易找到了老李这个依靠,想着孩子的将来也有了指望,结果又出了这样的意外。老李一走,小冯也不好再生活在这个家里,她跟小李商量,女儿在北京上学将来负担太重,她准备带着女儿回老家,让女儿回老家上学,好在老李给她在老家买了房子,这两年她也攒了一点钱,回去再想办法。至于老李的遗产,因为签了婚前财产协议,她想都没想过。

但让他们都没有想到的是,当儿子小李去公证处办理继承权公证的时候,公证员却说必须要小冯过来才能办理,原来老李生前没有立遗嘱,虽然他们夫妻有财产协议,但这只能说明老李名下的财产都是他的个人财产,现在老李去世了,就变成了老李的遗产。根据《继承法》(已废止)第 10 条[①]的规定,老李的配偶、父母、子女都是他的继承人,小冯作为老李的配偶,为法定继承人之一,因此,她是有遗产继承权的,继承权公证她当然必须到场。更让人没想到的是,公证员询问了

① 《继承法》现在已经废除,新规定在《民法典》"继承编"第 1127 条。

小冯的家庭情况，得知她未成年的女儿和老李一起生活超过2年，抚养费用全部由老李负担后，又告诉他们，女儿已经和老李形成了抚养关系，《继承法》（已废止）第10条规定，有抚养关系的继子女也属于第一顺位继承人。老李父母早已亡故，所以现在老李有三位继承人，儿子小李，小冯以及小冯的女儿。而老李的儿媳和孙子则均不属于老李的继承人。

经过清点统计，老李的遗产包括房产一套，再加上金融资产总价值大概有1200万元，因为没有什么特殊情况，依照《继承法》（已废止）第13条①的规定，理论上应该是三人均分，每人400万元。如果是这样，老李的亲儿子只分得400万元，而小冯及女儿却可以总共分得800万元。老李最最疼爱的孙子却一分钱遗产都没有。这是让大部分的人想不到的。见图10－1。

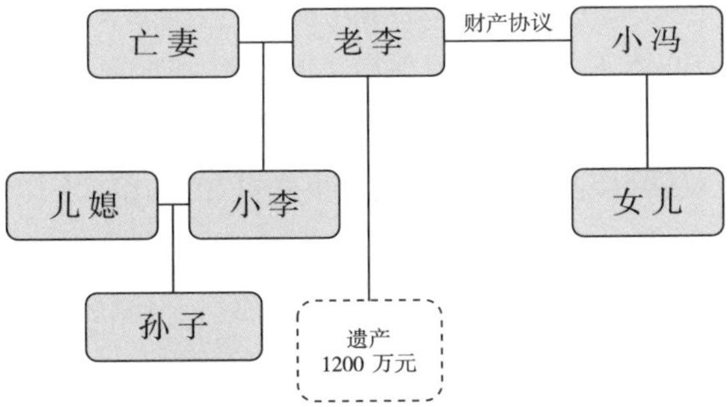

图10－1　老李家庭关系图

有读者可能要问，如果将来小冯去世了，儿子小李能继承她的遗产吗？我们姑且不说小冯比儿子小李还小1岁，即使小冯真的走在了老李儿子的前面，但因为他们二人都是成年人，没有形成抚养关系，因此不存在继承的问题。将来如果小冯去世，其所有的遗产都会由小冯的女儿继承。如果简单去算，小冯的女儿最后可以获得800万元，而儿子小李却只有400万元，而老李的孙子呢，却是一分钱都没有，如果单从遗产份额上看，真的是不知道谁才是老李亲生的。

好在小冯非常善良和通情达理，她认为钱是老李家的，自己要拿走这么多是

① 现行有效规定为《民法典》"继承编"第1130条　同一顺序继承人继承遗产的份额，一般应当均等。

对生活有特殊困难又缺乏劳动能力的继承人，分配遗产时，应当予以照顾。

对被继承人尽了主要扶养义务或者与被继承人共同生活的继承人，分配遗产时，可以多分。

有扶养能力和有扶养条件的继承人，不尽扶养义务的，分配遗产时，应当不分或者少分。

继承人协商同意的，也可以不均等。

非常不合适的，所以她主动跟公证员说她的份额她不要了，都给儿子小李。[①] 但女儿的那一份，因为女儿是未成年人，自己不能决定放弃，而小冯作为她的监护人，这种损害她的利益的决定也没有权力来做。况且，女儿将来还要上学，还要成家，有这 400 万元，将来他们孤儿寡母也算有个依靠，所以即使能放弃她也不想全部放弃。

儿子小李虽然损失了 400 万元，确实有些心疼，但小冯确实也已经仁至义尽，如果换作他人，恐怕是绝不会放弃的。所以，大家协商的过程非常融洽，最后顺利地商定了继承的方案。

三、案例解析

在上述案例中，老李在婚前签订了财产协议，已经属于再婚人士中极少数做了婚前财产规划的群体了。但是，婚前财产协议并不能解决再婚人士的所有问题，因为还存在配偶和继子女继承的隐患。正是这个隐患让老李的儿子小李最后付出了一定代价。尽管如此，我们还得说，小李是相对比较幸运的。为什么这样说呢？

首先，在这个案例中，如果老李没有签订婚前财产协议，后果会更加严重，因为在老李与小冯的婚姻存续期间，老李的部分个人财产，尤其是金融财产可能比较容易与夫妻共同财产混同，当老李去世时，小冯就可以依法先取得夫妻共同财产的一半，剩余一半的夫妻共同财产和老李的个人财产才是老李的遗产，三个继承人再进行分割。如果是这样，小李的损失就更大了。

其次，小冯放弃了自己的继承份额，这是非常难得的。因为对于小冯来说，继承丈夫的遗产是法律赋予她的神圣的权利，并非什么值得谴责的行为。虽然她说过不要丈夫的财产，并且和老李签署了婚前财产协议，但这并不能排除她的继承权，并且，在继承开始前提前排除某个人的继承权从目前司法界通说观点来看，也认为是不合法的。但是，小冯没有被利益诱惑，放弃了自己应得的份额，这是非常难得的。从这一点上来说，小李也是非常幸运的。

最后，小冯放弃的 400 万元份额，如果严格按照法律规定，会作为老李的遗产再次法定继承，由小李和小冯的女儿平分，所以小冯的女儿应当可以再取得 200

---

① 注：按法律规定来说，小冯可以放弃自己的继承份额，但并不能直接决定给继子小李，而是由剩余的继承人法定继承，但因为小冯可以自己继承以后再将财产还给小李的方式变通实现，所以这里我们就不纠结于其细节了。

万元的遗产。但是,小冯通过变通的方式最终将400万元全部都交到了小李的手中,不得不说,人性的光辉在小冯这个弱女子身上体现得淋漓尽致。从这一点上说,小李也是幸运的。

但是,小冯的女儿拥有和小李同等的继承权,老李最疼爱的孙子却完全没有继承权,这样一些问题就不是小冯高风亮节,主动放弃所能解决的了。

首先,小冯的女儿应当继承的份额小冯是无法做主放弃的,因为女儿是未成年人,她的民事权利需要其监护人,也就是母亲小冯帮她维护,民事权利也需要小冯作为法定代理人代为行使。但是,依据当时的《民法总则》(已废止)第35条的规定,小冯不能代替女儿放弃遗产继承份额。所以,女儿最终继承了其应得的份额400万元。

其次,老李的孙子没有继承权的问题也不是小冯可以决定的,因为老李没有做任何安排,遗产只能法定继承,按法律规定办理。然而,孙子女并不在我国法律规定的法定继承人列表中,除非代位继承,否则孙在无法在法定继承的程序中作为继承人出现,继承爷爷的遗产。

最后,要注意到,即使是小李最终继承到的遗产,也并非小李个人的。因为按照《婚姻法》(已废止)第17条,现《民法典》第1062条的规定,属于小李和妻子的夫妻共同财产。

其实,这一切,如果老李有先见之明,早点未雨绸缪,在签订婚姻财产协议的同时就做好基本的财富传承规划安排,本来都完全可以避免。由此可见,对于高净值人士来说,清楚、全面地了解自己存在的风险并有针对性地做好规划是完全必要的。

第二节 风险解析与法律依据

一、配偶继承权与继子女继承权的概念

(一)我国配偶继承制度的现状与问题

配偶继承制度与其他继承人的继承制度不同,配偶继承制度和夫妻共同财产制度是存在紧密联系的。我国《民法典》“继承编”第1027条规定,配偶与被继承人的子女、父母一起都属于第一顺位继承人,对被继承人的遗产拥有最高优先级

别的继承权。与其他继承人不同的是,被继承人的配偶还拥有夫妻共同财产的一半,剩余的一半以及被继承人的个人财产才是属于被继承人的遗产。所以,从整体上来说,我国在配偶财产权的保护上力度还是比较大的。

这里讲的配偶财产权利的保护主要是指对比较弱势的女方的保护,因为在旧社会,女性权利地位低下的时代,女性作为配偶的财产权是非常弱的。旧社会的女性“在家从父,出嫁从夫,夫亡从子”。其财产权利始终是依附于男性。在解放以后,我国的法律制度对女性财产权利的保护大大完善,甚至可以说已经领先全球,与西方大多数发达国家的家庭财产法律制度相比,在我国的家庭财产相关法律制度中,宗族、血统的概念已经基本被清除。

从法定夫妻共同财产的规定来看,首先,我们实际采用了劳动共同原则,充分尊重了家务劳动的价值。其次,对于婚姻存续期间内所继承、受赠的财产也属于法定的夫妻共同财产。相比之下,我国香港特别行政区、澳门特别行政区、台湾地区的女性在共同财产制度上的待遇不如内地。相比于其他欧美国家的夫妻财产制度,我国女性的待遇也相对是比较好的。应该说,在男性主要创造财富的现实环境中,我国女性在法律制度上,在理论上已经获得真正的平等地位。

从配偶继承权的规定来看,女性在取得共同财产的一半之后,还可以作为第一顺位继承人与丈夫的父母、子女拥有同等的继承权。这样的制度设计的保护力度也是领先全球的。在绝大部分发达经济体的法律制度中,配偶一般不会直接规定为第一顺位继承人,而是通常采用“零顺位”[①]模式,即当有第一顺位继承人时就是第一顺位,当没有第一顺位继承人时,就一次和后续继承顺位的继承人一同继承。为什么说我国关于配偶继承权的规定完全排除了宗族、血统的概念呢?如果被继承人没有子女,父母也已经去世,第一顺位继承人只剩下配偶时,家庭所有的资产都将归配偶一人所有,被继承人的祖父母、外祖父母、兄弟姐妹这些有血缘关系的亲属处于第二顺位,完全没有机会继承。但零顺位模式就不同了,当没有第一顺位继承人时,后续顺位的继承人就可以依次继承,虽然继承份额会越来越少,但总不至于被完全剥夺继承权。

有对境外配偶继承法律制度有了解的读者可能会说,境外的零顺位继承配偶的权利更大,以日本为例:第一顺位继承人直系血亲卑亲属,第二顺位继承人父母,第三顺位继承人兄弟姐妹……当配偶与第一顺位继承人共同继承时,独得遗

---

① 杨立新、和丽军:《我国配偶法定继承的零顺序改革》,载《中州学刊》2013年第1期。

产之1/2，与第二顺位继承人继承时，独得2/3，第三顺位则独得3/4。看似日本远高于我国法律制度中配偶之待遇，其实这是因为日本的夫妻财产制度和我国不同所造成的，因为日本实行的是法定分别财产制度①。

我国的配偶继承权制度，如果在原配家庭且双方有亲生子女的情况下，这样的分配制度有利于保障女性、老年人的利益，没有什么问题。但是，如果在夫妻双方没有子女，父母也已经离世的情况下，对兄弟姐妹就会有些不公平了。如果是在再婚家庭中，夫妻双方子女并不一致，就会产生很严重的利益冲突。具体情况在介绍完继子女继承权制度后一起讨论。

（二）我国继子女继承制度的现状与问题

我国法律制度对继子女继承权的规定问题比较特殊，我国《民法典》第1127条赋予了形成扶养关系的继子女与亲生子女同等的继承权。如此立法的主要原因是我国1985年的第一部继承法比较多地承袭了《苏联民法典》，“死后扶养思想”贯穿于整部法律。《民法典》虽然对《继承法》（已废止）作出了一定程度的修改，但未根本改变以“死后扶养思想”为中心的立法理念。

赋予形成了扶养关系的继子女与亲生子女同等的继承权，从扶养角度看，对于保护未成年继子女，做到“幼有所护”是有积极社会意义的，尤其是在社会保障体系不完善的情况下，让依赖于被继承人生活的未成年继子女可以继承部分遗产，可以很好地解决其基本生活保障问题。

从我国内部法域的比较来看，内地（大陆）的继子女继承制度不同于我国香港特别行政区、澳门特别行政区、台湾地区。我国台湾地区“民法典”第1138条关于法定继承人的规定中完全没有提及继子女。在澳门特别行政区民法典中，继子女只有被完全收养，才能作为养子女参与法定继承。香港特别行政区承袭了英国模式，继子女不能继承继父母的遗产。

从大陆法系国家的情况来看，《德国民法典》遵循“有血缘可寻之处，即有继承权存在”，继子女没有血缘关系，没有继承权。同时，法国、日本、韩国等其他大陆法系国家，继子女也没有继承权。俄罗斯现行民法典将继子女放在了第七顺位，除没有任何血亲继承人，否则很难有继承权。

这并不是说我国的继子女继承制度存在错误。事实上，这样的法律规定在私有财产极少的改革开放初期，以及现今社会的中产以下家庭的影响应该说是利大

---

① 《日本民法典》第762条　夫妻一方婚前取得的财产以及在婚姻关系存续期间以自己名义取得的财产，为其个人财产。夫妻财产归属无法确定的，推定为夫妻共同所有。

于弊。但是,对于私有财产比较多的中产及中产以上家庭来说,因为遗产的意义已经远远超过“扶养”的范围时,就会带来一系列的社会问题,会造成立法与民俗习惯、社会风俗相偏离,与公众的普遍意识相冲突,增加了纠纷的可能性,也很难让当事人服判息讼。

二、继父母与继子女之间扶养关系形成的标准及扶养关系的解除问题

从我国的法律规定来看,继子女对继父母是否拥有继承权,关键在于他们之间是否形成了扶养关系。因此,扶养关系形成的判断是最关键的问题。

继父母与继子女之间形成扶养关系有两种基本的模式。第一种是继父母对继子女进行了抚养并达到一定的标准,扶养关系形成;第二种是继子女对继父母进行了赡养并达到一定的标准,扶养关系形成。

但是,目前我国法律对抚养关系形成并没有一个固定的判定标准,所以,在司法实践中还有很多有争议的地方,下面笔者就对扶养关系形成的问题进行一下简单的介绍。

(一)继父母对继子女进行扶养的情况

继父母对未成年继子女抚养关系形成的标准目前我国法律制度中并未明确规定,学界也存在争议,通说观点认为一般会从以下几个方面考虑:第一,继子女必须未成年;第二,必须共同生活超过一定时间,这个时间一般以 2 年为一个大概标准,但并非严格标准;第三,是继父母必须对继子女进行了事实上的抚养;第四,继父母必须对继子女有抚养的意愿;第五,继子女有接受继父母抚养的意愿。如果从以上五个方面均满足,一般认为扶养关系就形成了。

除了对未成年的继子女外,对智障、残疾、没有劳动能力的成年继子女,如果继父母对其进行了扶养,并达到一定标准,是否也形成扶养关系呢?如果从“死后扶养思想”的角度考虑,应该认定为形成了扶养关系。但目前这些都没有统一的规定。

(二)继子女对继父母进行赡养的情况

不仅继父母可能抚养继子女,成年的继子女也可能赡养年老的继父母。如果幼年时继子女得到过继父母的抚养,继父母年老时赡养回报,早就形成了抚养关系,不属于我们要讨论的情况。我们要讨论的是,父母结婚时,子女已经成年,未受过继父母抚养,但赡养了年老的继父母并达到一定标准,如此,是否可以认定为抚养关系形成呢?这个问题在学界的争论就比较大了。

有观点认为，子女对父母的赡养本身就是法律上扶养的内涵之一，当然不能区别对待。但有的学者则认为，继子女对继父母的赡养并不是法定义务，应当作为道德上的扶助对待。[①] 还有的学者担心，如果承认“赡养型继父母子女关系”，有可能发生继子女选择性赡养以求获得继父母的财产。在司法实践中，支持形成扶养关系和不支持形成扶养关系的案例都有，但认定会相对谨慎，一般认为只有和继父母共同生活较长时间同时履行了赡养义务才认定“赡养型继父母子女关系”的形成。

还有一点非常值得注意的是，继承权是相互的，一旦认定扶养关系形成，则继父母与继子女之间是相互继承的关系而不是继子女单方面拥有法定继承权。

(三)继父母子女扶养关系的解除

我国法律制度对“扶养关系的解除问题”的规定比“扶养关系的形成”还要模糊，争议更大。魏小军博士认为，依据《婚姻法》(已废止)第27条[②]的规定，继父母子女之间的权利义务关系与亲生子女无异，从这个角度上讲，除非继子女被收养，否则关系不能解除。最高人民法院于1986年、1988年、1993年对该问题作出过一些批复，但这些文件中不够具体和完善，并且，这些文件目前基本都已经废除。虽然我国法律制度对继父母子女关系的解除没有明确观点，但有一个观点是可以达成共识的，即“形成了扶养关系的继父母子女之间的权利义务关系，不随着生父母与继父母之间的婚姻关系解除而当然解除”。至于在各种情况下解除的具体标准，目前并没有较为统一的观点。

笔者认为，在这种情况下，魏小军博士通过对《婚姻法》(已废止)第27条的文义解释得出的结论理由相对比较充分。

三、配偶继承权和继子女继承权对财富传承的影响

在高净值人士家庭的财富传承中，配偶与继子女继承的法律制度产生的影响是比较深远的，非常值得注意。对此产生影响的主要有以下几点：

(一)配偶继承遗产导致资产外流

笔者认为，如果是原配夫妻共同创造了财富，一方去世后，无论双方有无子女，无论配偶继承了多少份额的财产，无论配偶将来是否再婚。这都是天经地义

① 参见陈苇主编：《婚姻家庭继承法学》，群众出版社2017年版，第140～141页。

② 《民法典》第1072条 继父母与继子女间，不得虐待或者歧视。继父或者继母和受其抚养教育的继子女间的权利义务关系，适用本法关于父母子女关系的规定。

的,不存在资产外流的问题。

但是,如果是再婚家庭情况就有所不同了。当然,这绝没有歧视再婚夫妻的意思,只是从现实的角度理性分析的结果而已。再婚家庭和原配夫妻实质性区别主要有两点:最重要的一点是,双方的亲生子女可能不完全一致,所以,从朴素观点上讲,一般人对于自己亲生子女的利益会更加关注,同时也希望自己创造的财富能更多地传承给自己的亲生子女;其次再婚夫妻家庭主要的财富可能是由一方在婚前主要创造的。

因为有这两点区别,如果主要创造和拥有财产的一方先死亡,配偶因此而继承了大量的遗产。首先,这些遗产大概率不会再流回死亡一方的子女,这和死者的愿望一般是背离的;其次,如果配偶继承遗产后再婚,财产将流向另外一个家庭;最后,即使再婚夫妻生育了共同的子女,但配偶将来再婚依然会导致财产流向共同子女以外的人,这也是死亡一方不希望看到的情况。

由此可见,再婚家庭的配偶继承外流风险是现实存在的。

(二)继子女继承导致财产外流

再婚夫妻如果有一方有未成年子女跟自己一起生活,则继子女与继父母之间非常容易形成扶养关系,从而导致继子女对继父母拥有继承权。在现实生活中,继子女和亲生子女从情感上对父母来说还是区别巨大的,虽然再婚家庭继父母可能会非常愿意抚养继子女,也会从情感上尽量做到视若己出,但这一般会局限于扶养义务上。尤其是继父母同时有自己的亲生子女,那么在财富继承问题上,大部分的父母还是趋向于期望自己的子女可以继承自己大部分的遗产。但是,我国的法律赋予了形成扶养关系的继子女与亲生子女同等的继承权,这就会导致继子女继承外流风险的产生。

(三)再婚夫妻死亡先后顺序影响巨大

再婚夫妻如果各自都有自己的子女,就会产生一个非常尴尬的情况,就是夫妻死亡顺序对财富传承分配的影响巨大。这又可以分为三种情形:第一种情形,再婚夫妇各自有自己的子女,子女均没有和继父母形成扶养关系,对继父母没有继承权;第二种情形,有一方的子女与继父母形成了扶养关系;第三种情形,双方子女均与继父母形成了扶养关系。我们通过数字简单计算一下,甲与乙为再婚夫妻,甲有儿女甲女,乙有儿子乙子,甲、乙各有遗产一份。见图10-2。

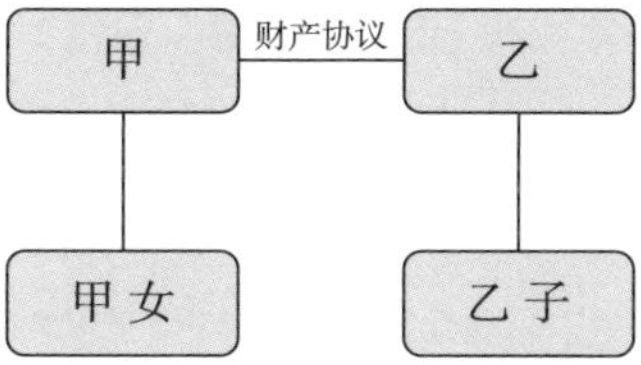

图 10－2　均未形成抚养关系

在情形一中，假设甲先去世，乙后去世，因为继子女都没有形成扶养关系，没有对继父母遗产的继承权，因此甲的继承人两个，甲女与乙，各继承 0.5 份。乙再去世时，遗产为 1.5 份，但继承人只有一个乙子，所以乙子继承 1.5 份，乙子是甲女的 3 倍。如果乙先去世，则甲女会得到 3 倍于乙子的遗产，影响巨大。见图 10－3。

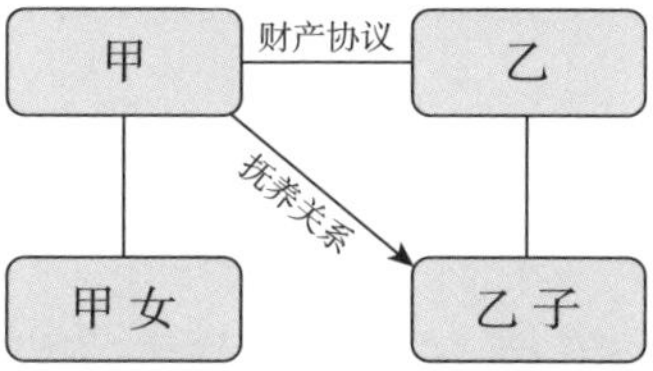

图 10－3　一方形成抚养关系

在情形二中，假设甲与乙子形成了扶养关系，但乙与甲女没有扶养关系，无论是甲先去世还是乙先去世，乙子都将获得大部分遗产。以下具体分析一下：

假设甲先去世，甲的继承人有三个，亲生子女甲女、配偶乙，形成了扶养关系的继子女乙子，三人各得 0.33 份。乙再去世时，乙的继承人只有一个，就是亲生子女乙子，剩余所有的财产均由乙子继承，前后总计 1.67 份，是甲女的 5 倍之多。

即使乙先去世，乙的继承人有 2 个，亲生子女乙子、配偶甲，二人各得 0.5 份。甲去世时，甲的遗产为 1.5 份，继承人还是 2 个，亲生子女甲女，继子女乙子，各 0.75份。最终甲女分得遗产 0.75 份，乙子分得遗产 1.25 份，乙子的遗产依然是甲女的 1.5 倍。见图 10－4。

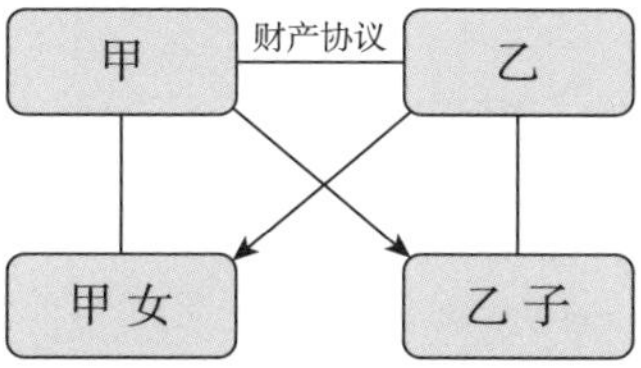

图 10－4　相互形成抚养关系

在情形三中，双方子女交叉形成扶养关系，相互有继承权。如果没有其他不确定因素的影响，二人继承人的遗产将是均等关系。

综上所述，我国法律制度中关于配偶继承权与继子女继承权的规定，由于在立法上遵循了"死后扶养思想"，导致这样的法律制度在高净值人士的法定继承问题上产生了一些不合理的情况。究其原因，就是我们的法律制度将"继承问题"等同为"扶养问题"，这样的处理在遗产只够基本满足扶养需求的时代有着非常积极的意义。但是，当人民普遍富起来了，私有财产极度丰富了，遗产的规模远远超过了"扶养"的需要之后，法律制度的弊端就显露无遗了。

在这个问题上，广大高净值人士一定要注意到：即使在配偶、继子女继承制度比较符合财富传承需求的国家和地区，专业的财富传承规划都不可或缺。在我们目前法律制度不太符合财富传承需求的情况下，专业财富传承规划的意义之重大就不言自明了。

第三节　典型高风险人群与风险发生场景

近年来，随着离婚率的逐年升高，再婚的情况也越来越普遍。每一年新缔结的婚姻中，再婚夫妻的占比是不低的，并且呈逐年升高之势。从国家统计局的数据来看，2010年，全国共有1241万对夫妻登记结婚，其中281万对为再婚，占比22.7%。到2016年，全国结婚夫妻下降为1142万对，但再婚夫妻对数上升到372万对，占比上升至32.6%，接近总结婚对数的1/3。①

在再婚家庭中，财产纠纷发生的可能性将大大超过原配婚姻家庭财产纠纷的可能性，而其中非常多发的一个风险就是配偶和继子女继承的继承外流风险。下面对这两个风险的典型高风险人群和风险的发生场景进行介绍和分析。

一、配偶与继子女继承外流风险的典型高风险人群

很显然，再婚家庭的配偶与继子女继承外流风险是比较大的。但人群可以分为三种。第一种是双方都有子女的中年再婚人群；第二种是双方都有子女的老年

① 参见朱逸柔：《再婚家庭财产继承问题研究——以法定继承主体为视角》，暨南大学2019年硕士学位论文。

再婚人群；第三种是“老夫少妻”再婚人群。这三种人群各有各的典型特点。

这里需要说明的是，“老夫少妻”只是为了简单易懂，用一种通俗的提法对一类常见家庭结构进行的命名，没有任何戏谑、讥讽或者其他的意思。况且，在“老夫少妻”家庭中，夫妻双方的自身条件都是比较优越的，也没有什么被戏谑或者讥讽的基础。

（一）双方都有子女的中年再婚人群的典型特征

双方都有子女的中年再婚人群是三种人群中最为常见的，这个人群一般具有以下特征，使得这样的家庭中配偶与继子女继承风险比较大。

首先，双方结婚时已经人到中年，一般都有一定的财产积累，这种财产积累可能是一方比较占优势，也可能是势均力敌，但这都不影响风险的存在。当然，财产规模越大的一方相对来说，发生风险时的损失会越大。要注意，对于这个人群来说，双方的财产积累只要达到中产的标准，譬如每人都有至少一套城市的住房，并且有一定的存款，房子大概率以后会作为遗产的这样的家庭，配偶与继子女继承风险就已经比较明显了，并不一定需要是高净值人群。

其次，双方前一段婚姻各有各的子女，因此，无论再婚后是否再生育子女，都不影响夫妻在对待子女的问题上立场有差异。这也决定了风险存在的可能性。

再次，双方前段婚姻的子女极有可能未成年，一旦形成抚养关系，继子女对继父母就具有了继承权，尤其是一方子女和对方形成了抚养关系，但另一方的子女却已经成年或者不和他们共同生活，没有形成扶养关系的话，双方就处于一种非常不对等的地位，风险就凸显出来了。

最后，即使是双方子女都已经成年，或者都没有形成扶养关系，在这种情况下仍然存在前文所说的夫妻去世的先后顺序的影响，配偶的继承权会导致财产在双方子女之间的分配结果非常不公平、戏剧化和尴尬。

请注意，双方都有子女是一个关键特征。如果双方都没有前一段婚姻的子女，实际上和初婚不会有大的差别，风险表现也不会典型；一方有子女，另一方没有子女，并且双方也不会再生育子女的话，没有子女的一方很多时候会将对方的子女作为将来的依靠，同时也是财产传承的对象，风险表现就不典型了。当然，如果只有一方前段婚姻有子女，但后来双方又生育有子女，风险表现也会比较典型，但这种有点类似于第三种人群中的一种情况，后面笔者会详细介绍。

（二）双方都有子女的老年再婚人群的典型特征

老年再婚人群群体近年来也呈逐年增长之势，老年再婚人群与中年再婚人群的特征也显著不同。

首先,本书区别老年再婚人群与中年再婚人群的主要标准是子女是否都已经完全独立,双方子女都已经独立地属于老年再婚人群。

其次,老年再婚人群不会考虑再生育,因此在财产上也会分得比较清楚,一般默认各自的财产留给各自的儿女。

再次,老年再婚人群一般不会和继子女形成扶养关系,因此一般没有继子女继承的风险。

最后,老年再婚人群的主要风险是配偶继承外流风险,夫妻间去世的顺序非常关键,先去世的一方子女将因继承问题承受巨大损失。

(三)老夫少妻再婚人群的典型特征

"老夫少妻"的情况在高净值人群中比较常见,前面的人群不同,这个人群一般不会出现双方都有子女的情况。因为在大部分情况下,是年长的成功企业家或者高净值男士迎娶年轻漂亮的女士,男士是再婚,且一般前段婚姻有子女;女士则是初婚,结婚后会和男士再生育子女。本章开头老李和小冯那样的老夫少妻组合是比较特殊,比较罕见的,严格意义上来说他们应当属于前面的那个人群。"老夫少妻"的人群也有自己的典型特点。

首先,一般都是男方经济条件好,并且属于高净值甚至超高净值人群。女方经济条件一般和男方有非常大的差距,因此,并非夫妻双方都有风险,而是往往只有男方单方有此风险。

其次,男方一般前段婚姻有子女,很多时候可能子女已经成年。而女方基本都是初婚,但和男方在婚内会再生育子女。虽然只有一方有前段婚姻的子女,但男女双方关于子女的立场就不同了,一般来说,男方希望兼顾前段婚姻子女的利益,而女方更关心自己的亲生子女。

再次,虽然男方没有继子女继承的风险,因为都是男方的亲生子女,但因为女方很年轻,因此,存在配偶继承外流的风险。因为男方是主要财富的创造者,女方将来继承了男方的遗产后再婚的可能性比较大,财产就会随着女方的再婚而流向其他的家庭,这是男方所不愿意看到的。

最后,女方也并不是完全没有继子女继承外流的风险。如果婚姻持续时间很长,随着女方夫妻共同财产规模的逐步增加,女方的风险也就开始逐渐升高了。对于女方来说,她自己的财产可能更希望留给自己的亲生子女,但如果她和配偶前段婚姻的子女形成了扶养关系,她去世后继子女就有继承权。即使没有形成扶养关系，如果她先于先生去世，她自己的遗产也会通过先生的继承间接流向前一段婚姻的子女，这可能不符合她的愿望。

二、配偶与继子女继承外流风险的典型发生场景

（一）中年再婚人群的风险发生的典型场景

中年再婚人群的配偶继子女继承风险发生的场景有自身的特征，并且属于三种人群中最为复杂，风险点最多的。从前面该人群的特征我们可以看到，因为双方都有自己的子女，因此，不管双方还会不会再生育子女，双方一般都会默认希望将更多财产留给自己的亲生子女，这就是风险的起源点。

首先，中年夫妻结婚，很多时候两个人的财产一般也会分得比较清楚，会相互帮助，但默认相互都不惦记。极少数人会签婚前财产协议，但绝大部分不会签夫妻财产协议。如果是这样，因为共同财产制度的问题，婚后双方的财产很可能会发生混同，甚至可能导致婚前的个人财产大量混同为共同财产，这对于拥有婚前财产较多，创造财富能力更强的一方，可能不会有其希望的结果。

其次，即使夫妻结婚时签订了财产协议，约定财产归各自所有。这也只能防止夫妻之间的财产混同，根本不能排除配偶的继承权，更加不能排除将来形成抚养关系的继子女的继承权。正如在开头案例中那样，虽然老李和小冯签订了婚前财产协议，小冯离婚的时候不能分走老李的财产，但是如果老李意外身故，遗产需要法定继承，小冯以及小冯的女儿依然是老李的继承人。好在案例中仅仅涉及了金融资产和房产的继承，在企业家的继承案件中，常常会出现配偶、继子女继承公司股权及股东地位的情况，那企业家子女失去的，就不止几百万元或者几套房子那么简单了。

再次，在中年再婚家庭中，双方前段婚姻的子女可能还未成年，如果未成年子女和再婚夫妻共同生活，从常理上说就会共同承担扶养责任，并且另外一方也会愿意一起承担抚养责任。在这种情况下，第一，继子女未成年；第二，共同生活，并且很容易持续数年；第三，继父母实际履行了抚养义务；第四，继父母有对其抚养的意思；第五，继子女有接受扶养但意思。如此，抚养关系大概率形成了，继子女对继父母就有了与其亲生子女同等的继承权。但实际上，在继父母的心中，愿意承担抚养义务并不意味着愿意让继子女和我的亲生子女一样可以继承遗产，毕竟抚养子女需付出的代价和继承遗产那是有天壤之别的，如果继父母没有意识到这一点，也没有作出任何针对性的提前规划，最后出现的结局就可能让其亲生子女

损失惨重。

要注意,在现实生活中,哪怕一方可能不是太有抚养的意愿,但在家庭和谐、情感以及道德压力下,这种意愿是很难明确表现出来的,要在他去世以后来证明没有扶养意愿就更难了。所以,即使现实没有抚养意愿,但依然很难阻止扶养关系的形成。

还有,在现实生活中很有可能会出现只有一方子女和继父母形成抚养关系的情况。原因可能是另一方的子女已经成年,还有可能是另一方子女岁未成年,但并不跟他们一起生活。在这种情况下,对于承担抚养义务的继父母来说,对方的子女可以继承自己的遗产,而自己的子女却不可以继承对方的遗产,这显然不公平,可以通过一个简单的虚构案例直观分析一下。

张先生和李女士是再婚夫妻,结婚时张先生的儿子张大宝已经成年,但李女士的女儿李小花未成年,且和张先生形成了抚养关系。结婚时,双方协议约定财产归各自所有。某年某月,张先生和李女士发生严重事故被送到医院抢救,但二人最终还是抢救无效死亡,死亡时间只差了半小时。二人都留下了遗产 900 万元,但都没有做遗产安排。那么二人的遗产继承会出现什么样的结果呢?见图 10－5。

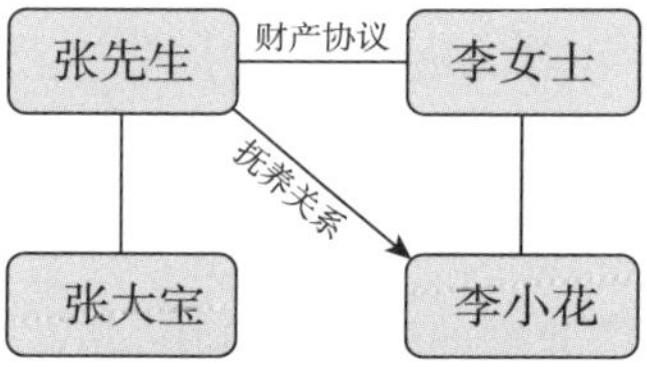

图 10－5

如果张先生先死亡,张先生的继承人为张大宝、李女士和李小花三人,900 万元一分为三,张大宝继承 300 万元,其他的由李小花和李女士继承。李女士半小时后去世,张大宝对李女士没有继承权。最终结果,张大宝继承 300 万元,李小花继承 1500 万元,是张大宝的 5 倍。

即使是李女士死亡在先,张先生的儿子张大宝依然很吃亏。李女士的继承人两个,张先生和李小花,李小花继承 450 万元,张先生也继承 450 万元。半小时后张先生去世,自有遗产 900 万元,转继承的遗产 450 万元,总计 1350 万元。此时,张先生的继承人有两个,张大宝和李小花。二人各继承 665 万元。最终,张大宝继承 675 万元,李小花第一次继承 450 万元,第二次继承 675 万元,总计继承 1125 万元。

所以，无论是谁先身故，只要李小花和张先生形成了抚养关系，她继承的遗产份额无论如何都会远远超过哥哥张大宝。

必须要强调的是，配偶与继子女继承外流风险不仅仅是造成财产外流的问题，更严重的是在家族内部造成巨大内耗，如果是企业家家族，会极大地影响企业经营，甚至导致企业经营失败。

崔先生和崔太太都是家族企业的继承人，家产丰厚。两人的第一任婚姻都没走到尽头，各自带一个儿子组成了新的家庭。婚后，崔太太和崔先生又生了一个女儿。在家庭组建的前几年，崔先生和崔太太感情融洽，相互信任，他们两家的企业也逐渐合并，崔太太也逐渐退居二线，企业主要由崔先生掌管。

但随着时间的推移，两个人开始出现了一些裂痕，因为开始各顾各的子女，矛盾的发展开始加速。双方为了各自的子女明里暗里斗争不断，这种争斗在两个儿子成年以后尤为激烈，造成严重内耗，企业发展多年停滞不前。

为了解决争端，夫妇二人开始商谈财富传承方案，但方案还没完全谈拢，崔太太就先行患病离世，崔先生原本答应给继子的很多财产崔先生就反悔了。一家人围绕家族财产的分配、企业的股权、崔太太遗产的继承等问题打起了旷日持久的官司。因为崔先生既是企业的控制人，还是女儿的监护人，自己的亲儿子对崔太太的遗产也有继承权，崔先生对继子优势明显。所以最终崔太太的儿子全面落败，企业控制权也完全落入崔先生之手，继子只是得到了一些房产与现金的补偿。

但崔先生也并没有取得胜利，几年官司打下来，企业经营一落千丈，要想再恢复夫妻同心时的辉煌，恐怕没有什么希望。

由此可见，再婚家庭一旦发生财产纠纷的矛盾，其内耗是非常严重的，无论如何都不会有赢家，必须要提前预防规划，以免最终一家人对簿公堂，亲人反目，祸起萧墙。

（二）老年再婚人群的风险发生场景

老年再婚人群与中年再婚人群的实质区别就是子女一般已经成年，所以继父母和继子女之间一般不会形成扶养关系。虽然说理论上子女对继父母进行赡养也可能形成扶养关系，但是这种认定一般会非常严格。譬如，继子女和继父母需要长期共同生活，并且，继父母属于需要从经济上被照顾，或者生活上需要继子女的亲自护理等。因此，即使最终继子女被判定为形成了扶养关系，也极有可能是在继子女为照顾赡养继父母付出了大量的时间精力且继子女的经济条件优于继父母的情况下，这时也不会出现明显不合理的情形。

要注意，老年人找老伴，考虑到复杂的财产问题以及子女的反对等，很多是不一定会办理结婚手续的，如果没有办理结婚手续，这就从法律上不存在再婚的事实，这样的情形不在讨论范围之内。这里只讨论老人领了结婚证、建立了法律上的夫妻关系的情形。

虽然老年再婚人群大概率不会有继子女继承风险，但配偶继承风险是比较典型的，即使老人夫妻签订了财产协议，约定财产归各自所有，但依然没办法排除配偶继承的风险，先去世的一方的子女将承担严重的遗产损失。我们可以将前面张先生和李女士的案例稍作修改，就可以清晰地看到这种情形。

张大爷和李奶奶是再婚夫妻，结婚时张大爷的儿子张大宝和李奶奶的女儿李小花都已经成家立业。结婚时双方协议约定财产归各自所有。某年某月，张大爷和李奶奶发生严重事故被送到医院抢救，但二人最终还是抢救无效死亡，死亡时间只差了半小时。二人都留下了遗产 900 万元，但都没有做遗产安排。那么二人的遗产继承会出现什么样的结果呢?

如果张大爷早走半个小时，张大爷去世时，继承人是儿子张大宝和配偶李奶奶，各继承 450 万元。半小时后，李奶奶去世，李奶奶的遗产包括自己的 900 万元和刚继承的张大爷的 450 万元，共计 1350 万元。张大爷因为已经去世，不再是李奶奶的继承人，所以李奶奶的继承人只有一个，就是女儿李小花，小花继承遗产 1350 万元，是大宝的 3 倍之多。

如果张大爷比李奶奶多坚持了半个小时，结果就会反过来，大宝继承 1350 万元，小花继承 450 万元。如果这个世界真有天堂的话，不知道李奶奶和张大爷去了天堂之后会怎么讨论这个问题。

(三)“老夫少妻”人群风险发生场景

“老夫少妻”组合的再婚家庭的风险也是比较典型的。在一般情况下，这种组合都是“老夫”为二婚，并且前段婚姻有子女。“少妻”为初婚，夫妇婚后会再生育孩子。并且，“老夫”的经济实力和创富能力会显著强于“少妻”，丈夫可能是企业家，也可能是大型的企业高管、职业经理人、职业投资人等。这样的家庭的风险会有什么样的典型表现呢?

在这样的家庭中，风险主要集中在年长的丈夫身上，因为会有一系列的问题出现。

第一个问题是夫妻财产混同的问题，尤其是股权资产的混同问题，这个问题本书有专章内容详细探讨，故不再重复。

第二个问题是即使签订了夫妻财产协议，预防了财产混同，也会通过配偶继承和配偶再婚导致财产外流。前面已经做过分析，虽然夫妻财产协议约定了大部分财产，尤其是企业股权等核心财产属于企业家的婚内个人财产，但这并不能排除女方的继承权。企业家一般会比女方年龄大很多，身体状况更差，职业风险等级更高，因此在女方之前去世的可能性极大，如果没有专业的传承规划，那么女方将会作为继承人继承大量的财产；而女方因为年轻，因此再婚的可能性极大。这些财产将会通过女方的再婚而流向另外一个男人，另外一个家庭。这是很多企业家不愿意看到的。

第三个问题是如果企业家去世时孩子未成年，女方可能通过孩子的监护权掌握大部分核心资产，家族资产的控制权可能易手。以下通过一个简单的案例来具体分析。

2014 年，53 岁的广东企业家南哥酒后驾车发生车祸，扔下他年轻貌美的妻子和还没有完全培养出来的儿子以及年仅 4 岁的宝贝女儿去世了。南哥 20 来岁开始走南闯北，做生意 30 年，积攒了万贯家财。南哥的儿子小南那年 30 岁，和前妻所生，海外留学归来后帮南哥打理企业，担任公司总经理。南哥现任妻子菁菁 32 岁，年轻貌美，给南哥生了一个宝贝女儿 4 岁。见图 10－6。

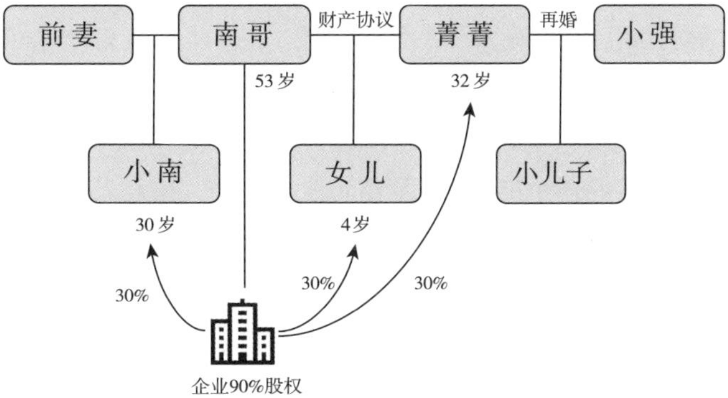

图 10－6

南哥非常喜欢妻子菁菁，宝贝女儿也是他的掌上明珠，他希望通过自己的努力，让美丽的妻子和女儿可以一生无忧。但是，南哥同时也希望妻子能安分地在家相夫教子，不要插手公司的事情。南哥比较传统，关于公司是要培养儿子小南接班的，因为这是南家的产业，应当由儿子继承，女儿将来他会给她留很多的其他财产，但企业是儿子一个人的。他担心如果让菁菁有机会插手企业，必然矛盾重重,甚至可能严重影响企业经营。为了防止妻子插手家族企业事务,结婚前南哥和菁菁签署了婚前财产协议,给了菁菁很多经济补偿,但约定企业股权及企业将来的增值部分都属于南哥的个人财产。

南哥虽然精明,风险意识也比较强,考虑也比较长远,但他的考虑最终还是棋差一招。他万万没想到体壮如牛的自己会因为车祸去世。因为南哥觉得自己身体很好,正是年富力强的时候,所以想都没想过做身后事的安排,连份遗嘱都没有写过。如此,南哥所有的遗产都被迫进入了法定继承程序。

南哥的继承人都有谁呢? 南哥父母早年去世,所以继承人只有儿子、妻子和女儿三人。南哥的遗产最核心的就是企业的股权,南哥是大股东,占 90% 的股份,由三个人继承,份额没有特殊情况基本平均分割,儿子继承 30% 的股份,妻子继承 30% 的股份,女儿继承 30% 的股份。

南哥的继承程序走得倒也顺利,小南和继母也没有起什么争端,本来小南提出由自己继承大部分股权,给继母和妹妹补偿其他财产,但菁菁认为家里最值钱的就是企业,补偿多少都吃亏,所以坚决要求继承了企业的股权。遗产分割后,因为菁菁也没有经营能力,所以企业经营也只能全部都交给小南。但是,时间一长,菁菁就开始对小南不放心,要求担任公司的财务总监,小南虽然不太愿意,但也没有办法。

2016 年,菁菁怀上了初恋男友小强的孩子,于是两个人就结婚了。孩子出生后,丈夫跟菁菁建议收回企业的经营权,菁菁本来对小南就不放心,现在既然自己丈夫有能力经营,她也鼎力支持,因为菁菁自己与女儿的股权加起来有 60% ,所以小南根本没有太多的还手能力,毫无疑问地出局了。南哥苦心经营几十年的家族企业就这样改姓了。

还有一点值得注意的是,随着婚姻的延续,年轻的女方的夫妻共同财产有可能逐步增多,甚至当婚姻持续了数十年之久后,在女方已经拥有了大量的财产的情况下,女方的继子女继承的风险就逐步开始加大了,这种情况因为和前面中年家庭面临的问题很类似,这里就不再进行详细阐述了。

第四节　解决方案设计策略与规划实操

从前文的分析中我们可以清晰地看到,在再婚家庭群体中,配偶与继子女继承的风险发生概率是非常高的。如果不提前做好规划,不但会导致大量的财产被迫外流,更重要的是会导致家人之间因为财产争夺发生很严重的纠纷,甚至一家人对簿公堂,亲人反目,祸起萧墙。因此,对于再婚家庭来说,提前安排好财富传承规划,避免传承纠纷,才能真正实现家庭的安定团结、和谐幸福。

一、再婚家庭财富传承规划的六大基本原则

再婚家庭的财富传承安排虽然不难,但因为家庭成员之间关系比较复杂,没有可靠的血缘基础,在很多时候关系会非常敏感,稍有不慎就会产生矛盾和争端,因此,在规划时需要非常注意。再婚家庭财富传承规划应当要遵循以下六个原则。

(一)结婚前要商量好婚后财产的归属,最好签订书面的婚姻财产协议

再婚家庭如果双方或者一方在婚前已经有了较多的财产积累,又有自己的子女,则在婚前商量好婚后财产的归属是比较理性的选择。并且,达成一致后要签订书面的婚姻财产协议,可以很好地避免婚内财产混同,将来发生争议时有约在先,也可以避免很多不必要的纠纷,婚姻反而会更加稳定、和谐、幸福。婚姻财产协议的内容需要再婚男女双方商量一致,没有一定之规,要根据自己的实际情况和想法来决定。

尤其是股权及增值部分的归属约定的问题,最好通过婚前财产协议的方式进行约定,并且,还应当通过人寿保险,信托对弱势方进行合理但补偿,这个问题相关的风险和解决方案在本书股权混同风险一章有非常深入的阐述,请务必注意。

此外,再婚家庭签订财产协议是具备可操作性的,如果是老年人再婚,两个家庭在财产问题上一般都有默契,以文字的方式确定下来,大家一般都会赞同。在中年再婚家庭中,夫妻双方也一般比较理性,关于财产分配也会有自己的标准,大家达成一致后以契约的形式确定下来,阻力一般也不大。在高净值男士迎娶年轻女性的情况下,婚前财产协议签订的难度一般也不大。但注意最好婚前签订,婚后操作难度就大多了。

(二)尽早做好遗产传承安排,安排方案夫妻商定

财产协议并不能彻底解决财产争议的问题,因为婚前协议无法约定将来的继承问题。因此,尽早做好遗产传承的安排是明智之举,避免因法定继承导致继承结果不可控,从而发生争端。

遗产传承的方案也需要夫妻共同商定，并没有一定之规，需要根据每个家庭的实际情况来理性决定。

（三）要充分考虑对方及对方子女的感受，方案要理性

提前做好财产协议、传承安排的目的绝不是争夺财产，而是要合理地做好财产的分配，避免家庭内部起争端，让婚姻更加稳定，家人们更加团结友爱，家庭更加和谐幸福。

因此，在规划财产协议及传承安排时，在理性的基础上，双方都要多考虑对方及对方子女的感受，要做理性而又充满感情充满爱的规划安排。所谓家和万事兴，家庭和谐了，家人团结了，家族事业自然兴旺发达，大家都会是受益者。如果家人反目，祸起萧墙，家族事业就会遭到打击，最终不会有赢家。

（四）传承方案规划的重点指标是确定无争议

虽然我们期望可以作出一个理性而又充满感情充满爱的规划安排，让每一个家庭成员都满意。我们也期待家人们都能有很高的道德标准，提倡正能量，通过教育、文化让家庭更加和谐与幸福。

但是，人性有弱点是我们必须要正视的现实问题，因此，全靠道德要求是无法定分止争，达到安定团结的目标的。所以，我们还要通过科学的规划来限制住人性的弱点，而限制住人性弱点的关键就是规划的确定无争议。一方面，规划充分考虑了各方的感受；另一方面，规划非常确定争无可争，这时候人性的弱点就会被很好地限制住，大家都会表现出人性善良友爱的一面，家庭就会和谐幸福。

（五）重要财产的传承最好不要走继承程序

在现实中，要做出绝对确定无争议的规划是不可能的，但是，我们依然应当尽量减少规划的争议空间，降低产生纠纷的可能性。而继承程序就是财富传承规划中最为复杂，且产生争议可能性最大的部分。从全球成功的财富家族总结的经验来看，重要财产的传承避免走继承程序，通过“遗嘱替代”绕过继承程序是比较有效的方法。遗嘱替代包括生前传承的安排，还包括通过人寿保险、信托、基金会等各种专业传承工具进行传承。

（六）用遗嘱解决剩余财产的传承问题，完全避免法定继承

虽然要避免重要财产走继承程序，但我们不可能做到所有的财产的传承都绕过继承程序。对于规划后剩余部分的财产，我们虽然不能避免继承程序，但法定继承是可以，也必须完全避免的，这时候就需要用遗嘱工具来兜底，解决剩余财产

的传承问题。

二、"赠与工具"在再婚家庭财富传承安排中的运用

在再婚家庭中，将可以提前传承的资产提前赠与自己的子女也是非常好的方式，提前赠与简单、直接、确定，既可以防止再婚家庭的婚姻财产混同，还可以防止配偶与继子女继承外流风险。

但是，提前赠与的缺陷也非常明显，就是赠与之后就很容易失控，特别是在子女还未成熟或者有挥霍习惯、不孝嫌疑的情况下。因此，必须根据财产的特性和每个家庭的实际情况合理地设计提前赠与的方案，做到既传承了资产，还能保留一定的控制力。

如果要提前赠与，最好满足两个条件：一是子女没有严重挥霍恶习或不孝；二是赠与的财产形态可以长期保持稳定。一般来说，不动产和企业股权是比较适合提前赠与传承的。

不动产的提前赠与的优势与操作要点我们在其他章节中已经讨论过，我们这里就不再重复。这里我们重点讨论一下股权的提前赠与。

股权的提前赠与分为两种方式，收益权的提前赠与和经营权的提前赠与。如果子女后代将来会接班，可以直接赠与经营权；如果将来不接班，则可以先赠与收益权。

我们先来看收益权的提前赠与，赠与收益权必须要先进行股权结构的调整，用有限合伙公司控制实体经营公司，将实体公司的经营权和收益权转移到有限合伙公司，然后通过有限合伙公司的普通合伙人与有限合伙人制度实现经营权和收益权的分离，让子女后代以有限合伙人的身份提前取得公司大部分的收益权。这样的安排可以将企业的经营权保留在父母的手中，但经济利益则提前实现了传承。当然，这里的操作相对比较复杂，不建议理财师单独操作，所以这里只讲思路，不讲操作细节，如果需要用到这个方法，请务必与专业律师合作处理。

如果子女确定接班，且有一定经营能力，我们还可以做公司经营权的提前赠与传承，也就是把父母名下的股权直接过户给子女，股权的背后就是企业决策机构股东会的投票权，以及公司利润的收益权。有一点值得注意的是，对父母控制权力的保留，控制权力的保留可以通过股权结构设计和公司章程设计两个方法来保留。如果公司章程不做特别规定，父母保留的股权超过1/3，就可以保留对公

司经营决策的一票否决权,如果保留超过一半,则可以保留对企业的实际控制权。但如果父母实际保留的股权比例过多,则将来去世留下的遗产就会更多,不确定性就会加大。

是否可以实现父母在保留比较少的股份的情况下依然保持对企业适当的控制力呢? 这是有方法的,《公司法》第42条规定,股东会会议由股东按照出资比例行使表决权。但是,公司章程另有规定的除外。因此,可以通过公司章程来进行控制权的设计,当然,通过公司章程的设计规划企业控制权专业要求比较高,最好聘请专业的律师来协助完成。同时要注意,国内上市公司很难通过这样的方式保持控制权。

三、人寿保险在再婚家庭财富传承规划中的运用

人寿保险工具因为其传承直接、确定的特点,在再婚家庭的财富传承规划方面有其独特的优势,可以用来完成部分金融资产的传承安排。人寿保险助力再婚家庭的财富传承有三种典型架构。

(一)通过保险理赔金传承金融资产的架构设计及优势分析

通过保险理赔金传承金融资产的保单架构具体可以这样设计,夫妻一方自己作为投保人与被保险人,指定想要传承的人为受益人,配置高额人寿保单。保单可以是高杠杆终身寿险,也可以是高现价的增额终身寿险,也可以是年金保险。请注意,依据《保险法》第40条①的规定,保单的受益人可以指定一个人,也可以指定多个人,还可以约定份额以及受益顺位。这个功能可以很好地帮助再婚家庭进行传承安排。这样的安排有诸多方面的优势。

1. 保险的死亡理赔金不是遗产,直接赔付给受益人,可以实现指定传承

依据《保险法》第42条②的规定,制定了受益人的保险死亡理赔金不属于遗产,由保险人依据合同中约定的受益顺序,受益份额直接支付给受益人,实现指定

---

① 《保险法》第40条　被保险人或者投保人可以指定一人或者数人为受益人。

受益人为数人的,被保险人或者投保人可以确定受益顺序和受益份额;未确定受益份额的,受益人按照相等份额享有受益权。

② 《保险法》第42条　被保险人死亡后,有下列情形之一的,保险金作为被保险人的遗产,由保险人依照《民法典继承编》的规定履行给付保险金的义务:

(一)没有指定受益人,或者受益人指定不明无法确定的;

(二)受益人先于被保险人死亡,没有其他受益人的;

(三)受益人依法丧失受益权或者放弃受益权,没有其他受益人的。

受益人与被保险人在同一事件中死亡,且不能确定死亡先后顺序的,推定受益人死亡在先。

传承。同时,因为理赔金不属于遗产,因此可以完全绕过继承程序,不会因为继承程序而引起继承人之间的争端。

要注意,年金保险的死亡理赔金一样符合《保险法》第42条的规定,和终身寿险的死亡理赔金是没有区别的。保单的年金如果不进万能账户,而是处于累积生息的状态,则有可能变成被保险人的遗产。

2. 保险理赔金的支付受到法律保护,没有争产空间,传承无争议

依据《保险法》第23条第3款的规定,任何单位和个人不得非法干预保险人履行赔偿或者给付保险金的义务,也不得限制被保险人或者受益人取得保险金的权利。这为保险金的支付提供了强大的法律保护,通过保险金传承财富,可以真正做到无争议地传承。

3. 可以通过受益人、受益份额、受益顺序等设计实现合理分配

《保险法》第40条赋予了投保人和被保险人指定多个受益人、受益份额、受益顺序的权利,这一点尤其适合于规划再婚家庭的财富传承。通过这个功能我们可以可靠且灵活地实现财富在自己的亲生子女、继子女,以及配偶之间的分配。可以通过份额分配,也可以通过顺位分配。

譬如,第一顺位受益人指定为自己的亲生子女、继子女、配偶,并对每个人的受益份额进行约定,亲生子女可以比较多,继子女和配偶相对少一些。此外,还可以约定亲生子女为第一顺位受益人,继子女为第二顺位受益人,只有在亲生子女身故或者放弃受益权的情况下继子女才有权利取得受益金。

4. 人寿保险还可以预防夫妻财产混同的风险

人寿保险在再婚家庭客户预防自己的婚姻财产混同方面有独特的优势,客户在结婚前购买,并交完全部保费的保单,属于婚前财产,结婚后归个人所有。并且,保单的增值部分因为并不需要客户付出任何的劳动,依据我国婚姻财产法律制度中关于婚前财产婚后产生的增值部分的归属判定原则,应当属于一方的个人财产,因此保单的本金和增值都能长时间地保持为客户的个人财产。如果婚前购买保单,结婚时未交完保费的,也可以通过暂时将投保人变更为父母或者成年子女,让父母或者成年子女交保费的方式防止混同。婚内需要购买保单时,也可以通过将个人财产赠与给父母的方式,让父母作为投保人购买保单的方式防止增值部分被判定为共同财产,从而产生混同的可能性。

5. 配置的年金保险、增额终身寿险,解决夫妻养老问题还兼顾传承

夫妻以自己为投保人与被保险人配置年金保险、增额终身寿,通过领取年金或者增额终身寿部分减保，可以解决夫妻的养老现金流问题。没用完的部分被保险人去世时还会转化为死亡理赔金实现指定、确定的传承。如果年金保险能够搭配万能险账户则功能更加强大一些，年金进入万能险账户，既可以领取作为养老的补充，将来客户去世，则万能险账户也会转变成保险死亡理赔金进行指定的传承。

通过死亡理赔金实现传承的架构还有其他诸多针对其他方面风险解决的优势。譬如，可以放大资产、死亡理赔金可以免所得税、可以做遗产税规划、可以保单贷款创造流动性、属于夫妻一方的个人财产等。因为这些优势不是解决再婚家庭问题的独特优势，并且在其他章节有过较多的讲解，这里就不再重复了。

（二）通过保单加提前赠与或者遗嘱的架构实现确定传承

通过保单加提前赠与或者加遗嘱的架构也可以实现再婚家庭的财富传承安排，以夫妻一方为投保人，子女为被保险人，有针对性地配置各种保单。通过保单解决家庭成员的各种现金流保障，通过赠与与遗嘱实现比较确定的传承。譬如，以夫妻一方为投保人，子女为被保险人，可以配置储蓄型保险，年金保险、增额终身寿险、养老年金保险、重疾保险等，投保后同时针对该保单配置一份遗嘱，明确约定该保单的现金价值等权益在投保人去世后，全部由被保险人继承。如果保单支持设置第二投保人，同时还可以设置被保险人为第二投保人。如果子女的自我管理能力强，也比较孝顺，则可以在保费全部交完以后直接变更投保人为子女，配合赠与协议，提前完成传承，避免以后的继承手续。如果变更投保人时子女已经结婚，注意通过指定赠与规划子女的婚姻风险。

这里的子女包括亲生子女，也包括继子女。夫妻双方可以通过这样的方式将自己的大部分财产传承给亲生子女，一小部分财产传承给继子女，既满足传承意愿，也兼顾家庭情感。具体分配比例由夫妻双方根据自己家庭的具体情况和双方的意愿具体商定。

为什么一定要用人寿保险结合提前赠与或者遗嘱？这和用遗嘱传承其他金融资产有何区别呢？这是因为人寿保险可以起到将不特定的金融资产长期、稳定地固化为特定的金融资产，以方便传承的作用。这是什么意思呢？前文说过，提前赠与、遗嘱工具比较擅长处理形态相对稳定的财产类型，但是金融资产往往就存在形态不稳定的弊病。因为现金、理财产品、股票、基金等，都是可能在短时间内形态发生变化的，非常不利于传承安排。

而人寿保险则可以起到将不特定的金融资产特定化的作用。譬如，以再婚家

婚内财产混同
婚变财产分割与转移
婚内受赠继承混同
夫妻共同债务
股权混同
继承程序
继承争产
父母继承外流
传承后失控
继子女继承外流
非婚生继承外流
隔代传承
继承人能力不足
未成年人监护
跨境传承
企业经营风险
企业家家庭债务
资产代持
股权架构
企业家刑事风险
企业税务风险
税务透明与跨境
家庭经济支柱
教育规划
养老与监护
失智监护

庭的夫或妻一方为投保人，子女为被保险人，购买年金或者高现价储蓄型终身寿险，总保费 100 万元。这 100 万元在保费交完以后，其本金和收益就被锁定在一个保单号下，伴随子女的一生，可以给子女提供伴随一生的现金流，保单这份金融资产的形态穷尽子女一生形态都不会发生变化。如此，就可以通过保单配合遗嘱、或者第二投保人、或者指定赠与协议的方法，进行定向的传承。

这样的架构设计在再婚家庭财富传承安排中具有以下方面的优势：

(1)通过保单将金融资产特定化，使得通过遗嘱、赠与实现确定传承成为可能；

(2)通过各种不同的险种有针对性地规划各种现金流，不仅完成传承，而且在一定程度上实现了传承后的控制和安排；

(3)交完保费后变更投保人的“提前赠与”方式，是在再婚夫妻还在世的时候完成的传承，手续简便，确定无争议；

(4)遗嘱配合保单传承，虽然也需要经过继承程序，但用专门的遗嘱处理保单，遗嘱简单可靠，传承的确定性还是比较可靠的，产生争议的可能性低；

(5)以家人为被保险人的保单规划，是一份有专属性的、有温度、带着爱的规划，可以更好地增进家人的情感，促进家庭和谐幸福。

除了上述五个针对再婚家庭财富传承的优势以外，这样的架构还有其他诸多针对其他风险解决方面的优势，如防儿女夫妻财产混同、指定赠与属于子女婚内个人财产、父母通过投保人可以保持控制力、保单贷款创造流动性等。这些功能在其他章节针对其他风险的方案设计中有详细阐述，这里不再重复。

四、家族信托在再婚家庭财富传承规划中的运用与优势

资产规模比较大的家庭还可以用信托工具规划其传承方案，信托方案在再婚家庭的财富传承规划中的显著优势在于信托安排的稳定性，产生争端的可能性较小。因为客户作为委托人设立信托后，放入信托的财产依据《信托法》第 15 条的规定，信托财产区别于委托人的固有财产，不作为其遗产处理。因此不牵涉继承带来的一系列风险。同时，信托中的受益人只能按照信托合约的安排获得受益权，但对信托财产本身很难主张财产权利，因此为财产产生争端的机会也大大减少。

老年再婚家庭资产规模一般都不是很大，并且大部分财产可以通过提前赠与传承给子女的方式处理，自己的养老安排也可以通过保单规划兼顾养老与传承。

如此，剩余需要传承的财产就更少了，因此一般用不上信托安排。

“老夫少妻”的再婚家庭家族信托应用的空间会比较大，资产量比较大的中年再婚家庭的规划，信托也有很好的应用空间。下面笔者做一些简单的介绍。

（一）“老夫少妻”家庭的信托规划安排

“老夫少妻”家庭的财富传承问题处理起来是比较复杂的。在前面的风险典型表现场景中我们分析过，有三个层次的问题需要解决，而在这三个层次问题的解决上，家族信托的优势都可以得到相应的发挥。

首先，在防止夫妻财产混同的问题上，家族信托优势明显。这里的预防夫妻财产混同，重点主要是在防止股权混同的问题上，通过家族信托持有股权，利用信托财产的独立性，可以解决股权混同的问题。当然，目前我国股权型家族信托发展还不够完善，还不是解决问题的主流。但还可以通过婚姻财产协议加信托补偿的方式解决股权混同的问题。关于“股权信托”和“补偿信托”的具体设计与注意之点，笔者在本书中股权混同风险一章有非常深入的讨论，这里不再重复。请注意，除信托补偿之外，人寿保险补偿方案也是非常好的选择，具体也请参见“婚内股权混同风险”一章。

解决股权混同问题之后，还需要解决配偶继承外流的问题。在这个问题的解决上，家族信托功能强大。在夫妻年龄差距较大的家庭中，大概率男方会先于女方去世，因此，对于男方的传承安排来说，一方面，需要照顾好女方在男方去世以后的生活；另一方面，传承又要可控。一般来说，大部分的男方希望把大部分财产最终留给子女。同时，股权一般会希望留给子女中合适的接班人。

即使解决了确定传承的问题，未成年子女取得的财产依然会面临监护人风险。配偶带着未成年的、继承了大量遗产的子女改嫁的，其风险程度也是非常大的，这是不得不解决的问题。“老夫少妻”家庭的家族信托可以进行一些这样的设计。

首先，以男方为委托人，设立不可撤销的家族信托，可以是一个大的家族信托，也可以是几个功能方面有分工的家族信托，还可以按照后代的家庭分别设立家族信托。指定配偶、子女为信托的受益人，委托人自己也可以是受益人之一。将计划传承的、适宜放入信托的财产逐步放入家族信托。如果股权不方便放入信托的情况下还希望将家族企业的利润进行传承，也可以通过间接手段将企业的收益权放入信托，如通过债权债务关系，又如通过有限合伙企业，信托作为有限合伙人之一，将收益权与管理权分离。

其次，按照委托人的传承意愿合理设计受益条款。可以通过信托对配偶的品质生活、医疗、养老、居住等问题都做好可靠的规划，配偶可以按照规则定期从信托领取受益金。甚至为了增进女方的安全感，促进婚姻安全，还可以在信托中通过受益权的设置对双方的不忠行为进行制度上的一些限制和惩罚。对子女也要做好以上的保障安排，除此之外，还可以约定在子女到达一定年龄或一些条件的情况下，如子女研究生毕业后、留学归国后、结婚后、第一个子女出生后、30 岁生日后等，将一部分信托财产通过受益的方式直接分配到子女名下，实现对子女的定向、可控、确定的传承。当然，还可以根据家庭具体的情况做其他很多的安排。这样的安排有以下方面的优势：

（1）信托财产独立于委托人，委托人婚姻存续期间内不会被混同，去世也不作为遗产，不需要走继承程序，没有配偶继承外流的风险。

（2）信托财产独立于受益人，受益人按照信托合约的规定获得受益权，但对信托财产本身没有权利。因此，可以通过受益人及受益规则的设计实现财产的确定的分配，产生纠纷的可能性比较低。

（3）到子女一定年龄，或达到某一些条件时，可以将一些重要的财产直接通过信托受益的方式传承给子女，如重要的不动产、一大笔资金、某一部分股权等，不需要进行继承程序，其他受益人也没有争夺的机会。

（4）女方以后再婚时，信托财产不属于受益人的财产，因此，女方再婚的丈夫没有机会侵害女方的财产权益。女方可以持续地通过信托受益权有非常好的生活品质，却不担心婚姻的风险，男方也不会有自己辛苦积攒的家业落入其他男人之手的尴尬。

（5）即使子女未成年时女方再婚，因为信托财产的独立性，孩子的财产也不会被侵害，当孩子成年之后，羽翼丰满了，再通过信托将一部分重要财产交到孩子的手中，完美解决监护人风险。

（6）通过信托实现家族企业的经营权与受益权的分离，更合理地解决多个子女继承问题，可以防止股权分散、子女争产，促进家族的安定团结，增进子女之间的情感。

当然，这只是对家族信托的设计进行了简单的描述，具体的设计要根据各个高净值家庭自身的实际情况，有针对性进行设计，不可生搬硬套。同时，这样的设计方案除了有以上针对再婚家庭财富传承方面的功能性优势外，还有很多其他方面的优势，这些优势在其他章节中有诸多阐述，这里就不再重复了。

（二）中年再婚家庭的信托规划安排

相比之下，中年再婚家庭家族信托规划要解决的问题就相对简单多了，虽然中年再婚家庭风险发生的各种场景和模式更加复杂，但只要解决了财产的混同问题和财产传承的分配问题，一切就会迎刃而解。

中年再婚家庭与前面的“老夫少妻”家庭家族信托的设计思想不同，因为中年再婚家庭双方的财富规模差距与创富能力的差距都不会那么大，并且，在很多时候，双方都有属于自己的亲生子女，因此家族信托的设计并不一定以一方为主导，而是由双方协定来处理。

如果双方财富等级与创富能力都接近，建议在财产协议的基础上，各自作为委托人设立单独的家族信托，除了将自己的亲生子女，二人的共同子女指定为受益人之外，相互还将对方及对方子女指定为自己的信托受益人，通过受益规则进行财富的分配，既体现家庭的情感，又兼顾可控的传承。如果双方都有意愿，还可以在信托中进行一些促进婚姻稳定、和谐的条款。当然，介于目前我国家族信托的实操者们在复杂条款设计上还没有足够的经验，有待将来的进一步提升。

如果一方经济实力明显超过另一方，则可以在夫妻财产协议约定的基础上，再由一方作为委托人设立信托。经济实力稍弱的一方可以通过赠与、遗嘱、人寿保险等相对简单的工具完成财富传承的规划。信托的主要意义是帮助经济实力较强的一方完成相对更加复杂的传承规划，防止配偶与继子女继承风险的发生，防止产生家庭内部的财产纠纷。同时，通过家族信托对配偶及继子女进行合理的照顾，给予对方以温暖与安全感。

请务必注意，在设计照顾相对较弱方的受益方案时，可以根据不同的情况设计不同的规则。譬如，如果夫妻双方都有自己的职业或者事业，则可以从品质生活、医疗、养老等方面给予较弱一方以照顾；对继子女在医疗、教育、婚嫁等方面以支持，以此体现家庭的温暖。如果较弱一方选择回归家庭，照顾家庭与子女，则除了以上方面的保障之外，还要设计受益规则对配偶的家务劳动的价值予以补偿与承认，给予配偶更高的价值感与安全感。

五、遗嘱的兜底安排规划

在再婚家庭中，遗嘱的安排是非常必要的。但是，一般建议不要把遗嘱作为主要的财富传承安排的方式。对于再婚家庭的财富传承安排来说，遗嘱的作用主要有两点。第一个最主要的作用，在主要财产通过非继承的方式做完安排以后，用遗嘱作为剩余财产安排的“兜底型”传承工具；第二个作用是临时的，就是在未完成全面的规划工作前，用遗嘱做临时的、以防万一的安排。

无论是“临时安排”还是“兜底型”传承安排，订立遗嘱都可以从以下几个方面考虑和注意。

首先，如果能用公证遗嘱最好用公证遗嘱。当然，在现实中，有一些公证处或者公证员对于遗嘱中使用兜底型的条款有所顾忌，可能导致临时安排的遗嘱和兜底型遗嘱都很难用公证遗嘱解决。若如此，则可退而求其次，请专业人士帮助订立代书遗嘱等由专业人士把关并见证的遗嘱。其可靠性也是比较高的。

其次，立遗嘱时，如果设计某些具体财产的处理，一定要注意梳理好财产的产权，不要处分不属于自己的遗产，并列好财产清单。

再次，一些比较细碎、复杂、形式变化迅速的财产，就用“兜底型”语言进行安排即可，过于具体反而会导致最终非常麻烦且容易产生争议。

最后，最好设立可靠的遗嘱执行人。遗嘱执行人在立遗嘱人生前一般负责遗嘱的保管，可以存储在各种专业的遗嘱库，也可以放在银行保险柜等安全的地方。立遗嘱人去世后，遗嘱执行人负责继承人的召集、遗嘱的开示、遗产的保管、遗产分配工作的主持等，尽量降低发生纠纷的可能性。遗嘱执行人最好由律师、专业理财师等非亲属的专业人士担任。

第十一章

非婚生子女继承外流风险

非婚生子女的问题是高净值人士财富管理问题中最为敏感的问题，也是处理时最需要艺术性的问题。处理非婚生子女的问题难，而把如何处理非婚生子女问题的方法写清楚就更难了。这个难点不在于处理问题本身存在难度，而是下笔很有难度。

首先，非婚生子女的产生原因一般都很敏感，除了少数特殊情况外，其中可能都存在对一段感情的背叛，这是不被社会善良道德接受的；其次，这种情况虽然不被社会善良道德普遍接受，但这种现象却在高净值家庭中广泛地存在，是一个现实的社会问题；再次，如果从普遍的道德、伦理角度出发去处理这些问题，往往不会有很好的结果，甚至会给整个家庭带来普遍的伤害；最后，如果从现实角度去处理这些问题，过程就会让人觉得很消极，甚至很难接受，尤其是对方案提供者容易产生道德上的批判。

正因如此，要直面这一问题，其中的度的把握就非常难，很容易就会引起部分读者的反感，所以这一章是极难下笔的。

但是，既然问题广泛地存在，那么解决就是有必要的，不能因为问题敏感就逃避，这不是负责任的态度。同时，无论问题多敏感，只要我们保持一颗公平、正义之心，并且，从理性的、包容的、兼顾各方利益的角度出发来处理问题，既不一味地站在道德制高点上不负责任地批判，也不落入唯利益论、冷酷现实主义的窠臼，如此必能妥善地解决问题。

同时，我们还应当要注意到一点，就是许多非婚生子女问题产生的原因可能是不道德的，但非婚生子女本身是无辜的，并且，事实上他们是其中受伤害最大的人。所以非婚生子女的利益是必须要予以合理的保护的，这一点无论是从善良道德上还是法律上都是必须要坚持的原则，千万不能将原罪强加在非婚生子女的头上。

这也揭示了一个道理：在婚姻家庭中，忠诚是非常重要的。虽然感情不能强求，但法律也给予了人们结婚与离婚的自由选择空间，因此，情感的自由绝不是不忠与背叛的借口。并且，不忠与背叛的行为，伤害的不仅仅是配偶，还有全部的至亲至爱的家人们，包括非婚生子女甚至非婚生子女的母亲，也包括自己。因此，无论对谁来说，背叛都不是什么明智之举。

第一节　风险案例

一、案例导读

夫妻女强男弱创业，老婆独揽大权，老公没有财权手头紧，竟然利用采购权吃自家回扣。如此滑稽的情形，若非亲眼所见都很难相信。这究竟是一个什么样的故事呢？

二、案例详情

文女士是福建的一位女企业家，49岁，化学专业，和老公林先生白手起家创业到今天。和其他家庭不同，文女士是企业的主要控制人，公司的技术和销售、财务都是她“一把抓”，老公林先生则负责工厂的管理和采购。

文女士和老公林先生有一个独生女儿林某琪（化名），从小特别乖巧，20岁，在美国上大学，也是学化学专业，跟母亲一样是个学霸，将来学成归来以后接管家族企业。见图11－1。

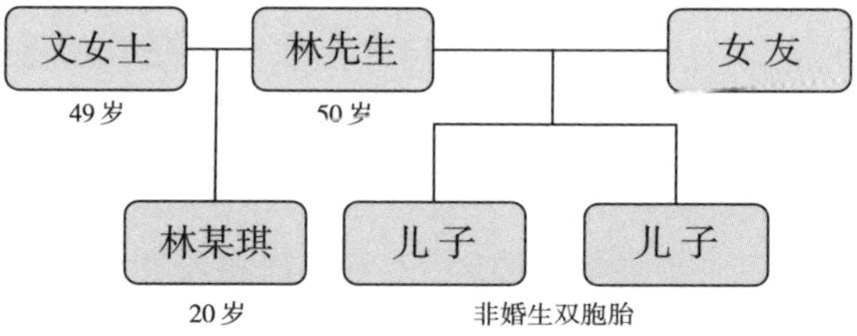

图11－1

文女士在家一直比较强势，老公林先生能力相对一般，但一直兢兢业业地管理着公司的采购与生产。两口子这么多年感情一直就很平淡，不过因为林先生脾气好，所以也没什么矛盾。

但表面平静的生活不一定真的很平静，从前几年开始，文女士发现老公居然开始收供应商的回扣。按理说，公司是自己家的，老公是老板，怎么能收供应商的回扣来损害公司的利益呢？林女士仔细一调查，发现原来老公在外面有了一个“家”，并且还有一对双胞胎的儿子，但林先生在企业没有财权，所以就只能从供应商身上打主意，弄些钱来养活外边的这个“家庭”。

林女士刚发现这个问题的时候非常气愤，老公本事不大，一直都靠自己的奋斗支撑着这个家庭，但他居然还在外边做出这种背叛的事情，甚至还生了两个孩子。但林女士毕竟是风风雨雨这么多年过来的女企业家，并没有被情绪控制，而是理性地对这个问题进行了思考。第一，他们两口子都50岁了，女儿也上大学了，如果因为这个事情闹起来，最后还要离婚，面子上也不好看。第二，两个人近些年来夫妻感情其实已经名存实亡，所以对于他是否有婚外情，她已经不太在意了。第三，两口子如果离婚，企业肯定会受到很大的影响，而企业的兴衰才是林女士最最关心的问题。第四，老公不掌握财权，也折腾不出什么事来，从供应商那里收点回扣，只要不影响产品质量，也不会有什么大的影响。所以文女士最终得出结论，家里和企业的大权自己都已经牢牢把握住，为了女儿、为了企业、为了面子，自己就权当不知道，这个事情就忍了，等将来女儿读完博士回来，就逐步地把家族企业传承给女儿，自己的任务就算完成了。

三、案例解析

但事实是不是和文女士想的一样，一切尽在她自己的掌握中呢？其实并不是这样的，文女士的家庭还存在很严重的风险，只是她没有注意到而已。笔者帮文女士作了深入的分析，并指出了文女士家庭可能存在的几个问题。其中最重要的一个风险就是非婚生子女的继承风险。

虽然丈夫林先生在家里和企业都不掌权，对家庭财产和企业财产都没有掌控力，更加不可能将企业和家庭的财产转移到外面的家庭中。但这丝毫不影响企业和家庭财产属于他们夫妻的共同财产的法律事实。如果没有意外事件的发生，林女士确实在财产的掌控权上可以高枕无忧。但如果林先生和她离婚或者林先生意外去世，影响就会巨大。离婚的问题属于另外一个风险范畴，笔者在婚姻风险的章节中进行具体的探讨，这里主要探讨林先生意外去世的影响问题。

如果林先生意外去世，夫妻共同财产中将有一半是林先生的遗产，哪些人有继承遗产的权利呢？林先生的配偶、父母和子女。配偶和父母的继承问题我们这里不作探讨，我们重点探讨子女的继承问题，林先生的亲生女儿林某琪当然属于继承人无疑，但外边的双胞胎是非婚生子女，他们有没有继承权呢？答案是有，我国法律明确规定，非婚生子女和婚生子女拥有同等的权利，任何人不得歧视。于是，林先生在外边生育的一对双胞胎就变成了林先生的继承人。而且他们每一个人的继承份额都和女儿林某琪是对等的，也就是说，两个儿子加起来的继承份额，是女儿继承份额的 2 倍。他们的家庭和企业的资产就可能因此而大量外流。

不仅如此，这些财产外流以后，其实际的掌控人是双胞胎的母亲。据文女士的描述，双胞胎的母亲是一个极有心计的女性，她生下双胞胎就是为了威逼林先生离婚，收供应商的回扣也是她鼓动的。如果让这样一个女性通过两个孩子的继承权介入他们家庭的遗产继承纠纷，事情恐怕会非常复杂。

还有一个最严重的问题是，双胞胎会继承企业的股权，而且会当然地取得企业股东地位，而股东权利由其监护人作为法定代理人行使。如果双胞胎继承的股权份额比较大，双胞胎的母亲就可能利用投票权深度介入公司的经营和管理，如果发生矛盾就会对企业的经营造成影响；股东对公司账目还有查账权、还可以发动股东知情权诉讼；如果文女士和女儿在经营中有一些不规范的地方被双胞胎的母亲抓住把柄，这可能会成为要挟文女士母女的利器，甚至让文女士母女面临刑事风险的威胁。

第二节　风险解析与法律依据

从文女士的案例可以看出，非婚生子女的继承风险问题，其隐蔽性很强，很难被高净值客户注意到，一旦发生，其后果却非常严重。后果轻则大量资产外流，重则引发遗产争夺大战，企业控制权外流甚至让企业家或其继任者身陷囹圄，非常值得注意。

一、非婚生子女的权利地位

非婚生子女是相对于婚生子女而言的。因生育行为存在婚内生育和婚外生育的区分，所生子女也就有了婚生与非婚生之别，出现了婚生子女与非婚生子女的概念①。在传统习俗中，无论是国内还是国外，非婚生子女历来受到歧视。20世纪以后，随着平等观念的普及，普遍观点认为非婚生子女与婚生子女同属父母所生，非婚生乃是父母所犯之错误，子女甚是无辜，不应当被歧视与分别对待。因此，各国开始采取措施改善非婚生子女的法律地位，非婚生子女的地位在全球范

① 参见最高人民法院民法典贯彻实施工作领导小组主编：《中华人民共和国民法典婚姻家庭编理解与适用》，人民法院出版社 2020 年版，第 208 页。

围内显著提高。

我国1950年颁布的《婚姻法》就已经赋予了非婚生子女与婚生子女同等的法律地位。我国《民法典》第1071条①明确规定，非婚生子女享有与婚生子女同等的权利，任何组织或者个人不得加以危害与歧视。

（一）非婚生子女的抚养与监护

在现实生活中，非婚生子女一般都以母亲实际抚养为主，但不抚养子女的一方仍然有法定抚养义务。《民法典》第1071条明确规定，不直接抚养非婚生子女的生父或者生母，应当负担未成年子女或者不能独立生活的成年子女的抚养费。注意，这里的抚养费包括生活费、教育费用、医疗费用等子女健康成长所需要的费用。对于抚养费的数额，应从保护未成年子女利益角度出发，结合子女的实际需要及父母双方的负担能力以及当地的生活水平确定②。

在监护问题上，依据《民法典》第27条③的规定，父母是未成年子女的监护人，这里的父母并没有是否需要抚养子女的限制，所以当然就包括不直接抚养非婚生子女的父母一方。不直接抚养子女的一方不仅对子女拥有监护权，对另一方的抚养与监护行为还拥有监督权，如果抚养子女一方侵害未成年子女权益，不抚养子女一方可以作为子女的法定代理人向人民法院起诉。同时，不抚养子女的一方父母依据《民法典》第29条④的规定拥有通过遗嘱为子女指定监护人的权利。

（二）非婚生子女的继承权

在我国，非婚生子女拥有与婚生子女同等的法律地位，当然对自己的亲生父

---

① 《民法典》第1071条 非婚生子女享有与婚生子女同等的权利，任何组织或者个人不得加以危害和歧视。

不直接抚养非婚生子女的生父或者生母，应当负担未成年子女或者不能独立生活的成年子女的抚养费。

② 参见最高人民法院民法典贯彻实施工作领导小组主编：《中华人民共和国民法典婚姻家庭编理解与适用》，人民法院出版社2020年版，第211～212页。

③ 《民法典》第27条 父母是未成年子女的监护人。

未成年人的父母已经死亡或者没有监护能力的，由下列有监护能力的人按顺序担任监护人：

（一）祖父母、外祖父母；

（二）兄、姐；

（三）其他愿意担任监护人的个人或者组织，但是须经未成年人住所地的居民委员会、村民委员会或者民政部门同意。

④ 《民法典》第29条 被监护人的父母担任监护人的，可以通过遗嘱指定监护人。

母双方都有继承权。《民法典》第1127条[①]明文规定，第一顺位继承人中的子女包括婚生子女，也包括非婚生子女。并且，婚生子女与非婚生子女在法定继承中关于遗产继承份额的权利与婚生子女没有差异，没有特殊情况则份额均等。

要注意，并非所有国家和地区的非婚生子女都拥有与婚生子女同等的法律地位，同等的继承权。即使是在我国台湾地区与香港特别行政区，非婚生子女的地位也是相对较低的。譬如，在香港特别行政区，除非进行了认领手续，非婚生子女对生父没有无遗嘱继承（类似于法定继承）的权利；并且，香港特别行政区对于生父支付非婚生子女的抚养与教育费是有限制的，每星期不超过500港元；同时，生父对非婚生子女也无监护权[②]。我国台湾地区的非婚生子女也是需要“认祖归宗”后才能拥有包括继承权在内的一系列的权利。

（三）非婚生子女的亲子关系确认

虽然我国法律赋予了非婚生子女与婚生子女同等的法律地位，但并不意味着我国有关非婚生子女保护的法律制度已经比较完备。实际上，我国有关非婚生子女保护的法律制度还不完善，尤其是在非婚生子女的关系的认可问题上是不完善的。

我国没有非婚生子女的认领与准正制度。当然，因为我国非婚生子女与亲生子女具有同等地位，是否已经认领或准正并不影响其权利。但是，在司法实践中，很多时候非婚生子女与生父的亲子关系认定如果存在障碍，那么其权利的基础就会因为关系的证明不能而丧失，更别谈保护的问题了。

在亲子关系确定上，《民法典》第1073条[③]规定，对亲子关系有异议的，父母、成年子女均有权提起亲子关系确认的诉讼。但是，提起亲子关系确认诉讼需要有一定前提条件，就是原告需要提供一些基本的证据。就非婚生子女的母亲或成年非婚生子女要求确认亲子关系而言，原告需要提供一些可以初步证明亲子关系可

---

① 《民法典》第1127条　遗产按照下列顺序继承：

（一）第一顺序：配偶、子女、父母；

……

本编所称子女，包括婚生子女、非婚生子女、养子女和有扶养关系的继子女。

……

② 参见唐卫华：《内地与香港有关非婚生子女法律的冲突与协调》，载《边疆经济与文化》2016年第12期。

③ 《民法典》第1073条　对亲子关系有异议且有正当理由的，父或者母可以向人民法院提起诉讼，请求确认或者否认亲子关系。

对亲子关系有异议且有正当理由的，成年子女可以向人民法院提起诉讼，请求确认亲子关系。

能存在的证据,如父母在受孕期间内有同居的事实、医院出生证明记载有父亲信息等。在现实中,亲子关系的初步证据其实是比较难提供的。如果原告提供了基础证据,被告没有相反证据证明又拒绝做亲子鉴定的,则依据《民法典婚姻家庭编的解释(一)》第 39 条的规定,①人民法院可以直接确认亲子关系成立。

二、企业股权的继承与未成年股东的股东权利之行使

非婚生子女与婚生子女拥有同等的继承权,并且很多情况下非婚生子女或其母亲与婚生子女及生父其他家庭成员的关系是比较紧张的,因此很容易产生纠纷。尤其是在企业股权继承及继承后的管理经营上冲突可能更激烈。

(一)未成年人是否可以继承企业股权取得股东地位

《公司法》第 75 条规定,自然人股东死亡后,其合法继承人可以继承股东资格;但是,公司章程另有规定的除外。也就是说,如果公司章程没有特殊的规定,当公司股东去世后,股东的继承人可以通过继承程序直接取得股东的身份,并拥有参与公司管理的权力。

但是,股东一般都应该是成年人,那么未成年人有没有权利继承股权并取得股东地位呢?答案是肯定的。因为《公司法》第 75 对于继承人是否成年,是否需要具备民事行为能力等并没有作出限制。因此,只要公司章程没有相反约定,未成年人显然可以继承企业股权并直接取得股东地位。

(二)未成年股东的股东权利之行使

未成年人继承公司股权并取得股东地位后,因为其欠缺行使股东权利的行为能力,这个问题如何处理呢?对此,当然是由其法定代理人代为行使股东权利。这个问题 2007 年原国家工商行政管理总局就给出过非常明确的答复②。并且,既然《公司法》赋予了未成年人作为继承人直接继承企业股权并取得股东地位的权

---

① 《民法典婚姻家庭编的解释(一)》第 39 条第 2 款　父或者母以及成年子女起诉请求确认亲子关系,并提供必要证据予以证明,另一方没有相反证据又拒绝做亲子鉴定的,人民法院可以认定确认亲子关系一方的主张成立。

② 《国家工商行政管理总局关于未成年人能否成为公司股东问题的答复》

广东省工商行政管理局:

你局《关于未成年人是否具备公司股东资格问题的请示》(粤工商企字〔2006〕247 号)收悉。经请示全国人大常委会法制工作委员会同意,现答复如下:

《公司法》对未成年人能否成为公司股东没有作出限制性规定。因此,未成年人可以成为公司股东,其股东权利可以由法定代理人代为行使。

二〇〇七年六月二十五日

利。其权利的行使当然是要予以保证的,而行使的方式在《民法典》第 23 条已经明确,无民事行为能力人、限制民事行为能力人的监护人是其法定代理人。

回到未成年非婚生子女股东权利行使的问题上,父亲去世,母亲作为其监护人是其法定代理人,当然由母亲代理非婚生子女行使股东权利。

三、非婚生子女继承权对财富传承的影响

非婚生子女的权益受到法律的保护是天经地义的。非婚生子女继承权对高净值人士对财富管理与传承确实会产生一定的影响,但是,这错不在非婚生子女,并且非婚生子女也是会受到影响的人之一。这种影响可能还会产生一些不利后果,值得每一个存在非婚生子女问题的高净值家庭关注。

(一)非婚生子女继承权导致大量资产外流

因为非婚生子女对父母具有继承权,因此,当有非婚生子女的男方去世时非婚生子女有权参与继承。如果男方没有提前做好财富传承安排,遗产法定继承。非婚生子女和婚生子女拥有同等的继承权,相对于男方的妻子及其婚生子女来说,这种财产外流的结果可能是无法接受的。有的家庭甚至男方有多个非婚生子女,则资产外流的风险就更大了。

(二)非婚生子女继承可能引发遗产争夺大战

有非婚生子女的家庭,如果男方去世引发遗产继承纠纷的可能性是极大的。因为一般来说,非婚生子女及其母亲与婚生子女及其母亲的关系一般都是比较紧张的。这种紧张关系在男方在世的时候可能还没有那么白热化,一旦男方去世,同时牵涉利益的争夺,其紧张关系的白热化程度就可想而知了。因此,除非做好了非常完备的财富传承规划,没有争夺遗产的机会,否则遗产争夺大战几乎是不可避免的。

(三)非婚生子女继承外流风险可能影响企业经营

如果非婚生子女通过继承获得了一部分家族企业的股权,并取得了股东身份,一般会对企业的正常经营产生不小的影响。因为在这时的企业股东中,可能既有婚生子女股东又有非婚生子女股东,还有婚生子女的母亲都可能是企业的股东甚至可能是企业的实际控制人,如果非婚生子女未成年,则非婚生子女的母亲还将以子女法定代理人的身份参与进来。并且,非婚生子女所占的股权虽然不会太多,但也会有相当的比例。如果非婚生子女及其母亲与婚生子女、原配妻子之间存在矛盾,这些矛盾就会在企业经营决策的过程中体现,从而严重影响企业的

正常经营与管理。

（四）企业股权的纷争甚至容易引发企业家的刑事风险

非婚生子女一旦取得了股东资格，不但能参与企业的经营，还可以依据《公司法》第33条的规定，查阅、复制公司财务账册、各种会议决议等。如果发现公司经营中存在的违法行为，甚至可能牵涉刑事责任时，因为非婚生子女及其母亲一般没有参与过企业经营，因此不用承担法律责任，但公司实际的经营者是需要承担法律责任的。如此，就会成为制约公司实际经营者的重要把柄，轻则制约要挟，让公司实际经营者在利益上做出让步。如果新股东野心比较大，这就会成为小股东夺取企业控制权的利器。

由此可见，对于很多民营企业家来讲，婚姻复杂，有非婚生子女不仅仅是一个道德问题，其影响也绝不仅仅是名声和面子问题，更值得重视的是，非婚生子女继承引发的一系列问题。非婚生子女继承外流风险，隐蔽性强，一旦发生财产外流损失较大，并且会有严重的并发症，容易引发财产争夺大战，企业管理的混乱，甚至企业家刑事风险。对此不可不重视。

第三节　典型高风险人群与风险发生场景

一、非婚生子女继承外流的典型人群

非婚生子女继承外流的典型人群就一种，就是高净值男士有非婚生子女的家庭，这类人群一般都有以下几个特征。

特征一：家庭资产规模相对于当地的经济水平一般比较大，属于高净值或者超高净值家庭，一线城市家庭资产应当在3000万元以上，二、三线城市家庭资产也应当在千万元以上；少于以上标准的家庭虽然也可能有非婚生子女，但可继承的遗产规模不大，风险不突出。

特征二：一般男方有非婚生子女，同时夫妻双方还有自己的婚生子女；如果夫妻双方没有自己的婚生子女，一般婚姻能持续的可能性很低，就不用考虑非婚生子女继承风险问题了。

特征三：大部分情况下男方是民营企业家，还有一部分男方是大型企业的高管或者从事其他高收入的职业；也有一部分家庭，家庭财产是夫妻共同创造甚至

主要为女方创造,但只要家庭共同资产规模比较大,就可能面临风险。

特征四:虽然男方有非婚生子女,但女方依然不希望离婚;如果女方希望离婚,就不存在非婚生子女继承风险,而需要面对离婚财产分割风险了。

二、非婚生子女继承外流风险的典型发生场景

非婚生子女继承外流风险的发生场景是一个长期的过程,并不仅仅集中于继承的那一段时间,其往往存在分阶段逐步递进的特点。

(一)男方为非婚生子女隐匿转移夫妻共同财产阶段的情形

一般来说,男方一旦开始有非婚生子女,就必然需要转移一部分财产给非婚生子女以抚养非婚生子女及非婚生子女的母亲。这种财产的转移一般都是在配偶不知情的状况下,即使配偶对男方拥有非婚生子女的情况知情,男方也不可能和配偶协商后才转移财产给非婚生子女的家庭。

在大部分情况下,男方转移财产是比较便利的,因为男方是财富的主要创造者,其可以通过隐瞒收入的方式进行财产的转移。譬如,企业家可以利用经营公司的便利将一部分财产转移给非婚生子女家庭,企业的高管可以隐瞒一部分奖金或者第二职业的收入,然后将其转移给非婚生子女。这些行为女方可能知道,但很难确切掌握具体情况,更难掌握切实的证据。

在很多情况下,如果男方有非婚生子女并隐匿转移夫妻共同财产给非婚生子女的家庭,最终一定会被配偶发现,只是时间早晚的问题。这种背叛行为被配偶发现后,对夫妻感情的伤害无疑是巨大的,对家庭幸福、和谐的伤害也无疑是巨大的,如果被婚生子女知晓,对婚生子女情感的伤害无疑也是巨大的。但这并不意味着夫妻双方的感情一定会破裂,也不意味着夫妻双方一定会离婚。如果夫妻双方因此而感情破裂并离婚,那就不存在非婚生子女继承外流的风险了,但女方会立即面临离婚财产分割的风险,如果女方在家庭中的经济地位不高甚至经济不能独立,这将是一个后果可能比非婚生子女继承外流更加严重的风险(此风险本书有单独的章节详细解析),可见高净值家庭中经济不能独立的女方在面临婚姻问题时的尴尬地位。

因此,在情感因素、经济因素、社会因素等多方面的作用下,有相当一部分的女性在发现丈夫出轨并有非婚生子女的情况下依然不会选择离婚,并期望能长期保持家庭的完整性,以达到保护自己的亲生子女及自己权益的目的,这里的权益包括经济权益也包括情感上的权益。如果这种局面保持稳定直至男方去世,非婚

生子女继承的风险就产生了。

(二)男方身故,非婚生子女与原生家庭继承纠纷阶段的情形

对于很多高净值人士,尤其是女方简单地认为,丈夫在外边有孩子,但毕竟见不得光,也不能跟他们一起生活,所以自己的亲生子女在财产的分配上还是占有天然的优势,外边的子女只能通过丈夫零打碎敲地转移一些财产给对方,不会有太大的影响。但她们都没有想过,如果在丈夫去世的情况下,非婚生子女和自己的子女是有同等的继承权的。而且,由于计划生育的历史原因,企业家的原配夫妻通常只有一个孩子,而非婚生子女则可能不止一个,在笔者规划过的案例中,非婚生子女数量多的甚至多达十几个。而每一个子女都和婚生子女拥有同等的继承权,这时候婚生子女继承份额就可能少得可怜。对于这一点是很多高净值女性都未曾想到过的。

很多男性企业家的观点也有误区,他们简单地认为,只要不和女朋友结婚,在婚姻上没有法律关系,女方就只能作为自己的附庸,自己想给她多少就给她多少,对方是很难主动插手到自己的财产分配中的。即使将来孩子继承一些自己的财产,那毕竟都是孩子继承的。但我们要注意到,孩子未成年之前母亲是孩子的监护人,也是财产的实际掌控人,孩子的母亲还可能再婚,甚至再生育子女,孩子的继父极有可能成为孩子的监护人,自己的财产有可能就会落入另外一个男人之手,孩子还可能因此而受到伤害。这里面的风险笔者在未成年人的监护风险一节中做过详细的阐述,这里不再重复讲解。

所以,无论是男方还是女方,非婚生子女继承导致财产外流的问题,都是非常值得关注的。

因为继承引发的纠纷不仅是财产外流的问题,更是一个很大的风险。因为非婚生子女及其母亲与婚生子女及其母亲一般来说都会存在矛盾,在企业家在世的情况下可能矛盾不明显。但如果企业家去世,失去了控制的矛盾就会升级。并且,因为继承程序的问题,无论是通过公证程序继承,还是通过诉讼继承,每个继承人都必须对遗产的分配做出相应的意思表示,这也就意味着每一个继承人或者继承人的监护人都有争夺遗产的机会,所以纠纷几乎无法避免。以下简单举例,还是以文女士家庭为例。

即使文女士要求丈夫立了遗嘱,明确表示 90% 的遗产由女儿林某琪继承,10% 的遗产由双胞胎继承,也不能避免争端的出现。

首先,这样的遗嘱安排,双胞胎和双胞胎的母亲肯定不会满意,只要有机会争

取更多的继承份额,他们一定会争取。而继承程序会给他们争取的机会。如果通过公证程序继承,第一步继承权公证就需要他们参加,如果双胞胎成年了,由他们自己参加,如果没有成年,则由双胞胎的母亲作为法定代理人参加。只有他们对遗嘱的真实性、合法性认可,并且认可遗嘱的安排,继承程序才能顺利地完成;如果他们不认可,公证继承程序就会走不下去。

如果采用诉讼继承的程序,文女士、林某琪和双胞胎会分列在原被告双方。诉讼程序本来就是对抗程序,遗产争夺的大战就不可避免了。

而在遗产争夺大战中,各种激烈的对抗手段的运用就会在所难免了,这种对抗不仅仅会伤害兄弟姐妹之间的感情,而且可能还会在其他的方面产生伤害。

(三)继承程序完成后的持续纠纷阶段的情形

继承纠纷的完结并不意味着婚生子女与非婚生子女的纠纷的结束,尤其是如果非婚生子女获得了家族企业的股权的情况下。因为企业股权的价值主要取决于企业管理得好坏。管理得好,企业股权就是资产,会产生源源不断的利润,是家庭财富的源泉;但企业如果管理得不好,企业就可能亏损,企业的股权就可能变成家庭资产的黑洞。

以文女士的案例为例,如果丈夫林先生去世,双胞胎就有权利继承家族企业的一部分股权,并且当然取得公司股东的地位,有权利参与企业的经营管理。原来企业由文女士经营,丈夫林先生会非常配合。但现在股东结构变成了文女士、女儿林某琪、双胞胎。如果双胞胎还没有成年,其股东权利由法定代理人代为行使,也就是双胞胎的母亲甚至于继父来代为行使。

在通常情况下,文女士和双胞胎或者双胞胎的母亲,甚至双胞胎的继父是很难和平共处的,更不用说同心同德了。矛盾重重,争权夺利应该会是常态。股东闹矛盾,企业的经营管理必然会受到影响,其后果如何就可想而知了。

第四节　解决方案设计策略

非婚生子女继承外流风险的解决是一个系统工程,牵涉方方面面。其中有复杂的感情纠葛与错综复杂的利益冲突,不但要从财富管理专业角度上考虑,还需要从人性、情感的角度上充分考量;不但需要理财师有高超的专业技术,而且需要理财师有沟通解决问题的技术。

一、非婚生子女继承外流风险解决方案的方向选择

贾明军律师曾感慨说:"我们评判一个家事案件做得成不成功,不是三年、五年后案件的当事人说这个律师做得很多,为我争取了很多利益。而是在三十年、五十年以后,双方当事人再坐在一起的时候,仍然觉得当年律师处理得是对的,这才是成功。"贾律师还说:"家事案件,没有赢家。"

虽然这是从律师的角度思考的问题,但笔者认为这完全可以适用于我们财富管理行业,非常适合指导我们处理非婚生子女继承外流的案件。这两句话告诉我们以下几层意思:

第一层意思:牵涉家庭内部只要产生冲突,就会对各方都产生伤害,无论你如何地努力抗争,最终都不会有赢家的存在,因此,激烈的对抗是没有意义的。

第二层意思:家庭内部的案件,哪怕是非婚生子女的案件,是永远都不会"结案"的,其"胜负"也不是3年、5年就能看得出来的,需要30年、50年的验证。因为案件的各方存在血缘上的联系,这是永远都扯不断的关系。今天的"失败"不是失败,今天的"胜利"也不是胜利。如果我们选择对抗,那么,这将不是一次战斗,也不是一次战役,这是一场延续几十年的,极其痛苦的战争。从第二个角度上证明了,激烈的对抗是没有意义的,千万不要选择战争。

第三层意思:作为理财师,要在客户复杂的内部冲突中平衡各方利益,妥善地照顾和处理各方利益,追寻一个各方都能接受,能实现长期和谐的结果。这也是对我们自己的客户最负责任的处理办法和规划。只有这样的处理方式,才能在30年、50年以后,各方当事人再坐在一起时,依然会认为当年理财师的处理是对的,这才是真正的成功。

二、非婚生子女继承风险方案设计中的利益取舍与规划原则

请务必注意,非婚生子女继承外流风险存在的基础是女方在发现男方有非婚生子女的情况下依然希望挽救家庭,保持家庭的完整性,希望丈夫浪子回头的基础上。故以下关于规划的所有探讨都是基于这个基础的。如果女方计划离婚,需要关注的应当是"离婚财产分割风险"。这个前提条件请务必注意。

(一)非婚生子女案件中当事人的利益取舍与平衡

具体到非婚生子女继承外流风险的处理中,其中存在五种典型当事人:丈夫、

妻子、婚生子女、非婚生子女、非婚生子女的母亲。而他们之间的利益取舍与平衡是非常复杂的,因为其中所有的当事人都因为血缘关系牵扯到了一起,但同时又因为情感问题而充满了冲突与矛盾。譬如,妻子和非婚生子女母亲之间一般都是水火不容的矛盾关系,但他们各自的亲生孩子却拥有同一个父亲。又如,婚生子女和非婚生子女之间很多也往往存在矛盾,但他们却是同父异母的亲兄弟姐妹,他们的基因甚至有一半是类似的,其中的关系是无论如何都割舍不断的。这就导致无论哪一方作出了伤害另一方的行为,都可能会同时伤害到自己或者自己关心在意的人,这种伤害可能是直接的,也可能是间接的,可能立即就造成后果,也可能一段时间以后造成后果。什么叫没有赢家?这就叫没有赢家。

(二)非婚生子女继承风险方案设计的七大基本原则

非婚生子女继承风险的方案设计比较复杂,方案设计者不仅要充分了解客户的需求,同时还需要深入洞察人性。一般来说应该遵循以下几个原则:

1. 妥善处理女方与丈夫及非婚生子女的关系

这是处理非婚生子女问题最核心的出发点,也是最关键和核心的问题。因为非婚生子女是丈夫的亲生子女,与男方有血缘关系,所谓血浓于水,这是永远都无法切断的关系。从丈夫的角度出发,他毋庸置疑是希望自己的孩子能得到很好的照顾,即使将来跟自己分开生活,也丝毫不会减少其对孩子可以幸福成长的期望。这种情况不仅不会减少,因为将来孩子将在没有亲生父亲照顾的情况下成长,丈夫一定会有亏欠感,反而会加大其保障孩子健康成长的期望。对于非婚生子女的母亲来讲,孩子的权益是她一定会誓死捍卫的,这个不用讨论。

但是,妻子对非婚生子女的态度一般是相反的。因为对于妻子来说,非婚生子女在利益上是站在自己子女的对立面上的。但是,实际情况往往是非常复杂的,如果妻子尽全力和非婚生子女争夺权益,从客观上确实更多地为自己的子女争取到了利益,但如果因此而影响到了非婚生子女的成长,则这种影响长期又会反作用于妻子及其亲生子女。为什么会这样讲呢?因为妻子及孩子们需要长期与孩子的父亲共同生活。但是,非婚生子女过得越不好,丈夫的亏欠之心就会越重,照顾非婚生子女的愿望就会越迫切,甚至他还会悄悄地去看望照顾非婚生子女及其母亲,反而让非婚生子女的母亲有了可乘之机。并且,通过长时间的矛盾积累后,丈夫最后可能会把外面孩子不幸福的原因怪罪在妻子的身上,夫妻的矛盾将逐步升级,甚至可能离婚,而非婚生子女的母亲反而最后鸠占鹊巢。这样的结果对妻子和孩子,当然会是很大的伤害。

如果妻子从长治久安的角度上考虑,运用不战而屈人之兵的手法,反而可以更好地保护自己和孩子的利益。妻子可以完全配合各方,在经济上做好非婚生子女的成长安排,让孩子能在优越的环境中成长。虽然可能会损失一部分财产,但如果可以维护家庭的和谐与幸福,这是完全值得的。

当然,这绝不是让妻子逆来顺受,逆来顺受只会让对方得寸进尺,是解决不了问题的。所以,照顾好非婚生子女是有条件的,条件就是丈夫不能再与非婚生子女的母亲有任何牵连。我们曾经这样处理过,规定每周六由妻子自己或者派司机去接非婚生子女到家里玩一天,满足丈夫与孩子团聚,照顾孩子的愿望,但杜绝了丈夫与非婚生子女母亲的见面机会。如此,丈夫不用再挂念非婚生子女,并且会感恩妻子的包容与大度,对妻子的亏欠感会越来越深,夫妻的感情会越来越好,并且自然切断了丈夫与非婚生子女母亲的关系,甚至再有别的女性的诱惑出现时,因为对妻子的亏欠感,丈夫抵挡住诱惑的可能性就会加大,甚至彻底地解决问题。

2. 照顾非婚生子女成长,保障非婚生子女的权益

安排好非婚生子女的成长要从两个方面考虑,孩子抚养义务的完成和对孩子成长的支持。

按照《民法典》第 1058 条、第 1068 条及第 1071 条的规定,父母对子女有抚养的义务,非婚生子女也拥有同等的权利,因此,无论如何,抚养义务是丈夫的法定义务,是必须要履行的。但仅仅尽到抚养义务是不能满足丈夫对非婚生子女的情感需求的。因此,还要在孩子的成长支持方面做好规划,做好品质生活费用、品质教育费用、品质医疗费用等各方面的保障。

虽然在承受背叛之痛的同时还要照顾好非婚生子女的生活与成长,这对于女方是比较难以接受的。但是,前文分析过,这是女方维护家庭和谐与幸福的策略,在财富管理规划设计三十六计中我们称之为"欲擒故纵"。并且,我们还应当意识到,在道德上犯错误的是孩子的父亲与母亲,对待他们如何批判都不为过,但孩子是无辜的,也理应得到很好的照顾,这也是为什么法律要赋予非婚生子女与婚生子女同等权利的原因所在。所以,对于智慧女性来说,清晰地区分非婚生子女与其父母的不同,从情感上就会好接受一些了。

3. 注意防止监护人侵害非婚生子女的权益

虽然我们做好了非婚生子女的成长保障安排,但有一个问题是不得不考虑的。因为孩子的监护人是其母亲,母亲将来应该会要结婚,可能还会再有孩子。因此,通过规划设计防止监护人侵害非婚生子女的权益是非常重要的。在预防监护人侵害未成年非婚生子女的权益的问题上，人寿保险、保险金信托、家族信托再结合相应的法律文件可以起到比较好的效果。

4. 给予非婚生子女的母亲适当的安置和补偿

在一般情况下，如果有非婚生子女，非婚生子女的母亲不要求任何补偿就愿意分手的可能性是不大的。并且，给予非婚生子女的母亲适当的安置和补偿也有利于和谐地解决问题，对各方均有好处。对于丈夫这一方来说，孩子的母亲过不好，孩子的生活品质就不能保证。孩子的母亲经济上很窘迫，必然就会从孩子的财产上打主意。

因此，安排好母亲其实就是安排好孩子。对于妻子这一方来讲，非婚生子女的母亲对自己来说是尖锐的对立方，她生活得好坏，实在与自己没有什么关系。但我们如果理性地分析就会知道：首先，想要丈夫和她彻底分手，没有分手费估计做不到，再不想给也得给；其次，我们前面分析了，非婚生子女生活的好坏会直接影响到自己的家庭和谐。因此，还不如大度一些，大大方方地给她分手费。

值得注意的是，这里妻子又不能无原则地让步，前面说过，一味地忍让不会换来和谐，只会让对方得寸进尺。因此，给分手费可以，但给的方式必须要限定，这就叫既有胸怀，又有手段，处理问题有理、有力、有节。如何限定呢？分手费不可以给现金，因为现金可能很快就会被女方挥霍光，最后孩子的生活还是不能得到保障，麻烦依然会接踵而至，钱就白给了。因此，建议分手费以保单的形式给，而且最好以孩子为被保险人，母亲作为投保人，可以享用年金，但不能随意退保。这样的方式对孩子的母亲也有好处，一则可以帮她养成好的财务习惯，以后生活可以更加从容。二则如果她结婚，这些保单都会是其婚前财产，不会混同成夫妻共同财产，是对她自己的权益最好的保护。这样的处理方式笔者给它取了一个名字，叫非婚生子女设计策略之“顺水推舟”。

5. 充分保护好妻子的权益，增加妻子的婚姻安全感

发生非婚生子女的问题，并且因解决问题而导致损失部分家庭资产，对于妻子来说还是难以接受的，妻子对婚姻的安全感会因此而大大降低，这对将来的婚姻是很大的隐患。中国有句古话：“家和万事兴。”一个家庭如果不和谐，不仅会影响生活的质量，还会影响事业的发展，最关键的是对孩子的成长非常不利，对孩子性格、价值观的形成会产生深远的负面影响。因此，作为丈夫，通过合理的规划，给予妻子更多的安全感，尽力修复夫妻之间的感情，是非常重要的。

同样，对于妻子来说可以通过对自己的生活、医疗、养老等各方面的全面保障规划,并约定这些规划牵涉的财产属于自己的个人财产,离婚时不与分割,以此增强自己在婚姻中的地位,增加安全感,进而有利于将来婚姻生活的和谐与幸福。这样的规划在其他时候一般是很难完成的,只有在这种特殊时期才能顺利完成,因此,笔者把这样的规划设计策略又起了一个名字,叫财富管理规划策略三十六计之“趁火打劫”。

6. 充分保护好婚生子女的权益,安抚好妻子与亲生子女的情绪

非婚生子女都从生活、教育、医疗以及婚嫁等方面给予了充分的保障,婚生子女当然也应当要很好地安排和照顾。一则给子女更好的照顾,二则给妻子更大的安全感,因为相比自己,孩子的权益才是女方最关心的问题。并且,对于牵涉孩子保障规划的这些财产,夫妻也可以直接约定为对孩子的赠与,直接归属于孩子,将来即使离婚也不得分割,保证孩子的利益,进一步增加女方婚内的安全感。这就是财富管理规划策略三十六计中的“浑水摸鱼”。

7. 做好家族核心资产的传承安排,防止因继承产生激烈冲突

对于存在非婚生子女继承风险的家庭来说,家族核心资产的传承规划是尤为重要的。必须做好确定的传承安排,避免非婚生子女及其母亲将来因继承而介入家族核心资产的争夺。家族核心资产一般包括家族企业的股权和家族重要的不动产,而其中又以家族企业的股权最为关键。

家族企业股权的传承在孩子未成熟之前,先可以通过遗嘱做好预先安排,处分企业股权的遗嘱一定要用公证遗嘱的形式,最大限度地保证传承的确定性。将来孩子成熟了,愿意接班了,可以提前将企业股权过户到孩子名下,直接避免股权的继承问题。如果有条件将股权放入家族信托,也是解决问题很好的方式,因为信托财产不属于被继承人的遗产,不牵涉继承问题,非婚生子女和其母亲当然也就没有介入的机会了。

当然,作为对非婚生子女的补偿,丈夫可以给自己购买一份高额的终身寿险,将来去世以后,用高额的保险理赔金作为对非婚生子女不参与家族核心资产分配的补偿。如果想有更好的传承后控制力,还可以采用保险金信托的方式。将家庭核心资产做妥善传承安排的策略就是财富管理规划策略三十六计中的“亡羊补牢”。

做好了传承安排,再结合前面的一系列安排,各方的利益都得到照顾,家族成员之间不会有动力也不会有机会产生大的家庭内部争端。

三、大额保单在非婚生子女继承风险规划中的运用

(一)用大额保单解决非婚生子女及其母亲的补偿与抚养问题的方法

人寿保险因为具备有针对性地创造现金流的功能,并且,这些现金流会按时间或者按事件由保险公司给付,不需要非婚生子女的母亲与丈夫之间再次产生联系,因此,在解决非婚生子女及其母亲的抚养与补偿问题上有其独特的意义。

1. 大额保单解决非婚生子女母亲补偿费用问题的优势与规划策略

除非是非婚生子女的母亲受到了欺骗,否则无论从法律角度还是善良社会伦理的角度上讲,给予非婚生子女母亲补偿费用都是不太合适的。从社会现实或者说解决问题的角度出发,一般都会牵涉补偿费的问题。但补偿费给了以后是不是就能解决问题是关键所在,如果一次性给予了大笔补偿费以后,因为非婚生子女的母亲没有好的财务习惯,很快挥霍干净了,她又有可能以孩子的名义要求男方给钱,这就比较麻烦了。

因此,如何既给了补偿费,又可以防止对方迅速挥霍,让补偿费用切实用于保障其生活,彻底斩断男方与非婚生子女母亲的联系,这是非常关键的。我们可以通过大额保单规划的方式来辅助解决这个问题。保单架构设计见表 11 - 1。

表 11 - 1 保单架构设计

投保人	被保险人	死亡受益人	险种	备注
非婚生子母亲	非婚生子女	非婚生子母亲	年金	保费以抚养费名义给,并配合指定赠与协议

这个架构在实操中有以下几个注意点:

首先,保费要以孩子抚养费的名义给。一方面,以分手费方式给不符合社会公序良俗,以抚养费给合法合规有利于非婚生子女及其母亲。另一方面,对于妻子来说,以抚养费名义是从法律上帮丈夫履行抚养义务,减少非婚生子女母亲与丈夫后续联系的可能性。这样的安排对双方都有利。

其次,给予保费时一定要附附义务的赠与协议,明确说明资金只能用于支付保费,不能用作其他用途,防止保费被挪用。同时,还要约定非婚生子女的母亲不得退保,不得贷款,只能每年领取年金用于自己和孩子的生活。

最后,如果考虑财务调查问题,非婚生子女的母亲也同意,可以先由丈夫投

保,交完保费后再变更投保人为非婚生子女母亲,同时附加指定赠与协议,约定要点与前面相同。

通过大额保单规划补偿费用的规划策略有以下四个方面的特殊优势。

优势一:以孩子抚养费的名义给付,合理合法又可以减少非婚生子女母亲与男方的联系,对各方均有利。

优势二:保单的定期给付功能保证给付细水长流,防止非婚生子女的母亲挥霍无度,更好地保证母子生活品质。

优势三:结合指定赠与协议,防止退保与贷款,进一步防止挥霍。

优势四:即使非婚生子女的母亲结婚,保单属于其婚前财产且不容易混同,防止离婚分割,更加安全有保障。

2. 大额保单解决非婚生子女抚养问题的优势与规划策略

除了给非婚生子女母亲的补偿以外,孩子的相关抚养费依然是需要给的,抚养费不仅仅是生活费的问题,还包含教育费用、医疗费用等,都是法律要求父亲必须要承担的费用。但同样的问题是,如果一大笔钱给到孩子,孩子母亲是不是能细水长流地使用是个未知数。当然也可以定期给付现金,但对于这样的方式,一则孩子的生母不一定接受;二则定期给付生活费,丈夫和孩子生母之间的联系就更难彻底中断,藕断丝连,这是妻子非常不愿意看到的。而大额保单在给付非婚生子女的生活费、教育费用、医疗费用方面是有天然的功能性优势的。因为保险受益金给付的特点就是可以定期给付或者按特定事件给付,是贴上了标签的财产。

首先,在给付生活费方面,定期给付的年金保险应该是最佳方式之一。由生母作为投保人,孩子作为被保险人,生父负责提供保费,购买定期给付年金保险,作为孩子的生活费。生母也不担心,也能做到细水长流,对妻子来说,还避免了丈夫与非婚生子女的母亲因给付生活费而藕断丝连。

其次,在医疗费用给付方面,最佳的工具还是保险。对于孩子来说,重大疾病保险和医疗保险是最关键的,如果属于一般高净值客户,医疗保险可以选择中端医疗。如果客户经济实力雄厚,则可以选择高端医疗保险。以丈夫为投保人,非婚生子女为被保险人,购买重大疾病保险与医疗保险。

为什么以丈夫为投保人呢?这是因为重疾保险缴费期一般比较长,高端医疗保险一般都是长期缴费。如果以非婚生子女的母亲为投保人,就需要先赠与保费给她,然后由她交保费,保费比较容易被挪用,引发纠纷。如果丈夫作为投保人,则不存在这些问题。

这里的实操难点很多时候在投保人与未成年被保险人的关系证明上,如果出生证明上有生父的名字,投保就不会有障碍。如果没有,也可以做亲子鉴定,作为关系证明解决问题。如果还不方便,还可以先由孩子的母亲购买保单,《保险法》第12条规定,人寿保险仅在保险合同订立时要求有保险利益,可以在合同承保后变更投保人为生父,由父亲负责缴纳以后各期保费。

最后,在教育费用的保障方面,大额保单也有其独特的价值。架构一般建议这样设计,以非婚生子女母亲为投保人,子女为被保险人,购买高现金价值的增额终身寿险、年金险或者专业教育金。缴费周期最好短一些,趸交、3年交都可以,最长也不要超过5年。为什么这里要用母亲作为投保人呢?这是因为教育金牵涉资金量大,缴费期又短,缴费问题比较好解决。因此,非婚生子女母亲一般不会同意由生父作为投保人的。并且,母亲做投保人,也可以很好地隔离生父的债务风险,安全性更高一些。

除了上述法定义务以外,对于一个父亲来说,孩子的成家立业也是其放不下的牵挂。因此,从保障孩子成长、完成父亲心愿、增进家庭和谐幸福的角度出发,可以考虑通过保单给予一定的婚嫁和创业支持的安排。有了这样的安排,非婚生子女的母亲与丈夫都会比较满意,而妻子呢,也将因为自己睿智的决定和安排,在以后的婚姻生活中享受其带来的安宁与幸福。

在非婚生子女的抚养安排上,防止监护人侵害是必须要考虑的。因为非婚生子女的母亲以后还要结婚,监护人侵害的问题不容小觑。在这个问题上,人寿保单专款专用的功能可以起到一定的作用,因为我们作出的保单的安排,其保障孩子目的明确。因此,依据《民法典》第35条的精神,作为孩子的监护人对这些安排都有保证其正常运行的义务,非为孩子的利益考虑,不得擅自处分。同时,我们还可以通过附义务的赠与对这些保单予以一定程度上的保护。赠与协议中这样约定,赠与给孩子母亲的保单或保费,均是为保障孩子的利益,孩子的母亲必须忠实地履行其保障孩子权益的义务,只能按照协议的约定按期领取年金或者部分领取现金价值,作为孩子的各项费用支出。不得作出退保,将保单质押或转让给他人等损害孩子利益的行为。如果孩子的母亲违反协议的约定,则赠与人可以撤销赠与。

解决非婚生子女抚养问题的具体保单架构可以安排见表11-2。

表 11－2　非婚生子女抚养问题保单架构

投保人	被保险人	死亡受益人	险种	备注
非婚生子母亲	非婚生子女	非婚生子母亲	年金	生活保障
丈夫	非婚生子女	非婚生子母亲	重疾/医疗	医疗保障
非婚生子母亲	非婚生子女	非婚生子母亲	教育金/增额终身寿	教育保障
非婚生子母亲	非婚生子女	非婚生子母亲	增额终身寿	婚嫁/创业支持

上述的保单架构设计结合附条件的赠与协议等工具组成的方案，在解决非婚生子女抚养问题上有以下六个方面的优势。

优势一：通过大额保单给付非婚生子女的抚养费，利用人寿保险由保险公司按期、按特定事件给付的功能，不仅可以有针对性地解决孩子的抚养问题，不需要男方出面，彻底斩断男方与非婚生子女母亲的联系。

优势二：通过保单规划有针对性的特点，提前解决孩子的抚养、教育、医疗等问题，后续非婚生子女的母亲不能再以索要孩子抚养费的理由接近男方。

优势三：专款专用，防止资金被挥霍、挪用、被监护人侵害。

优势四：结合附条件的赠与进一步加强对孩子的保护，防止被监护人侵害。

优势五：非婚生子女的母亲即使结婚，这些保单也不会混同为夫妻共同财产。

优势六：全面解决孩子的抚养问题，避免男方揪心牵挂，从而促进家庭和谐稳定及婚姻幸福。

（二）用保单解决女方及其子女的保障，增强女方安全感的设计方法

发生非婚生子女的问题，并且因解决问题而导致损失部分家庭资产，对于妻子来说是难以接受的，妻子对婚姻的安全感会因此而大大降低，这对将来的婚姻是很大的隐患。这不仅会影响家庭和谐与幸福，还会影响事业的发展，最关键的是对孩子的成长非常不利，对孩子性格、价值观的形成会产生深远的负面影响。因此，作为丈夫，通过合理的规划，给予妻子更多的安全感，尽力修复夫妻之间的感情，是非常重要的。

对于妻子来说，即使自己再大度，对于婚姻的信心降低、安全感降低这是无法避免的，这是潜意识上发生事情，非一般的心理和情绪层面上可以控制。因此，妻子可以通过合理的规划，通过婚姻财富规划的方法，在物质层面上给予自己的生活更多的保障，从法律层面上加强对自己权益的保护，以求从潜意识的层面上一定程度地修复自己对婚姻的信心，真正地提升自己在婚姻生活中的安全感。

给予妻子更多的安全感,要从两个方面来进行规划。一方面,当然是对妻子的补偿与保障;另一方面,更重要的是对亲生子女进行全面的保障规划,这是妻子安全感的更重要的保证。

1. 大额保单解决女方保障问题的规划方法

对妻子的补偿与保障可以从三个方面来规划,即生活品质的保证、医疗品质的保证与养老品质的保证,这三个方面都可以通过人寿保险来进行规划。具体保单架构设计见表11-3。

表11-3 保单架构设计

投保人	被保险人	死亡受益人	险种	备注
妻子	妻子	孩子	年金/增额终身寿	生活保障
妻子	妻子	孩子	重疾/医疗	医疗保障
妻子	妻子	孩子	养老保险+养老社区	养老保障

在规划妻子的补偿与保障时,应当注意以下的操作要点。

要点一:配置高额的年金或者增额终身寿以保障自己的生活品质,并且以妻子自己为投保人和被保险人,创造伴随自己一生的现金流。注意最好协议约定保单属于妻子的婚内个人财产,不被离婚分割,保证生活品质不受影响。

要点二:配置高额的重大疾病保险和高端医疗保险,保证妻子的医疗品质,并且年金的返还要足够以覆盖高端医疗的保费,这样高端医疗才能保证可以持续缴费。

要点三:给妻子配置高额的养老保险,最好同时配置养老社区的服务,并约定保单属于妻子婚内的个人财产。为什么配置了高额年金险还需要配置养老保险呢? 这是因为步入老年后收入会降低,但需要有保健费用、护理费用,医疗费用可能也需要补充,所以需要更多现金流的准备。

2. 大额保单解决婚生子女保障问题的规划方法

对于妻子而言,虽然自己的保障是非常重要的,但孩子的保障可能是她更为关心的。毕竟有了非婚生子女后,自己的亲生孩子们就有了潜在的"竞争对手"了。因此,做好孩子们的各项保障对于提升妻子的婚内安全感也是非常重要的。孩子们最基础的保障包括生活品质保障、医疗品质保障与教育品质保障,这三个方面的保障也可以通过大额保单来完成,具体架构见表11-4。

表 11－4 保单架构设计

投保人	被保险人	死亡受益人	险种	备注
妻子	孩子	妻子	年金/增额终身寿	生活保障
妻子	孩子	妻子	重疾/医疗	医疗保障
妻子	孩子	妻子	教育金/增额终身寿	教育金保障

孩子的保障规划实操需要注意以下几个要点：

要点一：所有保单需要用妻子作为投保人，由妻子掌握与控制孩子的保障，以增进妻子的婚内安全感。

要点二：缴费期不要太长，三、五年为宜，快速交完所有保费，保证孩子们基本的教育成长和健康权利。

要点三：夫妻约定保单属于对孩子们的赠与，直接归属于孩子，即使离婚夫妻双方不得分割，以保证孩子的健康教育不受任何影响。

通过以上一系列的规划，妻子在生活品质的物质保障上就不再有后顾之忧，对孩子们的教育品质和健康医疗也不再担忧，婚内安全感就会自然上升，婚姻就会更加稳定、和谐与幸福。如此，无论是对妻子，对孩子以及对丈夫都是有百利而无一害，是共赢的规划方案。

（三）用保单配合做好男方的传承规划，防止非婚生子女争产的设计方法

前面所有的规划都是整个系统中的一些基础规划，主要解决各方的基础保障和现金流保障问题，也只牵涉家庭资产中金融资产的一部分，这所有的规划都是为了最终顺利地完成家庭财产的传承规划。传承规划是预防非婚生子女继承外流风险的关键所在。非婚生子女家庭的传承规划和其他家庭大部分地方是相似的，这里只阐述其中特色的部分。其主要有以下几个要点：

1. 做好家族核心资产的传承安排，保证确定传承，防止非婚生子女争产

避免非婚生子女及其母亲将来因继承而介入家族核心资产的争夺是化解非婚生子女继承外流风险的关键所在。一般情况下，家族核心资产包括家族企业的股权和家族重要的不动产，而其中又以家族企业的股权最为关键。因此，必须通过各种工具的配合，如生前赠与工具、家族信托工具、大额保单工具等，做好家族重要不动产及家族股权的传承安排，减少传承的不确定性，防止争产风险的发生。

2. 股权传承安排要特别注意

家族企业股权的传承是比较复杂的，也是比较容易出问题的，一定要非常注意。在婚生子女不具备接班能力之前,先可以通过遗嘱做好预先安排,最好用公证遗嘱的形式,最大限度地保证传承的确定性。将来孩子一旦具备了接班能力也愿意接班的时候,建议提前通过赠与的方式将企业股权过户到子女名下,直接避免股权的继承问题。如果有条件还可以设立股权家族信托,由信托持有股权,利用信托财产的独立性并且不牵涉继承问题的特点,实现确定的传承,以预防非婚生子女及其母亲介入企业股权的争夺中。

3. 对非婚生子女的传承可以通过人寿保险实现

作为对非婚生子女不参与家族核心资产继承的补偿,丈夫可以给自己作为投保人和被保险人配置高额的终身寿险,将来去世以后,用高额的保险理赔金作为对非婚生子女的补偿。但是受益人不直接写成非婚生子女,而写成法定,受益金专门订立一份公证遗嘱来处分,依据《保险法解释三》第10条①的精神,遗嘱处分保险受益金是完全可行的。丈夫在遗嘱中明确说明,主动配合完成遗产继承程序是非婚生子女取得保险死亡理赔金的先决条件,若非婚生子女不积极配合完成遗产继承程序甚至发动遗产争夺纠纷,其不但不能获得任何的遗产,也不能获得任何的保险理赔金,理赔金直接归属于婚生子女。如此,对非婚生子女来说,有一定的补偿,传承安排也很确定,没有太多争议空间,从理性角度出发,非婚生子女不会选择冒着失去补偿的风险发动遗产争夺纠纷。

完成了这一步,非婚生子女的问题就可以说完整地解决了,各方的利益都得到照顾,家族成员之间不会有动力也不会有机会产生大的家庭内部争端。

---

① 《保险法解释三》第10条　投保人或者被保险人变更受益人,当事人主张变更行为自变更意思表示发出时生效的,人民法院应予支持。

投保人或者被保险人变更受益人未通知保险人,保险人主张变更对其不发生效力的,人民法院应予支持。

投保人变更受益人未经被保险人同意的,人民法院应认定变更行为无效。

第十二章

隔代传承风险

第一节　风险案例

一、案例导读

所谓隔代传承，就是不将财产传给自己的儿子或者女儿，而是直接传承给孙子女或者外孙子女。但在现实中，有很多有隔代传承计划的老人最终愿望会落空。为何在我国目前的环境中隔代传承安排如此容易出现问题？隔代传承问题究竟暗藏哪些玄机呢？

二、案例详情

王老爷子是一位老北京，改革开放以后第一批下海，赚了不少钱。王老爷子有两个儿子、三个女儿。三个女儿都已经结婚，大女儿因为离婚的缘故，带着外孙女和王老爷子一起住。两个儿子没读什么书，习惯了阔绰的生活，早年一直跟着王老爷子做生意，但是很多年过去了，完全没有长进，老爷子打消了培养他们的念头，担心继续让他们做生意，积累的财富都要给赔个干净。好在，老爷子的大儿子为他生了一个非常优秀的长孙王某轩，王某轩从小成绩优异，每次都是年级第一，各类竞赛获奖无数，把其他孙子、孙女远远甩在身后。同时，王某轩还懂事孝顺，每周都去探望爷爷。

随着老爷子的年纪越来越大，他对做生意越来越力不从心，索性将经营性活动全部停掉，将资产大都转化为地产，有商铺也有住宅，到 2015 年的时候，王老爷子积累了 20 多处房产。王老爷子想的是，孩子们虽然做生意的能力不行，但是吃租子也够他们过富足的生活了。

在这些房产中，有一套两进的四合院，占地 600 多平米。原来，这王老爷子幼年时生在大户人家，他的祖父就有一处大宅，后来时局动荡，祖产尽失，王老爷子花了很多心血才买到这处四合院，打定主意将它留给自己的长孙。

2010 年，王老爷子 70 大寿，大孙子王某轩考上了美国加州大学伯克利分校生物学研究生，双喜临门，寿宴过后，王老爷子把五个子女都召集到一起，立了一个遗嘱。在遗嘱中，王老爷子对自己的房产做了安排，王老爷子没有重男轻女的思想，五个子女分配比较均匀，大家也基本没有意见。

等说到四合院，王老爷子坚持要将全部留给王某轩，众子女纷纷面露不悦，老爷子偏心优秀的长孙不是一天两天了，现在一个四合院能顶上10套房产，竟然全部给了老大家。不过家产都是老爷子挣的，他将五个子女拉扯大，从来都是说一不二，大家就算心里有意见，当着老爷子的面谁也不敢吱声。老爷子当着五个子女的面亲笔立下遗嘱，为了防止子女将来反悔闹意见，老爷子还让五个子女都在遗嘱后面签了字。见图12－1。

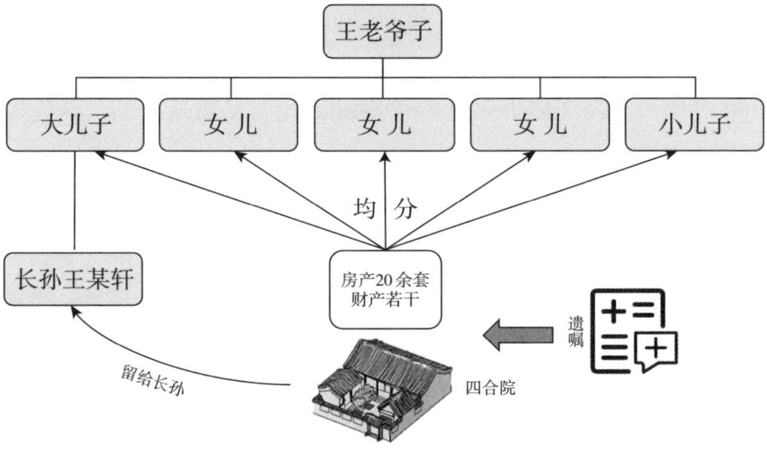

图12－1

2014年8月，王老爷子查出胰腺癌晚期，因为发现得太晚，病情很快就恶化了，弥留之际，考虑大孙子王某轩正在攻读博士学位的关键时期，王老爷子 再交代，告诉孙子不用着急赶回来，赶回来也见不上面，让他安心读书，等寒假的时候再回来给他上炷香就行。2014年9月8日，王老爷子驾鹤西归，按照爷爷的遗愿，王某轩在爷爷去世以后没有立即赶回来奔丧，而是到12月中旬放寒假以后才回到北京。

王某轩回来以后，爷爷遗产继承的手续也就开始办理，但在办理继承权公证时出现了问题。王老爷子留给五个子女的房子都没有什么争议，但留给王某轩的这套四合院却情况特殊。原来，按照当时我国《继承法》（已废止）第10条的规定，孙子王某轩不在爷爷的法定继承人范围之内，因此，爷爷写遗嘱留四合院给孙子的行为属于遗赠行为。和遗嘱行为不一样的是，在遗赠行为中，接受遗赠的人在知道或者应当知道立遗嘱人去世的消息以后2个月内必须明确表示接受，如果没有明确表示就视为放弃接受遗赠，这在当时规定在我国《继承法》（已废止）第

25 条。

因为爷爷是 2014 年 9 月 8 日去世，去世以后王某轩就得到了消息，但王某轩并不知道法律有规定自己必须在 2 个月内表示接受，所以在回家之前根本没有提及四合院的事情，到 12 月已经超过 2 个月，按照当时的《继承法》第 25 条的规定，王某轩已经知道爷爷的死讯，也清楚地知道爷爷通过遗嘱留了四合院给自己，但因为他不懂法律，没有及时作出接受遗赠的意思表示。等到 12 月，他去公证处时，2 个月早已过去。

当然，这也并不是说王某轩就没有机会再继承爷爷的四合院了，只要爷爷的第一顺位继承人，也就是自己的父亲，叔叔和三个姑姑都一致同意王某轩继承这套四合院，遗赠手续就可以继续。但遗憾的是，当公证员问几位继承人意见的时候，叔叔和三位姑姑都沉默不语，根本不松口。至此，王某轩丧失了对爷爷四合院的继承权，王老爷子隔代传承的愿望自此落空。

三、案例解析

在案例中，王老爷子因为对遗赠法律制度不了解，天真地以为只要自己召集所有的儿孙写好了遗嘱，并且让他们都认可点头了，最终四合院就是长孙王某轩的。而长孙王某轩呢，想当然地认为已经有遗嘱和各位姑姑、叔叔的签字，继承四合院顺理成章，因此对继承的事情掉以轻心，没有引起足够的重视，没有搞清楚当时我国的遗赠制度是需要在 2 个月内明确表示接受遗赠，超期不作出相应的表示就会视为放弃受遗赠的权利，最后大意失荆州。正是因为王老爷子爷孙两个都对法律了解得不够深入，最终不仅隔代传承的计划落空，还有可能进一步引发亲人之间的争产大战，亲人对簿公堂，亲情受损，祸起萧墙。

实际上，在我国的继承相关的法律制度中，隔代传承是存在一些障碍的，稍有不慎，就会像王老爷子的愿望一样，最后遗憾落空。所以，这些问题值得有隔代传承意愿的高净值人士重点关注。

第二节　风险解析与法律依据

世界上大部分国家的法律，孙子是爷爷的财产继承人，但是在中国的法律体系中，孙子的处境却比较尴尬，不仅不是继承人，在继承权判断中和继承程序履行中还存在代位权说、极易无效和默认放弃三大障碍，以下风险解析内容亦包含了对这些困境的详细描述。

一、孙辈及往后的晚辈直系血亲不属于法定继承人

我国继承法律制度中关于孙辈及往后的晚辈直系血亲的法定继承权规定是比较特殊的，在《民法典》第1127条[①]关于法定继承人的规定中，孙辈及往后的晚辈直系血亲并不在法定继承人列表中。孙辈及往后的晚辈直系血亲的继承权纯粹来自《民法典》第1128条规定的代位继承权。这有别于很多世界上其他国家和地区的法律规定。

譬如，德国《民法典》规定第一顺位法定继承人为直系卑血亲[②]，在这一顺序中亲近者优先，亲近者在继承开始前死亡，则由其直系卑血亲代位继承。虽然实际上，在德国孙子女及往下的直系卑血亲在前一代的血亲生存的情况下是不能继承的，其继承权最终还是依靠代位继承权来实现，但与我国不同的是孙子女及往下的直系卑血亲明确属于第一顺位继承人。和德国立法体例相似的还有很多，如法国《民法典》也明确规定第一顺位继承人为直系卑血亲[③]，我国台湾地区所谓“民法典”第1138条也规定第一顺位继承人为直系血亲卑亲属。

虽然德国、法国的规定与我国关于孙子女往后的直系血亲卑亲属的继承权规定仅有孙子女及往后的直系血亲卑亲属是否属于法定继承人的区别。但这个区别影响是比较大的，因为不属于法定继承人就不能适用于遗嘱继承，如果通过遗嘱规划隔代传承，就只能适用于遗赠制度。

---

① 《民法典》第1127条　遗产按照下列顺序继承：

（一）第一顺序：配偶、子女、父母；

（二）第二顺序：兄弟姐妹、祖父母、外祖父母。

继承开始后，由第一顺序继承人继承，第二顺序继承人不继承；没有第一顺序继承人继承的，由第二顺序继承人继承。

本编所称子女，包括婚生子女、非婚生子女、养子女和有扶养关系的继子女。

本编所称父母，包括生父母、养父母和有扶养关系的继父母。

本编所称兄弟姐妹，包括同父母的兄弟姐妹、同父异母或者同母异父的兄弟姐妹、养兄弟姐妹、有扶养关系的继兄弟姐妹。

② 参见郑冲：《德国民法典》，贾红梅译，法律出版社1999年版。

③ 参见《法国民法典》，马育民译，北京大学出版社1982年版。

二、我国的代位继承制度介绍

代位继承是指，被继承人的子女先于被继承人死亡时，由被继承人子女的晚辈直系血亲代替先死亡的长辈直系血亲继承被继承人遗产；当被继承人无第一顺位继承人及其代位继承人继承其财产，第二顺位继承人的兄弟姐妹又先于被继承人死亡时，由被继承人的兄弟姐妹的子女代替先死亡的父母继承被继承人的遗产。①

在世界范围内，代位继承都是孙子女、外孙子女法定继承祖辈财产的最主要的方式。我国的代位继承制度规定在《民法典》第1128条②。理解我国的代位继承制度要从以下几个要点来把握。

1. 只有直系尊血亲作为继承人先于被继承人死亡的情况下才有代位继承

所谓代位继承就一定会有继承人的位置被替代，也就是说，只有原本应该作为继承人的人先于被继承人死亡了，但考虑到他还有直系血亲的后代，因此，他的这一份就由其直系血亲卑亲属代替其位置进行继承。譬如，在前文王老爷子的案例中，如果还有其他法定继承的遗产，因为孙子王某轩的父亲还在，所以这部分遗产王某轩是不可能代位继承的。但是，如果王某轩的父亲先于爷爷去世了，则王某轩作为父亲的直系血亲卑亲属，就可以代父亲的位置继承爷爷的遗产。

2. 只有子女的晚辈直系血亲才有代位继承的资格

代位继承权并不是每一个先于被继承人死亡的继承人的子女或者孙子女都拥有的权利，这个权利只归属于继承人的直系血亲卑亲属。这一要点《民法典继承编解释（一）》第15条③作了详细的规定，总结下来可以概括为图12－2所示（下面讨论的继子女，如无特殊说明都是特指形成了抚养关系的继子女）。

---

① 参见最高人民法院民法典贯彻实施工作领导小组主编：《中华人民共和国民法典婚姻家庭编理解与适用》，人民法院出版社2020年版，第533页。

② 《民法典》第1128条　被继承人的子女先于被继承人死亡的，由被继承人的子女的直系晚辈血亲代位继承。

被继承人的兄弟姐妹先于被继承人死亡的，由被继承人的兄弟姐妹的子女代位继承。

代位继承人一般只能继承被代位继承人有权继承的遗产份额。

③ 《民法典继承编的解释（一）》第15条　被继承人的养子女、已形成扶养关系的继子女的生子女可以代位继承；被继承人亲生子女的养子女可以代位继承；被继承人养子女的养子女可以代位继承；与被继承人已形成扶养关系的继子女的养子女也可以代位继承。

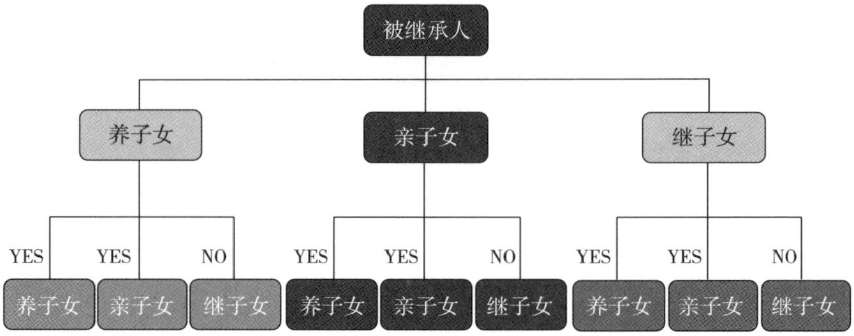

图 12－2

下面再来看一个小案例，张先生和前妻收养了一女张某莉，还生育有一子张某明。后前妻病故，张先生和王女士再婚。王女士与前夫有一子王某强。张某莉、张某明和王某强都和张先生、王女士一起生活多年，张先生和王某强形成了抚养关系。

不料张先生遭遇意外去世了，张先生的生身父亲张老爷子经受不住丧子的悲痛，没多久也去世了。张先生名下并没有多少资产，但是张老爷子有大笔遗产，请问张老爷子的遗产，三个子女谁有代位继承权？

在这个案例中，被继承人是张先生的父亲张老爷子，张先生先于父亲去世了，这就牵涉代位继承的问题。三个子女谁有继承权呢？首先，张某明作为亲生子女当然有继承权；其次，养子女张某莉按照《民法典继承编解释（一）》第 15 条的规定，亲生子女的养子女有代位继承权；最后，至于亲生子女的继子女王某强，依照法律的规定没有代位继承权。

其实，从上图可以清晰地看到，无论第二代和被继承人是通过何种身份关系拥有的继承权，第三代中只要身份是继子女的就没有代位继承权。为什么这么规定呢？这是有其背后的意义和逻辑的。养子女属于拟制血亲，拟制血亲也是直系血亲的一种，因此养子女直接视为亲生子女理解即可，无论哪一代是养子女均不影响继承的延续。

但继子女不同，形成抚养关系的继子女虽然也有较高的法律地位，但毕竟是姻亲关系而不属于血亲，并且考虑到这种形成抚养关系的意愿只存在当事人双方之间，因此他们之间相互继承的关系应当限定在形成抚养关系的双方之间为比较合理。如此就不难理解，继承人与被继承人之间属于形成抚养关系的继子女父母关系时，其相互当然有继承权，因为这是依据他们自己的意愿形成的，因此扩展到代位继承问题中,第一代和第二代之间的身份关系是继父母子女关系不会影响代位继承。

但第二代和第三代之间的身份关系如果是继父母子女关系就有影响了,因为这种关系是第二代和第三代之间存在抚养意愿而形成的,而遗产是第一代的,因此他们的这种意愿不能作用于第一代,所以第二代无论是亲生子女、养子女还是继子女,只要第三代是继子女就均不得代位继承第一代的遗产。

其实还有一种更直接的理解方式,就是直接理解《民法典》第 1128 条第 1 款的字面意思:"由被继承人的子女的直系晚辈血亲代位继承。"首先,第二代子女没有限定是血亲,所以继子女作为姻亲关系亦可。其次,子女的晚辈就限定为血亲了,所以晚辈中只要是继子女,其代位继承关系就中断。

3. 直系卑血亲代位继承没有辈数限制

《民法典继承编的解释(一)》第 14 条①明确规定,代位继承人不受辈数的限制。也就是说,如果被继承人的子女去世了,孙辈有代位继承权,如果子女与孙辈都去世了,重孙辈有代位继承权,以此类推,没有代数的限制。当然,从实际情况来说,人的寿命毕竟有限,因此代位继承隔三辈其可能性都极低。

4. 并不是所有继承人先于被继承死亡的,其晚辈直系血亲都可以代位继承

请注意,并不是所有继承人先于被继承人死亡的,其晚辈直系血亲都可以代位继承的。我国法律规定的法定继承人范围比较广。第一顺位继承人包括父母、子女、配偶。第二顺位继承人包括兄弟姐妹、祖父母、外祖父母。但这些继承人中的很多人先于被继承人去世是不发生代位继承的。

首先,长辈继承人先于被继承人死亡不发生代位继承。因为长辈先于晚辈去世是自然规律,而且财富传承从来都是从上往下,如果长辈先去世也有代位继承权就会导致财富传承发生逆流、外流的弊端。

其次,配偶一方先去世,也不发生代位继承问题。因为同辈总有一方要先去世,如果发生代位继承,一则其晚辈血亲可能和被继承人重复,设置代位继承权实无必要;二则如果其晚辈直系血亲不重合,则发生财产外流,一般会和被继承人的意愿背道而驰,因而不能这么规定。

因此,法律规定有且仅有两种继承人先于被继承人去世才牵涉代位继承,即被继承人的子女先于被继承人去世,其晚辈直系血亲牵涉代位继承,或者在被继

① 《民法典继承编的解释(一)》第 14 条 被继承人的孙子女、外孙子女、曾孙子女、外曾孙子女都可以代位继承,代位继承人不受辈数的限制。

承人完全没有第一顺位继承人也没有其他晚辈直系血亲的情况下，第二顺位继承人中的兄弟姐妹先于被继承人去世，兄弟姐妹的子女才能代位继承。

首先，被继承人子女去世的情况，子女去世但其有晚辈直系血亲的，考虑财富传承向直系后代无限传承的实质，当然应当设立代位继承权，否则就可能导致财富传承的中断，这是设置代位继承权的初衷。

其次，当被继承人完全没有了晚辈直系血亲，其从血亲往下传承已无可能。在这种情况下，通过兄弟姐妹的血亲往下传承也是比较好的选择，因此规定兄弟姐妹的子女可以代位继承是符合传统的财富传承习惯的。同时，从现实社会意义上考虑也有相当积极的意义，因为对于一些没有晚辈直系血亲的人来说，如果兄弟姐妹也已经去世，其遗产就无人继承了，这本身就不太合理。并且，在很多情况下，兄弟姐妹的子女们可能是被继承人的实际赡养和照顾的人，因此，通过代位继承赋予他们代位继承权也是比较合理的。但要注意，兄弟姐妹的代位继承权仅限于兄弟姐妹的子女，而非晚辈直系血亲。

5. 代位继承人只能继承已故继承人的份额

代位继承人人数即使再多，也只能继承属于已故继承人的份额。举例如下：

刘大爷有两个子女，大儿子健在，小女儿先于自己去世，但小女儿生育有三个子女，均健在。刘大爷去世，留下财产400万元。如果按照法定继承，刘大爷的大儿子与小女儿的三个孩子均有继承权，份额如何分配呢？不是400万元4人分，每人100万元，而是400万元一分为二，大儿子200万元，小女儿的三个孩子继承原本应当由小女儿继承的200万元。见图12－3。

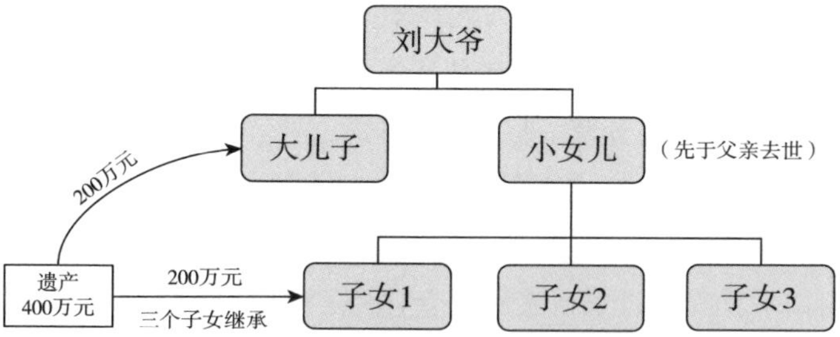

图12－3

6. 代位继承中的"代位权说"与"固有权说"

我国的代位继承制度有一个问题，就是我国的代位继承制度采用代位权说。在全世界，代位继承制度有两种学说：一种叫"固有权说"，另一种叫"代位权说"。目前，全世界绝大部分国家和地区采用"固有权说"，我国是全世界少有的采用

"代位权说"的国家。

固有权说的意思是,代位继承权是代位继承人本身就有代权利,并非从其直系血亲尊亲属处继受而来。因此,其长辈即使放弃或者丧失继承权,也不会导致代位继承人丧失继承权。而代位权说则认为,代位继承权是从代位继承人的直系血亲尊亲属处继受而来,如果长辈放弃或者丧失继承权,则代位继承人当然也就丧失了继承权,皮之不存,毛将焉附。

采用不同的学说对代位继承会产生什么影响呢?举例说明。爷爷是成功商人,身价亿万,独子却是纨绔子弟,挥霍无度,好在孙子从小乖巧,由爷爷从小培养。儿子为了夺得爷爷的财产,设计想毒杀爷爷,爷爷中毒后及时送至医院成功获救。爷爷愤恨交加,把儿子赶出了家门。儿子受到重大打击,吸毒过量,一命呜呼。儿子死后,爷爷愤恨加悲伤,脑出血去世。留下了唯一的孙子。爷爷没有配偶,亲人除了孙子以外,还有一个弟弟。爷爷因为走得突然,也没有立过任何的遗嘱或身后的安排。爷爷的亿万身家应该由谁来继承呢?采用学说不同,结果就大为不同。

儿子设计谋杀爷爷,故意杀害被继承人,丧失继承权。但孙子还有没有权利代位继承爷爷的财产呢?如果采用固有权说,孙子代位继承的权利是他自己的固有权利,并不是从父亲那里继受而来,所以父亲丧失继承权,孙子依然可以代位继承爷爷的财产。爷爷的弟弟作为第三顺位继承人无权继承。

如果采用代位权说,儿子丧失继承权,孙子的代位继承权也就随之丧失。爷爷就不再有第一顺位继承人。所以,爷爷的财产应当由爷爷的弟弟来继承。

由此可见,代位权说是有一定问题的。在现实生活中,孙子女是祖辈最心疼的对象,如果儿女不孝或者儿女放弃继承,祖辈最希望的就是把财产能直接留给孙辈,但代位继承制度的代位权说则恰恰让老人的意愿难以实现

三、我国法律体系中的遗赠制度介绍

我国《民法典》规定的遗赠就是自然人通过遗嘱的形式将其个人的财产赠送给法定继承人以外的人的方式。法定继承人以外的人既可以是自然人,也可以是国家、集体或其他组织。

在我国大陆的继承法律制度中,因为没有将孙子女及往后的直系血亲卑亲属列为法定继承人,这就导致通过遗嘱隔代传承只能适用于遗赠制度,这也使得遗赠制度在我国大陆显得非常的重要。

1. 遗赠生效的要件

遗赠是一项比较严格的法律制度，其虽是遗赠人单方的意思表示，但其生效也是需要符合一定法定条件的。[①]

首先，遗赠必须由遗赠人以遗嘱的形式作出。因此，遗赠所用之遗嘱需要符合遗嘱的所有法律规范，如果遗嘱的形式不符合法律规范，可能导致遗赠无效。

其次，遗赠人要具有完全民事行为能力。如果遗赠人属于限制民事行为能力人或无民事行为能力人，其所作出的遗赠也无效。

再次，遗赠人须为缺乏劳动能力又没有生活来源的继承人保留必要的遗产份额。若非如此，遗赠亦无效。

最后，受遗赠人须为法定继承人之外的人，且遗赠人死亡时仍生存之人。受遗赠人若为法定继承人，这是遗嘱并非遗赠。若受遗赠人先于遗赠人死亡，则遗赠失去目标，当然不能生效。注意，遗赠并不适用于代位继承制度。

2. 遗赠与遗赠人债务、税款的清偿

执行遗赠不得妨碍清偿遗赠人依法应当缴纳的税款和债务。[②] 虽然受遗赠人不是继承人，因此，并没有清偿遗赠人债务的义务。但是，执行遗赠仍然不得妨碍遗赠人债务、税款的清偿。

在清偿债务的优先顺序问题上，法定继承优先级最低，遗嘱和遗赠具有同等优先级[③]。既有法定继承又有遗嘱继承、遗赠的，由法定继承人清偿被继承人依法应当缴纳的税款和债务；超过法定继承遗产实际价值部分，由遗嘱继承人和受遗赠人按比例以所得遗产清偿。

3. 遗嘱继承与遗赠的区别

遗嘱和遗赠虽然都是通过遗嘱这样一种法律形式作出，有时候甚至一份遗嘱中既有遗嘱的内容，又有遗赠的内容，但遗嘱和遗赠还是有本质区别的。[④]

首先，二者面对的对象不同，遗嘱的对象是法定继承人，遗赠的对象是法定继承人以外的人。

---

① 参见最高人民法院民法典贯彻实施工作领导小组主编：《中华人民共和国民法典婚姻家庭编继承编理解与适用》，人民法院出版社2020年版，第558页。

② 《民法典》第1162条　执行遗赠不得妨碍清偿遗赠人依法应当缴纳的税款和债务。

③ 《民法典》第1163条　既有法定继承又有遗嘱继承、遗赠的，由法定继承人清偿被继承人依法应当缴纳的税款和债务；超过法定继承遗产实际价值部分，由遗嘱继承人和受遗赠人按比例以所得遗产清偿。

④ 参见最高人民法院民法典贯彻实施工作领导小组主编：《中华人民共和国民法典婚姻家庭编继承编理解与适用》，人民法院出版社2020年版，第559页。

其次,遗嘱继承权中包含了遗产中存在的清偿债务、税款的义务,但受遗赠权不包含清偿债务、税款的义务。当然,因为执行遗赠不得妨碍清偿遗赠人依法应当缴纳的税款和债务。因此,在最终效果上,遗嘱和遗赠并无区别。

最后,受遗赠权和遗嘱继承权的行使方式不同。遗嘱继承权的行使不需要主动作出接受遗产的意思表示,沉默就是接受,除非明示放弃。而受遗赠权恰恰相反,必须在法律要求的时间内明确表示接受,沉默为放弃。

4. 遗赠与遗赠扶养协议的区别

遗赠与遗赠扶养协议虽然都有遗赠,但二者之间也有本质的区别。

首先,遗赠是单方法律行为,遗赠人通过遗嘱发出意思表示即可,不需要受遗赠人同意。遗赠扶养协议则是双方法律行为,本质上是一种合同行为,需要合同双方达成合意。

其次,遗赠是单方、无偿的法律行为,受遗赠人只接受利益,但并不对遗赠人负有任何义务。遗赠扶养协议则是双务、有偿的法律行为,接受遗赠的一方取得遗赠的财产需要以先履行对对方的扶养义务为前提。

最后,在遗产的分配上,遗赠扶养协议优先于遗赠与遗嘱。继承开始后,有遗嘱的,按照遗嘱继承或者遗赠办理。有遗赠扶养协议的,按照协议办理。[①] 从本质上讲,遗赠扶养协议中约定的给受遗赠人的财产,在受遗赠人已经按照协议履行完扶养义务的情况下,就是遗赠人对受遗赠人所负之合同债务,其优先级别当然就会高于遗嘱或者遗赠了。

5. 受遗赠权利的接受与放弃

《民法典》第1124条明确规定,[②]受遗赠人应当在知道受遗赠后60日内,作出接受或者放弃受遗赠的表示;到期没有表示的,视为放弃受遗赠。这和遗嘱的严格书面明示放弃,沉默视为接受的制度是完全相反的。受遗赠人接受或放弃遗赠有以下几个要点。

首先,接受或者放弃遗赠的权利人是受遗赠人本人,其可以本人作出也可以委托代理人作出。受遗赠人本人没有行为能力的,由其法定代理人代理作出。依

---

① 《民法典》第1123条　继承开始后,按照法定继承办理;有遗嘱的,按照遗嘱继承或者遗赠办理;有遗赠扶养协议的,按照协议办理。

② 《民法典》第1124条　继承开始后,继承人放弃继承的,应当在遗产处理前,以书面形式作出放弃继承的表示;没有表示的,视为接受继承。

受遗赠人应当在知道受遗赠后六十日内,作出接受或者放弃受遗赠的表示;到期没有表示的,视为放弃受遗赠。

据《民法典》对法定代理人履行法定代理人权利的要求原则，在接受放弃遗赠的问题上必须接受遗赠，并不能代理其放弃遗赠。

其次，接受遗赠需要作出明确的意思表示，沉默视为放弃。明确的意思表示可以书面作出，也可以以其他明确的方式作出，如口头作出，或者通过事实行为作出。既可以直接作出，也可以间接作出；既可以向全体法定继承人作出，也可以向某一些法定继承人作出。

再次，接受遗赠的意思表示必须在知道或者应当知道受遗赠后60日内作出。注意，并不是遗赠人死亡之后60日，而是受遗赠人知道或应当知道受遗赠的事实后60日内。一般来说，在司法实践中会以遗赠人死亡后60日为限，超过60日的，受遗赠人就应当为自己知道受遗赠的事实存在的进行举证。如果受遗赠人提供了相应的证据，但其他继承人认为受遗赠人早就“应当知道”的，必须要有充分的证据予以证明，否则容易侵害受遗赠人的合法权益。①

最后，如果遗赠附有义务，则受遗赠人需要履行义务才能得到遗赠。至于是否要先履行义务，以被继承人的意愿为准。如果义务能够履行但受遗赠人无正当理由不履行但，经受益人或其他继承人要求，人民法院可以取消其相应的受遗赠的权利。

第三节　典型高风险人群与风险发生场景

隔辈亲是老年人群体中一种非常常见的现象，因此，将一部分财产隔代直接传承给孙子女是很多老人的心愿。还有一些老人，因为自己的子女不争气，对子女失去了希望，因此，希望能将财产隔代传承给孙子女，将家族的希望寄托在孙子女的身上。如此，隔代传承的需求就诞生了。

一、隔代传承风险的典型高发人群

（一）成年子女败家的高净值人士

对于高净值人士来说，如果子女中有沾染恶习、挥霍无度的，将财富直接传承

① 参见最高人民法院民法典贯彻实施工作领导小组主编：《中华人民共和国民法典婚姻家庭编继承编理解与适用》，人民法院出版社2020年版，第512页。

给这样的子女不仅会造成财富的快速损失,同时还会对子女自身造成伤害。在这种情况下,客户就容易将希望寄托在孙子女身上,隔代传承规划就非常必要了。这样的高净值人士群体有以下两个特征。

特征一:年龄至少在55岁。

55岁以下的高净值人士一般子女刚成年不久,性格各方面还没有定型,即使有一些不好的习惯也还有改变的希望,隔代传承不会成为必要需求。

特征二:有孙子女,且孙子女一般主要由客户自己亲自抚养。

子女一旦没有好的习惯,沾染恶习,祖辈一般都期望自己亲自教育抚养孙子女,并且容易对孙子女产生比较高的期望,隔代传承的期望就会比较迫切。

(二)子女英年早逝,孙子女未成年的高净值老人

如果高净值人士的子女在成家生子后又英年早逝,而孙子女/外孙子女又未成年,祖辈就可能对孙辈的监护、教育等非常关心。虽然这时的孙子女从法律上拥有代位继承权,但祖辈是不会放心财富将来无规划地法定继承给孙辈的,这时隔代传承规划就非常必要了。这部分人群特征如下:

特征一:子女英年早逝,孙辈未成年。

特征二:孙辈由儿媳/女婿抚养,老人对儿媳/女婿不够放心。

这类人群的隔代传承的最重要的关注点一般是在实现隔代传承的基础上同时还要做到防止监护人侵害,同时,这个人群的老人对给孙辈留下伴随一生的现金流,留下一生的念想是非常看重的。

(三)有隔代传承部分资产心愿的老人

前两类的高净值人士虽然隔代传承的需求会比较迫切,但并不是最为常见的有隔代传承需求的群体。更多的高净值人士的隔代传承需求纯粹就是出于自己的心愿而已,这种人群是最为常见的。其特征如下:

特征一:思想越传统的地区或人群,越容易有隔代传承的期望。

特征二:希望隔代传承资产的一小部分,主要目的是表达情感。

特征三:这种需求与期望需要通过交流沟通才能发现。

所以,从严格意义上来说,这并不是一个人群的概念,也不能通过简单的特征就大概率判断出来,需要深入沟通想法以后才能发现。

二、隔代传承风险的典型发生场景

在我国目前的法律与社会的现实环境下,隔代传承并不是一个很简单就能实现的愿望,在隔代传承过程中可能会遇到很多的问题,如果不特别注意,非常容易导致传承计划落空。

(一)隔代赠与中存在的问题

祖辈(爷爷、奶奶、外公、外婆)在世时,就通过赠与的方式将财产直接给孙子辈是很多老人经常会采用的隔代传承的方式。通过身前赠与,直接将财产的所有权直接交付到孙辈的手中,如此,就不涉及复杂的遗产继承手续了,实现了简单、直接、可靠的隔代传承。并且,赠与的财产类型也几乎不受限制,可以是实物、现金、房产、股权等。

身前赠与有它的优势,但缺点也是比较明显的。这样做最主要的缺陷就是赠与财产完成所有权的转移以后,祖辈就完全失去了对财产的控制力。如房产办理了过户手续,现金完成了交付,企业股权办理了变更手续等以后,老人就彻底地失去了对财产的掌控力。如果出现孙子女败家,或者孙子女不孝等情况,老人就没有任何的办法,只能听之任之。这是很多老人不希望看到的。

以王老爷子的案件为例,王老爷子为什么不在自己身体好的时候就将四合院直接过户到孙子王某轩的名下呢?笔者认为可能有以下几个方面的考虑。

首先,王老爷子自己住在四合院中,如果他在自己身体好的时候就将四合院过户到孙子的名下,王老爷子的居住问题在以后就有可能面临风险。因为四合院的产权已经在孙子的名下,四合院的处分权也归孙子所有。哪怕孙子非常孝顺,但是如果孙子以后遇到困难,或者由于其他的原因需要大笔资金想要出售四合院,王老爷子很难控制。这是大部分老人不放心的,所以绝大部分老人不会在身前将自己的住房直接过户传承给子女和孙子女的。并且,在现实中,提前过户房产给子女、孙子女的老人最后遇到无家可归的窘境的情况也时有发生。而其他财产也很类似,尤其是非常重要的财产,如企业的股权,很多老人也不会过早地放弃对企业的控制,就如李嘉诚,到90岁左右才开始将企业的股权慢慢转移给子女。

其次,王老爷子计划将四合院传承给长孙的时候,长孙王某轩还刚上大学,心智还没有完全成熟,如果过早地将这么重要的资产过户到孙子名下,王老爷子也是不放心的,所以他才会选择通过遗赠的方式传承。还有很多的家庭,孙辈可能根本还没有成年,虽然从法律上讲祖辈依然可以将部分财产赠与给孙辈,但是财产的管理人是孙辈的法定监护人,一般是小孩的父母。但很多老人隔代传承的动力恰恰是对子女或者女婿、儿媳不放心,这时候赠与方式的风险是极大的。

最后,如果老人的财产过大比例地通过身前赠与的方式传承,对老人的养老生活与养老的尊严可能也会有一些影响。当然,在大部分家庭中,父慈子孝,无论老人有没有钱,是否已经提前传承了,都不会影响老人的养老生活和养老尊严。但在现实生活中,老人因为提前将大部分的财产给了孩子或者孙子以后,最终儿孙不孝,老人老年生活失去依靠,没有尊严的情况也是现实存在的,而且还不在少数。所以,对于很多老人来说,过早地将过大比例的财产提前赠与给后代的做法确实不值得推荐和提倡。

(二)隔代遗产继承中的三个困难

因为在我国的继承法律体系中,孙辈在父辈没有去世的情况下,如果要参与分配祖辈的遗产是比较麻烦的,在现实中存在三个困难。

首先,孙辈不属于法定继承人,导致隔代无法遗嘱继承,只能适用遗赠。也就是说,如果父辈没有去世,孙辈没有代位继承权,因此不能继承祖辈的遗产。祖辈如果要通过遗嘱的安排将一部分遗产隔代传承给孙辈,因为孙辈并不在《民法典》第1127条所规定的法定继承人列表中,所以就无法适用遗嘱继承制度。

相比之下,无论是德国、日本还是我国台湾地区这些大陆法系的典型司法管辖区内,法定继承人都包含所有被继承人的直系血亲卑亲属,因此,遗嘱继承是适用于隔代传承的。相比之下,我国的孙辈继承人在继承祖辈遗产的问题上无法适用遗嘱继承,而只能和一个普通其他人一般适用遗赠制度,在这一点上孙辈的待遇甚至不如被继承人的兄弟姐妹,这是比较尴尬的。

其次,我国遗赠制度中受遗赠人必须在限定期间内明确接受,否则视为放弃遗赠。《民法典》明确规定,受遗赠人必须在知道或应当知道遗赠的60日内明确表示接受,在期限内没有明确表示的,就视为放弃遗赠。这在现实中会造成很多的遗赠安排的实际落空。因为大多数的非法律人士对继承法律制度是陌生的,他们根本不知道孙辈通过遗嘱取得祖辈的遗产只能适用遗赠制度,他们也分不清楚遗赠制度和遗嘱制度的区别,更别说清楚地知道必须在60日内明确表示接受了。有一些孙子女,虽然知道祖辈通过遗嘱给自己留了财产,但因为中国人在祖辈去世后很多不会立即去办理财产的继承手续,有的甚至可能会在半年、一年,甚至几年后才去办理继承手续,此时早就已经过了其接受遗赠的法定期限,遗赠几乎就落空了。这里一定要注意,法律中所说的知道或应当知道是指受遗赠人是否知道遗赠事实的存在,受遗赠人不懂法律不知道必须在60日内表示接受并不是抗辩理由。

相比之下,在我国台湾地区遗赠规定中,其规定和大陆恰恰相反,其处理程序是继承人可以要求受遗赠人在一定期限内作出明确表示，受遗赠人不做表示的，视为接受。从这一点上说，我国大陆对受遗赠人要求更加苛刻。

最后，我国代位继承制度采用“代位权说”。“代位权说”与“固有权说”的区别我们在第二节讲过，关键在于如果采用“代位权说”，当代位继承人的前辈继承人如果失去或者放弃继承权时，代位继承权就随之消失了。

在现实生活中，高净值祖辈的子女如果失去继承权或者放弃继承权时，对祖辈来说，他们大部分会希望自己的孙辈可以进行继承，如此财富传承不至于会中断。但是，我国继承法制度中的代位继承权恰恰采用代位权说，如此，就会导致孙辈直接失去代位继承权，导致财富继承的中断。

综上所述，在我国的隔代传承法律制度中，首先，没有赋予孙辈作为继承人通过遗嘱继承祖辈财产的权利，只能适用于遗赠；其次，对受遗赠人提出了过高的要求，要求他们必须在60日内明确表示接受，否则视为放弃；最后，代位继承权还采用代位权说，如果孙辈的前辈继承人放弃或失去继承权，他们的代位继承的权力也随之被剥夺。

（三）隔代传承中的未成年监护风险问题

在隔代传承实践中，孙辈未成年是经常会遇到的问题。而在很多情况下祖辈之所以有隔代传承的愿望，就是因为对子女或者女婿/儿媳不满意，不放心才不得已而为之。在这种情况下，未成年的孙辈及时通过各种方式获得了祖辈的赠与或者遗产，从财产权利上完成了隔代传承。但因为未成年人的监护人是父母，其财产由父母作为法定监护人进行管理和处分，如果监护人不可靠，则孙子女从祖辈处承接而来的遗产就会面临监护人侵害的问题。

譬如，对于子女沾染恶习、挥霍无度的家庭来说，即使祖辈通过身前赠与或者遗赠的方式将财富直接传承给了自己的孙子女，但如果孙子女未成年，则财产依然由其法定监护人，也就是孙辈的父母来进行监管。如果父母真的有挥霍无度的恶习，那么监护人监守自盗的行为极有可能发生。

又如，对于子女英年早逝的高净值老人来说，孙子女往往跟随女婿/儿媳生活，并且女婿/儿媳因为年轻而再婚的概率极高。这时，如果祖辈通过隔代传承给予了孙辈过多没有经过保全规划的遗产，那么遗产价值越高，对新的家庭的继父继母的考验就会越大，很容易诱发监护人侵害问题，轻则财产受损失，重则孙辈的生命健康都可能会面临威胁，非常值得警醒。

第四节　解决方案设计策略

一、通过"身前赠与"实现隔代传承的要点

(一)身前赠与中保持财产控制力的方法

1.用"共有"的方式增加赠与财产的控制力

房产等不动产的赠与,可以选择和孙子女/外孙子女份额共有的方式。以王老爷子的案例为例,如果王老爷子在2010年不是选择立遗嘱,而是将这套四合院的产权直接赠与给孙子王某轩,但并不是全部赠与,而是赠与房屋产权的99%,自己仍然保留1%的产权。如此,王老爷子作为四合院的共有人,就具备了一定的控制力。如果孙子将来想出售该房产,则必须要通知共有人并取得共有人的同意,否则就很难顺利地办理过户手续。如果孙子想在房子上加其他人的名字,也同样需要王老爷子到场才可以办理。孙子要抵押房子,也需要取得王老爷子的同意。

当然,我们必须注意到,在理论上,孙子拥有99%的份额,按照《民法典》第301条①与《不动产登记暂行条例实施细则》第10条②的规定,占共有物2/3以上份额的共有人是有权处分共有物的。所以,可靠的份额安排应该是王老爷子保留34%,超过1/3。但如此一来,还有相当一部分份额没有完成传承,将来的不确定性很大。

但在目前的社会实践中,即使老爷子仅保留1%的份额,还是拥有相当控制力的,因为虽然理论上孙子确实有权处分,但在办理不动产登记的过程中完全不经过王老爷子是几乎不可能的,不动产登记部门一定会要求所有共有人到场,而且如果王老爷子不同意,则孙子可能需要通过诉讼才能最终完成房产的处分。如

① 《民法典》第301条　处分共有的不动产或者动产以及对共有的不动产或者动产作重大修缮、变更性质或者用途的,应当经占份额三分之二以上的按份共有人或者全体共同共有人同意,但是共有人之间另有约定的除外。

② 《不动产登记暂行条例实施细则》第10条　处分共有不动产申请登记的,应当经占份额三分之二以上的按份共有人或者全体共同共有人共同申请,但共有人另有约定的除外。

按份共有人转让其享有的不动产份额,应当与受让人共同申请转移登记。

建筑区划内依法属于全体业主共有的不动产申请登记,依照本实施细则第三十六条的规定办理。

此,王老爷子的控制力还是比较强的。

2. 用设立居住权的方式增加住宅地产的控制力

2021 年 1 月 1 日实施的《民法典》规定了一项新的物权内容,即居住权。[①] 因此,理论上可以通过在赠与给孙辈的住宅地产上为自己设立居住权,以增加对该财产的控制力。值得注意的是,立法者设计这条法律的初衷是为了保障某些群体,尤其是家庭中相对弱势群体的实际居住的需求,因此该方法效果如何,能不能得到司法的认可,还有待观察。

3. 用附义务的赠与方式增加控制力

除了共有以外,附义务的赠与也是一种不错的方式,共有的方法只适用于不动产的身前赠与,其他财产的赠与可以用附义务的赠与的方法。《民法典》第 661 条[②]的规定,赠与可以附义务,赠与附义务的,受赠人应当按照约定履行义务。如果受赠人没有按照赠与合同的规定履行相应的义务,则可以依据《民法典》第 663 条[③]的规定请求撤销赠与。

值得注意的是,在附义务的赠与中,义务的设置需要很注意。首先,不得违反法律的强制性规定,也不得违背公序良俗,否则义务的约定无效。其次,要注意义务的规定要具体,要有具体的标准,要可量化,要能取得证据。否则会没有可执行性。譬如,可以规定房产在多长时间内不得出售、不得抵押、不得增加共有人,这样的标准就是具体可量化的标准,比较好执行。但如果规定孙子必须孝顺,这样的义务就模糊,没有标准,无法界定,也就不具备可执行性。

附义务的赠与合同的设计比较复杂、专业要求高、不确定性大。如果要做附义务的赠与,建议如下:首先,最好对赠与合同进行公证;其次,合同的设计最好请专业律师协助,这样才能更好地保证赠与的有效性。当然,如果要通过公证,公证费用是必须考虑的,目前全国大部分地区,赠与公证的公证费标准在收益金额的 2%,上海地区是 1.5%。这个标准不同的时间、不同的地区都会稍有不同。

---

① 《民法典》第 366 条　居住权人有权按照合同约定,对他人的住宅享有占有、使用的用益物权,以满足生活居住的需要。

② 《民法典》第 661 条　赠与可以附义务。

赠与附义务的,受赠人应当按照约定履行义务。

③ 《民法典》第 663 条　受赠人有下列情形之一的,赠与人可以撤销赠与:

(一)严重侵害赠与人或者赠与人近亲属的合法权益;

(二)对赠与人有扶养义务而不履行;

(三)不履行赠与合同约定的义务。

赠与人的撤销权,自知道或者应当知道撤销事由之日起一年内行使。

（二）注意考虑税费成本问题

身前赠与与遗嘱、遗赠还有一个区别比较大的地方就是税费，尤其是在不动产的传承上差别较大。我国目前没有遗产与赠与税，但并不意味着赠与或者继承遗产就没有税费负担。而且，从目前来看，赠与、法定继承、遗嘱继承、遗赠牵涉到的税费都不尽相同，而且各个地区都会有差异，随着时间的推移，政策也在变化，下文做一个大概的思路上的提点和分析。

1. 赠与不动产的税收成本问题

从目前全国大部分地区的情况来看，赠与不动产是有契税的，根据房子购买的年头、是否唯一住房、还有房屋的面积都会有不同，税率从1% ~3%不等。如果是非亲属之间的赠与，契税还会更高。但法定继承和遗嘱继承则不需要交契税。

遗赠一般也需要交契税，但祖父母外祖父母遗赠给孙子女外孙子女的不动产是否需要交契税，各地税务局的尺度有差别。有部分税务局认为不需要，因为孙子有代位继承权，也相当于法定继承人，所以不需要交。但有的税务局则认为，孙子不在《继承法》第10条中规定的法定继承人列表中，不属于法定继承人，因此需要缴纳契税。

此外，还有个人所得税，关于不动产赠与与继承中的个人所得税的征收非常之复杂，各地规定又不尽相同，政策变化也快。即使在继承时不用缴纳个人所得税，但将来房屋出售的时候，房屋增值的计算起点标准又会大大影响税金的多少，个人所得税税率最高可达到不动产增值部分的20%。

以王老爷子的四合院为例，王老爷子当年买房仅花了几十万元，现在已经增值到数千万元，假设四合院购入时价格为80万元，老爷子去世时四合院价值6000万元，将来孙子出售四合院时价值8000万元，如果增值部分对比继承时的市场价格计算，则增值为2000万元，如果按照王老爷子购入时的差额计算，则增值部分近8000万元，个人所得税分别为400万元和1600万元，差别巨大。

所以，如果传承的不动产价值很高，建议一定要聘请专业的税务师进行税收负担的预估与测算，选择最佳的方式，不可盲目安排。

2. 赠与财产的公证费成本问题

赠与继承财产的公证费还是比较高的，尤其是不动产价值高的话，目前，全国大部分地区是2%，上海地区为1.5%①。1000万元的财产，仅公证费就需要15万~

① 注意：公证费标准不仅各地有别，并且，随着时间的推移也会经常变化，因此，具体标准请查询当地公证处的实际收费标准，本书内容仅作举例。

20万元,王老爷子的四合院价值数千万元,那仅公证费可能就需要上百万元。

当然,《不动产登记暂行条例实施细则》实施后,公证已经不再作为赠与、继承不动产登记手续的必要条件了,但并不意味着就不需要公证,目前的实际情况来看,赠与一般来说不通过公证也能比较顺畅地完成不动产登记,但遗产继承的最佳方式还是通过公证,耗时短、花费低。如果不经过公证,实际上可能很难完成过户的手续,即使完成了,耗时也会特别长,花费甚至比公证费还要高。

除此之外,在现实生活中,资产的赠与可能还会有一些意外的障碍,譬如,在房产的赠与中,在限购地区可能会面临购房资格的问题。在继承房产中是不牵涉购房资格问题的,但在赠与中则可能会有,这与地方性政策有关。公司股权的赠与也会存在一些障碍。首先,这可能牵涉其他股东的优先购买权的问题,这个问题各个地区,各个时期法院的判罚标准都有不同,所以在这里我们没办法给出准确的结论,但确实是现实可能存在的障碍。其次,如果受赠与人有境外身份,而公司属于外资禁入的行业,则赠与上也会存在障碍。还有一些不太典型的障碍,就不再列举和探讨。

二、通过"遗赠制度"规划隔代传承的要点

隔代传承的第二种方法就是遗赠,第二节中我们分析过,隔代传承只能用遗赠不能用遗嘱继承这是我国继承法律制度体系中的一个现实问题,而我国遗赠制度中受赠人不作表示就视为放弃是我国中的继承法律制度体系中又一个现实问题。这都会对隔代传承中的遗赠规划会产生相应影响,需要特别注意。

(一)注意保证遗赠所立遗嘱的有效性

因为遗赠是通过订立遗嘱实施的行为,遗嘱如果无效就会直接导致遗赠计划落空。因此保证遗嘱的有效性就非常关键,应注意以下几点。

首先,要趁身体健康时早立遗嘱,身体状况恶化立的遗嘱容易有行为能力方面的争议。

其次,要注意遗嘱的形式必须符合法律规定,见证类型的遗嘱要注意见证人的选择,要注意给缺乏生活来源的继承人预留遗产份额等。重要财产的遗赠最好聘请专业人士指导或者订立公证遗嘱。

再次,要注意立遗嘱人对财产的所有权与处分权不能有缺陷,避免因为没有足够的处分权导致遗嘱效力出现问题。

复次,遗嘱的保管也非常注意,避免遗嘱丢失。公证处保管遗嘱是比较不错

的选择,委托私人律师保管或者用银行的保险柜保管也是不错的选择。

最后,要选择可靠的遗嘱执行及遗产管理人,进一步保证遗嘱的执行。

(二)注意让受遗赠人及时作出接受遗赠的意思表示

因为我国继承法律体系下的遗赠,受遗赠人必须在知道或应当知道受遗赠后60日内明确表示接受,否则将视为放弃遗赠。因此,安排好受遗赠人接受遗赠的程序也非常之重要。首先,建议预先指定遗嘱执行人,由遗嘱执行人负责及时通知受遗赠人,提醒其尽快作出意思表示;其次,意思表示最好由遗嘱执行人提醒受遗赠人以书面的形式作出,并及时向其他继承人予以通报;最后,遗赠人去世以后要尽快去公证处办理遗产继承的手续,不要拖延。

除了做好以上两个工作的准备外,传承规划中继承人各方的利益平衡也是比较重要的,隔代传承毕竟是不同于常规继承的情况,因此,在做遗赠规划的时候一定要注意照顾到继承人各方的利益,尽量减少矛盾,从而减少纠纷的可能性。

三、人寿保险实现隔代传承的规划策略与优势分析

人寿保险在全世界范围内都是重要的传承工具之一,可以用来传承金融资产。人寿保险规划得当,在隔代传承中也可以发挥其独有的优势。人寿保险实现金融资产的隔代传承有两个主要的方式。

(一)祖辈自己同时作为投保人和被保险人架构的优势与操作要点

祖辈自己同时作为投保人和被保险人,指定孙辈为受益人,可以实现顺利地隔代传承。其保单架构见表12－1。

表12－1　保单架构

投保人	被保险人	死亡受益人	险种	备注
祖辈	祖辈	孙辈	终身寿/年金保险 增额终身寿	可结合保险金信托

1. 祖辈自己同时作为投保人和被保险人架构的操作要点

首先,祖辈要尽早规划。因为人寿保险对投保人和被保险人是有年龄限制的,尤其是被保险人。如果要通过保单进行隔代传承,要尽早规划,越早保险产品的可选择空间越大。

其次,要考虑祖辈的身体状况,身体状况好的可以选择杠杆更高的产品,身体状况一般则可以选择没有杠杆的年金或者终身寿险。

再次，要考虑是否同时兼顾祖辈的养老规划问题。以祖辈为投被保险人的架构，如果配置的是年金保险或者增额终身寿险，祖辈在世的时候还可以领取年金或者部分领取现金价值来补充养老金兼顾养老。如果无须兼顾养老，可选择有杠杆的终身寿险。

还有，如果采用年金保险最好附加万能账户，以免未领取的年金变成祖辈的遗产，如果有分红，最好选择保额分红的方式。

最后，如果担心未成年孙子女取得受益金后被监护人侵害，可以配合保险金信托进行规划，孙子女为受益人，以保护未成年人的利益。

2. 祖辈自己同时作为投保人和被保险人架构的五大优势

祖辈自己同时作为投保人和被保险人，指定孙子女为受益人实现隔代传承的架构有以下五个方面的优势。

优势一：直接传承，可靠无争议。

祖辈自己作为投被保险人，孙辈为受益人，祖辈去世以后，依据《保险法》第42条的规定，理赔金不是遗产，由保险公司直接支付给孙辈。同时，依据《保险法》第23条的规定，任何人都不得非法干涉受益人取得保险金的权利，非常可靠，传承落空的可能性极小。

优势二：程序简便，传承效率高。

祖辈去世以后，孙辈只需要带着祖辈的死亡证明、保单、自己的身份证件、与祖辈的亲属关系证明等几个简单的文件就可以向保险公司申请赔付，相对于继承程序，保险理赔程序非常简单。同时，依据《保险法》第23条的规定，保险公司收到理赔申请后，必须及时作出核定，情况复杂的，也必须在30日内作出核定，属于保险责任范围的，应当在10日内履行给付保险金的义务。相对继承程序，保险理赔时间很短，效率很高。

优势三：基本没有税费成本。

《个人所得税法》第4条规定，保险赔款免交个人所得税。如果将来有遗产赠与税，从祖辈到孙辈不仅有遗产/赠与税，还会有隔代赠与税。但如果用人寿保险传承，从世界立法潮流来看，因为保险理赔金一般认为不属于遗产，因此，也可能免交遗产税。（当然也有包括美国在内的少数国家保险死亡理赔金也需要纳入遗产税的征收范围）所以，用保单传承同时也是一种几乎免税的传承方式。

优势四：祖辈生前有控制力，还可以兼顾养老。

因为投被保险人是祖辈，在保单没有赔付前，祖辈拥有退保、领取年金、减保、部分领取现金价值、保单贷款和变更受益人的权利。可以说被保险人对保单拥有完整的掌控权,如果自己的养老金不够,可以通过领取年金、减保领取现价等方式做养老金的补充。如果紧急缺乏医疗费,还可以通过保单贷款应急。如果有的孙辈不孝,可以随时更改受益人,以保证祖辈有尊严、有品质的老年生活。

优势五:结合保险金信托还可以防止监护人侵害。

如果孙子女年龄比较小,而祖辈又对监护人不放心,尤其是子辈沾染恶习,挥霍无度的家庭或者子女英年早逝,孙辈随女婿/儿媳生活,而祖辈对女婿/儿媳又不放心的家庭,防监护人侵害就非常关键了。而本架构结合保险金信托,指定孙子女为信托受益人,利用信托财产独立性的特点,可以很好地解决防监护人侵害的问题。

(二)祖辈作为投保人,孙辈作为被保险人的保单架构

祖辈作为投保人、孙辈作为被保险人,购买年金或者储蓄型终身寿险,再结合第二投保人、身前赠与或遗赠进行隔代传承规划也是可行的。其架构设计见表12－2。

表12－2　架构设计

投保人	被保险人	死亡受益人	险种	备注
祖辈	孙辈	父辈/重孙辈	年金保险/增额终身寿	必须结合第二投保人、身前赠与或遗赠

1. 祖辈为孙辈投保架构的操作要点

这种架构的实操处理比前一种架构要复杂得多,并且是存在一些缺陷的,如果没有处理好,会严重影响传承效果。

首先,投保人权益和保单现金价值传承的处理非常关键。因为投保人和被保险人不是同一个人,因此当投保人去世时,投保人的权益和现金价值可能就要变成遗产,从而带来传承的不确定性,必须提前处理好,主要有以下三种方式:

方式一:设置第二投保人。

如果保单允许设置第二投保人,则必须做好第二投保人的设置,这样可以避免投保人去世带来的问题。但目前国内只有少部分保险公司的保险产品支持第二投保人的设置。

方式二:保单加遗嘱模式。

不能设置第二投保人,投保人也可以用遗嘱明确将来投保人权益的归属。遗嘱的注意事项，遗赠的注意事项都要注意，这里不再重复。

方式三：保单加身前赠与模式。

遗嘱毕竟有很多不确定性，老人也可以选择在交完保费后直接变更投保人为孙辈，使得投被保险人成为一个人，提前完成传承；请注意，因为要交完保费以后才能变更投保人，因此，交完保费之前要订立遗嘱，以防保费未交完祖辈身故造成现金价值被法定继承。

其次，孙子女如果在8岁以下，带有死亡责任的保险产品无法选择，只能选择没有死亡责任的保险产品。

最后，以孙子女为被保险人主要是为孙子女提供伴随一生的现金流，因此不能选择终身寿险，而必须选择年金或者增额终身寿险。

2. 祖辈为孙辈投保架构的五大优势

优势一：对祖辈的年龄和身体状况要求低一些，适用范围更广。

因为祖辈作为投保人但不作为被保险人，如此对祖辈的年龄范围，身体状况的要求就大大地降低了。如此，一些超过被保险人年龄要求的人群也可以通过这种方式实现隔代传承。同时，保险产品的可选择范围也大大增加。

优势二：祖辈在世的时候，孙辈就可以享用保险金的照顾。

前一种架构祖辈在世的时候可以照顾祖辈的养老生活，但孙辈是没有受益金领取的。而本架构在保单进入生存受益金领取的阶段后孙辈就可以享受保险金的照顾。

优势三：祖辈作为投保人依然保有一定的生前控制力。

祖辈作为投保人，依然保持着对保单的绝对控制权，可以贷款，可以退保，可以在一定程度上保证祖辈的尊严与养老。

优势四：可以创造伴随孙辈一生的现金流，照顾孙辈一生，是永远的念想。

孙辈作为被保险人，可以利用保险为孙辈创造伴随一生的现金流，即使祖辈将来去世了，保单依然可以照顾孙辈一生，活多久领多久，是一生的念想。这个功能对子女英年早逝的老人意义尤其重大，保单的存在可以让孙辈在从小失去父亲或母亲，跟随继父或继母生活的情况下，终其一生也不会忘记亲生父亲或母亲及祖辈对他的爱。

四、家族信托实现隔代传承的规划策略与优势分析

家族信托是委托人将自己的一部分财产委托给受托人，设立信托，并指定其

婚内财产混同
婚变财产分割与转移
婚内受赠继承混同
夫妻共同债务
股权混同
继承程序
继承争产
父母继承外流
传承后失控
继子女继承外流
非婚生继承外流
隔代传承
继承人能力不足
未成年人监护
跨境传承
企业经营风险
企业家家庭债务
资产代持
股权架构
企业家刑事风险
企业税务风险
税务透明与跨境
家庭经济支柱
教育规划
养老与监护
失智监护

他的家族成员为受益人。受益人可以是子辈,也可以是孙辈,甚至可以是重孙辈。因此,家族信托是可以很好地实现隔代传承的。

(一)家族信托实现隔代传承的规划要点

用家族信托实现隔代传承,通过合理的设计既可以实现财富受益权的传承,也可以实现财富所有权的传承。其不仅可以隔代传承给孙辈,还可以隔代传承给重孙辈甚至更晚辈的血亲。还可以通过信托的受益规则的设计实现一些祖辈的个性化的愿望,一般可以从以下几个方面进行规划。

1. 通过家族信托保证孙辈的成长环境、教育品质、医疗品质等

林则徐有一句名言:"子孙不如我,留钱有何用!子孙比我强,留钱有何用?"可见,财富传承是手段,子孙后辈有出息,人才辈出才是目的,给子孙后代留下财富,目的不是子孙后代躺在祖辈的功劳簿上安逸享乐,如果真是这样那就是在坑害子孙而不是福佑子孙了。财富传承真正的目的是为子孙后代的成长与发展提供经济基础,让他们得到更好的成长环境、教育品质、医疗品质,得到更好的发展机会,最终都成为社会的栋梁之材。

所以,通过家族信托实现隔代传承,首先就要为子孙后代规划好成长环境、教育品质与医疗品质。成长环境的保证主要来源于稳定的现金流的供给,在信托受益条款中,可以设定从子孙出生到 18 岁,可以每月从信托领到相应标准的抚养支持费用,信托的资产配置一定要注意资产流动性的匹配。教育品质可能要因人而异,因此,以基础支持加奖学金比较合适。医疗品质保障具有很大的偶然性,建议通过给子孙后代投保相应医疗保险来解决问题,将不确定转化为确定。

2. 通过家族信托给予孙辈婚嫁及创业支持

子孙后代学有所成后,成才的基础就有了。但这只是其成长的基础,步入社会后的发展才是人生发展的真正开始,所谓成家立业,就是如此。因此,如果祖辈资产规模比较大,有足够的经济实力,则通过信托给予孙后辈予以婚嫁与创业的支持对其成长也有比较大的促进作用。

3. 通过家族信托将部分资产的所有权直接传承给孙辈

国内的财富管理专业人士及客户一般都容易家族信托都被理解成为一个纯粹的将所有权、管理权和受益权分离的工具,信托传承财富的思想也一般都是传承受益权而不传承所有权。其实这是对信托功能的片面理解。因为信托在完整的传承财产权利方面也有非常强大的功能。

因此,如果有一些财产是祖辈希望在将来的某个时候,如孙辈大学毕业之后、结婚之后，将财产完全交给孙辈让他们自己自由的打理和发展，则家族信托是最好的传承工具之一。譬如，前面王老爷子的案例中，如果不考虑国内目前房产放入信托的税收成本问题，完全可以通过信托来完成房产的传承。王老爷子设立家族信托，将四合院在内的一些资产放入信托中。关于四合院的安排可以如此约定，在王老爷子在世的情况下，四合院由王老爷子居住，王老爷子身故后，信托直接将四合院过户给受益人孙子王某轩，完全绕过继承程序，安全可靠，没有争产风险。王老爷子甚至还可以设置一些将四合院过户给王某轩的条件，以满足王老爷子的个性化的愿望。

4. 通过家族信托鼓励子孙后来努力学习、积极婚育、传承家族文化等

家族信托相比其他的财富传承或分配工具有一个特殊的功能，就是其受益权可以设置各种条件和规则，所以其不仅能传承财富，而且还可以传承家族的文化及家族信托设立者的思想与意愿。虽然目前国内的家族信托在个性化受益规则设计及事务性管理方面还存在较明显的短板，但其发展趋势是确定的。

在隔代传承的信托中，通过受益规则的设计鼓励子孙后代努力学习是非常有必要的。首先，可以通过奖学金的设计来鼓励学习，如果家族成员较多，甚至可以设计家族的颁奖典礼，虽然目前国内的受托人还很难做到，但也可以由家族自己组织；其次，对留学、硕士、博士予以资金支持，帮助其更好地完成学业；最后，可以对毕业于更优秀的学校，拥有更高学历的子孙给予更高水平的创业金支持等。

一般来说，经济条件越好的家庭，婚育的积极性就越低，但家族婚育水平低会导致家族人力资源的匮乏。因此，如果有条件，设置婚育奖励也是促进子孙后代发展的有力手段。

除此之外，还可以通过其他的受益规则的设计将祖辈创业的精神，家族的文化等，更好地传承给子孙后代，更好地实现隔代传承。

（二）家族信托实现隔代传承的六大优势

家族信托在实现隔代传承方面是有很多方面的优势的，总结下来主要有以下六个方面。

优势一：家族信托方隔代传承更加简单、直接、确定、高效。

首先，家族信托在设立时祖辈将资产直接转移到信托中，在祖辈身前就完整地实现了所有权的转移，简单直接、安全高效；其次，子孙后代通过受益权取得与享用财富，只需要通过受托人按照信托合约的要求进行相应的受益分配和给付即可，不需要经过继承程序，简单高效。并且，将其直接给付受益人，对象确定、财产确定，没有太多争议空间。由此可见，通过家族信托做隔代传承，简单、直接、确定、高效。

优势二：可以设置未出生的孙辈、重孙辈等为受益人，传承范围更广。

家族信托可以用条件设置受益权，从而实现指定将来可能出生的子孙后代为受益人的功能，在隔代传承安排中的优势是非常明显的。这也是任何其他的传承工具，如赠与工具、遗嘱遗赠、人寿保险等都无法做到的。尤其是对于一些超高净值家庭的祖辈来说，其财产规模非常庞大，足够以福荫数代子孙，他们对家族信托可以传承数代后人的功能是尤其重视的。

优势三：可以传承受益权也可以直接传承资产，满足多种传承心愿。

家族信托不仅可以传承受益权，也可以直接传承资产本身，这在财富的隔代传承规划中运用起来是非常方便的。对于用以保证子孙后代基础成长条件、传承家族文化、鼓励后代进步的部分，就可以通过传承受益权的方式实现。而有一些资产则可以在某些条件满足时，由信托直接将资产交付给受益人，由其自己经营和管理，让子孙后代有自己的事业和发展空间，将来反过来还可以为家族做贡献。

优势四：不担心孙辈的财产被监护人侵害的问题。

孙辈的财产是不是会被监护人侵害这是很多老人非常担心的问题，但通过家族信托规划的隔代传承是不用担心监护人侵害问题的。首先，对于保证子孙后代的生活品质、教育品质、医疗品质等的财产部分来说，子孙后代只有受益权没有所有权，有的资金甚至由信托直接支付，因此监护人是无法侵害的；其次，有一些祖辈希望最终交付给孙辈的资产，在孙辈未成年或者没有足够的自我保护和管理能力前，资产放在信托名下，由信托持有和管理。直到孙辈成长成熟达到了信托合约所设定的条件，信托才正式将财产交付到孙辈名下，此时的孙辈已经独立自主，更加不可能被侵害了。

优势五：可以通过受益规则的设计鼓励子孙后代积极上进。

家族信托另外一个显著的优势就是可以通过受益规则的设计鼓励子孙后代积极上进。前文笔者分析过，财富传承是手段，子孙后辈有出息，人才辈出才是财富传承的真正目的。但是，给子孙后代留下的财富本身是不能促进子孙后代的成长和发展的，有时候甚至可能导致子孙后代贪图享乐、骄奢淫逸，害人不浅。相比其他财富传承的工具，家族信托可以通过各种规则的设计，让贪图享乐的子孙得不到太多受益权，没有资格贪图享乐。让积极上进的子孙得到更多支持，更优质的资源，促进其成长和发展。这是大部分高净值家庭的祖辈所深切期望的。

优势六:不仅可以隔代传承物质财富,还可以传承精神财富。

从广义的财富传承角度上讲,家族精神财富传承的意义远远超过物质财富的传承。精神财富传承了而物质财富没有传承,物质财富自然还会回到子孙后代的身上。物质财富传承了精神财富没有传承,子孙后代没有出息,那么物质财富也会迟早离子女而去。虽然如此,但精神财富也不是凭空传承的,并且精神财富的传承往往需要有具体的物质载体才能得以传承。而家族信托就是这样一个载体,其通过受益规则的设计可以很好地实现精神财富的传承。

除了上述隔代传承中的特有优势外,家族信托还有诸多方面的优势,笔者在其他的章节中已经详细阐述,这里不再重复。请注意,家族信托有的优势,成熟的保险金信托同样也拥有。

值得注意的是,与保险不同的是,家族信托可以做遗产税的规划,但受益人领取信托受益金时,可能会牵涉所得税的问题。这和保险死亡理赔金一般免征个人所得税是有区别的。

第十三章

企业继承人能力不足风险

第一节　风险案例

一、案例导读

企业对于股东来说不仅是一份事业，还是一份资产。而这类资产和其他所有的资产类型都不一样，它是一份需要经营的资产，经营得好，这份资产可以源源不断地产生利润，创造更多的财富。一旦经营得不好，就会亏损，价值会迅速地减少，甚至在家企混同的情况下，成为一个吞噬其他家庭财富的黑洞。

二、案例详情

小马奔腾曾经一度是中国热门的影视公司，《武林外传》《越光宝盒》《建党伟业》《将爱情进行到底》《甜蜜蜜》《无人区》《黄金大劫案》等电影，《历史的天空》、《甜蜜蜜》、《我的兄弟叫顺溜》、新《三国》、《我是特种兵》等电视剧均是小马奔腾的得意之作。小马奔腾从创立到辉煌最后到陨落，仅用了短短的10年多，不禁令人唏嘘不已。

要搞清楚小马奔腾辉煌与陨落的秘密，我们还需要从它的创始人李某说起。李某生于1966年，1989年毕业于北京广播学院摄影系，起初投身于广告行业，1994年下海创立新雷明顿广告有限公司，这就是小马奔腾的前身。1998年，小马奔腾影视文化发展有限公司成立。公司成立之初可谓默默无闻，直到2004年，公司推出第一部电视剧《历史的天空》，该剧一经推出就红极一时，小马奔腾由此进入发展的快车道。

2007年，李某将名下的公司整合成为小马奔腾文化传媒股份有限公司，2007年年底，小马奔腾获得境外投资基金霸菱亚洲4000万美元的投资，是当时影视行业单笔金额最高的融资，小马奔腾至此成为资本的宠儿。2011年，小马奔腾再次创造了融资奇迹，获得总共7.5亿元的融资，这笔融资的规模甚至超过了保利博纳在纳斯达克上市时的融资规模。当时，40多家投资公司争抢小马奔腾融资项目，真可谓盛极一时。用《红楼梦》中的话说，就是烈火烹油、鲜花着锦之盛。但也正是在这笔融资中，李某和投资人建银文化签下了对赌协议，约定公司如果没能在2013年12月31日前上市，则建银文化有权在此后的任何时间要求小马奔腾回购其股权,正是这份对赌协议,埋下了小马奔腾日后的陨落的祸根。

获得了 7.5 亿元的融资后,小马奔腾登上了发展的高速列车,更多人才加入,更多好作品上市。当时的小马奔腾可谓人才济济,导演高希希、宁浩、张一白、孔二狗等集聚小马奔腾。《集结号》的编剧刘恒、《泰囧》的编剧束焕、《霸王别姬》的编剧芦苇、《士兵突击》的编剧兰晓龙等,都被李某收归麾下。当时的小马奔腾号称所有的影视项目无一亏损,每一部作品投入市场都会有回音激荡出来。

但与业务的高速发展截然相反的是公司的上市之路,在获得融资后的两年多,小马奔腾在上市之路上真可谓时运不济,错失了三次上市的机会。小马奔腾原计划赴美上市,但 2011 年,美国资本市场掀起了一股猎杀中国概念股的风潮,再加上小马奔腾的商业模式不符合美国式思维,很难得到投资者的追捧。所以李某决定回归国内上市。

但因为小马奔腾的主要股东中有外资霸凌亚洲,身份不符合上市要求。李某又花了不少时间处理霸凌亚洲的投资。身份问题刚处理完,2012 年 11 月,证监会毫无征兆地启动了 IPO 自查与核查运动,中国资本市场 IPO 被暂停了,这次的暂停一直持续到了 2014 年 1 月。

在资本市场这条路上,小马奔腾真可谓生不逢时。IPO 被暂停后,小马奔腾开始转向借壳上市,但命运似乎在跟李某开玩笑,小马奔腾的借壳上市也毫无悬念地失败了。

2013 年 12 月 31 日,小马奔腾没有实现合格上市,按照他与建银文化的对赌协议,从那以后的任何一个时间,建银文化都有权要求回购股权。

但这并不是小马奔腾陨落的关键,因为尽管上市路不顺,但小马奔腾业务发展迅速,公司利润丰厚,在这种情况下,建银文化不会轻易提出股权回购的要求。而且,从后来的发展来看,2014 年 1 月,国内的 IPO 通道就重新打开了,小马奔腾如果能在此后的一两年内上市也完全没有问题。

但是,就在这个关键时刻,发生了摧毁小马奔腾的“黑天鹅”事件,2014 年 1 月 2 日,就在 IPO 通道即将重开的前夕,小马奔腾创始人李某因突发急性心梗去世。

企业的主要控制人突然去世,接班人仓促上阵,对企业经营的影响是巨大的。关于这一点,颜怀江博士有一个非常形象的比喻,他把家族企业比喻成一辆高速行驶的汽车,汽车的驾驶员是创一代,而副驾驶则是接班人,而企业的传承就是驾驶员要在不停车的情况下让副驾驶学会驾驶,并在不停车的情况下完成驾驶员与副驾驶的调换,其难度就可想而知了,稍有不慎就是车毁人亡。这也是为什么大部分家族企业在第二代,最多第三代就逐渐衰败的原因所在。而这还是在充分准备,从容安排下的企业传承。而企业家的意外身亡而导致的被迫传承就更为惊险了,就好比驾驶员在中途毫无征兆地跳车了,副驾驶需要在没有学会驾驶技术,一切都没有准备好的情况下,自己完成副驾驶到驾驶员的转换,并化解由此意外产生的一切问题,这几乎就是不可能完成的任务。

而李某,就是这样毫无征兆地跳车了,他的妻子金某,20 日后上任小马奔腾的董事长。摆在她面前的,是一个非常错综复杂的局面。

第一个复杂之处是虽然 IPO 通道重新开启,但因为李某的去世,投资人对小马奔腾的信心大大降低,随时可能启动股权回购。事实证明,投资人对金某并没有信心,所以在短短 10 个月以后,投资人就支持李某的姐姐和妹妹罢免了金某。

第二个复杂之处就是家族企业内部关系复杂,新接班人难以服众。李某的小马奔腾是一个家族企业,她的两个妹妹和妹夫都持有企业的股权并参与企业的管理,他们对哥哥李某是完全服从的,但对于原来很少参与经营的嫂子则很难做到言听计从,于是管理层内部的争斗层出不穷,管理混乱,工作无法顺利开展,公司业务随之一落千丈。

第三个复杂之处是股权要完成变更需要长时间的手续,在完成变更手续前,继承人理论上是股东,但股东的相关权益难以保证,尤其是控股权。所以金某后来在朋友圈提道:"我尽了最大的努力挽回,但我从来不是实际控制人,至今没有小马一毛钱股份,我是被控制的。"

继承人金某本来就缺乏企业经营的能力与经验,再面临公司复杂的局面,公司经营状况的恶化就在所难免,随着公司业务下降的加剧,很多人才纷纷出走,至此,小马奔腾败局已定。

当小马奔腾再次回到人们的视野中时,已经是 2017 年 9 月,北京市第二中级人民法院判决,金某需要承担小马奔腾 2 亿元债务的连带责任。此时的金某早已身无分文,正带着母亲和女儿在北京租房子住,因金某无法履行 2 亿元的债务,2017 年 10 月,北京市第三中级人民法院对小马奔腾 76.27% 的股份进行了司法拍卖。当时,小马奔腾账面净资产为 3.26 亿元,评估价为 3.8 亿元,司法拍卖起拍价为 3.64 亿元。然而,几次流拍过后,最终以 1.55 亿元成交。这就意味着即使失去小马奔腾所有的股权,金某仍然需要负债数千万。

金某不服一审判决,向北京市高级人民法院提起上诉,2019 年 10 月,北京高级人民法院维持了原判,金某承担 2 个亿债务板上钉钉,尘埃落定。见图 13 – 1。

1994年 --- 李某下海创业，创立广告公司；

1998年 --- 李某成立小马奔腾影视文化发展有限公司；

2007年 --- 李某将名下公司整合为小马奔腾文化传媒股份有限公司；

2007年年底 --- 小马奔腾获霸凌亚洲4000万美元投资，至此成为资本宠儿；

2011年3月 --- 小马奔腾再获7.5亿元融资并签下2013年12月31日上市的对赌协议；

2011年 --- 美国华尔街猎杀中国概念股，李某决定回国上市；

2012年 --- 李某处理外资股东身份问题，为国内上市做准备；

2012年11月 --- 证监会启动IPO自查与核查，国内IPO通道关闭，小马奔腾转向借壳上市之路；

2013年年中 --- 华谊兄弟意向出价54亿元收购小马奔腾，李某拒绝；

2013年年底 --- 小马奔腾借壳失败；

2014年1月2日 --- 李某突发急性心梗去世；

2014年1月24日 --- IPO通道重启；

2014年1月22日 --- 金某担任小马奔腾董事长，小马奔腾内斗正式开始；

2017年9月 --- 北京市第二中级人民法院判决金某担任2亿元债务的连带责任，金某不服上诉；

2017年10月 --- 北京市第三中级人民法院拍卖小马奔腾76.27%股权，几次流拍后，以1.55亿元成交；

2019年10月 --- 北京市高级人民法院维持原判，金某负债2亿元，板上钉钉，小马奔腾尘埃落定。

图13－1　企业继承人能力不足风险

2011年融资时，小马奔腾的估值就达30亿元，即使是在李某身故，公司陷入困境之后，华人文化产业基金依然给出了36亿元的估值，相比最后76.27%的股权只卖了1.55亿元，何等地富有戏剧性。

三、案例解析

李某身故后，小马奔腾的陨落可以说是必然，因为李某身故后的小马奔腾的经营对于金某来说几乎是不可能完成的任务。首先，金某的能力远低于李某，很难继续经营好企业；其次，李某去世后企业比较混乱，金某还需要完成危机处理；再次，由于股权被代持的原因，金某很难全面掌控公司；最后，公司内部，投资人对其都缺乏信心，人心浮动，更加难以管理。如此，哪怕是金某拥有与李某同等的经营能力，恐怕也很难经营好企业，何况能力差距如此之大呢？小马奔腾的案例绝不是个案，在绝大部分以企业家为核心的家族企业中，如果企业家遭遇突然的变故去世，这些家庭或者家族就必然会面临与小马奔腾同样的问题与困境。

第二节　风险解析与法律依据

一、股权继承的相关法律规定

（一）股权法定继承造成的问题

在企业家遭遇突然变故去世的案件中，很多情况下关于股权的继承安排没有提前进行规划，就会导致股权的继承需要适用于法定继承，需要遵照《民法典》第1127条[①]的规定。第一顺位继承人为配偶、子女、父母，且依据《民法典》第1130条[②]的规定，继承人之间份额的分配一般应当均等。因为继承人及利益相关人的范围很广，并且，继承人之间分配份额又一般应当均等，这就使得股权的法定继承可能造成一系列的问题。

1. 父母、配偶继承股权可能造成继承纠纷

父母、配偶继承权可能在几种特殊的情况下引发继承纠纷。首先，如果子女未成年，父母和容易与配偶发生继承纠纷，因为父母可能担心配偶控制了太多的财产并且再婚，从而产生利益冲突；其次，如果父母还有其他子女，并且其他子女期望通过父母间接继承财产，则会要挟父母与被继承人的配偶与子女争产；最后，如果配偶属于再婚配偶，也会引发继承人之间的继承纠纷。一旦发生继承纠纷，会对企业经营产生比较大的影响。

---

① 《民法典》第1127条　遗产按照下列顺序继承：

（一）第一顺序：配偶、子女、父母；

（二）第二顺序：兄弟姐妹、祖父母、外祖父母。

继承开始后，由第一顺序继承人继承，第二顺序继承人不继承；没有第一顺序继承人继承的，由第二顺序继承人继承。

本编所称子女，包括婚生子女、非婚生子女、养子女和有扶养关系的继子女。

本编所称父母，包括生父母、养父母和有扶养关系的继父母。

本编所称兄弟姐妹，包括同父母的兄弟姐妹、同父异母或者同母异父的兄弟姐妹、养兄弟姐妹、有扶养关系的继兄弟姐妹。

② 《民法典》第1130条　同一顺序继承人继承遗产的份额，一般应当均等。

……

继承人协商同意的，也可以不均等。

2. 继父母/子女、非婚生子女、多段婚姻子女继承加剧继承纠纷

依据《民法典》第1127条的规定，第一顺位继承人中的父母与子女，包含了有扶养关系的继父母和继子女以及非婚生子女。在继父母子女的问题上，在现实生活中，被继承人一般都希望股权大部分由亲生子女继承，并且，亲生子女与继子女、父母之间的关系一般都存在一些问题，当他们再被卷入遗产继承纠纷中，矛盾势必就会升级，继承纠纷对企业经营的影响就会更大了。

在有非婚生子女的家庭中，企业家一旦去世，企业家的非婚生子女与婚生子女、企业家配偶之间的关系一般都是比较恶劣的，如果非婚生子女未成年，则非婚生子女的母亲将作为法定代理人参与到继承中，发生纠纷的可能性以及纠纷的激烈程度恐怕要更甚于继父母/子女的继承了。

还有一些企业家可能有多段婚姻且有子女，则同父异母的兄弟姐妹之间的情感基础也是相对薄弱的，如果有未成年子女，则未成年子女的母亲们也会以法定代理人的身份参与到继承中。在这种情况下，发生纠纷的概率也是比较高的。

3. 法定继承导致股东和最佳经营者不一致

从上述分析可以看到，我国的法定继承人范围是比较广的，利益相关人的范围就更广了。通过法定继承人，这些人都可能获得企业的股权，甚至成为企业的股东。但企业的实际经营者的范围就不会有这么广了，一般会由企业家的一个或者几个有经营能力的子女来担负起企业经营的任务。这就会造成股东与实际经营者不一致，实际经营者对企业的控制权被大大削弱，导致经营难度增加。

4. 继承中股权对价补偿缺乏现金流

虽然《民法典》第1130条明确规定遗产份额一般应当平分，但平分的概念并非指每一种财产都平分，而是指价值方面的公平分配。所以，在实践中，有经营能力的继承人可能会趋向于多要股权，而没有经营能力的人可能会趋向于多要不动产、金融资产等。并且，分配比例也并非应当绝对平分，依据《民法典》第1130条最后一款的规定，继承人协商同意的，也可以不均等。

但在这种情况下，经常会遇到一个现实问题，大部分企业家家庭，企业股权价值占总资产比例过大。对于不要股权的继承人来说，即使分得大部分不动产与金融资产后，往往还需要有较多的股权对价的补偿才能公平，这时，继承人们就会遇到资产流动性不足导致分配困难的问题，比较容易陷入资产分割困境。

（二）股东资格继承造成的问题

股东资格可以直接继承在某些情况下也会对公司经营造成影响。《公司法》

第75条规定，自然人股东死亡后，其合法继承人可以继承股东资格；但是，公司章程另有规定的除外。也就是说，如果公司章程没有特殊的规定，当公司股东去世后，股东的继承人可以通过继承程序直接取得股东的身份，并拥有参与公司管理的权力，如果继承人之间存在矛盾，也就意味着公司股东之间存在矛盾，这将对公司的经营管理活动产生严重的影响。

(三)股权继承面临的继承程序问题与遗产管理人的意义

继承程序在存在继承纠纷的情况下也会对公司的管理产生较大的影响。虽然从法律理论上说，继承人自被继承人死亡时开始就取得遗产的所有权，但这种权利的落实却需要经过较长时间的继承程序。而在这一段时间，如果继承人之间因为继承纠纷无法就继承程序期间企业经营的临时负责人达成一致，导致企业管理陷入僵局。同时，因为高净值家庭的继承程序持续时间往往比一般的家庭要更长，可能长达1年以上，甚至两三年。如此长的时间企业管理陷入混乱，这对企业的损害无疑是巨大的，甚至可能导致企业最终破产倒闭。

所以，对于企业家家庭或家族的传承来说，遗产管理人制度的意义是非比寻常的。虽然我国原《继承法》中规定了遗嘱执行人，但对遗嘱执行人的责权利以及履职程序都缺乏规定，导致形同虚设。2020年颁布的《民法典》规定了遗产管理人制度，①并对遗产管理人的责权利以及履职程序都作了规定，在《民法典》第1147条②明确规定了遗产管理人的职责包括实施与管理遗产有关的其他必要行为。所以，对于企业家来说，指定合适的遗产管理人在继承程序履行过程中负责对企业进行管理，可以有效地解决继承程序中企业经营管理可能陷入混乱的问题。

二、股东权利与对公司治理的影响

(一)股东权利概述

公司股东是公司的拥有者，其通过法律规定的一系列的权利来实现与保护作

① 遗产管理人制度主要规定在《民法典》第1145条至第1149条。

② 《民法典》第1147条 遗产管理人应当履行下列职责：
(一)清理遗产并制作遗产清单；
(二)向继承人报告遗产情况；
(三)采取必要措施防止遗产毁损、灭失；
(四)处理被继承人的债权债务；
(五)按照遗嘱或者依照法律规定分割遗产；
(六)实施与管理遗产有关的其他必要行为。

为所有者的权益。股东权利很多时候与拥有股份的多少有着密切的关系。

1. 有限责任公司股东持股比例的权利内涵

表 13－1　有限责任公司股东持股比例的权利内涵

比例	股东核心权利	权利内涵详解与法律依据
1%	股东查账权	《公司法》第 33 条规定，股东有权查阅、复制公司章程、股东会会议记录、董事会会议决议、监事会会议决议和财务会计报告
	优先购买权	《公司法》第 71 条第 3 款、第 4 款规定，经股东同意转让的股权，在同等条件下，其他股东有优先购买权。两个以上股东主张行使优先购买权的，协商确定各自的购买比例；协商不成的，按照转让时各自的出资比例行使优先购买权。公司章程对股权转让另有规定的，从其规定
	股东诉讼权	《公司法》第 151 条规定，有限责任公司的股东，可以书面请求监事会或者不设监事会的有限责任公司的监事向人民法院提起诉讼；股东书面请求后被拒绝提起诉讼，或者自收到请求之日起 30 日内未提起诉讼，或者情况紧急、不立即提起诉讼将会使公司利益受到难以弥补的损害的，股东有权为了公司的利益以自己的名义直接向人民法院提起诉讼
	要求收购权	《公司法》第 74 条第 1 款规定，有下列情形之一的，对股东会该项决议投反对票的股东可以请求公司按照合理的价格收购其股权：(1)公司连续 5 年不向股东分配利润，而公司该 5 年连续盈利，并且符合本法规定的分配利润条件的；(2)公司合并、分立、转让主要财产的；(3)公司章程规定的营业期限届满或者章程规定的其他解散事由出现，股东会会议通过决议修改章程使公司存续的
10%	申请解散权	《公司法》第 182 条规定，公司经营管理发生严重困难，继续存续会使股东利益受到重大损失，通过其他途径不能解决的，持有公司全部股东表决权 10% 以上的股东，可以请求人民法院解散公司
	股东会召集权	《公司法》第 40 条规定，董事会或者执行董事不能履行或者不履行召集股东会会议职责的，由监事会或者不设监事会的公司的监事召集和主持；监事会或者监事不召集和主持的，代表 1/10以上表决权的股东可以自行召集和主持
34%	重大事项 一票否决权	《公司法》第 43 条规定，因为公司重大决策《公司法》要求 2/3 以上表决权通过，因此，持有股权比例超过 1/3 的股东对公司重大决策具有一票否决权
51%	相对控制权	《公司法》第 216 条规定，控股股东，是指其出资额占有限责任公司资本总额 50% 以上的股东。股东持有股份超过一半的，公司的非重要事项该股东一人就可以独立决定了，这就相对控制了公司的经营。当然，股权比例低于 51% 时，若其持有的股份所享有的表决权已足以对股东会、股东大会的决议产生重大影响，也可以认为是相对控股

续表

比例	股东核心权利	权利内涵详解与法律依据
67%	绝对控制权	《公司法》第 43 条规定，股东会会议作出修改公司章程、增加或者减少注册资本的决议，以及公司合并、分立、解散或者变更公司形式的决议，必须经代表 2/3 以上表决权的股东通过。因此，当股东持有股权比例达到 67% 时，公司的重大决议该股东也可以独立决定，这就实现了对公司的绝对控股

2. 股份有限公司股东持股比例的权利内涵

表 13 – 2　股份有限公司股东持股比例的权利内涵

比例	股东核心权利	权利内涵详解与法律依据
1%	股东代表诉讼权	《公司法》第 151 条第 1 款规定，股份有限公司连续 180 日以上单独或者合计持有公司 1% 以上股份的股东，可以书面请求监事会或者不设监事会的有限责任公司的监事向人民法院提起诉讼；股东书面请求后被拒绝提起诉讼，或者自收到请求之日起 30 日内未提起诉讼，或者情况紧急、不立即提起诉讼将会使公司利益受到难以弥补的损害的，股东有权为了公司的利益以自己的名义直接向人民法院提起诉讼。
3%	股东提案权	《公司法》第 102 条第 2 款，单独或者合计持有公司 3% 以上股份的股东，可以在股东大会召开 10 日前提出临时提案并书面提交董事会；董事会应当在收到提案后 2 日内通知其他股东，并将该临时提案提交股东大会审议。
10%	申请解散权	《公司法》第 182 条规定，公司经营管理发生严重困难，继续存续会使股东利益受到重大损失，通过其他途径不能解决的，持有公司全部股东表决权 10% 以上的股东，可以请求人民法院解散公司。
	股东大会临时董事会召集权	《公司法》第 101 条第 2 款规定，董事会不能履行或者不履行召集股东大会会议职责的，监事会应当及时召集和主持；监事会不召集和主持的，连续 90 日以上单独或者合计持有公司 10% 以上股份的股东可以自行召集和主持。 《公司法》第 110 条第 2 款规定，代表 1/10 以上表决权的股东、1/3 以上董事或者监事会，可以提议召开董事会临时会议。董事长应当自接到提议后 10 日内，召集和主持董事会会议。

续表

比例	股东核心权利	权利内涵详解与法律依据
30%	实际控制权	《上市公司收购管理办法》第 84 条规定，有下列情形之一的，为拥有上市公司控制权： （1）投资者为上市公司持股 50% 以上的控股股东；（2）投资者可以实际支配上市公司股份表决权超过 30%；（3）投资者通过实际支配上市公司股份表决权能够决定公司董事会半数以上成员选任；（4）投资者依其可实际支配的上市公司股份表决权足以对公司股东大会的决议产生重大影响；（5）中国证监会认定的其他情形。
67%	绝对控制权	《公司法》第 103 条第 2 款规定，股东大会作出决议，必须经出席会议的股东所持表决权过半数通过。但是，股东大会作出修改公司章程、增加或者减少注册资本的决议，以及公司合并、分立、解散或者变更公司形式的决议，必须经出席会议的股东所持表决权的 2/3 以上通过。 《公司法》第 121 条规定，上市公司在 1 年内购买、出售重大资产或者担保金额超过公司资产总额 30% 的，应当由股东大会作出决议，并经出席会议的股东所持表决权的 2/3 以上通过。

（二）继承后股东权利问题对公司治理的影响

因为继承人可以通过继承股权当然取得股东身份，而股东又具有参与公司管理与经营的权利，所以在实践中，如果一个公司继承人股东比较多，继承人股东们又很难同心协力团结一致的话，公司的经营与管理就可能受到严重影响。

1. 股权分散引发控制权转移

如果继承人众多，股权在继承人之间均等分配，就会导致股权严重分散，如果是纯家族企业，就可能导致缺乏控股股东，很容易造成股东僵局；如果被继承人只是公司的大股东，哪怕其股权超过 67% 为绝对控股股东，大股东股权分散后，也可能会使得家族以外的小股东成为最大股东，导致企业控制权的转移，从而引发更大的纠纷。

2. 年轻遗孀股东对成年子女经营企业的影响

在一些老夫少妻的企业家家庭中，企业家一般有成年子女，也有年幼的子女。企业家去世后，一般默认的安排是由成年子女接班，但如果按照法定继承，年幼子女及幼子的母亲都属于企业家的继承人，并且份额与成年子女均等，幼子与其母亲的股权都由母亲一人掌管，这就会成为成年子女在企业中的强有力的对手，并且大概率情况下二者之间关系不会太融洽，就会严重影响企业经营；即使成年子女提前获得了一部分甚至一大部分股权的赠与，但幼子与母亲还是会继承较大比例的股权并取得股东地位，一旦股权比例超过10%甚至超过34%。从前文中我们可以明确地看到，幼子母亲可以通过股东权利的行使，如查账权、股东代表诉讼权、请求收购权、申请解散权、一票否决权等对公司经营施加重大影响，甚至可能会给公司经营造成严重困难。

3. 婚姻复杂造成多子女管理企业的乱局

在一些婚姻关系极为复杂的企业家家庭中，除了有多段婚姻的子女外，可能还有非婚生子女，子女众多、年龄跨度大且关系不融洽。一旦企业家去世后股权发生法定继承，不仅股权被严重分散，还会牵涉不同婚姻关系的子女、前妻、非婚生子女的母亲等众多继承人及利益关系人的利益。这些人要保证其自身的利益，就需要通过股东权利的行使，他们可能拉帮结派、相互攻击，企业管理之混乱就可想而知了。

由此可见，如果没有合理的安排，公司的股权在法定继承后大概率将面临非常复杂的局面，公司经营将面临困难局面。

三、家族企业股权继承后的七大经营难题

家族企业的接班是财富传承中最重要也最困难的部分。因为对于继任者来说，他会面临比创业者更加复杂的局面，面临比创业者更加多的困难。对于继任者来说，在企业经营问题上，主要会面临以下七大难题。

（一）继承人众多，遗产争夺大战可能影响企业经营

创一代企业家去世以后，企业的股权会变成企业家的遗产，首先需要经过继承手续才能正式变更到继承人的名下。然而，我国《继承法》规定，父母、配偶、子女都是第一顺位继承人。大部分中国企业家没有未雨绸缪，提前做好传承安排的习惯。这导致企业家一旦意外去世时，法定继承成为常态。这么多的继承人，各自代表各自的利益，想法也各不相同，有时候就比较容易发生遗产争夺大战。譬如，如果父母在，父母不仅代表自己的利益，还代表着其他儿女的利益，此时兄弟姐妹都会被卷入。配偶代表自己和儿女的利益。如果企业家有多段婚姻，前段婚姻的子女也是继承人，他们后面又是前妻。有的企业家有非婚生子女，他们也是合法的继承人，而他们的后面则是他们的母亲。这么多的人，这么多的立场，遗产争夺大战往往不可避免，如果继承人的精力都在遗产争夺上，对企业的经营肯定会造成巨大的影响。

(二)继承人中很难有合格的经营者

即使股权继承可以非常顺利,也没有发生争产的问题,但要想临时从继承人中挑选出合格的接班人,其难度可想而知。企业家的继承人都有一个特点,叫老的老、小的小。老的老是指父母,创一代的父母即使在世,年龄一般也已经偏大,身体状况也不会太好,最关键的是往往文化水平,经营能力都严重不足,所以能成为合格接班人的可能性是极低的。小的小是指子女,就像本案中的李某,独生女儿都未成年,根本不可能成为企业的接班人。即使已经成年,如果心智还未成熟,甚至还未完成学业,也难以承担起企业经营的重担。山西海鑫钢铁的传承就是一个很好的案例。

2003 年,海鑫钢铁董事长李某仓遇刺身亡,22 岁的儿子李某会中断学业,回家继承家产,主持大局。李某会还是具有一定经营能力的,但毕竟还是年轻,生活奢靡,贪功冒进,短短 10 年,百亿家产败了个干干净净。但笔者认为,将李某会称之为败家子是不合适的,海鑫钢铁的失败,主要原因不是李某会生活奢靡,败家。相反,他是很上进的一个人,只是他犯了大多数年轻人会犯的错误——过高地估计了自己的能力。贪功冒进、好高骛远、急于求成。在李某会的这个年龄阶段,他本来应该在创一代的扶持下历练成长,就像王思聪。但因为企业家突然离世,年轻没有经过历练的二代自然很难成为合格的接班人。

除了父母和子女,还有可能接班的就是企业家的配偶了。但绝大部分企业家的配偶平时是在家相夫教子,尤其是很多二婚企业家,妻子都是年轻漂亮,不谙世事的小姑娘,如何担得起家族企业掌门人的大任。即使是李某的妻子金某这样的配偶,原配夫妻,且有一定的经营能力,但仍然很快就败下阵来。所以,在企业家意外离世时,可以从继承人中选出合格接班人的可能性是非常小的。

(三)继承人众多,股权分散导致经营困难

即使继承人中有能力相对强的接班人,但和创一代在的时候不同,股权一旦经过了继承,就分散到了各个不同的继承人手中,再也不是集中在企业控制人一人手中。而各个不同的继承人不一定有一致的利益和统一的立场,如儿媳接班,公公就不一定配合。

如“云南柏联案”,儿媳曾称,只要老爷子不争股东资格,其他什么都好谈。但老爷子却偏偏想要股东资格,原来这个股东资格的背后,连着老爷子的其他儿女。老爷子过世以后,这个股东资格就是小儿子的。

有的企业家还有多段婚姻,子女也比较多,同父异母的兄弟姐妹各自继承了

股权以后，很难能做到团结一致，同心同德。尤其是未成年子女的后面还有作为法定监护人的母亲们。当股权、投票权分散到了这么多人的手中，在经营上，企业的实际控制人的权力就被大大地削弱了，很难形成持续稳定的经营策略，企业管理也容易处处掣肘。接班人的能力本来就不如创一代，再加上股权分散，接班人权力被削弱，其经营难度就可想而知了。

（四）继任者难以服众，导致经营困难

继任者不仅要面对家族内部的挑战，还需要面对公司元老们的挑战。企业是一个团队、一个组织，有很多关键骨干人员，这些人对企业的正常运行发挥着极为重要的作用。创一代以其个人魅力将这些精兵强将聚集在一起，他们有多年的感情，有行事上的默契，相互有足够的信任度和认可度，最关键的是创一代有足够的威信，能让这些精兵强将收敛住他们的锋芒，心甘情愿地为其卖命，公司得以高效的运转。但继任者完全不同，创一代意外死亡，继任者临时上阵，一切都还没准备好，他和公司元老们没有感情，相互之间也没有足够的信任度，况且继任者的威信也不够，指挥不了这些为公司立下过汗马功劳的元老们。如此，企业经营自然就很难进行了。

（五）投资者、债权人对继任者缺乏信心，导致资金链紧张

公司内部对继任者都容易持怀疑态度，缺乏信心，就更别说外部的投资者和债权人了。在企业遇到困难和危机时，如果创一代在世，投资者和债权人对创一代有足够的信心，不仅不会撤资，还可能全力支持他渡过难关。但继任者则不同，一旦遇到难关，投资者和债权人的第一反应都是尽快收回资金，避免损失。这时，公司的资金链就会受到很大的挑战，非常容易出问题。在本案例中，投资人建银文化就是因为对金某没有信心，所以才发起罢免其董事长职务的行动，而后对李某的姐姐李莉这个继任者也没有信心，才会正式发起要求执行对赌协议，回购企业股权，收回投资的行动，彻底将小马奔腾推入深渊。

（六）代持人反水，导致财产争夺大战

中国的民营企业家往往还会存在很多的代持行为，包括企业股权的代持。而且，这些代持行为中的很大一部分根本就是君子协定，没有代持协议，也没有相应的证据。创一代在世的情况下代持人一般不会轻易反水，但创一代一旦去世，就有各种可能造成这些代持的失效。有些代持的口头协议被创一代带进了坟墓，如果代持人不主动提起，继承人根本不可能知道代持的存在。还有部分代持人会公开反水，不承认代持行为的存在，这样就很容易引发财产争夺的大战，使得企业管理陷入混乱之中。在本案中,李某的姐姐和妹妹名下的股权就有很大一部分是代持的,其中包括原计划给公司管理层的股权激励的部分,这些代持的股权在李某去世以后遭到李某的矢口否认,直接引发了姑嫂之争,后来愈演愈烈,导致金某董事长职位被罢免,企业管理陷入混乱。因为企业管理混乱,股权激励无法兑现,很多关键的管理层纷纷离开公司。因此,对于小马奔腾最后分崩离析的结果,李某在生前随意的股权代持安排是有重大影响的。见图 13 - 2。

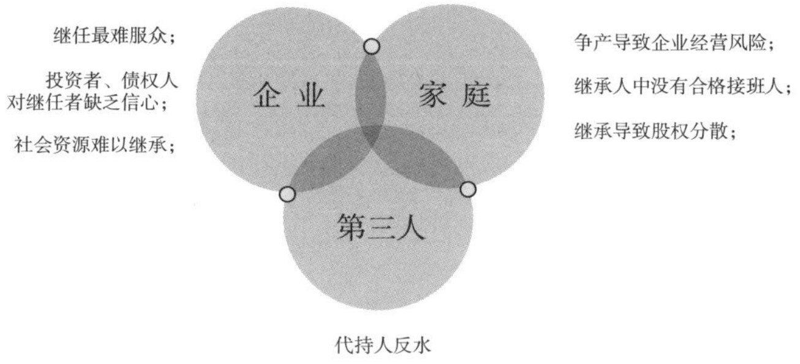

图 13 - 2

(七)社会资源难以继承,导致经营困难

在企业经营中,社会资源是一个重要的因素,创一代之所以能创业成功,这与其拥有和社会资源与整合社会资源的能力是分不开的。离开了这些社会资源,企业的经营是要受到很大影响的。但社会资源是一个很有意思的东西,它不是财产,但有时候比财产还重要。社会资源虽然价值巨大,却根本无法继承,有一部分社会资源还可以通过创一代长时间的运作慢慢地传递给接班人,但有些社会资源是根本无法传递的。就像因为创一代的个人魅力所凝聚的社会资源,如任正非的个人魅力所产生的社会影响,是根本不可能传承的。所以,当创一代意外离世,所有的社会资源没来得及传递给二代,就会造成缺乏社会资源的继任者在企业经营过程中,遇到更多的问题和困难。

通过上述分析可以得出一个结论,在创一代意外去世的情况下,企业能在继任者的手中继续平稳地经营下去的可能性是极低的。如果企业经营陷入困境,就会导致企业迅速由资产转化为负债,而在我国的现实环境中,作为股东的继承人大概率需要对公司债务承担连带责任,就可能导致继承人的家庭被拖入债务泥潭,发生严重风险,这是每一个企业家都值得注意的问题。

第三节　典型高风险人群与风险发生场景

一、继承人能力不足风险典型高风险人群

(一)高风险人群的四大典型特征

从前文的分析可以看出,继承人能力不足的风险主要是指作为企业核心经营者在没有做好接班人安排的情况下突然离世,他的继承人中没有能力足够强的继任者,或者即使继任者能力还可以,但是在股权分散、继承人股东矛盾等多方面的影响下,无法有效的掌控企业,最终导致企业经营失败的这样一类风险。并且,该风险最严重的影响是企业经营失败会导致企业资产转化为负债。而在我国的现实环境中,作为股东的继承人大概率需要对公司债务承担连带责任,就可能导致继承人的家庭被拖入债务泥潭,对家庭或家族成员产生巨大的影响。由此可见,继承人能力不足的典型高风险人群应当具备以下几个特征:

1. 家族核心资产是企业股权,且企业家是企业经营的核心

因为继承人能力不足风险的核心指点是企业经营失败后由资产转化为负债,因此,企业股权的价值在家族财富中所占比例越大,地位越重要,发生该风险的可能性就越大。并且,企业家本人在企业经营中的作用越重要,其地位越核心,企业家去世以后,继任者能力不足对企业经营产生的影响就越明显,经营失败的风险也就越集中。

所以,如果企业股权是家族核心资产,且企业家是企业经营核心,这样的企业家家庭就要很注意继承人能力不足的问题了。

2. 企业家的继承人中没有能力足够强的继承人

继承人能力不足风险归根结底是因为企业没有能力足够强的继任者,如果继任者能力足够强,企业是不会陷入经营困境中的。但是,在现实中,很难有家庭有能力足够的继任者。因为在仓促接班的情况下,对继任者能力的要求太高了,从前文分析我们知道,继任者需要在仓促继任、经验不足、人心不服、股权分散、人脉资源难继承等诸多因素等影响下成功地经营企业,换句话说就是,继任者必须能力远强于企业家本人才有可能胜任,家族中存在这样的继任者的可能性是极低的。所以,毫不夸张地说,如果企业家在没有完成交接班准备的情况下就离世,继

承人能力不足的风险就必然存在。

3. 如果继承人人数众多，会加剧风险发生

从前文分析可知，如果企业家继承人人数众多，譬如，除了子女之外，还有配偶与父母作为继承人，则企业股权就将至少一分为三或者一分为四，并且父母与配偶之间一般很难达成高度一致。如果子女人数比较多，甚至非一母所生，则股权将进一步分散，并且，子女、配偶、父母之间也更难同心协力，当然就会加大股权继承后的经营风险。

4. 如果企业家有多段婚姻且有子女，或者有非婚生子女，会加剧风险发生

在现实生活中，有一部分企业家会有多段婚姻的存在，并且一般都会有子女。而不同婚姻所生的子女因为年龄差距大且非一母所生，因此关系一般都不怎么融洽。有的企业家甚至还会有一名甚至多名非婚生子女，子女之间的关系就更紧张了。并且，如果有的子女未成年，则子女的母亲将以法定代理人的身份掌握子女继承的股权。如此一来，继承人股东之间能和睦相处，同心协力的可能性是极低的，这就势必会加大股权继承后的经营风险。

（二）三大类典型高风险人群画像

1. 青年创一代企业家家庭，妻子不参与经营的

青年创一代家庭是继承人能力不足风险高发的最为典型的家庭类型，这种家庭一般具有以下几个重要特征。

特征一：企业家的年龄在 45 岁以下，且属于创业型企业家。

特征二：企业经营以企业家本人为核心，妻子不参与经营或参与不深。

特征三：父母不参与企业经营。

特征四：子女未成年或刚成年，还处于求学阶段。

一般来说，如果企业家的家庭情况符合以上四个特征，万一企业家发生疾病或意外身故问题，其继承人就将无法保持企业的正常经营，可能导致企业债务危机爆发并传导到家庭，继承人能力不足风险比较集中。

2. 老夫少妻有幼子企业家家庭

在老夫少妻有幼子的家庭中，继承人能力不足风险也是比较典型的，这类家庭与创一代家庭不太相同，其一般具备以下几个重要特征：

特征一：企业家有多段婚姻，前段婚姻子女已经成年，与配偶年龄相差 25 岁以上，与幼年子女年龄差距 50 岁以上。

特征二：企业股权是家庭核心资产与核心经济来源。

特征三：企业家是企业经营的核心，成年子女可能已经开始接班，但没有完成企业经营权的交接。

特征四：企业家还是企业的实际控制人，大部分股权还在企业家名下。

在这样的企业家家庭中，一旦发生企业家突然离世的问题，大部分企业股权将面临继承问题，成年子女与企业家的年轻配偶及幼子很容易陷入争产纠纷，成年子女很难保持企业的正常经营，可能导致企业债务危机爆发并传导到家庭，继承人能力不足风险也是比较集中的。

3. 婚姻复杂的企业家家庭

婚姻关系复杂的企业家家庭的继承人能力不足风险会更加典型，因为其继承人人数更多，继承人关系更加紧张与复杂，一般具有以下重要特征：

特征一：企业家婚姻关系复杂，有多段婚姻多个子女或者有一名以上的非婚生子女。

特征二：企业股权是家庭核心资产与核心经济来源。

特征三：企业家是企业经营的核心，可能有成年子女已经开始接班，但没有完成企业经营权的交接。

特征四：企业家还是企业的实际控制人，大部分股权还在企业家名下。

在这样的企业家家庭中，一旦发生企业家突然离世的问题，大部分企业股权将面临继承问题，企业家的众多子女及子女的母亲们很容易陷入争产纠纷，企业经营大概率将陷入混乱，可能导致企业债务危机爆发并传导到家庭，继承人能力不足风险比老夫少妻有幼子家庭还要严重。

二、继承人能力不足风险的典型发生场景及典型影响与后果

（一）青年创业型企业家家庭风险发生场景

青年的创一代企业家继承人能力不足风险相对是比较集中的，这有其现实的原因。

首先，青年的创一代企业家，企业经营的好坏与企业家本人的能力关系非常紧密，并且，在很多情况下企业没发展到成熟期，企业发展空间大但不确定性也大，就如小马奔腾的李某，如果发生企业家突然身故的情况，其他人是非常难以替代的。

其次，对于年轻的创一代企业家来说，其法定继承人一般有配偶、子女、父母。在一般情况下，创业型企业家的父母不会是企业主要经营者，也不会有经营能力。

而大部分情况下创业型年轻企业家的子女一般还未成年或者刚刚成年还处于求学阶段,也没有经营企业的能力。唯一可能有希望承接企业经营的就是其配偶,但绝大部分创业型企业家家庭配偶不会参与企业经营。即使有一部分企业家配偶参与企业经营,也一般是负责财务等专项工作,很难具备全面经营企业的能力。然而,在企业家突然身故的情况下,对配偶经营能力的要求却是非常高的,不仅要求配偶具有全面经营企业的能力,并且还要能在企业股权可能分散或者存在代持,控制权可能不完善的情况下迅速地说服企业中的众多元老,无缝承接企业家留下的重要人脉资源(而这几乎是不可能的),还可能会面临企业家父母作为股权继承人的不信任和挑战,这几乎是企业家配偶不可能完成的任务。因此,大部分的企业家配偶可能像李某的妻子金某一样,最后落得企业经营失败的结果。

再次,大部分年轻的创业型企业家,企业还处于迅速上升的阶段,需要持续地投入,甚至需要持续地融资。如此,家庭财富积累一般都不足,并且企业是家庭经济的主要来源。因此,企业一旦经营失败,家庭将立即丧失经济来源。

最后,丧失经济来源还是比较好的结果,更为严重的是,大部分企业在创业阶段的负债可能性很高,企业一旦经营失败,债务危机必然爆发。而在现实中,企业家夫妻二人一般都会对公司的债务承担连带责任,就会直接导致企业债务危机直接传导到家庭,使得原本就没有太多积累的家庭财富被债务危机彻底摧毁,家庭财务陷入困境。

由此可见,青年的创一代企业家,继承人能力不足风险非常集中,必须引起重视。

(二)老夫少妻有幼子家庭风险发生的场景

在老夫少妻的企业家家庭中,继承人能力不足的风险也是比较高的。因为在这样的家庭结构中,虽然企业一般都已经进入成熟期,并且企业家一般都有前段婚姻的成年子女,甚至部分企业家的成年子女可能已经进入企业并参与企业管理,已经在准备接班。还有一些企业家可能已经将小部分股权放在成年子女的名下。

然而,只要企业家没有最终完成企业管理权和企业股权所有权的全面传承,只要发生企业家突然身故的问题,继承人能力不足风险依然很难避免。在老夫少妻有幼子的家庭中,继承人能力不足的风险一般是这样一个发生的过程。

首先,因为企业家身故突然,很多还没来得及做好股权传承的安排,股权可能会发生法定继承。法定继承人至少包含其成年子女,未成年子女及年轻的配偶,前段婚姻的成年子女可能有多人，未成年子女也可能有多人，且成年子女和未成年子女肯定不是一母所生。因此，很容易发生前段婚姻的成年子女与年轻的配偶及未成年子女争产的问题，还可能发生成年子女之间争产的问题。如果发生继承纠纷，继承程序持续时间就会比较长，在继承过程中如果继承人不能就企业管理达成一致，就会导致企业经营陷入混乱，对负责企业经营的子女造成巨大挑战。即使企业家做了一些简单的传承安排，计划将大部分股权传承给准备接班的子女，但依然很难避免继承纠纷的发生，企业依然存在管理陷入混乱的可能性。

其次，即使继承人们从理性的角度出发，在继承程序过程中企业经营能达成一致，暂时避免了企业管理混乱的发生。但股权继承程序完成后，如果其他继承人没有放弃对股权的继承，那么企业股权就必然被分散。企业股权分散会带来一系列的问题，如果股权继承人们不能步调一致，就可能造成每个继承人都是公司的小股东，企业控制权可能外流。即使股权继承人们在开始能保持步调一致，但在长久的企业经营中依然很难避免矛盾的发生，最终还是可能陷入股东纠纷中，对企业经营造成严重威胁。

再次，如果企业接班人能继承大部分的股权，就可以减少企业经营风险。但是，接班人就必须对其他放弃股权的继承人在不动产和金融资产上给予补偿，而这是很难做到的。因为在大部分企业家家庭中，股权资产占家庭资产的比例很大，接班人是很难完成对其他继承人的补偿的，尤其是子女如果较多的情况下，几乎是无法完成的。如果不得已让其他继承人保留了部分股权，长期还是会对企业经营造成威胁。

最后，即使接班人可以保持对企业的控制权，也并不意味着接班人能继续经营好企业。因为接班人还会面临诸多挑战，如企业其他非家族股东的挑战、企业元老的挑战、社会资源与人脉很难继承的困境、合作伙伴及债权人的不信任等。因此，即使接班人的能力不弱于原企业家，在面临如此多挑战的情况下，继续经营好企业都是比较不容易的，何况绝大部分情况下接班人的能力会弱于原企业家呢。

由此可见，老夫少妻有幼子家庭对接班人能力的要求是极高的，很容易存在继承人能力不足的风险，必须要提前做好规划。

（三）婚姻复杂企业家家庭风险发生的场景

如果企业家婚姻关系复杂，则风险就更加集中了。婚姻关系复杂包括存在多段婚姻且有多个子女，也包括由一名或多名非婚生子女的情形。婚姻复杂家庭的继承人能力不足风险的发生逻辑和老夫少妻有幼子家庭的逻辑是比较类似的，只不过因为婚姻复杂家庭的继承人情况相比更加复杂，不仅牵涉多段婚姻的子女，还会牵涉非婚生子女。如果有未成年子女，未成年子女的母亲也会随之卷入继承纠纷与企业股东纠纷中。局面就会更加混乱，因而风险会比老夫少妻有幼子家庭更加突出。至于具体的发生场景，参考老夫少妻家庭即可，这里就不再重复了。

(四)继承人能力不足风险的典型影响与后果

继承人能力不足风险一旦发生，会对企业、家庭及家人产生诸多方面的影响，影响与后果是比较严重的，必须引起足够的重视。一般来说，有以下几个方面的典型影响与后果。

1. 引发继承人争产纠纷，家人反目，祸起萧墙

除了婚姻关系简单的青年创业企业家家庭之外，其他两类企业家家庭的家庭关系都相对复杂，在企业家在世的时候，因为企业家是各方关系的连接点，并且能力相对比较强，可以维持各方的平衡，一般不会出现激烈的争端。但是，如果企业家突然身故，这个关系的连接点丧失了，各方的利益冲突就会在财产纠纷中彻底爆发出来。继承人中如果没有能力足够强，可以平衡各方利益，继承人争产，家人反目，祸起萧墙就在所难免。即使是婚姻关系简单的创一代青年企业家，如果企业家的父母与企业家的配偶之间相互不够信任，也是可能发生家人争产、祸起萧墙的风险的。

2. 导致企业经营失败，资产变成负债，并传导至家庭，导致债务危机发生

继承人能力不足最终的结果就是导致企业经营的失败。企业的股权资产是所有资产中最为特别的资产，经营状况好的企业可以源源不断地产生利润，是最优质的资产。但如果经营不善就可能亏损，不但不属于资产，而且会变成吞噬资产的债务黑洞。并且，因为目前国内的实际情况是大部分企业的主要股东会对企业债务承担连带责任，就会导致企业的债务风险直接传导到股东的家庭，进而吞噬股东的家庭资产，最终导致家庭债务危机的发生。

3. 对配偶、成年子女的生活、婚姻、医疗、养老等产生严重影响

一旦发生股东的家庭债务危机，就势必会严重影响家庭成员的生活、医疗、养老等方面。家庭债务危机还可能会影响家庭成员的婚姻稳定，导致家庭在债务危机中支离破碎。

4. 对未成年子女、孙子女的教育与成长产生严重影响

如果家庭成员中有未成年人，如企业家年幼的子女、孙子女和外孙子女等，债务危机会直接影响他们的教育品质和家庭成长环境。

尤其是在现在教育分层比较明显的时代，好的教育品质必须要强大的财力予以支撑，一旦失去了家庭财力的支持，子女、孙子女等的教育品质就会断崖式下跌。特别是很多企业家的子女、孙子女享受的是私立的国际化教育，一旦失去财力支持，回归到公立教育体系中，并且没有财力进行高品质的课外教育，孩子能在公立教育体系中胜出的可能性恐怕不大。

同时，家庭的变故，经济条件的落差，甚至父母婚姻因此而产生动荡，会对孩子的心理产生较大影响，这种影响和教育对孩子的影响同样深远。

第四节　解决方案设计策略

一、继承人能力不足风险解决方案设计的基本原则

继承人能力不足风险的症结有两个：一个是企业家身故，继承人能力不足导致债务危机的发生，家庭资产承担连带责任；另一个是继承人缺乏赚钱能力，导致父母的养老医疗、妻子的生活医疗养老和孩子的成长医疗教育均缺乏现金流；因此，继承人能力不足的方案设计要从以下两个方面下手：一是保障和现金流的规划；二是将规划的资产与家庭资产隔离开来。两个方面相辅相成，缺一不可。解决继承人能力不足风险，规划设计时需要遵循以下几个基本原则。

（一）提前做好传承安排，防止争产风险的出现

提前规划，未雨绸缪是解决所有风险问题的帝王原则。在继承人能力不足风险中，因为继承人争产会严重影响企业经营，因此，提前规划防止争产风险出现是非常必要的。

（二）提前做好公司管理权的传承规划或股权资产的处置规划

与其他资产类型不同，公司股权资产是需要管理的，因此，除了要做好所有权的传承规划外，管理权的传承规划也是非常关键的。如果没有合适的接班人或者可以托付的职业经理人，最好提前做好企业家身故后的股权资产处置规划，将股权资产变现再传承给后代，以避免继承人能力不足风险的出现。

（三）股权传承切忌管理权分散

在做股权传承规划时，管理权是一定不可以分散的，因为管理权的分散会直

接导致企业管理困境。管理权不分散不意味着受益权不分散，在实践中，我们是有方法实现管理权和受益权的分离的，譬如设立股权信托，如用有限合伙公司架构设计公司的持股架构，保持管理权的集中和受益权的分离等。

（四）利用好遗产管理人制度

即使提前做好了传承规划，除非用股权信托或者提前已经完成传承，否则继承程序是很难绕过去的。在继承程序中，有很多的不确定性，可能发生继承纠纷，可能耗费时间很长等。因此，在继承程序期间的企业管理权处理是非常关键的，如果继承程序期间企业管理权归属出现空白，同样会严重影响企业经营。所以，一定要利用好遗产管理人制度，设计好继承程序期间的企业管理权归属，保证企业正常运行。

（五）提前做好企业经营失败后家人的债务隔离规划，提前建立最后屏障

企业经营的结果不是通过规划可以实现的，哪怕企业家做好了一切可以做的规划，顺利地实现了股权的传承和管理的交接班，但依然无法保证继任者可以经营好企业。企业经营对继任者来说会具有很大挑战性，还是有可能失败，债务危机还是可能传导到家庭。因此，提前做好企业经营失败后的债务隔离规划，提前为家人建立起最后的财务安全屏障是必须要做的工作。

（六）要优先保障家人的教育、生活、医疗、养老等基本核心需求

所谓最后的财务安全屏障，其核心意义一定是首先保障家人的最为重要的需求，即关系家人的生存、发展基础的基本需求。这些需求中最为重要和基础的就是教育、生活、医疗、养老四大需求，这些需求是需要优先保证的。当然，既然是底线，这些财产一定只是家庭资产的一部分，甚至不会是一大部分，这部分资产以追求安全为第一原则，在资产增值方面必然不会过于激进和冒险。

有了这部分资产作为底线，一个家族的持续发展就有了基础，即使遇到动荡和变故，子孙后代依然可以有很好的发展条件和基础，最终一定可以重振家族雄风。

二、公司股权保全与传承设计策略

（一）尽早培养家族企业接班人

每一个企业家都应该随时准备好企业的继任方案，要尽早地培养企业的接班人，如果继承人中没有合格的继任者，也必须有一个合格的职业经理人作为备用的继任者。否则，创一代一旦遭遇意外，企业也将随之分崩离析，继任方案最好也

能有保护人，避免方案遭遇篡改或被冷藏。

（二）有条件地尝试职业经理人管理模式

中国的企业家，都比较习惯自己做董事长和总经理，尤其是南方，存在很多的家族企业，重要岗位一般都是亲属担任。这样或许能比较好地保护资产，为整个家族的兴旺打下基础，但是却不一定是最高效与合理的。家族成员管理特别容易产生派别和争斗，一旦核心领导成员出现意外，企业内部的党派斗争会和家族成员的站队纠缠在一起，造成企业财产和家族感情的两败俱伤。

所以，笔者建议最好多寻找和培养职业经理人，将执行端的权力分散；同时，用公司制度等约束职业经理人，避免家族企业过于庞大后的内部倾覆。

（三）合理设计公司的股权架构与传承架构

股权是公司最重要的资产之一，在公司上市后，公司的股权分布是非常清晰的，被暗箱操作的可能性也比较低，但是在公司上市之前，公司股权的分布会非常微妙。

很多企业家在公司快速发展的时候，已经成家，所以根据《婚姻法》（已废止）的规定，在没有特殊约定的情况下，公司的股权有配偶的份额，这是很多企业家所不了解的。同时，企业在发展过程中，会有多种股权的分配和交易活动，企业家在世时，因为各方面的权衡，即使股权有不协调的地方，但是依然能安然无恙地运转。一旦企业家出现任何意外，仅靠股权的牵制，无法再达到权力上的平衡，公司的股权争夺大战便一触即发。

公司股权架构与传承架构设计相对比较复杂，需要依据家族企业和家族的实际情况来有针对性地设计，可以通过公司章程的设计、合理利用合伙企业或者设立股权信托等方法来实现。具体的设计，一定要聘请有经验的律师或专家咨询与指导。

三、股权代持方案设计的要点

代持在企业家群体中非常普遍，是企业家自己作家企隔离最常用的方法之一，但是代持存在诸多风险和问题，鉴于本书有一章专门介绍代持问题，这里不多作阐述，仅给三条注意事项，供读者参考。

（一）代持一定要有清晰的书面协议

进行代持操作，一定要保留足够的证据和证据链，避免代持人反水，君子协议或许好用，但是可能难以对抗代持人的婚变、死亡或债务等。特别是在企业家意外身故后，君子协议对代持人的考验更大，在多方因素的影响之下，代持财产流失的可能性很大。

（二）代持财产范围明晰，并且要有代持财产清单

虽然这个提醒看似是一句废话，但是在我们接触的实际案例中，真的有不少高客的代持财产仅仅是记在自己的大脑里。这看似意外，但是也很容易理解，因为客户对于记住自己的代持财产是非常有自信的，所以他可能会觉得做一份单独的记录多此一举，也有客户是因为特殊的考虑，并不希望有一份清单存在。

在正常情况下，不保留财产明细并不会产生太大的影响，但是一旦企业家来不及安排代持财产，这些连明细都没有的资产就很有可能深埋地下，继承人连自己拥有这份资产都不知道，何谈追回。

（三）最好不要用亲人作为财产的代持人

父母或兄弟姐妹是很多客户选择代持人的首选，亲人有更高的熟悉和信任度，作为代持人似乎并无不可，但是亲人作为代持人有四个明显的劣势，一定要在此提醒诸位。

1. 亲人做代持人较难签署条款严格的代持协议

亲人之间要考虑亲情和面子，所以过于要求严格的代持条款不一定能签下来，甚至大多数人选择不签署代持条款。

2. 亲人参与企业的可能性较高，代持隔离意义不大

很多家族企业，亲人也是参与经营的，一旦因为企业的债务牵扯家庭资产，整个家族一荣俱荣，一损俱损，代持完全失去隔离的意义。

3. 亲人的继承权与代持撞车，引发纠纷

如果企业家发生意外，在没有提前安排好继承计划的时候，有些意想不到的亲属会参与继承。比如，因为父母继承造成兄弟姐妹参与继承，因为子女继承造成女婿与儿媳参与继承等。此时，如果这些参与到财产继承的亲属同时手里握有代持财产，他们将会有强大的谈判筹码，企业家真正想传承财产的接班人将会非常被动。

4. 发生纠纷，不仅损失财产，还会损失亲情

亲属之所以为亲属，是因为有一份厚重的亲情在，这份亲情真挚、美好、充满了奉献精神。有一句古语，长兄如父、长（姐）嫂如母，正是表达了我们从古至今的文化传统。兄弟姐妹本来是我们孩子最好的保护人之一，但是如果在某些关头用财富去考验人性和亲情，让巨大的诱惑摆在兄弟姐妹的面前，一念之差，私吞代持财产就只能放弃保护你的孩子。兄弟姐妹一旦没经受住考验，孩子不仅失去了珍贵的保护人,甚至多了一个敌人。

所以,笔者建议,亲情最好不要卷入大额财产纠纷,给孩子留好保护人,为保护人留够抚养费。

四、继承人能力不足的保单规划设计策略

(一)利用保险死亡理赔金规划现金流并实现债务隔离

运用保险死亡理赔金是隔离债务最可靠的资产保全方法之一,企业家自己作为被保险人,购买高额的终身寿险,如果企业家身体好,可以购买高杠杆的终身寿险产品,如果身体不是很好,则可以购买高现价,无风险保额的增额终身寿险。并指定死亡受益人为子女或者父母。如果企业家发生身故风险,则此时的保险死亡理赔金依据《保险法》第42条①的规定,不属于企业家的遗产,当然也不用纳入遗产清偿企业家的债务,而是由保险公司直接支付给受益人。

同时,因为受益人是企业家的子女或者父母,他们虽然是企业家遗产的继承人,但是依据《民法典》第1161条②的规定,即使企业家的遗产资不抵债,他们也可以通过放弃继承的方式放弃债务,即使继承了遗产,清偿债务也以继承遗产的实际价值为限,并不用真正承担债务。

如此,父母或者子女就可以获得保险死亡理赔金而不用承担债务,保险死亡理赔金就可以作为保证父母养老,孩子生活教育的现金流。这种通过死亡理赔金的方式,实现财产在企业家和受益人之间无障碍转移,彻底隔离债务的方法,就是财富规划设计策略三十六计之"金蝉脱壳"。

1. 保险死亡理赔金债务隔离设计的三个要点

要点一:不能指定企业家的配偶为受益人。

因为夫妻共同债务问题,企业家配偶(一般是妻子)很容易也被牵涉入债务危机中,如果指定妻子为受益人,则保险理赔金最后还是逃不脱被追偿的厄运。

---

① 《保险法》第42条　被保险人死亡后,有下列情形之一的,保险金作为被保险人的遗产,由保险人依照《民法典》的规定履行给付保险金的义务:

(一)没有指定受益人,或者受益人指定不明无法确定的;

(二)受益人先于被保险人死亡,没有其他受益人的;

(三)受益人依法丧失受益权或者放弃受益权,没有其他受益人的。

受益人与被保险人在同一事件中死亡,且不能确定死亡先后顺序的,推定受益人死亡在先。

② 《民法典》第1161条　继承人以所得遗产实际价值为限清偿被继承人依法应当缴纳的税款和债务。超过遗产实际价值部分,继承人自愿偿还的不在此限。

继承人放弃继承的,对被继承人依法应当缴纳的税款和债务可以不负清偿责任。

妻子的生活医疗养老的现金流,可以通过子女的受益金解决,在子女未成年时,妻子作为孩子的监护人管理孩子名下的财产,也可以解决自己的问题。子女成年后,成年子女可以赡养母亲。

要点二:投保人最好不要用企业家本人。

因为若企业家在未身故的情况下发生债务危机,则投保人的现金价值可能会被强制执行,关于保单现金价值强制执行的问题,我们在企业债务的相关章节有详细论述,这里不重复。投保人的选择方法与方案二是同样的道理,我们在下文中阐述。

要点三:最佳解决方案是保险金信托的方式。

保险理赔金隔离债务虽然非常可靠,但有一个缺陷,就是给受益人的是现金资产而不是现金流,如果受益人不善理财,财务习惯不好,就容易亏损、被骗、被通胀、挥霍等。而终身寿险加保险金信托就可以比较好地解决赔付以后现金资产规划控制的问题,指定信托为寿险的受益人,被保险人身故后,保险理赔金直接进入信托,父母、配偶、子女作为信托的受益人领取收益金,这样就把现金资产变成了源源不断的现金流。保单架构一般设计见表 13 - 3。

表 13 - 3　保单架构

投保人	被保险人	受益人	信托受益人	备注
企业家	企业家	信托	父母、配偶、子女、孙子女等	最好用保险金信托 2.0

2. 保险金信托做企业家身故后的债务隔离的四大优势

优势一:保险理赔金进入信托,信托财产具有独立性,不会被骗被挥霍。

优势二:受托人一般都有不错的资产管理能力,对信托财产会进行很好的资产配置和管理,长期保值增值。

优势三:受托人会按照信托合同的约定支付受益金,受益金的支付可以合理地设置规则,不但保证受益人能获得源源不断的现金流,受益金的给付还可以更加灵活与科学。

优势四:保险金信托还可以隔离受益人的债务。在实务中,企业家的配偶一般会因为夫妻共同债务也成为债务人,因此不能设置为保险的受益人。并且,很多时候子女可能也会深度参与企业的经营,也有可能成为债务人。

可能成为债务人的家庭成员是不宜被指定为保险金的受益人的,但完全可以指定为信托的受益人。因为信托财产具有独立性,受益人仅仅享有受益权,因此,当受益人负债的情况下，信托财产本身依然是安全的。

当然，我们必须注意到，《信托法》第 47 条①规定受益人不能清偿到期债务的，其信托受益权可以用于清偿债务，但法律、行政法规以及信托文件有限制性规定的除外。因此，受益权是可以用来清偿债务的，但仅仅是受益权清偿债务，信托财产本身是不牵涉受益人的债务的。即使是受益权，如果信托文件有限制性规定，也可以很好地避免清偿受益人的债务。很多信托文件中都会有避免受益权清偿债务的条款，一般会这样约定，如果受益人不能清偿债务，债务总额超过某金额，则停止向受益人分配受益金。

由此可见，保险金信托在解决继承人能力不足的问题上是有非常显著的优势的。用死亡理赔金规避被保险人的债务，用信托解决分配并规避受益人的债务，这就是财富规划设计策略三十六计之“左右逢源”。

（二）保单资产提供现金流，投保人转换实现债务隔离设计策略

1. 投保人转换实现债务隔离设计的基本原理

人寿保险的财产权益主要分为三个部分：第一个部分是保单的现金价值与分红，归属于投保人所有；第二个部分是保单的生存金，归属于生存受益人所有；第三个部分是保单的死亡理赔金，归属于受益人。因此，我们只要将财产权益尽量安排在没有债务风险的人身上，就可以很好地实现债务隔离。

对于终身寿险来说，没有生存受益人，因此，只需要保证投保人和死亡受益人没有债务风险即可，被保险人是否有债务风险在所不论。

对于年金保险来说，如果附加万能险账户，则默认的生存受益人也是投保人，和终身寿险是同样的道理。如果不附加万能险账户，则生存受益人一般默认为被保险人，但生存受益人大部分保险公司支持变更，并且生存受益金相对保单的保费和现金价值一般都不多，因此即使面临债务风险，也只波及保单资产的一小部分，风险也不算太大。

由此可见，在保单的债务隔离中，关键点就是投保人和受益人的选择，在债务问题爆发时，投保人和受益人不是债务的连带责任人，保单就可以很好地被保全下来。而且，投保人的选择既可以在投保的时候就选择，也可以在债务危机爆发前选择变更，只要变更投保人的时候，原投保人没有资不抵债，其变更投保人的行为就没有侵害债权人的权益，是完全合法有效的行为。这种通过有目的地选择与

① 《信托法》第47条　受益人不能清偿到期债务的，其信托受益权可以用于清偿债务，但法律、行政法规以及信托文件有限制性规定的除外。

转换投保人实现保单现金价值保全的方法就是财富规划设计策略三十六计中的"偷梁换柱",保单结构见表13-4。

表13-4 保单结构

投保人	被保险人	生存受益人	死亡受益人	备注
父母/成年子女	不论	父母、子女	父母、子女	为方便投保,可以先以企业家夫妇为投保人,然后再适时变更

2.投保人转化实现债务隔离的实操要点

要点一:父母的养老现金流与医疗保障,如果父母能够自己作为被保险人的话,就用父母作为被保险人购买重疾险、医疗险和养老年金保险,最好再配置上高端养老社区,受益人指定为企业家的子女,隔代指定。

要点二:投保人也可以直接用父母,但在实务中,老人作为投保人购买高额保单,财务调查可能比较难通过。因此,可以以企业家或者夫人为投保人,购买保单,短期缴费,缴费完成后变更投保人为父母,投保人变更后,投被保险人为同一人,比较安全可靠。

要点三:企业家未成年子女的生活、教育等的安排与父母的安排稍有不同,也可以先由企业家夫妇作为投保人,未成年子女作为被保险人,配置教育金、年金或者高额增额终生寿险保单,缴费期要短,趸交和3年交最为合适,最长不要超过5年。保费交完以后,变更投保人为企业家或者夫人的父母,也就是孩子的爷爷奶奶或者外公外婆。

如果子女已经成年且没有挥霍恶习,则最好子女自己作为投被保险人进行保单的配置。如果子女没有收入财务调查不好完成,也可以通过企业家夫妇先投保人再变更投保人的方式。

要点四:投保人为老人,被保险人为企业家子女,投被保险人不是同一个人,投保人去世,保单投保人的权益和现金价值继承的问题就必须要注意,所以必须设置第二投保人为子女,如果产品不支持第二投保人的设置,就最好配置好遗嘱。当然,如果老人们没有多个子女,家庭和谐,遗嘱的配置省略关系也不大。将来孩子成年了,自己完全可以独立管理自己的财产时,也可以提前让老人把投保人变更成孩子,投被保险人变成同一个人,问题就完全解决了。

要点五:企业家配偶的保单配置的流程也基本一致,首先由企业家配偶自己作为投被保险人购买保单,受益人指定为子女。年金保险、养老金保险、养老社区等都可以配置。交完保费以后变更投保人为父母或者成年子女,如果投保人是老人要再设置第二投保人或者配合遗嘱,但要注意的是,第二投保人要设置为子女,不要让投保人的权益回到企业家配偶的身上,以免被债务牵连。

3. 投保人转换实现债务隔离设计架构的优势

优势一:投保人、生存受益人、死亡受益人等拥有保单财产性权益的人都是没有债务风险的家庭成员,企业家夫妇发生债务风险时,因为有代际之间的债务屏障,不受债务影响,可以很好地隔离企业家的债务。

优势二:家庭中只要有合适持有保单的家庭成员,保单设计就比较简单,险种选择也比较自由,没有门槛,实操性比较强。

优势三:即使在投保时的财务调查环节上遇到一些问题,也可以通过投保人转换的方式方便地解决,容易落地。

优势四:可以通过第二投保人、遗嘱等方便地将祖辈手中的投保人权益隔代转移给孙辈,绕过企业家夫妇这一层风险,实现长久的债务隔离。

优势五:通过合理的险种、被保险人、生存受益人的设计,可以有目的地规划各种保障现金流,专款专用,保障合理可靠。

除了这些有针对性的优势外,这样的保单架构设计还会在财富传承、子女的婚姻资产保护、税务规划等方面有很好的规划功能,这些优势在其他相应的章节有详细解析,这里不再重复。

值得注意的是,这样的架构设计并非完美无缺,其存在两个比较突出的问题。首先,这样的架构设计必须有一个前提条件,就是家族成员中有合适的保单持有人,但在实践中有一些家庭是找不到合适持有人的。其次,用父母作为投保人实质上是一种代持行为,虽然只要提前做好了规划在对抗债务方面并没有明显的缺陷,但是代持风险是现实存在的。所以在规划实践中必须扬长避短,引起足够的注意。

五、继承人能力不足风险的家族信托设计策略

解决继承人能力不足的问题其关键在于传承的设计与债务隔离设计,家族信托以其资产独立的特点,是解决继承人能力不足风险最好的规划工具之一。家族信托的功能优势主要体现在两个问题的解决上。第一个就是关于企业股权传承的处理,企业股权放入信托后可以很好地解决股权分散与管理权分散的问题,可以实现管理权与受益权的分离,防止争产风险的发生。第二个是债务风险的隔

离，因为信托财产具有独立性，独立于委托人也独立于受益人。因此，只要提前设立了资产保全为目的的家族信托，在债务风险来临时就可以很好地隔离债务，保全资产。

（一）企业股权传承与处理的家族信托规划设计策略

股权家族信托在全球范围内都是解决企业股权传承问题的最佳工具之一，不仅国内的家族信托，资产规模较大且没有政策限制的家族企业还可以通过离岸信托来解决股权传承的问题，但在这里我们主要讨论国内股权家族信托的设计与规划。

首先，股权家族信托首先可以用来设计家族企业的管理架构，实现股权的集中管理。具体的方法就是将家族企业的股权放入家族信托，一般会设计SPV公司来间接持有家族企业的股权并方便企业股权的转移。如此，家族成员不直接持有公司的股权，以达到防止股权以及管理权的分散的目的。当然，如果有确定的企业接班人，接班人可以直接持有少部分的家族企业股权，以加强对企业的实际控制力。

其次，股权家族信托可以实现所有权与受益权的分离，将家族企业的主要股权放入家族信托，由信托独立持有，实现所有权的集中，以方便管理权的集中与管理架构的设计。家族成员作为信托的受益人享受家族企业的经营成果，并且还可以通过受益规则的设计体现家族文化与家族价值取向，促进家族子孙后代的健康发展。

最后，股权放入家族信托后，即使企业家身故，信托财产独立于企业家的遗产之外，不需要通过继承程序，因此继承程序本身不会影响到家族企业的管理，也不会引发因股权的继承纠纷，有利于家族企业管理权的平稳交接。交接完成后，因为股权的所有权属于信托且独立，继承人们也没有进行财产争夺的机会，从而也不会影响家族企业的经营管理。

值得注意的是，国内的股权家族信托还处于发展的初级阶段，还有很多问题亟待解决。譬如，将企业股权放入信托时的税费成本过高的问题、信托登记的问题、上市监管的问题等。正因为国内股权家族信托实践还不够丰富，所以本书也暂且只能做这样简要的介绍。

（二）资产保全家族信托的规划设计策略

除了企业股权的处理之外，以资产保全为目的的家族信托规划是更加重要的。企业家夫妇可以在自己资产结构健康，现金流充沛的情况下，将家庭资产中的一部分剥离出来，包括金融资产、不动产等，设立家族信托，并指定父母、子女、及企业家夫妇以及其他必要家庭成员作为受益人，提前做好家人的各项需求的保障。在具体的架构设计中有以下要点：

1. 必须设立不可撤销信托，以隔离委托人债务

为了保证信托财产在委托人面临债务时还有比较好的独立性，保证信托不容易被击穿，最好在合同中约定本信托为不可撤销信托。虽然在我国《信托法》中，没有讲到信托财产的独立性与信托是否可撤销到关系，甚至整部信托法中都没有提到可撤销信托和不可撤销信托的概念。但如果约定不明确，委托人手中就有可能会拥有撤销权，而这个撤销权在委托人面临财产被强制执行时，可能会被法院代替委托人强制行使，信托一旦被撤销，剩余的信托财产回归委托人名下，最终就可能被强制执行。

2. 信托受益人及受益规则的债务隔离设计

信托受益人及受益规则设计非常重要，有很多值得注意的地方，但这里主要阐述以债务隔离为目的的受益人及受益规则的设计。首先，即使是有债务风险的家庭成员，也是可以作为信托受益人的，因为信托财产独立于受益人，受益人的债务不会波及信托财产本身。其次，受益规则中需要设置受益人债务隔离条款，《信托法》第47① 条明确规定信托受益权可以用于清偿债务，但信托文件有限制性规定的除外。据此，我们可以设计禁止受益权偿债的条款，并且可以考虑设计受托人的自由裁量权及时终止对陷入债务泥潭的受益人停止信托分配，进一步进行债务隔离保护。

3. 家族信托中的金融资产安排

在国内，家族信托持有金融资产是比较成熟的，一般来说，是先将现金资产放入信托，然后再由受托人来进行各种类型金融资产的配置，如此，可以很好地解决信托财产登记与税费成本的问题。

在国内环境中，各大信托公司都有非常丰富的资产管理经验，并且可以提供比较丰富的投资品种，客户可以按照自己的意愿与规划确定资产配置的原则，具体的投资品种选择与资产配置的工作客户既可以参与甚至主导，也可以全委托给信托公司来进行。

值得注意的是，家族信托不同于集合的投资型信托，家族信托需要给受益人提供各种现金流的支持，这些现金流有的是定期、确定的给付，但也有一些是以事

---

① 《信托法》第47条　受益人不能清偿到期债务的，其信托受益权可以用于清偿债务，但法律、行政法规以及信托文件有限制性规定的除外。

件为触发条件的偶然的、不确定的给付。无论是定期、确定的给付还是偶然、不确定的给付，在资产配置时都需要考虑投资资产的流动性问题与变现的问题，否则就会造成需要分配受益金时因信托财产缺乏流动性无法达到信托的某些规划目的，或者为了给付受益金被迫变现投资造成损失。

4. 家族信托中房产的安排

家族信托中的房产可以给受益人居住，也可以出租收取租金再分配给受益人，但在所有权的角度上却不是受益人的财产，因而不受债务的侵扰。家族信托持有房产虽然存在过户费用，以及房产税等问题，但用家族信托持有资产比通过亲戚朋友代持保全房产要可靠得多，并且，亲戚朋友代持房产，一样会有过户费用多问题，并且将来个人名下房产也一定会开征房产税，因此，家族信托持有房产长期来说是比较有利的。当然，目前房产限购的问题有时会是个障碍。

5. 家族信托中的人寿保单安排

家族信托也可以持有保单资产，仅指定受益人为信托的就是我们前面提到的保险金信托 1.0 的版本，如果投保人也可以变更成信托，则属于保险金信托 2.0 的版本，2.0 版本的保险金信托就是家族信托，二者之间并没有本质的区别。保单结合信托，尤其是投保人变更成信托后，保单因为信托而具有了财产的独立性，不用再进行复杂的投保人设计，保全功能大大加强。而保单本金安全、收益锁定、可以利用杠杆、可以创造针对性现金流的优势仍然可以充分地发挥。通过保单的配合，尤其是利用杠杆与创设针对性现金流的功能，譬如，通过医疗和重疾保险低成本准备医疗费用、通过寿险死亡理赔金创造身后流动性、通过养老保险创造伴随一生的养老金，可以减少家族信托资产的流动性储备需求，进一步方便其他金融资产的投资，减少其他金融资产因现金流需求而受到的投资限制，进一步优化资产配置的结构。

6. 信托的受益分配安排要优先保护受益人的核心基本需求

设立家族信托，将不动产、金融资产、保单资产等放入信托进行很好的保全与投资，并产生源源不断的现金流，其最终目的还是为家人的健康、成长、幸福服务的。因此，在设计受益分配安排时，就要从受益人的健康、成长、幸福等方面出发，优先考虑最基本的需求，如医疗保障、养老保障、居住保障等保证人最基本生存权利的需求；又如，教育、婚嫁等最基本发展权利的需求，然后再考虑生活品质、创业发展、旅游休闲、艺术文化等改善性需求。以保证信托财产能得到最科学合理的运用，在隔离风险的同时，为家庭、家族成员的长足发展提供最强有力的保障。

第十四章

未成年人监护风险

第一节　风险案例

一、案例导读

财富是多少人梦寐以求的东西，但财富其实是一个中性的概念。中国人比较喜欢把财富比喻成水，其实这是非常贴切的，因为财富和水都有这样一个特点。如果管理得好可以滋养万物，但如果管理得不好很容易就会带来巨大的灾难。如果把未经规划的财富留给未成年的孩子，将会是一个什么样的结果呢？

二、案例详情

庄总是一位房地产老板，59 岁，事业非常成功，身价近 10 亿元。庄总的爱人李某希 29 岁，是庄总的第二任太太，2017 年和庄总结婚，2018 年给庄总又添了一位公子庄某贝，是庄总的心肝宝贝。庄总老家在湖南农村，19 世纪 80 年代和第一任妻子到无锡打工，从泥瓦匠开始到包工头一直到现在的房地产公司老板。庄总和第一任妻子生了三个孩子全都是女孩，大女儿 35 岁，二女儿 33 岁，小女儿 22 岁。随着庄总财富的增加，他想要生男孩继承庄家衣钵的愿望也越来越迫切。妻子已经快 60 岁了，生孩子已经不可能。大女儿和二女儿倒是都给庄总生了大外孙子，大女儿的儿子 8 岁，小女儿的儿子 5 岁，可是外孙他不姓庄，都是别人家的，没办法继承庄家的香火。于是，庄总打算将来让小女儿招一个上门女婿，再给庄总生个大孙子，来延续庄家的香火。但女儿现在连大学都还没毕业，将来能不能听话招上门女婿，都是未知数，这让庄总非常惆怅。

没想到的是，2017 年 9 月，当时是庄总秘书的李某希意外怀孕了，庄总喜出望外，特意带李某希去香港做了个全面的检查，再鉴定了一下性别，居然是个男孩。一想到自己就要有亲生儿子，这就更加让庄总激动了，但没想到李某希在这个关键时刻提出了一个条件，要求庄总 1 个月内离婚，跟自己结婚，明媒正娶，否则就坚决不要孩子。

庄总非常不愿意离婚。一是和妻子几十年风风雨雨，感情还是不错的；二是自己都是当了外公的人，现在还闹离婚，名声也很不好；三是离婚的事，老婆孩子肯定都会坚决反对，自己要一意孤行，家里肯定会起争端；四是担心李某希跟自己结婚以后,会更多地掺合到他的家族和企业中,将来可能会很麻烦。

庄总提出自己以后更多地和李某希还有孩子一起生活,并在经济上更多地给李某希补偿,希望不要去走那道手续。但李某希态度坚决,没有任何商量的余地。

实在没有办法,庄总只好回家商量如何离婚,经过激烈的争吵以后,庄总还是很快把婚离完了,并且和李某希举办了盛大的婚礼。2018 年 4 月,李某希生下了儿子庄某贝。

庄总的生活归于平静不久,一场意外又打破了这难得的平静。2018 年 8 月,庄总的车在高速公路上发生严重追尾事故,庄总的陆虎越野车完全报废,好在庄总系了安全带,仅受了轻伤。见图 14-1。

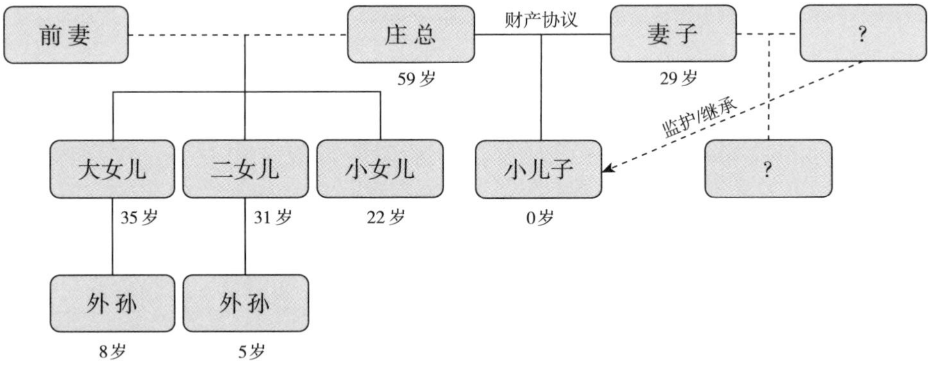

图 14-1　庄总家庭关系

虽然仅受了轻伤,但这次的事故把庄总吓得够呛,也让他深切体会到了世事无常这句话的含义,他想到假设这次他没系安全带,没能回得来,自己家里会是个什么情况。

于是,庄总聘请了财富管理专家律师刘律师给他作了深入的分析,刘律师给庄总分析出了几个重点需要解决的问题,其中最重要的就是他刚出生的小儿子的安排问题。为什么这样说呢?

三、案例解析

庄总已经 59 岁,儿子才 1 岁,父子年龄相差 58 岁。孩子在不能独立自主之前是非常脆弱需要保护的。而孩子要能独立并能自己保护自己,仅仅 18 岁成年还不行,至少要完成教育并踏入社会,如果算硕士毕业大概要到 25 岁,博士毕业则要到 28 岁左右。儿子 25 岁的时候庄总 83 岁,儿子 28 岁的时候庄总 86 岁。

虽然庄总目前没有什么大的疾病,但因为多年的操劳、应酬、抽烟、喝酒、缺乏锻炼。168cm 身高的庄总体重 160 斤,血压血脂都偏高,再加上这几年房地产市场比较差,庄总的精神也一直处于紧张状态,睡眠质量很一般,已经属于严重的亚健康状态。再加上这次意外,庄总现在对自己是否能陪伴孩子到成年实在没有把握。

万一庄总在儿子未成年的时候就去世,那对孩子的保护就会是个很大的问题。庄总视儿子为心肝宝贝,是默认的将来庄家产业的继承人,庄总走后,相当一部分财产会由儿子继承。我们先不探讨庄总是否能顺利地将大部分财产交到儿子手中,会不会因为三个姐姐争夺财产而出现问题。即使儿子顺利地继承了庄总大部分的财产,但因为儿子还不能独立,甚至没有成年,这时候财产的实际掌控者就会是其母亲李某希。

假设庄总去世时,庄某贝 10 岁,母亲李某希 37 岁。根据《民法典》第 27 条的规定,母亲李某希是其单独的监护人,其财产由监护人实际掌管。当然,这并不用担心,因为母亲是一定不会侵害自己孩子的利益的。但李某希才 37 岁,再婚的可能性是极大的。李某希一旦再婚,问题就接踵而至了。

首先是李某希还有可能在第二段婚姻再生孩子,如果再生,两个孩子都是亲生的,作为母亲肯定希望两个孩子的财产一碗水端平,但实际上财产却并不是李某希的,她并没有一碗水端平的权利,需要儿子庄某贝主动让出一部分财产给弟弟妹妹。但庄某贝是不是会愿意?如果不愿意,母子之间,兄弟之间是否会发生矛盾?当然,即使母子发生一些矛盾,也不会有太严重的后果。

但我们要看到,还有另一个很重要的人,就是李某希再婚的丈夫,儿子的继父,因为儿子未成年,李某希再婚以后儿子必然是和继父共同生活,二人之间大概率会形成抚养关系,这时候,儿子庄某贝的财产继父就有了插手的可能性。如果儿子去世,形成了扶养关系的继父就是儿子的继承人。在对待继子名下的巨额财产的问题上,继父会是什么样的态度呢?

如果继父道德修养特别好,视庄某贝为自己亲生,而且认为庄某贝的财产是他父亲留下的,所以自己的亲生子女不应该觊觎。而庄某贝呢,被继父的爱心打动,愿意把自己的财富与弟弟妹妹们一同分享,那当然就会父慈子孝,一家和和睦睦,其乐融融,没有任何问题。

但是,如果继父的道德修养不够高,问题可能就比较多了。因为很大的可能性是继父的前一段婚姻有孩子或者二人结婚后还可能再生孩子,继父如果有自己的亲生子女,那么他就很可能会想为自己的亲生子女争取一些利益。如果继父虽有私心但心地善良,他可能会觉得孩子们作为兄弟姐妹,财产一碗水端平是比较合适的。如果继父更加自私一些呢?有可能会希望亲生子女得到的财产越多越好。继父作为庄某贝的监护人之一对继子的财产拥有一定的管理权,监守自盗,侵害庄某贝利益的事情可能难免就要发生了。

而 10 多岁的庄某贝虽然还未成年,却也懂一些事了,当然不会坐视自己的利益受到侵犯,那么庄某贝和继父之间的矛盾就不可避免了。而二人之间矛盾的激烈程度就取决于庄总留下的财产规模。

如果留下的财产就几百万元,矛盾估计不会太激烈。如果是几千万元呢?可能激烈程度就会大大升级,为了几千万元,做假账、恶意串通,对簿公堂等手段都可能会用。但如果是几亿元呢?为了如此大的利益,可能任何手段都有可能会被用到了,电影里面豪门争产刀兵相见的情节就可能变成现实。这时候对孩子的危险程度就可想而知了。

如果继父更有心机一些,甚至可能会采取“捧杀”的方法,小孩子十几岁血气方刚,对于是非忠奸的辨别能力也非常有限,极有可能在继父的“鼓励”、“支持”和“教唆”下染上恶习,甚至完全不听母亲的管教。

更大的风险是,如果庄某贝身故,形成了抚养关系的继父将是继子庄某贝的法定继承人,拥有和亲生母亲李某希同等的继承权,如果继父在巨大的经济利益的诱惑下铤而走险,其后果简直令人不寒而栗。

所以笔者总结了一句话:“把未经规划的巨额财富留给未成年的孩子,留给孩子的财富越多,就等于把将来伤害孩子的‘刀’磨得越快!”

第二节　风险解析与法律依据

未成年人的监护以及财产保护比较复杂,我国相关的法律制度发展还不成熟,未成年人的财产会面临诸多方面的风险和挑战。下面通过我国法律体系中对未成年人监护人、法定代理人等的基本概念以及监护人法定代理人的权利义务等规定的分析,考察拥有大量财产的未成年人存在的监护风险问题。

一、未成年人的法定监护

(一)未成年人的法定监护人的范围

监护人是一个法律概念,是指对无民事行为能力人和限制民事行为能力人的人身、财产和其他一切合法权益负有监护职责的人。[①] 这和我们生活中照顾其生活的人概念并不完全一致。未成年人的监护人由谁担任呢?《民法典》第 27 条[②]明确规定,未成年人有父母的,父母当然作为其监护人。父母身故或者没有监护能力的,然后才依次由祖父母、外祖父母,有监护能力的兄、姐担任监护人。除未成年人的直系血亲近亲属外,其他亲属或者其他愿意担任监护人的个人或组织在前序顺位的法定监护人缺位的情况下,也可以担任未成年人的监护人,但必须要取得民政部门等相关主管部门的同意。

(二)父母离婚失去抚养权是否会影响监护权

亲生父母肯定属于未成年人的监护人无疑,但亲生父母如果离婚或者属于非婚生子女,没有抚养权的一方是否还是孩子的监护人呢?在法律上,抚养权和监护权是两种类似但不完全相同的权利,并且,父母离婚或者子女为非婚生对亲生父母的监护人资格并没有影响。

依据《民法典》第 1084 条[③]的规定,即使没有取得抚养权的父母一方,对子女仍有抚养、教育、保护的权利和义务,属于未成年人的监护人之一。《民法典》第 1071 条[④]规定,非婚生子女和婚生子女拥有同等的权利,不直接抚养非婚生子女的一方当然对子女有监护权。

---

① 参见邹瑜、顾明主编:《法学大辞典》,中国政法大学出版社 1991 年版。

② 《民法典》第 27 条 父母是未成年子女的监护人。

未成年人的父母已经死亡或者没有监护能力的,由下列有监护能力的人按顺序担任监护人:

(一)祖父母、外祖父母;

(二)兄、姐;

(三)其他愿意担任监护人的个人或者组织,但是须经未成年人住所地的居民委员会、村民委员会或者民政部门同意。

③ 《民法典》第 1084 条 父母与子女间的关系,不因父母离婚而消除。离婚后,子女无论由父或者母直接抚养,仍是父母双方的子女。

离婚后,父母对于子女仍有抚养、教育、保护的权利和义务。

……

④ 《民法典》第 1071 条 非婚生子女享有与婚生子女同等的权利,任何组织或者个人不得加以危害和歧视。

不直接抚养非婚生子女的生父或者生母,应当负担未成年子女或者不能独立生活的成年子女的抚养费。

(三)养父母、继父母是否可以作为未成年人的监护人

关于养父母与养子女的关系《民法典》第1111条①有明确规定,二者之间的权利义务和亲生父母并无二致,并且,收养关系的成立还会导致子女与亲生父母之间的权利义务当然消除。因此,养父母当然是未成年人的监护人,并且因收养关系的成立,亲生父母对其被收养子女的监护权由此丧失。

继父母是不是未成年继子女的监护人呢?《民法典》第1072条②明确规定,继父或继母和受其抚养教育的继子女间的权利和义务,适用本法对父母子女关系的有关规定。从本条规定的字面意思看,如果继父母与继子女之间形成了扶养关系,继父母与继子女之间的关系与亲生子女并无二致,因此,继父母对继子女当然应当有监护权,如果没有形成抚养关系,则继父母子女之间仅仅是一种名义,并没有什么实质的法律关系。

由此可见,是否形成抚养关系很重要。继父母对未成年继子女抚养关系形成的标准目前我国法律制度中并未明确规定,学界也存在争议,通说观点认为一般从以下几个方面考虑:第一,继子女必须未成年;第二,必须共同生活超过一定时间,这个时间一般以2年为一个大概标准,但并非严格标准;第三,是继父母必须对继子女进行了事实上的抚养;第四,继父母必须对继子女有抚养的意愿;第五,继子女有接受继父母抚养的意愿。如果以上五个方面均满足,一般认为扶养关系就形成了。

但是,形成了抚养关系就认为继父母对继子女有监护权也不一定非常妥当。因为,从"亲权"的角度上讲,亲生父母子女之间是血亲,养父母子女之间是"拟制血亲",继父母子女之间是"姻亲"。但"姻亲"和"血亲"还是有一定区别的,张若军教授如此阐述这种区别③。

首先,从身份关系的建立上讲,继父母子女关系是以生父母婚姻为基础的,双方不以建立父母子女关系为初衷,相互间存在的"姻亲"关系,知识生父母婚姻关系的附随效力。相对"血亲"而言,属较远的亲属,故此,各国均不存在将共同生

---

① 《民法典》第1111条　自收养关系成立之日起,养父母与养子女间的权利义务关系,适用本法关于父母子女关系的规定;养子女与养父母的近亲属间的权利义务关系,适用本法关于子女与父母的近亲属关系的规定。

养子女与生父母以及其他近亲属间的权利义务关系,因收养关系的成立而消除。

② 《民法典》第1072条　继父母与继子女间,不得虐待或者歧视。

继父或者继母和受其抚养教育的继子女间的权利义务关系,适用本法关于父母子女关系的规定。

③ 参见孙若军:《父母离婚后的子女监护问题研究》,载《法学家》2005年第6期。

活的继父母子女直接转化为“拟制血亲”的规定。

其次，从信任上讲，“姻亲”关系作为监护人的基础是薄弱的。血脉传承中蕴含的深厚感情，是维系父母子女良好关系的可靠保障。父母对子女的亲近与关爱出于本能与天性，未成年子女的权益，正是通过血缘联系加以保障的。尽管在现实生活中，亲生父母侵害未成年子女权益的事件时有发生，但社会对普遍的亲子关系的信任从未在根本上被质疑或发生过动摇，正因如此，世界各国至今均未设置监督一般家庭之上的监督机构。但姻亲间却不存在来自社会的这种信任，即使继父母子女在共同生活中建立了深厚的亲子感情，也不存在赋予其监护权的必然。

由此可见，我国《民法典》笼统地将形成抚养关系的继父母子女关系适用于亲生父母子女关系的规定是存在一定的不足的，尤其是在直接赋予继父母对继子女的监护权问题上，对被监护的高净值未成年人的保护是存在风险的。

（四）亲生父母去世，继父母的监护权问题的处理

当然，从司法实践来看，如果亲生父母与继父母离婚，虽然继父母子女之间的关系不必然中断，但是，除非生父母不愿意继续抚养，否则继父母和亲生父母争夺监护权胜诉的概率不高。请注意，在司法实践中，希望继续抚养继子女的继父母还是可以与亲生父母争夺抚养权的，只是胜算不高。

但是，如果抚养子女的亲生父母一方去世，继子女的抚养权和监护权又如何处理呢？从目前的司法实践来看，负责抚养子女的亲生父母一方去世，如果继父母与继子女形成了扶养关系且愿意继续抚养继子女的，仍然对继子女拥有监护权与抚养权，并可以与在世的另一方亲生父母或者祖父母、外祖父母等争夺监护权。至于判决结果如何，目前不确定性非常大。

在这个问题上，域外大多数的司法管辖区和我国不太相同，无论是主流的大陆法系国家还是英美法系国家，对继父母子女之间监护权的形成都持非常保守、谨慎之态度。譬如，《瑞士民法典》明确规定继父母与子女之间属姻亲关系，继父母对继子女在抚养问题上具有协助义务，父母离婚，则协助义务当然消失，除非继父母与继子女之间成立收养关系。德国与瑞士的态度基本一样，继父母子女属姻亲关系，继父母对继子女只有部分照顾权。与瑞士不同的是，随着德国在司法实践中对“儿童最大利益原则”越来越重视，德国赋予了继父母在未成年继子女面临严重利益损害的情况下具有领回继子女的权利。

我国的法律制度为何如此设计呢？这主要还是历史原因造成的，基于两个方面的考虑。第一个方面,负责抚养子女的亲生父母去世,如果没有其他法定监护人或者其他法定监护人不愿意承担抚养义务,赋予继父母监护权有利于保护未成年人的利益,在社会保障体系不完善的情况下,防止未成年人陷入困境。第二个方面,继父母进入老年需要赡养时,形成了抚养关系的继父母子女之间关系不中断,继子女即对继父母有赡养义务,在社会保障体系不完善的环境中,有利于解决继父母的赡养问题。

但是,这样的制度对拥有大量私人财产的未成年人可能就未必有利,因为这时候的未成年人的监护权可能会变成“香饽饽”,可能会变成一些别有用心的人争夺的对象。

(五)未成年人的监护人的权利与义务

《民法典》第 19 条、第 20 条①规定,8 周岁以下未成年人为无民事行为能力人,8 周岁(含)以上未成年人为限制民事行为能力人。未成年人因欠缺民事行为能力,在权利的行使和义务的履行上不能独立完成,因此,法律给无民事行为能力人和限制民事行为能力人规定了法定代理人,辅助、代替其行使权力,履行义务,承担责任。8 周岁以下未成年人完全没有民事行为能力,故由其法定代理人代理其实施民事法律行为,他自己独立实施的民事法律行为无效。8 周岁以上的未成年人为限制民事行为能力人,其可以独立实施与其年龄、智力相适应的民事法律行为或纯获利益的民事法律行为,其他民事法律行为则需要法定代理人代理实施或者经过法定代理人的同意、追认方才有效。那么,谁有资格担任法定代理人呢?《民法典》第 23 条②明确规定,监护人是无民事行为能力或限制民事行为能力人的法定代理人。

由此可见,监护人是未成年人的照顾者、保护者、法律行为实施的代理人,在未成年人的生活中担任着重要的角色,监护人有哪些权利和义务呢?这主要规定

① 《民法典》第 19 条 八周岁以上的未成年人为限制民事行为能力人,实施民事法律行为由其法定代理人代理或者经其法定代理人同意、追认;但是,可以独立实施纯获利益的民事法律行为或者与其年龄、智力相适应的民事法律行为。

第 20 条 不满八周岁的未成年人为无民事行为能力人,由其法定代理人代理实施民事法律行为。

② 《民法典》第 23 条 无民事行为能力人、限制民事行为能力人的监护人是其法定代理人。

在《民法典》第34条[①]中，由此可以看出，监护人有代理被监护人实施民事法律行为的权利，但同时也有保护被监护人的人身权利、财产权利以及其他权益不受侵害的义务。甚至，如果被监护人对他人造成损害，监护人还要代被监护人承担相应的侵权责任。

监护人依法履行监护职责而产生的权利受到法律的保护，但这种权利也不能被滥用，而是要遵循一定的原则，这些原则规定在《民法典》第35条[②]。虽然监护人有代理被监护人实施法律行为的权利，但这种权利是被严格地监督和限制的，首先，必须从被监护人的利益出发；其次，在代理实施民事法律行为时要最大程度地保护被监护人的意愿；最后，监护人除为维护被监护人利益外，不得处分被监护人的财产。从法律规定上看，被监护人的权益应当是可以得到很好的保护的。

二、未成年人的遗嘱监护

（一）未成年人的遗嘱监护制度

遗嘱监护制度是未成年人权益保护的又一重要法律制度。遗嘱监护制度在我国第一次出现早在清末，《大清民律草案》第97条规定："父于临终时，因子母不能行使亲权者，得以遗嘱指定监护人。"我国现行的遗嘱监护制度第一次出现在2017年颁布实施的《民法总则》中，随后《民法典》编纂时继承了该制度，规定在《民法典》第29条中，被监护人的父母担任监护人的，可以通过遗嘱指定监护人。

遗嘱监护对于保护未成年被监护人权益具有非常重要的意义。在亲生父母不能履行监护职责的情况下，相比于法定监护与指定监护，遗嘱监护确定的监护

---

① 《民法典》第34条　监护人的职责是代理被监护人实施民事法律行为，保护被监护人的人身权利、财产权利以及其他合法权益等。

监护人依法履行监护职责产生的权利，受法律保护。

监护人不履行监护职责或者侵害被监护人合法权益的，应当承担法律责任。

因发生突发事件等紧急情况，监护人暂时无法履行监护职责，被监护人的生活处于无人照料状态的，被监护人住所地的居民委员会、村民委员会或者民政部门应当为被监护人安排必要的临时生活照料措施。

② 《民法典》第35条　监护人应当按照最有利于被监护人的原则履行监护职责。监护人除为维护被监护人利益外，不得处分被监护人的财产。

未成年人的监护人履行监护职责，在作出与被监护人利益有关的决定时，应当根据被监护人的年龄和智力状况，尊重被监护人的真实意愿。

成年人的监护人履行监护职责，应当最大程度地尊重被监护人的真实意愿，保障并协助被监护人实施与其智力、精神健康状况相适应的民事法律行为。对被监护人有能力独立处理的事务，监护人不得干涉。

人可以更好地保障被监护人的权益:首先,亲生父母关心子女是天性,是世界上对子女利益最为关心的人,由父母挑选监护人选最为妥当,最能保护被监护人的利益;其次,遗嘱监护打破了法定监护的僵硬性,可以有效地防止不合格的监护人拥有监护权;再次,遗嘱监护可以有效解决法定监护人缺位的问题;最后,遗嘱监护相比于法定监护,可以对监护权进行约定与限制,更有利于体现父母及被监护人的意愿,也可以降低监护风险。

由此可见,在法定监护不能可靠解决子女监护问题的情况下,遗嘱监护制度是父母安排子女监护问题的"托孤"利器。

(二)父母的一方在另一方有监护权的情况下依然通过遗嘱指定监护人

父母的一方在另一方有监护权的情况下依然通过遗嘱指定监护人,或者父母双方都在且指定的监护人不一致的,该如何处理?最高人民法院认为,这有待于法律的进一步规定,但宜结合"以后死一方的指定为准"以及"最有利于被监护人原则"和"尊重被监护人真实意愿原则"①。

参考域外成熟规定来看,规定也是各有千秋,主要可以分为三种类型。其一,后死亡的一方父母才有通过遗嘱确定监护人的权利,如日本、法国。其二,即使父母一方健在,另一方所立的遗嘱也可以生效,除非健在的父母提出废止该指定。如葡萄牙。其三,父母都健在,则需要父母共同指定监护人,否则一方父母的指定可能是无效或者只是一个遗嘱提名,如美国。

这三种类型虽各有不同,但都有一个核心意思,就是父母的监护权大于其他任何监护权,父母的一方不能通过指定监护人来对抗另一方的监护权,甚至并驾齐驱,各司其职也不可以。

个人认为,父母之所以会在另一方还在的情况下依然选择指定其他人为监护人,这本身就说明父母一方对另一方在照顾、保护子女权益上的不信任,这种不信任一般不会凭空而来,很多原因是父母以外的人很难了解的。因此,以"后死一方指定为准"的原则虽然被多国立法所采用,但一方父母的担忧也不宜完全忽视之,尤其是在我国关于未成年人的监护监督体系没有完善的情况下,还是应当慎之又慎。同时,我们应当注意到,《民法总则》制定遗嘱监护制度时,立法者先在草案先规定了"后死一方指定"的原则,但最终颁布时却删除了,立法者可能也有这一层的考虑。

---

① 最高人民法院民法典贯彻实施工作领导小组主编:《中华人民共和国民法典总则编理解与适用》(上),人民法院出版社2020年版,第181页。

在处理冲突的问题上，个人认为可以将人身监护权与财产监护权分开处理。在人身监护权问题上，如果一方父母还在，另一方父母指定的监护人的监护权当然不可能剥夺生存一方的监护权，但应当对监护人加强监督，指定的监护人可以作为监护监督人。而对于遗嘱指定了监护人的一方父母为子女留下的财产，被指定的监护人应当有财产监护权，并按照遗嘱中父母的意愿实施监护，这其实也可以理解为一种信托行为，这个权利不宜轻易被否认。

三、监护人侵害未成年人利益的现实情况与司法难点

虽然《民法典》规定了监护人不能损害被监护人的财产权益，如果监护人滥用监护权，损害了被监护人的财产权益，需要承担相应的法律责任。遗憾的是，《民法典》在立法上缺失了监护监督人制度，无法回应现实中监护人怠于履行监护职责、滥用监护权的现象①。在司法实践中，对于监护人怠于履行监护职责、滥用监护权问题往往缺乏切实有效的监督与处理手段。原因主要有以下几个方面：

（一）未成年人监护缺乏有效监督

因为监护人和被监护人共同生活，往往是被监护人关系最密切的人，而其他人相对关系更加疏远，因此，监护人是否切实地保护了被监护人的利益，很少有其他人会关心。而我国目前并没有专门负责监护问题的管理、监督、执行的政府及司法机构，缺乏统一的从上到下的有效社会控管力量和政府公力服务体系，②缺乏责任明确的监督人，监护人往往会处于不被监督的状态。因此，即使发生了侵害被监护人财产权利的情况，也很少会被发现。

1. 监督人很难有有效的监督手段

监护人是和被监护人共同生活的人，而其他人因为不与其共同生活，因此，对他们之间事情的具体情况会缺乏了解，监督手段非常有限，很难及时发现侵害的情况。譬如，父母一方侵害孩子的财产权益，爷爷奶奶外公外婆虽然很关心，但终究不是一起生活，了解到情况有限，很多侵害行为难以被发现。

2. 起诉监护人障碍重重

如果发生侵害，救济的最有效途径是诉讼，但未成年人的法定代理人又是监护人，理论上未成年人是没办法直接起诉监护人的，而只能向其他的近亲属、居委会、学校等寻求帮助，由其他近亲属或者有关组织代为起诉。这样的起诉途径障

① 参见王利明、周友军：《我国〈民法总则〉的成功与不足》，载《比较法研究》2017年第4期。
② 参见吕新建：《论我国未成年人监护制度的完善》，载《河北法学》2005年第7期

碍重重，最终能成功提起诉讼的可能性较小。

3. 即使提起诉讼，证据搜集的难度也比较大

监护人和被监护人共同生活，人身监护、财产的处置、资金的支出缺乏日常的监督，人身侵害缺少见证人，财产侵害也没有明晰账目，财产使用的真实情况也缺乏有效的记录。因此，证据搜集是非常困难的。

（二）我国法律对未成年人财产保护不足

1. 实体法对未成年人的财产保护不足

因为在以往很长一段时间内，我国的未成年人一般鲜有自有财产，导致我国法律制度对未成年人的财产保护缺乏认识。我国目前大部分的法律的关注点集中在未成年人的身体、精神、教育等方面，对未成年人的财产保护关注严重不足。譬如，《未成年人保护法》中对未成年人财产保护鲜有提及。2015年1月1日实施的《关于依法处理监护人侵害未成年人权益行为若干问题的意见》第1条对监护侵害行为的定义为：父母或者其他监护人（以下简称监护人）性侵害、出卖、遗弃、虐待、暴力伤害未成年人，教唆、利用未成年人实施违法犯罪行为，胁迫、诱骗、利用未成年人乞讨，以及不履行监护职责严重危害未成年人身心健康等行为。居然完全没有提及对未成年人财产权益的侵害。

2. 我国法律在被监护人财产处分程序上存在不足

《民法典》第35条第1款第2句"为维护被监护人利益"是一种主观性、防御性规定，而不是基于法定程序的客观性规定，缺乏有效的保护程序，无法做到事前预防。[①] 对此，只能在其他相关人员发现被监护人的利益被侵害，并由此诉诸法院时，才有机会做事后补救。

相比之下，境外很多国家和地区的法律保护程序更加完善，如《德国民法典》规定，监护人处分被监护人的财产，一般需要得到监护监督人或家庭法院的批准；而《法国民法典》非经亲属会议批准，监护人不得以未成年人的名义进行财产处分行为，尤其不能替受监护的未成年人借贷、让与不动产、商业营业资产、有价证券与其他无形权利，或者就此设定物权；日本、我国台湾地区，也在监护人处分被监护人财产的问题上，设立有亲属会议、监护监督人、家庭法院批准等制度，以防止监护人的权利被滥用。因此，比较而言，我国内地未成年人的财产权益更加容易受到侵害。

---

① 参见朱广新：《论监护人处分被监护人财产的法律效果》，载《当代法学》2020年第1期。

综上所述，在司法实践中，我国内地未成年人的权益，尤其是财产权益被监护人侵害的问题，长时间处于缺乏关注、难以发现、难以诉讼的尴尬境地。

（三）继父母对继子女的继承权容易导致道德风险

《民法典》第 1127 条规定，父母为子女的第一顺位继承人，其中父母包括亲生父母、养父母或形成了扶养关系的继父母。《民法典》第 1070 条规定，父母和子女有相互继承遗产的权利。结合《民法典》第 1072 条“继父或者继母和受其抚养教育的继子女间的权利义务关系，适用本法关于父母子女关系的规定”的规定，再次确认了形成抚养关系的继父母对继子女的继承权。

在全世界，将姻亲直接赋予继承权的国家和地区是极少的。德国、日本、法国、美国、英国以及我国台湾地区、香港特别行政区。继父母与继子女之间都没有继承权。在我国，一是由于我国婚姻家庭法律没有以亲权为中心构建整个体系；二是因为我国继承法体系主要参考《苏联民法典》，采用“死后扶养思想”，导致我国的婚姻家庭法律体系将形成了扶养关系的继子女与继父母简单地等同于亲生父母子女关系处理，以解决未成年子女的扶养与年老父母的赡养问题。这样的法律制度设计，在私有财产比较贫乏、社会保障体系欠缺的时期有非常积极的意义。但是，这样的制度设计在处理私有财产极度丰富的高净值家庭继承问题时就会存在缺陷。尤其是成年的继父母对拥有巨额财产的未成年继子女拥有第一顺位继承权的时候，从一般社会认识的角度上讲，未成年继子女死亡，继父母可以继承继子女的巨额遗产，其中蕴含的道德风险不言而喻。

综上所述，我国关于未成年人的监护、保护的法律制度虽然已经初步建立。但是，因为体系发展还不完善，各种配套的制度还没有建立和完善。尤其是针对高净值群体的立法考量还不足，导致在对拥有比较多私人财产的未成年人群体的保护方面，还存在很多缺陷，高净值家庭的父母一定要引起足够的重视。

第三节　典型高风险人群与风险发生场景

前文我们从法律的视角分析了高净值家庭未成年人的监护风险问题，那么，在现实生活中这些风险具体会有一些什么样的发生场景，又会有哪些人群是值得引起重视的典型高风险人群呢？

一、未成年人监护风险的高发人群

在绝大部分高净值家庭中，未成年人的监护人是自己的亲生父母，一般不会有监护风险。只有少部分的比较特殊的高净值家庭，由于各种原因的影响，才会存在未成年人的监护风险。在高净值家庭中，未成年人监护风险的高发人群主要有以下四种：

1. 夫妻离婚，抚养子女一方对自己身故后另一方独立抚养子女不放心

在有的离婚家庭中，如果一方经济条件比较好，另一方因为沾染恶习财务状况糟糕，经济条件好的一方对另一方独立抚养子女非常不放心，尤其是在自己身故并将财产留给了未成年子女后，就会尤为担心沾染恶习一方会侵害子女的财产权益。即使一方没有沾染恶习，只要其自私自利、责任心不强、贪图安逸享乐，受其监护的子女财产被侵害的风险就会比较大。尤其是在另一方父母去世，完全没有监督的情况下，这种风险就更加突出了。在这类家庭中，女方对男方不放心的情况会比较多。

2. 亲生父母一方身故，生存一方对自己身故后子女监护问题不放心

亲生父母一方已经身故，生存的一方抚养子女。无论生存一方是独立抚养子女还是再婚与配偶共同抚养子女，其对自己身故后子女的抚养问题一般都是不放心的。

3. “老夫少妻”家庭，男方担心自己去世后子女的监护风险

在“老夫少妻”家庭中，男方与子女的年龄差别过大，一般相差 50 岁以上，与妻子年龄差别一般也在 25 岁以上。所以，男方身故时，子女可能还未成年，妻子也还非常年轻，再婚的可能性极大，因而子女的监护风险也较为突出。

同时，要注意，“老夫少妻”可能是法律上的，也可能是生育非婚生子女的情况。当男方去世之后，非婚生子女的母亲结婚的可能性也是极大的，继承了大量遗产的非婚生子女同样会面临比较大的监护人侵害风险。

4. 亲生父母身故，孩子的祖辈对自己身故后孙辈的监护不放心

还有少部分家庭，亲生父母均已身故，孩子由祖辈抚养，祖辈身故后孩子就将面临没有法定监护人的困境。尤其是孩子还继承了高额遗产的话，监护人侵害风险就更大了。不过，这种情况在现实生活中不是太常见。

二、未成年人监护风险的典型表现场景

（一）离异家庭的未成年人监护风险表现场景

2017 年，湖南某市的邓女士和爱人张先生办理了离婚手续，双方协商决定将

二人共有的住房赠与女儿小张，女儿抚养权归张先生，抚养费双方各承担一半。离婚后，虽然女儿抚养权归张先生，但实际女儿还是随邓女士生活，由邓女士实际抚养。住房虽然已经赠与女儿，但未办理过户手续，并且，因为张先生在某市没有住房，所以依然由张先生实际居住。

让邓女士没想到的是，离婚一段时间后，张先生因为谈了对象，居然提出要使用双方赠与女儿的住房作为婚房再婚。这个要求遭到了邓女士的强烈反对，最终，二人协商一致将房产出售，所得售房款二人各得一半。随后，张先生与女朋友办理了结婚手续。见图 14－2。

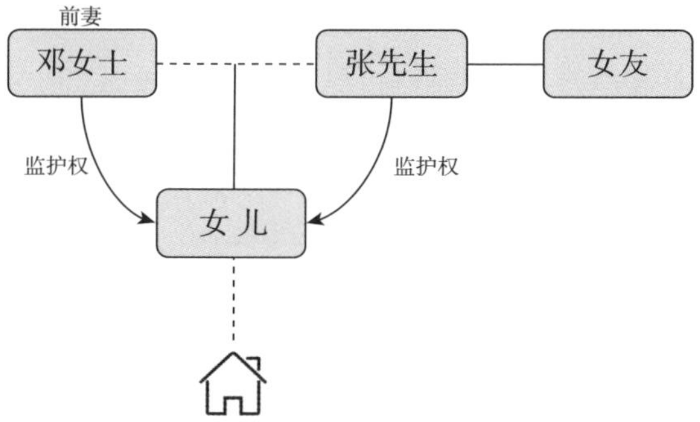

图 14－2　张先生家庭关系

因为这个事情，邓女士对张先生抚养女儿更加不放心了，所以起诉到法院要求取得女儿的抚养权。法院经过审理后认为：首先，住房夫妻二人已经赠与女儿，虽然没有办理过户手续，但这属于附道德义务的赠与，不能撤销。所以房产已经属于女儿，二人处分女儿房产的行为，违反了“监护人除为被监护人的利益外，不得处分被监护人财产”的法律规定，已属违法。其次，因为房产被出售，导致女儿在市里上学的条件丧失，如果女儿继续由张先生抚养，则只能回村里上学，并且张先生已经再婚。再次，邓女士已经在更发达的某阳市工作，工作稳定收入高。并且购置了房产，车辆，可以给女儿提供更好的成长与教育环境。最后，离婚后，女儿一直由邓女士实际抚养。因此，法院根据有利于未成年人的原则支持了邓女士的诉讼请求，将女儿的抚养权判给了邓女士。

这是一个根据真实判决改编的案例。在这个案例中，母亲邓女士对女儿的抚养问题是不是就可以高枕无忧了呢？答案是否定的，因为还存在风险。当然，大概率邓女士可以顺利地抚养女儿成年、自立。但是，如果邓女士在女儿成年之前因为意外或者疾病身故，女儿就会面临监护人侵害的风险。

邓女士一旦身故,邓女士的房产、汽车、储蓄等都会变成遗产由女儿继承。而张先生虽然丧失了女儿的抚养权,但并没有丧失监护权,邓女士去世以后张先生就会成为女儿唯一的监护人与扶养人,女儿继承的遗产也会由张先生代为管理。

那么张先生有没有可能侵害女儿的财产呢?我们可以根据已发生的事件来分析。张先生和邓女士离婚后,邓女士可以独立生活并迅速添置房产、汽车等,但张先生只能寄居在赠与女儿的房子里,这说明张先生工作能力一般;离婚后,女儿的抚养权虽然归张先生,但女儿却一直跟随母亲邓女士生活。并且,张先生准备再婚时,不是自己想办法创造更好的生活条件,而是希望侵占女儿的房产作为婚房,这说明张先生的上进心、责任心都很一般;被前妻拒绝后,居然坚持出售房产分割房款,说明张先生漠视女儿的权益,可能比较自私。在有邓女士监督的情况下,张先生还如此明目张胆地侵害女儿的财产权益,连夫妻留给女儿仅有的一套房产都不放过。如果邓女士身故,失去了有力的监督之后,张先生侵害女儿财产权益的风险程度如何就可想而知了。

这还仅仅是一方父母能力一般、责任心不强、有些自私的情况,相比之下,如果一方父母有赌博、吸毒、酗酒、沉溺于游戏等恶习,则风险的严重程度就更加不言而喻了。从以往的实践经验来看,如果父母另一方有恶习,虽然抚养子女的一方在孩子未成年之前就身故的可能性很低,但大部分的父母依然会表现出非常严重的担忧。

(二)单亲家庭的未成年人监护风险表现场景

在父母一方去世的高净值单亲家庭中,未成年人将来的监护风险也是父母最为担心的问题。从我们以往的实践来看,与前面的情形一样,虽然父母在孩子未成年时就身故的可能性实际上比较低,但是,这种单亲家庭的父母对自己身故后子女的照顾问题普遍都非常担心,无论父母是否已经再婚,都不会显著减少其对子女监护问题的担心。

因为父母双亲去世后,如果父或母在去世前没有再婚,则未成年人的第一顺位法定监护人是祖父母、外祖父母。但是,祖父母、外祖父母可能会缺乏监护能力,管不住未成年的孙子女。再加上,在父母去世的情况下,老人对孙子女一般都会比较溺爱,而且家庭经济条件又好,在这种情况下,孙子女沾染上不良习惯的可能性就会比较大。

此外,如果祖父母、外祖父母都已经去世,则轮到第二顺位监护人,有监护能力的兄、姐。但如今社会大部分是独生子女,根本就没有兄、姐。所以,就会直接导致没有确定的法定监护人。子女可能会进孤儿院,也可能会被收养。这时候,未成年子女名下继承的大量的财产不但很难帮到他自己,反而可能会成诱发监护人侵害风险的隐患。

如果后去世的一方父母在去世前已经再婚,并与再婚配偶一同抚养未成年子女,则子女与继父母形成了抚养关系的可能性比较大。在这种情况下,监护人可能是祖辈,也可能是继父母。如果继父母愿意继续抚养未成年继子女,继父母取得监护权的可能性是极大的。如果未年成年人名下继承的遗产比较丰富,虽然我们相信在现实生活中善良的继父母还是占绝大多数,不会轻易侵害被监护继子女的权益,但是我们也不得不承认其面临的监护人侵害风险还是不小的。这也是为什么,在实践中,单亲的父母对自己身故后子女监护问题如此担忧的原因所在了。

(三)老夫少妻家庭的未成年人监护风险表现场景

本章第一节庄总的案例就是老夫少妻家庭未成年人监护风险的典型发生场景。这种家庭结构在高净值家庭中比较常见,不仅包含在案例中所列举的婚生子女的情况,同时还包括非婚生子女的情况。

当父亲与子女之间的年龄差距超过50岁,孩子母亲与父亲年龄差距超过25岁时,父亲身故而子女还不能独立生活的可能性是不小的。在这种情况下,一方面,子女将通过继承获得父亲大量的遗产。另一方面,妻子还比较年轻,在丧偶以后再婚的可能性很大,并且再婚后孩子还会由母亲抚养,从而与继父共同生活。在第二节中笔者分析过,继父和孩子形成扶养关系后,就对孩子具有了监护权和继承权。这两项权利如果落在别有用心的继父手中,就会产生较大的监护风险。

首先,继父可能利用参与管理继子女的财产的便利,侵害继子女的私人财产。这不仅会导致财产损失,还可能引发家庭内部矛盾和争端,对继子女的成长非常不利,甚至可能导致继子女的人身风险。

其次,如果亲生母亲失去行为能力或身故,继父就可能独立担任继子女的监护人,这种情况下继子女被监护人侵害的风险就更大了。并且,如果牵涉财产规模过大,这甚至会成为亲生母亲的潜在威胁。

再次,继父成为继子女的继承人,如果继子女名下的财产规模过于巨大,继子女身故后继父可以作为继承人继承到巨额的遗产,这甚至会威胁到继子女的人身安全。这也是为什么在世界上其他国家,无论是大陆法系还是英美法系,对待继父母与继子女之间的监护权和继承权问题如此谨慎的原因所在。

最后,在非婚生子女的家庭中,未成年子女被监护人侵害的风险相比之下更为突出。除了前面提及的风险之外，亲生母亲虽然很少会侵害亲生子女的人身权益，但是侵害财产权益的可能性还是比较大的。从以往的实践经验来看，很多高净值人士对于非婚生子女的亲生母亲是不放心的，因为很多时候非婚生子女的亲生母亲在男方看来财务习惯很多不是太好，他们担心一旦让女方掌握财产的管理权，这些留给孩子的财产很快就可能被挥霍掉。这种风险在男方健在的情况下还可以控制，但男方一旦身故，这种风险可能就失控了。

综上所述，对于很多高净值人士来讲，如果要把巨额财产留给自己未成年的孩子，那么，如何保护孩子的利益不被监护人侵害就是一个非常重要而且现实的问题。这个问题解决难度高，而且必须未雨绸缪，稍有不慎，就很难确定留给未成年孩子的财产对孩子来说到底是福还是祸。还是那句话："把未经规划的巨额财富留给未成年的孩子，留给孩子的财富越多，就等于把将来伤害孩子的'刀'磨得越快！"

第四节　解决方案设计策略与规划实操

孩子是父母的心头肉，是家族的未来与希望。对于高净值家庭来说，如何保证孩子健康、快乐地成长，将子女培养成对家族、对社会有益的人才是父母们最关心的问题。但是，如果高净值家庭出现了第三节分析的四种家庭结构的情况，未成年子女的监护问题都面临风险，那将对孩子的成长环境甚至人身安全都造成威胁，就更谈不上健康、快乐地成长了。因此，如何通过科学的规划设计，避免未成年人子女的监护人侵害风险意义非比寻常。

避免未成年人的监护人侵害风险其实并不难，关键是要提前聘请专业人士根据家庭的实际情况，运用各种法律工具、金融工具进行科学合理的规划。未成年人监护风险预防方案设计一般需要遵循以下的基本原则。

一、未成年人监护风险预防方案设计的五大基本原则

（一）未雨绸缪，提前规划

古语有云："凡事预则立，不预则废！"对于孩子的问题就更加要未雨绸缪。孩子的安全、成长无小事，尤其是在监护问题上，容不得一点点地冒险。虽然监护

风险发生的概率不一定很高，一旦发生，对孩子造成的损害可能就会贻害一生，不可不未雨绸缪，提前规划。

（二）提前选任好可靠的监护人，做好遗嘱监护设计

一个可靠的监护人是孩子健康、快乐成长的关键所在。所以，父母必须提前为子女挑选好可靠的监护人，并通过遗嘱监护做好自己的继任监护人的安排。我们期盼这个监护人永远都不用上岗，就像我们盼望安全气囊永远不要弹出。遗嘱监护的安排，最终有没有被用到不重要，但需要用的时候已经做好了安排，这很重要。

（三）建立遗嘱监护权的“负面清单”

遗嘱监护属于广义的意定监护的一种，意定类型的监护相比法定监护有一个很明显的优势，就是可以对监护权进行必要的限制。有一些大概率损害被监护人权益的权利，可以通过“负面清单”直接予以禁止，譬如，在被监护人的不动产上设立抵押权、质押权；将被监护人的大额人寿保单进行退保处理；购置奢侈品、奢侈服务；进行高风险投资等，更好地保护被监护人的权益。

（四）尽量实现人身监护与财产监护分离

人身监护与财产监护分离对保护高净值未成年人意义重大，可以防止人身监护人的道德风险。财产监护最好借助于专业机构和专业工具完成，譬如，公证处提存账户监管财产或者通过人寿保险或者保险金信托进行财产监管，还可以通过家族信托进行财产监管。专业机构监管财产，一发生侵害被监管财产的可能性极低。

（五）从情感上充分信任人性，从规则上防止用财富考验人性

在监护规划设计上，我们在情感上要充分信任人性，要相信孩子的亲生父母、继父母以及其他近亲属等都是善良的，对孩子是充满关心和爱护的，一定可以很好地照顾孩子，并且完全可以将孩子的人身监护放心地交付给他们。另外，必须要从规则上防止用财富考验人性，尽量让孩子的人身监护人没有机会通过监护权的滥用获得财产性利益。如果孩子意外身故，可以将孩子名下的财产大部分捐献给慈善机构，不要让孩子的法定继承人有获得巨额遗产继承的机会。千万不要尝试用巨额财产去考验人性，人类历史上无数案例证明，人性很多时候经不起考验。

（六）设计好监护监督体系

即使找到了合适的监护人，实现了人身监护与财产监护的分离等，监护监督体系的设计依然必不可少。监护监督可以让监护人之间相互监督，还可以让公证

处参与监督,还可以委任专门的监护监督人。

二、遗嘱监护,结合公证工具,预防未成年人的监护风险

遗嘱监护对于预防未成年人监护风险是非常重要的,孩子的父母可以通过遗嘱,指定一个自己非常信任的人在自己去世以后担任孩子的监护人,以达到保护未成年孩子权益的目的。以下具体举例说明。

王女士 36 岁,儿子贝贝 6 岁,孩子的父亲张先生有吸毒、赌博和盗窃的恶习,现在正在监狱服刑。王女士和张先生已经离婚,贝贝判归王女士抚养,王女士目前不幸查出乳腺癌晚期。王女士名下有住房一套,存款 30 万元,她计划将这些财产留给儿子贝贝作为孩子成长之用。但是,王女士去世以后,作为亲生父亲的张先生就是贝贝的监护人,王女士非常担心留给孩子的存款和房子会被张先生拿去赌掉、吸掉。此时,王女士就可以用遗嘱监护结合公证工具设计方案保护孩子的权益。关于具体方案的设计,笔者详细地请教了上海某证处的资深公证员李先生。

(一)通过遗嘱监护为子女设立监护人

王女士可以选择她最信任,也愿意帮助她的亲友,通过遗嘱监护的方式指定朋友为孩子的监护人,遗嘱的设立最好去公证处办理。虽然《民法典》中对父母一方还健在的情况下,指定监护人的法律地位没有明确规定,但从保护孩子利益的原则出发,赋予指定监护人共同监护的权利是合理的。当王女士去世后,被指定的监护人再去公证处办理遗嘱效力确认公证,取得公证处颁发的监护证书,就可以开始履行其监护人的职权,保护孩子的权益。

(二)结合公证制度,做好孩子的财产监护安排

1. 房产的安排

关于房产的处理,李先生介绍了几种方法,这里介绍最实用的一种。王女士给被指定的监护人出具经过公证的死后生效委托书,王女士去世后,房子所有权不动,仍然在王女士名下。这样作为监护人的张先生就没有处分房产的可能性。同时,被指定的监护人凭借死后生效委托书管理房产,如将房产出租,将房租用于孩子的生活费、学费等。万一孩子面临重大疾病或者紧急需要用钱,可以根据委托书等授权,在公证处监督下出售房产,售房款直接打入公证处的提存账户,由公证处监督监护人使用。孩子平安成年以后,具备了自我管理的能力,再将房产过户或者将售房款给到孩子。

2. 存款和现金等金融资产的安排

关于30万元存款的处理，王女士死后可以直接打入公证处的提存账户，由公证处监管，监护人定期根据孩子的需要申领款项，安全可靠。

从一定程度上说，上述的处理方式就可以被认为是一种信托行为，委托人是王女士，受托人是被指定的监护人，公证处既承担信托监督人的角色，同时还要担任公共受托人的角色。

李先生还指出，如果客户的资产量比较庞大，虽然也可以通过遗嘱监护加公证处提存监管的方式解决，但解决方式稍有不同。笔者建议，通过遗嘱监护加生前信托的方式完成，由受托人或者专业信托机构负责财产的管理，公证处担任信托监察人的角色。

三、人寿保险在预防未成年人监护风险中的运用方法

公证处的提存账户虽然在财产的安全性和使用的方便性上都有很大的优势，但提存账户仅有简单的储蓄功能，很难做到保值增值。在这种情况下，如果用人寿保险传承金融资产，则资金的保值与增值型得到了不错的提升，而且在未成年人的利益保护上也有不错的功能，具体可以这样操作。

（一）人寿保险结合遗嘱监护的设计方法

由父母作为投保人，未成年孩子作为被保险人，配置年金类保单，为孩子以后的生活提供生活费；配置教育金或增额终身寿险类保单，为孩子准备好教育金；配置重大疾病、高端医疗保险等，为孩子准备好充足的医疗费用。这一类的保单最好选择短期缴费，并配合投保人豁免，避免投保人身故保费还没有交完的尴尬。同时，通过遗嘱或者第二投保人的设计，将投保人的权益交给孩子或者孩子将来的监护人，由监护人代为持有保单。

保单还需要配合遗嘱监护，给孩子指定比较可靠的监护人，但是通过监护禁止监护人进行退保、保单贷款等。监护人可以部分减保领取增额终身寿险的现金价值解决孩子的教育金问题，但领取之前需要先征得监督人或者公证处的同意。孩子能独立自主以后，如30岁以后，保单投保人变更成孩子。

这样的设计既可以为孩子的成长、教育、医疗提供充足的现金流保障。同时，通过保单的特殊属性，结合遗嘱公证还可以很好地防止监护人侵害孩子的财产性权益，是比较简单实用的设计方法，适用于中产及一般高净值家庭的规划设计。

（二）人寿保单结合公证工具的设计方法

如果对前面方案的可靠度还不够放心，还可以用人寿保险结合公证处的提存账户进行规划设计。父母作为投被保险人，子女作为受益人购买配置终身寿险保单，赔付以后保险理赔金直接进入公证处的提存账户，由公证处直接对资金进行监管，监护人根据被监护人的需求定期到公证处领取相关的生活费、教育费用、医疗费用等。这样的设计方案可靠性将更高，当然，必须要以损失理赔金的收益性为前提。

（三）通过保险金信托保护未成年人的权益

在前两种规划方案中，保险金信托在未成年人的保护上功能会更加强大，但门槛也会稍微高一些，一般需要高净值家庭才能用到。譬如，在庄总的案例中，保险金信托就可以很好地帮助庄总解决将来孩子的生活、教育、医疗、婚嫁、创业的保障问题。而且可以做到安排有序，保险金信托的财产不会被监护人侵害。

1. 保险金信托架构设计方法

庄总可以这样规划，首先以自己为投保人和被保险人购买终身寿险，如果客户身体比较好，可以购买长期交、高杠杆终身寿险，最大限度地利用保险放大资产，创造更大的现金流。如果客户身体不好，则可以购买几乎没有杠杆的增额终身寿险。同时，设立保险金信托，将保单的死亡受益人指定为信托，再指定孩子为信托的受益人，并设计一系列的受益规则，做好孩子的生活费用、教育费用、医疗费用、婚嫁支持、创业支持等的安排。如果客户资金量足够大，信托公司也支持，还可以设计一些定制条款，鼓励孩子更好地成长与发展。见图14－3。

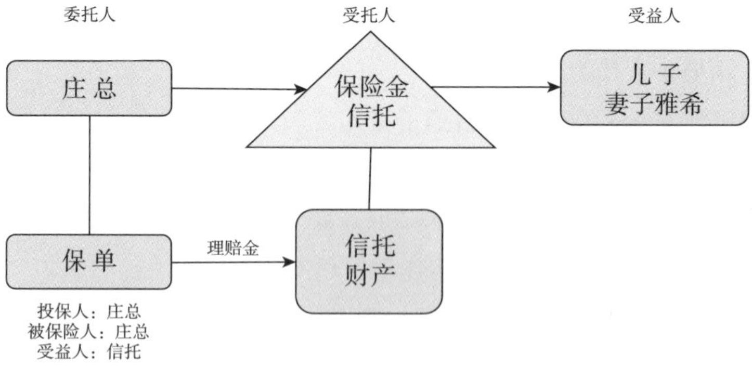

图14－3　保险金信托架构

2. 保险金信托预防未成年人监护风险的五大优势

优势一：庄总去世后，保险死亡理赔金不是遗产，不经过继承程序直接进入保险金信托，直接、安全、高效。

优势二：孩子只是信托的受益人，对信托财产既没有所有权也没有管理权，因此监护人自然也就没有对信托财产的管理权，也就没有可能侵害到这一部分财产。

优势三：孩子领取到受益金由信托公司支付，并且可以直接支付给学校、医院等。即使支付给孩子的账户或者监护人，信托公司也可以进行一定的监管，防止被侵害。

优势四：信托还可以设立监督人或者监察人，监察人对于信托财产和受益金的使用也可以起到监督作用，防止侵害行为的发生。

优势五：财产的使用方式可以通过信托文件进行个性化的安排，可以更好地执行客户的意愿，让孩子得到更加细致的照顾。

还有一些保险金信托通常的优势，在其他章节有很多的介绍，这里就不再重复。

四、家族信托在预防未成年人监护风险中的运用方法

保险金信托①虽然有很好地保护未成年孩子、防止监护人侵害的功能，但毕竟只能处理保单或者再加上一些类型的金融资产。高净值客户的资产类型是多种多样的，还包括不动产、股权等各种资产，这些资产他也是希望能留给孩子的。这时候就要用到家族信托了。

家族信托在未成年人的保护优势上，和保险金信托是非常接近的，这里就不作重复阐述。家族信托的规划实操我们在其他章节也有详细的阐述，这里也不重复，此处主要只强调一下，受益人为未成年人的家族信托设计的注意事项。

注意事项一：信托公司作为受托人，在一些特殊资产的管理上是不擅长的，尤其是公司股权的管理上。目前在国内，公司股权设立家族信托虽然还没有普遍的出现，但已经有少量的案例，将来的发展趋势是明确的。在股权类家族信托中，在一般情况下，公司经营管理是由家族成员自己来完成。但在未成年人的家族信托

① 注意：家族信托与保险金信托并无本质区别，保险金信托是家族信托的一种。现在国内的保险金信托很多支持放入房产在内的其他非金融资产，这其实就是家族信托，这里所说的保险金信托特指只能放入保单和金融资产的狭义的保险金信托。

中,孩子自己没有公司管理的能力,因此,对公司管理人的选任机制、淘汰机制的设计就比较关键。

注意事项二:遗嘱监护不能忽略,信托擅长是对孩子财产上的安排和保护,孩子人身的监护国内外信托都是做不到的,因此,给孩子指定一个可靠的监护人,是保护孩子必不可少的措施,不可忽视。监护人可以指定一人,也可以指定数人,还可以安排顺位。监护人除了履行监护职责外,还可以负责一些信托公司不愿意做的事务的管理和执行,因为目前国内信托公司在事务性管理能力上还是存在欠缺的。监护人还可以作为信托的监察人监督信托受托人履行受托责任。

注意事项三:在孩子成年之后,委托人一般会希望将企业的股权,主要的不动产等交还给孩子自己管理,但在交还的时间点和条件的设置上应当要非常注意,最好是能在孩子的心智完全成熟,并且有能力管理财产的时候再交还。譬如,规定孩子 30 岁以后交还、研究生毕业 5 年以后交还或规定结婚生子后交还,甚至规定事业,职业发展到何种程度了交还等。交还的时机是否成熟,也可以赋予受托人或者监察人一定的自由裁量权。并且,在财产建议交还时,分步逐步交还,而不是一次性集中交还,以防止孩子因突然获得大量财产等掌控权而产生一些不必要的风险。

第十五章

跨境传承风险解析与规划策略

第一节 风险案例

一、案例导读

随着经济全球化的发展,高净值家族的全球化趋势也越发明显。投资移民行业曾经用一句话描述了中国高净值群里的移民状况,说中国的有钱人,一半已经移民,另一半正在移民的路上。而教育是中国高净值人群移民的第一大动力,随着越来越多的孩子接受境外的教育,他们的思维更加国际化,生活圈子也更加国际化,家族财产也随之更加国际化,家族成员的身份自然也就更加国际化。国际化给家族财富的管理、保全与传承带来了更多的便利和机会,同时也带来了更多的困难与挑战。而跨境传承就是其中表现最为典型的领域。在讲国内家族的传承问题时,大家应该已经感受到了传承问题的复杂性了;而当面临跨境传承的问题时,因为各个国家和地区的法律、经济、文化差异巨大,传承牵涉的问题也各不相同,其复杂性就可想而知了。

二、案例详情

笔者曾经给一对企业家夫妇咨询财富管理的问题,他们夫妻分工明确,丈夫负责挣钱,妻子负责理财。而妻子最喜欢的理财手段就是买房子,开始是在国内买,国内不确定性大了就开始去海外买。第一套海外房产是送儿子去美国读书买的,后来又去了加拿大买,后来又去西班牙,她越买越发现国外的房子价格便宜,租金还高,越买越上瘾。最后的结果是,在十几个国家总共买了 30 多套房子,全部都登记在妻子的名下。这位太太骄傲地跟我说,将来他们走了,只要给儿子留下了这几十套房子,儿子孙子几代人只要收房租就能解决所有问题了。

到今天都记得笔者给客户说的话:“您别以为您给儿子留下的是几十套房子的资产,如果您不注意,您留下的会是几十个麻烦。因为从您去世那一刻开始,你儿子就要开始奔波于世界各地办理各种各样的遗产继承手续,这辈子都不一定能办得完,如果将来儿子去世了,孙子再接着办。”见图 15 - 1。

图 15－1 房产分布图

三、案例解析

当笔者说完这段话后，这位企业家夫人当场就沉默了。她从来没想过还会有这样的问题，这就是跨境传承复杂性的一个体现。因为这位企业家夫人做了一件非常不专业的事情，就是把全世界各地的房产都登记在了自己个人的名下。这样的安排会导致三个问题。

第一个问题，跨境的法定继承程序非常复杂。如果这位企业家夫人和她的丈夫没有做传承安排，他们去世后，他们名下的财产就会作为他们的遗产面临法定继承问题。他们的房产遍布全世界各地，境外遗产的继承依据我国《涉外民事关系法律适用法》第 31 条的规定，境外不动产法定继承，适用不动产所在地法律。因此，在这些财产法定继承的问题上，继承人的确定、继承份额的分配、继承程序的遵从等一系列的问题，位于不同国家的不动产，规定和要求均不同，相关程序非常复杂，很多程序甚至需要继承人亲赴当地，烦琐程度可想而知。如果牵涉继承诉讼就更麻烦了，法院的管辖权问题、取证的问题、法律适用的问题等，每一个都非常复杂且可能存在争议和冲突。即使是最简单的情况，即在国内完成诉讼，但执行程序依然需要境外执行，但跨境执行一直都是全世界都面临的难题。如果复杂一点，需要到各个不动产所在地的法院去进行诉讼，不仅操作复杂，而且经济代价无法估计。

第二个问题，订立牵涉跨境遗产继承的遗嘱非常复杂。在本案中，牵涉境外的不动产继承需要订立遗嘱时，考虑到遗嘱的效力、遗嘱的法律适用、遗嘱的执行等因素，最好是同时符合遗嘱人国籍地、遗嘱人经常居住地和不动产所在地的法律,所以当这位企业家夫妇在订立遗嘱时,需要同时查明相关国家的法律,并且需要有不同国家的专业律师对遗嘱的规范、形式等作出审查以保证这一份遗嘱同时符合几个国家的相关法律规定,而这些法律之间还可能存在冲突。立一份遗嘱就需要几个国家的专业律师相互协同配合,其复杂程度可想而知,订立遗嘱、修改遗嘱的成本有多高也可想而知。

而客户的不动产牵涉十几个国家,每一个国家的不动产都要订立单独的遗嘱。如果是在美国等联邦国家,不同的州还要立不同的遗嘱。几十套方式、十几个国家,可能需要至少需要十几套这样的遗嘱,立遗嘱的相关工作的难度以及成本是无法想象的。

第三个问题,就是继承程序问题,即使有合法有效的遗嘱,但在实际继承过程中,继承程序的流程还是必须完成的。这就和前面所说的法定继承程序有异曲同工之妙,虽然牵涉继承人的范围能有所控制,继承份额也不再有争议,但文件的准备,时间的耗费、聘请相关专业人士的费用以及差旅费等是省不了的,耗时会非常长、成本会非常高。

但如果这对企业家夫妇能合理地规划一下,结果就会好得多。至少有两种比较典型的且比较简单的方案可以解决这个问题。

第一种方案,这位太太可以在某个税收负担相对较轻的国家设立一家公司,用这家公司直接或间接地持有其所有境外的房产,将几十套不动产的所有权最终集中到一家跨国公司的股权上,只需要通过将股权传承给儿子,所有房子的传承就完成了,复杂性和难度就会大大降低。见图 15 - 2。

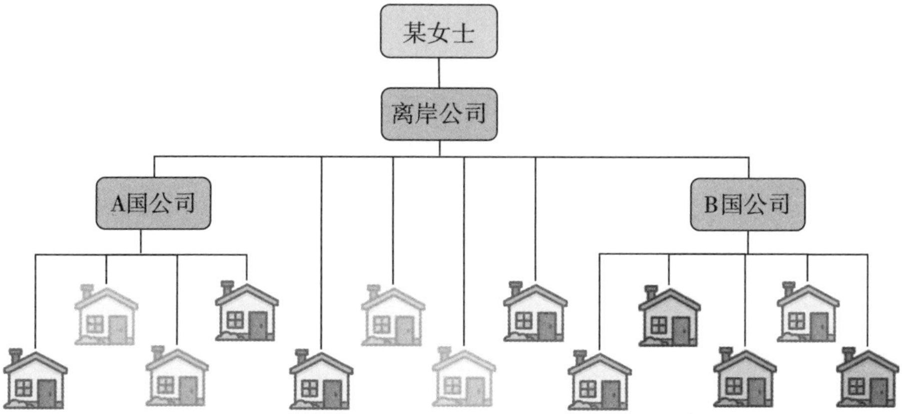

图 15 - 2　离岸资产持有结构示意图

第二种方案，这位太太可以设立一个或者几个离岸信托，将房子放入信托，由信托持有，儿子作为信托的受益人，同样也可以起到降低传承复杂性的作用。

当然，需要注意的是，要设立公司或者信托持有所有的房产，这个工作还是比较复杂的，需要聘请专业团队进行专业规划，并且需要各个不同国家的律师配合完成将财产放入架构中的法定程序，相关的成本也是不低的。在财产放入架构的过程中，还可能会产生一定的税费成本，这也是需要通过专业的规划的。这都是跨境传承需要付出的代价。但是，相对不进行规划的传承成本来说，这些成本是很低的，而且完全有必要。

要知道，本案例中的这个家庭跨境财产形式单一、家庭结构简单，是属于跨境财富家庭中非常简单的情况了。如果牵涉更多的财产类型，更复杂的家庭结构，跨境传承的复杂程度就会成倍地增加。由此可见，相比境内的传承问题，跨境传承更复杂、难度更大、成本更高，需要提前做好专业规划。

第二节　风险解析与典型风险场景

一、典型国家或地区的赠与、继承程序特征与难点概述

（一）我国涉外赠与、继承程序特征与难点概述

我国《涉外民事关系法律适用法》关于遗嘱、继承等的相关规定[①]相对属于比较简洁的。外国人继承在我国境内的遗产或者我国公民的遗产均适用《涉外关系法律适用法》，动产一般适用被继承人住所地法律，不动产则适用不动产所在地法律。中华人民共和国与外国订有条约、协议的，按照条约、协议办理。

当外籍身份的继承人到中国境内办理相关遗产的继承手续时，一般按照以下的流程[②]办理。

第一步，继承人向其居住国公证机关办理公证书，证明继承人的职业、住址及

① 《涉外民事关系法律适用法》第 31 条　法定继承，适用被继承人死亡时经常居所地法律，但不动产法定继承，适用不动产所在地法律。

第 32 条　遗嘱方式，符合遗嘱人立遗嘱时或者死亡时经常居所地法律、国籍国法律或者遗嘱行为地法律的，遗嘱均为成立。

第 33 条　遗嘱效力，适用遗嘱人立遗嘱时或者死亡时经常居所地法律或者国籍国法律。

② 参见吕旭明主编：《跨境财富传承与家族信托筹划实务》，法律出版社 2019 年版，第 101 页。

与被继承人的亲属关系等。

第二步，向居住国外交部或者其指定机构办理公证书的认证。

第三步，向中国驻该国的大使馆或领事馆办理公证书的认证。

第四步，携带该公证书、相关证件及其他相关资料与证明文件等向中国相关的公证机关办理继承权公证手续或者向有管辖权的法院提起继承诉讼，这个部分和国内的继承程序基本一致。

第五步，取得继承权公证书或法院判决书后，向相关金融机构或者财产登记机关请求办理财产的继承过户。

以上五个步骤是我国境内涉外继承的基本程序，如果牵涉一些特殊的财产还会有相应的一些特殊的程序。

譬如，外国人继承中国上市公司的股权，需要外国继承人先申请开立股票交易账户，然后再申请股票的非交易过户，并需要遵循中国证券交易的相关法律法规。

又如，无论是继承上市公司还是非上市公司股权，如果牵涉外资限制或者禁止的行业，则不能直接办理继承，而需要在法律框架内变通解决。

关于涉外继承的税费问题，我国税法对此并没有什么特殊的规定，与国内继承的相关税费标准基本一致。

关于继承的遗产申报出境时的外汇管制问题，外国人继承所得的财产是可以通过继承的方式正常申报出境的。但要注意，必须要提供财产来源的证明与资产的完税证明，这里的财产来源是指被继承人财产的来源和被继承人取得该财产时是否已经依法纳税，而不是继承程序中是否已经完税。

相对来说，我国对涉外继承的限制是比较少的，但如果是涉外赠与，则限制要多得多。

譬如，中国人赠与外籍亲属中国境内的不动产，国内不同地区的要求都不尽相同，还需要进行项目审批，北京对于外国人受赠房产还需要提交国家安全审查批准文件①。

又如，关于赠与外籍亲属中国上市公司股权目前并不可行，依据中国登记结算中心网页的告知：除遗产继承、离婚涉及的财产分割原因，自然人之间不可以进行股票的非交易过户。

---

① 参见吕旭明主编：《跨境财富传承与家族信托筹划实务》，法律出版社2019年版，第105页。

关于赠与财产的税费，如果是非直系亲属间的赠与，会按照偶然所得征收 20% 的个人所得税。关于赠与所得财产的外汇管制问题，外籍人士受赠所得财产不享有继承所得财产的申报便利。

（二）我国香港特别行政区赠与、继承程序简介①

外籍人士或者我国内地继承人继承香港特别行政区的遗产，依据《香港法例》第十章遗嘱管理规定，遗产在其死亡时应予冻结，直至法院发出的行政授权书授权一名或多名人士作为遗产代理人管理死者的遗产。

我国香港特别行政区的遗产管理处负责遗产的管理，遗产承办处则负责遗产的承办，发出遗产承办书，并协助遗产管理官以简易程序处理小额遗产。遗产承办处不提供法律意见，但会提供一张解释一般申请程序的文书，对于小额、无物业及无争议的遗产（遗产价值不超过 15 万港元且以货币的方式存在），申请人可以无须委托律师而自行申办遗产承办书。但若遗产价值超过 15 万港元或者财产形式多样化则必须委托律师处理。

遗产承办书有多种类型，常见的有发给遗嘱指定的遗嘱执行人的遗嘱认证书；还有发给遗嘱执行人的合法授权人或遗嘱的受益人的遗嘱遗产管理书；以及，在没有遗嘱的情况下发出的遗产管理书等。

在有遗嘱的情况下，申请人应当向我国香港特别行政区高等法院办理遗嘱认证。如果没有遗嘱，则先应当明确准据法，然后才能进行继承程序，就比较复杂了。

外国继承人或者内地继承人继承香港特区的遗产有一个关键点是被继承人去世时居所地的确定。这需要通过确定死者持有哪里的护照？去世时的经常居住地在哪里？以何种身份居住在该地等才能综合确定。确定死者的居所地后才能确认谁有优先权申请为遗产管理人。并且，死者的居所地国家（地区）不同程序也不同。如果死者居所地在普通法系国家（地区），则可先在起居所地申请遗产承办书，再到香港特别行政区申请遗产承办书；如果居所地在大陆法系国家（地区），则可以在居所地国家（地区）和香港特别行政区同时办理遗产承办书。并且，这些外国（地区）的承办书均需要经过外交或专门部门的认证。

（三）新加坡赠与、继承程序简介②

在新加坡，年满 21 岁的人才可以订立遗嘱，遗嘱必须由立遗嘱人亲自签署或

① 参见吕旭明主编：《跨境财富传承与家族信托筹划实务》，法律出版社 2019 年版，第 141 ~ 147 页。

② 资料来源：《新加坡遗嘱法》，载 https://max.book118.com/html/2017/1213/143990189.shtm；狮城新闻网：https://www.shicheng.news/show/928217.amp。

者由其他人在立遗嘱人面前依照立遗嘱人的指示签署。遗嘱必须有两个或两个以上见证人,且两个主要的见证人不能是遗嘱的受益者或者是立遗嘱人的配偶。遗嘱一般应该包括财产清单、债务的清单、受益人、受益人的监护人(如有)、遗嘱执行人等。新加坡设有遗嘱登记处,遗嘱登记很大程度上可以让遗嘱检验过程更顺利。

遗嘱是由遗嘱执行人来执行的,因此遗嘱执行人非常重要。遗嘱执行人可以是继承人也可以是其他第三人或者是专业的遗嘱信托人。遗嘱执行人负责申请遗嘱认证和管理遗产、安排葬礼、解决已故者的债务问题与税务问题,并根据遗嘱把遗产分配给受益人或者受益人的监护人。

在新加坡,一般由遗嘱执行人向法庭申请遗嘱验证,法庭通过遗嘱验证准许遗嘱执行人根据遗嘱的指示来管理已故者的遗产。如果遗产总价值低于 300 万新元,向国家法院申请即可。超过 300 万新元的,申请书需要递交给高等法院。

请注意,申请遗嘱认证的证明文件很繁复,一般的做法是请专业律师处理。如果申请需要的所有资料都符合规定,遗嘱执行人将获取遗嘱的认证书。然后,遗嘱执行人可依据遗嘱来处理被继承人的各项问题并完成遗产的分配。

利益相关人如果不希望某某遗嘱执行人或者遗嘱管理人获得遗嘱认证书可以在法庭提交中止发给管理证书的申请。这种中止令的效果是当有人申请遗嘱认证的时候,法庭需要通知中止令的申请者。

如果利益相关人对遗嘱有所怀疑,还可以向法院提出对遗嘱的质疑。对遗嘱质疑的理由需要包括具体的指控,比如遗嘱没有正确地执行,或者是立遗嘱的人在立遗嘱的时候行为能力不足等类似的情况。如果遗嘱被质疑,法庭会在遗嘱验证过程中对争议作出判决。

如果一个人在死亡前没有留下任何遗嘱,他的财产会根据《无遗嘱继承法》的规定来分配。法庭会指派一个人成为遗嘱管理者来管理已故者遗产的分配,这个遗嘱管理者通常会是已故者的近亲。

需要注意的是,新加坡的无遗嘱继承顺位和中国并不相同,[①]其第一顺位继承人为直系血亲卑亲属,第二顺位继承人为父母,配偶相对父母和子女为零顺位继承人。此即有子女时与子女同一顺位继承,没有子女时与父母同一顺位继承,并且继承遗产的份额都是独得一半,剩余部分才由其他继承人平分。

---

① 参见吕旭明主编:《跨境财富传承与家族信托筹划实务》,法律出版社 2019 年版,第 151 页。

如果子女、父母都没有,则由配偶一人继承所有的遗产,只有父母、子女、配偶都没有的时候,兄弟姐妹及其子女才有权利参与继承。

并且,新加坡《无遗嘱继承法》不适用于穆斯林,穆斯林的遗产继承受伊斯兰法院管辖。

(四)日本遗产税、赠与税简介[①]

日本是有遗产税和赠与税的国家,并且遗产税与赠与税的标准是不同的。

1. 日本遗产税简介

日本遗产税的纳税人是财产继承人或受遗赠人,以在日本是否拥有住所作为居民的判定标准。遗产税的课税对象包括遗产和视为遗产,视为遗产是指那些在法律上不属于因继承或遗赠而取得的财产,但却是因被继承人或遗赠人死亡起因而产生的财产和权利,主要有保险金、退职津贴、信托受益权、与人身保险契约有关的权利等。请大家注意,在日本保险理赔金时要纳入遗产进行征税的。

日本遗产税的计算不同于传统上的遗产税,具体办法是,首先将各继承人或受遗赠人因继承或遗赠而获取的财产部分,减去被继承人债务及丧葬费用,形成课税价额,再将各继承人或受遗赠人的课税价额合计起来作为基础扣除额,将其余额乘以对应的税率,求出应纳遗产税总额,最后将总额按各继承人或受遗赠人的课税价额分配,即为各自的应纳税额。这种办法,使遗产税额外负担不受遗产分割的影响,也比较公平。

遗产税扣除项目有:债务扣除、丧葬费扣除、配偶继承扣除、未成年人继承扣除、短期内连续继承扣除等。

日本的基础扣除额是相对比较低的,也就是说起征点比较低(2015年调整后的标准),其公式为[②]:

基础扣除额=3000万日元+(600万日元*法定继承人数)

并且,日本遗产税税率也不低,采用分级累进计税,从10%~55%。

2. 日本赠与税简介

请注意,在日本赠与税的纳税义务人为受赠人。纳税义务人按在日本有无住所分为无限纳税义务人和有限纳税义务人。一般来说,在日本没有住所的外国人是有限纳税义务人,仅需要就无偿受赠日本的不动产以及受赠用于购置日本不动产的资金缴纳赠与税。如果是在日本有住所的受赠人,其课税对象包括赠与财产

---

① 参考资料:https://www.66law.cn/laws/34181.aspx。

② 参见吕旭明主编:《跨境财富传承与家族信托筹划实务》,法律出版社2019年版,第165页。

和视为赠与财产。视为赠与财产是指法律上不是赠与财产,但实质上又与赠与财产相同的某些财产和权利,包括保险金、信托受益权等。

赠与税的课税基础为一个自然年度内接受的赠与财产的总和,受赠人应当于受赠次年的2月1日至3月15日申报缴纳赠与税。每年赠与税的起征点为110万日元,110万日元以上采用分级累进计税,从10% ~55% 。要注意,如果每年都对同一个人赠与价值接近于110万日元却不超过110万日元的同样金额的财产,那有可能会被税务署认定为一种逃税行为,一旦被税务署盯上,会发生各种麻烦。

(五)美国遗嘱认证程序简介①

美国遗产继承程序立法是比较完善的,无论是有遗嘱继承还是无遗嘱继承,一般都需要经过遗产认证程序。但正是这个完善的遗产认证程序几乎是美国高净值群体的噩梦。

美国是联邦制国家,因此,各州的遗产认证程序并不完全相同。一般来说,如果遗产规模比较小,大多数的州会提供较为简单且费用较低的办理方式,标准各州不一但都很低,一般都是在几万美元的标准,因此,对高净值群体几乎没有意义。

遗产认证程序大致如下:

首先,指定遗产管理人,遗嘱有指定遗产管理人的按遗嘱,没有遗嘱或遗嘱没指定的,由遗嘱认证法庭任命;其次,遗嘱认证法庭检验遗嘱的有效性,遗嘱的形式要件不仅要符合相关的法律规定,如果遗嘱牵涉跨境问题,遗嘱的形式要符合哪些法律规范还需要依据相关的准据法查明相关国家和地区的法律,这是比较复杂的。如果继承人对遗嘱的有效性有怀疑,遗嘱有效性的检验就更复杂了;下一步,要确认和盘点被继承人的财产,并且,在遗嘱认证程序完成之前,大多数资产不得抛售和分配;财产盘点完成后一半要对财产进行估价;然后,进入清偿被继承人的债务和税务的程序;以上程序都完成后,进入最后一步,遗产的分配,如果有遗嘱按遗嘱,没有遗嘱就要按照各州的法律来进行处理,如果是跨境继承,则还要先根据准据法搞清楚法律适用,然后再进行分配。

上述的程序听起来还算简单,但其实过程非常烦琐与复杂。在此过程中,仅听证会可能都需要好几次,并且,每次听证会需要准备的材料,遵循的程序都很复杂,一般只能交给专业律师来处理,每次听证会的时间都会很长,短则几周,长则

① 参见吕旭明主编:《跨境财富传承与家族信托筹划实务》,法律出版社2019年版,第173~181页。

需要几个月。即使到了最后一步遗产分配,分配流程也是非常烦琐且耗费时间很长,一般最少需要数月,多的可能需要几年。而在此期间需要支付的费用也是名目繁多,费用高昂。具体包括律师费、各种评估费用,那是一大笔支出。这是还没有计算遗产税的支出。

所以在美国,熟悉美国国内法律的高净值家庭的财富传承几乎是不会采用遗嘱或者法定继承的方式的,他们大多数会用“遗嘱替代”的方式,包括用生前信托、朝代信托、人寿保险、基金会等。但很多中国移民对此并不熟悉,一旦在没有规划好之前发生意外身故,那是非常麻烦的事情。

二、跨境传承中的典型难点问题

(一)资产持有资格引发的问题

很多国内的高净值客户,子女已经移民国外并取得海外的身份,甚至已经入籍,但父母大部分的财产在国内,事业也在国内。但国内的很多资产,对持有人的身份是有要求的。譬如,目前在国内很多城市购房需要资格,包括赠与房产,也需要受赠者有购房资格。所以,当有客户想将其房产提前赠与给子女时,就会因子女为外籍身份,不具备资格而无法实现身前的传承。

还有,国内的很多关键行业是外资禁入的行业,当父母经营的企业为外资禁入行业,但子女为外籍身份时,父母一旦去世,企业的股权子女是无法继承的,这也会导致传承障碍的出现。

再有,外国身份的子女持有企业股权可能对公司在国内的 IPO 产生影响,虽然按照法律规定,纯外资企业、合资企业都可以在国内上市,但实际情况是,外资企业,合资企业在国内上市的审批难度可能远远高于纯内资企业。因此,如果子女以境外身份继承了国内公司的股权,这些公司在今后上市的过程中可能会遇到更多困难。

(二)外汇管制引发的问题

我国是有外汇管制的国家,其实不仅仅我国,世界其他国家也一定程度上存在外汇管制。所以,在财产的赠与、继承等过程中,如果要牵涉资产的跨国流动时,无论是流进还是流出,都可能会受到外汇管制的影响。

如果是国内父母赠与境外子女现金的情况,外汇管制相对就比较严格,必须遵循个人换汇额度每人每自然年 5 万美元的规定。如果私自使用其他违规的方法换取外汇,是可能触犯刑法的。2019 年 2 月 9 日,最高人民法院、最高人民检察院联合发布《非法买卖外汇认定标准》,其中明确表明非法进行外汇交易并获利超过 10 万元人民币,将按照非法经营罪并追究刑事责任。

境外人士继承我国境内的遗产,依据《个人财产对外转移售付汇管理暂行办法》的规定,是可以全部申报转移出境的,但必须要完整的履行各项手续,并遵照规定的程序出境。但有的材料是不易提供的。最难提供的就是财产来源证明和完税证明。大环境导致高净值人士的很多资产是拿不出财产来源证明和完税证明的,如此,在办理购汇时就会遇到问题。

(三)税收制度不同引发的问题

世界各国的税收制度各有不同,在家族成员国际化的家族中,很多时候会因为不了解境外的税收制度而使得传承问题陷入困境。笔者的好朋友,美国的颜律师分享过一个案例,某国内富豪在美国买下了一个价值 3000 万美元的酒庄,由于一些特殊原因,他是用他妹妹的身份购买并持有的。后来他的儿子定居美国了,所以就想把 3000 万美元的酒庄过户到儿子的名下。但美国是有赠与税的国家,从把酒庄从妹妹名下过户到儿子名下,这就是赠与行为,而妹妹又不是美国税务居民。非美国税务居民赠与他人在美国境内的不动产,赠与税免税额仅 6 万美元,剩余部分赠与税税率高达接近 40%,总共要缴千万美元的赠与税。虽然后来通过一系列的专业操作,最终以较低的代价完成了交易,但教训是深刻的。在该案件中,如果不是赠与,而是妹妹意外去世,必须走继承手续,那么 1000 多万美元的遗产税就不可避免了。

(四)税务信息披露与申报引发的问题

在诸多的移民目的地国家中,大部分的国家是全球征税的国家,譬如说美国、加拿大、澳大利亚、英国等。全球征税就意味着一旦成为这些国家的税务居民,就必须要就全球范围内的所得申报并缴纳所得税。在以往国际税收不够透明的时代,虽然全球征税,但因为这些国家很难取得税务居民在境外的税务信息,因此,虽然很多人选择隐瞒境外的收入和财产,但很少会真正引发税务问题。随着美国推出《海外税收遵从法案》(FTACA)以后,全球税务信息透明体系发展迅速,特别是由经济合作与发展组织(Organization for Economic Co - operation and Development,OECD)主导的全球税务信息透明体系 CRS。世界上经济相对发达的国家和地区,基本都已经在 CRS 的覆盖范围之内。

所以,从现在开始,移民到美国、加拿大这些地方的中国人,就必须要每年如实地向相关的税务机构申报全球的收入,并缴纳所得税。但问题是,在国内获得的很多收入实际的税收负担是比较轻的，一旦申报，就很可能要在境外补缴税款，而美国、加拿大这些地方的税率都很高，税收负担会明显加重。

不仅是税收负担加重，申报工作本身也是不小的负担。在中国，各种收入非常繁杂，而信息记录本身又不完整，各种纳税记录也比较少，这就会使得申报的工作比在境外更加复杂。如果申报不实，还可能会面临处罚。

在 FATCA 和 CRS 编织的税务信息透明的大网中，如果依然选择隐瞒境外收入，就极有可能会被主管税务部门发现，这时的后果可能会是补税、罚款，甚至可能是牢狱之灾。关于税务信息透明引发的风险本书有专门的一章来进行讨论，这里不重复。

（五）资产代持引发的问题

在移民家庭中，资产代持问题是较为普遍的，资产代持的四大典型风险，代持人的婚姻风险、代持人的继承风险、代持人的债务风险与代持人擅自处分的风险都是当然存在的。关于代持风险，本书有专门的章节进行详细的解析，本节不做过多的阐述。这里只讲在涉外的代持中特殊存在的风险，就是代持引发的税务问题。因为资产在代持人的名下，产生的相关的所得自然就不可能正常地申报和缴税。譬如，代持的房产每年产生的租金，代持的股权每年产生的各项收入。但代持人终有一天需要将代持的财产归还给被代持人或者说被代持人的后代。但以何种方式归还呢？一般来说，归还方式是赠与，如果代持人是被代持人的直系亲属或近亲属还好，这种赠与行为还不太会被怀疑，譬如父母代持，然后将财产赠与子女，或者孙子女、外孙子女，税务机关一般不太会怀疑。但如果是兄弟姐妹赠与，或者叔叔赠与给侄子等，税务机关可能就会要求提供一些资料以求证其合理性了，但还是比较好理解的。但很多的代持是非亲属之间的代持，如果这时是赠与，税务机关一定会高度关注，甚至引起调查。如果调查清楚，则代持期间逃税的问题就必然会暴露，引发补税，罚款甚至牢狱之灾。

（六）家族成员身份全球化引发的问题

家族成员全球化也会引发很多的问题，前文说过，如果是财产持有人身份复杂，其国籍、税务居民身份和经常居住地比较复杂，那么他立遗嘱的时候就需要牵涉多国的法律。财产持有人的国籍，经常居住地和婚姻缔结地如果不同，婚姻共同财产的问题又会变得非常复杂，在做传承安排时极有可能处分夫妻共同财产而引发传承的争端。而继承人的国籍、税务居民身份、经常居住地不同，也会需要在传承时做相对应的安排。如果继承人的身份发生变化，也会对已经做好的传承安排产生影响。譬如,某富豪在国内或者是离岸地设立了信托,受益人是在国内的子女,但后来有子女取得了美国的身份,这个信托安排就会因为税务问题的处理而变得非常麻烦,可能要重新设立信托。还有继承人的婚姻,有的继承人是与中国人结婚,但婚姻缔结地在英国,而且二人结婚后也在英国生活。有的继承人在美国与一个美国人结婚。有的人娶了外国的妻子。牵涉的关于继承与婚姻共同财产的法律适用问题就会非常之复杂,要做好专业安排就需要多国的律师共同配合,并且,随着家族财产、家族成员身份的变化而及时做调整。

跨境传承的风险,除了以上这些以外,其实还有很多,如跨境公司的治理、不同文化的冲突、全球税务架构的搭建等,这里可能只是做了一个简单知识的普及,抛砖引玉,起到提醒的作用。跨境传承没有简单的问题,是对专业要求最深的领域,一旦犯错误,其后果与损失是不好估计的,所以,如果真正牵涉具体问题的处理时,还是建议找专业的团队来综合安排和规划,切不可盲目地、简单地处理。

第三节　跨境传承风险规划设计策略

与其他章节不同,跨境传承解决方案的专业性、复杂性都是非常高的,没有专业团队有针对性的规划服务是很难解决问题的。因此,关于解决方案,本章只提供一些解决思路的建议,帮读者开拓一下眼界和思路,如果需要解决具体问题,务必求助于相应的专业团队和专业人士。

一、“合法”是跨境财富保全与传承的“全球通行证”

杨后鲁先生在其著作《税务透明时代下的家族财富传承》一书中说道①:“纳税是财富安全的通行证,税籍是通向私密的钥匙。”笔者深以为然。并且,在规划跨境财富传承的过程中,不仅要遵从相关国家和地区的税法,其他的相关法律也不可忽视。因此,在实际规划的过程中,可能需要家族财产和家族成员涉及的所有国家的专业人士通力合作,在合理合法的基础上进行专业规划,方是上策。当

① 参见杨后鲁:《税务透明时代下的家族财富传承》,清华大学出版社 2019 年版,自序第 10 页。

然,依靠高净值人士自己去组织跨境专业团队是不实际的,最好的办法是委托有丰富跨境规划经验的专业机构或团队,由其整合资源,统筹安排。

二、家族成员身份安排规划值得注意

以往中国的高净值家庭移民很容易全家移民到美国、加拿大、澳大利亚等发达国家。这并不是非常科学的安排。首先,全家移民到一个国家,税收筹划的空间就很小,资产持有也会非常不方便,不是好的选择。其次,对于名下持有大量资产的家庭成员而言,美国、加拿大、澳大利亚、英国等高税率国家并非理想的移民目的地。

(一)居住地、住所、国籍、税务居民身份的关系

在全球化的背景下,一个人的国籍、住所(domicile)、居住地①和税务居民身份四者并不必然是统一的。在国籍与税务居民身份的关系上,拥有某国国籍也不一定属于某国的税务居民。以我国法律为例,在我国与新加坡签订的《〈中华人民共和国政府和新加坡共和国政府关于对所得避免双重征税和防止偷漏税的协定〉及议定书条文解释》(国税发〔2010〕75 号文件印发)第 4 条明确规定②我国的税务居民个人包括在中国境内有住所的中国居民和外国侨民,但并不包括虽然有中国国籍,却并未在中国大陆定居,而是侨居海外的华侨和居住在香港特别行政区、澳门特别行政区、台湾地区的同胞。

1.“住所”与“居住地”及税务居民身份之间的关系

一个人的“住所”(domicilc)和税务居民身份往往关系非常密切,但住所和通常所说的居住地又是两个概念,因此,一个人即使经常在某个国家居住,但只要其没有达到该国家规定的标准,依然不属于该国的税务居民。以我国的法律为例,如果一个人在我国境内有“住所”,则一般来说就认为属于我国的税务居民。但“住所”是一个特定概念,不等同于实务意义上的住房。《个人所得税法实施条例》第 2 条③规定,在我国境内有住所的个人,是指因户籍、家庭、经济利益关系而

---

① 注意:这里的居住地只是单纯地指其生活的地方,并且可能同时会有多个居住地。不同于法律上经常居住地(domicile)的概念。

② 参见孙彤编著:《涉外个人所得税:新政详解与实务案例》,中国市场出版社 2020 年版,第 15 页。

③ 《个人所得税法实施条例》第 2 条 个人所得税法所称在中国境内有住所,是指因户籍、家庭、经济利益关系而在中国境内习惯性居住;所称从中国境内和境外取得的所得,分别是指来源于中国境内的所得和来源于中国境外的所得。

在境内习惯性居住的个人。如果其习惯性居住地不在我国境内,即使该境外个人在我国境内购买住房,也不会被认定为是有"住所"的个人。

2. 无"住所"个人的税务居民身份判定

即使是在某国境内无住所的个人,如果满足在某国境内的居住天数的标准,也会判定为属于税务居民。以我国为例,依据《个人所得税法实施条例》第4条[①]及《关于在中国境内无住所的个人居住时间判定标准的公告》(财政部、税务总局公告2019年第34号)规定,为一个纳税年度内累计住满183天。这一标准不同国家有不同标准。譬如,美国的居住天数标准相对就更加严苛一些,其规则为3年累积满183天就属于税务居民,其公式为:居住天数 = 当年居住天数 + 前一年居住天数 ×1/3 + 再前一年居住天数 ×1/6。

由此可见,在社会实践中,居住地、国籍与税务居民身份是可以通过专业、合理的规划做脱钩处理的。并且,对于高净值家庭来说,家庭成员拥有不同国籍和税务居民身份也并不会对家族成员的团聚产生太大的影响。

(二)家族成员税务居民身份规划思路

1. 家族成员税务居民身份规划思路

正因如此,从财富管理的角度出发,每一个家族成员的身份,都可以根据家族成员发展的需要来进行合理的规划。譬如,为了享受良好的教育条件,可以移民到美加或者欧洲的主流发达国家,但一般不要入籍,只需要取得永久居留权即可,将来完成教育甚至工作一段时间后,如果决定长期生活在该国家,才考虑入籍的问题。又如,因为国内经济更有活力,发展机会更多。很多高净值人士的子女留学毕业后,为了创业或者继承国内的家族事业,则可以选择放弃国外的永久居留权,回国生活居住。再如,为了方便持有和调度家族全球资产,可以由一个核心家族成员取得新加坡、香港特别行政区以及欧洲一些小国等低税率的发达国家或地区的身份。

2. 慎重对待"小国护照"

值得注意的是,近几年很多高净值人士流行取得一些小国护照,但并不实际

---

① 《个人所得税法实施条例》第4条 在中国境内无住所的个人,在中国境内居住累计满183天的年度连续不满六年的,经向主管税务机关备案,其来源于中国境外且由境外单位或者个人支付的所得,免予缴纳个人所得税;在中国境内居住累计满183天的任一年度中有一次离境超过30天的,其在中国境内居住累计满183天的年度的连续年限重新起算。

第5条 在中国境内无住所的个人,在一个纳税年度内在中国境内居住累计不超过90天的,其来源于中国境内的所得,由境外雇主支付并且不由该雇主在中国境内的机构、场所负担的部分,免予缴纳个人所得税。

去这些地方居住，仅仅是获得一个税务居民身份；并且，在很多情况下这个小国的税务居民身份是一个看起来独立于其本身的身份之外的另外的人，这种操作的风险是极大的。首先，这有伪造身份的嫌疑，并以此欺骗税务机关，这是比较严重的问题；其次，因为小国的身份和本人的身份脱钩，所以实际持有资产的就是那个“编造”的身份，也可以说就是那一套法律文件，如果这些文件丢失，可能会面临无法证明身份的问题。如果无法证明身份，该身份持有的财产可能面临无法取回的巨大风险。

3. 注意不同国家税法的特殊性及跨境法律冲突问题

还要特别注意的是，国际税法领域极度复杂，不同的国家规定都不同，必须谨慎对待。譬如，并不是所有的国家没有国籍、没有住所、不满足居住天数就一定不属于其税务居民。以加拿大为例，加拿大虽然和我国判定税务居民的规则非常相似，但是，一个在加拿大每年居住不足 183 天的人，如果他和加拿大保持着非常密切的联系，如经济联系、社会联系、家庭联系等，他们依然可能会被认为是居民纳税人。曾经有位中国高净值人士通过雇主担保全家移民加拿大，但是国内有生意，所以孩子和妻子在加拿大，他就大多时间待在国内，一年中花费少数时间去加拿大几次，总计一年在加拿大待不到 2 个月。但是最终却收到加拿大税务局的信件，要求他提供过去几年的收入情况，同时要求说明几次往加拿大汇款情况。并且，即使他放弃加拿大永久居民，也并不能完全取消他有很强的家庭联系这个事实。因为枫叶卡是移民法下的居民概念，和税法下的居民概念不是一回事。实际上，密切联系规则被很多国家采用用于判断税务居民身份。

关于居民的“住所”或者说“经常居住地”以及税务居民身份的判断，各国之间法律存在冲突的情况是普遍存在的，并且，不是所有国家之间都签署有避免双重征税的协定。在美国，甚至不同的州之间都会关于税务居民身份判定有很多冲突，美国不同的州之间因为“domicile”的问题走向诉讼的情况都时有发生，美国历史上曾经发生过一个人死后被四个不同的州要求缴纳遗产税，所有的遗产还不够交税的离奇案件。所以，在规划家庭成员的税务居民身份时，必须要谨慎处理，必须聘请专业且有经验的税务师或律师团队进行综合的规划。

三、跨境财富传承要有系统性思维

（一）针对不同国家要有不同的规划策略

林泽军律师曾经如此描述涉美和涉加拿大家族的财富规划策略的差别：美国

和加拿大对待离岸财富的态度截然相反。美国对离岸财富是不太友好的,因此,在涉及美国税务居民作为离岸资产的持有人或者离岸架构的受益人时,涉及的风险是比较多的。因此,在处理相关问题时,把财产放在美国国内或者用美国国内的架构持有离岸资产有时候反而可能更有机会,更有优势。而加拿大则不同,加拿大对国内资产的管控比较严格,但对离岸资产却实际上比较友好,实际上加拿大国内的大多数高净值家族习惯于用离岸架构来规划财富保全与传承。所以,对于移民加拿大的中国高净值人士来说,比较明智的选择应该是人去加拿大,但主要的财产别轻易进入加拿大,财产一旦进入加拿大,规划空间可能就会受到很大的限制。

林律师的观点可能不是"金科玉律",但其揭示出一个必然规律,就是涉及的国家和地区不同,规划策略必须要有差别,要有针对性,且不可用一套思路、一套方案去解决所有家族的跨境传承问题。对此,一定要针对不同的国家采用不同的、有针对性的规划策略。

(二)国内资产的传承规划不可忽视

1. 全家移民后有没有必要做国内的传承规划

笔者在工作中,经常会遇到一些高净值人士持有一种观点,我们全家都已经移民了,我的资产都要逐步带到国外去的,因此,我在国内就不需要再做传承规划了,这种想法是存在问题的。

首先,从社会实践来看,中国绝大部分国际化的家庭,其财富的主要创造地是国内,主要财富的分布地大多数也集中在国内,将来财富的主要来源也还将在国内,这一点短期内很难改变。

其次,因为我国外汇管制相对比较严格,短期之内将大部分财富带到境外的想法其实是不太实际的。

再次,即使子女已经移民到国外也不意味着子女将来就会和中国脱钩。相反,中国作为目前世界上最大的市场和经济最具活力的地区,正在吸引很多原本在国外发展的华人、华侨回归祖国发展。并且,高净值人士移民到某一个国家或地区,很少是真的打算下半生在这个地方度过,而是为了多一个选择空间,选择空间和自由度才是移民到关键价值。因此,即使可能,匆匆将全部资产转移到境外也不见得是什么明智之举。

最后,传承的时间并不可规划,因为一个人死亡的时间是不可规划的。因此,只要在国内还有大量的资产,国内的财富传承规划是完全有必要的,不可忽视。

2. 牵涉外籍继承人时，要充分考虑各种资产的传承方式

在牵涉外籍继承人时，国内资产的传承方式是值得考究的，不仅要考虑外继承人的持有资格问题，如有的企业是禁止外资股东的，还需要考虑外籍继承人继承到遗产后的管理问题、变现问题甚至是将来申报出境时到外汇管制的问题。因此，通过科学合理的规划，保证外籍继承人可以更加顺利地完成遗产的继承程序，同时，还要方便其对资产的持有、管理、变现和申报出境，这才是真正有效的跨境传承规划。

3. 关于外籍继承人继承国内遗产后的申报出境问题

依据我国外汇管理的相关法律法规的规定，外国公民依法继承境内遗产是可以正常申报转移出境的，归属于"资本项目个人外汇管理"项下。依据《个人外汇管理办法实施细则》第 20 条规定①外国公民依法继承境内遗产的对外转移，按《个人财产对外转移售付汇管理暂行办法》等有关规定办理。

值得注意的是，《个人财产对外转移售付汇管理暂行办法》第 9 条②明确规定，申请人申办继承转移需要提交的资料中除了其他一系列证明文件外，还必须包括"被继承人财产来源和变现的详细书面说明"及"被继承人财产所在地主管税务机关开具的税收证明或完税凭证"。这两项证明文件就是我们常说的"财产来源证明"和"完税证明"。从目前的现实情况来看，这两项资料是很多高净值家庭很难提供的。

---

① 《个人外汇管理办法实施细则》第 20 条　移居境外的境内个人将其取得合法移民身份前境内财产对外转移以及外国公民依法继承境内遗产的对外转移，按《个人财产对外转移售付汇管理暂行办法》等有关规定办理。

② 《个人财产对外转移售付汇管理暂行办法》第 9 条第 1 款　申请人申请办理继承转移，需向所在地外汇局提交以下材料：

（一）书面申请。内容包括：申请继承转移的原因；申请人与被继承人之间的关系；被继承人财产来源和变现的详细书面说明等。

（二）由申请人或其代理人签名的《个人财产对外转移外汇业务申请表》。

（三）申请人身份证明文件。

申请人为外国公民的，应当提供中国驻外使领馆出具或认证的申请人在国外定居证明；申请人为香港特别行政区、澳门特别行政区居民的，应提供香港特别行政区或者澳门特别行政区的居民身份证以及回乡证或护照。

（四）申请人获得继承财产的证明文件。

（五）被继承人财产权利证明文件和被继承人财产所在地主管税务机关开具的税收证明或完税凭证。

（六）外汇局要求提供的其他资料。

4. 关于外籍受益人取得国内人寿保险死亡理赔金后的申报出境问题

从我国现有的外汇管理相关法律法规来看，如果是境内个人在境外以受益人的身份取得保险死亡理赔金，可以存入本人外汇储蓄账户，也可以结汇。[①] 但是，境外个人在中国以受益人身份取得的保险死亡理赔金是否可以正常申报出境的问题，现有法律法规确实还没有明确规定，属于空白区域。

从实践来看，很多金融机构是认可境外受益人取得的保险死亡理赔金正常申报出境的，在实践中很多情况下确实可以通过。并且，有少数几家保险公司还提供直接将理赔金支付至外籍受益人境外的个人账户的理赔金支付方式。

从相关管理机构的态度来看，《中国外汇》杂志的公众号 2019 年 8 月 12 日刊载的文章《财产转移（2）保险所得资金如何转移出境》[②]一文中对此问题如此表述："银保监会对保险公司的运营管理和各项保险产品的销售都有严格的监管要求，保险合同也大多是制式合同，法律架构严谨，保险理赔流程十分规范，保险公司与投保人或受益人串通作案的概率不大，保险作为资产转移渠道的可能性也较小。对于投保人和被保险人均为境内居民，且保险购买资金在境内支付的情况，建议尽快明确管理政策，以保险购买时间作为受益人取得财产权益的时间，为金融和资本项目类收益的保险金转移出境提供一个渠道。"

笔者认为，境外受益人取得的境内保险死亡理赔金从法律属性上讲和遗产是一致的，保险死亡理赔是遗产传承的一种替代方式，并且，以死亡为给付条件的保险理赔金几乎不可能作为资金转移出境的渠道，因此，在外汇管理上视为遗产来处理是比较合理的。退一步讲，即使不视为遗产，二者之间可以进行合法的转换，死亡理赔金是可以变成遗产的。因为作为唯一受益人的外籍受益人放弃保险金请求权，依据我国《保险法》第 42 条的规定，保险理赔金将作为被保险人的遗产处理。由此可见，在外汇管理上视为遗产来处理是比较合理的。

前文提及，在外籍子女申报遗产出境的问题上，被继承人的"财产来源证明"和"完税证明"的提供是有一定难度的。在这个问题上，人寿保险死亡理赔金有一定优势，因为保险死亡理赔金财产来源非常明确，来自被继承人的保险死亡理

① 《个人外汇管理办法实施细则》第 19 条　境内个人向境内经批准经营外汇保险业务的保险经营机构支付外汇保费，应持保险合同、保险经营机构付款通知书办理购付汇手续。

境内个人作为保险受益人所获外汇保险项下赔偿或给付的保险金，可以存入本人外汇储蓄账户，也可以结汇。

② 参见《财产转移（2）保险所得资金如何转移出境》，载微信公众号"中国外汇"：https://mp.weixin.qq.com/s/Ljof2gl3Fm4O－2HZJv 3DXA。

赔,完税证明则无须提供,因为依据《个人所得税法》第 4 条,保险理赔金属于免税收入。

5. 要为外籍子女回国继承遗产准备现金流

如果子女为外籍,生活在境外且在境内没有太多的储蓄和可变现财产,则需要预先为外籍子女回国继承遗产准备现金流。因为涉外继承程序比较复杂,程序时间长,各种花费也会比较高。并且在完成继承程序前,外籍子女无法获得遗产中的资金,因此提前为外籍子女回国继承遗产准备现金流是完全有必要的。

在准备遗产继承现金流的问题上,有以下三种常见的方法可供选择。

方法一:为子女在境内开立账户做现金流储备。这种方法操作简单,但有两个小问题:一是资产的管理和投资可能不太方便,时间长了收益损失比较大;二是大多数收益较高的理财产品一般不是期限长就是风险高,存在难以及时变现的问题。

方法二:通过家族信托做现金流的储备。这种方法操作相对复杂一些,但解决了理财投资的短板。当然,及时变现难的短板是难以避免的。

方法三:通过保险理赔金做现金流储备。人寿保险产品在流动性上本身没有太多优势,但在准备身后现金流的问题上却有天然的优势。以被继承人为被保险人购买人寿保险,指定受益人为外籍的继承人。投保结构见表 15 - 1。

表 15 - 1　投保结构

投保人	被保险人	死亡受益人	险种	备注
被继承人	被继承人	外籍继承人	终身寿、增额终身寿	也可用年金

在保险产品品种的选择上,如果被继承人身体状况好,可以购买高杠杆终身寿险则最好选择高杠杆终身寿险,这样可以最大限度地节省资金,发挥保险的优势。如果被继承人身体状况一般,则可以选择低杠杆或者没有杠杆的增额终身寿险,其死亡理赔金一样可以储备身后现金流,除了没有杠杆之外,和终身寿险并没有差别。如果被继承人希望保单在准备身后现金流的同时还顺便解决一下自己的养老现金流储备问题,甚至可以用年金保险产品,附加上万能险账户效果最佳。被继承人在的时候保险为被继承人提供养老现金流,被继承人身故之后则转化为死亡理赔金给到外籍的继承人,无缝链接、一举两得。通过人寿保险准备身后现金流的规划方法有以下几大优势:

优势一:被继承人死亡前,保单资产由保险公司管理,由保险公司的资产管理部门负责资产管理和投资。

优势二：被继承人死亡后，外籍继承人以受益人的身份直接取得现金理赔，不存在变现困难的问题。

优势三：避免继承程序，理赔手续简单高效，从时间上完美满足外籍继承人的现金流需求。

优势四：可以利用人寿保险的杠杆功能准备现金流，比较节省资金。

由此可见，在为外籍子女回国继承遗产准备现金流的问题上，人寿保险工具相对来说是较为科学、合理的选择。

（三）运用规划工具要因地制宜，勿迷信某种规划工具

在财富传承规划中，人寿保险和家族信托的工具是被广泛运用的。虽然人寿保险和家族信托在财富传承中拥有诸多方面的优势，但在跨境财富传承规划中切不可迷信某种工具，一定要因地制宜，要有针对性地运用工具。譬如，在全球大部分地区，人寿保险用来做遗产税的规划，因为保险死亡理赔金不属于遗产，因此很多国家和地区保险死亡理赔金不是遗产税的征税对象。但是，并非所有国家都如此。譬如，在美国和日本，人寿保险的理赔金的取得虽然不用通过继承程序，但却要计入遗产总额计征遗产税的。

还有一部分理财师和高净值人士比较迷信家族信托工具，但家族信托也有其局限性，并不能解决所有的问题。譬如，目前国内的股权和不动产的传承，家族信托解决问题的成本就比较高，而且有诸多方面的不便。即使是欧美国家的信托或者离岸信托，虽然发展历史长，成熟度高，但局限性也非常明显。譬如，离岸信托，目前如果牵涉美籍受益人，在税务处理方面是非常麻烦的。

无论是人寿保险还是家族信托，在整个家庭或者家族的财富传承规划中都只是较小的一个方面，财富传承是一个系统工程，不仅需要综合运用不同的工具解决问题，还需要因地制宜、因时制宜、因人制宜，工具不重要，重要的是科学的设计和维护，重要的是维护整个家族团结、奋进的制度的设计与执行等。切不可迷信一些特定的工具，买椟还珠、舍本求末。

（四）要用动态的思维对待跨境传承规划

无论一个财富传承的架构或者系统设计得如何科学与合理，那都是相对设计当时的那个阶段的环境而言的。而环境却是持续变化的，尤其是对于跨境传承规划来说，任何一个牵涉的国家的法律、政治、经济环境发生较大变化，都会对财富传承规划架构和系统的有效性提出挑战，带来不确定性。因此，在设计跨境财富传承体系时,要尤其重视用动态的思维进行规划。动态思维至少包括三层意思:首先,要用较为长远的眼光看待跨境财富传承体系的搭建,要对将来的发展进行一定的预测,规划要具有前瞻性;其次,搭建体系时要考虑调整的便利性,以便于应对将来可能发生的变化;最重要的一点是,要设计定期进行评估和检视的机制,要有专人负责,发现问题要及时作出调整。

(五)身后流动性的准备需要引起重视

前面我们分析了,在规划国内财产的财富传承时,要为外籍继承人准备流动性,以方便其继承遗产。这个原则在规划境外财产的传承中同样是适用的,因为跨境传承的过程比国内继承程序还要更加复杂,对现金流的需求可能还会更大。

首先,跨境传承中的律师、会计师等的服务费用需求相比国内更加庞大。因为跨境传承对律师、会计师的专业素质有更高要求,并且还可能涉及不同国家和地区的众多律师、会计师,无论是人数还是收费标准都可能远远超过国内财产继承程序中的需求。

其次,境外一些国家的继承程序比国内更加复杂,收费项目也更多,收费标准也更高。譬如,在美国的遗产认证程序中,遗产价值评估的评估费用可能就是一大笔。如果遗产规模比较大,继承程序中的相关费用就更高了,如果不为继承人提前准备,将来可能会给继承人带来非常大的麻烦。

还有,继承的税费问题,如新加坡,其对外国人受赠继承新加坡的房产除了有 1% ~4% 的印花税外,还会有 15% 的加征印花税。还有很多国家是有遗产税的,如果遗产本身变现不便,遗产税也将是继承人的巨大负担。以我国台湾地区首富王某庆家族为例,虽然王家财富总量预计超过 3000 亿台币,而王某庆去世时仅牵涉到岛内的 500 多亿台币资产未做处理,最终一半也就是 200 多亿台币成为王某庆的遗产,仅需要缴纳遗产税 119 亿台币。但是,王家的继承人们为筹集 119 亿台币的遗产税,不仅耗时两三年,据说还贱卖了许多的资产。而我国大陆是没有遗产税的,这就导致很多内地高净值人士对准备遗产税应税现金完全没有概念,如果在跨境传承中牵涉遗产税,可能就会给继承人带来很大的麻烦。

由此可见,相比国内资产的传承规划,在境外资产的传承规划中,身后现金流的储备更加重要。储备的方法在前文已经有所阐述。人寿保险是最佳工具之一,这也是为什么在日本、美国这些人寿保险需要课征遗产税的国家,高净值人士依然需要配置大额人寿保单。

PART 03

第三篇

企业篇

第十六章

企业经营风险解析

第一节　风险案例

一、案例导读

2017年，中央电视台播出了歌颂中国民营企业家艰辛创业的电视剧《鸡毛飞上天》，这部电视剧主人公的原型，就是浙江义乌著名女企业家，浙江女首富，中国新光控股集团董事长周某光女士。然而，就在短短2年后，周某光领导的新光集团就陷入了债务危机，并最终走向了破产清算之路。从首富到破产，这是一个什么样的故事呢？

二、案例详情

2017年，中央电视台播出了歌颂中国民营企业家艰辛创业的电视剧《鸡毛飞上天》，据故事原型周某光女士说，电视剧之所以取名鸡毛飞上天是因为“鸡毛”会点亮她很多小时候的回忆。据周某光回忆，1975年前后，十二三岁的自己就跟着母亲，从老家走到义乌买红糖或是针头线脑，然后再回到农村换小麦大米、鸡毛掸子，或是塑料凉鞋和解放鞋废弃的鞋底。① 然而，让人意想不到的是，在电视剧播出后短短1年，新光集团的债务危机就爆发了，2019年4月3日，新光控股集团向浙江金华市中级人民法院申请破产重整。虽然说，破产重整不等于破产，但足可见周某光的新光控股集团依然深陷债务泥潭。

然而，周某光并不是特例，仅2019年深陷债务泥潭设置破产的各地首富就多达10多位。其中，比较著名的有重庆首富，其控股代力帆股份2018年就负债达200多亿元，深陷债务泥潭。

曾经的浙江女首富也多次被限制高消费，离失信被执行人仅有一步之遥。

还有青海首富肖某明，据《长江商报》梳理，截至2018年6月，肖某明及其一致行动人已经共质押上市公司股份14.33亿股，整体质押比为97.68%。2019年4月，肖某明被列为失信被执行人。

河南首富朱某2019年7月26日，其掌控的辅仁药业被证监会立案调查。公

① 资料来源：浙江新闻：https://zj.zjol.com.cn/news/587696.html。

司未受限金额只剩下 377.87 万元。最终,朱某被强制执行 9 次,被限制高消费 11 次。

此外,还有云南首富赵某,其控股的东方金钰的负债率高达 90%。2019 年 7 月 29 日,东方金钰发布公告表示,公司及子公司被债权人申请破产重整。

宁波首富熊某,其控股对银亿集团于 2019 年 6 月 14 日申请破产重整,他从成为首富到申请企业破产重整,只有短短的 247 天。

是什么原因让这么多曾经辉煌无比的企业一个个陷入债务的泥潭呢?这些大企业集团的内幕以及企业家们的心声我们很难去探寻了,但是,或许我们可以从前几年网络上流行的一篇文章中找到一点点答案,这篇文章虽为虚构,但其情节却不乏真实,引人深思。这篇文章的题目是《一个上市公司老板的心路独白:我是如何走上股权质押不归路的》①。这篇文章以企业家的第一视角,讲述了主人公如何将一个年产值 2 亿元,利润稳定的制造业企业迅速发展成百亿集团,最后深陷债务泥潭无法自拔的故事。

故事是从主人公苏某认识了一个证券公司投行部的总经理开始的,此君名叫刘某。那是 2009 年,当时的苏某是一个年产值 2 亿元公司的老板,利润率达 15%,日子无比滋润,虽然刘某多次建议苏某可以通过资本市场融资,扩大版图,但苏某对此不为所动。

苏某的改变是从几次被"圈内人"刺激开始的,第一次是朋友带他去一个高端俱乐部骑马,顺便认识一下一位"百亿大咖"。结果这位大咖见到他连身都没起,止眼都不瞧他,非常傲慢,这对他有所刺激。

第二次是一个顶级会所开业,他也受邀参加,不善言谈的他自己倒了半杯红酒一口喝掉了,结果遭到了一个姓张的大佬的嘲笑,这个大佬可能是酒喝多了,扯着嗓子跟他说:"红酒哪是你这样喝的?一看就是土包子!谁让你进来的?(我)交了 500 万,怎么能跟他在一个圈子?"这个事情对他刺激很大,面子问题作怪,让他开始决心要跟上潮流,跟上圈子。

让他彻底改变的是第三次,在高尔夫球场的尴尬,参加活动的大佬们不是讨论球技,而是比装备。苏某刚入手的装备,引来了球友们无数的"哈哈"。这次的刺激,让苏某下定决心要把公司做上市,要做百亿企业,要步入中国顶级企业家的俱乐部。为此,苏某主动联系了证券公司的总经理刘某,说出了自己的想法。

---

① 资料来源:凤凰网:https://tech.ifeng.com/c/7egciuTKqTT。

开始了上市之路的苏某，一边通过各种手段引入战略投资者，融资并购，迅速做大企业。他购入名车、名表、开会所、上总裁班各种提升圈子和层次。终于，皇天不负苦心人，2014 年，苏某的企业在中小板上市，市值高达 98 亿元，苏某成功跻身于 100 亿元企业家俱乐部。

然而，实际的情况却只有苏某自己才知道，表面上，公司上市后 2014 年公司整体营收 26 亿元，固定产达到 15 亿元左右，净利润约 12%，负债率 53%。情况看起来比较健康。但实际情况是，除了上市公司所欠债务，苏某自己还有大量的借债，家里能抵押的都抵押出去了，有的甚至还做了二次抵押，真实的负债率他自己估计高达 150%。2014 年他的财务成本高达一个多亿，看似一个大把赚钱的上市公司老板，其实财务自由程度还不如一个公司高管。这一段看似写得比较不可思议，但其实是比较真实的，前面所说的几个破产的上市公司老板，最后债务危机爆发时，上市公司股权的质押率几乎都在 98% 以上，家庭资产几乎全部都抵押了，有很多二次抵押的，还有很多民间借贷的，真实负债率几乎都超 100%，相似度都极高。

为什么苏某会这么缺钱呢？原因就是扩张——杠杆收购。苏某为了上市，迅速做大自己的企业集团，就必须运用杠杆收购，这就势必需要大量的借债。但收购来的公司很多需要比较长的时间才能见效，产生现金流。在这些公司见效前，就需要持续的投入资金。一边是高昂的财务成本，一边是持续的资金投入，就形成了一个个资金的旋涡，迫使苏某除了表面上从银行、金融机构借债外，还需要大量的民间借贷来满足现金流的需求，而民间借贷高昂的利息，又变成了一个资金的旋涡，一步一步地进入恶性循环。

公司上市后苏某的现金流是否就可以缓解呢？依然很难，因为公司是通过杠杆收购，并购重组等手段上市的，短期内并购重组出的企业集团持续发展能力和速度其实不好。为了维持上市公司的股价，交出漂亮的财务报表，就不得不再通过并购重组提升上市公司的销售额与利润，因此，对资金的需求依然是有增无减。但他又停不下来，因为一旦停下来，上市公司股价下跌，他的债务很容易就爆仓了，事情就这样陷入了一个恶性循环的怪圈中。苏某就这样被架上去了，没有任何选择，只能不断通过各种手段融资，维持、维持再维持，期待奇迹的出现。

2016 年，苏某把持有的云飞扬公司股票质押了一半，拿到了 18 亿元。2017 年，云飞扬股价遭受腰斩，为循环使用这 18 亿元，苏某把剩下的股票全部抵押。2018 年后，云飞扬股价又跌了 30%，苏某不得不把一些资产二次抵押，通过民间借贷补上银行贷款的缺口，现在的苏某已然在一条不归路上，要么找到资金顶过去，要么被收购、重组甚至破产。

三、案例解析

其实，不仅是故事中的苏某，中国大多数的上市公司最后几乎都死在了多元化经营，产业升级与并购重组的路上。但这又是一条他们不得不走的路。为什么会这样呢？因为大多数公司做到一定程度后，会面临传统业务萎缩，利润率下跌，如果不做产业升级，不做多元化经营，公司就可能陷入危机。就像新光控股的周某光，她是做饰品起家的，但是随着经济的发展，她的主营业务越来越难做，因此不得不进行多元化经营，寻找新的利润增长点。周某光首先看中了高速发展的地产行业，再加上有政府的支持，星光集团的地产板块发展得很快。但 2011 年的房地产寒冬，第一次让周某光感受到了地产行业的风险，这一年，央行总共 3 次加息，6 次上调存款准备金率，信贷日益紧缩，房地产行业运行整体放缓。但新光集团手上的地产项目“岭后塘坞口五星级宾馆（一期、二期）和义乌世贸中心酒店”却在“等着米来下锅”，“11 新光债”由此而生。这是新光集团发行的第一只债券，也是此次债务危机的开端。[①] 后来，新光控股涉足的行业越来越多，农业养殖、旅游、贸易、饰品、房地产、金融投资。而主业饰品生意只是一个门面生意了。为了支撑不断的扩张，新光发行债券变成了一个常态。但这些新的产业并没有给新光带来太多的利润，反而成为一个个资金的旋涡，为了维持这些板块，债务就越累积越多。2018 年 10 月 24 日新光发布公告显示，新光集团及股东虞某新所持有的全部新光圆成股份被司法冻结，合计占新光圆成总股本的 68.9%。这份公告还披露，虞某新已累计质押新光圆成 1.26 亿股，占其持有股份总数的 99.98%。而新光集团的质押率也高达 98.30%，累计质押 11.15 亿股。这个数据显示，新光集团已经没有再可以质押的股权了。而这后面还有多少的民间借贷，我们就不得而知了。

---

① 参见《从浙江女首富到欠债 300 亿，周某光一地鸡毛的七年》，载搜狐网：https://www.sohu.com/a/272138815_792551。

第二节 详解民营企业经营风险

一、企业陷入经营危机的15种典型模式

企业从产生那一天开始就是伴随风险而来的,这些风险甚至大多数不取决于企业家是否有能力,是否小心谨慎等。因为一个企业经营状况的好坏,虽然和企业家的经营水平有着密切的联系,但这仅仅是其中的一部分因素,还有太多的因素决定着企业经营状况,如经济环境的变化,新技术的出现、行业的变化,甚至一次流行性疾病,如2020年的新冠肺炎,都可能会导致企业经营状况迅速恶化。因此,企业家并不是真正可以主宰企业的人,首先,在企业经营上,他们不是圣人,必然会犯错误;其次,即使他们自己不犯错误,但环境等其他各种因素依然会给企业带来众多的危机。由此,我们总结了企业陷入经营危机的15种典型模式。

(一)政策变化对企业经营的影响

在全世界,尤其是在中国,政府的政策从来都是影响企业发展的重要因素。企业需要长期持续的经营,但政策往往是在不断变化的过程中的。一个利好政策可能会带来一个企业甚至一个行业的飞速发展。但利好政策的消失甚至出台利空的政策,则会给企业的经营带来巨大的挑战。这样的案例可以说举不胜举。

无论是国家战略的重大调整,还是地方性政策的变化,都会影响企业经营,如造纸行业,在改革开放初期,国家鼓励乡镇企业发展,造纸厂因为投入少,技术门槛低,市场需求量大,成为很多地方乡镇企业发展的首选,造纸厂在20世纪80年代就开始蓬勃发展,90年代可谓全国遍地开花,催生了一大批中小企业家。据不完全统计,20世纪90年代,全国大大小小的造纸厂多大一万多家。但造纸工业对水的需求量非常大,对环境污染也非常严重,再加上当时的政策环境,政府重视经济指标的发展,对环境污染问题不重视,甚至为了换取经济发展而对环境污染问题视而不见。进入21世纪后,环境污染问题逐步凸显出来,中央开始强调环境保护与治理;在政策的指导下,小型的造纸厂、水泥厂、化工厂等就成为各地政府首选的关闭对象。从21世纪初开始,各地陆续出台地方性措施关闭造纸厂,如2003年河南省出台政策,全省在2003年3月前关闭所有纸浆生产能力5000吨以下的四类小型造纸厂,3个月内,郑州市通过吊销执照、集中断水断电等方式,强制关

闭了47家小造纸厂[①]。全省则共关闭小造纸厂818家，占全省造纸企业总数的60.14%[②]。根据专家测算，818家造纸厂的关闭，河南省COD年排放量将削减8.09万吨，河南省内部分水体水质出现了较大改善。2004年，西安市为改善渭河流域水质，出台政策要求在2004年年底关闭所有年产1.7万吨以下的化学制浆造纸企业和年产1万吨以下利用废纸造纸的企业。超过产能标准的企业，在2005年年底前，化学制浆造纸企业规模必须达到每年3.4万吨，否则也将被关闭[③]。2007年6月4日，国务院发布《关于印发节能减排综合性工作方案的通知》[④]，要求淘汰造纸行业年产340万吨的草浆生产设备，年产量不到1.7万吨的化学浆生产线以及年产量少于1万吨以废纸为原料的造纸厂。该文件牵涉的行业还有电力、钢铁、建材、电解铝、铁合金、电石、焦炭、煤炭、平板玻璃、酒精、味精、柠檬酸。据2019年造纸行业统计数据，全国共有纸浆生产企业46家，造纸企业2498家。与20世纪90年代相比，淘汰的造纸企业多达1万多家。这并不是说国家政策不好，不稳定。相反，国家的政策显然是与经济发展高度匹配的，并且，中国的造纸行业并没有因为关停小纸厂而没落，反而整体实力实现了大幅提升，自然环境也得到了巨大的改善，成绩有目共睹。

当然，对于这些被关停的企业家来说，影响是切实存在的，也可以说是这些企业家自身的问题，因为他们没有重视环境污染。但是，我们也很难要求企业家们都有如此长远的眼光，更关键的是，他们即使重视环境污染问题，在当时也很难有经济实力上马配套的污水处理设备，他们很多时候是无奈的。事实上，一定程度上讲，这些企业家是为环境治理、绿水青山作出了一些牺牲的，被环境优胜劣汰，这也是企业家必须面对的风险，而政策环境恰恰就是重要的环境要素。

不仅仅是造纸行业，房地产业、化工行业、煤炭行业、光伏太阳能等很多行业，都曾经在政策变化的背景下经历过兴衰起伏，而这些兴衰起伏的后面，还同时牵动着无数企业家家庭的悲欢离合、喜怒哀乐。

不仅是国家战略的改变，地方性政策的改变很多时候也会对企业经营产生重大的影响，地方性政策的变化也分为两个方面：一方面，一些利空政策的突然颁布；另一方面，更多的时候可能是利好政策的取消。这都会导致企业经营受到重

---

① 资料来源：中国水网：http://www.h2o-china.com/news/16106.html。

② 资料来源：中国水网：http://www.h2o-china.com/news/16666.html。

③ 资料来源：新浪网：http://news.sina.com.cn/c/2004-01-09/11331545191s.shtml。

④ 资料来源：人民政府网：http://www.gov.cn/jrzg/2007-06/03/content_634545.htm。

大的影响。

当然，对于国家来说，政策因地制宜，因时而调整，这都是非常必要的，对整体的经济发展来说，这都是非常必要的。企业家就应当要有远见，需要及时调整企业发展方向与战略，与社会经济发展与时俱进。做不到与时俱进，被经济环境淘汰就是优胜劣汰的自然选择的结果，怨不得他人，也怨不得社会。但对于个体的企业家来说，这些调整确实可能会给他们产生较大的影响，如何应对这些影响，这是非常现实的问题。

（二）金融危机导致企业经营失败

进入20世纪末，全球经济危机已经很少出现了，但金融危机却常常光顾，而且越来越频繁。大大小小的金融危机，每一场都会让一批企业陷入绝境。1997年的亚洲金融危机很多人可能已经印象不深了，对金融危机的印象很多人会停留在2008年由美国次贷危机引起的国际金融危机。在那场危机中，雷曼兄弟第一个倒下，然后紧接着倒下了160多家美国银行。

很多人不知道的是，在那场金融危机中，中国企业也是损失惨重。2009年6月，中国社科院中小企业研究中心主任陈乃醒在《UPS亚洲商业监察》公布会上称："据社科院调研显示，国内40%的中小企业已经在此次金融危机中倒闭，40%的企业目前正在生死线上徘徊，只有20%的企业没有受到此次金融危机的影响，沿海地区的倒闭比例高于内陆。"①

（三）行业淘汰导致企业经营失败

相比政策变化和金融危机，更为可怕的是被跨行业技术革命，整个行业被淘汰。人类进入21世纪后，科学技术的发展速度开始呈几何级数增长，新技术的不断出现，导致了很多行业被完全颠覆，很多时候不是你努不努力的问题，而可能是无论你如何努力都无济于事，如胶片行业。

Kodak（柯达），一个曾经响彻世界的名字，从1879年开始，柯达从影像的角度上记录了人类130多年的历史。全球无数家庭的悲欢离合，都通过柯达的胶片和相纸记录下来，在墙上的相框里，在书桌的玻璃下，在箱底的相册中。

2012年1月，繁荣了132年的柯达公司因为负债累累，申请破产重整②。让柯达倒下的不是他的竞争对手富士、柯尼卡，而是照相机行业。曾经，照相机行业是他坚实的同盟者，休戚与共百年的合作伙伴。但是，因为数码照相技术的发展，

① 资料来源：搜狐网：http://news.sohu.com/20090612/n264491070.shtml。

② 资料来源：搜狐网：https://business.sohu.com/20140919/n404446724.shtml。

胶片变得不再重要，一块小小的 CCD 感光单元，让柯达胶卷走向了覆灭之路。[①]覆灭的不是一个柯达胶卷，而是整个胶片行业，要不是因为有医用胶片的需求，给一部分胶片企业留下了一定的生存空间，可能现在的我们要想看到胶片就得去博物馆了。而且，在技术革命面前，胶卷行业的任何努力和抗争，都显得那么无力，甚至是完全没有意义，就像电影《三体》中说的那样："我消灭你，与你无关。"

虽然数码相机行业革了胶片行业的命，但数码相机的命运也比胶片好不到哪里去，因为数码相机普及老百姓家庭没有几年就又出现了另外一个革命性的产品——智能手机，如今，电子市场中琳琅满目的各种数码相机都消失了，旅游的人群中除了几个摄影发烧友背着长枪大炮以外，很难再见到数码相机。一个手机——打电话的工具，居然革了照相机的命。1839 年，法国人达盖尔制造出了世界上第一台真正的照相机。1876 年，电话的发明者亚历山大·贝尔和他的同事在实验室做出了第一台可以通话的电话机。3 年后的 1879 年，柯达的创始人乔治·伊士曼发明了第一台胶片制造机，开始批量生产"胶片"。他们谁能想到，130 年后，照相机革了胶片的命，电话革了照相机的命。

被智能手机革命的行业不只是数码相机，还有 MP3 播放器、MP4 播放器、录音机、磁带、电子游戏机、电子计算器、闹钟……这些被淘汰的产品后面是这些产品的生产商、经销商、服务商。

这样的跨行业革命还在愈演愈烈，3D 打印技术来了，会不会将来抢了各种制造业的饭碗？现在的 3D 打印技术甚至可以用来打印房子，这让建筑业情何以堪？还有人工智能，在人工智能的面前，个人的大脑显得如此之无力。古话说，劳心者治人，劳力者治于人，在人工智能的时代，又有多少劳心的行业会被人工智能"革命"呢？

（四）突发自然灾害导致企业经营失败

2020 年的春节前夕，一种用显微镜才能看得到的微小病毒改变了全世界，这个病毒叫"新冠状病毒"。或许早在几个月前的欧洲它就已经在吞噬人们的健康。有人猜测它可能源自美国的生化实验室，并且，在几个月前就已经潜伏在 2019 年的美国流感大暴发中，只是没有被人发现。2019 年 12 月，这种病毒被武汉的医院发现，随后中国向全世界发出了警告，全国人民都投入了消灭"新冠肺

① 注意：柯达公司并没有就此倒闭，而是通过破产重组，凭借其在印刷行业的技术获得了重生，被称为"不死鸟柯达"。当然，其业务规模已经辉煌不再。

炎”的战斗中。虽然医疗条件并不优越，中国依然成功地控制住了病毒的蔓延，并未全世界应对新冠肺炎争取了宝贵时间，也积累了宝贵经验。然而，遗憾的是，医疗技术相对发达的欧美国家却在观望和等待中错过了机会，在中国铩羽而归的新冠病毒，在欧美国家乃至全世界充分展现了他的威力。数千万人感染，几十万人死亡，截至笔者写书时，灾难的蔓延还在持续中。

这场灾难不仅仅是人类生命健康的灾难，也是经济上的巨大灾难。受疫情传播的影响，消费市场萎缩，旅游业、影视业、餐饮业等需要人群聚集的行业直接跌入冰点，一段时间营业收入完全断绝。汽车市场萎缩、房地产行业停工停产，与之相关的下游各产业也随之停工停产，除了互联网以及和抗疫设备物资相关的行业和企业外，全球的工厂企业哀鸿遍野。在这样的灾难中，企业家面临的挑战是尤为严峻的，一方面，业务停滞，营业收入下降；另一方面，企业的场地、员工等成本很难大幅下降，企业资产被迅速、大量地消耗，负债率迅速上升。正如西贝莜面董事长贾国龙先生所说，一方面，数百家门店关门歇业，营业收入基本归零；另一方面，2 万多名员工嗷嗷待哺，即使贷款发工资，西贝莜面也撑不过 3 个月。[①]

进入 21 世纪后，随着全球变暖，极端气候、地质灾害的发生率呈上升趋势，每一次的地震、台风、洪水、海啸、森林火灾，除了威胁人民群众的生命财产安全，同时，这也给诸多的企业造成了严重的损失，甚至导致企业破产倒闭。而每一个企业的背后，都是一个个股东的家庭。

如果说前面的四种导致企业经营陷入困境的模式属于环境的影响，无论是自然环境还是经济环境或者是政策环境都可以称为天灾的话，下面的 11 种模式则可以称为人祸了。而这个闯祸的人可能是企业家自己，也可能是其他人，但首当其冲需要承担后果的都会是企业家们。

（五）非正常政商关系导致企业经营失败

中国有句古话，背靠大树好乘凉。很多企业家经营企业，不把主要精力放在提供好的产品和服务上，而是寄希望于投机取巧、贿赂政府官员、找靠山、找“保护伞”，利用特权大发横财。这样发展起来的企业就会随着保护伞的陨落或者与“保护伞”的关系破裂，迅速陷入困境。

（六）盲目扩张导致企业经营失败

盲目扩张是民营企业的又一种常见死法，盲目扩张有两种典型类型。第一种

① 资料来源：https://www.chinaventure.com.cn/news/78-20200201-352439.html。

是在现有业务上盲目扩充规模，这种方式在前些年风投盛行，互联网行业过热的时候尤为盛行，在这个浪潮中，大部分的企业是昙花一现，最早的当属“凡客诚品”，后来共享经济兴起，烧钱扩张的互联网公司就更加数不胜数了，从“小黄车”到“瑞幸咖啡”，除了“京东”“滴滴打车”等少数几家在千难万险中突围了以外，其他的几乎可以形容为全军覆没。烧钱扩张的模式正应了中国那句古话：一将成名万骨枯！烧钱扩张模式不是中国民营企业家典型的扩张模式，中国民营企业家更多地会死在多元化经营这个扩张模式上。

多元化经营战略几乎是中国大中型企业在发展到一定阶段后的必然选择，但多元化是一把“双刃剑”，因为很多机会看似千载难逢，但其实是致命的陷阱。笔者的同学曾经感慨：“在创业的初期，最大的苦恼是没有机会。当企业做到一定的阶段，最大的挑战却是机会太多了。”

其实，这个世界上本没有什么盲目或者不盲目的扩张，因为绝大部分企业家的多元化经营和扩张的战略是经过了深思熟虑的，但结果成功与否却无法深思熟虑，也没办法选择。所以，碰对了机会就是成功的多元化经营战略，可以让企业步入持续发展的快车道。而选错了机会，就可能将企业拖入泥潭，这时批评家们就将其定义为盲目扩张。

无论是前文案例中现实的周某光和他的新光集团，还是虚构出来的苏某，都是因为企业发展到一定平台后开展多元化战略，但生不逢时，扩张失败，企业深陷债务泥潭。

企业发展到一定程度后，是否选择多元化发展在当前的社会环境中是一个两难的抉择。企业家可以选择在原有业务上做精、做深，美其名曰“匠人精神”，备受推崇的就是日本的“金刚组”，长达千年的历史，是把一个企业做精、做深的典范，所以批评家们经常讲中国企业家“缺乏匠人”精神，太浮躁。但其实，反面案例也是很多的，如“诺基亚”，专注于键盘传统手机，结果被苹果的触摸屏手机给革了命，落了个破产重组的结局。这时，批评家们又称其没有战略眼光，墨守成规。总之，事后诸葛亮，怎么说都有理。

而且，必须注意到，如今社会不是 200 年前。在技术日新月异的今天，如果刚好赶上了行业技术革命，就如柯达胶片一样，原有业务都已经不复存在，又如何去做精、做深呢？

同时，我们还应当注意到，日本不仅仅存在有“匠人精神”的金刚组，还有多元化经营的三菱、东芝、索尼等大集团，他们成立的时间都比金刚组要晚数百年，但规模和实力却远远超过金刚组。世界500强的企业也很少有单一业务模式的企业,绝大部分是多元化经营的大集团。由此可以看出,在原有业务上做精、做深也并不是什么稳操胜券的选择。

(七)应收账款被拖欠导致资金链断裂

在企业的财务报表上,应收账款是资产,但在很多民营企业的账上,大多数却是最劣质的资产,甚至可能是拖垮企业的罪魁祸首。在现实中,有很多老板,在财务报表上赚了钱,但却做"死"了企业。这种情况在很多中小企业中表现得尤为突出。

建筑工程行业就是一个典型的会受应收账款影响的行业,记得2018年的时候,曾经有一位小建筑公司的老板向我求助,他想通过法律手段要回他的一笔工程款。这位老板叫钱某军,见到我的时候他已经是失信被执行人了,名下没有任何财产,跟老婆已经"技术性离婚",两套房子也"技术性"出售给了几个朋友。50来岁的人头发已经白得差不多,开着一辆十几年的奔驰S350,那曾经是他的门面,但现在已经破烂不堪,连债权人都没兴趣要,虽然一年仅维修费都压力很大,但他还是坚持开着,我想唯一的理由就是这辆车还可以告诉他自己,我曾经辉煌过。

他告诉笔者,如果他的钱能要回来,哪怕是一半,他也能还清全部债务,如果能全部要回来,他就还是千万富翁。但时间一定要快,因为再拖2年,高昂的利息就会把他彻底拖死,他就没有希望了。

他的噩梦开始于一个美梦,2012年,他长期合作的开发商接到了一个大的棚户区改造项目,他承包了其中一部分建筑施工工程,工程总价3000万元,按照当时的测算,这个项目干完,他可以赚1500万元。当然,利润高也不是没有代价的,就是他需要垫资,规模在500万元左右。他把自己手中的流动资金凑了凑,再找了一个朋友借了200万元,利息2分(相当于年化24%),按月付息。没想到的是,他500万元的垫资花完了,开发商却告诉他资金紧张,必须共渡难关,尽快推进工程,只要拿到预售许可证,有办法回款就能给他结工程款了。没办法,他又东拼西凑借了200万元,利息平均有2.5分(年息30%),借款利息加起来一个月差不多要10万元。

2013年年底,噩耗传来,开发商资金链断裂,工地停工了,拖欠他的工程款近2200万元,一分都没结。虽然后来他通过要农民工工资的方式要到了100万元工程款,但结完工人工资后就所剩无几,还落下了400多万元的债务,直接导致他接新的工程没有了流动资金。

在后续的几年里，他拆东墙补西墙，凑钱接点小工程项目，挣点钱就还利息，苦苦煎熬。后来，钱越来越难借，利息也越借越高，虽然这些年也陆陆续续挣了一些钱，但根本赶不上利息的增长速度，到他找到我的时候，债务规模已经上升到了1000多万元，一个月利息要近40万元，自己也被列为了失信被执行人，已经两三年没敢回家过年了。

好在2018年年初，这个项目在政府的主持下又重新启动了，另一个开发商进场，准备继续完成项目开发，他的希望又来了。按照停工时与原开发商签订的停工补偿协议，再算上这些年的利息，即使按照银行同期利率计算，现在项目方应当欠他工程款2800万元左右。所以，只要他能要回来一半，他就可以还清全部欠款。如果能全部要回来，哪怕不要利息，他也依然是千万富翁。但要回来谈何容易，因为工程停工5年，很多地方有损坏，开发商又认为工程造价根本不值2200万元，并且还有很多不合格的地方，双方陷入了僵局。

实在没有办法了，他听说我在律师圈人脉广，所以想请我找一个水平高，关系硬的律师，帮他打这场官司。他承诺，如果能全部要回来，他愿意给总金额的30%作为律师费。即使能要回来一半，他也愿意付100万元律师费，但律师费只能等工程款回来后再结，因为他实在没有钱了。我只能遗憾地拒绝了他，一则律师不能做风险代理，二则确实也没人愿意接这场前途未卜的官司。

他匆匆忙忙走了，去寻找下一根救命稻草。因为他需要和时间赛跑，一年以后他的债务就会超过1500万元，再过一年，他的债务规模就会到达2000多万，即使全部要回来，对他也已经没有意义了。

不知道还有多少像钱某军这样账面上是“千万富翁”的失信被执行人，但应收账款、三角债、高利贷确实让太多的民营企业家陷入困境，望“账”兴叹。

（八）被企业间担保互保拖累导致经营失败

担保是大额融资中不可或缺的环节，或者物保，或者人保，或者人保加物保。何谓物保？就是用某些财产为所负债务提供担保，如果债务人到期不能偿还债务，则债权人可拍卖变卖该财产，并对所得价款有优先受偿权。[①] 何谓人保？此即担保人和债务人一起对债务承担清偿责任，若债务人到期不能偿还债务，则债

① 《民法典》第386条　担保物权人在债务人不能履行到期债务或者发生当事人约定的实现担保物权的情形，依法享有就担保财产优先受偿的权利，但是法律另有规定的除外。

权人可以直接要求担保人承担偿还债务的责任①。然而,很多企业家对担保这个概念存在很多误区,以致因为一点面子而酿成大错。在这一点上,山东济宁的胡总是吃过大亏的,胡总是一家小型外贸工厂的老板,生产的产品主要销往南美市场。2014 年,胡总的同村发小有一个项目需要融资,想让他投资,因为对发小的行业完全不熟悉,胡总没敢投。发小又提出借款 300 万元,胡总一则企业也需要现金流,抽不出这么多钱,二则也担心项目失败,所以也没答应,发小只好生气地走了,胡总心里感觉也挺不是滋味。

过了 10 多天胡总的发小又来了,说有人愿意借给他 500 万元,但需要胡总给担保一下。并且,发小跟胡总说,即使真的出了问题,作为担保人的胡总也只用偿还债务的 10%。胡总一想,钱也不是自己借的,发小实力也不错,他的财产不够了自己才需要还,应该问题不大。而且,即使真还不上了,50 万元的损失自己能承受,发小的面子不能不给,就签下了保证合同,这个事情过了没多久胡总就忘了。

2016 年的时候,胡总接到一个大单,利润不错但工期很紧,为了尽快生产发货,他迅速筹集了 600 万元的资金,开始备货。没想到的是资金刚筹集完没两天,胡总的账户就被冻结了,原来发小的项目失败,根本无力偿还债务,情急之下,债权人申请了诉前保全,作为保证人的胡总账户就这样被冻结了。

直到账户被冻结胡总才意识到事态的严重性,他赶忙请了一位律师。通过律师的解释,胡总才知道自己原来对担保这个事情误会太严重了。首先,他原以为自己只是担保人,债权人应该先把发小的所有财产什么的都执行完了之后,实在没办法了才能问自己要钱,毕竟发小才是借钱的人。并且,这些钱自己一分钱也没拿过,甚至连见都没见过。其次,发小说即使出事了他只用承担 10%,他就信以为真,朴实地认为自己是个担保人,又不是借钱的人,出了事当然只能承担很小的部分责任。但其实合同中并没有约定胡总的担保金额为 10%,他是全额担保,而且是连带责任保证。正因如此,债权人就可以依据《合同法》(已废止)(现在的《民法典》第 688 条)的规定,直接请求保证人就全部的 500 万元债务承担偿还责任。

---

① 《民法典》第 688 条　当事人在保证合同中约定保证人和债务人对债务承担连带责任的,为连带责任保证。

连带责任保证的债务人不能履行到期债务或者发生当事人约定的情形时,债权人可以请求债务人履行债务,也可以请求保证人在其保证范围内承担责任。

这个事情最可怕的还不是偿还这500万元的债务，而是账户被冻结导致他接的外贸合同完不成。因为账户被冻结的事很快就传开了，朋友们都不敢借钱给他，官司没有几个月也打不完，这一拖就会过了工期，不但没有利润，还要承担违约责任。好在胡总做生意很保守，并没有什么负债，要是像很多企业家一样负债经营，债权人这时候就该挤兑了，那基本就完了。

在没有办法的情况下，胡总采取了两项解决措施：一是用自己家的三套房子抵押，借了200万元；二是将一半的合同转让给了一位同行的朋友；三是想办法加快周转，降低资金占用率。如此总算涉险过关，但利润损失了100多万元。

官司结束后，胡总最终承担了接近400万元的债务本息，虽然在法律上他有权要求发小偿还他所承担的债务，但发小家已经是家徒四壁，连人都很难见到，也只能认倒霉了。不过，经过这个事情以后，胡总聘请了法律顾问，从此更加小心了。

因为担保出事的企业家每年都有不少，当然近几年好多了，主要是因为另外一个事情教育的结果，这就是企业联保互保。在10多年前，曾经一度银行鼓励企业联保互保来融资，大大便利了中小企业。但事实证明，企业联保是非常可怕的，往往会因为一个企业的倒闭引发多米诺骨牌效应，甚至毁掉一个地方的整个行业。从企业联保互保在全国范围内纷纷暴雷之后，很多企业家就明白担保的概念了，担保出事的势头也得到了一定的遏制。

（九）安全事故引发企业经营危机

笔者当年在工厂的时候，看得最多的标语就是"安全高于一切，责任重于泰山"。安全生产是一个企业最为要紧的工作，一旦发生重大安全事故，企业经营就可能会面临极大的考验。而安全事故在生产管理不是特别严格的中小企业中尤为容易发生。

河北的李总就是因为安全事故，20年的积累毁于一旦。李总开着一家汽车修理厂，通过近20年的努力，他的修理厂已经是当地最大的一家一类修理厂，生意最好的时候光工人就有近60人，一个月的营业收入可达200万元，在当地也算是有头有脸的人物了。2015年的冬天，他招了一个喷漆的学徒工名叫李某，就是这个学徒工上班的第一天就让3个人失去了宝贵的生命，两个人重度残疾，还毁了李总20年的财富积累。

冬天的汽车修理厂喷漆非常不容易干，所以很多时候喷完漆需要用电烤灯烘干。必须注意的是，喷漆房有电烤灯的时候是绝对不可以喷漆的，因为漆雾遇火特别容易爆炸。李某上班的第一天，班长交代他跟着师傅看，先熟悉厂里的情况。因为厂子小，岗前安全教育抓的并不严格，班长第一时间并没有对李某进行安全教育，只是交代师傅跟他说说，他的师傅也只跟他讲了讲喷漆室不能抽烟什么的。李某跟着师傅喷完漆，拿电烤灯烤上后，师傅就带着他关上门走了。也许是李某觉得喷漆很简单也很好玩，刚好师傅有点漆没用完，他自己居然独自找了一块废钢板回喷漆室练习喷漆了。也许他是越练越有兴致，喷漆室漆雾越来越浓，最后一声巨响，喷漆室爆炸了。李某当场死亡，还有在喷漆室不远的地方修车的 4 个工人，2 个死亡，2 个重伤，轻伤达 10 多人，直接财产损失近百万元。

这起事故处理了近 2 年才处理完，3 个死者都是年轻人，每人赔偿 80 多万元，重伤的 2 个员工光医疗费就花了 100 多万元，并且 2 个人都落下了残疾，每人又赔了 80 多万元。李总本人因安全事故致使 3 人死亡两人重伤承担了刑事责任①，虽然最后判了缓刑，但因此又花了不少钱，工厂自然也就停工倒闭了，20 年积累的家财被消耗一空，还欠下了不少债务。现在李总还会时常想，那年冬天他要是不招李某这个学徒工该有多好。

（十）竞争对手“陷害”导致企业经营失败

古话说商场如战场，确实不假。在这片没有硝烟的战场上，正常来说，大家应当面锣对面鼓，在市场规则下堂堂正正公平竞争。但在巨大的利益面前，有一部分人就可能放下底线，故意陷害竞争对手这种事情也是时有发生的。

竞争对手陷害的案例往往是不好找的，因为真相往往都被埋葬，非亲历者难以道明其中之原委。下面是笔者听到过的一个内幕故事，因为是亲历者身边人讲述，可能具有一定的真实性。

A 公司是一家明星企业，老板 L 总经商比较霸道，让竞争对手苦不堪言。竞争对手们为了解决掉这个最大的敌人，几个人联合起来设计了一个连环陷阱。他们首先买通了 L 总的朋友 B 先生，邀约 L 总去澳门赌场玩，并且悄悄拍下了照片。同时又买通 A 公司的供应商 C 公司，和 A 公司制造了一起牵涉 3000 万元的经济纠纷，随后向法院申请诉前保全，冻结了 A 公司资金规模 1 亿元的某账户。

---

① 《刑法》第 134 条　重大责任事故罪在生产、作业中违反有关安全管理的规定，因而发生重大伤亡事故或者造成其他严重后果的，处三年以下有期徒刑或者拘役；情节特别恶劣的，处三年以上七年以下有期徒刑。

强令他人违章冒险作业，或者明知有重大事故隐患而不排除，仍冒险组织作业，因而发生重大伤亡事故或者造成其他严重后果的，处五年以下有期徒刑或者拘役；情节特别恶劣的，处五年以上有期徒刑。

账户冻结后,竞争对手随即制造并大肆散播谣言称,L总在澳门赌博输了几十个亿,资金链紧张,账户被冻结。这个消息迅速在行业内炸开,债权人纷纷上门要债,A公司经营不出意外地陷入了困境。虽然经过1年多的努力自救,但L总终究没有保住他的公司,A公司破产了。

上面的手段还算是比较文明的,采用的都还是经济手段。在有些时候,竞争对手还会使用刑事手段。下面这个案例来自互联网,严格意义上讲也不能叫"陷害",但确实完美地实现了打击竞争对手的目的,姑且作为参考吧。

2008年10月,深圳市巨鼎视科技有限公司的两个创始人赵某亭、孔某国双双被捕入狱,原因是其竞争对手麦驰公司控告二人侵犯商业秘密。①

原来,孔某国曾经在麦驰公司负责技术研发,离职后创立了巨鼎视公司,生产与麦驰公司同类的产品,并且巨鼎视的主要客户也曾是麦驰公司的客户。

赵、孔二人辩称,巨鼎视生产的产品并未侵害麦驰公司的商业秘密,因为两个公司的产品从技术到设计均有非常大的差别,并且,麦驰公司的客户流失是因为麦驰公司生产的产品达不到客户的要求,而巨鼎视的产品在技术上远远领先于麦驰,因此,客户才选择与巨鼎视合作。

到底谁是谁非呢?2008年9月,深圳市公安局南山分局委托广东中证声像资料司法鉴定所进行鉴定,结论认为巨鼎视侵犯了商业秘密。但赵、孔二人不服,2009年4月,深圳市南山区人民检察院重新委托北京国科知识产权司法鉴定中心重新鉴定。鉴定结果显示,麦驰公司的原理图与巨鼎视公司的原理图小部分相同,但版图不相同,程序不同。2010年1月,深圳市南山区人民法院判决,赵、李二人未侵犯商业秘密,无罪释放。随后,检察院提出抗诉,二审法院审议后认为抗诉不当,决定驳回抗诉,赵、李二人无罪。

从2008年10月到2010年1月底,赵、李二人被羁押了整整15个月。因为老板失去人身自由,公司无法经营,迅速倒闭了。现在人是自由了,但公司倒闭了,损失谁来赔付呢?

赵、李二人申请了国家赔偿,但赔偿范围仅限于失去人身自由的赔偿,公司倒闭的损失不在赔偿范围之内。而麦驰公司仍然坚持认为自己控告是完全正当的,一没有捏造事实,二没有虚假告发,所以并未诬告陷害,至于法院怎么判他们无法左右,因此也没有赔偿责任。

---

① 资料来源:https://tech.qq.com/a/20101019/000106.htm。

（十一）股东"内斗"导致企业经营陷入困局

股东内斗的事情，无论中外都是经常会发生的事情，其原因一般是股权结构和公司制度设计不合理，这种不合理在股东关系好，团结奋斗时往往表现不明显，但当企业发展得好，股东利益冲突较大或者企业遇到危机，股东关系紧张时，其弊端就会体现出来，引发股东内斗，祸起萧墙，企业经营受到严重影响。

在这方面，最经典的案例应当是"真功夫"的案例了。至于潘、蔡两家这么多年恩恩怨怨的真相早已无从查证，包括本书中讲述的故事情节也仅仅是基于互联网上道听途说，当不得真。但这丝毫不影响我们对这个案例的总结与反思。

"真功夫"是一个小舅子和姐夫合作开店，最后姐夫被送进监狱的故事。而造成这个悲剧的最大根源就是其两个合伙人对等的股权结构。20 世纪 90 年代，姐夫蔡某标和小舅子潘某海共同创业，经过数年努力，终于造就了国人第一快餐品牌"真功夫"。在创业初期，两家人既是至亲，又是非常互补的创业伙伴，蔡某标经营能力强，主外。潘某海擅长厨艺，主内。可谓兄弟同心，其利断金，尤其是 2004 年推出"真功夫"的品牌后，公司开始走出东莞，走出广东，走向全国，虽然才走上正轨，但前途其实依然很光明了。

蔡、潘两家的第一次裂痕估计是蔡某标夫妇的离婚。2006 年，蔡某标夫妇秘密离婚，离婚的原因至今还是一个谜，一个可以肯定的原因是蔡某标出轨并育有非婚生子女，但也有消息说潘某峰也有把柄抓在蔡某标手中，所以两个人默契地采取了低调的处理方法。① 关于共同财产的分割，钱和不动产归潘某峰，企业股权归蔡某标。关于潘某峰为何放弃股权，潘某峰自己的解释是为了两个孩子，因为股权将来都是两个孩子的。这个考虑是有道理的，如果潘不放弃股权，蔡潘股权就会分散，潘某海将成为第一大股东，"真功夫"的实际控制人就变成潘某海，而在 2006 年，虽然二人股权对等，但"真功夫"的主要控制人却是蔡某标。因此，潘某峰为孩子而放弃股权，从逻辑上完全是说得通的。当然，也有人不认可潘某峰的解释，其分析认为 2006 年潘某峰不要股权要钱和房产，是因为当时的"真功夫"还前途未卜，因此当时的"真功夫"在潘某峰看来和钱及房产是价值对等的，她选择了风险小的资产，所以当"真功夫"股权价值暴涨后，潘某峰才会重新燃起股权争夺大战。② 真相如何已经无从考证，但潘、蔡两家的关系自此有了裂痕是肯定的。

---

① 参见许丹：《真功夫你不要学》，经济日报出版社 2015 年版，第 118 页。
② 参见许丹：《真功夫你不要学》，经济日报出版社 2015 年版，第 114 页。

两家关系的第二个转折点是2007年蔡某标引入风投,有的人分析蔡某标引入风投是为了去家族化,把潘某海家族的人慢慢挤走。笔者分析认为,去家族化蔡某标肯定是有考虑的,但挤走潘某海至少在2007年是没有这样的想法的。依据是蔡某标关于合资公司董事会的安排,董事会5名成员,加上监事一共6人组成权力核心。潘某海和潘某峰位列董事,潘某海的妻子位列监事,董事长蔡某标,另外两位董事则是风投方代表。六席潘家占三席,这绝不是打算排挤潘家的安排,相反,这是在平衡蔡潘两家的利益。

但是,随着“真功夫”的高速发展,更多的外部高素质人才进入“真功夫”管理层,去家族化使得蔡某标的地位进一步提升,这使潘家人感觉到了危险。而“真功夫”在引入风投后,股权价值上升到数亿元,也可能让潘某峰对放弃股权懊悔不已。如此,蔡潘两家的裂痕就彻底表现出来,董事会经常吵架,很多重要决策无法作出,必然会影响“真功夫”的经营。

为了自己的投资安全,2008年,风投方提出“真功夫”出资5000万元,让潘某海单独再经营一个品牌“哈大师”,“真功夫”则完全由蔡某标经营。但可惜的是“哈大师”很快就失败了,至于失败的原因,潘某海说是因为蔡某标背信弃义,出资1500万元后就断粮。但蔡某标说潘某海开3家店花掉1600万元,账目不清又拒绝查账,因此拒绝支付第二期款。无论对错,总之,潘蔡两家矛盾进一步升级了。

正值潘、蔡两家矛盾升级之时,2009年3月,蔡某标的“情人”胡某爆出了蔡某标私生子案,案件在法院和舆论方面都闹得不可开交,一时间蔡某标疲于应付。“蔡胡”案刚刚结束,蔡某标的前妻潘某峰适时地发起了状告蔡某标重婚案,又一次将蔡某标推向了舆论风口,蔡某标人设崩塌,潘某峰得到了舆论的广泛支持,蔡某标在感情生活上彻底陷入泥潭。

公司管理和家庭生活同时陷入泥潭,蔡某标当时的状态可想而知,虽然当时的境地是因为蔡自己在董事会组成设计上不合理和生活不检点一手造成,可谓作茧自缚。但我们应当注意到,在董事会的人员安排设计上,蔡的出发点是好的,给潘家一半的席位,是为了让潘家更加放心,能同心协力经营好公司。

为了解决这个麻烦,蔡某标经人介绍找到了广东众达律师事务所,事务所为其制定了一份建议书,称之为“脱壳计划”,计划的目的是让潘某海及关系人脱离“真功夫”。此时的蔡某标确实是想彻底和潘家撇清关系,独自掌管“真功夫”了。

但“脱壳计划”的手段比较凌厉,其中最具杀伤力的部分是针对当时潘某峰、潘某海管理的一笔1000余万元的资金拒绝归还公司。同时,潘某海在财务管理上也存在诸多问题,有职务侵占之嫌疑,律师建议发动刑事诉讼,逼迫潘家人退出董事会,彻底解决控制权的麻烦。但这样的手段蔡某标完全不能接受,他严词拒绝了,还要求负责对接律所的主管追回60万元的定金。不仅如此,可能是怕有别有用心的人利用潘某峰、潘某海未归还的1000多万元做文章,引起矛盾的升级,所以他通过强制分红的方式,将该笔账目做平了。这和很多蔡的朋友评价蔡比较心善,心软的特质是符合的。而这份计划书蔡居然随意地就丢在了公司的保险柜,最后落到了潘某峰和潘某海手中,成为潘家抓住的蔡背信弃义的主要证据以及最终对付蔡某标的主要手段。

2009年年底,潘某海主动提出转让部分股权给蔡某标,解决控制权的问题,2010年9月18日,蔡、潘及风投方今日资本达成股权转让协议,蔡某标以7280万元收购潘某海在双种子的股权,占"真功夫"股权的3.76%,今日资本以4.25亿元收购潘某海在"真功夫"的21.25%的股权。

但就在潘某海与蔡某标商谈股权转让的同时,潘某海的妻子"豆豆"以监事的身份向东莞公安报案,称蔡某标职务侵占,但第一次公安未予立案,此次的报案保密工作很好,蔡某标和投资人居然都没有发现。在蔡某标将7280万元的股权转让款转给潘家后,潘并没有选择办理股权变更,而是再次向公安报案,这次,公安立即立案了,并且立即对蔡某标进行了抓捕。关于这个案件的背后,蔡某标曾经爆出过很多"黑幕",但这些都无从查证,我们不予讨论和评价,但蔡某标因此而失去人身自由是真实的。失去人身自由后不久,蔡某标也失去了对"真功夫"的控制力,在这个较量的过程还有很多的狗血剧情我们也都不再去评议,我们只是去讨论这个案件给我们带来的思考。

蔡某标入狱后,潘某峰发起了重新分割夫妻共同财产的诉讼,但最终没能成功。2013年,蔡案判决,有期徒刑14年。

潘、蔡两家这场闹剧结束了,但也远远没有结束。表面上,蔡某标完败了,潘某峰在一定程度上也算胜利了,潘某海夫妻看来是完胜。但真是如此吗?

对蔡某标来说,完败是肯定的了,上市梦落空了,控制权失去了,人身自由失去了。值得欣慰的是,一双儿女现在偏向了自己,而且股权虽然险些失去,但最后惊险地保住了,他依然拥有和潘某海同比例的股权。

对潘某峰来说才是真正的完败,蔡某标入狱除了给自己出了一口恶气以外,在经济和感情上没有任何收获,甚至可以说损失惨重。首先,分割股权的主张没有被支持,“真功夫”虽然她任董事,但实际没有一点股权,并且因为股权分割案付出了巨额的律师费,真是赔了夫人又折兵。而最大的损失是在家庭和感情上,女儿为了父亲和自己几乎决裂,儿子和自己也已经貌合神离,一个女人,失去了家庭,又失去了儿女的情感,没有比这个损失更加惨重的了。

潘某海夫妇呢?看似完胜,实则不一定。首先,取得了“真功夫”的控制权却没有多取得一点点的股份,所以几乎没有取得经济上的利益。其次,“真功夫”因为这场争端经营受到巨大影响,上市计划失败,发展受阻。“真功夫”最辉煌的时代是国人快餐的代表,首屈一指,如果顺利上市,现在的“真功夫”恐怕是国人快餐界的寡头,无人可以匹敌。但一场风波之后,“真功夫”的行业地位逐步下降,在“2018年度中国快餐70强”榜单中,“真功夫”位列第六,“安徽老乡鸡”,天津顶巧餐饮集团排在了“真功夫”前面。《2019年中国餐饮业年度报告》中的快餐小吃榜中,“安徽老乡鸡”“上海杨国福”“张亮麻辣烫”等都排在“真功夫”的前面。“真功夫”的规模虽然还有上升,但上升幅度相比竞争对手要小得多,以“安徽老乡鸡”为例,2016年老乡鸡门店才400多家,但2018年已经扩充到800家。相比之下,虽然为了加速扩张,“真功夫”主动打破了蔡某标经营时期坚决不加盟的规矩,但2012~2018年,“真功夫”门店仅从300家增长到600家。更关键的是,门店利润率非常微薄。公开财务报表显示①,2017年,母公司营收仅为6.82亿元,利润仅为694万元。2018年,虽然“真功夫”宣布全国营收突破30亿元,但其实归属于母公司的营收仅6.21亿元,利润稍有上升,但也仅为1754万元。

(十二)“恶性竞争”导致企业经营失败

所谓恶性竞争一般是指企业以极低的价格,甚至于低于成本价的行为倾销,是为了打垮竞争对手,最后达到独霸市场的目的。恶性竞争是一种杀敌一千,自损八百的不正当竞争手段,不但会给对手造成极大的伤害,也可能让发起恶性竞争的企业自己也走上毁灭的道路。

恶性竞争在近10年来的互联网行业表现尤为突出,在各种风投和资本的支持下,各种互联网公司疯狂烧钱,在恶性竞争的大潮中,很多行业最终一地鸡毛,得善终者少之又少。

2020年3月30日,美团发布2019年业绩,美团成立10年后,终于盈利了。2019年美团交易额6821亿元,公司收入957亿元,盈利47亿元。② 而在2018年,

---

① 资料来源:凤凰财经:http://finance.ifeng.com/c/7sj2tYbC7lI。

② 资料来源:凤凰财经:http://finance.ifeng.com/c/7vLpEuTp3BV。

美团亏损 84 亿元,2017 年亏损 28 亿元。连续烧钱 10 年后,美团终于迎来了第一次盈利。虽然美团目前市值已经高达万亿人民币,但其最终前程如何还不好下定论。尽管如此,但美团已经是团购行业中最幸运的公司了。

绝大部分的团购公司在这 10 年的烧钱浪潮中已经倒下,2010 年是中国团购网站发展最疯狂的一年,那一年团购网站的数量从 3 月的 100 多家上涨到 5000 多家,仅 2011 年,就有接近 2000 家团购平台倒闭,这一段时期被称为"千团大战"。而接下来的近 10 年,才是团购网站疯狂融资,烧钱和恶性竞争的开始,这就是更加白热化的"百团大战"。从"千团"到"百团",真应了那句古话:"一将成名万骨枯"。我们只看到了几个所谓"成功者"的辉煌,却忽视了失败的,甚至赔得倾家荡产的数千名创业者。

即使是那些为数不多的"百战余生"后的团购平台,目前的经营状况也不甚乐观,境况最好的当然是美团,在落下了"挤压商家,盘剥骑手,无良经营"的名声后,2019 年终于结束了亏钱的历史,有了稍微的盈利。

而当年和美团并驾齐驱的大众点评,终于在 2015 年和美团合并,成立美团点评,并登录港交所,虽然被合并,但也算是善终了。

曾经创造过迅速盈利奇迹的聚美优品在美国上市成功以后,依然没能躲过没落的命运,在股价损失数 10 亿美元后,终于在 2020 年 2 月完成了私有化。今后前程如何还未可知。

不仅是团购行业,共享单车行业、网络打车行业等,都和团购行业有着极大的相似之处,靠烧钱占领市场,以几乎惨烈的代价造就一两家寡头公司,盈利艰难,靠风投、IPO 融资维系商业模式,以期待最后垄断市场取得成功。在这样的行业中竞争,企业家的生存环境可想而知。

(十三)"老板入狱"导致企业经营陷入困境

资本在积累初期是非常容易留下原罪的。正如马克思所说:"资本来到世间,每一个毛孔都滴着肮脏的血。"这是资本原始积累阶段大概率会经历的历程,目前的国内如此,当年的欧洲资本走向全世界的时候也是如此。

因为原罪的存在,就使得老板入狱成为企业经营危机的一个非常典型的诱因,改革开放以来,中国的民营企业因为老板入狱而破产倒闭的比比皆是。太子奶李某纯案、格林柯尔顾某军案、吴某非法集资案等,当年都在社会上引发了广泛的讨论,几多批判、几多惋惜、几多不平,古今多少事,都付笑谈中。因为本书用了整整一章的篇幅来讲述民营企业家的刑事风险,在本章中就不做细节上的探讨了。

(十四)老板突然离世导致企业经营陷入困境

企业家身故对于一些以老板为中心经营的企业来说,几乎是灭顶之灾。即使有比较完整的现代治理体系,一个企业的老板,灵魂人物突然身故,还是非常容易引起企业的经营危机的。毫不夸张地说,老板身故的风险是这 15 种风险中最为容易被忽视,后果又最严重的风险。

2010 年 7 月 29 日,在北京金源时代中心地下停车场,北京纸老虎文化集团董事长胡某遭抢劫杀害。董事长被杀害,给纸老虎集团造成了严重打击。在公司内部,董事长去世,企业失去了前进的方向,公司群龙无首,陷入混乱,员工恐慌,人心浮动。在公司外部,公司关联方很多人担心纸老虎会倒闭,供应商纷纷加快收回货款,并且缩减甚至停止供货,公司读书会员担心会员卡作废,疯狂消耗会员卡,形成恐慌,纸老虎几乎陷入绝境。

胡某去世后,胡某的妻弟曹某武临危受命,接管纸老虎。但因为曹某武并不熟悉图书行业,再加上其接手时,纸老虎已经陷入困境,不但没有一分钱流动资金,而且还有大量的欠款,每天都会面临物业、供应商的一堆账单①。为了解决资金问题,曹某武甚至卖掉了自己的房子,多方筹资 2000 余万元为了保持纸老虎的经营模式②,但他还是无法扭转纸老虎的颓势。无法提高营业额,曹某武能做的只有控制成本,减少经营面积,降低人员费用等,公司业务持续萎缩。仅 2013 年,纸老虎就关闭了上海的 27 家和北京的 30 家小规模书店,仅保留 4 家比较大的门店,而其位于金源时代购物中心的旗舰店也缩减至原来的一半,而且生意冷清,相比较四五年前的门庭若市,可谓一落千丈。③

如今,虽然从企业信息系统中还可以查到“纸老虎”这家公司,但曹某武早已不再负责经营,目前法人代表为胡某妻子曹某琼。曹某武筹措的 2000 万元资金不知后来命运如何,也不知道“纸老虎”的经营亏损黑洞到底吸走了胡某家族多少财富,总之,“纸老虎”确实已成过去。

“纸老虎”在老板去世后的衰败不是个案,尤其是非上市公司,因为其经营缺乏现代化的体制,老板对公司经营的影响巨大,而且老板的继承人往往很难有能力继续经营好公司,所以老板去世几乎就等于宣告企业的破产。

---

① 参见何照新:《“纸老虎”:离开胡某的日子》,载《法律与生活》2012 年第 18 期。

② http://epaper.gmw.cn/zhdsb/html/2013-04/17/nw.D110000zhdsb_20130417_5-03.htm.

③ 资料来源:中国新闻网:http://www.chinanews.com/cj/2014/04-26/6109337.shtml。

即使是有着比较完备的经营体制的上市公司,实际控制人的去世依然会对企业的发展产生巨大的影响。广东金莱特电器股份有限公司老板田某的去世就是一个很典型的例子。

金莱特2014年就登陆了深交所,可惜的是,仅1年多,2015年11月10日,实际控制人田某就突发急性心肌梗死去世了,年仅43岁。田某去世后,妻子蒋某荣临危受命,出任公司董事长。但三个子女的抚养和教育加上公司的经营,而且缺乏经营能力和经验,蒋某荣根本无法胜任董事长职务,一年的工夫,金莱特业务一落千丈,利润下降85%。随后公司调整了管理层,蒋某荣不再参与管理,企业经营状况略有好转,但和田某经营时的繁荣状况相去甚远,金莱特站在了命运的交岔路口。

2017年11月,蒋某荣决定出售金莱特29.99%的股权给田某生前好友蔡某如,对价11.2亿元。交易完成后,蒋某荣及3个未成年子女虽然仍然持有金莱特25.79%的股权,为第二大股东。但蒋某荣在和蔡某如的股权转让合同中同时出让了公司的控制权,交易完成后,蒋某荣和其子女将不参与公司的经营管理,并放弃公司的表决权和提名权,蔡某如将成为金莱特新的实控人①。

老板去世,妻子被迫出让公司,家族失去了企业,这当然是遗憾的。但也是幸运的,因为田某的父母妻儿最终留下了丰厚的财产,并且全身而退。同样是老板去世后,妻子出售公司股权,小马奔腾的创始人李某的妻子金某就没有那么幸运了。和蒋某荣最后落袋11亿元,并且还持有20%多的上市公司股权全身而退不同,金某最后的股权是被拍卖的,76%的股权最后仅拍得1.55亿元,但金某同时还需要承担2亿元的债务,最终资不抵债,陷入困境。

像李某这样,老板去世,家人背负债务陷入困境的案例还有很多,但因为这些中小企业的老板寂寂无名,他们留下教训和故事很快就随着时间的流逝淹没在生活的洪流里,但他们留给家人的困苦和灾难则可能会深入得多,也长久得多。

(十五)企业接班失败导致企业经营陷入困局

企业家最可怕的不是没有接班人,而是碰到"马谡式"的接班人。纸上谈兵、眼高手低、贪功冒进,这每一项特质都足以毁掉一个企业。

"海鑫钢铁"就是最好的案例,在很多的互联网文章中,都习惯性地把李某会描述成一个败家子,说他买飞机豪车,迎娶明星车某,其实完全是误解。种种事实

---

① 资料来源:搜狐网:https://www.sohu.com/a/211339230_562312。

表明，李某会根本不属于败家子的类型，相反是一个有一定能力，并且上进心强的接班人，其恰恰失败在贪功冒进。

2003 年 1 月，海鑫钢铁掌门人李某海在办公室遭人枪杀，其 22 岁的儿子李某会中断学业，从澳大利亚回国仓促接班。

有的资料将李某会描述成一个败家子，但事实是接班后的李某会工作勤奋，海鑫钢铁的业绩不但没有下降，反而持续向好，2003 年，海鑫钢铁的总资产上升至 50 亿元，上缴利税 10 亿元。2004 年，海鑫钢铁总资产上升至 70 亿元，上缴利税 12 亿元①。

除了业绩以外，他在公司经营权掌控上也可以说颇有手段。2003 年 6 月，原本接班呼声最高的五叔李某虎被迫辞职，随后，副董事长辛某海被调往太原任职，后不久也辞职离开。有的资料评论说李某会排除异己，导致善于经营的五叔出走，是海鑫失败的重要原因，但这种说法是缺乏依据的。从一般意义上来讲，五叔李某虎作为曾经呼声最高的接班人，在公司的势力可想而知，就好似康熙即位初期的鳌拜，所以李某会巩固公司控制权的行动是有道理的，而且他还做到了，这还说明他是有能力的，并不是不学无术的败家子。

在钢铁板块业务巩固后，李某会开始进军资本市场。2004 年，他斥资 6.1 亿元购进民生银行的股权，这也是他在一级股权投资市场上的最大战绩。据统计，最终这部分股权总计套现金额超过 32 亿元，3 年李某会赚了超过 26 亿元。虽然李某会在二级市场上的表现乏善可陈，但一级市场的几笔投资均受益颇丰。据统计，其在投资市场上的浮盈保守估计超过 40 亿元。②

但也正是接班初期的顺利和资本市场上的成功，可能让李某会失去了接班初期的谨慎，错误地判断了自己的实力，为李某会的失败埋下了伏笔。

2004 年后的 10 多年间，中国钢铁行业盛极而衰，再加上李某会在巩固了自己的控制权后就无心实业，并于 2006 年 9 月辞去海鑫钢铁总经理一职醉心资本市场。海鑫钢铁实际上内部经营是逐步恶化的，虽然从 2003 ~ 2009 年，海鑫钢铁的总资产实现了成倍增长，但其利润却由 2003 年的 4.2 亿元下降至 2009 年的 2.4 亿元。2009 年，注意到实业危机的李某会逐步开始回归实业经营，但在此关键时刻，他不是关注内部管理解决问题，而是通过加大投入和多元化经营来解决问题，

---

① 资料来源：搜狐网：https://m. sohu. com/a/208599219_212351。

② 资料来源：新财富杂志：http://www. xcf. cn/newfortune/fmgs/201410/t20141015_645963. htm。

在市场低迷的情况下，他没有收缩战线，而是淘汰落后产能，斥巨资上马新项目，并且增加了儿童乐园等四大支柱产业，使得海鑫钢铁的资金链进一步紧张，在资本市场的40多亿元的浮盈在实业投资面前根本就是杯水车薪，海鑫钢铁的命运在李某会的盲目自信扩张中悄然注定。

但是，实际已经处在危机之中的李某会并没有太多地感觉到危险，接班后接连的成功让他有些飘飘然。但不断增长的资金黑洞终究将其拉回了现实中，2014年，因一笔30亿元的贷款逾期，海鑫钢铁被迫申请破产清算。一条过山车式的曲线，宣布了"海鑫钢铁"接班的失败。

这种过山车式的曲线在接班的问题上是经常出现的，譬如，某集团公司王某聪。虽然还未接班，但他的第一次创业锻炼也是走出了过山车式的曲线，从5亿元做到50亿元再到失信被执行人，其核心原因绝不是王某聪是一个败家子，而是因为其具备一定能力，并且盲目自信、贪功冒进造成的，若这是一次接班，恐怕又要重蹈海鑫钢铁之覆辙了。所以，在很多企业家看来，子女盲目自信、贪功冒进有时比败家还要让人揪心。

二、企业经营风险的典型影响与后果

企业经营必然伴随风险，企业家的生涯也经常是跌宕起伏、惊涛骇浪，这些都是企业家一生的传奇。企业天生是喜欢风险的，从风险中寻找机会，收获利润是企业的常态。但是，当风险真实发生的时候，对企业家及其家庭或家族带来的影响与后果还是比较严重的，值得每一个企业家引起重视。

（一）债务危机一般是企业经营失败的高概率衍生品

企业经营失败，尤其是经营过较长时间，达到过一定规模的企业经营失败，最终的结果一般都是爆发企业的债务危机。造成以债务危机收尾的原因有以下几个：首先，很多企业在发展时期都会在一定程度上负债经营，因为良性的负债可以大大地加速企业的发展速度；其次，当企业开始出现经营困难时，补充现金流，加大投资寻找出路都是比较常见的方法，而这些资金往往都来源于融资，企业的负债在这个时期内会迅速上升；再次，因为企业家对企业的情感，导致在企业陷入困境时会无原则地希望挽救企业，而手段往往又是无原则地融资与投入，导致债务规模扩大到不可控的地步；最后，当企业因为债务危机无法再正常经营时，又会造成企业资产的大幅度贬值，一方面债务因为利息问题迅速扩大，另一方面资产又大幅度贬值，就使得企业彻底陷入债务旋涡，企业最终经营失败，大量债务无法偿还、倒闭、破产清算。

由此可见，在很多情况下，伴随企业经营失败的往往是失控的债务危机，而企业的债务危机还会进一步传导到家庭，造成更为严重的后果。

（二）中国民营企业的债务危机大概率会传导到家庭

企业经营在全球都是高风险的活动，所以在数百年前，无论是东方还是西方，商人都是社会的底层，经商很多时候是不得已的行为。然而，一个法律制度的诞生让经营这个高风险活动变得风险可控，使得社会上层的资本和财富愿意进入工商业这样一个充满了风险的领域，从而促进了全世界近几百年工商业的飞速发展，这个制度就是有限责任制度。

遗憾的是，在我国目前的现实环境中，有限责任制度却很难阻断企业的债务危机向企业家家庭的传导。这不是因为我国有限责任法律制度不完善，而是因为民营企业家自身的行为造成的，本书在企业家家庭债务风险一章中详细阐述了"刺穿有限责任的八把钢刀"，而其中最为常见影响也最为深远的就是企业的控股股东夫妇在企业融资过程中往往都会对企业债务承担连带责任，甚至于股东以自己的名义融资然后再投入企业。

因此，当企业陷入债务旋涡后，企业家的家庭就会同时陷入债务旋涡，导致家庭资产被查封、扣押、冻结、强制执行以偿还企业债务。而查封、扣押、冻结、强制执行的过程又会导致家庭资产的进一步折损，进一步加重债务危机，最终对家人造成严重影响。

（三）家庭陷入债务危机会对家庭成员造成严重影响

与企业家爱好与风险共舞不同，家庭是天生厌恶风险的，因为家庭债务风险会对家庭成员造成诸多方面的影响。

首先，家庭债务危机会对孩子的成长造成较大的影响。因为对于孩子来说，一方面，其教育质量需要家庭经济条件来保证，如果因债务问题造成教育质量下降，就会严重影响孩子的成长。另一方面，孩子的健康成长离不开稳定的环境，如果家庭因为债务危机陷入困境，会对孩子的心理健康造成较大压力。并且，孩子的教育、心理一旦受到影响就是不可补偿的，以后即使经济条件转好都不能再重来一次。

其次，家庭债务危机会对家人的医疗健康造成较大的影响。如果家庭成员中有人处于比较严重的疾病期间，需要较好的医疗条件才能恢复健康或者维持，债务危机的影响就会导致医疗条件无法保证，疾病可能恶化，从而严重影响其健康。

而健康一旦被影响就可能是不可逆的，即使将来经济条件转好对这个家庭成员的健康来说意义就不大了。

再次，家庭债务危机会对老人的养老、护理等造成较大影响。所谓“树欲静而风不止，子欲养而亲不待”。老人的养老、护理不能等，家庭一旦陷入债务危机，老人的养老、护理品质就会受到比较大的影响，老人就可能经受更多的痛苦，预期寿命可能也会大大缩短，可能都等不到家庭经济条件再转好的时候，留下无尽的遗憾。

最后，生活品质的下降对家人的影响也是显著的。所谓由俭入奢易，由奢入俭难，其原因不在于物质生活品质上的降低无法忍受，而是这种落差会对家人的心理造成困扰，让家人充满焦虑、没有安全感、情绪抑郁等。这种影响虽然不如孩子的教育成长、家人的医疗品质、老人的养老护理品质的影响那么直接，但也是不可忽视的。对于家庭成员来说，物质生活品质的高低不是幸福的源泉，生活稳定、越来越好、越来越有希望才是幸福的关键所在。

由此可见，企业经营失败本身其实是正常的社会现象，也不是那么可怕。但是其引发的一系列后果却不是大多数人所能接受的，必须引起足够的重视。

第三节　企业经营风险的财富管理应对方法

如何应对企业经营风险呢？对于财富管理行业的专业人士来说，企业家的经营我们提供不了太多实质性的帮助，因为我们无法通过合理的规划来预防或者降低企业的经营风险。即使是企业家自己，因为风险是企业经营的最基本属性，剥离了风险就等于剥离了机会，所以企业经营风险本身只能管控，并没有办法彻底地预防。

一、企业家自身预防企业经营风险的基本原则

（一）规范经营，避免落入各种法律陷阱

因为发展历史不长，我国民营企业在规范经营问题上还是相对滞后的，有很多问题，诸如不正常政商关系、企业家入狱等风险就源于经营的不规范，竞争对手陷害很多时候也基于企业家自身经营的不规范。因此，不断地规范企业经营，合

理合法做企业，在规则的范围内谋求企业的长足发展，是每一个民营企业家都应当遵循的底线。只要企业能做到规范化经营，不正常政商关系与企业家入狱对企业经营的影响就基本可以避免，竞争对手陷害的可能性也大大降低。

（二）科学经营，提升企业治理水平

企业在成长的初期治理水平一般都是不高的，再加上有一部分民营企业家自身的文化素养与水平不高，并且在创业初期多以家族内部成员担任重要管理层，就更加导致了一部分民营企业的治理水平是不高的。而一个企业治理水平的高低与其遭遇企业经营风险的概率是强相关的。

因此，在企业发展壮大的过程中科学经营，不断提升企业治理水平是降低经营风险的重要举措。企业经营治理水平越高，就越不容易发生安全事故、越不容易发生股东内部分歧、越不容易出现盲目担保、越不容易发生大规模坏账、越不容易陷入恶性竞争；并且，一个治理水平很高的企业，接班往往也会更加顺畅，即使遭遇企业家突然身故，企业也不至于迅速陷入混乱之中。

（三）理性经营，避免骄傲、盲目思想

在企业家精神中，企业家的自信精神、冒险精神、勇于挑战、敢为天下先的精神都是企业家创业成功的重要精神力量，失去了这些精神，企业家是很难创业成功的。但是，成功往往是成功的桎梏，这些精神在企业家顺风顺水的时候就容易发生一些变化，自信容易变成骄傲自大，冒险精神、敢为天下先的精神则容易变得盲目与不谨慎。所以，企业家必须始终保持理性、清醒、谨慎的特质，避免盲目自大，如此，企业就不容易陷入盲目扩张，恶性竞争的麻烦之中。

（四）与人为善，合作共赢

中国有句老话："和气生财"，中国又有一句老话："商场如战场"。商业的极富竞争性的特质使得企业家往往都是好斗的，喜欢求胜。但正是这种求胜心会引发很多的矛盾，与竞争对手之间的矛盾、与合作伙伴之间的矛盾、企业股东之间的矛盾，或者与其他相关人的矛盾。而这些矛盾一旦激化，就容易严重影响企业经营。如股东之间的矛盾引发股东分争，竞争对手之间的矛盾引发恶性竞争甚至对手"陷害"，有一些矛盾还会导致企业家入狱甚至意外身故。

因此，对于企业家来说，如何把握好"商场如战场"与"和气生财"之间的平衡关系就非常关键。尤其是对于成熟期的企业家来说，合理化竞争，大度、包容、富有远见，用合作共赢，与人为善的思维缓和竞争的激烈性，避免矛盾的激化，是非常值得拥有的品质。

（五）居安思危，有备无患

对于企业家来说，经营风险可以通过各种努力尽量管控，但永远无法避免。所谓一年有四季，经营有周期，每一个伟大的企业都是在一个个波折的周期之中曲折前进的。因此，居安思危很重要，提前做好应对危机的准备是企业跨越周期的关键所在，为跨越周期早做准备，做到有备无患，无论多早都不为过。

当然，以上的所有原则都是需要企业家身体力行的，不是专业理财师可以给客户提供的服务与方案。对于理财师来说，我们可以做的是为客户提供应对企业经营失败后的财务上的补救方案，这就是资产保全与债务隔离规划。

二、应对企业经营风险的财富管理规划的基本原则

其实，企业经营风险本身并不可怕，可怕的是风险传导到家庭，对家庭成员产生严重影响。因此，在财富规划的角度上讲，企业经营风险的应对方式就是将企业的风险与家庭风险进行有效的隔离，对家人的各项基本需求提前进行有针对性的规划和保障。做好应对企业经营风险的财富规划需要遵循以下几个基本原则：

（一）未雨绸缪，在财务状况好时及时剥离资产，做好规划

《红楼梦》第十三回，秦可卿托梦王熙凤建议做好贾府的风险规划，起首第一句话就说："趁今日富贵……"居安思危，未雨绸缪，趁财务状况好的时候及时剥离资产进行规划是一切科学的资产保全规划的前提。但这往往又是很多企业家很难做到的事情，因为人在顺风顺水的时候是很难想到要做应对风险的准备的，甚至身边朋友的好意提醒都会显得非常刺耳。

但是，正如秦可卿所说："月满则亏，水满则溢"，这是亘古不变的道理，所以曾国藩才会对子孙有后代有"盛时常作衰时想，上场当念下场时"的谆谆教诲。企业家如果不在财务状况好的时候及时剥离部分资产，做好资产保全与隔离规划，若等到遭遇企业经营失败的变故时才想起来做资产隔离，则是临时抱佛脚，根本无法奏效，悔之晚矣。

（二）剥离的资产应独立于企业家夫妇的家庭资产之外

在专业的理财师口中经常能听到"家企隔离"的说法。但笔者想强调的是，"家企隔离"的说法是理论上的，在国内目前的大环境中是不实际也做不到的，不具备可行性。在应对企业经营风险的资产保全规划策略中，不要试图在企业资产与企业家的家庭资产之间设立债务隔离的屏障，因为这是根本不实际的。比较好

的办法是将企业家夫妇的一部分家庭资产提前剥离出来，进行合理的资产保全与债务隔离规划设计，使其独立于企业家夫妇的家庭资产之外。如此，才能保证当企业债务危机传导到家庭时，已经被剥离与保全的资产不会受到影响。

（三）运用科学、合理、阳光的规划方法规划

在企业家家庭的资产保全与债务隔离规划设计方面，有很多“民间方法”，比较常见的如“假离婚”，让亲戚朋友员工代持部分资产，有的企业家还会将部分资产转移到国外。这样的规划方法虽然在实践中确实有可能可以起到逃避债务的作用，但是这样的方法都是上不得台面的、灰色的、存在法律漏洞的方法。并且，这些行为一旦被查实，则其逃避债务的作用将立即消失，并不能真正地保全资产、隔离债务。

因此，我们一定要运用科学、合理、阳光的规划方法来进行资产保全与债务隔离规划设计。要知道，在财务状况良好的情况下进行的资产保全与债务隔离设计是被法律完全认可的行为，因为这样的设计并不会损害任何债权人的权益。并且，《公司法》规定的有限责任制度，《信托法》规定的信托财产独立的制度，都是法律上直接规定的资产保全与债务隔离制度，由此，也证明了在财务状况良好的情况下进行的资产保全与债务隔离制度，无论是在法律上还是道义上都是站得住脚的，是无可厚非的。

科学、合理、阳光的资产保全与债务隔离方法不仅能可靠地实现预期目的，而且是正大光明，不担心债权人挑战的，在任何时候都可以给家人确定的守护，是企业家的明智之选。

（四）合理运用具有法律属性的金融保全工具

在资产保全与债务隔离工具的选择上，具有法律属性的金融工具是上佳选择。在全球范围内，这样的工具主要包括人寿保险、家族信托、基金会等。这些金融工具不仅可以用来持有与管理资产，同时其法律属性通过合理、专业的规划设计之后，可以有条件地实现资产保全与债务隔离。譬如，在被保险人去世的情况下，人寿保险的死亡理赔金可以隔离被保险人与投保人的债务。再如，家族信托的信托财产独立的属性，可以用于隔离委托人的债务。又如，家族信托通过受益人的债务隔离条款的设计，不仅信托财产可以隔离受益人债务，信托受益权都可以免受债务清偿等。

（五）规划有重点，守护好给家人的最后一道防线

应对企业经营风险的资产保全与债务隔离规划是留给家人的最后一道防线，

是以防万一的规划。既然是最后一道防线,一定是有重点,有主次的。必须优先考虑最基本的需求,如医疗保障、养老保障、居住保障等保证人最基本生存权利的需求;又如,教育、婚嫁等最基本发展权利的需求,然后再考虑生活品质、创业发展、旅游休闲、艺术文化等改善性需求。如此,才能让剥离的资产得到最好的,效率最高的运用,为家人的幸福守好最后一道防线。

关于应对企业经营失败后的家庭债务风险问题的具体规划设计,本书在"企业家家庭债务风险解析与解决方案设计"一章有非常详尽的阐述,本章就不再重复了。

第十七章

企业家家庭债务风险解析与解决方案设计

第一节 风险案例

一、案例导读

你相信吗?一个净利润超过900万元,净资产超过4000万元,总资产超过6000万元,企业股权估值近亿元,家庭净资产超过2000万元的老板,居然会还不上1500万元的债务。这究竟是怎么回事呢?

二、案例详情

林先生和爱人陈女士都是湖南人,一起在广州经营一家小型自动化设备制造企业,林先生负责管理,陈女士负责财务。陈女士是林先生在中南大学时的师妹,那时候,读研的林先生和读大三的陈女士开始谈恋爱。毕业后,二人结婚并一起到深圳打拼,先是在其他公司上班,后来才一起创立了现在的公司。

因为林先生掌握核心技术,因此,企业发展比较顺利。2015年,积累了一定资金的林先生夫妇斥资3000万元,在广州郊区拿下了一块5亩左右的工业用地,并盖起了属于自己的厂房,全面升级了生产设备。土地60万元一亩共300万元,厂房及办公楼建设近1500万元,设备升级花费1000多万元。虽然面积小点,但毕竟是自己的产业了。因为这次升级,他们除自己投入1000多万元外,还从银行借了2000万元。2016年,新厂区投入使用,公司经营又上了一个新台阶。

但让人意想不到的是,2017年上半年,夫妻二人突然被税务局约谈,随后案件转到经侦,二人双双被刑事拘留。涉案原因,虚开增值税专用发票超过700万元。因为金额过大,家人委托律师做的取保候审的努力均失败了。虽然700万元相对公司的销售额占比并不大,但按当时的量刑标准,虚开增值税专用发票700万元,属于《刑法》第205条规定的数额特别巨大的情形,法定刑期为10年以上有期徒刑或无期徒刑。最终,因为夫妻认罪态度较好,并积极补税缴纳罚款,法院从轻判决,林先生被判处有期徒刑3年零6个月,陈女士被判处有期徒刑2年。

夫妻二人被刑拘后,企业立即就陷入了混乱,公司员工六神无主,生产陷入了停滞,很多员工陆续离职了。当听说取保候审失败后,关键员工也纷纷离职。因为近几个月的工资都没有发,为了冲抵工资,有些员工走的时候就把公司的一些值钱的设备部件等带走了。因为工厂停工，新的进行中的几个项目自然无法交付，导致合作方不得不起诉其违约，要求返还项目预付款并承担违约责任，赔偿损失。此时，银行贷款余额还剩下 1500 多万元，本息共计 1600 多万元，银行看到这种情形，也不得不起诉公司及林先生夫妇，并立即采取了诉前资产保全措施，冻结了公司财产。因为林先生夫妇在借款时用了家里的房产做了抵押，并签字承担了连带责任，所以银行也依法申请冻结了林先生夫妇的全部家庭资产。而公司前几年项目的尾款总计还有上千万元，本来回收就不容易，而公司负责人又被捕了，更加不可能收回。

到这个时候，公司资产除了厂房和地以外，其他资产根本不值钱，原材料和半成品只能当废铁卖，就连机器设备，第一是一些关键零部件被带走，第二是很难找到对口的买家，也基本只能当废铁卖。所以，一个净资产超过 4000 万元，总资产超过 6000 万元，利润超过 900 万元，估值可以过亿的企业，在陷入经营困境之后，唯一值钱的东西只剩下价值 300 多万元的地和价值 1000 多万元的厂房，还需要赔偿因项目无法完成造成的损失，根本无法偿还公司所欠债务。

因为企业资不抵债，债务无法偿还，作为债务的连带责任人，林先生夫妇需要用自己的家庭资产为债务承担责任。并且，家庭房产其实早就已经抵押给银行。从理论上讲，林先生夫妇的家庭资产也是足够偿还债务的，被刑拘时，夫妇二人持有的房产总价值有接近 1600 万元，金融资产总计也超过 500 万元。

但这些资产还要经历一次非常重要的考验，就是司法拍卖。虽然工厂地皮和厂房最终评估价格为 1300 万元，林先生夫妇持有的房产评估价值为 1400 万元。但房产经历了一次流拍，厂房和地皮经历了两次流拍才最终成交，房产拍卖成交价为 900 万元，厂房和地皮成交价 700 万元，总计 1600 万元。加上金融资产 500 多万元，他们夫妇最终可供执行的财产总计仅有 2000 万元左右。

银行债务本息为 1600 多万元，需要退还项目预付款总计超过 300 万元，法院判决需要赔偿的损失总计超过 600 万元。可供执行的财产根本不足以偿还所欠之债务。

林先生夫妇的变故对他们的两个孩子产生了较大影响。因为两个孩子都是在广州上国际学校，债务问题直接导致了两个孩子无法继续国际学校的学业。在万般无奈之下，孩子的爷爷奶奶带着两个孩子回了湖南老家。见图 17－1。

- 夫妻创业，创业发展顺风顺水；
- 2015年企业买地建厂，贷款2000万元，企业再上新台阶；
- 2017年，虚开增值税专用发票700万元，夫妻双双入狱；
- 夫妻被抓，工厂停工，违约损失巨大，应收账款收不回；
- 工厂彻底停摆，净资产超4000万元，利润超900万元的企业只剩下厂房和土地，估价1400万元左右；
- 负债有银行贷款，本息1600万元，退还次日预付款300万元，损失600万元，共计2500余万元；
- 厂房地皮历经司法拍卖，最终700万元成交不足以清偿债务，债务余额1800万元；
- 工厂资不抵债，家庭房产抵押，夫妻承担连带责任，家庭资产面临执行；
- 夫妻家庭财产房产1600万元，房产拍卖成交价900万元，加上金融资产500万元，共计1400万元，仍不足以清偿债务；
- 两个孩子无法再上国际学校，爷爷奶奶带回老家，转入公立学校。

图17－1 林先生夫妇变故

三、案例解析

在广大的民营企业家群体中，林先生夫妇可以说是比较谨慎，且债务负担是非常轻的，夫妇二人出事的时候，他们公司总资产超过6000万元，但债务本息仅仅1600万元，资产负债率仅为25%左右。如果计算上他们2000万元的家庭净资产，负债率连20%都没有超过。而且他们的利润高达每年900万元，2年的利润就可以全部覆盖债务，应该说债务风险是极低的。

也正因如此，林先生夫妇二人是从来没有想过债务会成为他们的问题，也从未为此而做过任何的准备。

但让他们没有想到的是，因为一个小小的发票问题，他们的企业和家庭发生了让人意想不到的转折。资产在风波中由于各种原因大量折损，最终居然导致连债务都无法偿还。他们企业和家庭资产的折损主要由于以下几个原因：

原因一：企业负责人失去自由，企业无法经营，直接导致900万元的企业利润化为乌有。企业的品牌价值，技术、管理价值，市场渠道价值，人力资源价值等也统统化为乌有。

原因二：企业无法经营，导致企业的原材料、半成品甚至成品库存价值大量折损，甚至最后只能卖废品，严重削减企业资产。

原因三：企业无法经营，企业的设备和固定资产。第一，二手设备本身就会有折旧;第二,在短期内出售设备很难找到刚好需要同类设备的买受方;第三,很多设备是和基建部分直接相连的,拆卸会造成很大折损;第四,在这个时候,即使有刚好需要设备的买家,因为没有竞争,也绝不可能出高价接手。况且,他们家的设备有很多关键部件丢失,所以导致设备最终几乎只能卖出废品的价格。

原因四:企业陷入困境,负责人失去自由,直接导致应收账款无法收回,严重削减企业资产。

原因五:企业停产,项目停滞,必然导致违约,需要承担违约责任,承担损失,产生更多新的债务问题。

原因六:厂房地皮等虽然有价值,但因为属于牵涉到多起诉讼和纠纷,对买受人正常使用可能造成潜在的风险,这也是为什么司法拍卖的资产成交价往往非常低,甚至流拍的原因所在。

原因七:家庭资产中的不动产执行时也需要经过司法拍卖,同样的道理,牵涉纠纷的房产对买受人的正常使用可能造成潜在风险,因此价格折损也在所难免。

正是由于以上诸多的原因,让林先生这样一个企业和家庭资产总计接近亿元的企业家家庭,最终居然连 1500 万元的债务都无法偿还,企业债务风险直接传导给家庭,导致家庭资产全部被执行,还严重影响了两个孩子的学业。

第二节　风险解析与法律依据

对绝大多数的民营企业来说,最重要的目的当然就是盈利。但有盈利的可能就必然就有亏损的可能,因此,债务风险是时刻不离伴随企业发展的全过程的一个典型风险,并且,由于种种原因,大部分中国民营企业家企业的债务风险一定会直接传导给家庭,变成家庭债务风险,严重影响企业家家庭。非常值得企业家关注、研究和管控。

在讨论债务风险的专业问题之前,必须先分清楚“债务”(这里仅讨论财务上的“债务”概念)和“债务风险”的区别。债务不等于债务风险,很多人谈到债务就下意识地认为这是一个消极概念,但事实上,债务是一个非常广泛的概念,绝不是简单的所谓欠别人的钱的问题,并且债务也并非一个消极概念,而是一个中性概念。在财务上,债务是指由过去包括交易在内的所有单位或个人的行为形成的,由单位或个人承担并预期会计导致经济利益流出单位或个人的现时义务。欠他人钱财仅仅是债务的一种形式。而本书讨论的“债务风险”是指企业家可能因企业和个人债务无法有效清偿而对企业或者家庭造成比较严重的影响和后果的风险，是一个消极概念。因此，有“债务”不一定会导致“债务风险”爆发，但有“债务风险”必然是因为有“债务”。

一、企业债务产生的秘密及四大典型融资手段

只要经营企业，就不可能没有债务，因为财务报表中的资产负债表上，资产和负债是并存的。负债不仅包括欠款，还可能包括应付货款、应付薪酬、应付税款等一系列的项目。并且，对于一个资产负债表来说，如果负债占比过小，这一般不是企业经营良好的标志，反而可能是企业经营活动不频繁，经营治理水平不高的标志。因为只要有经营活动，就必然会反复地产生负债，资本才能流动起来，才能创造出利润。同时，合理的负债可以提升企业资本的利用效率，加速企业发展，提升利润率。所以，对很多善于经营企业的人来说，合理创造负债是他们加快企业发展必不可少的手段。合理创造负债的手段是很多的。

（一）直接借款创造合理负债，提升利润

创造合理负债的第一个手段是直接借款。企业或者企业家个人，通过抵押、质押或者个人信誉等各种手段，向其他企业或者个人借款，筹集企业经营资金，补充现金流，提升利润率。

企业家是如何通过借债提升利润率的呢？举个简单的例子，譬如，生产某商品综合总成本是 100 元，企业净利润 10 元。但企业家是需要有资本作为基础，首先，这个工厂的固定成本，包括厂房、设备、人员、技术等投入，假设是 500 万元。同时，因为先需要将产品生产出来才可以销售，这个过程平均需要 2 个月，因此，生产该商品需要的原材料和人工成本等还需要垫付 2 个月，企业还需要流动资金。目前，企业自有流动资金 200 万元（简单案例，不考虑其他方面流动资金的需求），生产一件商品需要垫付的资本为 50 元，200 万元一年流动 6 次，共可生产销售商品 24 万件，可产生利润 240 万元。

假设将企业净总资产简单计算为 500 万元固定投入加 200 万元流动资金，共计 700 万元，则净资产回报率为 240/700 = 34%。简单来说，就是企业家投入 700 万元的资本，经过自己的努力经营，可以获得 34% 的回报。但这样的回报率绝大部分企业家是不会满意的。

如果这个企业家再借款200万元补充入企业的流动资金，年息假设10%。从表面上看，企业产品成本100元，利润10元，似乎利润率也就10%，只够利息，为什么企业家还要借钱呢？这是因为借款的200万元可以流通6次，并且，因为固定成本占了50元，浮动成本其实仅50元。也就是说，每多50元的流动资金就可以多产生10元的利润。如此，一年企业将增加240万元的利润，而利息只有20万元/年，非常划算。此时企业变成了900万元总资产，200万元负债，700万元净资产，利润480万元。净资产回报率提升了一倍到68%，负债率仅为22%，处于非常安全的范围。

这个企业家可以继续提升其负债率，假设企业家再借款400万元，总计借款600万元（这里只简单举例讲原理，请勿关心其合理性），此时企业流动资金达到800万元，每年产生利润就可以达到960万元之多，企业负债率不到50%，依然在良性的范围内。但其资本的回报率为960/700=137%，这就是企业家迅速发家致富的秘密之一。

（二）通过应付账款产生良性负债，补充流动资金，提升利润

企业家还会通过应付账款产生良性负债。仍然举前面的例子，该企业家还可以适当延长他购买原材料的结算周期，因为其属于长期批量采购，他甚至可以将结算周期延长为2个月、4个月、半年，如此，他就可以省下一大笔购买原材料的费用，相当于增加了其流动资金，利润率就进一步提升了。这样的负债很多企业家甚至不会注意到这是属于自己的债务。

（三）通过公司资产和项目融资产生良性负债，加大杠杆，提升利润

第三种手段通常是通过公司资产和项目融资，产生负债，提升杠杆，提升利润率。不同于传统的简单的借钱经营，现代企业的融资手段非常丰富。厂房的投入可以用厂房和地皮抵押再融资产生负债，机器设备的投入可以采取融资租赁的方式产生负债，大型企业还可以通过自己的信誉发行债券，还可以用供应链、应收账款、承兑汇票等都是常见的融资手段。

更加擅长金融操作的企业家，收购其他企业的股权可以用买到的企业股权和企业的现金流质押融资，这就是杠杆收购，就是所谓的蛇吞象。房地产企业最喜欢用地皮和项目抵押再融资，通过预售收取房款融资，可以将企业家的自有资金几十倍地放大，获取巨额利润。手段更加高明的还可以引入劣后投资人，通过优先劣后结构进一步放大启动资金，将原本几十倍的杠杆放大到几百，甚至上千倍。这就是传说中的“空手套白狼”了。这样的企业和项目，成功的话可以让企业家身价百倍,千倍地增长,但如果失败,企业家所负债务也将是巨额的。

(四)引入风险投资产生良性负债,提升公司实力

引入风险投资,产生良性负债是现代企业的重要融资手段。风险投资属于股权融资,不属于债权融资。并且,风险投资可以帮助企业高速发展,实现企业股权短期内成百上千倍地增长,近十几年、二十年来,风险投资在中国大地上创造了无数个财富增长的神话。但是,很多风险投资都会和企业家签署对赌协议和回购协议,当对赌和回购协议的条件被触发时,原本的股权投资可能就变成了债权了。

除了以上这些让企业和企业家产生债务的方式外,还有很多情况可能让企业产生债务,有的可能还是被动的债务,如被罚款,因为违约、安全事故、侵权等产生赔偿责任等。

由此可见,企业经营的过程就是债务不停产生,清偿的无限循环的过程,即使企业家天生谨慎,不喜欢借钱,也无法避免其企业产生负债。只不过是,如果债务在合理、良性的范围之内,就可以促进企业更好地发展。只有债务真正出现问题,良性负债转换为恶性负债时,债务风险问题才会爆发。

二、刺穿有限责任的"八把钢刀"

从前文中可以看出,经营企业必然是需要冒险的,所以在数百年前,无论是东方还是西方,商人都是社会的底层,经商很多时候是不得已的行为。相比之下,今天的社会,商人、企业家依然成为社会中上层的主力军。并且,工商业是如此地发达,已然成为社会财富创造的主要方式。

(一)有限责任制度与股东债务隔离

工商业今天的发达和一个法律制度的推出是密不可分的,正是因为有了这个法律制度,使得社会上层的资本和财富愿意进入工商业这样一个充满了风险的领域,从而促进了全世界近几百年工商业的飞速发展。这个制度就是有限责任制度,这个制度的雏形可以追索到欧洲中世纪产生于意大利沿海地区的康孟达契约①。

我国的《公司法》中关于有限责任也作了详细的规定,其核心条款为《公司法》第3条,该条款明确规定:"公司是企业法人,有独立的法人财产,享有法人财产权。公司以其全部财产对公司的债务承担责任。有限责任公司的股东以其认缴的出资额为限对公司承担责任;股份有限公司的股东以其认购的股份为限对公

① 参见《康孟达》,载百度百科:https://baike.baidu.com/item/康孟达/398905? fr=aladdin。

司承担责任。”

因此，从法律制度上讲，只要是有限责任公司、股份有限公司的股东或者有限合伙公司的有限合伙人①，其对公司承担责任的范围应当被局限在认缴的出资和认购的股份之内，超出部分是不承担责任的，因此，从理论上说，企业经营产生的债务风险是不会传导这些股东的个人和家庭的。

（二）刺穿有限责任的“八把钢刀”

但是，在现实生活中，当企业爆发债务危机时，有限责任却很难真正保护企业家个人和家庭财产不受牵连，笔者在前些年做相关专业讲座时，经常列举八种导致企业股东个人和家庭对企业债务承担连带责任的情况。笔者将其形象地称为刺穿有限责任的“八把钢刀”。

1. 第一把“钢刀”：个人账户直接收取公司账款

只要客户不需要发票，很多企业家就喜欢直接将公司的账款直接收进其个人或者其他相关人员的个人账户，企业家这样做的目的在主观上一般不是为逃避债务，而是因为这样可以给企业家节省非常高比例的税收成本。但是，在企业债务纠纷中，用个人账户收取公司账款的行为，属于利用非法的手段，在客观上减损了公司的财产，减损了公司清偿债务的能力，违反《公司法》第 20 条②第 3 款的规定，属于滥用法人独立地位与股东有限责任，并且，在公司无法清偿债权人债务的情况下，当然可能严重损害债权人的利益，所以，依法应当对公司债务承担连带责任。如此，公司有限责任的保护屏障就被刺穿了。

值得注意的是，这种行为可能客观上还触犯了刑法中的职务侵占罪，万一案发，法律后果比刺穿有限责任要严重得多。不过，营改增以后个人账户收取公司账款的行为大大减少了。

---

① 《合伙企业法（2006 年修订）》第 2 条　本法所称合伙企业，是指自然人、法人和其他组织依照本法在中国境内设立的普通合伙企业和有限合伙企业。

普通合伙企业由普通合伙人组成，合伙人对合伙企业债务承担无限连带责任。本法对普通合伙人承担责任的形式有特别规定的，从其规定。

有限合伙企业由普通合伙人和有限合伙人组成，普通合伙人对合伙企业债务承担无限连带责任，有限合伙人以其认缴的出资额为限对合伙企业债务承担责任。

② 《公司法》第 20 条　公司股东应当遵守法律、行政法规和公司章程，依法行使股东权利，不得滥用股东权利损害公司或者其他股东的利益；不得滥用公司法人独立地位和股东有限责任损害公司债权人的利益。

公司股东滥用股东权利给公司或者其他股东造成损失的，应当依法承担赔偿责任。

公司股东滥用公司法人独立地位和股东有限责任，逃避债务，严重损害公司债权人利益的，应当对公司债务承担连带责任。

2. 第二把"钢刀":用报销的方式获取家庭资产

找发票报销是企业家从企业获取财产的又一个重要手段,从主观目的上来说,这又是属于企业家逃税的一种重要的方式。把家庭消费的发票开成企业的用来报销,或者请朋友找一些汽油票,出租车票等发票,拿到公司报销,这还属于比较轻微的违法行为,一般来说,套取资金的规模也不会太大。有一些民营企业家,可能会通过找朋友,渠道虚开发票的方法,大量地报销套取公司财产。这样的行为一方面当然是逃税,另一方面也可能属于职务侵占的违法行为。同时,在公司牵涉债务纠纷的情况下,这种行为也客观上违反了《公司法》第 20 条第 3 款的规定,企业家此时也应当对公司债务承担连带责任,有限责任的保护屏障再次被刺穿。

3. 第三把"钢刀":虚假交易,虚假账目,转移公司资产

中国的民营企业都是要"做账"的,所谓做账,其中的"诀窍"就很多,一个经验丰富的会计,在企业家从公司账户转走了大量财产之后,还可以采取很多的方法把公司的账目"做平"。把账做平就不仅仅是简单地逃税一个目的,很多的情况可能会使得企业家有把账做平的需求。在做账的过程中,通过虚构交易,请交易对方虚开增值税发票的方式,套取公司的资产,是一种非常常见的行为。营改增以后,很多企业家知道,如果要虚开发票,必须至少做到三流合一,即资金流、合同流、物资流和票据流必须统一。而做到三流合一的过程,就是虚构交易,虚开增值税发票,套取公司资产的过程。

这样的行为首先是逃税行为,也可能会构成逃税罪,并且可能触犯职务侵占罪,如果虚开的是增值税专用发票,还会触犯虚开增值税专用发票罪。如果案发,其后果是非常严重的。同时,在公司牵涉债务纠纷的情况下,这种行为也客观上违反了《公司法》第 20 条第 3 款的规定,企业家此时也应当对公司债务承担连带责任,有限责任的保护屏障再次被刺穿。

但是,前三把"钢刀"都有一个共性,就是债权人如果据此主张要求企业家个人为企业债务承担连带责任,债权人是有举证责任的,债权人需要提供证据证明对方确实存在上述的行为,并严重侵害自己的利益,否则很难得到法院的支持。虽然这些行为是非常常见的行为,但对债权人这样一个外人来说,要拿出足够的证据还是不太容易的,因此,在以往的司法实践中,因为上述三种行为承担连带责任的案例其实并不是太常见。

当然,企业家千万不要因此就有恃无恐。首先,上述三种行为如果牵涉金额较大，都是直接触犯刑法的。其次，即使刑事责任无人追究，但在大数据时代下，债权人的举证难度也可能越来越低。

4. 第四把“钢刀”：抽逃出资或过高设定注册资本

2013 年《公司法》修改，将第 7 条中的“实缴资本”四个字去掉了，我国公司注册正式进入了认缴制度时代。在认缴制施行之前，抽逃注册资本金的违法行为是非常常见的。认缴制施行后，除了少数必须实缴资本的公司外，认缴的公司一般很少发生抽逃出资的情况。但是，在认缴制度下，如果企业家认为注册资本不用实缴，为了展示公司实力，提升公司形象，无原则、过高地设定注册资本。公司注册资本如果远远超过企业家自身的出资能力。当企业发生债务风险时，他需要在注册资本的范围内对企业债务承担责任，也就相当于他需要用其全部的个人或者家庭资产为企业承担责任。虽然这时候有限责任的屏障没有被刺穿，但已经相当于企业家对公司债务承担了连带责任，有限责任依然没有任何的保护效果。这一点务必要引起重视。

5. 第五把“钢刀”：公司未注销导致重要财务文件丢失[①]

国内以往的商业环境还有一个特点，就是注册公司容易注销公司难。这就导致有很多的企业家在一家公司不再经营时，因为怕麻烦而不及时办理清算和注销手续。这是有问题的，其中的问题之一就是如果有人对已经不经营但未清算和注销的公司主张债权，企业家可能就会比较麻烦。因为在很多情况下，企业不经营后，企业的财务文件就非常容易丢失。而依据《公司法解释二》(2014 年修正)第 18 条第 2 款的规定，有限责任公司的股东、股份有限公司的董事和控股股东因怠于履行义务，导致公司主要财产、账册、重要文件等灭失，无法进行清算，债权人主张其对公司债务承担连带清偿责任的，人民法院应依法予以支持。如果真的遇到这样的情况，哪怕债务可能是虚构的，但企业家也可能会百口莫辩，冤枉至极。

6. 第六把“钢刀”：用股东借款代替分红获取家庭资产

企业家经营企业获取了盈利，但盈利如果留在公司那就是公司的资产，虽然公司是企业家的公司，但公司账上的钱从法律上来说却不能说是企业家的钱，更加不能由企业家任意支配供企业家个人和家庭消费。如果企业家利用职权，将企

---

① 《最高人民法院关于适用〈中华人民共和国公司法〉若干问题的规定(二)》(2014 年修正，已于 2020 年修正)[以下简称《公司法解释二》(2014 年修正)]第 18 条第 2 款　有限责任公司的股东、股份有限公司的董事和控股股东因怠于履行义务，导致公司主要财产、账册、重要文件等灭失，无法进行清算，债权人主张其对公司债务承担连带清偿责任的，人民法院应依法予以支持。

业资产挪用甚至据为己有,就会触犯刑法上的挪用资金罪和职务侵占罪。而从理论上说,企业家要将企业利润转化为自己的个人或者家庭资产,除了转让公司股权外,最主要的方法就是公司分红。但一个公司要给股东分红就必须要先交税,公司获取利润需要先交公司所得税,利润再变成分红再交个人所得税。我国目前公司所得税一般是25%,分红的个人所得税一般为20%,即使不计算其他税费,税率已经接近一半。也就是说,公司赚的钱要进入企业家自己的口袋,有一半是要交给税务局的。虽然纳税是每一个公民应尽的光荣的义务,但一半要交税,很多企业家依然还是非常地心疼。所以,在现实中,企业家通过分红的方式将盈利转化为家庭资产很多时候居然不是主流,企业家可能会采取各种各样变通的办法。其中有一个办法,就是用股东借款代替分红。

股东可不可以从公司借款呢?法律上并没有禁止性规定,因此是可以的。有一些企业家就认为,企业自己说了算,我把企业的钱借给我自己,收不收利息我说了算,什么时候还我也说了算,从企业借钱也不存在税务问题。所以,钱我也用了,税我也没交,太合适了。

为了规避这个税务漏洞,财政部、国家税务总局2003年发布了《关于规范个人投资者个人所得税征收管理的通知》(财税〔2003〕158号),其中第2条规定,纳税年度内个人投资者从其投资的企业借款,在该纳税年度终了后既不归还,又未用于企业生产经营的,其未归还的借款可视为企业对个人投资者的红利分配,依照“利息、股息、红利所得”项目计征个人所得税。但有些企业家很聪明,既然是一个财税年度,那我就年底归还年初再借出来,不就永远都不交税了吗?

其实这也是存在重大问题的,尤其是当公司面临债务风险时,公司的债务风险就会通过公司和股东之间的债权债务关系直接传导到股东个人和家庭财产。此时,股东个人和家庭财产就必须在股东借款金额的范围内对公司的债务承担清偿责任。有限责任的屏障虽然没有被直接刺穿,但却通过债权债务关系绕过了有限责任的保护,有限责任再次形同虚设。当然,因为这种情况而导致企业家家庭涉及债务风险的案例,在现实中也是比较少的。见图17-2。

图 17－2　刺穿有限责任的“八把钢刀”

7. 第七把“钢刀”：股东为公司债务承担连带担保责任

股东为公司债务承担连带责任是致使有限责任形同虚设，导致企业家为公司债务承担连带责任最重要、最常见，也最直接的一个原因。有限责任在这种情况下变得完全没有意义，因为股东已经直接对公司债务承担连带责任了。

并且，企业家想规避这个风险几乎是不可能的。因为在目前国内的商业环境下，企业如果要贷款，无论是从银行贷款还是从其他机构贷款，即使公司提供了资产作为贷款的担保，但银行和贷款机构依然会要求公司的实际控制人必须签字对此债务承担连带担保责任。如果实际控制人已婚的，其配偶也需要在借款协议上签字，对该债务承担连带担保责任。

在过去的很多年中，要求实际控制人配偶签字承担连带责任主要还是集中在银行等金融机构，随着2018年的新婚姻法解释以及现行的《民法典》确立了所谓的“夫妻共债共签”的夫妻共同债务认定原则后，绝大部分债权人在与公司签订借款协议时，开始要求公司实际控制人夫妇为债务承担连带担保责任。当债务出现清偿困难时，企业家夫妇就会直接被卷入债务纠纷中。

8. 第八把“钢刀”：民间借贷融资或承担担保责任

民间借贷和金融机构贷款不同，民间借贷一般不会直接贷款给企业，而是借钱给企业家，和企业家签订借款协议，企业家拿到借款后再将其投入企业中。在这种情况下，企业家自己是债务人，直接承担还款责任，此时公司有限责任的屏障完全起不到任何保护作用。

还有一种情况的风险比企业家自己作为债务人风险还要更大，就是企业家为他人的债务提供担保，承担连带担保责任。依据《民法典》第688条的规定，[①]当债务人不能清偿债务的情况下，债权人可以直接要求担保人在担保范围内承担保证责任。这和很多企业家对担保责任的理解不同，很多企业家天真地认为，自己为朋友提供担保，自己也没有借钱，即使出了问题，债权人应该先找借钱的人，只有借钱的人确实没有任何还款能力和可能性了，债权人才能找自己来承担担保责任。但法律规定和司法实践是完全相反的，在司法实践中，当债务人不能清偿到期债务时，债权人只会寻找最便捷的途径寻求债权的实现，而不会优先找债务人。并且，一般来说，与债务人相比，担保人一般更具备还款能力，所以大部分债权人反而会优先向担保人要求清偿。由此可见，自己直接借款和承担连带担保责任，其后果几乎一样。不同点是，自己直接借款，钱款去向如何自己是清楚的，而替他人担保，自己需要承担偿还责任不说，连钱款去向如何都不得而知，其风险程度如何，可想而知。

当然，从法律上来说，担保人履行了担保责任后，可以要求债务人向自己清偿债务。但是，在实践中，债务人早已没有清偿能力，担保人最终实现自己的权益的可能性很小。

三、司法保全、司法拍卖与企业家家庭债务风险

在社会实践中，司法上的财产保全措施和司法拍卖都属于司法强制措施，因此客观上一定会给企业和企业家的家庭资产造成一定的影响。

（一）司法保全措施的概念与影响

司法上的财产保全措施主要包括查封、扣押、冻结等。财产保全措施对企业或者企业家家庭会产生诸多方面的影响。譬如，冻结公司账户可能对公司正常经营产生影响，工资不能正常支付，货款不能及时支付，业务不能正常开展，甚至可能引发连锁反应导致公司经营陷入困境。冻结公司账户还可能造成公司资金链紧张，银行贷款不能正常发放，企业融资无法正常进行，甚至最终导致资金链断裂。对企业的原材料、货物、厂房、设备资产等的查封扣押，还可能直接导致企业无法正常经营，使得企业陷入困境。前面案例中的对房地产公司土地使用权的冻

① 《民法典》第688条　当事人在保证合同中约定保证人和债务人对债务承担连带责任的，为连带责任保证。

连带责任保证的债务人不履行到期债务或者发生当事人约定的情形时，债权人可以请求债务人履行债务，也可以请求保证人在其保证范围内承担保证责任。

结直接导致其销售工作无法展开，造成巨大损失。对企业股权的冻结可能导致企业融资、重组、并购、交易等的直接中断，对企业造成严重打击。企业最核心的价值来源于其通过经营可以创造利润，创造财富，而不是企业有多少厂房、设备、原材料、库存、现金等有价资产。因此，当一个企业的正常经营因为被采取财产保全措施而大受影响，对企业价值的打击是巨大的。同时，企业的厂房、设备、原材料、库存等都可能因为企业经营陷入困境而大幅度贬值，就像本章开头的案例一样，价值非常高的设备最终只能当废铁出售。

正因如此，法院对于财产保全措施是非常谨慎的。最高人民法院及各地法院也不断出台文件，强调财产保全应减少对生产经营的影响，保护民营企业合法权益，并且，要防止当事人滥用保全措施破坏企业的正常经营。

对企业家家庭资产的查封、扣押、冻结产生的影响相对企业会小很多，只是可能会对家庭成员的正常生活、教育、医疗、养老等产生一定的影响。

采取保全措施的主要目的就是防止当事人转移财产，方便诉讼后的执行，而诉讼后执行非金融资产清偿债务的主要手段就是司法拍卖。司法拍卖对企业和企业家家庭产生的影响也非常值得注意。

（二）司法拍卖的概念与影响

司法拍卖有一个典型的特点，就是拍卖价格往往比正常市场价格要低，有时可能还会低很多。这并不是司法拍卖程序有问题，而是因为被拍卖财产属于有争议有纠纷的财产，和购买正常财产相比，购买这类财产风险要大很多，所以价格自然就要低得多。

以法拍房为例，一般比市场价会低30%以上，有的甚至可能是市场价的一半，如此低的价格，为什么法拍房还经常流拍呢？如果在网上搜索一下“法拍房陷阱”几个字，就会看到很多“法拍房”购买者的血泪史，有的是房屋产权有缺陷、有的是房屋上有长期低价的租赁合同导致无法使用，有的房屋被严重破坏，有的房子里住着原房主年迈且无住房的父母，有的三天两头有人上门骚扰……

正因如此，财产在司法拍卖的过程中很可能会产生大幅度的贬值，贬值幅度一般超过30%，严重的贬值超过一半。譬如，在小马奔腾案中，小马奔腾的股权2017年10月被拍卖时，法院委托专业机构作出的净资产评估价格为3.88亿元，被拍卖股权部分为76%，对应的净资产价值超过2.9亿元，但最终成交价仅为1.55亿元，为净资产评估价格的53%，折损接近一半。这对于卷入债务危机的企业和企业家家庭来说，无疑是屋漏偏逢连夜雨，雪上加霜。所以，这才出现了本章开头的一幕，企业净资产加家庭净资产超过6000万元的企业家，因为企业资产因为无法经营大幅度折损，家庭资产因为司法拍卖再次大幅度折损，最后连1500万元的债务都没能清偿掉。

四、个人破产制度与企业家家庭债务风险

在全世界，有三个重要法律制度是用来保护企业经营者的，他们分别是有限责任制度、企业破产制度和个人破产制度。前面两个制度我国已经广泛采用，只有个人破产制度还处于区域试点阶段，有待进一步发展。个人破产制度对企业家家庭意义是比较重大的，非常值得关注。

（一）个人破产制度的概念

个人破产制度最大的意义在于给诚信债务人经济再生的机会。[①] 个人破产制度并不是“老赖”逃避债务的保护伞，而是避免“诚信债务人”长久陷入债务旋涡的最后屏障。同时，对缺乏还款能力的债务人的债务进行及时的清算处理，有利于债权人权益的保护，也有利于社会主义市场经济的健康发展。

个人破产制度一般由三个基本的制度组成，个人破产主要由三大制度组成：自由财产制度、免责制度与复权制度。

自由财产制度是在申请破产后，需要给破产者留下合理地维系其个人与家人基本生活的财产，这和民事诉讼法中不得强制执行的财产有异曲同工之妙。当然，与之配套的就是禁止高消费，既尊重债务人的基本权利，又防止“不诚信债务人”利用个人破产制度逃避债务，“逍遥自在”。

免责制度，是指一个诚实的破产者在经过合理的期间后，一般3～5年，少数国家6～7年，不存在破产欺诈和其他不当行为的，免除破产者的债务。这样使得诚实的破产者有重新开始的机会。深圳特区2020年8月通过的《深圳经济特区个人破产条例》第95条规定的免责考察期为3年。如债务人违反规定，可以延长考察期，但不得超过两年。

在破产过程中，必然对破产者对权利进行一系列的限制，禁止高消费仅仅是最基础的一种，还会包括禁止借款、禁止从事某些特殊职业、禁止担任某些特殊职务以及个人信用的限制等。《深圳经济特区个人破产条例》中主要限制了破产者的消费，没有太多地涉及职业禁止和职务禁止。

---

① 《深圳经济特区个人破产条例》2021年3月1日起施行。

同时,对违反法律,利用个人破产制度逃避债务的不诚信破产者,个人破产法律制度也会规定严格的制裁和惩罚制度。《深圳经济特区个人破产条例》中规定,债务人以及债务人的家人等如果有条例规定的禁止性行为,将由人民法院依法予以训诫、拘传、罚款、拘留;构成犯罪的,依法追究刑事责任。

(二)我国个人破产制度的发展状况

我国的个人破产制度还处于初级阶段,2019 年,浙江温州率先进行了类个人破产制度的试点,并有了第一次个人破产的尝试。2020 年 12 月,浙江省高级人民法院发布了《浙江法院个人债务集中清理(类个人破产)工作指引(试行)》,但这还不是真正的个人破产制度,仅是类个人破产制度。真正的第一部个人破产法律制度于 2020 年 8 月颁布,2021 年 3 月 1 日正式实施的《深圳经济特区个人破产条例》,实施对象仅限于在深圳居住且参加社保 3 年以上的自然人。

虽然个人破产制度可以给"诚信债务人"提供经济重生的机会,但依然不能避免卷入债务危机的家庭免受影响。因为个人破产程序是需要较长期间的,首先需要申请个人破产,然后要经过债权申报、债权人会议、破产清算程序等,需要的时间在几个月到 2 年不等。之后才能进入免责考察期,免责考察期在 3 年到 5 年不等。最后才能实现债务免责,重新开始。在此期间内,债务人只能保留保证基本生活、医疗、教育的财产。生活品质低一些不会有太严重的后果,但教育和医疗品质的降低可能对家人造成比较严重的影响,尤其是私立教育的中断对子女、孙子女的教育和成长的影响是巨大的。同时,债务危机对孩子婚嫁的影响也不容小觑。

五、人寿保险的强制执行问题探讨

人寿保险可不可以被强制执行呢?这是很多人关心的问题,这对于人寿保险做债务隔离规划设计非常重要。

人寿保险是否可以被强制执行不是一个单一的问题,这个问题至少包括以下三个问题:问题一,人寿保险的现金价值是否可以被强制执行?问题二,人寿保险的保险理赔金是否可以被强制执行?问题三,人寿保险的受益权是否可以被强制执行?

(一)人寿保险的现金价值是否可以被强制执行

人寿保险的现金价值是否可以被强制执行呢?依据《保险法》第 15 条的规定,保单的现金价值是投保人的财产。因此,只有投保人牵涉债务问题时,才有保单现金价值是否能强制执行的问题。因为是谁的财产就清偿谁的债务,这是最起码的原则。如果不是债务人的财产,是没有讨论是否可以强制执行的必要的。

在目前的司法实践中,虽然还没有法律明文规定,但是,投保人不能清偿到期债务,其保单现金价值可以被强制执行已经是全国大部分法院的通识。浙江省高级人民法院和江苏省高级人民法院分别于 2015 年和 2018 年发布明确通知,①强调保单现金价值可以强制执行。2015 年 12 月颁布实施的《保险法解释三》第 17 条,也体现出最高人民法院趋向于认为保单现金价值可以强制执行的态度。可以预见,关于保单现金价值强制执行的法律的出台,应该只是时间问题。

(二)人寿保险的保险理赔金可不可以被强制执行

人寿保险的保险理赔金可不可以被强制执行呢?首先,保险理赔金是受益人的财产。所以只有受益人是债务人时,才有必要讨论是否需要强制执行的问题。受益人之外的投保人、被保险人欠债,人寿保单的理赔金当然不用清偿其债务,这是不需要解释的简单道理。人寿保险理赔金有很多种,有各种医疗、残疾、重疾等理赔金,还有死亡理赔金,还包括生存保险金。

医疗、残疾、重疾保险理赔金是否可以强制执行法律上没有定论,司法实践也有重疾保险金等被强制执行的案例。重疾、残疾、医疗保险金等,因为和人的健康与医疗关系密切,关系人的基本生存和健康的权利,因此还是具有一定特殊性的。所以,从法理上讲,如果保险金金额比较小,对保障债务人最基本的医疗品质关系重大,则应当趋向于保障基本健康权利,不宜强制执行。如果保险金额较高,远超出保障债务人基本医疗品质的标准,也有可能被强制执行。

受益人已经取得的生存保险金和死亡保险金,一般不会和受益人的最基本生存、健康、医疗有密切关系,和受益人的其他财产并无本质区别,当然可以强制执行。可见,在法律上,并没有什么受益权大于债权之说。

(三)人寿保险受益权能不能被强制执行

人寿保险的受益权能不能强制执行呢?这个问题要分为两个层次。

第一个层次是保险事故还未发生,受益人的受益权可不可以被强制执行?这显然不可以,因为受益权是一种不确定的可期待权利,并非实体的财产权利,并且会随时因为投保人被保险人更改受益人而丧失。同时要注意到我国并没有不可变更受益人的人寿保险。因此,在我国,人寿保险的受益权是不能被强制执

① 《浙江省高级人民法院关于加强和规范对被执行人拥有的人身保险产品财产利益执行的通知》(浙高法执〔2015〕8 号)、《江苏省高级人民法院关于加强和规范被执行人所有的人身保险产品财产性权益执行的通知》(2018 年 7 月 9 日发布)。

行的。

第二个层次是保险事故已经发生，但受益人还未申请理赔，这个受益权能不能被执行呢？结论也是不可以，因为在受益人没有申请理赔前，根本不存在保险金，只存在专属于受益人自身的保险金请求权，当然不能作为金钱债权来强制执行。同时要注意到，该请求权还是专属于受益人自身的债权，依据《民法典》"合同编"的规定，也不能被代位行使。但是，这也不能成为保险"避债"的依据。因为受益人不行使请求权就无法获得理赔金，虽然可以避免被债权人执行，但对受益人也没有什么价值，笔者认为这样损人不利己的债务隔离方式完全没有意义。

综上所述，人寿保险从来都不曾有过"避债"的属性。不仅人寿保险没有，这个社会上就从不曾有过任何所谓可以"避债"的财产。可以避免债务清偿的财产只有两种：一种是保证债务人基本生存、健康、医疗等的必要财产，另一种是其他人的财产。

当然，这并不是说人寿保险不可以用来做资产保全和债务隔离规划。因为资产保全和债务隔离规划和"避债"有本质上的区别。同时，因为人寿保险的诸多法律属性，使得其具有很好的资产保全和债务隔离规划的功能。

第三节　典型高风险人群与风险发生场景

一、家庭债务风险的高发人群

家庭债务风险的高发人群当然非民营企业家群体莫属。但要注意，并非所有的民营企业家家庭都会有很高的债务风险，并且有较大比例的民营企业家家庭的债务风险其实并不高。高债务风险的企业家家庭一般会具备以下几个特征中的一个或者数个。

特征一：企业的实际控制人，企业经营好坏与实际控制人能力关系巨大。

特征二：继承人中没有经营能力足够强的合格接班人。

特征三：重资产企业，资产流动性低，负债率比较高。

特征四：企业扩张比较迅速，负债率高，股权、不动产质押率高。

特征五：在股权融资中签署了较为苛刻的对赌协议。

特征六：财务管理不规范，偷税漏税严重，税务及刑事风险大。

特征七：企业管理不规范、违规情况多、政商关系复杂，刑事风险大。

以上是高债务风险企业家的一些典型特征，如果一个企业家家庭具备了以上特征中的一个甚至数个，就需要非常注意防范家庭债务风险的防范了。

二、企业家债务危机爆发的五种模式

虽然企业家的经营过程是一个债务不断产生和清偿的过程。但是，即使企业资金链已经非常紧张，甚至可能在一定阶段内资不抵债，只要不发生债务危机，并不会立即造成资金链断裂，企业被清算、破产等严重后果。

与之相反的是，即使企业资产远大于负债，甚至债务比例还处于健康范围内，资金链也不算很紧张，如果发生一些特殊事件，依然可能引发债务危机，使得企业资金链迅速断裂，企业资产迅速损耗，最终资不抵债，破产清算。

企业家债务危机爆发主要有以下五种典型模式。

（一）无法清偿到期债务导致危机爆发

无法清偿到期债务导致债务危机爆发的模式是诸多模式中发生概率最大，最典型的债务危机爆发模式。这种模式一般会有一个长期的风险积累过程，并且在危机爆发前的很长时间，企业家会想尽办法掩盖其缺乏偿债能力的现实，寄希望于在企业经营上出现奇迹，挽回败局。借新偿旧、高息揽储、借高利贷甚至非法集资这些掩盖真相，维持现金流的手段会使得债务规模的增长速度越来越快。因此，当危机被迫爆发时，债务规模会大大超过债权人的想象，且企业家的偿债能力在掩盖真相的过程中已经消耗殆尽，因此，债权人可以收回的债权比例一般是非常之低的。这样的案例举不胜举，各地“首富”破产的案例很多会是这种情况，而其中又以贾某的案例最为典型。为了维持乐视帝国的资金链，贾某的融资手段可谓登峰造极，他掩盖了乐视帝国的经营问题，资金链问题，给诸多投资人编造了一个创富的神话，众多的著名企业家、投资人、明星纷纷被牵扯入其中。最终债务危机爆发时，债权人才发现贾某的债务总规模居然已经过千亿元，虽然贾某的案例到现在还没有结果，但如果没有奇迹出现，这些债务最终能得到清偿的比例估计会非常非常低。

但比较有意思的是，这种情况却给企业家提供了比较从容的应对债务危机爆发的时间，很多企业家会在这段时间内采取各种办法转移财产，安排家人生活，譬如，与配偶离婚，转移财产给成年子女、父母，通过代持隐匿资产，转移资产至境外等。当债务危机真正爆发时，债务危机对企业家家庭的影响有可能会被控制在可接受的范围内。虽然这些举措有违法的嫌疑，但对很多企业家家庭来说，却是切实有效的。所以我们经常会看到，有的企业家已经被列为失信被执行，但家人却依然保持着还可以的生活品质。

但是，如果企业的债务危机因下述四种模式爆发时，企业家及其家庭可能就会面临比较被动的局面了。

(二)公司账户、资产被冻结导致危机爆发

很多时候，公司账户、资产被冻结也会诱发债务危机。《最高人民法院公报》2018年第10期刊载了一个利用诉讼恶意冻结其他公司资产的案例。

2011年1月24日，中金实业公司对青岛渝能公司提前诉讼，并请求诉前保全，1月28日，山东省高级人民法院查封了青岛渝能公司所开发建设的青岛国际贸易中心项目的土地使用权，项目销售受到巨大影响。为了维持项目销售，青岛渝能公司筹集1.2亿元存款作为担保，解除了对项目土地使用权的查封。2月25日，中金实业公司将诉讼请求标的额增加至2.4亿元，继续申请对青岛渝能公司财产保全。3月9日，项目土地使用权再次被查封。此后，中金实业公司又多次申请增加财产保全的数额。9月8日，山东省高级人民法院将青岛渝能公司财产保全的限额提高到3.9亿元。

2011年9月13日，山东省高级人民法院作出判决，驳回中金实业公司的诉讼请求。中金实业公司向最高人民法院提起上诉，2012年3月15日，最高人民法院终审判决驳回了中金实业公司上诉请求[①]。

虽然青岛渝能公司赢得了诉讼，但因为中金实业公司的恶意诉讼保全措施，其项目的土地使用权被冻结1年有余，严重影响项目的进展和销售，项目被延迟销售1年。被封资金1.2亿元被冻结半年，对青岛渝能公司的现金流也造成了非常大的压力。

最终，青岛渝能公司渡过了这次难关，并通过几年的诉讼，成功让中金实业公司承担了赔偿责任。但是，很多公司没有这么幸运，在很多情况下，公司资产如果被大量冻结，不仅公司经营会被严重影响，资金链变得非常紧张，还非常容易引发债权人的挤兑。据说，金立手机刘某荣就是因为资产冻结引发了债权人挤兑，最终导致其破产。

(三)偶然事件导致债权人挤兑，债务危机爆发

有一些公司，从表面上看风光无限，但其实现金流已经非常紧张，只要投资人

---

① 青岛中金实业、滨州中金公司侵权责任纠纷二审民事判决书，(2017)最高法民终118号。

和债权人对公司保持信心，则公司依然可以维持运营。但是，一旦因为某个偶然事件导致债权人和投资人对公司失去信心，发生债权人挤兑，公司资金链短链甚至破产的命运就在所难免了。

辽宁首富杨某破产案就是典型的案例①。杨某非常擅长资本运作，2004 年，杨某通过自己服务的外企美国隆迪公司收购辉山乳业，获得了辉山乳业 50% 的股权，完成资本的原始积累。2012 年，杨某接任辉山乳业董事长，并带领辉山乳业完成了港股上市，公司市值接近 400 亿港元。2016 年，胡润富豪榜杨某以 260 亿港元身家位居全国富豪榜第 66 位，辽宁省首富。

2016 年年底，世界著名的做空机构浑水公司连续发布了两份关于辉山乳业的做空报告。报告指出，辉山乳业至少从 2014 年就开始财务造假，如夸大资本支持、盈利造假等，而且，董事长杨某还私自挪用公司资产 1.5 亿元人民币。

虽然在杨某的运作下，做空报告并没有导致公司股价大幅度下跌，并没有直接导致危机。但是，这个事件引起了给辉山乳业贷款的众多银行的担忧，银行通过调查，发现了很多问题。

2017 年 3 月 23 日，辽宁政府召开了辉山乳业债券银行工作会议，确认辉山乳业资金链存在问题。次日，辉山乳业股价暴跌 85%，市值蒸发超 320 亿港币，直接加速了辉山乳业的资金链断裂步骤。

2017 年 12 月 7 日，杨某因为欠款 1300 万元不还而成了“老赖”。

2019 年 1 月，辉山乳业确认债务金额超过 242 亿元，杨某由“辽宁首富”转变为“辽宁首负”。

（四）因企业家入狱导致债务危机爆发

因企业家入狱导致债务危机爆发的案例就更多了，以至于最高人民检察院检察长张军先生说：“民营企业你把他捕了、诉了，立马就会垮台，几十几百人的就业就没了。”本章开头部分的案例就是企业家入狱导致债务危机爆发的典型案例，这里我们就不再多着笔墨了。

（五）因企业家身故导致债务危机爆发

企业家身故大概率会导致企业债务危机爆发，这种情况在本书的“继承人能力不足风险”一章和“企业经营风险解析”一章中都有非常深入的探讨，这里也不多着笔墨。

① 资料来源：搜狐网：https://www.sohu.com/a/364954560_477923。

三、民营企业家应对债务风险的“四大法宝”

在社会实践中，当面临债务风险时，民营企业家绝不是束手无策的群体。相反，民间有非常多的应对债务风险的方法和措施。所以中国民营企业家群体有一个非常有意思的现象，在一百个民营企业家中，一般就会有好几个人已经被列为失信被执行人，名下几乎没有任何可被执行的资产。但奇怪的是，他的生活品质却不算很低，尤其是他的家人的生活并没有受到多大的影响，甚至他可能还在经营公司，只不过公司不在他个人的名下而已。

民营企业家应对债务风险，民间有“四大法宝”。

（一）资产代持

代持是中国民营企业家应对债务风险最驾轻就熟的方法了，是逃避债务当之无愧的第一大“法宝”。房产可以代持，公司可以代持，金融资产也可以代持。代持人可以是父母，可以是亲戚，可以是朋友，还可以是司机。总之，有一部分财产是不在自己名下的，即使自己陷入债务旋涡，债权人也很难有证据证明被代持的财产是属于债务人的，执行非常困难。

（二）“假离婚”

民营企业家的离婚率是比较高的，有一部分人就是我们通常说的“假离婚”，这是民营企业家逃避债务的第二大“法宝”。通过尽早秘密地离婚并将一部分财产转移至配偶的名下，在法律上配偶与企业家之间就有了一层隔离的屏障。当企业家陷入债务的旋涡，债权人找上门的时候，他们才惊奇地发现原来他“爱人”和他在法律上根本没有关系，而且在早些年就已经离婚，虽然“爱人”名下有很多的财产，但是要拿到有力的证据将“爱人”追加为被执行人，那是非常困难的。

（三）转移财产

转移财产是民营企业家应对债务危机的第三大“法宝”。一般是将财产提前转移给成年子女。也有企业家将财产转移到未成年子女名下的，但通常会被法院认定为属于家庭共同资产，最终会被执行，很难有效保全。而成年子女就不一样了，因为成年子女在经济上是独立的，成年子女名下的财产，如果没有足够的证据证明属于企业家为逃避债务而恶意转移的财产，最终被执行的可能性也是比较小的。但是，对债权人来说，要拿到企业家为逃避债务恶意转移资产的证据又何其容易。

(四)身份出境、资产出境

这是企业家逃避债务门槛最高的一个"法宝"了。罗某在欠了6亿元债务后调侃自己说:"老婆跟我说,要不我们也去美国吧,也不回来了。"将资产转移至境外也是一些民营企业家应对债务风险的措施之一。利用不同司法管辖区之间的障碍,客观造成隐匿在境外的资产很难被查明和执行,从而达到保全资产的目的。

虽然这"四大法宝"在客观上的确造成了在司法执行上的障碍,似乎有效地保全了资产。但这些办法首先几乎都是恶意转移财产、逃避债务的违法行为。其次只要被查实,其保全作用就会立即失效,依然逃脱不了被执行的命运。所以"四大法宝"并非合理、合法、安全、可靠的资产保全措施,在法律体系和社会信用体系逐步趋于完善的今天,绝对不是有智慧的选择。

四、债务风险对企业家家庭的八大典型影响

由前文分析可以看出,中国民营企业的债务危机爆发后大概率会传导给企业家的家庭,因而可能对企业家家庭和家庭成员产生较大的影响。第一,因为企业家个人及其配偶会对企业债务承担连带责任,所以会导致家庭资产为企业债务承担责任,导致家庭资产被查封、扣押、冻结甚至被拍卖执行。第二,不动产等非金融资产在拍卖的过程中会产生折损,导致家庭财产的进一步损失。第三,家庭资产是家人生活的经济基础,家庭资产被执行,影响家人生活品质。古人说,由俭入奢易,由奢入俭难。生活品质的断崖式下跌对家人的影响可能会比较大。第四,家庭资产被执行,可能会影响老人的养老生活和养老品质。第五,家庭资产被执行,如果家里有病人,对病人医疗品质的影响也是比较大的。第六,家庭资产被执行,对子女的婚嫁、创业等也会产生比较现实的影响。第七,也是最深远、最难后续弥补的影响,即对孩子教育可能产生的影响。因为孩子的教育存在时间段固定且无法弥补的特点,尤其是有一些高净值家庭的孩子上的是国际学校,由于教育体系和成长路径与公立教育体系完全不同,一旦因为经济问题中断,想要回归公立教育体系并且成才是非常困难的。更为甚者,生活环境的巨大变化、教育质量的降低、朋友圈层的变化,对于孩子成长乃至身心健康都会产生重大影响。

第四节　解决方案设计策略与规划实操

如何通过合理合法的财富保全规划来解决企业家家庭的债务风险问题呢？这在全世界都是一个热门且对专业要求相对较高的领域。这个领域在欧美发达国家发展相对比较成熟，但是，因为法律制度、经济环境、传统文化、意识习惯等的不同，欧美国家的经验并不能简单地移植到国内。所以，企业家资产保全与债务隔离规划在国内是一个全新的课题，非常值得关注和研究。

一、家企隔离的方法和现实难度

近年来，在企业家资产保全和债务隔离规划方面，有一个词语被经常提及，就是"家企隔离"。也就是说，将家庭和企业彻底隔离开来，防止企业债务向家庭传导。从理论上来说，这个工作是资产保全与债务隔离规划中最关键的工作，理论上也有很多方法可以实现家企隔离，如尽量注册有限责任公司或股份有限公司；又如在一人有限公司、个人独资企业、合伙企业下设有限责任公司，切断连带责任；再如规范企业管理，避免有限责任被刺穿；等等。但是，在当前阶段，要真正实现家企隔离几乎是不可能的。即使是上市公司这样的规范管理的公共公司，其股东的有限责任被刺穿的可能性也不低。因为当企业需要融资时，企业的实际控制人、大股东会被要求签署连带责任保证，连实际控制人和大股东的配偶也无法逃脱。并且，企业家及其配偶在融资时直接承担连带责任才是目前企业债务传递给家庭的最主要渠道。由此可见，在目前阶段，企业家要通过规划实现"家企隔离"是不具备可行性的。

二、企业家家庭资产保全规划设计的六大基本原则

要做好企业家家庭资产保全规划，坚持合法合规经营，逐步规范化企业管理，提升企业治理水平，最终达到"家企隔离"的目标始终是必须要做的工作。虽然可能短期内并不能实际做到家企隔离，但这是"人间正道"，最终是一定可以实现的。

在短期内要达到资产保全的目标，比较有效的方法应该是在企业资产和家庭

资产之外，再建立一个独立的或者相对安全的"资产保险库"。这个独立的"资产保险库"是全家的最后屏障，是底线规划，是家人正常生活的保证，是家人教育、医疗品质不被降低的保证，也是家族东山再起的资本储备。当然，在企业和家庭之外再建立独立的"资产保险库"其实也是全世界资产保全规划的通用做法之一。即使在"家企隔离"可以实现的情况下，建立独立的"资产保险库"也是完全有必要的。

在目前的环境下，要做好中国民营企业家的资产保全规划，应当遵循以下几个原则。

原则一：未雨绸缪，提前规划，切忌临时抱佛脚。

未雨绸缪，提前规划是规划有效性的前提，任何临时抱佛脚的规划都很难逃脱恶意逃避债务的嫌疑，极有可能被判定为无效或可撤销。

《民法典》第538条与第539条规定，①债务人放弃、转移、低价转让财产等行为，影响债权人债权实现的，债权人可以请求人民法院撤销。第541条规定，债权人撤销权的时效为债权人知道或应当知道之日起一年内，或者行为发生后5年之内。因此，在已经出现债务危机，甚至债务危机已经爆发的情况下，即使当时瞒过了债权人，但债权人只要能在行为发生后5年之内发现，他仍然拥有请求人民法院撤销的权利。

《深圳经济特区个人破产条例》第40条规定，破产申请提出前2年内，有无偿转让或者低价转让财产权益、放弃财产权益等行为的，破产管理人有权请求人民法院撤销。

那么，已经有债务的企业家家庭是否可以做保全规划呢？债权人有撤销权，是不是就意味着企业家一旦有了债务，就不能做资产保全规划了呢？并不是这样的。

即使企业家已经负债，但其转移财产、赠与他人财产等行为并不一定会影响债权人债权的实现。因为负债对于企业家来说是常态，但大部分企业家的负债率

---

① 《民法典》第538条 债务人以放弃其债权、放弃债权担保、无偿转让财产等方式无偿处分财产权益，或者恶意延长其到期债权的履行期限，影响债权人的债权实现的，债权人可以请求人民法院撤销债务人的行为。

第539条 债务人以明显不合理的低价转让财产、以明显不合理的高价受让他人财产或者为他人的债务提供担保，影响债权人的债权实现，债务人的相对人知道或者应当知道该情形的，债权人可以请求人民法院撤销债务人的行为。

第541条 撤销权自债权人知道或者应当知道撤销事由之日起一年内行使。自债务人的行为发生之日起五年内没有行使撤销权的，该撤销权消灭。

是处于安全范围内的,也就是说,资产远超过其负债,拥有足够的偿债能力。在这个时候,企业家转移、赠与部分财产是不会影响债权人债权的实现的,债权人当然也就无法行使债权人撤销权。因此,拥有足够偿债能力的企业家家庭是可以进行资产保全规划的。

原则二:合理合法,不躲不藏,阳光规划。

前文中讲到过中国民营企业家债务隔离的“四大法宝”,但这“四大法宝”或多或少都会有一些问题和隐患。虽然现实中也能起到很多的保全作用,但是,这样的规划一般不能曝光,如代持,一旦曝光就不再安全。这样的规划可能也不合法,如假离婚逃避债务,非法转移财产至境外逃避债务都是不合法的。并且,当债权人拿到足够证据的情况下,这些安排都有可能最终失去作用。

所以,资产保全规划必须合理合法,光明正大。譬如,在经济条件好的情况下,将一部分财产及时剥离,通过合理的保险规划,正确设置保单架构,安排好父母的养老金、孩子的教育婚嫁金、爱人的品质生活与医疗、安排好孙子女的成长费用。也可以通过保险金信托、家族信托、基金会等做好一系列的安排。这样的安排合理合法,可以光明正大地暴露在阳光下,这才是真正有效的保全规划。

原则三:资产要遵循先剥离,再保全的原则。

值得注意的是,如果财产来源不合法,则针对这些财产的保全规划也必然因为财产来源不合法而变得根本起不到保全的效果。

由于历史环境原因,中国的民营企业家多少都会牵涉一些历史的税务问题、经营合规问题甚至刑事风险问题,这就导致中国民营企业家的财产来源和性质多少也会因此而埋下很多隐患。很多民营企业家也因此而缺乏安全感,虽然我国从宪法[①]到法律都强调要保护好民营企业家的合法财产,但是,因为民营企业家存在合法财产和可能有问题的财产是很难清晰分开的,所以,当民营企业家牵涉纠纷或者其他问题时,要证明其财产来源和合法性确实是存在现实困难的。

---

① 《宪法》第 11 条　在法律规定范围内的个体经济、私营经济等非公有制经济,是社会主义市场经济的重要组成部分。

国家保护个体经济、私营经济等非公有制经济的合法的权利和利益。国家鼓励、支持和引导非公有制经济的发展,并对非公有制经济依法实行监督和管理。

第 13 条　公民的合法的私有财产不受侵犯。

国家依照法律规定保护公民的私有财产权和继承权。

国家为了公共利益的需要,可以依照法律规定对公民的私有财产实行征收或者征用并给予补偿。

所以，通过科学合法的程序，将一部分合法财产从整体财产中及时剥离出来，然后再进行资产保全规划，是非常有必要的。

在财富管理规划实践中，当购买大额保单、设立保险金信托、家族信托、基金会等时，因为设计财产规模较大，金融机构按照法律和监管要求，必须对客户的财产进行财产来源调查、反洗钱调查等一系列的尽职调查工作。这个程序是一个证明客户财产合法性的过程，因此，从另一个侧面给高净值人群提供了将部分合法财产从整体财产中以法律规定的程序进行剥离的机会。这对资产保全工作意义重大。

原则四：能独立尽量独立，不能独立则由经济相对安全的家庭成员持有。

在法律上，除了保证债务人的基本生存与尊严权利的财产外，没有任何一种财产是可以免于清偿债务的，人寿保险和信托也不例外。所谓的人寿保险和家族信托可以直接"避债"的提法是完全错误的。

一个与债务人相关的财产可以免于债务清偿的几乎唯一的理由是，这个财产虽然和债务人有关，却不是债务人的财产，债务人对该财产不拥有所有权，当然不能用于清偿债务人的债务。

简单地举一个例子，《民法典》规定房屋的所有权人可以设立居住权，假设某企业家的成年子女（不参与企业经营），以自己名下的房屋为企业家设立居住权，当企业家牵涉债务问题时，该房屋能不能用来清偿企业家的债务呢？当然不能，因为房屋所有权归其子女，而子女并不是债务人，其所有的房屋当然不能用来清偿债务①。

因此，资产保全和债务隔离规划的核心原则就是将所有权从债务人身上剥离出来。最佳方式是使所有权独立于所有家庭成员之外；退而求其次的方法是，通过法律认可的方式，将所有权安排放置在债务风险相对较小的家庭成员名下。如此，当债务风险发生时，这一部分财产受到威胁的可能性就会比较小。

① 《民法典》第366条　居住权人有权按照合同约定，对他人的住宅享有占有、使用的用益物权，以满足生活居住的需要。

家族信托因为信托财产具有独立性[①]的特点，是做资产保全和债务隔离规划的重要工具。人寿保险虽然没有财产独立性的特点，但可以通过合理的规划设计实现将所有权、管理权和受益权分离，并将具有财产属性的所有权和受益权归属于债务风险比较小的家庭成员，从而相对实现资产保全与债务隔离。人寿保险还可以与家族信托结合，使得保险财产部分甚至全部具备独立性，进一步加强被保全资产的安全性。

原则五：资金要有针对性安排，优先保证关键事务。

财富管理的目的不是守住财富，当守财奴，而是让财富更好地服务于人，首先包括家人，其次也可能扩展到社会的人。通过运用财富让家人的生活更加和谐、健康、幸福，让社会更加文明、友爱、进步。因此，资产保全的目的当然也不是简单地保住财产，而是用这些财产保障企业家家庭中最为关键和重要的事务不受到影响。因此，在资产保全规划中，资产不仅要保全，还需要做好有重点，有针对性地使用安排规划，优先保证好家庭或家族中的关键事务。

原则六：合理利用各种合适的工具，综合解决问题，并持续保持检视和调整。

资产保全和债务隔离规划是一个系统工程、动态工程。绝不是通过一两种工具，通过一时的规划就可以完成，一劳永逸的。因此，在进行资产保全和债务隔离规划时，应当综合运用各种合适的工具来解决问题。同时，还需要定期对已完成的规划进行检视，根据情况的变化及时地进行调整，保持规划的合理性和有效性。

当然，综合规划并不是要求一步到位。因为资产保全与债务隔离规划也是一个需要逐步才能完成的体系工程，一步到位，一蹴而就是不实际的。可以先简单再复杂，先抓核心重点再逐步扩展，有步骤地、逐步地解决问题。

---

① 《信托法》第 15 条　信托财产与委托人未设立信托的其他财产相区别。设立信托后，委托人死亡或者依法解散、被依法撤销、被宣告破产时，委托人是唯一受益人的，信托终止，信托财产作为其遗产或者清算财产；委托人不是唯一受益人的，信托存续，信托财产不作为其遗产或者清算财产；但作为共同受益人的委托人死亡或者依法解散、被依法撤销、被宣告破产时，其信托受益权作为其遗产或者清算财产。

第 17 条　除因下列情形之一外，对信托财产不得强制执行：

（一）设立信托前债权人已对该信托财产享有优先受偿的权利，并依法行使该权利的；

（二）受托人处理信托事务所产生债务，债权人要求清偿该债务的；

（三）信托财产本身应担负的税款；

（四）法律规定的其他情形。

对于违反前款规定而强制执行信托财产，委托人、受托人或者受益人有权向人民法院提出异议。

三、人寿保险合理、合法“隔离债务”的四大规划方案

（一）为什么人寿保险不能“避债”却可以作“债务隔离”规划

人寿保险因为具有比较特殊的法律属性，可以用来作为家庭资产保全与债务隔离的重要工具。

用人寿保险作债务隔离规划有四种比较典型的方法。

（二）用保险死亡理赔金作企业家身后的债务隔离规划

《保险法》第42条规定，指定了受益人的保险死亡理赔金不属于被保险人的遗产，而是直接属于受益人的财产。当保险事故发生时，保单的财产属性发生了实质性转变，从现金价值转变为保险死亡理赔金。现金价值属于投保人，而死亡理赔金属于受益人。当投保人和受益人不是同一人的情况下，无论是投保人负债还是被保险人负债，现金价值已经消失，而死亡理赔金则是受益人的财产，因此不需要清偿投保人或者被保险人的债务。通过保险事故的发生可以实现财产在不同人之间的直接的、合法的、无障碍的转移，这是人寿保险区别于其他财产类型的特殊法律属性，这也是为什么人寿保险相比于其他的财产类型有债务隔离规划的优势的原因之一。

人寿保险的这个债务隔离功能在企业家债务隔离规划中有非常高的实用价值。在社会实践中，企业家身故是引发债务危机最典型的一种形式，而且在这种情况下，因为最有能力的企业家身故，他原来做的很多诸如代持之类的债务隔离规划有可能就会出问题。这时候就需要更加可靠的，合理合法的债务隔离方法，而保单刚好可以完美地解决该问题。

规划方案这样设计，用企业家作为被保险人，企业家没有债务风险的，需要照顾的子女、孙子女或者其他家庭成员作为受益人，配置高额的人寿保险。这样的规划有以下几个优势：

表17－1　规划方案

投保人	被保险人	受益人	险种	备注
不限	企业家	子女/孙子女	主要保险责任为死亡责任的险种	

优势一：如果发生企业家身故的保险事故，受益人直接获得保险死亡理赔金，依据《保险法》第42条不属于企业家的遗产，不用清偿其债务。

优势二：依据《民法典》第1161条的规定，受益人可以放弃继承来避免已故企

业家的债务侵扰,即使继承遗产,清偿债务也以遗产实际价值为限,受益金归属于受益人,不会因继承而受到债务的影响。

优势三:人寿保险有杠杆功能,可以用很少的保费购买很高的保额,并且还可以分期缴费,可以减少资金的占用。

优势四:即使被保险人身体不太好,也可以用没有风险杠杆的储蓄型险种解决问题,储蓄性保险的死亡理赔金也不属于被保险人的遗产,债务隔离功能不受影响。

优势五:在保险事故发生前,保单还具有保单贷款的功能,可以从一定程度上帮助企业家进行现金流储备,关键时刻可以高效地提供现金流支持。

请注意,这个方案的投保人是谁不是太重要,既可以是企业家本人,也可以是其他适格的家庭成员。当然,如果从安全角度考虑,投保人如果是债务风险更小的家庭成员会更好。同时要注意,受益人一般不能是企业家的配偶,因为配偶一般是债务的连带责任人,不适宜作为受益人。参与企业经营的成年子女可能受到债务牵连也不适合做受益人。

这个规划设计方案就是财富规划设计策略三十六计之“金蝉脱壳”。该方案除了起到债务隔离的功能外,同时在传承、子女婚姻、税务等方面能起到很好的作用,这些功能在其他章节有详细的阐述,这里不再重复。

(三)合理设计投保人和受益人,通过保单架构实现债务隔离

在企业家没有身故的情况下,人寿保险有没有债务隔离的功能呢?答案是肯定的,因为人寿保险的法律架构,决定了他可以实现所有权,管理权和受益权的相对分离,可以通过保单的架构设计实现债务隔离规划。这个规划的核心思想,就是把保单资产放在没有债务风险或者债务风险比较小的家庭成员名下。譬如,不参与企业经营的父母,不参与企业经营的成年子女等。

这个架构设计的诀窍是,投保人必须选择没有债务风险的家庭成员,受益人也需要是没有债务风险的家庭成员。被保险人是谁在所不论,被保险人主要依据保单资产需要照顾的对象来合理地确定。

表17-2 架构设计

投保人	被保险人	受益人	险种	备注
债务风险小的成员	不限	子女/孙子女	不限	

注意,因为投保人不是企业家本人或者配偶,因此,在购买保单时会遇到难以

通过保险公司财务调查的问题。这时候可以用先由企业家本人或者配偶自己作为投保人购买保单,交完保费以后再变更投保人的方式来变通实现。

如果用父母做投保人,一定要考虑父母去世以后投保人权益和现金价值继承问题的处理。投保人权益要隔代传递,由企业家的父母直接传递给企业家没有债务风险的子女。有以下三种方式:第一种方式,当企业家的子女成年可以作为投保人后,把投保人由企业家的父母变更为企业家的子女;第二种方式,如果保单可以设置第二投保人,可以将企业家的子女设置为第二投保人;第三种方式,投保人订立遗嘱,将投保人权益直接通过遗赠传递给没有债务风险的企业家的子女。

这样的保单规划设计有以下几个优势:

优势一:即使企业家未身故时发生债务危机,保单现金价值归属于没有债务风险的投保人,一般不会受到债务的威胁。

优势二:企业家或者其他被保险人身故,受益人取得收益金后依然是安全的,也不会受到债务的威胁。

优势三:企业家父母作为投保人时,可以通过提前变更投保人给成年的企业家的子女或者通过遗嘱或第二投保人完成投保人的权益从祖辈传递到孙辈,跳过有风险的企业家一代。

优势四:人寿保险的权利分布在投保人、被保险人和受益人之间,不集中在投保人一人,相比其他的财产,对财产持有者有更多的制约,相对安全可控。

合理设计投保人和受益人实现债务隔离的方法就是财富规划设计策略三十六计中的“偷梁换柱”。

“金蝉脱壳”和“偷梁换柱”两个计策更多的实施细节和注意之点在“继承人能力不足”一章中有非常详细的阐述,这里不再重复。

(四)利用低现金价值保险和无现金价值保险产品实现债务隔离规划

《保险法解释三》第17条①规定,当人寿保险合同面临被解除时,保单的被保险人或受益人,为自己的保单权益考虑,可以通过支付现金价值作为对价的方式取得保单所有权,保留保单。这个规定给保单债务隔离规划提供了新的方案,就是利用低现价或者无现金价值保险产品进行债务隔离规划。

人寿保险的现金价值和保险合同的财产性权益是两个不同的概念,并且,在

---

① 《保险法解释三》第17条 投保人解除保险合同,当事人以其解除合同未经被保险人或者受益人同意为由主张解除行为无效的,人民法院不予支持,但被保险人或者受益人已向投保人支付相当于保险单现金价值的款项并通知保险人的除外。

一般情况下,现金价值不会是保险合同的全部财产性权益,而现金价值与保险合同全部财产性利益之间的差值就是其可保全空间。因此,现金价值比例越低,可保全空间则越大。

低现价产品实现资产保全的具体方法是,选择配置现金价值比较低的保险产品,当因为投保人的债务问题导致保单现金价值需要被强制执行时,保单的被保险人或者受益人可以请求由自己支付现金价值,从而取得保险合同的所有权。具体的司法程序目前只有江苏省高级人民法院有相关规定,规定在2018年颁布的《江苏省高级人民法院关于加强和规范被执行人所有的人身保险产品财产性权益执行的通知》第5条:"投保人为被执行人,且投保人与被保险人、受益人不一致的,人民法院扣划保险产品退保后可得财产利益时,应当通知被保险人、受益人。被保险人、受益人同意承受投保人的合同地位、维系保险合同的效力,并向人民法院交付了相当于退保后保单现金价值的财产替代履行的,人民法院不得再执行保单的现金价值。"可以预见,在不久的将来,类似的程序将逐步成为全国的规范。

在市场上还有一类特殊的保险产品,虽然属于储蓄类的保险产品,但其现金价值在很长一个阶段内都为零。这就是传统型商业养老保险产品,这类产品一般在正式开始领取养老金后,现金价值就为零。并且,在未开始领取养老金之前,这类产品的现金价值也是比较低的。因此,这种保险产品特别适合用来规划企业家及其配偶自己的养老金,既解决养老现金流规划问题,还具有强大的债务隔离功能。

通过低现价产品进行债务隔离规划就是财富规划设计策略三十六计中的"李代桃僵"。无现价产品债务隔离规划方法则是三十六计中的"釜底抽薪"。

(五)用保险金信托进行债务隔离规划

保险金信托因为具有信托财产的独立性,在债务隔离规划中优势明显。保险金信托有几种类型,最基础类型为将人寿保险的受益权放入信托,由信托作为保单的受益人,再设置需要照顾的人为信托的受益人。当理赔金进入信托,可以隔离受益人的债务。

如果进一步将投保人也变更为信托,则保单的现金价值也具有了财产的独立性,隔离委托人的债务。后续各期保费也可以直接放入信托,由信托缴纳后续各期的保费,更加高效地完成资产保全规划工作。关于信托的债务隔离的原理,笔者下面给大家作详细的介绍。

四、家族信托在企业家家庭资产保全中的应用

家族信托在全世界范围内都是资产保全功能最为强大的工具之一,其债务隔

离的功能也是非常强大的。要注意,家族信托也是不可以“避债”的,笔者在本书中不止一次地强调过,除了保证人基本生存权的相关财产外,没有任何财产是可以“避债”的。家族信托具有债务隔离功能的基础是基于信托财产独立的特点,通俗来讲,就是信托自己是一个独立的存在,他自己为自己的债务负责,信托以外的委托人、受托人、受益人的债务并不能影响到独立的信托财产。当然,这样简单的表述是不准确也不严谨的,下面笔者就对家族信托的债务隔离规划功能和设计原则与方法进行详细的讨论。

(一)家族信托进行债务隔离规划的法律依据

家族信托债务隔离规划的基础是信托财产的独立性,尤其是在大陆法系的信托中,信托财产独立性是法律直接规定的,相比于英美法系的信托,笔者认为可能会具有更大的优势。家族信托进行债务隔离规划设计的法律依据如下:

第一,《信托法》第 15 条①规定,信托财产独立于委托人,当委托人身故或者破产时,信托不作为委托人的遗产和清算财产,当然不用清偿委托人的债务。

第二,《信托法》第 16 条②规定,信托财产独立于受托人,当受托人身故或者破产时,信托财产不作为受托人的遗产和清算财产,当然不用清偿受托人的债务。

第三,《信托法》第 17 条③规定,除了因为信托财产在设立信托前已经承担的权利负担,或者因为信托本身所欠债务和信托本身所欠税费的原因外,对信托财产不得强制执行。也就是说,信托财产独立,为其自身的债务问题负责。委托人、受托人、受益人的债务问题,不会导致信托财产被强制执行。

---

① 《信托法》第 15 条　信托财产与委托人未设立信托的其他财产相区别。设立信托后,委托人死亡或者依法解散、被依法撤销、被宣告破产时,委托人是唯一受益人的,信托终止,信托财产作为其遗产或者清算财产;委托人不是唯一受益人的,信托存续,信托财产不作为其遗产或者清算财产;但作为共同受益人的委托人死亡或者依法解散、被依法撤销、被宣告破产时,其信托受益权作为其遗产或者清算财产。

② 《信托法》第 16 条　信托财产与属于受托人所有的财产(以下简称固有财产)相区别,不得归入受托人的固有财产或者成为固有财产的一部分。

受托人死亡或者依法解散、被依法撤销、被宣告破产而终止,信托财产不属于其遗产或者清算财产。

③ 《信托法》第 17 条　除因下列情形之一外,对信托财产不得强制执行:

(一)设立信托前债权人已对该信托财产享有优先受偿的权利,并依法行使该权利的;

(二)受托人处理信托事务所产生债务,债权人要求清偿该债务的;

(三)信托财产本身应担负的税款;

(四)法律规定的其他情形。

对于违反前款规定而强制执行信托财产,委托人、受托人或者受益人有权向人民法院提出异议。

第四,《信托法》第43条[①]规定,受益人是对信托享有受益权的人,也就是说,受益人对信托财产的所有权并不享有权益,因此信托财产独立于信托受益人。受益人的债务不会影响信托财产本身。

第五,《信托法》第47条规定:"受益人不能清偿到期债务的,其信托受益权可以用于清偿债务,但法律、行政法规以及信托文件有限制性规定的除外。"也就是说,受益人的债务问题是可能通过信托受益权清偿债务的形式间接威胁到信托财产的。但是,这也并不会完全破坏信托债务隔离的功能,因为受益人的受益权一般只会关系到信托财产的一部分,并且不会直接破坏信托财产的独立性。并且,第47条同时也规定了,信托文件的限制性规定可以排除受益权偿债的风险。信托文件只需要明文规定,受益人的信托受益权不可以用于清偿受益人之债务,这个间接影响信托财产安全的暗门就可以关闭。此外,2019年9月11日,最高人民法院颁布的《全国法院民商事审判工作会议纪要》(以下简称《九民会议纪要》)第95条[②]规定,信托财产在信托存续期间独立于委托人、受托人、受益人各自的固有财产。受益人对信托财产享有的权利表现为信托受益权,信托财产并非受益人的责任财产。因此,信托存续期间,受益人债务风险可以得到隔离。

第六,关于我国家族信托的"不可撤销问题"和信托财产独立性之间的关系。在家族信托实务中,国内的很多信托合同中会有一个条款,声明"本信托为不可撤销信托"。"不可撤销信托"的概念其实对英美法体系下的信托意义更加重大,因为英美法判定信托的独立性关键是考察信托财产是否真正脱离了委托人的控制,所以信托是否可撤销和信托财产的独立性紧密联系。而我国是大陆法系国家,我国信托的财产独立性是法律直接规定的,所以,信托是否可撤销与信托财产的独立性之间的关系在司法上暂时还属于空白。当然,值得注意的是,除了专属于债

---

① 《信托法》第43条　受益人是在信托中享有信托受益权的人。受益人可以是自然人、法人或者依法成立的其他组织。

委托人可以是受益人,也可以是同一信托的唯一受益人。

受托人可以是受益人,但不得是同一信托的唯一受益人。

② 《九民会议纪要》95.【信托财产的诉讼保全】信托财产在信托存续期间独立于委托人、受托人、受益人各自的固有财产。……受益人对信托财产享有的权利表现为信托受益权,信托财产并非受益人的责任财产。因此,当事人因其与委托人、受托人或者受益人之间的纠纷申请对存管银行或者信托公司专门账户中的信托资金采取保全措施的,除符合《信托法》第17条规定的情形外,人民法院不应当准许。已经采取保全措施的,存管银行或者信托公司能够提供证据证明该账户为信托账户的,应当立即解除保全措施。……

当事人申请对受益人的受益权采取保全措施的,人民法院应当根据《信托法》第47条的规定进行审查,决定是否采取保全措施。决定采取保全措施的,应当将保全裁定送达受托人和受益人。

务人自身的债权外，其他的一般性债权是可以被债权人代位行使的，如果信托规定了撤销权，则这个撤销权是可以被债权人代位行使的。信托一旦撤销，信托财产回到债务人名下，就可能被强制执行了。由此可见，直接通过信托合约条款的方式规定信托不可撤销还是有现实意义的。

（二）家族信托债务隔离规划设计的六大基本原则

虽然家族信托具有财产独立的特点，但并不是设立了家族信托就当然可以隔离债务的，在实操中，科学合理的方案设计非常之关键。为了保证家族信托债务隔离功能的有效性，以下几个原则必须注意。

1. 必须未雨绸缪，避免信托被债权人撤销

任何的资产保全规划都不能临时抱佛脚，家族信托也不例外。临时抱佛脚的家族信托规划，如果影响了债权人债权的实现，债权人依然有权利请求人民法院撤销。依据《民法典》“合同编”第 538 条、第 539 条的规定，债务人无偿或以不合理的低价转让财产，影响债权人债权实现的，债权人有撤销权。设立信托通常是无偿将财产赠与给信托，即使是通过交易转让不动产、股权等资产给信托，也需要先有现金资产的无偿赠与，然后才会有交易。并且，交易价格往往还会很低。因此，如果设立信托或者放入信托财产的行为影响了债权人债权的实现，债权人就可以在行为发生后五年内、知道或应当知道行为一年内行使其撤销权。同时，《信托法》第 12 条①也明确规定了委托人之债权人的撤销权。一旦信托被撤销，债务隔离就无法实现了。

2. 信托目的、信托财产必须合法，否则信托无效

《信托法》第 11 条②规定，设立信托的目的不合法、信托财产来源不合法也会导致信托的无效。譬如，设立以逃避债务为目的之信托，信托目的就不合法。以

---

① 《信托法》第 12 条　委托人设立信托损害其债权人利益的，债权人有权申请人民法院撤销该信托。

人民法院依照前款规定撤销信托的，不影响善意受益人已经取得的信托利益。

本条第一款规定的申请权，自债权人知道或者应当知道撤销原因之日起一年内不行使的，归于消灭。

② 《信托法》第 11 条　有下列情形之一的，信托无效：

（一）信托目的违反法律、行政法规或者损害社会公共利益；

（二）信托财产不能确定；

（三）委托人以非法财产或者本法规定不得设立信托的财产设立信托；

（四）专以诉讼或者讨债为目的设立信托；

（五）受益人或者受益人范围不能确定；

（六）法律、行政法规规定的其他情形。

非法所得财产设立信托，也会导致信托最终无效。当然，在我国的家族信托实操中，因为受托人大部分情况下是大型信托公司，在设立信托前对信托目的、信托财产都会进行严格的审核，因此信托目的、信托财产导致信托无效的可能性不大。

但也要注意到，我国《信托法》并没有对受托人的范围进行限制，信托公司以外的具有民事行为能力的其他自然人和法人都有可能作为受托人，并且我国《民法典》还明确规定了遗嘱信托。当选用信托公司以外的受托人设立信托时，就需要非常注意审核信托目的和信托财产的合法性了。建议在设立信托时，最好请专业人士进行专业的规划设计。

3. 最好设立不可撤销信托

要实现比较可靠的债务隔离，设立不可撤销信托是有必要的，这个问题在前文中笔者进行了详细的讨论，这里不再重复。

4. 切断委托人间接取回信托财产的通道

除了通过撤销信托取回信托财产外，委托人还可以通过信托合约中的一些条款安排间接取回信托财产。虽然我国《信托法》对信托财产独立于委托人是采用的直接规定的方式，保留委托人取回信托财产的通道理论上不会直接导致信托财产丧失独立性。但是，当委托人面临债务风险时，债权人可以请求人民法院代委托人之位行使这些权利，通过这些预留的通道取回全部或者部分信托财产，从而间接执行信托财产。所以，如果要做到可靠的债务隔离，切断委托人间接取回信托财产的通道是非常有必要的。

5. 合理设计受益人“债务隔离条款”

家族信托实现债务隔离，不仅要隔离委托人的债务，还需要考虑隔离受益人的债务。虽然受益人对信托只有受益权，信托财产对受益人独立。但是，如果信托的受益权可以用来清偿债务，也会间接威胁到信托财产。所以设计受益人的“债务隔离条款”是非常有必要的。债务隔离条款设计分为两个层次：

第一个层次是设计禁止用受益权清偿债务条款。依据《信托法》第47条的规定，信托受益权可以清偿债务，但信托合约另有约定的除外。因此，信托合约中应当禁止受益权偿债，以避免受益人的债权人执行受益权。

第二个层次是陷入债务危机的受益人的受益金分配设计。虽然前面禁止了信托受益权偿债，但受益金一旦分配给了受益人，则已经是受益人的财产，依然是要清偿债务的。所以，信托合约还可以赋予受托人以自由裁量权，当某个受益人负债到达某一标准时，停止受益人的受益金分配。

停止受益金分配后，受益人的生活等如何保障呢？对此，可以由信托直接持有一部分财产，如房产等，保证其居住权；可以由信托持有医疗、护理保险等，保证其医疗；还可以由信托直接支付养老护理等费用给服务机构，保障其养老。当然，这些安排在法律上可能还会存在一些不确定，这些不确定需要长期的司法实践才能明晰。

6.“债务隔离”信托中最好不要直接持有家族企业的股权

为“债务隔离”目的设立的信托一般都是一个家庭或者家族的最后财富屏障，其最主要的意义应该是为家族成员的生存、繁衍、教育、发展、退休等提供坚实的保障，应当最大程度地降低风险。而作为一个可能经营失败的家族企业的股东，本身就是一种比较危险的行为，哪怕设计基层专业的控股公司进行隔离，也依然不能完全避免信托本身产生债务的风险。因此，最好的办法就是不要直接持有家族企业的股权，如果想把家族企业的收益持续的放入信托，可以通过如债权债务关系、利用利息单向输送收益等方法来间接实现。

（三）家族信托的典型的债务隔离方案设计

设计家族信托的债务隔离规划功能，在国内目前的环境下主要有三个比较典型的方案，下面我们对这三个方案设计及实操要点进行一个简要的介绍。

方案一：企业家父母担当委托人的方案。

以不参与企业经营，债务负担小的企业家夫妇的父母担任委托人设立家族信托，受益人设置为家族成员。在具体设计上，除了前面所说的六大原则要点外，还要注意，对债务风险比较大的企业家夫妇可以仅设置生活所需必要资金，不设置大比例受益资金，以备将来家族信托结束，信托资金分配至企业家夫妇名下而成为企业家的责任财产（偿债财产）。对家族中需要被照顾且未来负债较低的成员则可以设计比较高的受益权益，以保障家庭成员高品质的生活、教育、医疗、婚嫁、创业及养老等。

方案二：企业家夫妇自己担任委托人的方案。

若企业家没有父母或者父母不具有设立家族信托的条件（如限制民事行为能力或不具有民事行为能力），则企业家也可以自己设立家族信托。具体设计也需要严格遵循前文所讲的六大基本原则。

同时，需要特别注意的是，企业家需在信托公司或者律师帮助下，细致梳理家族“资产负债表”，把资产资料、负债资料详细整理并备份，可交由信托公司作为尽职调查资料存放（信托公司对于信托档案存放规定要求信托终止后保存10年以上），以备未来委托人债权人追偿应诉。

注意，委托人债权人追偿债务，挑战家族信托，并不意味着家族信托没有债务隔离效果，而是家族信托不能阻止债权人起诉。若债权人起诉，受托人需应诉，此时尽职调查资料作为应诉材料提交，以阻断债权人追偿债务。家族信托债务隔离功能为法律赋予，其隔离效果不因债权人是否有权利挑战家族信托而消失。

尽职调查完毕后，可将家族“净资产”的部分，设立家族信托，充分达到隔离企业家债务风险的效果。家族信托的受益人可以是委托人本人，企业家作为受益人之一，如前文所述，可适当降低受益比重，不要因为信托终止，分配给企业家的钱而被迫用于偿还信托终止时企业家的债务。

方案三：以成年子女担任委托人的方案。

企业家有时候会不希望以自己名义设立家族信托。一方面，因为家庭隐私。即采用方案二的方式对家庭资产负债进行全面尽职调查，“家底”全部暴露在金融机构手中，心里并不踏实。另一方面，因为与配偶沟通家族信托可能确实存在困难。此时，企业家可以选择成年子女名义设立家族信托。

以此种方式设立家族信托需要特别注意。第一，需要将财产赠与成年子女，建议无论成年子女是否成家，都需要配置公证的“赠与协议”加以隔离，阻断企业家债务风险传递至成年子女。第二，需要在家族信托层面做好权利体系规划。家族信托层面核心权利主要分为投资管理事务权利、受益体系修改权利以及其他。在子女心智尚未成熟之前，投资管理事务可交由受托人执行以及交由企业家（作为受益人）决策。在子女满足一定年龄，充分具备财富驾驭能力时，可考虑放开其修改受益人的权利。

上述三个简单方案并没有考虑企业家婚姻状况、子女状况、企业实际经营情况、传承计划等，具体设计时还需结合具体情况进行分析运用。同时，债务隔离功能只是家族信托众多功能中的一部分，也很少有一个家族信托是专门设计用来隔离债务的，而是往往会兼顾财富传承、婚姻财富规划、债务隔离规划等多重的规划设计，这些也需要结合具体情况进行综合规划。信托方案的具体设计在婚姻财富规划的章节，财富传承规划的章节都有很多详细的阐述。在这些架构设计中，只要注意了前文所说的“债务隔离设计六大基本原则”，再结合以上三种方案，也可以兼具债务隔离的功能。

第十八章

资产代持风险解析与解决方案设计

第一节 风险案例

一、案例导读

甘肃的王先生可能怎么也想不到，自己花了两百多万元买的房子，会因为一场和自己八竿子都打不着的债权债务纠纷而被法院强制执行拍卖掉①。这场债权债务纠纷的债权人杨女士、债务人"盛世公司"，王先生都完全不认识。造成这样的局面主要因为两个错误：第一个错误是王先生把房屋请"穆萨公司"代持了；第二个错误是"穆萨公司"为"盛世公司"的债务提供了担保。这究竟是怎么一回事呢？

二、案例详情

故事得从2013年说起。王先生想在兰州买一套房子，可能是因为怕妻子知晓（再审时的辩解理由），所以拜托朋友老王代为购买，并通过表姐王女士分多次给老王支付了209万余元，再由老王支付给开发商以及装修公司等。但老王最终也不愿意把房子登记在自己的名下，2014年王先生和"穆萨公司"签订书面代持协议，约定由"穆萨公司"帮王先生代为持有该房产。随后，老王配合通知了开发商，将购房合同的相对方改成了"穆萨公司"，房产销售发票也改成了"穆萨公司"。并且，可能是由于代持关系的原因，该套房产没有体现在"穆萨公司"的固定资产台账上。

2016年，"盛世公司"和杨女士签订借款金额为671万元的借款合同，"穆萨公司"为该笔借款提供了担保，对该债务承担连带责任。2017年，"盛世公司"因故无法足额偿还该笔借款的本息，杨女士要求"穆萨公司"承担连带责任，并申请法院进行了诉前保全。该房产因登记在"穆萨公司"名下，被法院依法查封保全。

王先生发现房产被查封后，向法院提起了第三人执行异议之诉，主张房产为"穆萨公司"替自己代持，并出示了代持协议、当时的一些出资记录等一系列的证据。同时，"穆萨公司"和"盛世公司"都表示愿意积极承担债务，并且"盛世公司"已经积极偿还了280多万元的债务。但房产确系为王先生代持，他们之间的债务

---

① 杨某静、王某松申请执行人执行异议之诉再审民事判决书，(2020)最高法民再378号。

纠纷不应当牵扯无辜第三人,因此,希望能解除对王先生房产的查封。法院受理起诉后,暂时中止了对房产的执行,开始调查案件情况。

2018年11月,兰州市中级人民法院经过调查和审理后,以王先生的房产仅办理了网签,尚未办理房屋产权登记手续为由,驳回王先生的执行异议的诉讼请求,判令准许执行该房产。王先生不服,向甘肃省高级人民法院提起上诉。甘肃省高级人民法院审理后认为[①]:"本案的争议焦点为:王某松(王先生)对案涉房产是否享有足以排除强制执行的权利。本案中,首先,王某容(老王)自认案涉房产系王某松委托其代为购买,房屋的实际所有权人为王某松。王某容代购后不愿意落户至其名下,王某松才与'穆萨公司'于2014年7月5日签订了《房产代持协议》,约定由穆萨公司代为持有涉案房产,并约定了双方的权利义务关系。次日,王某容向仁恒公司提供了更名申请,后穆萨公司与仁恒公司签订了《商品房买卖合同》。其次,房屋交付后,王某松委托其表姐吴某娟代为照管、占有涉案房产,并于2017年6月、7月代为购买家具、家电等,足以证明王某松在法院2017年12月4日查封之前已合法占有案涉房产。再次,通过王某松提交的房款及装修款收款收据、转账凭证等证据,可以证实涉案房产系王某松出资购买。最后,王某松于2018年5月15日曾向法院起诉要求穆萨公司将涉案房产过户至其名下,法院以案涉房产仅仅办理了网签,尚未办理房屋产权登记手续为由驳回了王某松诉请。故并非王某松自身原因导致不能办理过户登记。综上所述,王某松作为案涉房产的实际权利人,符合《执行异议和复议规定》第二十八条规定,其权利能够排除涉案房产执行。二审法院判决:撤销甘肃省兰州市中级人民法院(2019)甘01民初715号民事判决;驳回杨某静的全部诉讼请求。"在第二审中,王先生的执行异议被支持,房产不能被强制执行。但故事并未结束,因为杨女士随后向最高人民法院提起了再审的申请,最后人民法院受理了。

最高人民法院通过对案件事实的仔细调查和审理后认为,本案的再审争议焦点为,王某松对案涉房屋是否享有《执行异议和复议规定》第28条[②]规定的排除

---

① 资料来源:中国裁判文书网:https://wenshu.court.gov.cn/website/wenshu/181107ANFZ0BXSK4/index.html? docId=22e355b2f0214d0194edacb000cfb646。

② 《关于人民法院办理执行异议和复议案件若干问题的规定》第28条 金钱债权执行中,买受人对登记在被执行人名下的不动产提出异议,符合下列情形且其权利能够排除执行的,人民法院应予支持:(一)在人民法院查封之前已签订合法有效的书面买卖合同;(二)在人民法院查封之前已合法占有该不动产;(三)已支付全部价款,或者已按照合同约定支付部分价款且将剩余价款按照人民法院的要求交付执行;(四)非因买受人自身原因未办理过户登记。

强制执行的民事权益。本案中，王某松提交的证据不足以证明其在人民法院查封涉案房产时符合上述排除强制执行情形。首先，王某松对人民法院查封案涉房屋前房屋未过户至其名下存在明显过错。且王某松对为何由他人代持房屋问题未作出合理解释。本院再审庭审中，王某松称，系因买房不想让配偶知晓，才故意将房屋交由“穆萨公司”代持。对此，本院认为，当事人无正当理由故意将房屋交由他人代持，属于对房屋未过户登记存在明显过错情形。其次，王某松在人民法院查封涉案房屋前未与出卖人签订合法有效的书面买卖合同。王某松所签《房产代持协议》……无论在形式上还是内容上均与商品房买卖合同不同。再次，无法证明王某松在查封之前已合法占有涉案房屋。最后，无任何王某松支付涉案房屋价款的转账记录或票据，无法印证王某松交纳涉案房屋购房款的主张。因此，王某松的异议不符合上述规定情形。判决准许执行。见图18－1。

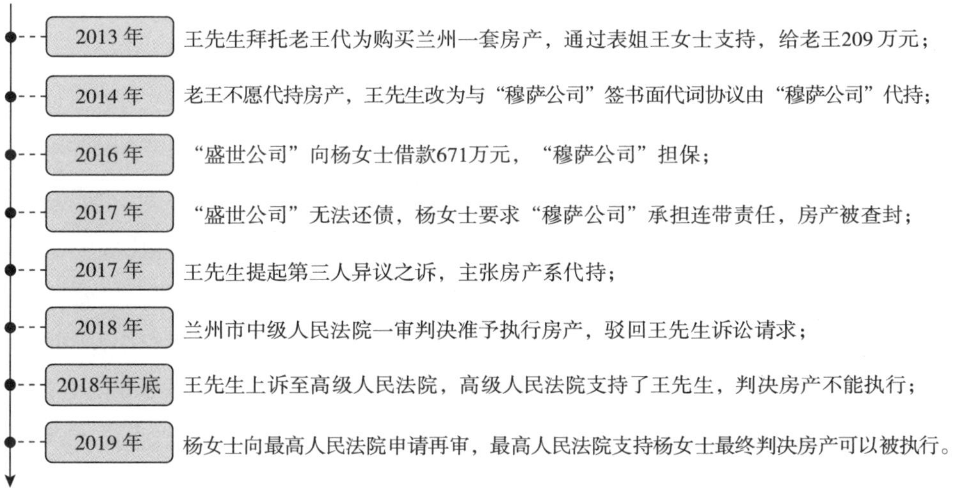

图18－1　资产代持风险

三、案例解析

这是一起非常典型的被代持财产因为代持人的债务纠纷问题而被强制执行的案件。在本案中，代持的真实性基本是可以确认的，包括法院对代持的真实性虽然没有明确认可，但也没有否认。并且，《代持协议》的真实性，包括房款为王先生的表姐王女士出资的证据的真实性法院也是认可的，只不过不能证明是王先生出资，同时，最高人民法院强调了王先生在未办理房产产权登记问题上存在过错，也从侧面印证了王先生确系房屋的所有权人。还有一系列的证据都表面，房产系“穆萨公司”替王先生代持为真实情况的可能性极大。

但是,并不是房产是代持的就不可以强制执行,只有符合《关于人民法院办理执行异议和复议案件若干问题的规定》第 28 条的规定才可以排除民事强制执行。这一条规定了四个必要条件:一是合法有效的买卖合同;二是查封前已经合法占有;三是支付了全部价款;四是没办理过户登记不是由于买受人的原因。如果是因为代持问题引发的执行异议之诉,其实是很难满足以上四个条件的,尤其是高净值人士的房产代持,同时满足以上四个条件的可能性几乎为零。见图 18－2。

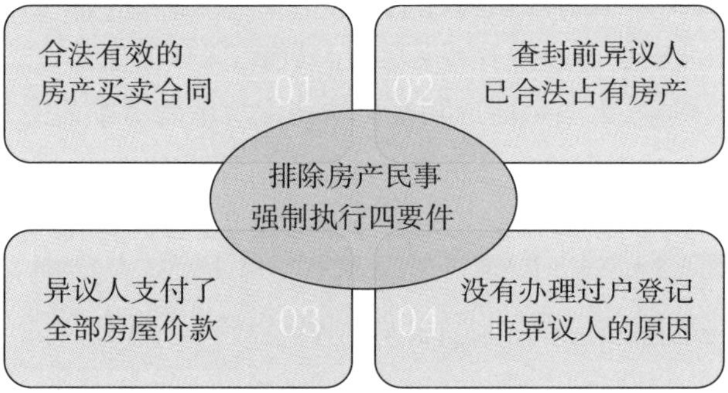

图 18－2　排除房产民事强制执行四要件

首先,如果是代持行为,合法有效的买卖合同虽然有,但一般都是代持人与卖方签订的,被代持人和对方直接签合同的可能性极小。在本案中,王先生就是因为自己出面不方便,才委托老王代签合同,后来老王也不愿意持有房产,所以由“穆萨公司”签了合同。王先生最终拿不出由自己签订的合法有效的购房合同。尤其是高净值人士的代持,代持行为的产生本身就是因为权利人自己出面不方便或者为了隐匿财产,又或者是为了规避一些限制甚至是法律法规等而采用的隐秘措施,又怎么会亲自去签订购房合同呢?

其次,查封前已经合法占有的可能性也不大,普通老百姓的借名买房自己会去居住或者亲自占有并出租的可能性还是很大的。但高净值人士就不同了,如果是为了隐匿房产,对这个房屋的权利实际权力人叫唯恐避之而不及,又怎么会去通过占有来实际宣誓他对房屋的权利呢?即使不是为了隐匿,因为高净值人士一般房产较多,自己居住或者亲自占有出租的可能性也很低。所以,查封前已经合法占有的可能性也不大。

再次,支付了全部价款的条件也有可能满足不了。这个条件应当说是最容易满足的条件了,但这个条件的满足也比较苛刻,从本案中看,最高人民法院认为,权利人应当有证据证明他自己是实际的最终出资人，而王先生虽然委托其表姐代为支付房款，但是无法证明房款是自己支付给表姐的。对于高净值人士来说，很多时候资金不一定在自己名下，代为支付资金的可能是债务人、可能是其他代持人、可能是从其他人处拆解并由他人代为支付的，都可能导致没有证据证明其是实际出资人。所以，连支付了全部价款的条件都有可能满足不了。

最后，没办理过户登记不是由于买受人的原因。这一条在代持案件中又是一个无法满足的条件。因为代持行为的发生，无论是因为权利人自己出面不方便、或者为了隐匿，或者为了规避一些政策甚至是法律规定，这每一条都是权利人自身的导致不能办理过户登记。所以，只要是代持行为，能满足这一条的可能性几乎为零。

所以最终结果是，虽然王先生几乎证明了这套房子确实是属于自己的财产，但最后还是没有逃脱房子被代持人的债权人强制执行、拍卖偿债的命运。由此可见，请他人代持财产的风险很大，一定要谨慎。

第二节　风险解析与法律依据

“代持”对于全世界的高净值人群来说都是非常常用的财产持有手段。因为我国信托制度发展得不完善，所以代持行为在中国高净值人群中就更为普遍了。代持行为本身虽然并不是违法行为，但非常容易发生风险，值得广大高净值人群警醒。因此，对于广大财富管理人士来说，深入透彻地研究代持行为的成因及其存在风险，以及如何预防代持风险是非常有必要的。

一、我国司法体系对股权代持行为的态度

在所有财产代持问题中，股权代持问题是最重要的，也是司法实践中争议最多的问题。因此，深刻理解我国司法体系对股权代持的态度对于处理代持问题是非常重要的。

（一）有限责任公司股权代持的法律效力与争议处理

2011 年实施、2014 年修正、2020 年修正的《关于适用〈中华人民共和国公司法〉若干问题的规定（三）》［以下简称《公司法解释三》（2020 年修正）］第 24 条、

第25条[1]对有限责任公司的股权代持问题进行了解释说明。

第一，我国《公司法》承认有限责任公司股权代持行为的合法性，认为实际出资人与名义股东双方订立的股权代持合同只要没有违反《民法典》中关于合同无效的强制性法律规定，就应当认定为有效。

第二，认为实际出资人的实际出资行为可以对抗名义股东在股东名册及登记机关登记簿上载明的权利，承认实际出资人是投资权益的所有人。

第三，考虑有限责任公司股东之间的任何属性，当实际出资人要求取得股东身份时，需要按照《公司法》的规定，取得其他股东过半数同意，这是对其他股东权利的必要的保护和尊重。

第四，对于名义股东对登记在其名下的股权的处分效力的问题，《公司法解释三》认为这属于无权处分的行为，因此应当遵照《民法典》规定的无权处分和善意取得的规则进行处理。

第五，因为法律承认实际出资人对被代持的出资的权利，因此，如果名义股东擅自处分股权造成了实际出资人的损失，需要依法承担配成责任。

（二）上市公司股权代持的法律效力与争议处理

对于上市公司的股权代持行为，最高人民法院虽然没有出台明确的法律规定，但通过一些典型案例表明了明确的态度，在最高人民法院审理的杨某国、林某坤股权转让纠纷案[2]中，最高人民法院对双方当事人之间的上市公司股权代持行为的合法性作了如下分析：

"上市公司股权代持协议，对于其效力的认定则应当根据上市公司监管相关

---

① 《公司法解释三》(2020年修正)第24条　有限责任公司的实际出资人与名义出资人订立合同，约定由实际出资人出资并享有投资权益，以名义出资人为名义股东，实际出资人与名义股东对该合同效力发生争议的，如无合同法第五十二条规定的情形，人民法院应当认定该合同有效。

前款规定的实际出资人与名义股东因投资权益的归属发生争议，实际出资人以其实际履行了出资义务为由向名义股东主张权利的，人民法院应予支持。名义股东以公司股东名册记载、公司登记机关登记为由否认实际出资人权利的，人民法院不予支持。

实际出资人未经公司其他股东半数以上同意，请求公司变更股东、签发出资证明书、记载于股东名册、记载于公司章程并办理公司登记机关登记的，人民法院不予支持。

第25条　名义股东将登记于其名下的股权转让、质押或者以其他方式处分，实际出资人以其对于股权享有实际权利为由，请求认定处分股权行为无效的，人民法院可以参照民法典三百一十一条的规定处理。

名义股东处分股权造成实际出资人损失，实际出资人请求名义股东承担赔偿责任的，人民法院应予支持。

② 杨某国、林某坤股权转让纠纷再审审查与审判监督民事裁定书，(2017)最高法民申2454号。

法律法规以及《合同法》等规定综合予以判定。

首先……《首次公开发行股票并上市管理办法》第13条①……《证券法》②第12条……第78条……《上市公司信息披露管理办法》第3条③……根据上述规定等可以看出，公司上市发行人必须股权清晰，且股份不存在重大权属纠纷，并公司上市需遵守如实披露的义务，披露的信息必须真实、准确、完整……由此可见，上市公司发行人必须真实，并不允许发行过程中隐匿真实股东，否则公司股票不得上市发行，通俗而言，即上市公司股权不得隐名代持。……

其次，证监会根据《证券法》授权对证券行业进行监督管理，是为保护广大非特定投资者的合法权益。要求拟上市公司股权必须清晰，约束上市公司不得隐名代持股权，系对上市公司监管的基本要求，否则如上市公司真实股东都不清晰的话，其他对于上市公司系列信息披露要求、关联交易审查、高管人员任职回避等监管举措必然落空，必然损害到广大非特定投资者的合法权益，从而损害到资本市场基本交易秩序与基本交易安全，损害到金融安全与社会稳定，从而损害到社会公共利益。……依据《合同法》第52条④第4项等规定，本案上述诉争协议应认定为无效。

关于杨某国请求股权过户的主张能否得到支持。……本案中双方协议因涉及上市公司隐名持股而无效，但这并不意味着……委托投资关系的效力，更不意味着否认双方之间委托投资的事实；同样，也不意味着否认林某坤（名义股东）依法持有上市公司股权的效力……据此，因本案双方协议虽认定为无效，但属于‘不

---

① 《首次公开发行股票并上市管理办法》第13条　发行人的股权清晰，控股股东和受控股股东、实际控制人支配的股东持有的发行人股份不存在重大权属纠纷。

② 《证券法》第12条　公司首次公开发行新股，应当符合下列条件：

……

（五）经国务院批准的国务院证券监督管理机构规定的其他条件。

……

第78条　发行人及法律、行政法规和国务院证券监督管理机构规定的其他信息披露义务人，应当及时依法履行信息披露义务。

信息披露义务人披露的信息，应当真实、准确、完整，简明清晰，通俗易懂，不得有虚假记载、误导性陈述或者重大遗漏。

证券同时在境内境外公开发行、交易的，其信息披露义务人在境外披露的信息，应当在境内同时披露。

③ 《上市公司信息披露管理办法》第3条　发行人、上市公司的董事、监事、高级管理人员应当忠实、勤勉地履行职责，保证披露信息的真实、准确、完整、及时、公平。

④ 《合同法》2021年1月1日已经废止，《合同法》第52条的内容分散规定在2021年1月1日开始实施的《民法典》的第144条、第146条、第153条、第154条中。

能返还或者没有必要返还的'情形,故杨某国(实际出资人)要求将诉争股权过户至其名下的请求难以支持,但杨某国可……请求公平分割相关委托投资利益。"

关于上市公司股权代持问题,从上面的判决书最高人民法院的判决词我们可以总结出以下四个要点:

要点一:因为上市公司的信息披露是法律的强制规定,所以,上市公司的股权代持协议由于违反法律的强制性规定而无效。

要点二:因为上市公司信息披露的真实性关乎重大公共利益,所以,上市公司的股权代持协议因为侵害公共利益而无效。

要点三:关于上市公司股权的归属,按照股权登记簿登记的股东确定,实际出资人要求股权过户的请求人民法院不予支持。

要点四:实际出资人的委托投资行为不被否定,可以请求公平分割相关委托投资利益。注意,是公平分割利益,而非股权。

(三)关于股权代持效力和争议处理的一些其他问题

1. 关于名义股东的债权人对代持股份申请强制执行,实际出资人是否有权利以股份代持为理由提出执行异议,要求停止执行的问题

最高人民法院在一些判决①中认为,实际出资人与名义股东之间的代持协议在其双方之间有约束力,但并不能对抗第三人。并且,依法登记的股东对外具有公示效力,实际出资人在没有显名前对外也不具有公示股东的法律地位。因此,股权代持并不能成为对抗债权人对名义股东名下登记的股权行使正当权利的理由,对实际出资人要求停止执行的请求人民法院不予支持。

2. 股权代持没有书面的股权代持协议是否有效的问题

关于股权代持是否需要书面协议的问题,最高人民法院认为最好有明确的书面的代持协议,如果没有协议,也需有证据证明双方就股权代持形成了明确的合意,并且对双方的权利义务关系作出了明确的约定。没有明确证据证明达成了股权代持合意的,不能仅根据当事人之间的转账凭证或者股权的出资情况认定股权代持关系,对于双方关系的最终认定,人民法院将根据民事证据优势证据原则综合各方面证据予以判断。

---

① 哈尔滨国家粮食交易中心与哈尔滨银行股份有限公司科技支行等执行异议纠纷上诉案,(2013)最高法民二终字第111号。

3. 关于实际出资人请求确认股东资格，但没有合法身份资质问题的处理

最高人民法院认为，由于股权归属关系应根据合法的投资行为依法律确定，不能由当事人自由约定。因此，尽管当事人约定双方之间的关系是股权代持关系，也不能据此认定双方之间的关系属股权代持关系，而应认定双方之间系委托投资合同关系。因此，实际出资人不具备成为股东的资质时，其与名义股东达成的股权代持协议不会被认定为股权代持关系，而是委托投资关系，实际出资人也无法通过显名取得实际的股东地位。

（四）我国司法体系对股权代持态度的总结

综上所述，笔者认为，我国司法系统对于股权代持的态度可以总结为以下几个基本处理原则和精神。

第一，在法律不禁止的范围内承认股权代持的合法性，充分体现民法上的“法无禁止即可为”的原则，同时也体现对民法中“意思自治”的尊重。

第二，承认股权代持合法并不意味着实际出资人可以直接行使股东权利或者直接取得股东身份，实际出资人必须经过合法的显名程序方可取得股东身份。在尊重“意思自治”的基础上同时保护其他股东及第三人的权益。

第三，合法的代持协议仅对代持双方当事人有约束力，不能改变股权登记的公示效力，不能对抗第三人的权利。以避免股权代持扰乱市场的公共秩序，保护交易安全。

第四，股权代持如果违反法律强制性规定的，代持行为无效。

第五，无效的代持行为不否定委托投资的关系，实际出资人可以在投资利益的范围内向代持人主张投资利益的分割。

第六，随着我国社会主义法制社会建设的推进，以及反洗钱制度、公司最终受益所有人识别制度的进一步推进，代持这种有碍于最终受益所有人识别的行为将越来越不被法律允许，这是必然的发展方向。

介于以上原因，笔者郑重提醒，股权代持行为本身目前虽然不违法，但相关风险还是比较大的，要作出一个比较稳妥的股权代持安排需要非常专业的规划和设计，切不可掉以轻心、鲁莽行事。并且，任何通过股权代持规避法律法规的行为都是违法行为，为法律所不承认，可能造成比较严重的法律后果。股权是高净值人士财富的源泉，是所有财产中最为重要的财产，股权代持需慎之又慎。

二、代持人身故，被代持财产的继承分割风险

在资产代持中，因为财产以代持人的名义持有，当代持人身故时，代持人名下

的财产都可能被继承人们认为属于代持人的遗产,将面临被继承分割的风险。即使财产的所有权人向代持人的继承人们声明该财产是代持人替自己代持,不属于遗产,也极有可能遭到继承人们的否认,会引发一系列的纠纷,甚至可能因为“证明不能”而直接归属于继承人,导致被代持财产的易主。

(一)代持人身故风险案例

深圳的黄先生和他的侄女小黄之间关于房子的争议就是这样一个比较典型的案例。这个案例的真实情况我们无从知晓,谁是谁非也不去评判,只能通过深圳市中级人民法院的《黄某友与黄某返还原物纠纷二审民事判决书》[(2015)深中法房终字第 671 号]载明一些信息来窥探其中蕴含的一些道理和逻辑。

黄先生和小黄系叔侄关系,小黄的父亲老黄是黄先生的亲哥哥,二人自 20 世纪 80 年代到深圳打拼,兄弟同心,打下了一片家业。2012 年 9 月,哥哥老黄去世,不想弟弟和自己的子女之间却因为财产归属而起了争端。

争议财产是黄先生自住房屋的一部分。原来黄先生的住房是两套房子打通成一套居住的,据黄先生的陈述,这些房子是他和哥哥老黄从合作方恒豪公司购买,首付款是兄弟二人的公司亮地公司对恒豪公司对应收账款支付的,一共买了 10 多套房。由于限购的原因,这 10 多套房子就用了很多亲戚朋友的名字,因而产生了代持。黄先生现在住的打通的 2 套房子都没有登记在黄先生名下,其中一套登记在朋友刘某的名下,另一套就登记在了小黄的名下。小黄名下的房产原本是分配给老黄的,但黄先生后来用朋友王先生代持的一套房产跟哥哥换了这套登记在小黄名下房子,然后打通两套相邻的房子便于居住。见图 18－3。

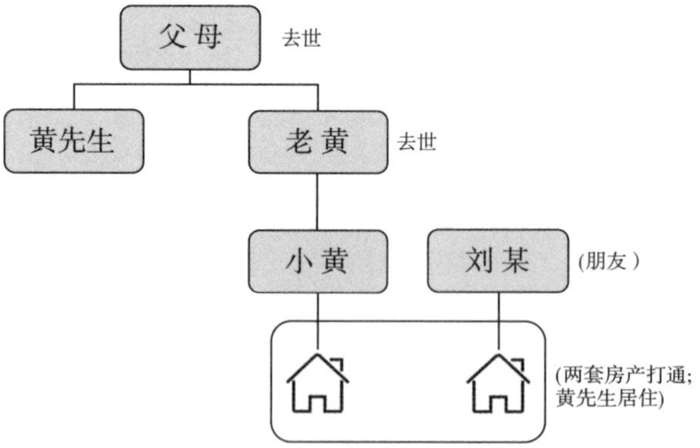

图 18－3　房产关系

但小黄对自己名下的房产为替叔叔代持的说法并不认可,并向法院起诉要求黄先生将打通的房子恢复原状,并将自己名下的住房返还给自己。黄先生向法院提供了一系列证据,试图证明房产确系侄女小黄替自己持有,证据如下:

证据一:哥哥老黄,也就是小黄的父亲2011年立下的遗嘱,遗嘱中明确说明了小黄名下房产实际归弟弟黄先生所有。

证据二:黄先生持有的小黄的银行卡,黄先生向小黄名下的银行卡存款的存根以及款项用以偿还房贷的银行流水证据,证明小黄名下房屋的贷款一直是自己在偿还。

证据三:证人刘某的证言,证明黄先生打通的2套住房中的一套登记在自己名下,该房产确系其替黄先生代持。

证据四:证人王某的证言,证明自己名下的房产原系黄先生所有,后为黄先生和哥哥老黄调换了房屋。黄先生打通居住的2套房屋中,一套登记在刘某名下,另一套跟他名下的这套房屋置换了,置换的那套房子好像是登记在小黄名下。

但这些证据小黄并不认可,小黄主张自己名下的这套房屋确系自己所有,自己出国留学就把房屋租给了叔叔,叔叔以每个月替其还贷冲抵房租。父亲的遗嘱的真实性他不认可,当然也不承认其中关于房产代持的部分;刘某的证言只能证明他名下的房产是代持,不能证明自己名下的房产也是代持;证人王某的证言的真实性,小黄也不予认可。

法院经过了一审和二审,最终支持了小黄的诉讼请求,其中,二审法院如是阐述判决理由①。因为原文较长,笔者对判决书说理部分的核心精神精练如下:

第一,涉案房屋在小黄名下,依据物权的登记主义原则,因此应当先推定小黄为权利人,黄先生承担举证责任;第二,黄先生陈述房屋首付款通过亮地公司支付,但亮地公司有多个股东,所以亮地公司支付不等于黄先生支付;第三,即使老黄的遗嘱为真实遗嘱,但现有证据也无法证明房子为老黄所有,因此老黄的遗嘱也缺乏证明力;第四,代持人王先生的证言也没有肯定说小黄的房子是代持的,但王先生既不是直接买房人,也不是争议房屋的持有人,因此其证言证明力也不足;第五,虽然房屋的按揭贷款为黄先生归还,仅能在黄先生与小黄之间产生有关房屋使用、替代偿还贷款等债权债务关系,但不能直接证明黄先生与小黄之间存在"代持",不能推翻涉案房屋的现产权登记内容,也不能据此认定黄黄先生系涉案房屋的真实所有权人。见图18-4。

---

① 资料来源:裁判文书网:https://wenshu.court.gov.cn/website/wenshu/181107ANFZ0BXSK4/index.html?docId=d162bc248b904e2aa8916dcf7f598761。

- 黄先生与哥哥老黄用恒豪公司的应收账款买房10多套，大多代持；
- 其中有一套登记在侄女小黄名下，另一套登记在朋友刘某名下，2套房产为隔壁；
- 小黄名下房产原本是小黄父亲老黄的，黄先生用朋友王先生代持的房产换了小黄名下的房产，然后将2套房子打通居住；
- 2011年，老黄立下遗嘱，明确小黄名下房产确系弟弟黄先生所有(小黄对遗嘱不承认）；
- 老黄去世，小黄否认房产系代持要求黄先生恢复房屋原状并返还房屋；
- 法院判决黄先生没有充分证据证明代持的真实性，支持侄女小黄，黄先生返还房屋。

图18－4

综上所述，法院认为黄先生对其属于争议房屋实际所有人的主张证明不能。只能按照不动产登记簿的记载确认房屋的权利归属，房屋判归小黄所有，黄先生应当及时将房屋恢复原状并返还房屋。

(二)代持人身故风险详解

在上述案件中，虽然不能完全确定黄先生主张的代持是否存在，但如果从通常认识上来判断，代持真实存在的可能性是比较大的。但可惜的是，和黄先生达成代持合意的哥哥老黄已经身故，尽管哥哥特意在遗嘱中说明了这个代持的情况，但因为遗嘱的真实性的证明也有一定难度，最重要的是哥哥也并非房屋的代持人，而是使用了女儿的身份进行代持，因此，即使能证明遗嘱为真实，哥哥老黄的遗嘱也处分不了不属于他自己的财产。还有黄先生提供的证人证言、还款记录等虽然也很多，但居然没有一个能直接证明或者足以证明其对房子的权利，最终只能被迫将打通了很多年的住房恢复原状，交给侄女。如果代持情况是真的，那么黄先生心中的冤枉和委屈应当是无以言表的。更为遗憾的是，黄先生和哥哥老黄几十年兄弟情深、同心拼搏才有了今天家族的富有，一定也希望子孙后代依然能团结友爱。却不曾想到，哥哥才去世没几年，就因为当年两兄弟随意财产代持安排，最后居然让亲人对簿公堂，叔侄反目成仇。

在财产代持中，代持人身故产生的风险是比较大的。因为代持人一旦身故，其他人对代持的情况就不是那么了解了。尤其是代持人的继承人一旦觊觎被代持的财产，就必然会主张该财产属于遗产。而根据民法中不动产的“登记主义原则”[①]和动产的“占有推定规则”[②]。被代持的财产首先将被推定为代持人的财产，代持人去世，则由继承人自被继承人死亡之时就取得遗产之物权。[③] 实际的权利人如果要主张财产为被代持财产，需要承担举证责任。但从前面的案例可以看出，这个举证是极为不容易的。

第一，很多代持是君子协定，连代持协议都没有，一旦发生纠纷，连最起码的证据都没有。第二，即使有代持协议，代持协议真实性的证明，在协议的一方已经去世的情况下，仅凭一方之力证明非常困难，需要有其他证据辅佐才能证明代持的真实存在。第三，即使有其他辅佐的证据，但证据的真实性、关联性和证明力又是一个问题。很多证据是间接证据，并非直接证据。譬如，前面案例黄先生的还款证明、刘先生和王先生的证人证言、老黄的遗嘱等，在普通老百姓看来，这就算铁证如山了。但是，在要求严格的法律推理面前，这些证据都显得非常无力，根本无法推翻不动产登记簿的记载。第四，代持协议还有可能因违反法律强制规定而无效。譬如，代持的是上市公司股权，则代持协议因为违反法律的强制性规定，损害公共利益而无效，即使能证明代持协议的真实性，实际权利人也不能要求直接取得股权，也只能要求分割投资利益，如果再牵涉继承问题，那将是极为复杂的。

综上所述，财产代持在面临代持人身故的情况时，不确定性是非常大的，极有可能被作为遗产而继承分割，不可不引起足够的重视和注意。

三、代持人离婚，被代持财产的离婚分割风险

代持人离婚对于被代持财产来说也是比较大的风险。因为代持财产在代持人名下，在司法实践中，登记在夫妻一方名下的财产会被推定为夫妻共同财产，除非有相反的证据证明不属于夫妻共同财产。并且，在举证不属于夫妻共同财产时，证据的证明力必须要足够，仅凭一纸单独的代持协议或者说一些转账证明等极有可能是无法形成完整的证据链的。何况，在绝大部分情况下的代持，是连一

---

① 《民法典》第216条　不动产登记簿是物权归属和内容的根据。……

② 关于占有推定规则，王利明教授如此表述：“动产的占有人在法律上推定为动产的权利人，但这种推定具有可辩驳的效力，只要存在相反的证据证明，就可以推翻这种推定。”我国《物权法草案》第四条吸纳了该规则，但后来在正式立法中删除了。但这并不影响在司法实践中的运用，因为如果没有占有推定的规则，所有动产的权利都将进入不确定的状态。简单来说，就是戴在你手上的镯子，如果没有占有推定规则，任何一个人如果主张镯子是他的，你和他都将有举证的责任，这是极为荒唐的。

③ 《民法典》第230条　因继承取得物权的，自继承开始时发生效力。

纸代持协议都没有的。另外,即使可以大致证明代持事实的存在,但是,如果代持人配偶一方没有在代持协议上签字,并且对代持情况完全不知情。有时候,法院可能会认为代持协议只构成对代持人和实际权利人之间的约束,并不能约束代持人的配偶这个"第三人",不确定性非常大。

(一)代持人离婚风险典型案例

我们不妨把2011~2017年甘肃法院审理的一起股权纠纷案件[①]作为实例来进行一下分析和总结,以吸取经验教训。

因为案件中当事人各方意见相左,也提供了一系列的证据,所以事实如何其实已经很难作出准确判断,我们只能从一系列判决书中提供的信息来作一些分析,不为寻找真相,只是总结经验教训而已。

在这个案件中有4个自称为实际权利人的当事人,分别为徐、唐、范、冷四位先生。案件起因源于吴先生和任女士的离婚案,2011年,任女士和吴先生起诉离婚,法院依任女士的申请,冻结了吴先生名下成昌公司和天祥公司的股权。随后,4位"实际权利人"向审理离婚案件的成都武侯区法院提出了异议,主张:"2006年5月至2011年3月,4人向成昌公司、成昌农贸公司、天祥公司出资,与吴先生合作开发陇南市宕昌县、武都区、西和县房地产开发项目和市场建设项目,所有项目均挂名在成昌公司、成昌农贸公司和天祥公司名下,实际股份比例均以项目合作协议约定为准,异议人为项目实际持有人。"

2013年,成都市中级人民法院作出终审判决,吴先生名下成昌公司和天祥公司的股权作为夫妻共同财产分割,股权吴先生和任女士一人一半。

4位"实际权利人"继续上诉主张权利,并提供了一系列的证据主张,徐先生实际拥有天祥公司29.92%的股权,唐先生实际拥有天祥公司23.5%的股权以及成昌公司26%的股权,范先生实际拥有天祥公司7%的股权以及成昌公司20%的股权,冷先生实际拥有成昌公司20%的股权。以上股权都是吴先生代持,并且有《出资合同》作为证据,并提供了一系列的出资的证据等,但是因为公司财务管理比较混乱,出资证据并不明晰。

任女士对4位"实际权利人"与吴先生合作开发项目的事实是认可的,但主张合作开发项目并投资和作为公司股东出资是两个不同的概念。

此案如果从一个非法律人士的通常角度上考虑,首先,可以初步认定4位"实

① (2017)甘民终174号、(2017)甘民终179号、(2017)甘民终180号、(2017)甘民终181号、(2017)甘民终182号、(2017)甘民终183号。

际权利人"的主张并非空穴来风;其次,因为项目都放在成昌公司、成昌农贸公司及天祥公司运作,因此,项目必然投入这三家公司,项目所有权在这三家公司,收益也需要通过这三家公司获取。因此,三家公司的股权就代表了所有项目的价值,如果股权被任女士分割走一半,4 位实际权利人的权益就很难得到保证。因为,如果没有股权,4 位"实际权利人"大概只能通过合同之债来主张权利,但这些合同估计一则不完整,账目又比较混乱,再加上任女士这个大股东的加入,4 位"实际权利人"的利益就很难保证了。

当然,从任女士的角度考虑,4 位"实际权利人"主张的股权比例是否和他们实际出资情况一致,是否存在部分的利用代持配合吴先生转移夫妻共同财产的情况,这个可能性也是比较大的。

比较有意思的是,在甘肃省高级人民法院终审判决中,代持人吴先生却无正当理由不到庭,最终缺席判决。从这一点也可以看出,对股权被分割的问题,4 位"实际权利人"很在意,但吴先生并不是那么在意。这从一定程度上也可以说明吴先生利用代持转移财产的嫌疑不大。否则,无论是为自己考虑还是作为一个替朋友代持股份的代持人,他至少应该积极配合这些合作伙伴多提供证据。极大的可能是吴先生对案件已经失望,不愿意见到这些朋友也不愿意承担责任,所以就选择逃避了。

这个案件从 2011 年提出异议开始,一直持续到了 2017 年。最终结果,4 位"实际权利人"全部败诉,登记在吴先生名下的股权的一半作为夫妻共同财产,任女士分割到其中的一半。

(二)代持人离婚风险解析

法院的判决理由因为牵涉非常复杂的证据等,并且,笔者作为一个实际经营过企业的人,也甚为理解,在公司经营财务不规范的情况下,4 位实际权利人举证以及形成完整证据链的难度。这是 4 位"实际权利人"败诉最重要的原因,也是 4 位"实际权利人"平时忽视法律,在经营过程中过分相信"江湖规矩",做事不严谨所付出的重大代价。

最值得注意的是,在本案中法院对代持协议在代持人配偶不知情情况下的认定观点。在判决书中,甘肃省高级人民法院认为,在本案中,显名股东吴某及天祥公司均对隐名股东的身份无异议,但涉及第三人任某的利益时,依据《公司法》第 32 条,在不能提供有效证据证明第三人任某知道或应当知道隐名股东身份的情况下,隐名股东的诉求不能得到支持;退一步讲,即便唐某等人是隐名股东,但在与第三人任某发生利益冲突的情况下，依据法律规定，未经登记的隐名股东不具有对抗第三人的效力。

若代持股权的事实因为不能对抗第三人而导致不能对抗离婚时代持人配偶的离婚分割，则股权代持在代持人配偶不知情的情况下风险是非常大的。如果股权被分割，这个损失由谁来承担那将是代持人与实际权利人之间扯不清的问题。所以这个案件中，作为代持人的吴先生在最后阶段就选择逃避了。

四、代持人欠债，被代持财产被强制执行的风险

在代持财产纠纷案件中，在法院能见到的最多的案例就是代持人欠债，被代持财产被冻结和强制执行的案件。这时候，实际权利人往往会提起执行异议之诉，但执行异议被支持的情况却实在是不多。不被法院支持的原因有很多，首先，在很多案件中，实际权利人没能提供足够的证据证明代持事实的存在；其次，即使证明了代持事实，但是否可以对抗债权人那是另外一个问题。本章开头的甘肃王先生的房子命运是如此，下面要讲的四川的度先生的股权也是如此。

（一）代持人债务风险典型案例

度先生①是四川人，父亲度老爷子是龙腾小贷公司的实际控制人，法人代表。据度先生陈述，2010年龙腾小贷公司成立时，因为股东邓先生筹措出资不到位，但邓先生的股东身份已经通过审批，如果更换股东则审批时间很长，因此，他们商定由度先生出资1600万元，邓先生出资300万元，共计占龙腾公司19%的股份，其中16%为邓先生替度先生代持，并签署了代持协议。2011年龙腾公司增资至2亿元，度先生又出资500万元，加上先前的1900万元，共计2400万元，占龙腾公司12%的股份，其中10.5%为邓先生替度先生代为持有。二人再次签署代持协议，约定2年后，股份按政策允许转让时，邓先生再将股份过户给度先生。

2013年，邓先生因欠他人1500余万元无法偿还，被法院裁定强制执行并冻结了邓先生名下龙腾公司的股份。其中就包括替度先生代持的10.5%。度先生了解情况后，先通过仲裁确定了他们二人之间的股权代持关系。然后依据仲裁裁决书向法院提起了执行异议之诉，要求法院终止执行属于自己的10.5%的股权。

一审法院调查审理后认为，度先生提供的证据并不足以证明其为被冻结股权的实际出资人，并且，认为度先生的仲裁有虚假仲裁之嫌，不能阻却执行，依法驳

① 案例来源：庹思伟、刘进再审民事判决书，(2019)最高法民再46号。

回了他的执行异议。

度先生不服，遂提起上诉。二审法院对案件审理后，虽然依据代持协议、股权的出资情况证据以及 2011 ~2013 年邓先生的分红实际大部分由度先生的父亲度老爷子领取的事实，确认了度先生为被冻结股权的实际出资人。但是，在是否可以阻却执行的问题上，二审法院认为：首先度先生违反《公司法》第 129 条，股份公司发起股东不能由他人代为记名的规定，存在重大过错，其造成权利错误的权利外观的不利后果应当自己承担；其次根据《公司法》第 32 条的规定，股东名称未经登记的，不能对抗第三人；因此，在本案中债权人的权益更值得保护，因此不能阻却股份的强制执行。

度先生依然不服，向最高人民法院申请再审，最高人民法院通过审理后认为，从案件事实判断可以确定度先生为被冻结 10.5% 股权的实际出资人；但是，这不足以排除强制执行的民事权益。原因如下：见图 18 –5。

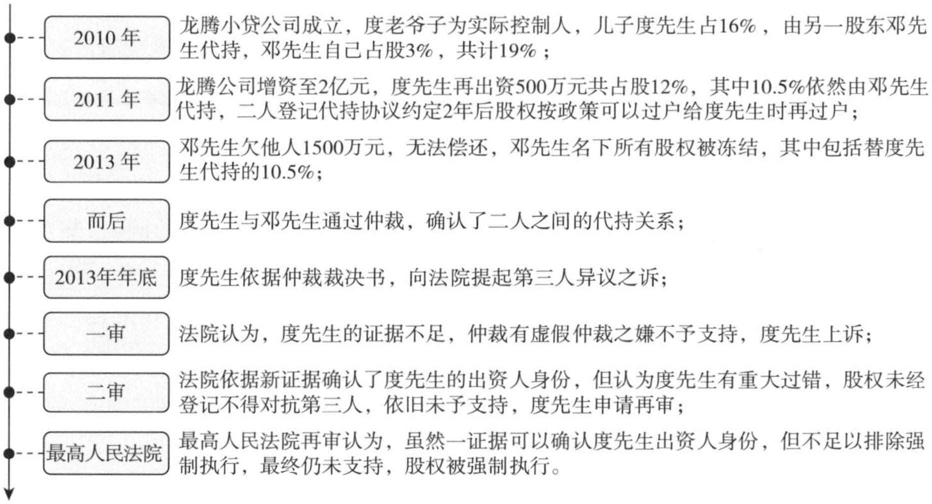

图 18 –5

首先，代持协议是代持人和实际出资人之间的内部协议，不能对抗第三人。且公司法及解释中相关条款也规定，代持股份是内部关系，实际出资人未经显名，不享有股东权利，股权变化未经登记不得对抗第三人等。因此，代持协议不能阻却代持人债权人的强制执行。

其次，从信赖利益保护角度出发，公司股权登记具有权利的公示作用，善意第三人对此的信赖利益应当值得保护，这同时也是对社会公共利益的保护。因此，实际出资人不能阻却代持人债权人的强制执行。

再次,实际出资人违反《公司法》第 129 条,股份公司发起人不能代记名的规定,存在重大过失。还有,实际出资人的父亲在龙腾小贷公司持有 29.5% 的股份,加上实际权利的股份,超过四川省对小贷公司单一股东持股不得超过 30% 的地方性法规,存在规避监管之嫌。因此,实际出资人应当对自己的重大过失承担相应的风险。

最后,从名义股东债权人和实际出资人的权利谁更值得保护的角度出发,从风险与利益一致性的角度看,实际出资人选择隐名,固有其商业利益考虑,既然通过代持关系,获得了这种利益,或其他在显名情况下不能或者无法获得的利益,则其也必须承担因为此种代持关系所带来的固有风险,承担因此可能出现的风险,因此,相对来说,名义股东债权人的利益更值得保护。

(二)代持人债务风险解析

从上述案例我们可以清晰地看到,代持中的实际权利人即使可以证明其对被执行财产的权利,但除非他没有任何过错,和债权人一样的值得保护才有可能阻却债权人的强制执行。但是,在绝大部分情况下,实际权利人在选择了代持这个方法的同时就相当于选择了过错,因为代持本身就是一种非正常的行为,与财产登记制度、社会诚信体系等制度相背离。代持人和实际权利人恣意创造权利外观,导致登记权利人和实际权利人不一致,在带给实际权利人便利的同时,却给财产的登记信息带来混乱,增加社会的整体商业风险和成本。这就是一种错误的行为,所以实际权利人也应当为其错误的行为承担因此而带来的风险和不利后果。

由此可见,在面临代持人债权人的强制执行时,代持财产的风险是诸多情况中最为严重的,能全身而退的可能性可以说是微乎其微,不可不慎重。

五、代持人擅自处分、反水、私吞代持财产的风险

在财产代持争议案件中,代持人由于种种原因擅自处分财产,甚至拒绝承认代持反水甚至私吞的情况也是时有发生的。

(一)代持人反水风险典型案例

江苏的薛先生的经历①就是一个典型的教训。2009 年,经营房地产多年的薛先生和妻子的婚姻亮起了红灯,正在进行离婚诉讼。但这个时候偏偏出现了一个

① 故事来源:最高人民法院[(2013)民一终字第 138 号]判决书,载:https://wenshu.court.gov.cn/website/wenshu/181107ANFZ0BXSK4/index.html? docId=69af96ed94a644ff8b451b9b 76287f69。

很好的商业机会。江苏明发公司有一个房地产开发项目需要转让，这个项目的项目公司是明恒公司，地皮明恒公司已经拿到。薛先生打算收购明恒公司来运作这个项目。但估计是担心项目受到离婚纠纷的影响（薛先生估计准确，2009 年 5 月，法院依据离婚判决书冻结了薛先生名下的财产和股权），于是他想请朋友陆先生代持。

陆先生是明恒公司的隐名股东，占 15% 的股份。薛先生和明恒公司的控股方明发公司达成收购意向后，2009 年 5 月 21 日，薛先生出具委托书全权委托陆先生以陆先生自己的名义和明恒公司签订了《股权转让协议》，随后薛先生多方筹措了股权收购款共计 1.46 亿元，通过自己控制的金桥公司财务经理陈先生的账户陆续转入了陆先生的侄子小虞的账户，然后由小虞支付给了明发公司。7 月，股权收购款支付到位，明恒公司股权全部转入了陆先生名下，陆先生自有 15% 股权，替薛先生代持 85% 的股权。

拿到了项目的薛先生正准备大干一场的时候，一个消息震惊了他，9 月 1 日，陆先生和边界公司签订了《股权转让协议》，以 2.18 亿元的价格，溢价 5000 万元将项目转让给了边界公司。9 月 3 日，得到消息后的薛先生立即联系了陆先生，表示自己 85% 的股份不愿意转让。第二天，陆先生向金桥公司财务经理陈先生的账户汇入 1.56 亿元。9 月 16 日，薛先生书面通知陆先生，要求其将代持的 85% 的股份变更至自己的名下，但陆先生并没有配合，而是配合边界公司办理了股权变更登记，9 月 23 日，明恒公司 100% 股权转入边界公司名下。

为了要回公司股权，薛先生向法院起诉了陆先生和边界公司，主张陆先生和边界公司恶意串通，损害自己的利益。请求法院确认其与陆先生之间的代持关系；确认陆先生与边界公司签订的《股权转让协议》无效并归还属于自己的明恒公司 85% 的股权；同时，主张因为前期投入巨大，项目被延期开发以及融资成本等，导致自己损失惨重，要求陆先生、边界公司共同连带承担赔偿损失 1 亿元。

但陆先生不承认与薛先生为代持关系，而是主张双方为借款关系，并且借款本息已于 2009 年 9 月 4 日归还，共计本息 1.56 亿元。

薛先生的诉讼请求和陆先生的答辩意见均没有完全得到法院的支持，最高人民法院在二审判决书中是如此评判本案的。

首先，从双方提供的证据判断，薛先生和陆先生之间属于股权代持关系而非陆先生辩称的债权债务关系。

其次，虽然陆先生转让股权的行为确属无权处分，但依据《公司法解释三》第

26 条规定，名义股东处分公司股权，按照《物权法》第 106 条善意取得的原则处理。在本案中，边界公司虽然知道陆先生和薛先生之间关于股权有一些问题，但并不足以证明边界公司在收购明恒公司股权时存在恶意，并且溢价 5000 万元支付了对价，办理了股权登记。因此，边界公司已经善意取得明恒公司股权，薛先生请求认定转让协议无效并回转股权的诉求，法院予以驳回。

最后，关于损失赔偿，法院判决陆先生赔偿薛先生损失 2900 余万元。薛先生主张的前期投入损失、延期开发损失、融资利息损失等要求赔偿 1 亿元的诉求没有事实依据，并且陆先生多偿还的利息以及赔偿的 2900 万元损失中已经包含损失赔偿，也足以支付薛先生产生的 1000 多万元的融资利息，所以赔偿 1 亿元的诉讼请求不予支持。见图 18 - 6。

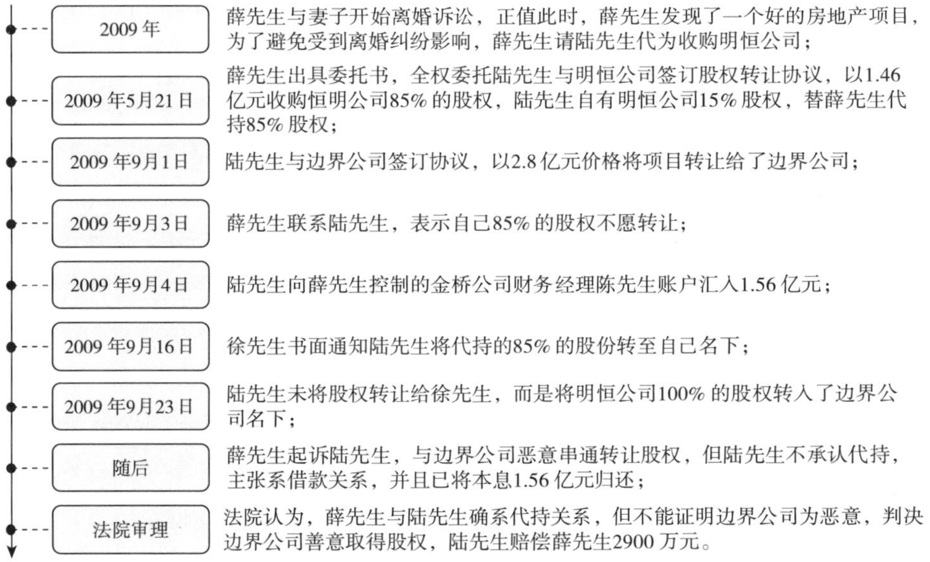

图 18 - 6

(二)代持人反水风险解析

在代持人反水、擅自处分股权的案件中，这已经算是损失最小的案件了。因为在这个案件中，代持人陆先生只是对 5000 万元的转让溢价起了非分之想，故主张自己和薛先生之间属于债权债务关系，通过股权转让大赚一笔，并第一时间将薛先生支付的股权收购款 1.46 亿元以及利息等，共计 1.56 亿元直接转还给了薛先生。如此，薛先生的直接经济损失就相对较小了。在有些情况下，代持方处分资产获得资金后往往会立即挪作他用或者携款潜逃，那损失就非常大了。法院还判陆先生赔偿了2900余万元的损失，即使最终薛先生可以拿到，但薛先生的间接损失还是很大的。因为边界公司短期内就愿意溢价5000万元收购项目，说明项目前景是不错的。对于商人来说，最重要的就是时间和商业机会。薛先生和陆先生的股权代持纠纷案件，从2009年到2013年11月二审判决，耗时4年有余，对薛先生来说，损失不可谓不大。

代持人反水、私吞、擅自处分的风险分为几个层次。第一个层次是私吞，好多时候是因为被代持人出了问题，被代持人的家人对代持完全不知情，此时代持人只要保持沉默就可以将被代持财产据为己有。第二个层次是反水，即不承认代持行为的存在，如前面讲到的黄先生和侄女小黄的房产代持案，小黄可能也清楚代持的事实，但父亲不在了，叔叔也拿不出有力证据的情况下，她就选择了反水，拒绝承认代持的存在。第三个层次是擅自处分，因为代持人是表面上的所有权人，他完全有条件处分。当他以合理的对价将财产转让给善意的第三人并交付了财产之后，第三人就善意取得了财产。此时，对于被代持人来说，主张财产回转没有可能性，只能要求代持人赔偿损失，但此时的代持人一般都已经无力承担损失甚至已经携款潜逃，能像案例中的薛先生一样追回直接损失的“幸运儿”在社会实践中是很少的。

六、跨境代持风险

资产代持、股权代持在离岸财富管理中也非常之普遍，尤其是在FATCA和CRS推出之前。海外的法律环境与国内环境有很大的区别，尤其是在英美法系的地区，相关法院对代持的认识和国内法院有很大不同，不妨通过案例来进行一个初步的了解。

（一）跨境代持风险典型案例

这是一个专业律师聪明反被聪明误的故事[①]，故事来源于泽西皇家法院2017年2月发布的一则判决[②]。案件的原告埃萨姆先生是一位有30多年经验的诉讼律师，并且，在金融资产和不动产投资领域有丰富经验的商人。1995年，他与第一任妻子布拉托女士结婚，并于2000年7月在阿联酋离婚。1998年8月和2001年11月，埃萨姆先后在伦敦买下两处不动产并登记在自己的名下。2002年，埃萨

① 参见杨后鲁：《税务透明时代下的家族财富传承》，清华大学出版社2019年版，第313～319页。

② Al Tamimi v. Al Charmaa（[2017] JRC033）。

姆与第二任妻子罗茨在阿联酋结婚,婚后生下三个孩子。

2006 年 5 月,第一任妻子布拉托女士在意大利提起婚姻资产分割诉讼。2007 年 2 月及 6 月,埃萨姆以妻子罗茨为股东在泽西岛成立了两家公司,第一物业公司与约拉姆公司,罗茨持有两个公司 100% 的股权。埃萨姆通过罗茨授予的范围很广的委托书来处理两家公司的业务,随后,埃萨姆将伦敦的两处不动产从自己名下转移至两家离岸公司的名下。

2008 ~ 2009 年,两家离岸公司又分别以 360 万英镑和 420 万英镑的价格购买了两处伦敦的不动产。

2012 年,埃萨姆和罗茨感情开始出现危机,并于 2015 年在阿联酋离婚。

2014 年 5 月,当埃萨姆搬出与罗茨的共同住所时,罗茨撤销了给埃萨姆关于处理两家离岸公司业务的委托书。这使经验丰富的埃萨姆律师措手不及。随后,在离婚财产分割诉讼之外,埃萨姆在泽西法院另案起诉了罗茨,主张罗茨是替自己代持的两家离岸公司,她撤销委托书的行为违背了他们之间关于代持的约定。

埃萨姆原来认为自己是稳操胜券的,因为他设置了三道防线[①]:第一道防线,主张自己是真正所有人,罗茨为代持,要求法院确认其股东身份;第二道防线,如果代持没有被认定,则主张罗茨和自己之间构成信托关系,罗茨作为受托人为自己的利益持有这些资产;第三道防线,如果上面两个请求都没有得到支持,就请求法院认定罗茨对两家公司构成不当得利。

然而,法院的最终认定完全超出埃萨姆的设计。

第一,法院认为两家公司登记在罗茨名下,埃萨姆将财产转移到公司名下后就属于罗茨的财产,如果埃萨姆对这些财产有所主张,他自己需要承担举证责任。

第二,罗茨出具的委托书,无论范围多广,无论如何表述都只能证明委托关系,不能作为代持关系存在的证明。

第三,埃萨姆认为他安排罗茨持有两家公司的意图是为了防止第一任妻子发现,并且他认为自己具有足够的掌控力,财产登记在谁名下都无所谓,试图以此证明这是代持。但法院认为恰恰相反,这是罗茨属于法律上的所有权人而并非代持的证据之一。

第四,在设立公司时,隐瞒真实股东误导泽西金融服务委员会的行为本质上是一种犯罪行为。埃萨姆是一名经验丰富的律师,所以法院倾向于他不会知法犯

---

① 参见杨后鲁:《税务透明时代下的家族财富传承》,清华大学出版社 2019 年版,第 316 页。

法，所以认为将罗茨作为公司的收益所有人应当是埃萨姆当时的真实意图。

第五，法院认为，罗茨与埃萨姆之间也不构成信托关系，罗茨作为一个给埃萨姆生育三个孩子的母亲，对丈夫给她作出的合法财产安排也不构成不当得利。

第六，法院认为，即使发现确实存在代持关系，法院也不能支持，因为原告埃萨姆故意向英国和泽西的银行、受托人、律师、政府部门等提供了虚假陈述，属于违法行为。如果法院在这种情况下支持了原告，这是在破坏整个法律系统。即使能证明代持关系的存在，埃萨姆的主张被支持的情况也只有一种，就是埃萨姆承认自己作出了虚假陈述并承担相应的刑事责任。

第七，法院认为，在税务信息透明化的今天，根据 FATF 反洗钱规则与 CRS 规则"识别最终受益所有人"已经成为公共利益。如果法院认可代持的事实，就会使得我们识别"公司真正受益所有人"的能力受损，将严重威胁公共利益。因此，哪怕我们认为股权代持关系、信托关系或者不当得利关系确实真实存在，我们绝不能支持任何这样的旨在蒙蔽我们的监管者或者相关机构的安排。

（二）跨境代持风险解析

从这个案例我们可以看到，在税务信息透明时代，在反洗钱法在全世界范围内严格执行的今天，代持安排比以往任何时候都面临着更为巨大的风险。虽然这只是泽西法院的一个判决，但笔者相信这样的判决对整个英美法系的法院，甚至大陆法系的法院的判决都是有相当影响的。正如杨后鲁先生在其著作《税务透明时代下的家族财富传承》一书中说的那样："代持的问题在于：假戏真做，做得假了，骗不过银行；做得真了，资产可能真的就易主了。但现在，就算是做得假了，资产也可能存在易主的风险。"

七、代持财产暴露风险以及因此而引发的其他风险简析

在前面跨境代持的案件中，如果代持行为认定为真实，那么原告埃萨姆律师就牵涉刑事违法的问题，在前面度先生的股权代持案件中，度先生和他的父亲度老爷子就存在规避金融监管的嫌疑，这种情况并非个案。在很多财产代持的案件中，代持的背后都隐藏着很多实际权利人不想为他人所知的许多问题和原因。

正因如此，首先代持关系在很多情况下就是不能被曝光的，一旦曝光或被查实，则财产的实际权利人可能面临其他重大风险，甚至这种风险比损失全部财产的损失还要大。代持关系曝光的风险主要有以下几个：

（1）为规避债务或者夫妻财产分割的代持关系曝光，代持财产归复至实际权

利人名下，直接导致规避失败，并且，承担转移隐匿财产的相应责任。

(2)为规避监管、法规进行的代持关系曝光，可能导致代持协议无效，并承担相应违反监管的法律、行政责任。

(3)为逃税目的进行的代持关系曝光，可能导致补税、罚款甚至承担刑事责任。

至于为掩盖严重的犯罪所得而产生的代持曝光的问题，本书中不予讨论。

第三节　典型高风险人群与风险发生场景

一、代持风险的高发人群

“代持”虽然是中国高净值人群非常钟情的一种财产持有形式，但是，并不是说“代持”本身在财产持有方面有什么显著的优势，在绝大部分情况下只能定义为属于不得已而为之的事情，属于两害相权取其轻的“无奈之举”。毕竟，如果自己可以名正言、安全可靠的持有财产，谁愿意冒险将财产写成他人的名字呢。那么有一些什么样的人群经常会使用这种“无奈之举”呢？

(一)负债经营的民营企业家群体

在国内，代持工具经常用来规避债务风险。因此，对于很多重资产、需要垫资等负债经营的民营企业家来说，为了防止在经营实体发生债务危机的情况下没有任何余地与退路，他们经常会把不同的财产通过代持登记在不同人的名下。他们是最为常见的有代持风险的群体。

(二)有政策规避需求的民营企业家群体

有一些民营企业家虽然不一定有负债风险，但如果他们在经营企业或者购买资产的过程中遇到欠缺资质的问题，他们就有可能会用有资质的自然人或者法人来代持资产。被代持的资产可能是企业的股权，也有可能是住房等不动产。

(三)高净值再婚家庭

高净值人士如果面临再婚时，尤其是再婚双方在前段婚姻都有自己的子女，从各为子女的角度出发，资产在婚后的混同问题影响就比较大了，所以他们可能会将一部分资产，尤其是重要资产转移至亲友的名下代持。不仅是婚前资产的代持，有一部分人还会将在婚内获取的财产也通过代持登记在其他亲友的名下，以脱离配偶的视野，防止被婚姻分割。

（四）高净值移民家庭

高净值移民家庭的代持情况也会比较多，其主要是从规避移民目的国的高税收问题出发而采用的方法。一般来说，只有移民到欧美等高税率发达国家的移民家庭才会广泛地将国内的高收益资产登记到父母、兄弟姐妹为主的亲友名下，由其代为持有。

还有一些群体是因为所得财产在法律上存在缺陷而代持，这些群体因为其财产来源存在问题，并非专业理财师应当关注的群体，本书不予讨论。

二、中国高净值人群使用“代持”工具的七种典型情况

中国高净值人群使用代持工具的情况是五花八门的，其中有一些发生率比较高的典型情况我们可以进行一些简单的分析。

（一）为规避政策限制产生的代持

为规避政策而代持是所有代持行为中最为典型的类型了，无论是高净值人士还是普通老百姓，都可能因为这个原因而产生代持。这种代持行为高发的原因有几个。首先，是因为我国对于财产持有的资格限制比较多，购买一些财产如房产，设立一些特殊行业的公司等，对财产持有人的资格是有要求的，所以借他人名义购买财产，设立公司的情况就多了；其次，而我国司法体系不完善，对这些规避限制政策的行为没有强有力的制裁，行为人有恃无恐；最后，很多人法律意识淡薄，也缺乏风险意识，很多规避政策的行为居然成为常规处理手段。因为这些原因，导致借名买房、借名开公司的情况层出不穷。

（二）因为公司股权架构、治理等原因产生的代持

在公司股权代持的案件中，由于考虑公司股权架构和公司治理等原因而产生代持的情况也是比较多见的。譬如，很多职工股改的公司，会采用职工持股会代持股权的形式；又如，多个股东合作开公司，但有几个人是财务投资人，参加股东会不便，也无法及时签字，效率低，就委托其他参与实际经营的股东代持；再如，为了隐藏几个公司持股架构之间的关联关系，部分公司股权委托他人代持；以及有的股东还在其他公司或者机构任职，出任股东虽不违法但担心影响不好，故委托他人代持；还有很多的情况可能导致公司股权代持情况的产生。

（三）因为婚姻问题，转移财产产生的代持

在婚姻出现危机时，夫妻双方都有可能有转移或者隐匿夫妻共同财产的行

为。有的人会将配偶不掌握的夫妻共同财产转移给他人代持。有的人还会与代持人恶意串通,伪造交易将夫妻共同财产转让给代持人,名为转让,实为代持。有的时候,财产虽然属于夫妻一方的个人财产,但为了避免被对方觊觎,离婚分割时的麻烦,有时候也会转移给他人代为持有。有的企业家甚至可能借用他人的名义开设新的公司,将夫妻共同财产的公司业务、资产等通过“乾坤大挪移”注入新的公司,转移财产。还有的人会伪造债务、抵押关系将夫妻共同财产转移给他人代持。还有的再婚高净值人士在结婚前为了避免婚后财产被混同、分割,将财产转移给亲人或者最信任的朋友代持。用代持转移隐匿夫妻共同财产的情况还有很多,没办法一一列举。

(四)因为债务问题,隐匿财产产生的代持

民营企业家通过代持隐匿财产,预防债务风险或者规避已有的债务问题也是中国民营企业家群体的“常规”的操作。由于各种现实原因,中国的民营企业家一旦爆发企业的债务风险,家庭资产一般很难和企业债务有效的隔离开来,很难避免被清偿债务的命运。为了“防止辛辛苦苦几十年,一夜回到中华人民共和国成立前”,很多企业家就会使出“狡兔三窟”的招数,将一部分财产通过代持的方式和自己的资产分割开来。有的企业家甚至在企业债务危机已经开始爆发的时候,临时将自己的房产,金融资产通过各种手段转移给亲属或者朋友代持,以逃避债务。

(五)委托他人投资产生的代持

委托他人代为投资产生的代持也是比较多发的情况,如委托他人炒股,为了方便操作,直接将资金转移给他人;又如,为了达到投资规模的门槛参与一些大的项目投资,多个投资人集资由某一个人代持;还有的人投资给朋友开公司,为了方便公司管理和决策,直接由朋友代持股份的情况也比较多。

(六)担心露富、避免麻烦产生的代持

为避免麻烦而将财产给他人代持的现象也是比较多的,但这种情况很多是因为财产所有权人的身份比较敏感,虽然不一定违法,如有一些富二代、三代属于公职人员,为了避免麻烦,将财产交给亲戚朋友代持的情况也很常见。至于非法所得担心暴露而采用代持的情况就更为常见了,但这种违法行为并不在我们的讨论范围之内。

(七)因为移民问题产生的国内资产代持

移民境外的高净值人士在出国前将资产转移给国内的亲人或朋友代持的现

象也很普遍。因为我国家族信托发展不成熟,移民的高净值人士很难通过家族信托做好国内的资产移民前规划。为了避免登陆移民国后国内的资产产生的收入被课征高额的所得税,他们就会选择将国内的资产交给亲戚朋友代持,通过隐匿的方式避免被征税,但这是典型的逃税,其实是很危险的。

第四节　解决方案设计策略

无论资产代持有多少风险,都会引发大大小小的问题。但是,至少在将来很长一段时间内,代持依然将是很多高净值人士必然需要的财产安排工具。并且,至少从目前国内的法律规定上看,资产代持行为本身并非违法行为。所以,如何更好地做好财产代持安排是非常值得研讨的问题。

一、传统资产代持规划的六大基本原则

传统的资产代持规划虽然存在很多风险,但也还是可以通过一些合理合法的措施尽量减少风险、减少代持纠纷产生的可能性。对于传统的资产代持规划来说,最好遵循以下六大基本原则:

(一)必须有书面代持协议,最好有第三人作为见证人

一份清晰、有效的书面代持协议是证明财产代持行为真实存在的最基本的证据,同时,也是代持双方权利义务约定的基本文件,是不可或缺的。代持协议中必须明确说明被代持的财产的数量、范围、形式等最基本的信息。此外,最好还能明确说明财产来源、财产交付的过程等,以便与其他的证据印证有助于证明协议的真实性。最好还能在协议中明确载明财产代持的原因,要注意,财产代持原因必须是合理合法的,如果原因不合法可能直接导致协议的无效。这里指的违法是违反法律的强制性规定,不包括一些行业的、职业的规范性文件或法律中的一些管理性规范等,如竞业禁止规范、律师禁止开办公司等。

代持协议中最好还能比较详细地约定代持人管理财产的方式、代持人禁止行为、财产代持人的免责情形、双方违反协议需要承担的责任,以及当因为财产代持以及财产管理等相关问题产生的责任在双方之间如何分配等。签订代持协议最好请专业人士代为咨询和起草,并在专业人士的见证下签署,减少代持协议被推

翻的可能性。

（二）代持协议最好有代持人配偶的签字

在财产代持中，代持人的配偶如果对代持情况不知情，她相对于代持协议就是第三人，同时，她又因为夫妻共同财产问题可能可以对代持财产主张权利。从前面的案例中，法院的态度就可以看出，代持人配偶是有可能在可以确认代持事实存在的情况下，仍然以不知情的第三人的身份分割代持财产的，这是非常严重的风险。所以，代持协议上代持人的配偶签字确认是非常重要的环节。当代持人配偶在代持协议上签字确认之后，即使配偶不作为代持人，但她对代持协议是知情并认可的，就不能再以代持协议对第三人无效主张分割被代持财产了。当然，在现实生活中，因为代持协议对保密性的要求非常高，因此，代持人配偶签字的要求确实不一定能达到，因此这个隐患也就很难完全避免。

（三）代持人为被代持财产订立专门的遗嘱，说明情况

考虑到代持人一旦死亡，被代持财产可能被认定为属于代持人的遗产，并且代持人的继承人也属于对代持并不知情的第三人，这里面蕴含的风险也是巨大的。因此，在财产代持规划过程中，代持人专门针对被代持财产订立遗嘱，说明情况是非常必要的。在遗嘱中，代持人需要对财产代持的情况进行明确说明，并声明这些财产不属于自己的遗产，而是替实际权利人代为持有的。同时，还可以加一个条款作为最终屏障，即若代持关系被推翻，该财产被认定为代持人的遗产，则该遗产遗赠给实际权利人。如此，代持人的继承人就很难通过遗产分割威胁到被代持财产。这个遗嘱也最好聘请专业人士起草并且由专业人士见证订立，要注意，实际权利人在这个遗嘱中一定不能作为见证人，因为他自己是利害关系人甚至是受遗赠人，他作为见证人可能导致遗嘱无效。

（四）保留代持财产转移的相关证据

证明代持事实的存在需要一系列的证据形成具有足够证明力的证据链方能证明。因此，除了代持协议之外，还需要保留一系列的证明代持协议内容为真的证据。在这些证据中，最好的证据就是证明代持财产如何从实际权利人名下或者其他相关人的名下转移到代持人名下的过程的证据，以及财产转移真实性质的证据等，如银行转账记录、不动产过户记录、股东出资记录、股权过户记录等。同时，在财产代持过程中对于财产收益的处理记录，财产形式变化的记录以及关于收益处理、财产形式变化等代持双方的约定文件，沟通记录等也同样要保留下来，这些都是证明代持行为为真实的、非常有利的证据支持。

（五）通过抵押、质押登记进行权利公示，防止代持人擅自处分

在财产代持中，因为从财产所有权公示的角度看，代持人就是财产的所有权人。因此，当代持人擅自处分财产时，相对人很难发现代持关系的存在，同时相对人也没有考察是否存在代持关系的义务。此时的相对人很容易成为善意第三人，善意取得财产或者相关的权利，如抵押权等。为了在一定程度上防止这种情况的发生，可以通过在被代持财产上设立抵押、质押权并且进行抵押、质押登记的方式进行权利的公示，以预防代持人擅自处分财产①，并以此作为对抗第三人善意取得的一个重要抗辩理由②。再退一步讲，即使第三人善意取得了财产，但因为受让的财产是负担有抵押权的，按照《民法典》第406条第1款的规定，抵押财产转让的，抵押权不受影响。财产实际权利人还可以通过行使抵押权的方式挽回损失。还有两点值得注意，首先是抵押或质押权中的债权人不一定必须为财产实际权利人；其次是抵押或者质押一定要登记。

（六）谨慎选择合适代持人

无论如何规划，如果代持人不靠谱代持就必然会面临巨大的风险，因此，谨慎选择合适代持人是非常重要的。当然，高净值人士在选择代持人时必然也会相当谨慎，必然会选择自己值得信任的代持人。这里只强调一点，就是要尽量选择自身债务风险很小的代持人。因为代持人离婚、身故、擅自处分，我们都可以通过合理的规划进行一定程度上的规避。但是，代持人的债权人的强制执行是很难对抗的。从前面的案例分析中来看，即使是在代持关系被证明为真实的情况下，依据《关于人民法院办理执行异议和复议案件若干问题的规定》第28条的规定，代持行为是很难对抗债权人的强制执行的。所以，最好的办法就是找本身就没有什么债务风险的代持人，釜底抽薪。

二、国内公司股权代持规划设计的四大注意事项

股权代持是所有财产代持中最为重要，也是最为复杂的代持。所以在规划股

---

① 《民法典》第406条　抵押期间，抵押人可以转让抵押财产。当事人另有约定的，按照其约定。抵押财产转让的，抵押权不受影响。

抵押人转让抵押财产的，应当及时通知抵押权人。抵押权人能够证明抵押财产转让可能损害抵押权的，可以请求抵押人将转让所得的价款向抵押权人提前清偿债务或者提存。转让的价款超过债权数额的部分归抵押人所有，不足部分由债务人清偿。

② 《民法典》第403条　以动产抵押的，抵押权自抵押合同生效时设立；未经登记，不得对抗善意第三人。

权代持时,除了要遵循前面所讲的巨大基本原则之外,还有一些重要的注意事项不可忽视。

(一)通过股权代持规避法律的强制性规定可能无效

为规避法律的强制性规定而设置的股权代持最后可能被认定为无效,不能采用代持的方式。从目前我国法院系统的判决来看,上市公司股权代持、保险公司、基金管理公司等重要金融机构的股权代持都会因为违反法律强制性规定,损害公共利益被判无效,在这些领域是坚决不可以采用股权代持工具解决问题的。

(二)为规避外商禁入行业监管而采用股权代持要谨慎

为规避外商禁入行业而设置的股权代持以及其他一些因股东资格问题而引发的股权代持,虽然不会被否认股权协议的效力,但隐名股东要求显名,要求行使股东权利的诉求不会得到支持,这是值得注意的。所以,在这样的代持中,隐名股东最好是尽快取得作为股东的资格要求,并且约定隐名股东显名的条件以及代持人的配合义务等。如果可以预见隐名股东较长时间内不可能取得成为股东的资格,就最好不要采用股权代持模式,而是用其他更为可靠的替代方法。

(三)合理采用其他方法替代股权代持方案

对于不能用股权代持解决投资问题的特定领域,可以采用一些其他的形式。譬如,VIE 架构就是典型的国内特殊行业公司赴海外上市的变通解决办法。又如还可以利用债权债务关系,“采用股权质押担保借款模式①:投资人甲与乙签订借款合同,乙将该借款投资于丙公司,取得丙公司股东资格。同时甲乙约定,乙以对丙的股权未来所产生的全部收益在扣除乙的成本以及甲承诺支付给乙的相应报酬后,全部支付给甲,来清偿乙对甲的债务。为保障乙及时履行债务,甲可以请求乙将其对丙公司的持有的股权质押给甲,并办理必要的股权质押登记手续”。

(四)要提前考虑股权代持无效情况下的补偿方案

最好提前考虑代持一旦被认定为无效的损失补偿方案,因为从目前法院的观点看来,即使代持行为被认定为无效,也不能因此否认实际投资人的投资利益,因此代持方应当对实际投资人进行相应的补偿。如果协议中对补偿方案可以提前进行约定,可以进一步减少纠纷的可能性,也可以更好地保护实际投资人的权益。

---

① 尚浩东、柳秋萍、锁晖桐:《以案说法|股权代持纠纷解析》,载中伦律师事务所网站:http://www.zhonglun.com/content/2018/09-03/0948360313.html? from=timeline。

三、家族信托替代代持工具的优势与运用方法

从一定意义上来说,代持就是一种广义的信托行为。在英美国家,很多时候财产代持会被法院认定为信托。譬如,在前面埃萨姆的案件中,这个拥有丰富经验的律师就主张其代持行为应当认定为是信托行为。只不过因为信托文化并非我国的传统文化,并且自然人作为受托人的民事信托在我国也没有得到广泛的发展,所以国内罕见财产代持被法院认定为信托的情况。

(一)财产代持和家族信托的六大相同点

财产代持和家族信托因为性质非常相近,所以二者之间有很多相同之处,我认为至少有以下五大主要的相似之点。

相同点一:被代持财产的名义持有人相同。信托财产的名义持有人为受托人,财产代持的名义持有人为代持人,这几乎是完全一样的。

相同点二:都是为他人的利益而持有财产。家族信托中,受托人为受益人的利益而持有财产。在财产代持中,名义持有人为财产实际权利人的利益而持有财产。

相同点三:财产都需要办理物权转移的手续,需要办理登记的财产需要办理登记,不需要办理登记的动产需要交付。对于家族信托来说,需要办理登记的财产需要登记后信托方才生效。对于代持来说,被代持财产也需要实际转移到代持人名下才能实现代持,该登记的需要登记,不需要登记的则一定会交付给代持人,这一点二者完全相同。

相同点四:代持行为本身和信托行为均属于合法行为,但如果目的不合法则都可能会无效。代持行为本身不会被法律禁止,也没有人会因为代持行为本身而获罪,但是,代持的目的如果不合法就可能导致代持协议无效。信托行为本身也是合法行为,但如果信托目的不合法,信托也将归于无效①。

相同点五:代持人或者受托人违反约定,给委托人或者实际权利人造成损害

---

① 《信托法》第6条 设立信托,必须有合法的信托目的。
第11条 有下列情形之一的,信托无效:
(一)信托目的违反法律、行政法规或者损害社会公共利益;
(二)信托财产不能确定;
(三)委托人以非法财产或者本法规定不得设立信托的财产设立信托;
(四)专以诉讼或者讨债为目的设立信托;
(五)受益人或者受益人范围不能确定;
(六)法律、行政法规规定的其他情形。

的,都需要承担相应的民事责任。

相同点六:代持和信托都具有私密性强的优势。

(二)家族信托相对财产代持的十大优势

虽然代持和家族信托有着很大相似性,但是只要代持行为没有被法院认定为合法的信托行为,则二者之间的区别还是巨大的,这些区别也可以说是信托相对于代持的优势。笔者认为,家族信托相对于财产代持,主要有以下十大优势。①

优势一:家族信托可以对抗受托人配偶的离婚分割。代持协议一般不能对抗代持人的配偶,代持人离婚可能会导致被认定为夫妻共同财产而分割的风险。信托财产独立于委托人,②可以对抗委托人配偶,也不会作为夫妻共同财产被分割。

优势二:信托财产不会因受托人去世而被继承分割。代持协议一般不能对抗代持人的继承人,代持人身故,代持财产可能被作为遗产分割。信托财产独立于委托人,委托人死亡,信托财产属于委托人的遗产。

优势三:信托财产可以对抗受托人的债权人。代持协议不能对抗代持人的债权人,如果代持财产面临被债权人代持人强制执行,真实的代持协议不能当然作为对抗强制执行的依据。信托财产独立于委托人,不属于委托人的财产,或者依据《信托法》第 17 条③的规定,均可以对抗委托人债权人的强制执行。

优势四:信托财产可以防止委托人离婚分割。在代持行为中,代持财产并未实际脱离实际权力人,代持财产获得的收益可能属于夫妻共同财产,实际权利人离婚也可能面临离婚财产分割的风险。信托财产独立于委托人④,信托财产的收

---

① 注意:这十大优势为基于国内的家族信托与财产代持相比较,并且,因为家族信托其实比较复杂,因此这十大优势仅仅是从通常简单理解的角度而非专业严谨角度的十大优势。

② 《信托法》第 16 条 信托财产与属于受托人所有的财产(以下简称固有财产)相区别,不得归入受托人的固有财产或者成为固有财产的一部分。

受托人死亡或者依法解散、被依法撤销、被宣告破产而终止,信托财产不属于其遗产或者清算财产。

③ 《信托法》第 17 条 除因下列情形之一外,对信托财产不得强制执行:

(一)设立信托前债权人已对该信托财产享有优先受偿的权利,并依法行使该权利的;

(二)受托人处理信托事务所产生债务,债权人要求清偿该债务的;

(三)信托财产本身应担负的税款;

(四)法律规定的其他情形。

对于违反前款规定而强制执行信托财产,委托人、受托人或者受益人有权向人民法院提出异议。

④ 请注意:在我国信托法框架下,信托财产依据《信托法》第 15 条独立于委托人。但是,在英美法的信托中,信托财产并不一定独立于委托人,如委托人保留随时的撤销权或者对信托财产保留过大的控制力,又如,美国的“授予人信托”(Grantor Trust),这些信托财产仍然会被认为属于委托人的财产。

益属于信托的收益,不属于委托人的夫妻共同财产,离婚也不会面临分割。

优势五:信托财产不属于委托人的遗产。在代持行为中,代持财产并未实际脱离实际权力人,实际权利人去世,代持财产属于其遗产。信托财产独立于委托人①,委托人去世,信托财产不作为委托人的遗产,还可以作遗产税筹划。

优势六:信托财产可以对抗委托人的债权人。代持行为中,代持财产并未实际脱离实际权利人,实际权利人欠债,代持财产要作为实际权利人的责任财产,会面临债权人的强制执行。信托财产独立于委托人,委托人欠债,依据《信托法》第15条信托财产不属于其清算财产,同时依据《信托法》第17条,委托人的债权人很难对信托财产主张强制执行。

优势七:家族信托具有更强的税收筹划功能。这是家族信托相比于代持的一个显著优势。代持因为属于名义上的财产转移,实质上财产并未转移,因此,从理论上讲代持是不具有税收筹划的功能的,即使通过代持让税务机关陷入错误认识,少交了一些税,但这实质上属于偷税漏税的行为。当然,在实务中很少有因为税务目的而进行代持的。而家族信托是可以成为独立的纳税主体的,通过家族信托架构设计是可以优化税收架构、改变纳税主体、改变税务居民身份、改变税种等来实现税收筹划的。家族信托尤其还在遗产税筹划方面具有显著的优势。

优势八:家族信托相比代持控制力更强。财产代持在实践中约定一般都是比较简单的,并且,实际权利人相对于代持人并没有法律上的强制执行力,因此代持的控制力是比较弱的。家族信托则不同,家族信托契约对于信托财产的管理安排、受益安排等都会进行详细的约定,充分体现委托人的意愿。同时,基于《信托法》规定的受托人的受托义务,受托人必须忠实的执行信托合约,履行受托义务,受托义务的履行有法律的强制力作为保证。因此,家族信托具有很强的控制力,甚至在委托人去世的情况下,依然可以保持很强的控制力。在英美国家,信托被形象的称为“从坟墓中伸出的手”。

优势九:家族信托的受托人责任更重,不容易违反受托义务。在财产代持中,代持人“反水”是非常大的风险,尤其是在股权代持的实践中,代持人擅自处分股

---

① 《信托法》第15条 信托财产与委托人未设立信托的其他财产相区别。设立信托后,委托人死亡或者依法解散、被依法撤销、被宣告破产时,委托人是唯一受益人的,信托终止,信托财产作为其遗产或者清算财产;委托人不是唯一受益人的,信托存续,信托财产不作为其遗产或者清算财产;但作为共同受益人的委托人死亡或者依法解散、被依法撤销、被宣告破产时,其信托受益权作为其遗产或者清算财产。

权甚至拒绝承认代持的案件非常常见，在裁判文书网中输入“股权代持纠纷”，能查到的案件数以千计。但家族信托就完全不同了，信托受托人违背受托义务，擅自处分信托财产甚至不承认信托关系的情况是比较少的。因为受托人的受托义务受到法律的强制约束。以我国《信托法》为例，第18条、第22条、第23条、第25条、第26条、第27条、第28条、第30条、第32条、第36条、第37条对受托人的受托义务以及违反受托义务需要承担的责任进行了详细的规定。同时，从现阶段我国家族信托发展的实际特点上讲，受托人一般是信托公司，而我国的信托公司是准入门槛极高、牌照数量极少[①]且被严格监管的金融机构。这些信托公司管理规范、资产庞大，既有承担受托义务的能力，也有承担赔偿责任的实力，是不会轻易违反受托义务的。

优势十：家族信托可以进行长远规划。财产代持一般都是非正式的，短期的规划安排，是很难进行长期规划的，这主要是因为代持关系风险比较多，而且非常不稳定，任何一点环境的、代持双方的或者代持财产的变化，都可能导致代持关系不可延续。而家族信托则不同。第一，家族信托是一种非常稳定的财产安排工具，并且受到法律的强有力的保护。第二，信托财产独立于委托人、受托人、受益人。因此，委托人、受托人或者部分受益人情况的变化一般不会影响到信托的稳定。第三，家族信托制度在英美已经存在数百年的历史，对环境变化的适应力较强。第四，即使在英美“反累积”和“反永续”制度的规制下，家族信托持续时间依然可以达到几十年上百年。而我国《信托法》对信托的持续时间并没有限制。由此可见，家族信托在长远财富规划方面的优势是比较明显的。

（三）家族信托替代代持工具进行债务隔离规划

财产代持很多时候被高净值人士用来作为应对债务风险的工具。但是，财产代持并不能完美地实现债务隔离，因为财产代持并未实现财产所有权的实际转移，代持关系如果被证实，对财产实际权力的债权人并没有任何对抗的能力。并且，因为代持关系还会引发代持人方面的一系列风险。因此，从风险角度讲，财产代持可以说是“还没出虎穴就又入狼窝”，实在不见得是高明之举。

1. 家族信托在债务隔离规划中相对代持的四大优势

相比之下，在债务隔离规划方面，家族信托可以说是高净值人群的上佳之选。高净值人士可以在经济状况很好的时候，将一部分财产从家庭或者企业中剥离出

---

① 截至2020年年底，中国持牌信托公司全国仅68家。

来，以自己或者配偶作为委托人设立家族信托，将财产转移至信托名下，以需要照顾的家庭成员为信托受益人，并设立相应的受益规则，以达到债务隔离规划的目的。相对财产代持，家族信托在债务隔离规划方面至少有以下四个方面的优势①。

优势一：家族信托的信托财产独立于委托人，信托设立后不再属于受托人的责任财产，同时依据《信托法》第17条也可以对抗委托人债权人的强制执行，即使债权人可以证实信托的存在，依然很难对信托财产产生威胁。

优势二：家族信托的信托财产独立于受托人，受托人的身故、破产、离婚、欠债等风险均不能对信托财产产生威胁。

优势三：家族信托受托人受托义务很重，不用担心受托人擅自处分财产、将信托财产据为己有等。

优势四：家族信托的信托财产也独立于受益人，受益人只对信托具有受益权而没有所有权，并且依据我国《信托法》第47条②的规定，信托合约可以限制受益人用信托受益权清偿债务，可以很好地防止部分受益人的债务威胁到信托财产。

2. 家族信托替代代持进行债务隔离规划的四大注意之点

虽然家族信托债务隔离功能强大，但也不是万能的，也不是绝对对抗债务的，因此在规划时有几个关键点是一定要引起注意的。

注意之点一：必须未雨绸缪，必须在委托人财务状况良好的情况下进行筹划。因为信托的设立实质③是将委托人的财产无偿转移至信托的行为，这种行为如果严重影响债权人债权的实现，债权人是可以依据《民法典》第538条、第539条④

---

① 注意：因为全球各个不同的司法管辖区的信托制度有很大的差别，因此，这里讲的家族信托规划一般是指依据我国《信托法》进行的信托规划。

② 《信托法》第47条 受益人不能清偿到期债务的，其信托受益权可以用于清偿债务，但法律、行政法规以及信托文件有限制性规定的除外。

③ 虽然在国内家族信托设立过程中，房产，股权等会用交易过户的方式，但是用以收购房产或股权的资金也是委托人预先放入家族信托的现金资产，实质上还是无偿转移的。

④ 《民法典》第538条 债务人以放弃其债权、放弃债权担保、无偿转让财产等方式无偿处分财产权益，或者恶意延长其到期债权的履行期限，影响债权人的债权实现的，债权人可以请求人民法院撤销债务人的行为。

第539条 债务人以明显不合理的低价转让财产、以明显不合理的高价受让他人财产或者为他人的债务提供担保，影响债权人的债权实现，债务人的相对人知道或者应当知道该情形的，债权人可以请求人民法院撤销债务人的行为。

的规定请求人民法院撤销的。并且,依据《民法典》第 541 条①的规定,撤销权行使的除斥期间为知道或应当知道撤销事由 1 年内。行为发生后 5 年内,债权人发现撤销事由的都可以行使撤销权。

值得注意的是,并不是委托人在有债务的情况下就不可以设立信托。只有设立信托的行为影响债权实现债权人才有撤销权,简单来说,只要委托人在信托设立后依然有足够的资产可以清偿债务,设立信托的行为一般不会影响到债权的实现,这种情况下设立信托的行为是不会被撤销的。

注意之点二:信托财产来源必须合法,且有处分权;《信托法》第 7 条明确规定,信托财产必须是委托人的合法财产。《信托法》第 11 条第 3 款明确规定,委托人以非法财产设立信托,信托无效。因此,设立家族信托,信托财产的来源必须合法,否则即使信托已经设立也仍然有可能是无效的。

当然,对于设立信托的财产来源,在设立信托时受托人是要进行尽职调查的,尤其是在我国,受托人是大型的信托公司,其反洗钱调查还是比较严格的。并且,对于部分高净值人士来说,可能存在部分财产来源存在一些问题,主要可能还是税务问题,少部分可能有经济方面的违法犯罪问题②,但是,其大部分财产还是合法财产。通过设立信托的方式,将一部分合法财产剥离出来,并且通过信托财产尽职调查的方式进行确认,对资产保全是很重要的。

注意之点三:信托目的必须合法;在我国,家族信托设立是必须有信托目的的,而且信托目的必须合法。依据《信托法》第 11 条第 1 款的规定,信托目的违反法律、行政法规或者损害社会公共利益,信托将归于无效。因此,与代持一样,如果设立信托的目的是规避法律、行政法规的规定,故意逃避债务、逃避监管等,最终会导致家族信托的无效。

注意之点四:不能保留委托人直接或间接取回信托财产的通道。虽然我国《信托法》是通过其第 15 条和第 17 条直接规定的信托财产独立于委托人及对信托财产不得强制执行,但是,如果委托人保留了直接取回信托财产的通道,则法院完全可以要求委托人通过该通道取回财产并清偿债务。如果委托人不配合,法院可以代替委托人行使该权利,取回信托财产从而执行。

---

① 《民法典》第 541 条　撤销权自债权人知道或者应当知道撤销事由之日起一年内行使。自债务人的行为发生之日起五年内没有行使撤销权的,该撤销权消灭。

② 注意:财产来源于暴力犯罪、涉黑涉毒、贪腐等的情况,都属于严重犯罪,不存在保全的问题,本书不予讨论。

（四）家族信托替代代持工具进行婚姻财产规划

资产代持也经常被用作避免婚姻财产混同、离婚分割的工具。但从前面的分析我们可以清晰地看到，因为资产代持并没有实现所有权的真正转移，如果代持关系被确认，是根本无法防止婚姻财产的混同，也不能避免离婚分割的。而且，这还将是转移隐匿夫妻共同财产的证据，导致少分或不分。不仅如此，财产代持还将面临代持人相关的一系列风险。从一定意义上讲，通过资产代持解决婚姻财产问题，不但不能解决问题，而且还放大了风险。

1. 家族信托在婚姻财富规划中相对于代持的三大优势

相比之下，用家族信信托工具进行婚姻财产规划则具有诸多方面的优势。

优势一：高净值人士在结婚前，自己作为委托人设立信托，将需要保护的财产放入家族信托。利用信托财产的独立性，可以很好地避免财产在婚内被混同，同时也可以防止财产在婚内的增值部分被认定为夫妻共同财产。离婚时，因为信托财产已经独立于委托人，当然也不牵涉分割的问题。尤其是在股权防混同方面有着非常强大的功能，著名的美国报业大王默某克在和邓某迪结婚前就采用了这种规划方法。当然，国内家族信托目前在持有股权方面还有一些问题有待解决，还只有一些零星的实践，还需要进一步完善和发展。

优势二：高净值人士还可以用家族信托规划子女的婚姻财富，避免子女婚姻风险对家族财富造成威胁。以父母作为委托人设立信托，将希望传承给子女的资产放入信托，子女、孙子女外孙子女、子女的配偶作为信托的受益人。子女可以享用财富但不拥有财产的所有权，信托财产不属于子女，不会产生婚内混同。信托财产取得的收益归信托，也不属于子女的婚内共同财产。子女发生婚姻风险时，信托财产没有分割风险。子女离婚，子女的配偶将失去信托的受益权，防止财产外流的同时还可以对子女婚姻的稳定性产生积极影响。

优势三：在高净值家庭中弱势一方（大多是女方）可以通过设立家族信托的方式间接实现婚姻财产的保全。在婚姻关系存续期间内设立的家族信托，无论是以男方还是女方为委托人设立的家族信托，无论出于债务隔离还是子女照顾目的，资产一旦进入家族信托就不再属于夫妻共同财产，[①]家庭成员作为受益人享受信托的照顾。在这种情况下，即使将来二人婚姻关系发生变化，因为信托为夫妻共同财产设立，委托人很难单方面要求信托受托人更改受益人，增加受益人或

① 注意：这里不考虑可撤销信托或者其他特殊与复杂的情况。

者剥夺女方的受益权等，信托财产依然将专属于现在确定的家庭成员，从而起到婚姻资产保全的作用。

2. 家族信托替代代持规划婚姻财富的注意之点

家族信托在婚姻财产保全方面，相对代持虽然有诸多优势，但也并非万能。因此在用家族信托作婚姻财富规划时，有几个要点也是需要注意的。

注意之点一：家族信托不能用作转移隐匿夫妻共同财产，即使通过一些方法成功设立了家族信托，也可能因为信托目的不合法而最终归于无效。

注意之点二：做好婚姻财富管理的目的是追求婚姻的和谐与幸福，因此，在设计信托时，应当充分考虑配偶利益的保护和配偶感情的照顾。千万不要守住了财富却丢失了幸福，最终沦为财富的奴隶。

四、人寿保单作为代持工具的原理与运用

人寿保单之所以可以成为财富安全规划中的重要工具，其中一个重要的原因就是：一张人寿保单中存在分属于不同角色的利益。也正是因为这个特点，人寿保险具备比较强的规划空间。

不同类型保单存在不同的保单利益类型，而不同的投保结构又决定了这些利益的归属。因此同样的保险产品，投保结构不同，结果也可能完全不同。

一张人寿保单中存在的角色和利益如图 18－7 所示：

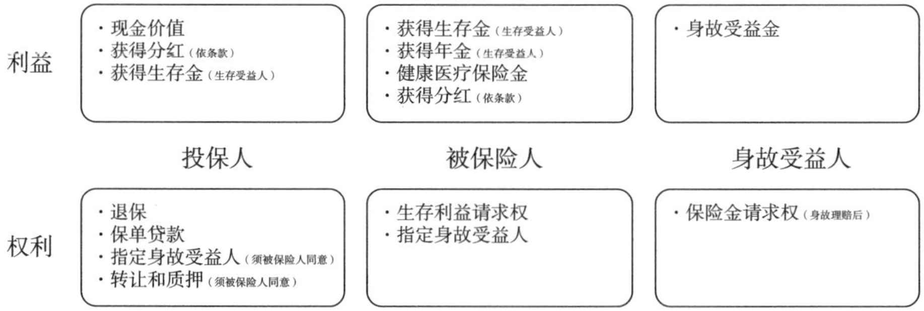

图 18－7　人寿保单中存在的角色和利益

正是因为保单的多结构特点，保险工具才有很多的规划空间，其中一个运用就是通过保单进行代持。代持的本质是通过将财产所有权转移实现对财产相关责任和负担的转移。最容易想到的财产负担就是债务和税务。需要特别说明的是，接下来提到的税务方面的规划并非指通过保单方案实现规避交税。关于税的问题我们在后面代持解决传承问题的时候再详细说明。除了税务和债务之外代

持常常运用在婚姻财产防止混同的情形。下面就针对财富管理中常见的一些运用保单代持实现功能效果的运用情景进行一些介绍：

（一）企业债务隔离领域

1. 先聊聊避债

保险"避债"的问题一直是一个敏感话题，也是被代理人和客户误解最多的问题。随着2015年浙江省高级人民法院和2018年江苏省高级人民法院先后发布相关意见后，很多人心中的保险的"避债"神话被打破。其实不论是认为保险可以避债还是认为保险完全没有债务隔离作用，这两个观点就像是两个极端的结论，都太过于绝对。这两种观点的问题是：不问原理、没有依据地认为保险工具本身具有特殊性。保险在债务隔离方面真的就完全没有作用吗？我们先来看看浙江省高级人民法院和江苏省高级人民法院针对保单执行问题是怎么规定的。

2015年浙江省高级人民法院发布的《关于加强和规范对被执行人拥有的人身保险产品财产利益执行的通知》，第1条就明确了法院可以执行投保人、被保险人和受益人在一张保单中存在的财产权。这一条一方面直接说明了保险不存在特殊性，保单利益是相关人的财产权可以被执行；另一方面也说明了只有属于被执行人的保单利益才需要被执行。我们应该看到的是，当客户出现债务问题时，客户家庭的保单中不属于被执行人的利益的保单利益，不会被执行。江苏省高级人民法院的执行指引也有类似的观点。2021年，上海市高级人民法院发布的《关于建立被执行人人身保险产品财产利益的协助执行机制的会议纪要》中说明得更加明确。

随着越来越多的执行意见的发布，我们可以清楚地看到：我们运用保单为客户实现债务规划时，主要需要考虑的是以下几个部分：

（1）保单类型：不同的保单类型，分属于不同角色的利益各有不同。

（2）投保结构：客户家庭中债务风险高的人尽量不出现或出现在保单财产性利益少的角色。

（3）投保资金来源：保费资金是否合法。

（4）投保目的：投保是否发生在债务即将发生之时或者已经发生之后；投保的金额是否超合理，即匹配投保的需求；

2. 常见保险产品类型的利益归属与债务规划时的配置建议

（1）保单利益确定（产品类型）

主要保险产品类型财产利益分布如下：

表 18-1　保险产品类型财产利益分布

产品	投保人	被保险人	身故受益人
终身寿险	现金价值、分红(依合同)	分红(依合同)	已理赔的保险金
增额终身寿险	现金价值、分红(依合同)	分红(依合同)	已理赔的保险金
年金	现金价值、分红(依合同)	累积年金、分红(依合同)	已理赔的保险金
两全	现金价值、分红(依合同)	累积存金、分红(依合同)	已理赔的保险金
万能账户	万能账户价值	生存利益(依合同)	已理赔的保险金

在方案设计时注意以下两点：

a. 投保人所拥有的现金价值，因此无论选择何种类型的产品，都应该尽量规避高债务风险人作为投保人出现在保单中。

b. 保单是否具备现金分红的功能，如果有的话，要特别注意合同的条款的描述，分红是归属于被保险人还是投保人。因为这决定了保单中未领取的现金分红的归属，从而进一步决定了相关角色可被执行的财产性权益的多少。如果保单累积的分红金额较多，这一点需要特别注意。特别是提供分红累计生息的保单，因为很有可能累计未领取的分红是保单中一笔可观的财产。

(2)投保结构设计

通过以上两点明确了一张保单中可被执行财产性权益之后，规划的方向也就明确了。在方案设计中尽量避免让高债务风险的家庭成员持有保单利益。通常用无债务风险或债务风险较低的家庭成员作为投保人，高债务风险的家庭成员可以作为没有任何财产性权利的被保险人，如终身寿险。具体的保单设计需要根据客户的不同情况进行量身定制。

(3)受益人的指定

受益人的指定关系到受益人是债务人时，保单理赔金是否会被执行。如果保单理赔时没有明确的身故受益人，身故保险金会作为被保险人的遗产。从而造成作为债务被执行人的被保险人身故后，保单理赔金会被作为遗产而清偿生前债务。要注意的是，这里不能简单地理解为“未指定受益人”，而是保单理赔没有明确的身故受益人。因为完全有可能会出现投保时指定了受益人，但是受益人先于被保险人死亡的情形。

在实务规划中如果可以的话，我们尽量设计两个受益人顺位或连接信托，以避免受益人先于被保险人身故而造成保险金作为被保险人的遗产清偿其生前债务。

3. 实战运用思路

解决思路方面主要有两个方向:

(1)生前债务的隔离规划

考虑的重点是通过投保结构的选择,实现代持规避生前债务。在产品选择方面需要特别注意代持人是否可以灵活提现,以确保代持人(保单投保人)可以部分领取保单的利益实现对债务人家庭的接济,因此运用高现价增额终身寿险的情形比较常见。代持保单利益的回归方式可分为生前回归和身后回归。生前回归通常是通过择机变更投保人实现,而身后回归则是通过代持人身后理赔回归。在生前回归的情形下,还需要注意客户是否在意回归资产会同为夫妻共同财产。要解决这个问题需要搭配赠与合同,表明变更时保单现金价值是否属于夫妻共同财产。身后回归的情形下,由于保单的理赔可以避免理赔金成为夫妻共同财产,所以不需要运用遗嘱辅助说明。但是由于保险的理赔金是现金,身故受益人拿到理赔金之后,如果未加特别处理,随着婚姻生活的继续,久而久之也会难免会混同为夫妻共同财产。针对这个问题可以运用保险金信托工具,由信托承接保单的理赔。

投保结构参考见表 18－2:

表 18－2 投保结构

	投保人	被保险人	受益人	险种
生前回归架构参考	父母(代持人)	父母(代持人)	子女或信托	高现价,可部分领域
身后回归架构参考	父母(代持人)	高债务风险人	信托	高杠杆

(2)身后债务的隔离规划

考虑的重点是:当高债务风险的成员身故后,创造一笔不需要还债的资产。投保结构方面也比较简单,见表 18－3:

表 18－3 投保结构

	投保人	被保险人	受益人	险种
投保架构参考	父母(代持人)	高债务风险人	信托或者子女	高杠杆,可接保险金信托

代持人作为投保人持有保单,防止因为保单在理赔前因为债务问题而被执行。高债务风险的人作为被保险人,身故受益人最佳选择是信托,其次可以选择

未成年子女，具体视情况而定。产品的选择方面主要考虑高杠杆的终身寿险类产品。

（二）婚姻规划中的保单代持

婚姻规划中的保险代持解决方案的目标是：运用保单实现对婚姻财产的代持保护，避免被代持人的婚姻财产混同；任何代持本质上都是通过“第三人”来持有资产。但是由于人寿保险投保时需要具备保险利益，这里的“第三人”通常只能是被代持人（被保险人）的直系亲属。虽然保险法中明确说明：被保险人同意投保人为其投保的，也具备保险利益。但是实务中，保险公司的内规通常都高于法律的要求底线，这是从业务品质与合规的角度出发作出的决定。所以，通过保单做婚姻代持的架构中，代持人的年龄是否在产品的投保年龄规定范围内，需要在设计方案时特别注意。在产品类型的选择方面，高现价且流动性较好的增额终身寿险产品更加适合作为解决方案。因为客户很有可能会存在婚姻存续期间提现的需求。另外，如果客户的婚姻关系结束，未必需要继续代持，这个时候保单现价是否能够回本也很重要。

1. 常见运用场景和代持方案结构建议

投被保险人都是父母，身后回归架构见表18－4：

表18－4　身后回归架构

	投保人	被保险人	受益人	险种
投保架构参考	父母（代持人）	父母（代持人）	被代持人	高现价产品

这个架构的优点是：（1）结构简单，不需要搭配其他的法律工具。（2）在身后回归的时候，利用保险理赔金不是遗产的属性，可以规避继承中的不确定。（3）即便被代持人得到理赔金时仍处在婚姻存续期间，也不会混同为夫妻共同财产。

这个架构的主要问题是：（1）父母可以提前处分财产，如部分领取或变更投保人给其他人等；（2）投保年龄限制：父母的年龄太大的话可能无法落地，需要注意到父母的身体状况和产品的可保年龄问题；（3）理赔金回归后，需要注意财产在婚姻存续期间的混同问题。

2. 生前规划的方式

这个架构下可否实现代持人生前的回归呢？当然可以。只要通过变更投保人的方式，将资产转交给被代持人，就可以实现资产的回归。这是特别需要注意的是：如果变更投保人时被代持人还是在婚姻存续期间，那么在变更投保人的同时需要附加赠与合同作为意思表示的补充。赠与合同中需要明确表示将保单的现金价值赠与给被代持人，并且赠与的财产属于被代持人的婚内个人财产。如果少了这个意识表示，变更投保人的行为将直接导致整张保单的现金价值混同为被代持人的夫妻共同财产，这样就与被代持人的初衷相违背。

（三）传承规划中的保单代持

在实务中，最常见的以传承为目的代持就是涉及跨境家庭的传承。因为跨境家庭普遍比较重视跨境税务的问题。跨境税务问题是一个非常广泛的话题，因为每一个国家和司法属地都有它自己的税法和法规。很难有人能够了解所有属地的税务法规，而实际情况是做税务工作的专业人士往往非常专注在某个方向，这个领域通常都是专才而非通才。从移民数据来看，美国移民是中高净值人群最热衷的移民目的地，所以我们接下来讨论的跨境税务规划都是以美国为核心展开。美国税法完善，申报体系和征管机制都非常成熟。随着移民行业的日益成熟，移民机构也通常会给与客户相关的财产安排建议。大部分移民客户或多或少地了解一些涉美税务申报和纳税的问题。涉美移民家庭，运用代持规避美国申报义务和实际税负的做法相当常见。常见的操作方式是：（1）有中国国籍且非美国税务居民的家人持有资产，减少因为申报而带来的资产披露和申报责任负担。（2）回归方式，通过跨境继承的方式实现低税务成本的资产回归。这个解决方法成立的原因主要是美国的税务规定来自美国境外的资产继承和赠与完全免税。仅需要在受赠（赠与人为自然人且赠与额度大于10万美元）或继承时申报即可，不会产生实际税金。

不少移民美国家庭运用上述方式降低税务负担。然而，上述处理方式也有缺点和问题，主要问题就是后续代持回归的不确定。（1）如果代持人死亡时，被代持人已经变更身份，那么被代持人将不得不面对复杂的跨境继承问题。相比于普通继承，跨境继承在材料准备上更加复杂，同时还要面对法律适用和境外管辖的不确定，极大地增加了继承的时间成本和精力成本。（2）由于代持人很有可能是自己的亲属，所以在形成代持的时候，大多数客户并没有做过非常完善的代持文件。这样的话继承过程中确认自己的财产范围也有可能会出现问题，甚至有可能出现家庭继承纠纷，并最终承担资产外流的可能性。

所以采用上述解决方案时，务必要考虑同时配合完整的传承规划，尽量确保财产回归的确定。那么我们从金融工具的角度来看可以在我们产品的范围内为客户做什么？通常可以通过如下的架构为客户做一个保险代持方案：

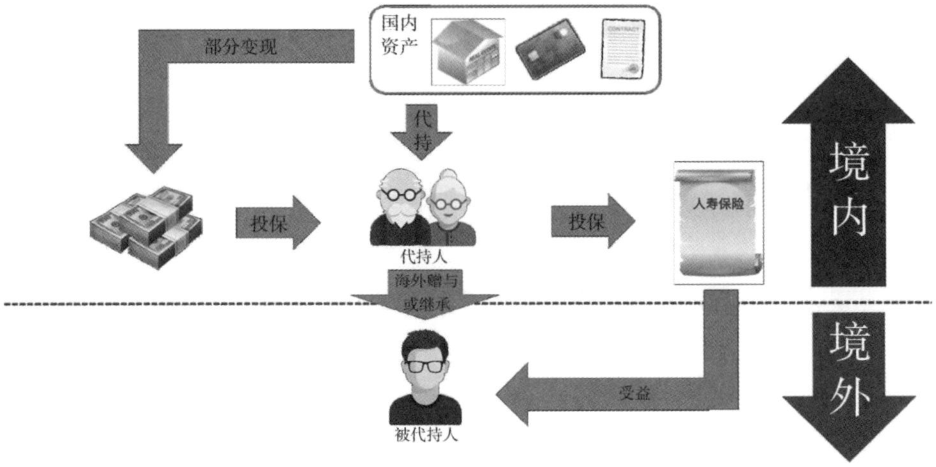

图 18－8　保险代持方案

具体的操作方式是：(1)代持人运用部分代持资产为自己投保一份国内的保单，受益人是被代持人(选择产品时重点关注身后利益)；(2)未来保险理赔时，这笔财产通过海外继承的方式传给被代持人。

作为金融保险方案，以上结构最大的优势就是规避了继承程序，从而极大地提升了代持资产回归的确定。遇到实务中具体的案子，还要根据客户的家庭具体情况定制解决方案，很有可能运用其他法律工具的配合，以确保方案的有效性。而作为金融工具解决方案也有缺陷，对于大部分客户的家庭情况和财产结构比较复杂，金融工具也许只能解决客户一部分的问题。

保险作为代持工具，可以在部分场景下为客户实现代持的效果。基于保单自身独特的理赔和保全特点，在一些应用场景下可以提升资产回归的确定性。前面我们列举的几个情形并非穷举，仅是抛砖引玉，希望对大家有启发。理解保单的基本原理和逻辑之后，我们可以在实务中灵活运用，为客户创造更多价值 。

第十九章

企业股权架构风险解析与解决方案设计

第一节 风险案例

一、案例导读

2016年5月,《民主与法制时报》刊载了一篇名为《蹊跷的股权争夺案》的报道,[①]讲述了一个名叫李某涵的四川企业家因为与合作股东之间的股权纠纷最后导致身陷囹圄的故事。其实,因为股东纠纷入狱的还远不止李某涵一个,其中比较有名的国美电器黄某裕、"真功夫"蔡某标、雷士照明吴某江等。这些都是由股权纠纷引起的,结果都是入狱,只是过程不同而已。

二、案例详情

据《民主与法制时报》报道,2010年4月,李某涵实际控制的泰达中欧公司拿下成都高新区南部金融区总部核心商务区24号地块的30亩土地,筹备开发中欧国际金融广场项目。为此项目李某涵找到了两个合作方,四川永伦实业和南充华辰建设,三方共同成立了成都泰达时代房地产有限公司(以下简称泰达时代),泰达中欧出资5100万元,占股比例为49%;四川永伦实业出资4400万元、南充华辰建设出资500万元。两家公司占股比例为51%。见图19-1。

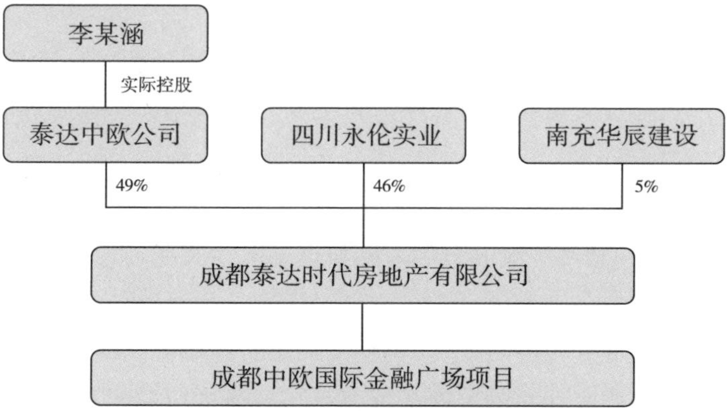

图19-1 企业股权架构风险

① 资料来源:http://e.mzyfz.com/paper/paper_10331_3357.html。

但是，泰达时代公司股东之间的合作一开始就不愉快，又因为股权比例比较对等，所以股东意见不合，企业经营就被迫停滞了，没过多久公司员工也被解散，办公场所被业主方清场，财务资料随之丢失。

据公司监事田某甲解释，“因泰达时代股东间的矛盾一直不能理顺，建设资金一度紧张，包括拿地后土地出让金也一直拖欠，产生了高额的滞纳金。为了全体股东的利益，为了使来之不易的项目能够继续下去，李某涵决定采取项目融资建设的方式”。

笔者查阅了李某涵及田某甲职务侵占罪的二审判决书，判决书载明：“2011 年 7 月，被告人李某涵、田某甲二人未经泰达时代董事会、股东会同意，另辟地点，重新招聘人员，以泰达时代 2010 年期末余额为基础设立泰达时代账簿，重新开立泰达时代银行账户，单独进行金融广场项目筹建。

2012 年 2 月 21 日，泰达时代与成都建工签订《合作协议》，约定成都建工参与金融广场项目总承包施工的投标，并就工程施工项目向泰达时代支付履约保证金人民币 1.8 亿元。4 月 10 日，李某涵安排泰达时代财务人员将 1.8 亿元转入中欧经济银行账户。4 月 28 日，李某涵安排转账 1.5 亿元至金牛区伊哲服装部账户上，并分期、分批购买理财产品，后该账户资金陆续回到中欧经济账户上。2012 年 8 月 24 日，中欧经济将 1 亿元归还成都建工。

与此同时，中欧金融广场项目重新上马。截至 2012 年 12 月 25 日，李某涵和田某甲被刑事拘留，项目完成了地下三层到地上一层的施工。2016 年 4 月 9 日，记者实地探访金融广场项目现场，工作人员告诉记者，四栋楼中的 2 号楼整栋以 4.5 亿元的价格卖给了贵州银行，其他的楼也在售卖中。从一定意义上讲，李某涵擅自重启项目的行为实际上为全体股东挽回了大量的损失，甚至可能带来了丰厚的收益。

但遗憾的是，在项目有了一定起色后，2012 年年底，李某涵遭到了另一个大股东四川永伦实业的控告，理由为李某涵和田某甲涉嫌职务侵占，随后李某涵被刑事拘留。

关于是否存在职务侵占的事实，至少李某涵通过职务之便，将一部分资金供自己使用的事实是客观存在的。这些资金李某涵通过用虚列开支，假发票入账，通过支付律师费再让律所转给其个人等方式供自己使用。涉案金额总计 1428.49 万元。

但是否属于职务侵占，判决书中记载了被告方律师作出的辩解，下面是节选的几条辩解理由。

首先，被告方认为，李某涵多年来为泰达时代工程项目个人垫支、多方融资后还款的事实客观存在，但是由于相关垫资凭证（包括大量白条）因故丢失、垫支具体项目和具体用途现已无法准确回忆，导致无法证明。因此，李某涵将1000多万元用于自己使用属于前期垫资，后期收到融资后归还欠款的行为，不属于职务侵占。

其次，从案发起因看，本案是因为股东之间的矛盾引发的民事纠纷。在举报人举报前，李某涵和田某甲一直在积极与对方股东沟通，双方对于谁退出公司的问题实际已经进行了协商，以期能打破僵局，只是由于未果，最终双方未能达成一致意见才导致案发。

最后，在本案开庭审理前，泰达时代股东在法院主持下进行了民事调解，李某涵这一方将股权低价转让给控告人指定的受让方，作出巨大让步，完全退出泰达时代公司和金融广场项目，双方之间的矛盾纠纷已经解决。

但法院并没有采信被告方辩解的理由，最终，李某涵被判处有期徒刑8年。见图19－2。

2010年4月	李某涵的泰达中欧拿下成都某地块，筹备中欧国际金融广场项目；
随后	李某涵找到两个合作伙伴，共同成立泰达时代房地产公司，泰达中欧占股49%；
项目初期	一开始就因股东意见不合且股权比例对等，无法形成决议，项目停滞，公司停止运营；
2011年7月	李某涵与田某甲未经泰达时代董事会同意，私自重启金融广场项目；
2012年2月21日	泰达时代与成都建工签订合作协议，成都建工支付履约保证金1.8亿元，在此期间各公司财务有些混乱；
2012年12月25日	四川永伦实业控告李某涵职务侵占，李某涵被刑事拘留，至此，项目已经有很大进展，项目重启事实上为其他两位股东挽回了大量损失，甚至有丰厚收益；
最终	法院查实职务侵占，涉案金额1428万元，李某涵辩称系归还自己前期垫资，但大量票据已经丢失，证据不足，被判处有期徒刑8年，项目也被迫低价转让。

图19－2

三、案例解析

从上面的案例我们可以分析出李某涵的案例中有四个教训。

教训一：泰达时代公司股权架构设计得不合理，项目主导方李某涵控制的公司仅占总股权的49%，而第二大股东四川永伦实业占股也超过40%。因此，当股东意见不一致时，任何一个股东都没有能力力排众议，主持大局，非常容易造成股东僵局，直接导致企业经营的停滞，最终导致经营队伍的解散，项目陷入困境，经济损失惨重。

教训二：公司章程对股东退出机制没有约定。虽然公司经营停滞了，队伍解散了之后，股东却不能顺利地退出。所以，李某涵想要重启项目就必然无法获得董事会通过，只能私自重启。如果不重启，经济损失李某涵又无法承受，从而陷入两难境地。最终两害相权取其轻，李某涵选择了私自重启，为其最终的锒铛入狱埋下了伏笔。

教训三：在项目推进过程中没有积极和对方沟通，借机调整好股权结构，而是天真地认为："没花股东的钱，我用自己融资来的钱把大家的项目建起来，应该不会有什么问题。"其结果是，当项目取得进展，项目前景比较光明时，糟糕的股权架构又使得其他股东产生了借机掌控项目的想法。这种想法由初期的通过民事诉讼手段实现最后逐步升级为通过刑事诉讼手段实现。刑事手段只是对方为赢得股权纠纷中采取的严厉手段。如果没有股权纠纷，大概率就没有这起刑事案件。

据《民主与法制时报》的报道，在控告李某涵职务侵占之前，四川永伦实业启动过另一起股权纠纷诉讼，但败诉了。并且，记者获得的一份林某国亲笔签字的《承诺书》显示："本公司承诺在取得泰达时代控股权、控制权后，可以对前述行为表示谅解，不予追究李某涵、田某甲刑事责任、不翻旧账。"为此，李某涵在看守所签订了授权书，委托其姐姐李某曼以4000万元的价格与林某国达成转让中欧经济100%股权给林某国指定公司的协议，同时，李某涵一再告诉姐姐，必须要等夹江县人民法院判决其无罪或者缓刑的情况下再签订正式的股权转让协议。由此看来，刑事手段为经济目的的特征也是比较明显的。

教训四：如果没有李某涵严重的财务违规行为，四川永伦实业即使想使用刑事手段来争夺股权也是不可能的。所以，归根结底，李某涵淡薄的法律意识和混乱的企业经营管理最终造成她身陷囹圄的局面。当然，李某涵的这种情况也不是个例，而是在民营企业经营中普遍存在的问题。小型企业有，大型企业也有，就连国美电器和雷士照明这样的上市公司也在所难免。无论是黄某裕还是吴某江，其最终的入狱都是股权纠纷引起的，刑事手段仅仅是对方为达到赢得股权纠纷而采用的手段而已。

泰达时代公司这样一个糟糕的股权架构，在企业经营不顺时导致股东僵局，加速企业经营的恶化。在经营出现转机的时候,诱发股东争权夺利,最终反目成仇,甚至身陷囹圄。由此可见,股权架构存在问题,对企业、对企业家个人及家庭,影响是非常之深远的,必须重点关注。

第二节　股权架构风险详解

改革开放40多年来,我国的经济发生了天翻地覆的变化,人民群众的财富发生了几何级数的增长,也确实有一部分人先富起来了,这一部分先富起来的人,民营企业家是主力军。民营企业家获得财富的最重要工具就是他们经营的企业,然而,中国民营企业家在企业经营治理上,其实是缺乏经验的,这是历史造成的问题。虽然民营经济已经发展了40多年,但我国的第一部《公司法》却到1993年12月29日才正式通过,也就是说,中国企业经营有法可依的日子还不到30年。并且,在改革开放的初期,企业增长是野蛮的,企业经营是混乱的。连简单基础的经营管理都很混乱,就更别说股权架构设计、公司章程设计这样的相对高级的规划设计工作了。因此,到目前为止,绝大部分的民营企业是缺乏股权架构、公司章程等的设计的。绝大部分企业家甚至还没有意识到企业股权架构和公司章程设计对企业经营以及对企业家自身与家庭的重要性。

一、企业股权架构的基本法律概念

在讨论股权架构问题之前,我们先要搞清楚几个基本的法律概念。第一是常见的企业类型以及其主要特征。企业的分类方法比较多,这里不作学术上的讨论,只作比较实用的介绍,并且,本书只重点讨论民营企业。在现实中经常能见到的民营企业主要有以下几种类型:有限责任公司、个体工商户、有限合伙公司、一人有限公司,股份有限公司、普通合伙企业。在这些企业中,个体工商户一般体量比较小,不讨论。普通合伙企业现在也比较罕见,不讨论。笔者只简要地介绍一下有限责任公司、有限合伙公司、一人有限公司与股份有限公司四种类型。

(一)有限责任公司制度简介

有限责任公司是最为常见的一种公司组织形式,也是讨论公司架构与公司治理的经典类型,当然,这里讨论的有限责任公司是指通常意义上的有限责任公司,其主要有以下几个重要特征：

1. 股东数量为2人以上50人以下

依据《公司法》第24条①的规定，有限责任公司股东数量需在50人以下，如果超过50人，就需要变更为股份有限公司方得实现；同时，必须在2人以上，如果股东仅有1人，无论是自然人还是法人，都属于一人有限公司。

2. 公司有独立人格，股东对公司承担有限责任

依据《公司法》第3条，②有限责任公司是独立的法人，这个独立的意思是指独立于股东，他有自己的独立决策机构，有自己独立的法人财产，并自己为自己承担责任。股东对公司的权利主要体现在股权上，但对公司持有的财产，股东并没有任何权利，如果股东直接处分这些财产就属于无权处分，擅自侵占这些财产就是职务侵占、挪用资金甚至可能是盗窃。那么，股东中担任公司的董事长、总经理的人为什么可以处分公司财产呢？这是因为董事长、总经理在处分公司财产时并不是代表股东自己，而是以公司的办事机构的身份，代表公司在行使权利，属于职务行为。

当然，股东不拥有对公司财产的权利的好处就是股东对公司仅在注册资本金的范围内承担有限责任。因为注册资本金是股东用于设立公司的资金，本质上是属于公司的资金，依据法人财产独立的原则，其已经不再属于股东的财产，如果是认缴的注册资本金，则相当于股东对公司在注册资本金范围内负有债务。依据公司法人独立的原则，当公司需要承担责任时，由公司自己承担责任。如果股东已经缴纳了所有注册资本金，则股东再不承担责任。如果股东没有实缴完成，股东在未缴的注册资本金范围内对公司负有债务，当然需要偿还债务给公司，然后由公司自己承担责任。再超过的部分，股东也不再承担责任。这就是有限责任的实质。

但是，股东对公司承担有限责任是有前提条件的，就是股东要保持公司的人格独立，不能让公司沦为其傀儡，成为逃避债务的工具。这规定在《公司法》第20条："公司股东应当遵守法律、行政法规和公司章程，依法行使股东权利，不得滥用股东权利损害公司或者其他股东的利益；不得滥用公司法人独立地位和

---

① 《公司法》第24条　有限责任公司由五十个以下股东出资设立。

② 《公司法》第3条　公司是企业法人，有独立的法人财产，享有法人财产权。公司以其全部财产对公司的债务承担责任。

有限责任公司的股东以其认缴的出资额为限对公司承担责任；股份有限公司的股东以其认购的股份为限对公司承担责任。

婚内财产混同
婚变财产分割与转移
婚内受赠继承混同
夫妻共同债务
股权混同
继承程序
继承争产
父母继承外流
传承后失控
继子女继承外流
非婚生继承外流
隔代传承
继承人能力不足
未成年人监护
跨境传承
企业经营风险
企业家家庭债务
资产代持
股权架构
企业家刑事风险
企业税务风险
税务透明与跨境
家庭经济支柱
教育规划
养老与监护
失智监护

股东有限责任损害公司债权人的利益。公司股东滥用股东权利给公司或者其他股东造成损失的,应当依法承担赔偿责任。公司股东滥用公司法人独立地位和股东有限责任,逃避债务,严重损害公司债权人利益的,应当对公司债务承担连带责任。"

3. 属于人合兼资合的公司

有限责任公司属于人合兼资合的公司。何为人合,通俗讲就是需要人与人之间相互认可才能在一起合作开公司;何为资合,通俗地讲就是需要拿出资金来才有资格参与合作开公司。因为有限责任公司的人合兼资合的属性,就导致某股东转让股权给公司股东以外的人时,需要其他股东过半数同意,同时不同意的股东还有优先购买权①。当然,因为其具有资合属性,所以股东不同意又不行使优先购买权的,就视为同意。

资合属性还有一个另外的重要意义就是股东权利直接和出资挂钩,股东出资的多少直接关系股东权益的大小②,是股东行使对公司的管理权、收益权的最重要依据。当然,又因为其有人合属性,因此股东可以通过公司章程在法律不禁止的范围内作出一些特殊的约定,这也是意思自治的体现。

当然,出资的缴付在有限责任公司制度下,只要不是有实缴要求的特殊行业

---

① 《公司法》第 71 条　有限责任公司的股东之间可以相互转让其全部或者部分股权。

股东向股东以外的人转让股权,应当经其他股东过半数同意。股东应就其股权转让事项书面通知其他股东征求同意,其他股东自接到书面通知之日起满三十日未答复的,视为同意转让。其他股东半数以上不同意转让的,不同意的股东应当购买该转让的股权;不购买的,视为同意转让。

经股东同意转让的股权,在同等条件下,其他股东有优先购买权。两个以上股东主张行使优先购买权的,协商确定各自的购买比例;协商不成的,按照转让时各自的出资比例行使优先购买权。

公司章程对股权转让另有规定的,从其规定。

② 《公司法》第 32 条　有限责任公司应当置备股东名册,记载下列事项:

……

(二)股东的出资额;

(三)出资证明书编号。

记载于股东名册的股东,可以依股东名册主张行使股东权利。

……

第 34 条　股东按照实缴的出资比例分取红利;公司新增资本时,股东有权优先按照实缴的出资比例认缴出资。但是,全体股东约定不按照出资比例分取红利或者不按照出资比例优先认缴出资的除外。

公司,都可以实行认缴制①,也就是说,只需要承诺出资即可,并不需要立即将注册资本金缴付到公司账户。值得注意的是,认缴就意味着已经对公司负有相应的债务,当公司需要承担责任时,认缴出资额是需要兑现的,因此认缴过高注册资本的风险是很大的,不要盲目追求注册资本规模。

4. 有限责任公司股权比例在管理权上的意义

表19-1

比例	股东核心权利	权利内涵详解
1%	股东查账权	《公司法》第33条规定,股东有权查阅、复制公司章程、股东会会议记录、董事会会议决议、监事会会议决议和财务会计报告。
	优先购买权	《公司法》第71条第3款、第4款规定,经股东同意转让的股权,在同等条件下,其他股东有优先购买权。两个以上股东主张行使优先购买权的,协商确定各自的购买比例;协商不成的,按照转让时各自的出资比例行使优先购买权。公司章程对股权转让另有规定的,从其规定。
	股东诉讼权	《公司法》第151条规定,有限责任公司的股东,可以书面请求监事会或者不设监事会的有限责任公司的监事向人民法院提起诉讼;股东书面请求后被拒绝提起诉讼,或者自收到请求之日起30日内未提起诉讼,或者情况紧急、不立即提起诉讼将会使公司利益受到难以弥补的损害的,股东有权为了公司的利益以自己的名义直接向人民法院提起诉讼。
	要求收购权	《公司法》第74条第1款规定,有下列情形之一的,对股东会该项决议投反对票的股东可以请求公司按照合理的价格收购其股权:(1)公司连续5年不向股东分配利润,而公司该5年连续盈利,并且符合本法规定的分配利润条件的;(2)公司合并、分立、转让主要财产的;(3)公司章程规定的营业期限届满或者章程规定的其他解散事由出现,股东会会议通过决议修改章程使公司存续的。

---

① 《公司法》第26条　有限责任公司的注册资本为在公司登记机关登记的全体股东认缴的出资额。

法律、行政法规以及国务院决定对有限责任公司注册资本实缴、注册资本最低限额另有规定的,从其规定。

续表

比例	股东核心权利	权利内涵详解
10%	申请解散权	《公司法》第182条规定,公司经营管理发生严重困难,继续存续会使股东利益受到重大损失,通过其他途径不能解决的,持有公司全部股东表决权10%以上的股东,可以请求人民法院解散公司。
	股东会召集权	《公司法》第40条第3款规定,董事会或者执行董事不能履行或者不履行召集股东会会议职责的,由监事会或者不设监事会的公司的监事召集和主持;监事会或者监事不召集和主持的,代表1/10以上表决权的股东可以自行召集和主持。
34%	重大事项一票否决权	《公司法》第43条规定,因为公司重大决策《公司法》要求2/3以上表决权通过,因此,持有股权比例超过1/3的股东对公司重大决策具有一票否决权。
51%	相对控制权	《公司法》第216条第2项规定,控股股东,是指其出资额占有限责任公司资本总额50%以上的股东。股东持有股份超过一半的,公司的非重要事项该股东一人就可以独立决定了,这就相对控制了公司的经营。当然,股权比例低于51%时,若其持有的股份所享有的表决权已足以对股东会、股东大会的决议产生重大影响,也可以认为是相对控股。
67%	绝对控制权	《公司法》第43条规定,股东会会议作出修改公司章程、增加或者减少注册资本的决议,以及公司合并、分立、解散或者变更公司形式的决议,必须经代表2/3以上表决权的股东通过。因此,当股东持有股权比例达到67%时,公司的重大决议该股东也可以独立决定,这就实现了对公司的绝对控股。

请注意,表19－1的股东的权利只是在公司章程没有另行约定的情况下的法定情形,公司股东会可以通过集体决策修改公司章程的方法来改变以上规则。当然,改变规则需要在法律不禁止的框架下进行,并非完全自由。

(二)有限责任公司的特殊形式:一人有限公司

从《公司法》的立法结构来看,一人有限公司是有限责任公司的一种特殊形式,但其有且只有一个股东,并且和通常所说的有限责任公司区别比较大,主要有以下几个方面:

1.一人有限公司每个自然人只能设立一个

每个自然人只能设立一个一人有限公司,而自然人设立普通有限责任公司是没有数量限制的。但法人设立一人有限公司并没有数量限制。

2. 一人有限公司没有股东会

因为只有 1 个股东，所以一人有限公司是没有股东会的，如果公司股东需要作出决议时，只需要书面作出并存档即可。

3. 一人有限责任公司需要股东举证证明公司财产独立于股东财产

一人有限公司与普通有限责任公司的最大区别是在股东有限责任的问题上。虽然一人有限公司中股东对公司依然承担有限责任，但举证责任与普通有限责任公司有着重大区别。对于普通有限责任公司的股东来说，因为存在多个股东且有股东会，股东之间一般会相互监督，因此，当公司的债权人要求股东承担连带责任时，其必须承担证明股东滥用了公司独立地位与股东有限责任，严重侵害了债权人的权益，而股东是无须自证清白的。但在一人有限公司中，股东需要先自证清白①，证明公司财产独立于股东财产，否则将对公司承担连带责任。

（三）股份有限公司

股份有限公司可以看作一种有限责任公司的更高阶的制度。是一种推向公众或准备推向公众的有限责任公司。当然要注意，股份有限公司并不都是上市公司，上市公司是拥有公开募股资格的股份有限公司，就是所谓 IPO（Initial Public Offering，首次公开募股）之后的股份有限公司。其基本制度脱胎于有限责任公司，但为适应公众股东持股的需要，对制度进行了一系列有针对性的改造，其特征如下：

1. 发起股东数量上升至 200 人，公众股东数量没有限制

因为股份有限公司的目标是向公众公开募股的公众公司，所以在股东数量上就必然不会有过多的限制，否则无法完成公开募股的工作。同时，要注意，在中国设立股份有限公司，发起人必须过半数在中国境内有住所②。因为其将面对公众，对发起人的要求当然会更高。

2. 是纯资合公司，没有人合属性

与有限责任公司不同，股份有限公司是纯资合公司，所以其股东转让股权无须其他任何股东的同意，其他股东也没有优先购买权。这也是为了面向公众的需要，毕竟交易的便利程度是很重要的。当然，因为是公众公司，牵涉公众的权益，

---

① 《公司法》第 63 条　一人有限责任公司的股东不能证明公司财产独立于股东自己的财产的，应当对公司债务承担连带责任。

② 《公司法》第 78 条　设立股份有限公司，应当有二人以上二百人以下为发起人，其中须有半数以上的发起人在中国境内有住所。

所以对重要股东的重大股权转让还是会有一些限制,但这是出于利益保护的考虑,属于资合属性而非人合。

3. 资本必须实缴,不适用认缴制度

因为股份有限公司是纯资合属性,且牵涉公众利益,所以出资的实缴就非常重要了。因此,股份有限公司的出资都是必须实缴①的,在发起人认购的股份没有缴足之前,是不允许向他人募集股份②的。发起人书面认购股份后又不按约定缴足出资的,需要承担违约责任。

4. 公司管理要求更加规范、财务要求更加公开与透明

因为股份有限公司是公众公司,牵涉公众的利益。因此,《公司法》对股份公司的管理要求更加规范,财务制度要求也更加公开透明。譬如,对股东大会、董事会、监事会等的设立、制度流程、行事规则等要求更加严格,对公司高级管理人员的要求更高,监督更多更广泛。对财务制度的规范性要求更高,管理信息、财务信息的透明也有更高的要求。除了《公司法》外,还有众多的专门法律与行政法规、部门规章等作出了详细的要求。

5. 股份有限公司股权比例与股东权利的关系

表 19－2

比例	股东核心权利	权利内涵详解
1%	股东代表诉讼权	《公司法》第 151 条规定,股份有限公司连续 180 日以上单独或者合计持有公司 1% 以上股份的股东,可以书面请求监事会或者不设监事会的有限责任公司的监事向人民法院提起诉讼;股东书面请求后被拒绝提起诉讼,或者自收到请求之日起 30 日内未提起诉讼,或者情况紧急、不立即提起诉讼将会使公司利益受到难以弥补的损害的,股东有权为了公司的利益以自己的名义直接向人民法院提起诉讼。

① 《公司法》第 83 条　以发起设立方式设立股份有限公司的,发起人应当书面认足公司章程规定其认购的股份,并按照公司章程规定缴纳出资。以非货币财产出资的,应当依法办理其财产权的转移手续。

发起人不依照前款规定缴纳出资的,应当按照发起人协议承担违约责任。

……

② 《公司法》第 80 条　股份有限公司采取发起设立方式设立的,注册资本为在公司登记机关登记的全体发起人认购的股本总额。在发起人认购的股份缴足前,不得向他人募集股份。

股份有限公司采取募集方式设立的,注册资本为在公司登记机关登记的实收股本总额。

……

续表

比例	股东核心权利	权利内涵详解
3%	股东提案权	《公司法》第102条第2款规定,单独或者合计持有公司3%以上股份的股东,可以在股东大会召开10日前提出临时提案并书面提交董事会;董事会应当在收到提案后2日内通知其他股东,并将该临时提案提交股东大会审议。
10%	申请解散权	《公司法》第182条规定,公司经营管理发生严重困难,继续存续会使股东利益受到重大损失,通过其他途径不能解决的,持有公司全部股东表决权10%以上的股东,可以请求人民法院解散公司。
	股东大会临时董事会召集权	《公司法》第101条第2款规定,董事会不能履行或者不履行召集股东大会会议职责的,监事会应当及时召集和主持;监事会不召集和主持的,连续90日以上单独或者合计持有公司10%以上股份的股东可以自行召集和主持。 《公司法》第110条规定,代表1/10以上表决权的股东、1/3以上董事或者监事会,可以提议召开董事会临时会议。董事长应当自接到提议后10日内,召集和主持董事会会议。
30%	实际控制权	《上市公司收购管理办法》第84条规定,有下列情形之一的,为拥有上市公司控制权: (1)投资者为上市公司持股50%以上的控股股东;(2)投资者可以实际支配上市公司股份表决权超过30%;(3)投资者通过实际支配上市公司股份表决权能够决定公司董事会半数以上成员选任;(4)投资者依其可实际支配的上市公司股份表决权足以对公司股东大会的决议产生重大影响。
67%	绝对控制权	《公司法》第103条第2款规定,股东大会作出决议,必须经出席会议的股东所持表决权过半数通过。但是,股东大会作出修改公司章程、增加或者减少注册资本的决议,以及公司合并、分立、解散或者变更公司形式的决议,必须经出席会议的股东所持表决权的2/3以上通过。 《公司法》第121条规定,上市公司在1年内购买、出售重大资产或者担保金额超过公司资产总额30%的,应当由股东大会作出决议,并经出席会议的股东所持表决权的2/3以上通过。

请注意,上表中的权利会因公司章程的规定而有所不同。但是,不同于有限责任公司,股份有限公司的公司章程的自由度因为牵涉公众利益的保护而受到更多的限制。

(四)有限合伙公司

有限合伙公司是近年来发展特别迅速的一种公司制度形式,在我国2007年修改《合伙企业法》后才正式亮相。它和普通合伙公司制度相去甚远,但与有限责任公司制度也极为迥异。有限合伙企业因为有一些独特的属性而被广泛运用在投资架构、持股架构及税收筹划架构中。其主要有以下几个经常被利用的特性。

1. GP(普通合伙人)与LP(有限合伙人)并存的制度

有限合伙公司起源于英美法系,有两种合伙人,即GP与LP①。GP在合伙企业中对公司承担连带责任,这与一般合伙企业的合伙人一样。LP对合伙企业承担有限责任,这和一般合伙企业的合伙人完全不同。但LP承担有限责任需要付出的代价就是其不拥有管理合伙企业事务的权利。换句话说,无论GP占的出资份额多低,有限合伙企业的管理权归GP,LP只有取得收益的权利。

2. GP的独特管理权地位的利用

因为GP可以在占有出资份额较少的情况下依然完整地拥有合伙企业的管理权②的特性,有限合伙企业经常被用来做公司持股架构的顶层设计。有限合伙尤其受到很多亟待上市的企业的实际控制人的青睐,经常用来做员工持股架构,财务投资人持股架构等。在家族财富传承中,为了家族企业的管理权不分散,实现管理权与受益权的分离,有限合伙架构也会被经常用到。有限合伙架构还可以成为家族信托中家族企业管理权保留的制度设计。家族信托作为LP,家族作为GP,将家族企业的受益权放入信托,但家族仍然保持对企业的管理权和控制权。

3. LP承担有限责任的特性的利用

LP承担有限责任的特性则经常被用来做投资架构,因为很多的非专业投资者本身并不想参与企业的经营或者项目的运作,同时,也不愿意承担过大的投资风险。这样的投资人作为LP,通过有限合伙架构对一些成长性非常好的企业或者项目进行投资,就可以不用承担管理义务,同时,还可以有效隔离风险,承担有限责任,合理控制风险。

---

① 《合伙企业法》第2条第3款 有限合伙企业由普通合伙人和有限合伙人组成,普通合伙人对合伙企业债务承担无限连带责任,有限合伙人以其认缴的出资额为限对合伙企业债务承担责任。

② 《合伙企业法》第67条 有限合伙企业由普通合伙人执行合伙事务。执行事务合伙人可以要求在合伙协议中确定执行事务的报酬及报酬提取方式。

第68条 有限合伙人不执行合伙事务,不得对外代表有限合伙企业。

……

4. 合伙企业税收架构的特性

合伙企业和有限责任公司、股份有限公司的税收架构是完全不同的。根据《合伙企业法》的规定，合伙企业属于税收透明体，在合伙企业层面不征收所得税，经营收益直接穿透合伙企业进入合伙人账户，由合伙人承担纳税义务。[①] 因此，通过合理的设计是可以进行税收筹划的。并且，在过去的这些年中，在招商引资大潮的推动下，全国各地针对有限合伙企业出台了很多的税收优惠政策，也经常被用来进行税收筹划的设计。

二、最常见的十一种"问题股权架构"详解

股权架构设计对企业是非常重要的，一个好的股权架构可以帮助企业对经营者规范管理、加强控制权、减少争端、提高效率、清晰产权以及合理节省税费等。但是，在现实中我国民营企业家群体并不擅长股权架构设计与规划，在《公司法》颁布后的不到30年里，因公司股权架构不合理导致企业出现问题甚至间接影响到企业家自身与其家庭的案例数不胜数。比较失败的企业股权架构有很多，下面我们列举几个典型的问题股权架构进行分析。

（一）1∶1股权分配架构问题解析

本章开头李某涵的案例就是类似1∶1的股权架构，比它还典型的架构就是"真功夫"的股权架构，蔡某标和潘某海各持股50%。在企业创业初期，两个人同心协力，排除万难，股权架构的弊端没有显露出来。当2006年蔡某标与潘某海的姐姐潘某峰离婚，再加上2007年开始"真功夫"进入高速发展期后，蔡潘二股东之间的矛盾就逐步升级了。这导致很长一段时间，"真功夫"董事会根本无法作出决议，这就是前面所说的股东僵局。

"真功夫"的主体持股企业是真功夫餐饮管理有限公司，其是一家有限责任公司，股东会投票权公司章程没有特殊规定由持股比例确定，因此，在面临重大决策时，双方如果不能达成一致就会直接陷入僵局。股东会产生董事会，董事会主要负责公司的经营管理和决策。在"真功夫"的董事会中，蔡某标虽然是董事长，但潘某海和潘某峰（已经和蔡某标离婚）都是董事，加上潘某海的爱人窦是监事，从2008年开始，"真功夫"董事会就成了蔡潘两家的吵架会，[②]公司经营受到严重

---

① 《合伙企业法》第6条　合伙企业的生产经营所得和其他所得，按照国家有关税收规定，由合伙人分别缴纳所得税。

② 参见许丹：《真功夫你不要学》，经济日报出版社2015年版，第133页。

影响，以至于最终酿成蔡某标入狱，“真功夫”一落千丈的恶果。

由此可见，这种两个股东1:1的股权架构是风险极大的股权架构（包括两个大股东股权比例相近，再加上少量的小股东的情况也属于这种股权架构），在企业经营不顺时容易导致股东僵局，加速企业经营的恶化。在经营出现转机的时候，诱发股东争权夺利，最终反目成仇，甚至身陷囹圄。

（二）股权平均分配的股权架构的问题解析

多股东联合创业，股权平均分配的架构问题也是比较多的。其中最突出的核心问题就是投票权分散，决策效率一般都会非常低下。

1. 股权平均分配的典型案例

《中外管理》杂志刊载过一个名为“股东战争”的系列文章，其中第四篇《201条军规》讲述的故事非常有意思。它讲述了一个4个做旅游业的好朋友共同创业的故事，在创业之初4人得到了一位经济学教授的指点，了解了在创业之初必须要立好规矩，丑话说在前面。所以他们订立了非常详细的公司章程，公司章程条款达到了201条之多。但可惜的是，4人因为能力差不多，财力也差不多，也都不愿意少拿股权，所以最终选择了平均分配股权，各投资300万元，占股25%。

推举公司总经理时就遇到了问题，因为没有一个人能够完全服众，最后不得已推举了一位，但同时还约定：“如有需要，可以随时通过董事会商议更换。”并且，公司章程对总经理权利的限制也比较严重，其中一条就是未经全体股东一致同意，禁止任何股东私自以企业名义从事经营活动。

正因如此，公司在运用过程中就产生了严重问题，因为4位股东经常要带旅游团去外地，很少能聚在一起，但公司稍微重要一点的日常经营活动的决定都需要开股东会共同作出，因此各种事情的决策效率极低，因此，第一年公司就处于亏损状态。

第一年的亏损导致其他3位股东对总经理产生了不满，而总经理也很委屈，因为他虽然是总经理，但没有实际的权力，决策效率低，管理工作很难开展。最终四人散伙的导火索就是总经理擅自作的一次决定，2012年春运期间，总经理的大学同学联系了一笔业务，但这笔业务需要跨省出车，而他们公司没有跨省运营的资质。总经理想联系其他3人商议，但有两个股东带团进山了，电话联系不上。业务催得比较急，而且没有资质一般也不会被抓，即使被抓了，也就是罚点钱的事。情急之下，总经理擅自做主接下了这单业务，派出5辆车赶赴上海接活。但不巧的是，2012年1月11日，其中一辆大巴在高速上与一辆货车相撞，最终造成损失 200 多万元,公司也因为违反《道路运输条例》被罚款 10 万元。这次事故让公司元气大伤,几乎陷入绝境。总经理也被其他 3 位股东告上了法庭,要求其按照公司章程的规定承担私自承揽业务的责任,赔偿 200 多万元的损失。

最终,二审法院认为,总经理派车是进行日常经营的职务行为,公司章程的规定剥夺了总经理的正常职务权力,约定无效,损失应当由公司承担。官司过后,4 人的合伙也走到了尽头,公司申请了破产清算。

2. 股权平均分配架构的问题解析

由此可见,公司多股东且股权平均分配的方式本身就体现出了股东之间的相互不够信任,相互不服和相互角力,这样的团队本身就存在问题。此外,因为缺乏领头人,缺乏凝聚团队的核心,非常容易分崩离析。

而在股权结构上,投票权平均且分散,日常的重大经营决定需要过半数股东同意,而特别重大的经营决定需要 2/3 以上股东一致同意,这就导致很多的经营决定都需要通过召开股东会方能决定,其效率必然就会非常低下。

并且,因为投票权平均分散,又没有核心领导人,因此,当出现意见不一致时,非常容易出现股东拉帮结派,搞小团体的现象。如果股东内部山头林立,矛盾重重,企业经营自然会受到很大的影响。

由此可见,公司股权平均分配的股权架构,最终因为股东矛盾导致经营失败,破产散伙甚至反目成仇的可能性是很大的。

(三)股权过于集中的股权架构的优劣势

当第一大股东的股权比例超过 67% 时,按照《公司法》的规定,如果没有公司章程特殊约定,不仅仅是公司的一般经营事项,连修改公司章程等重大事项,第一大股东也可以轻松作出决定,这就会造成公司股东一家独大的局面。这就是股权过于集中的股权架构。在现实中,很多中小型民营企业一般都是这种股权集中的股权架构模式。

1. "股权集中"架构的优势分析

和前面两个架构不同,股权集中的模式有其弊端,也有很大的优势。其优势主要表现在以下几个方面。首先,在创业初期大股东一人说了算,大股东的能力直接决定公司发展速度,比较容易成功。其次,大股东一家独大,决策效率高,公司管理效率高,管理成本低。最后,大股东做长期战略投资时可以力排众议,独立下决定。

2. “股权集中”架构的四大弊端

当然，股权集中模式的弊端也是比较明显的。主要有以下几个方面：

弊端一：大股东一家独大，容易形成家天下的局面，大股东个人决策代替公司决策，更加容易出现失误，尤其是在企业做到一定规模，大股东开始被胜利冲昏头脑的时候，容易出现功亏一篑的情况。

弊端二：大股东一家独大，股东会、董事会等形同虚设，容易造成大股东个人行为和企业行为混同，导致法人人格否定，企业风险直接传导给大股东个人和家庭。

弊端三：当大股东因为一些情况无法管控公司时，容易造成小股东争夺企业控制权的乱局，对公司造成极大的损害。

弊端四：大股东权利缺乏监督和制约，容易产生侵害小股东利益的情况，容易引发股东内部矛盾，小股东的权益被侵害时现实中往往会比较被动，容易造成矛盾的激化，如果小股东孤注一掷，绝地反击，往往可能对大股东造成严重后果。

其实，在现实中，小股东虽然权力很小，和大股东发生矛盾时会比较被动，但其实反击手段还是比较多的。第一个手段就是提起股东知情权诉讼，通过公权力进行查账，可能对大股东造成一些威胁。甚至可能因此而引发诉前财产保全的问题，对企业经营产生严重影响。第二个手段是当大股东违反法律、行政法规、公司章程侵害小股东利益时，小股东可以依据《公司法》第 151 条、第 152 条规定行使股东的诉权，可能对大股东造成非常严重的影响。前两个手段还限定在民事诉讼范围之内，最严厉的是第三个手段，小股东直接举报大股东的违法行为，发起刑事案件，导致大股东失去人身自由，甚至丢失企业的控制权。因为中国民营企业在企业经营过程中违法犯罪的现象还是比较严重的，小股东则很少参与企业经营，没有违法犯罪的风险。而小股东对公司经营情况知道得比较多，很容易拿到大股东违法犯罪的证据，演变为小股东攻击大股东的最有力武器。最典型的案例就是“雷士照明吴某江”的案例。

3. 被小股东狙击的大股东——“雷士照明吴某江案”

吴某江就是一个典型的喜欢独断专行的企业家，虽然他在股权架构上并没有做到一家独大，但其对雷士照明的控制力和独断专行的特性非常类似一家独大的类型。创业初期，因为吴某江超群的能力和独断专行，雷士照明发展非常迅速。但随着公司的发展，小股东和大股东的矛盾逐步显现出来。后来，公司逐步升级，以至于从 2005 年到 2014 年的 9 年内，吴某江被三次驱逐出自己的公司，但吴某江通过供应商集体施压的方式两次强势回归,在股权不占优势的情况下依然可以强势回归,吴某江的强势和能力可见一斑。尽管如此,吴某江还是没有逃脱其失败的命运,最后被其他股东控告挪用资金、职务侵占,2015年失去人身自由,2016年被判处有期徒刑14年,虽然判决2018年8月被撤销发回重审,目前最终结果还未可知,但无论结果如何,吴某江其实已经失败了。

(四)夫妻店持股架构的五大弊端

在民营企业中,夫妻都参与持股虽然不是主流,但数量也不少。夫妻店持股架构不能完全说是问题架构,这种架构有利有弊。这种架构的好处非常明显,首先,夫妻同心,其利断金,夫妻之间信任度高,比较容易团结一致,不离不弃,有利于公司的稳定;此外,很多时候女方管财务,起到很好的监督作用,男方不容易犯错误。但夫妻店持股架构的弊端也是比较明显的。

弊端一:夫妻持股属于最典型的家族企业,家庭事务和企业事务很难分开,不利于企业管理的规范化,不利于引入高素质管理人才。

弊端二:夫妻的家庭矛盾很容易带入企业,引发企业经营困境。

弊端三:夫妻持股的架构几乎无法引入风险投资。

弊端四:如果发生离婚风险,企业股权分割会面临严重挑战,甚至严重影响公司经营和发展。

弊端五:夫妻属于一个家庭,公司人格非常容易被否定,导致企业风险直接传递到家庭。

(五)婚姻关系人持股架构的五大弊端

婚姻关系人持股主要是指配偶的父母、配偶的兄弟姐妹、子女的配偶等持股。婚姻关系人持股的架构整体来说是弊大于利,是要尽量避免采用的架构。因为婚姻关系是一种相对不太稳定的关系,而且婚姻关系的解除往往会伴随比较尖锐的矛盾,尤其在这样一个离婚率逐步攀升的时代,婚姻关系人持股架构最终出问题的可能性比较大。

婚姻关系人持股存在以下几个弊端:

弊端一:婚姻关系人持股并参与企业管理,会对企业规范化管理产生不良影响。

弊端二:家庭内部矛盾容易传递到公司,股东权利可能被用作家庭内部争端的手段,影响公司管理和运营。

弊端三:婚姻一旦出现问题,可能直接导致股东关系恶化,引发股东矛盾,影响公司管理运营。

弊端四:股东权利可能被用作离婚纠纷中争取利益的手段,用以要挟大股东。

弊端五:在企业股权传承中,持股的婚姻关系人可能运用股东权利干涉股权传承,影响企业控制权安排等,甚至借机争夺企业控制权。

(六)家族成员代持股权的问题解析

家族成员代持股权也是股权架构设计中需要尽量避免的方式,整体来说也是弊大于利。虽然家族成员更加值得信任,相对没有亲属关系的朋友,看似更加合适于代持股权,但其实其弊端更加严重。

弊端一:家族成员代持股权更加容易发生纠纷,因为家族成员之间有亲属关系,在经济利益方面有着千丝万缕的联系,并且经济利益和感情纠葛混在一起,尤其是当经济利益巨大考验人性,或者家族成员之间发生矛盾时,发生纠纷的概率远远大于非家庭成员代持股权的情况。

弊端二:家族成员代持股权非常不利于股权传承,尤其是在企业控制人没有做好传承安排就去世的情况下,代持人可能会利用股东身份干涉股权传承。并且,如果企业的继承人能力难以服众,则代持股权的家族成员可能是最难收服和处理的元老,可能对企业的经营管理产生重大影响。

小马奔腾实际控制人李某的案例就是最好的例证,李某用他的妹妹、妹夫代持小马奔腾的股权,李某去世后,李某的妻子金某根本无法有效地掌控企业,甚至被李某的妹妹赶出董事会。并且,因为其将代持的给员工的股权激励股份据为己有,导致大量的关键人才出走,最终导致了小马奔腾陷入困境,最终被低价拍卖,金某最终负担上亿债务无法偿还的恶果。

(七)老板间接持股主体公司架构存在隐患

在股权架构中,我们经常能见到有一些企业家用持股公司控制了很多实体经营的公司,自己在这些公司中却不持有任何股份,而是通过持股公司间接持有,而真正有价值的,需要有效控制的是这些实体经营的主体公司。因此,间接持股的股权架构也是存在隐患的。

隐患一:控制人不直接持有实体经营公司的股权,其需要行使任何股东权利都需要通过控股公司,离开了控股公司,实际控制人可能连查账权都没有,更别说诉权、有限购买权等其他权力了。如果控股公司一旦出现问题,无法正常作出决议,行使权力时,就可能导致控制人对所有实体经营的企业全部失控。

隐患二:当持股公司控制人身故,需要继承时,继承人只能当然取得持股公司对股权，却不拥有实体经营企业对股东身份。而继承程序往往需要比较长的时间，如果在继承过程中继承人不能很好地达成一致，导致控股公司无法正常作出决议时，所有继承人对实体公司将暂时失去控制，其他股东有可能趁机取得企业对实际控制权，从而影响甚至严重损害大股东利益。

（八）单一单层股权架构的弊端

与间接持股架构相反的架构就是单一单层股权架构，单一的意思是将所有业务放在一家公司，单层的意思是企业家直接持股实体经营公司。这样的股权架构在中小型民营企业家群体中最为普遍。

这样的股权架构，由实际控制人直接持股公司股权，控制力是最强的，在公司规模较小的阶段是非常实用且低成本的股权架构，但当公司发展到一定规模和阶段，其弊端就显示出来了。

弊端一：单一公司的设计，所有业务均放在一家公司，既不利于业务流程的梳理，影响企业管理效率；也不利于税收架构设计，导致税收负担过高；也不利于各板块之间的风险隔离，一个部分出问题就导致整体受影响；还不利于公司估值，不利于引入投资，融资上市等。

弊端二：单层持股架构的设计，全部自然人持股的模式。第一，股东自身或者家庭发生问题就会直接影响实体公司的经营，而实体公司经营出现问题也会直接传导给股东及其家庭。第二，自然人直接持股不利于股权重组，融资并购等工作的开展。第三，自然人直接持股，很难及时地调整税收架构，对税收筹划不利。第四，自然人直接持股可能给股权的传承工作带来麻烦，最典型的影响就是多个继承人继承时，可能带来继承人争产影响经营的问题，还可能发生股权分散导致控制权旁落的问题，还可能存在股权财产分割难的问题等。

弊端三：单一单层的股权架构，企业控制人一般同时是企业的法人代表，企业发生任何涉及刑事风险的问题都会由企业控制人直接承担，风险集中，影响巨大。

（九）企业家简单直接持股多家公司存在的弊端

还有一些民营企业家，开了很多家公司，但每家公司都由自然人直接持股，这样的方式和单一单层的股权架构一样，都存在诸多弊端。

弊端一：多家公司可能存在一套班子经营的情况，导致公司管理混乱，财务不规范，资金流动复杂，公司人格混同。轻则容易诱发税务风险，重则容易引发挪用资金，职务侵占等刑事风险。

弊端二：这种持股架构不利于财富传承，当股权发生继承时，遗产梳理难度大，遗产管理难度大，继承手续工作量成倍增加。

（十）缺乏股东退出机制设计存在的问题

股东退出机制设计是很多企业在设计公司章程时最容易忽视的，绝大部分的民营企业股东章程都没有详细约定股东退出机制，这就导致股东之间一旦发生矛盾，很难通过部分股东退出来解决问题。并且，及时部分股东愿意退出，也会在退出方式，退出补偿等方面产生较大的分歧，最终导致问题迟迟得不到解决，因而严重影响企业经营，产生巨大的经济损失，甚至导致企业经营失败，破产。更有甚者，因为股东矛盾长期激化，最终股东反目成仇，对簿公堂，甚至动用刑事手段打击或者报复对手等，非常值得注意。

（十一）任意持有员工股权激励股权存在隐患

股权激励是目前很多公司普遍采用的激励关键员工的方式，但在股权激励部分股权的持有架构设计上，可谓五花八门，有的股权由企业控制人自己代持，有的由某一个员工或者小股东代持，有的只是一个虚无缥缈的制度，有的甚至只是计算分红的一种方式，这样的股权激励的方式不但很难起到激励员工的效果，会给企业经营埋下很多风险隐患。

第三节　股权架构风险的影响与规划策略

一、股权架构风险的五大典型影响

通过对11种股权架构存在的问题的分析，我们可以清晰地看到股权架构对企业经营发展所产生的影响是比较大的，总结下来主要有以下一些比较典型的场景。

（一）容易造成决策效率低下，甚至造成股东僵局

一个不合理的股权架构，尤其是一些股权过于分散，或者重要股东股权过于对等的股权架构，还有一些有过多家庭成员参与持股的股权架构，非常容易造成决策效率低下的问题。股权过于分散往往会造成作出决议时参与投票的股东数量不够的问题，重要股东股权过于对等则容易造成相互扯皮、相互掣肘的局面，甚至形成股东僵局。而过多家庭成员参与持股时，容易把股东会、董事会变成家庭恩怨的第二战场，决策效率之低下可想而知。

（二）容易引发股权纠纷，对企业经营产生严重影响

不合理的股权架构还特别容易引发股东的纠纷。一般来说，决策效率低下经过一段时间后就会慢慢发展成股东纠纷，而股东纠纷对企业的影响就更为严重了。同时，股权过于集中的股权架构虽然可以保证决策效率，但很容易导致大股东侵害小股东权益的事情发生，也非常容易引发股东纠纷，如前面所讲的雷士照明吴某江被小股东狙击的案例。还有股权激励架构不合理或者章程缺乏股东退出机制设计等也容易引发股东纠纷。如果发生激烈的股东纠纷，公司的股权就可能面临冻结，正常经营可能受到阻挠，甚至造成公司陷入经营困境。

（三）容易引发企业家刑事风险

如果发生激烈的股东纠纷，不仅企业正常经营会受到影响。同时，因为很多民营企业家经营不够规范，这些不规范的行为在没有内部矛盾时很难暴露出来。然而，一旦发生内部矛盾，这些不规范的行为就会成为股东攻击对方的终极武器，尤其是小股东攻击全面负责经营的大股东的最有力武器，这种武器被使用的后果就是导致被攻击的股东可能面临刑事处罚的风险，失去人身自由，失去对企业的控制甚至失去一切。这样的案例在过去的几十年中比比皆是，不可不引起重视。

（四）最终导致企业经营失败，陷入债务危机

以上的诸多影响进一步发展，就可能导致企业的经营失败。而伴随企业经营失败而来的就是企业陷入债务危机的旋涡之中。虽然理论上公司股东只需要对公司的债务承担有限责任，但在现实环境中，有限责任对股东尤其是对控股股东能起到有力保护作用的可能性是比较小的。即使是上市公司这样的经营非常规范的公司，企业的主要股东也会因为在融资过程中直接对公司债务承担了连带责任而直接导致债务危机从企业传导到股东家庭。

（五）债务危机传导到股东家庭，对股东家人产生严重影响

债务危机一旦从企业传导到股东的家庭，将造成股东家庭资产的严重损失。并且，在社会实践中，企业债务的规模相对企业股东的家庭资产规模来说都是比较大的，所以企业债务几乎大概率能轻而易举地吞噬掉股东的所有家庭资产，让股东家庭迅速陷入资不抵债的境地。如果家庭出现资不抵债，则家人的正常的生活、健康、教育、成长等就会受到严重影响，甚至造成不可挽回的严重后果。

二、科学的股权架构设计的七大基本原则

科学合理的股权梳理和架构设计是一个非常专业且精深的领域，需要聘请经

验丰富的专业人员根据各个企业的实际情况进行有针对性的、深入的研究,才可能给出科学合理的解决方案。因此,本书只能作一些理念和方向上的方法介绍。要设计一个科学合理的股权架构,以下几个原则是比较值得参考的。

(一)合理梳理公司业务,分板块设立公司

公司业务结构梳理是设计股权架构的基础工作,通过合理的梳理公司业务结构,分板块科学设立公司有诸多好处。首先,可以优化公司的治理体系,有助于公司管理效率的提升;其次,分业务板块设立公司有助于合理的税收筹划架构的设计,从而科学合理的降低企业税负;再次,分板块设立公司有助于提升公司价值,方便引入投资者,方便上市融资;最后,分板块设立公司有利于公司架构的调整以及股权的转让等。

(二)直接持股和间接持股相结合,科学设计多层伞型持股架构

间接持股就是实际控制人通过两层以上的公司架构间接持有和控制实体经营的公司,间接持股首先有助于集中股权,集中控制权,防止控制权旁落。多层持股架构可以很好地隔离各板块之间,以及公司和股东之间的风险,有利于将风险的影响控制在一定范围之内。此外,通过伞型架构集中持有公司股权,有利于股权资产的传承;值得注意的是,间接持股必须与直接持股结合起来,间接持股为主,直接持股为辅。用直接持股保留控制人在实体公司的股东身份、知情权、直接诉权等,弥补间接持股直接控制力不足的缺陷。

(三)合理利用不同类型公司,优化持股架构

不同类型的公司有不同的作用和特点,合理的设计各公司的类型,可以极大地优化整体的股权架构。

譬如,个人独资企业、一人有限公司虽然容易导致股东对企业承担连带责任,但如果该公司是不进行实体经营的持股公司,债务风险很小,承担连带责任就不是明显的劣势了。反之,则其财务要求简单,决策快捷和税收筹划空间较大的特点则变成较大的优势。

又如,有限合伙企业的 GP/LP 权责明确,非常适合作为股权激励公司的组织形式,员工作为 LP 享受经济利益,而且承担有限责任隔离风险,控制人作为 GP 保持控制权,承担责任。

再如,在持股公司以下再设置一层有限责任公司作为缓冲层,用有限责任公司股东承担有限责任的特点,进一步降低持股公司本身的债务风险,还可以防止顶层架构因为交易或者其他原因变化时,对实体经营公司的股东架构产生影响,

或者对股权重组、交易等产生障碍等,尤其是对实体公司是上市公司的企业集团,这样的设计意义重大。

(四)合理安排各公司法定代表人,分散降低实际控制人刑事风险

通过合理的股权架构设计和法人代表的安排可以起到很好的风险防控的作用。在多层控股架构下,控股公司及最重要的实体经营公司的法人代表由实际控制人担任,其他公司的董事长及法人代表由团队其他管理者担任。一般来说,控股公司没有实体经营,产生刑事风险的可能性极小,最重要的实体经营公司一般也是集团经营最为规范的公司,刑事风险发生的概率也相对较小。如此,实际控制人本人的刑事风险大大降低。即使其他团队成员涉及刑事风险,实际控制人仍然可以完全把控公司大局,并有能力调动专业资源、社会资源,为涉刑成员其进行有效辩护,解决问题。

(五)家族成员持股尽量限制在血亲范围内

前文我们已经讨论过夫妻持股、婚姻关系人持股、家族成员代持股份的弊端。因此,若为企业长远、规范化发展考虑,同时,也为家族成员长远的团结、和谐、幸福考虑,以免将来家族成员因为经济利益的诱惑产生内部争端,亲人反目,祸起萧墙,民营企业参与持股的家族成员尽量限制在血亲范围内。因为血亲是一种稳定的亲属关系,并且符合自古以来的财富持有与传承的自然规律。尽量避免夫妻持股、婚姻关系人持股、家族成员代持股份。

(六)用心设计公司章程,合理设计股东投票权、股东退出机制等

公司章程是一个企业治理的规律和法则,其作用不亚于法律之于一个国家的意义,必须认真对待。而对于一个公司来说,决策规则和股东退出机制是非常重要的,而《公司法》也赋予了股东们在法律框架范围内自由制定规则的权力,一定要用好。

首先,对于决策规则,《公司法》第42条明确规定,股东会会议由股东按照出资比例行使表决权;但是,公司章程另有规定的除外。第43条又规定,股东会的议事方式和表决程序,除本法有规定的外,由公司章程规定。由此可见,公司章程在制定公司决策规则上的自由度还是比较大的,每个公司都可以按照自己的实际情况进行决策规则的设计。当然,决策规则设计对设计者的专业度、经验等是有很高要求的。同时,一定要注意,《公司法》第42条、第43条是针对有限责任公司的规定。股份有限公司、有限合伙公司等的规则又有不同。在国内,上市公司暂时还很难设计双重股权架构,虽然这是一种发展趋势。目前,国内只有科创板允许其上市公司采用双重股权架构。因此,聘请专业人士帮忙起草设计决策规则是

比较明智的。

其次，对于股东退出规则的设计也非常重要，在很多情况下都可能发生股东需要退出的问题。譬如，股东间发生矛盾不可调和；股东因为一些问题不得已需要转让公司股权并退出；公司股东去世，其他股东认为该股东的继承人不适合担任公司股东，要求其退出等。股东的退出必然要牵涉到股权的转让，而《公司法》对股权转让是有诸多规定的。相对来说，也是有限责任公司自由发挥的空间要大一些，而股份有限公司因为其纯“资合”的特性，股权通过股票买卖的方式转让，规范比较明确，自由发挥空间不大。

退出规则的设计比决策规则设计在对设计者的专业和经验的要求上更高，建议聘请专业人士进行指导和咨询。

（七）提前设计股权传承计划，规划好股权传承基金

人生百年不容易，但家业传承百年是每一个高净值家庭的共同愿望。因此，股权结构是否便于传承，这是考察一个股权结构设计是否合理的重要因素。但比股权结构设计更加重要的是，一定要提前做好股权传承的规划，这是关键所在。

股权传承比其他任何财产的传承更加复杂，因为股权是一种需要管理的资产，也是一种可以迅速转化为负债的资产。公司股权的传承包括股权所有权的传承，股权管理权的传承以及股权受益权的传承。因此，在考虑公司股权传承时，需要考虑的问题很多，所有权传给谁？管理权传给谁？受益权传给谁？所有权、管理权、受益权如何通过股权架构的设计进行科学的分离并分别地传承？

所有权是管理权和受益权的基础，所有权受到威胁，管理权和受益权很难独善其身。因此，如何安全妥善地持有公司所有权，非常关键；目前在国内，股权所有权的处理手段还不够丰富。在欧美发达国家，信托和基金会是比较常见的持有股权所有权的方式。但目前国内，信托持有股权虽然已有尝试，但发展成熟还有待时日。基金会持有股权也是有少量尝试，但也还很不成熟。因此，目前普遍还只由继承人们来实际持有股权的所有权。用自然人最终持有股权的所有权，那么如何实现所有权和管理权的分离，并保障所有权不分散从而保证控制权不分散就非常关键。

公司管理权的核心就是控制权，如何通过制度和架构保证好公司控制权不旁落，并且交给家族中最适合的接班人，这是非常关键的。如果继承人中没有合格管理权的接班人，则可能需要交给职业经理人管理。值得注意的是，从目前国内的现实情况来看，一般有限责任公司交给职业经理人管理基本是行不通的，只有

上市公司这样的公司才有可能将管理权交给职业经理人团队。一般非上市公司最好的处理方式是出让变现，传承非股权资产。

三、详解“股东互保”

（一）股东意外离世的影响与“股东互保”的意义

股东互保就是通过保险等金融手段解决股东突然离世时的股东退出问题。股东互保近年来得到了很多金融界人士的关心，所以本书特用一定篇幅专门予以探讨。

公司股东意外离世，确实会给公司经营带来很多的问题。最主要的问题就是股东去世以后，按照《公司法》第75条规定①，如果公司章程没有另外规定，股东的继承人可以当然取得股东的身份。但股东继承人的人品、能力、性格、是否和其他股东可以顺利合作等都是未知数。甚至继承人可能有多个，每个继承人的想法又不同，公司突然被动增加这么多股东，对公司经营的影响可想而知。即使公司章程规定，此时，其他股东有以公允对价收购该股东继承人的股权的权力，但其他股东很难短期内拿出充足的收购资金。这就陷入了一个两难的境地。

为解决这样一个问题，股东互保模式应运而生。股东互保一般被认为是这样一种模式：由公司支付保费，为公司各股东购买寿险，保险额度和该股东持有的股权的价值相对应。公司章程规定，如果某一个股东发生身故风险，则公司用该股东的死亡理赔金支付股权转让对价给该股东的继承人，继承人取得补偿，其他股东则取得该股东的股权，各得其所，公司经营也不会被影响。

（二）传统“股东互保”方案中存在的问题

虽然股东互保看似可以完美地解决股东意外离世对企业经营产生影响的问题，但是，这样一种模式过于理想化，在实践中是有问题的。主要有以下几点：

1. 很难做到保险额度与股东持有股权价值对等

因为创业公司的股权价值变化很快，那么与之对应的保险额度也要频繁地进行调整。因此，要保证保险额度和股权价值对等在实践中是做不到的。

2. 让保险额度和股权价值对等，保险费公司一般无法承受

譬如，一家估值1亿元的公司，那么股东的总保额就需要达到1亿元左右，因为创业期公司发展迅速，估值所用市盈率一般比较高，按30倍市盈率计算，该公

---

① 《公司法》第75条　自然人股东死亡后，其合法继承人可以继承股东资格；但是，公司章程另有规定的除外。

司一年利润仅300万元左右。1亿元的保额,按股东平均年龄40岁计算,终身寿险按20年缴费计算,国内保费水平应该在200万元/年以上。即使用20年期定期寿险,保费保守估计也要超过50万元/年,公司利润的20%～65%用来支付股东互保的保费,这显然是不具备可操作性的。

3.“股东互保”引发的道德风险严重,不可控

公司或者公司其他股东作为受益人取得保险金,然后用以支付股权转让的对价,会引发严重的道德风险,不可取。在这种框架下,某一股东死亡,其他股东就可以不用支付额外的对价,直接取得公司的股权。换句话说,一个股东死亡,最大的受益者不是其继承人(因为继承人可以最终取得保险金,但需要失去股权资产,是等价交换,并未实际取得利益,甚至因为保险额度可能还低于当时股权的公允价值,这时该股东的继承人是有损失的),反而和该股东没有血缘关系的其他股东不用额外付出对价(因为保费实际是公司支付的)就可以取得公司的股权,甚至取得公司的控制权,是最大的受益者。如果公司处于股东存在一定矛盾的争议的阶段,并且公司市值比较高,利益重大,其道德风险之高,不可想象。

4.对死亡股东的继承人显失公平,易产生纠纷,无效可能性大

前一部分分析了,某股东死亡,其继承人们没有任何获益,其他股东却是最大受益人,这样的制度设计其公平性和合理性是值得商榷的。并且,当时的保险额度和股权价值是否对等,股权价值评估方式是否合理,是否公平都可能被继承人们质疑,由此引发纠纷的可能性极大。并且,如此显失公平的制度设计,最终被法院判定无效的可能性也是极大的。

(三)“股东互保”制度设计的关键

因此,前文所讲的股东互保模式是断不可取的。目前,在国内,要真正用股东互保解决问题,下面的思路可行性是比较高的。

由公司支付保费,为股东购买寿险,如果该股东发生身故风险,则股东的继承人作为受益人取得保险死亡理赔金。同时,公司章程约定,该股东的继承人不能当然成为公司的股东,由其他股东按照公司章程约定的公司股权价值计算方式,在约定的时间段内逐步支付股权收购的对价给该股东的继承人,最终完成该股东的退出。如此一来,前面的诸多问题迎刃而解。这个方案有以下几个方面的优势。

首先,保险理赔金的目的不是支付股权的对价,而是解决股东身故后其继承人的保障问题,让继承人可以不着急取得出让股权的对价,允许其他股东在一定时间段内,譬如,3 年、5 年,分期分批支付股权出让金。因此,保险额度就不需要和股权价值对等,只需要保证继承人的各项正常支出即可,保险额度大大降低,既不需要根据股权价值的增长状况频繁的调整保险额度,保费负担重的问题也不存在了。

其次,股东去世,其他股东并不能直接获取任何的经济利益,仅仅是可以取得一个时间上的缓冲,方便其筹措收购股权的资金。股东的受益人依然是最大的获益者,因此,道德风险的问题也迎刃而解了。

再次,因为保费由公司支付,因此,去世股东的继承人作为受益人取得保险死亡理赔金其实可以理解为是公司全体股东对其放弃股东身份,愿意以公允价值出让股权的一种补偿。这也使得公司章程中对股权价值计算的方式更加容易被去世股东的继承人们接受。一方面,有经济上的补偿;另一方面,又有符合法律的公司章程的强制规定,感情上的安抚和法律上的强制二者结合,因此,产生纠纷的可能性就大大降低了。

复次,这样的制度设计无论是对去世股东的继承人还是其他股东都是公平的,不会因为显失公平而最终无效。

值得注意的是,并不是所有的股东都一定要参与股东互保。尤其是在大股东股权明显高于其他股东的股权架构中,一般大股东不会希望公司在自己去世后直接出让给其他股东,并且,其他小股东也很难最终筹集到足够的股权收购资金。在这种情况下,公司只需要给小股东购买人寿保险,并且约定在其意外离世情况下,股权收购,股东退出的机制。而大股东需要做的事情则有:第一,要积极培养接班人;第二,要提前做好股权传承的安排;第三,要预防大股东去世后,小股东要求退出,在这种情况下小股东的退出机制公司章程也要予以规定,并且要提前为接班人准备收购小股东股权的资金。

最后,因为股权架构风险最终可能导致企业经营失败,陷入债务危机并传导到股东家庭,引发企业家家庭债务风险,严重影响家人的正常的生活、健康、教育、成长等就会受到严重影响,甚至造成不可挽回的严重后果。因此,从财富规划的角度出发,应对股权架构风险,以资产保全与债务隔离为核心的底线规划是必不可少的。这部分的具体规划方法在“企业家家庭债务风险解析与解决方案设计”一章中有非常详细的介绍,这里不再重复。

第二十章

企业家刑事风险解析与防范

第一节 风险案例

一、案例导读

2019年8月12日,孙某庆终于拿到了潍坊市高新区人民检察院的《不起诉决定书》,从这一刻开始,他真正恢复自由了。从他于2015年2月3日被刑事拘留那天算起,到今天整整1287天。

因为这一场刑事案件,他失去了他的企业,失去了很多机会。而引发这场官司的正是与他原有企业的股东们的矛盾。他和股东们到底孰是孰非,双方各执一词,已经无从判断。虽然法律作出了证据不足不起诉的结论,但以姜某辉为代表的原股东仍然坚持孙某庆是有罪的,并表示只要再找到新的证据他们还会继续报案追究。[①] 本案中的是非曲直,我们作为局外人不能下定论。但这件事情蕴含的许多教训、道理却非常值得深思。

二、案例详情

孙某庆,原中微光电子(潍坊)有限公司创始人,清华博士,2002年从美国回国后,组织7位博士创业,进军光通信行业。2004年,孙某庆将公司从上海搬回了家乡山东潍坊。也是因为这个事情,他和故事的另一位主人公姜某辉合伙了。据孙某庆讲,他们的合伙是因为政府希望有美资背景,因此就用了姜某辉在美国的壳公司,当时有人提醒这个壳公司会引发风险,但孙为了做好公司就忽略了。而姜某辉则说是孙某庆缺资金,通过同乡找的他。因为政府优惠政策好,又是高科技,这对在潍坊做房地产和贸易的姜某辉诱惑很大,所以就合作了。这次引入的股东不仅包括姜某辉,还有李某。他们都出资了3000万元人民币。后来孙某庆又引入了几个股东,但基本都是外行,财务投资人。

公司成立后经营还是非常不错的,很快就实现了盈利,并且公司估值节节高升,2011年时美林证券和Piper Jaffray曾给中微估值19亿美元。但让股东非常不满的是两个事情:第一,公司成立10年,从未分红。第二,赴美上市失败,上市梦

① 资料来源:潍坊传媒网:http://www.wfcmw.cn/weifang/text/2019-12-03/382381.html。

破灭。据股东之一的陆某亮透露,矛盾最后爆发的导火索是2014年股东们发现公司向银行申请了贷款,公司现金流是正的,也没有分红,为什么还要贷款,而且没有通过董事会,股东们对孙某庆的不信任达到了顶点,并怀疑他侵占公司资产。

2014年7月26日的董事会上,双方决裂了,这天现场的情况双方各执一词,众说纷纭,真实情况也无从知晓。总之,在当天,孙某庆的董事长职务被罢免了,现场比较混乱,还有特警到现场维持秩序,而孙某庆则当场离开公司。

孙某庆离开公司后,在国内停留了一段时间后就去了美国,在此期间坊间开始传闻孙某庆携款3亿元潜逃美国。据孙某庆描述,他离开公司就很狼狈,几乎是逃出去的,出去后他通过中间人和陆某亮取得了联系,但并未解决问题,并且因为他害怕中间人帮陆某亮控制住自己的人身自由,所以选择了中途溜走,随后他在害怕与灰心,去了美国。但姜某辉称董事会当天他们没有对孙某庆的离开有任何的阻拦,他是体面离开的。

关于为什么从美国回国,孙某庆解释说是忍受不了国内的"谣言",他必须回国给自己正名,把事情搞清楚。2014年11月,孙某庆经过我国香港特别行政区回到青岛。他不知道的是,早在9月10日,股东们已经向潍坊市公安局报案,指控孙某庆挪用公款和职务侵占。

孙某庆回青岛后并没有马上被抓,在此期间他向法院发起了股权纠纷的诉讼,并冻结了相关的一些公司的账户。并且,他还和朋友一起成立了青岛九龙光照明有限公司(天眼查显示公司成立于2014年12月25日,股东为孙某庆等人,注册资本1亿元),经营与潍坊中微同样的业务。据说是因为孙某庆的这些行为才彻底激怒了原股东们,原股东们怒斥孙某庆一方面冻结潍坊中微的账户让公司无法经营,另一方面另起炉灶抢走公司的老客户。如此,姜某辉等原股东不断向公安机关举报孙某庆涉嫌违法。

2015年2月3日,孙某庆被刑事拘留了,据孙某庆自己描述,当时抓他的4名便衣警察向他转达了姜某辉等人的三个条件:无偿转让潍坊股权;撤销两个民事官司;去美国,永不要再回来。孙某庆不答应,所以才被警方刑事拘留。此事因为亲历者只有警察和孙某庆,真实性也是无从考证了。但无论是否转达了这三个条件,孙某庆被抓主要是因为与原股东的矛盾不可调和因而被举报是可以肯定的。

此后,孙某庆就开始了长达4年半的刑事诉讼官司,这场官司创下了114次庭审的纪录。2017年7月11日,潍坊高新区人民法院判决孙某庆犯增值税专用发票罪,判处有期徒刑3年6个月。一审判决后,孙某庆和检察院均不服,分别提起上诉和抗诉。随后,二审法院撤销了原判,发回重审。

在办案过程中也同样出现了企业家刑事犯罪案件的典型特点,举报是因为一个罪,最后判决的可能是另外几个罪。这个案件举报是职务侵占,但职务侵占证据明显不足,很早就被法院否定了,争论焦点出现在了虚开增值税专用发票上。最终的转折点出现在了 2018 年 12 月 4 日最高人民法院发布的指导意见上,最高人民法院确定不以偷逃税款为目的,客观上未造成国家收入损失,不构成虚开增值税专用发票罪。随后,又经过了半年多的审理,检察院最后作出了证据不足不起诉的决定,虽然姜某辉等人对此结果非常不满,但在法律上,孙某庆无罪了,他重获自由了。

在案件审理的 4 年多中,潍坊中微也发生了很大的变化,首先是姜某辉等股东在潍坊中微之外又成立了一家技术研发公司"山东中微",主要负责技术研发和销售,而生产依然放在潍坊中微。在孙某庆看来,这属于典型的掏空公司的行为,几年下来,潍坊中微已经没有什么价值,只是一个简单的代工厂而已了。但原股东陆某亮在接受《南方人物周刊》采访时解释说,"我们知道被骗了,就觉得,如果要继续做下去,他(孙某庆)还是股东的话,大家都很不愿意。所以大家讨论,再做一个新的公司。他的股份拿掉之外,大家同以前的股权比例,再投资,设立一家新的公司,这全部都是合法的,我们当地的政府也都知道。"而姜某辉认为另成立公司恰恰是因为孙某庆和林某军等人申请冻结了"潍坊中微"的账户导致公司无法正常经营,所以才被迫为之。并且,孙某庆的新公司"青岛九龙光照明"成立在"山东中微"之前 4 个多月。

无论是出于什么原因和目的,但现实是"潍坊中微"的技术和销售队伍大部分去了"山东中微",并且,"山东中微"的办公地点就是原"潍坊中微"的办公楼。总之,孙某庆彻彻底底地出局了,即使现在他能要回潍坊中微的股份也毫无意义了。

重获自由后,孙某庆提起了国家赔偿的请求共计 2 亿多元。最后,法院作出决定:赔偿人身自由赔偿金和精神抚慰金共计 54 万余元,并消除影响,赔礼道歉。而公司经营的损失,法院未予支持。2019 年 11 月 29 日上午,潍坊高新区法院为孙某庆举办了赔礼道歉的仪式,地点就选在了原潍坊中微厂区的对面。[①]

① 资料来源:搜狐网:https://m.sohu.com/a/357557215_166680/。

三、案例解析

虽然失去了公司，但相比于其他很多企业家，孙某庆算是幸运的。当然这种幸运和他自己的行为分不开。用孙某庆的话说："他们认为只要把我抓起来，总能找到一些犯罪证据的，没想到我是个书呆子，什么违法的事都没做。"孙某庆是否真的什么违法的事都没做我们不敢下定论，但他在企业经营过程中相对比较规范，违法违规比较少这是肯定的，所以虽然经过4年半，但他最终还是重获自由，虽然失去了公司，但至少人还在，时间耽误不多，东山再起是完全可能的。

大部分涉及刑事风险的民营企业家就没有这么好的运气了，多多少少会查出问题来，最后很难逃脱刑事制裁的命运，因为他们在企业经营过程中有太多的漏洞。其实，他们中的大多数人并不是故意要去犯罪，甚至大多数是无意识犯罪，只是在企业的经营管理过程中因为不精通法律而误入各种法律陷阱。①

第二节　民营企业家刑事风险详解

一、民营企业家刑事犯罪概况

据北京师范大学中国企业家犯罪预防研究中心2018年发布的《2016中国企业家犯罪分析报告》②及2019年发布的《企业家刑事风险分析报告（2014～2018）》③显示（报告数据标本源于裁判文书网上传的法律文书，但并非所有的判决书、裁定书都会上传，所以该报告主要代表性地体现企业家犯罪概况及趋势），中国民营企业家刑事犯罪现状如下：

（一）民营企业家高频罪名统计

据报告统计，从2013年12月1日～2018年11月30日的5个年度共搜集到中国民营企业家犯罪7590次，犯罪人数7215人，涉及罪名超过70个。

---

① 唐青林、赵启峰编著：《企业家刑事法律风险防范》，中国法制出版社2017年版，第2页。

② 张远煌主编，北京师范大学中国企业家犯罪预防研究中心编：《企业家犯罪分析与刑事风险防控报告》（2017卷），北京大学出版社2018年版。

③ 张远煌：《企业家刑事风险分析报告（2014～2018）》，载《河南警察学院学报》2019年第28卷第4期。

表 20－1　2014～2018 年民营企业家犯罪高频罪名统计

序号	罪名	次数
1	非法吸收公众存款罪 & 集资诈骗罪	1494 次 & 205 次
2	职务侵占罪 & 挪用资金罪	744 次 & 403 次
3	虚开增值税专用发票罪	955 次
4	合同诈骗罪	520 次
5	单位行贿罪 & 行贿罪	488 次 & 357 次
6	骗取贷款、承兑票据、金融票证罪	258 次
7	诈骗罪	193 次
8	污染环境罪	164 次
9	重大责任事故罪	156 次

2014～2018 年度，民营企业家犯罪呈现明显的上升趋势，从 2014 年为 993 次，2016 年为 1716 次，2018 年则为 2559 次。在多发罪名中，非法吸收公众存款罪、合同诈骗罪、集资诈骗罪、骗取贷款承兑汇票金融票证罪等主要存在于融资环节的犯罪始终占据主要地位，这与我国民营企业融资难的大环境有密切关系，也体现出改善民营企业融资环境的必要性。

占据第二位的是职务侵占和挪用资金的犯罪，这与民营企业家法律意识的缺失有着很大的关系，很多民营企业家法律意识淡薄，错误地认为钱是企业的，企业是我的，所以企业的钱就是我的钱，我想怎么用就怎么用，想如何调配就如何调配。在利益的驱使下，把企业的资金直接通过各种手段转入私人账户，以逃避税收。或者把企业的资金随意地调配用于自己投资或者自己名下其他企业的投资以牟取私利。这就势必会侵犯企业法人的财产权益，对企业的其他股东、债权人、国家造成损害，从而触犯刑律。

占据第三位的是逃税类的犯罪，主要罪名是虚开增值税专用发票罪，这个罪名在 2014～2018 年共被触犯 955 次，在单个罪名被触犯次数上排第二位，仅次于非法吸收公众存款罪。但这个罪名主要爆发在 2016 年、2017 年，这可能与金税三期的上线有很大关系，通过 2016 年、2017 年 2 年的整顿，在增值税涉税问题上，民营企业家的合规纳税意识大大提高，触犯刑律的次数大大降低。到 2018 年，该数据已经降低到 145 次，在单个罪名被触犯次数中排第 7 位，甚至排在了拒不支付劳动报酬罪的后面。

占据第四位的犯罪是单位行贿罪和行贿罪，这与企业家的经商环境和政商关系有很大的关系。尤其是随着反腐力度的提升，2018年相比往年民营企业家因行贿被查出的案件数量也大幅度提升。当然，随着反腐工作的推进，新政商关系的形成，民营企业家犯行贿罪的情况应该会有很大改观。

（二）民营企业家犯罪年龄、环节及刑罚标准统计

表20－2　民营企业家刑事犯罪年龄阶段统计

年龄	20～29岁	30～39岁	40～49岁	50～59岁	60～69岁	平均犯罪年龄
比例	6.69%	26.93%	35.23%	24.34%	6.34%	45岁

表20－3　民营企业家最容易犯罪的经营环节统计

经营环节	日常经营	财务管理	融资环节	贸易环节	工程承揽
犯罪占比	39.13%	15.36%	18.26%	7.01%	6.75%

表20－4　2014～2018年民营企业家犯罪刑罚情况统计

免予刑事处罚	管制	拘役	有期徒刑			无期徒刑
			5年以下	5～10年	10年以上	
4.28%	0.08%	5.61%	71.41%	9.85%	6.54%	0.57%

数据显示，民营企业家最容易发生刑事风险的阶段是40～49岁，这也正是企业家的黄金年龄阶段，企业成长最快的年龄阶段。而最容易发生刑事风险的经营环节是日常经营、财务管理和融资环节。并且，从数据上看，企业家一旦被刑事立案，被判无罪或者免予刑事处罚的概率是非常小的，这从一个侧面反映了企业家在刑事这个维度上是很难经得起查的。在量刑上，企业家犯罪量刑范围比较集中的是5年以下有期徒刑，5年以上有期徒刑的概率只有17%多一点。也就是说，企业家如果牵涉刑事风险，一般都会导致失去人身自由，很少有人能免予刑事处罚，但一般罪不会太重，判刑刑期一般不会太长。

二、民营企业家刑事犯罪的典型特征

中国民营企业家刑事犯罪是非常有特点的，这个群体犯罪和其他犯罪有着非常明显的区别。中国民营企业家犯罪的特征用一种颜色来描述是非常贴切的，就是“灰色”。其具备五大典型特征。

（一）为了经济利益，普遍性违法犯罪

有一种说法是，民营企业家违法是被逼无奈，因为不违法企业就做不下去。这种说法有一定道理，因为在高标准立法的环境中，完全合法经营难度确实要大一些。但说不违法就做不下去这样的提法却有推脱责任之嫌，因为无论如何，违法的目的往往是追求更大的经济利益，这个动机总是确定的，不能把所有的责任都推给立法。当然，资本和商人的逐利性这是天性，因此在现实环境中，抱着法不责众的心态普遍违法就成为绝大部分民营企业家的普遍现象。

（二）缺乏法律意识，无意识违法犯罪

在改革开放后的很长一段时间里，民营企业家群体是缺乏法律意识的。一方面，他们普遍不熟悉法律，不愿意学习法律，也不愿意在合法合规工作方面投入时间和资本。这导致很多时候不是因为他们想违法犯罪，而是因为他们根本不知道这种行为就是违法犯罪。譬如，典型的职务侵占罪，绝大部分企业家简单地认为钱是企业的，企业是我的，所以钱是我的，我怎么安排是我的事，不知不觉就犯了职务侵占罪。另一方面，为什么民营企业家不懂法？这是因为他们从潜意识里就觉得法律不重要，他们认为和官员的关系可以替代法律，经济措施也可以替代法律，即使有问题，我可以凭能力、关系、经济实力搞得定法律，我可以凌驾于法律之上。这就是真正地缺乏法律意识，对法律没有敬畏之心，所以才会造成无意识犯罪的结果。

（三）主观恶性一般不大，罪名以经济犯罪为主

因为大部分企业家犯罪是无意识犯罪，还有一些是经济原因，抱着法不责众的心态知法犯法，所以普遍主观恶性都不是很大。主观动机恶劣和有预谋的、有步骤的严重犯罪在民营企业家犯罪中是比较少的。民营企业家犯罪大多数以经济犯罪为主，而且往往是经营相关的经济犯罪，如职务侵占、涉税犯罪、行贿罪、非法经营犯罪、操纵市场类犯罪等。就连不为经营，而是纯粹以非法占有他人财物为目的的经济诈骗类犯罪在民营企业家中都是罕有涉及的。总而言之，大部分企业家犯罪的原始动机只是为了经营好企业从而创造财富，而非通过违法犯罪直接取得经济利益，这和一般的故意犯罪是有很大区别的。换句话说，如果用普通老百姓的眼光看，这些犯了罪的民营企业家并不是坏人。

（四）往往由经济纠纷引发刑事案件，独立犯案情况极少

企业家犯罪的案发原因非常有特点，和一般的犯罪不同，企业家犯罪案发一般都不会是案件本身引起的。企业家刑事犯罪案发主要有五种模式：被举报、控告、经营失败被追究刑事责任、因贪腐案件被牵连、因偶然社会事件引发、因犯罪行为本身案发。在这五种模式中,仅有最后一种模式是因为犯罪本身而被追究刑事责任。这就应了孙大午那句话:"……罪名没落到你身上,不是你做得好,而是你幸运!"

(五)失去人身自由导致失去企业,财富严重受损,家人受牵连

企业家一旦被追究刑事责任,导致丧失人身自由,最大的影响往往是企业经营受到重大影响导致企业亏损甚至破产或者企业控制权被抢夺甚至企业易主等。

企业股权是资产,但是一种很有意思的资产,这种资产需要妥善的经营,经营得好就可以产生源源不断的现金流,是财富的源泉。经营不好则是负债,会变成吞噬现金流的黑洞,家庭财富的粉碎机。中国现阶段大部分企业的经营还主要靠企业家个人的能力,所以,当企业家身陷囹圄,失去人身自由,无法经营企业时,就会导致企业的经营状况迅速恶化,甚至爆发债务危机,破产倒闭,导致企业由"财富的源泉"迅速转变为"财富的黑洞"。

由此可见,企业家自身的刑事风险对企业的影响是巨大的,所以最高人民检察院检察长张军2019年10月在北京大学的一场讲座中说:"对于民营企业,可捕可不捕的,不捕;可诉可不诉的,不诉;可判实刑可判缓刑的,判个缓刑好不好?我们认为是非常需要的,因为民营企业把它捕了诉了马上会垮台,几十个几百个人的就业没了[①]。""目的是要让违法但犯罪情节比较轻微的企业不至于因为'老板'被诉而彻底垮掉"。[②]

而在现实中,因老板被诉而企业彻底垮掉的案例是比较多的。比较有名的有牟某中入狱,南德集团垮掉;李某纬入狱,健力宝垮掉;顾某军入狱,格林柯尔垮掉;李某纯入狱,太子奶垮掉;王某入狱,快播垮掉……

企业垮掉以后,因为中国民营企业家普遍存在家企不分的情况,企业债务危机往往会传导到家庭,失去了主心骨以后到家庭成员在债务和经济纠纷中几乎没有自我保护的能力,处处受制,任人宰割的现象屡见不鲜。

三、民营企业家刑事犯罪的典型罪名详解

从数据来看,2014~2018年企业家触犯比例最高的有五类罪名:第一类最典型的是发生在融资环节的非法吸收公众存款罪和集资诈骗罪;第二类是发生在日

---

① 资料来源:搜狐网,https://www.sohu.com/a/349491128_161795。

② 资料来源:搜狐网,https://www.sohu.com/a/349118648_618578。

常经营环节的职务侵占罪和挪用资金罪;第三类是发生在财务管理环节的虚开增值税专用发票罪;第四类是经常因为资金问题而导致的合同诈骗罪;第五类是发生在日常经营环节的行贿罪和单位行贿罪。这五大类犯罪民营企业家非常容易踩中红线,应当重点关注。

(一)非法吸收公众存款罪、集资诈骗罪详解

为什么把这两个罪名放在一起讨论呢?因为这两个犯罪具有相当高的相关性,二者往往仅存在主观意识上的差别,即是否以非法占有为目的。在很多案件中,往往会出现主犯被判集资诈骗罪,而从犯大部分被判非法吸收公众存款罪,[①]可见两个罪名具有高度相关性。

非法吸收公众存款罪,俗称"非法集资",犯罪嫌疑人不以非法占有为目的,但面向非特定公众集资,其行为主要是破坏金融监管秩序并实际造成被害人财产损失,其量刑相对较轻[②],最高刑期为10年。而集资诈骗罪以非法占有为目的,其本质属于侵犯财产的犯罪,量刑相对非法吸收公众存款罪要重很多[③],最高刑期为无期徒刑。

这两个罪名作为近年来民营企业家刑事犯罪数量最多的罪名,在企业家融资过程中特别容易触犯,需要引起相当的注意。

1. 典型案例:杨某群等集资诈骗案[(2019)浙刑终407号][④]

2012年开始,被告人杨某群在经营御雅公司欠下巨额债务无力偿还。2015年5月,杨某群与宁波米利公司法定代表人王某商定,由杨某群支付一定报酬,米利公司帮其组建一家财富公司向社会募集资金。2015年6月,杨某群成立了六顺公司,以被告人黄某为法人代表。同时,因资金紧张,杨某群又向米利公司借款2000万元,因此六顺公司由杨某群、王某及米利公司共同管理。六顺公司聘用了

---

① 非法吸收公众存款罪和集资诈骗罪典型判决参考案例:(2018)最高法刑申342号、(2020)浙刑终108号、(2019)苏刑终276号、(2020)藏刑终13号、(2020)鲁刑终125号、(2019)苏刑申14号、(2020)苏刑终4号、(2020)赣刑终94号、(2019)粤刑终264号。

② 《刑法》第176条 非法吸收公众存款或者变相吸收公众存款,扰乱金融秩序的,处三年以下有期徒刑或者拘役,并处或者单处罚金;数额巨大或者有其他严重情节的,处三年以上十年以下有期徒刑,并处罚金;数额特别巨大或者有其他特别严重情节的,处十年以上有期徒刑,并处罚金。单位犯前款罪的,对单位判处罚金,并对其直接负责的主管人员和其他直接责任人员,依照前款的规定处罚。

③ 《刑法》第192条 以非法占有为目的,使用诈骗方法非法集资,数额较大的,处三年以上七年以下有期徒刑或者拘役,并处罚金;数额巨大或者有其他严重情节的,处七年以上有期徒刑,并处罚金或者没收财产。

④ 资料来源:裁判文书网:https://wenshu.court.gov.cn/website/wenshu/181107ANFZ0BXSK4/index.html? docId=701075f503914b608096ac2f009f4573。

被告人姜某洋等数人担任中高层管理人员，搭建了网络平台“六顺财富”，同时，在江苏省、上海市及浙江省舟山市、台州市、宁波市等地成立多家分公司、门店，通过线上网络宣传、线下门店组织业务员发宣传单、开会、老客户介绍新客等方式，以资金用于投资御雅公司、新能源汽车项目或出借给他人等名义，以高息为诱饵，大肆向社会公众募集资金。集资款主要以“借新还旧”方式支付投资人本息及归还杨某群经营御雅公司所负的债务。至案发时，六顺公司以上述方式向被害人黄某等 2000 余人共募集资金约 5.61 亿元人民币，除支付部分投资人本息外，实际骗得 430 多名投资人共计 8420 余万元。

案发后，被告人杨某群主动向公安机关投案，均如实供述自己的犯罪事实。杨某群的辩护人提出，六顺公司实际由王某实际控制和经营，杨某群仅在公司成立之初参与，后来并未参与公司管理，仅有知情权。并且，他辩称杨某群仅募集得资金 4000 余万元，该部分资金除 300 万元左右购买投资性住房，其余均用于御雅公司的日常运营、支付货款和偿还公司欠款等，而御雅公司经营稳定，有存在和发展基础，偿还欠款也是为了公司运营，因此，杨某群主观上并无非法占有集资款的故意，杨某群的行为应认定为非法吸收公众存款而非集资诈骗。

法院调查后认为，杨某群成立六顺公司系因之前经营御雅公司欠下巨额高息债务，六顺公司成立初期还向米利公司借款 2000 万元，显已资不抵债；杨某群明知前述情况，仍通过线上、线下宣传御雅公司是六顺公司的实体工厂，虚夸公司经济实力，隐瞒实际负债情况，高息吸引被害人投资。期间杨某群不直接掌控资金，但米利公司对其资金需求无不满足。杨某群使用了绝大部分集资款，其不仅有非法占有的目的，且实施了虚构事实、隐瞒真相的行为，其行为已构成集资诈骗罪；被告人黄某及姜某洋等中层管理人员非法吸收公众存款，扰乱金融秩序，数额巨大，其行为均构成非法吸收公众存款罪。

最终杨某群犯集资诈骗罪被判处有期徒刑 13 年。黄某、姜某洋等犯非法吸收公众存款罪被判处 1 年到 7 年不等有期徒刑。米利公司王某另案处理。

2. 案例解析

在本案中，主犯杨某群经营的御雅公司是一家长期实体经营的公司，但因经营不善而背负高息债务，无力偿还。杨某群建立“六顺财富”的主观目的还是募集资金用于御雅公司的持续经营，解决自己的债务问题。从开始募集资金到案发，杨某群并没有挥霍资金、转移资金潜逃等行为，从一般意义上理解，从主观上她应该没有欠债不还，非法占有的主观意识，从始至终她估计都在抱着重振御雅公司的幻想。但是,现实是御雅公司早就已经陷入经营困境,无力回天,杨某群高息募集资金的行为只会让她在债务的泥潭中越陷越深,这种情况杨某群有没有可能已经意识到呢?笔者相信,她一定是有这个意识的,但她被自己的幻想催眠着,最终越陷越深,酿成恶果。很多企业家在高息募集资金的过程中,都会有和杨某群一样的心理和经历。

关于企业家集资诈骗中以"非法占有为目的"的认定问题,司法界有很多的争议,也曾引起过全社会的大讨论,特别是当年的"吴某案",在整个社会中引起了巨大的反响。针对这种情况,最高人民法院在《关于审理非法集资刑事案件具体应用法律若干问题的解释》(法释〔2010〕18 号)第 4 条中对"以非法占有为目的"专门作了解释,其中第 1 款为集资后不用于生产经营活动或者用于生产经营活动与筹集资金规模明显不成比例,致使集资款不能返还的。而杨某群的行为恰恰符合用于生产经营活动的资金与募集资金规模明显不成比例。虽然杨某群表面上似乎没有非法占有的意识,但她在明确知道公司经营情况恶化无力偿债更加无法负担集资的利息的情况下,仍然编造一系列谎言进行非法集资,最终大部分资金用于偿还债务而并没有投入企业实体经营赚取利润,并造成集资无法偿还,符合法律上所说的"以非法占有为目的"的要件,仍然构成集资诈骗罪。

非法吸收公众存款罪和集资诈骗罪都有一个共同的特点,就是面向非特定公众集资,这是非法集资和民间借贷的重要区别。这个区别虽小,但一个是刑事犯罪,另一个只是民事纠纷,天壤之别,所以企业家在融资过程中一定要注意:面向非特定公众集资是红线,只要触碰,至少就是"非法集资"。

如果不面向非特定公众,企业家的融资行为一般很少会触犯刑法,但也要注意,在融资过程中虚构事实,编造材料,或者名为交易,实为融资目的,就会非常容易触犯另外一个罪名——合同诈骗罪。

(二)合同诈骗罪详解

合同诈骗罪在现实中可以分为两种典型类型。第一种是以诈骗为目的注册公司或者虚构公司签订合同,然后行诈骗之事者。这种人不能归入企业家的群体,因此本书不予讨论。第二种是真实经营企业的企业家,一般因为资金链紧张,签订合同是假,为了获取资金是真。或者签订借款、抵押、质押合同时编造材料,虚构事实,最终经营失败导致债务无法偿还而触犯合同诈骗罪。后者是本书所要研究的合同诈骗罪。

1. 典型案例:王某强汽车质押合同诈骗案[新疆高院(2020)新刑终70号][1]

法院经审理查明,被告人王某强,山东威海人,大学文化,系新疆鸿盛丰汽车销售服务有限公司法人、实际控制人。鸿盛丰公司成立于2011年,主营现代汽车及配件业务。2014年至2015年,王某强以鸿盛丰公司的名义,以其所销售的现代轿车作为质押,分别与鑫盛银泰典当公司等5家典当公司及杨某等5个自然人签订质押借款合同,共计借得款项3100多万元。车辆保管方式为鸿盛丰公司保管车辆,债权人保管车辆合格证(注:无车辆合格证,车辆无法销售,债权人相当于占有了质押车辆本身而不用负担保管场地、保管费用与保管责任)的方式。借得上述款项后,王某强又用伪造合格证将被害人和被害单位保管的合格证换回,随后将被质押的车辆出售。案发前,王某强归还鑫盛银泰公司110.125万元、信诚信公司95.833334万元、汇众公司165.333468万元、顺合公司58.444万元及归还杨某71.25万元、吴某、马某506.7249万元、宰某120.96万元、李某11257.04452万元,未归还的款项均已被王某强归还其个人债务或用于个人项目投资。综上,王某强实际诈骗数额共计2276.784778万元。

上诉人王某强及其辩护人提出,王某强借款大部分用于公司经营而非个人使用或挥霍……王某强有自首情节,具备偿还能力,与部分被害人达成和解或取得谅解,一审量刑过重,应减轻处罚。

二审法院判决认为,上诉人王某强以非法占有为目的,在签订、履行合同过程中,通过伪造车辆出厂合格证、虚假质押车辆的方法,骗取他人财物2266.451445万元,其行为已构成合同诈骗罪,数额特别巨大。

依照《刑法》第224条[2]、第67条第1款、第64条,《刑事诉讼法》第236条第1款第3项之规定,判决被告人王某强犯合同诈骗罪,判处有期徒刑12年零6个

---

① 资料来源:裁判文书网:https://wenshu.court.gov.cn/website/wenshu/181107ANFZ0BXSK4/index.html? docId=95f2a454bc42467ea6e7abc101219d88。

② 《刑法》第224条 有下列情形之一,以非法占有为目的,在签订、履行合同过程中,骗取对方当事人财物,数额较大的,处三年以下有期徒刑或者拘役,并处或者单处罚金;数额巨大或者有其他严重情节的,处三年以上十年以下有期徒刑,并处罚金;数额特别巨大或者有其他特别严重情节的,处十年以上有期徒刑或者无期徒刑,并处罚金或者没收财产:

(一)以虚构的单位或者冒用他人名义签订合同的;

(二)以伪造、变造、作废的票据或者其他虚假的产权证明作担保的;

(三)没有实际履行能力,以先履行小额合同或者部分履行合同的方法,诱骗对方当事人继续签订和履行合同的;

(四)收受对方当事人给付的货物、货款、预付款或者担保财产后逃匿的;

(五)以其他方法骗取对方当事人财物的。

月，并处罚金100万元。

2. 案例解析

在本案中，王某强是一位真实经营企业的企业家，其签订质押合同的主要目的就是融资用于企业经营，从他案发前已经归还债务1000多万元的行为看，他是有归还债务的意识的。他用伪造合格证换回真合格证，并随后将质物出售的行为，目的也是进一步获取资金填补企业经营和投资的缺口。自始至终，王某强都没有携款潜逃一类的行为，可以看出其希望经营好企业最终归还上债务这样一个良好的愿望。用普通老百姓的观点看，这样的行为似乎也非罪大恶极，甚至感觉可以理解。并且，在企业经营的过程中，为了让企业能熬过危机，很多企业家在融资过程中都会想尽各种办法，欺骗债权人的情况可谓屡见不鲜，不是王某强一个人的特色。

但是，他伪造合格证，销售质物汽车的行为到底是不是合同诈骗行为呢？从《刑法》第224条的规定来看，客观上，王某强欺骗了债权人出售了质物，没有履约能力而诱骗债权人签订并履行了借款合同，最终造成债权人2000多万元损失；主观上，王某强实施以上行为时，确实有占有资金用于企业经营与投资的主观意愿。从一定程度上说，王某强的行为符合合同诈骗罪的犯罪构成要件，属于合同诈骗行为，所以法院最终判决12年零6个月有期徒刑是比较公正合理的。

但是，这样的结果多多少少有点英雄末路的悲情色彩，但这恰恰是很多犯合同诈骗罪的企业家的共性。从笔者搜集的8份符合条件的最新判决来看，[①]在真实经营企业的企业家犯合同诈骗罪的群体中，大部分和王某强的案件具有很高的相似性，在8份中仅有1份是嫌疑人伪造检测数据骗取污水处理费的案件不属于融资环节。剩余6个案件均属于融资环节出问题，拆东墙补西墙的过程中采用了欺骗手段，最终犯合同诈骗罪。

从搜集的判决书来看，合同诈骗罪判决的刑期相对其他犯罪还是属于比较长的，8份判决书中被告的最高刑期在10年以上的有5人，主要是因为合同诈骗造成的财产损失一般比较大，在量刑上基本都属于数额特别巨大，而且诈骗罪是相对比较恶劣的财产类犯罪，因此刑期相对就比较长。

（三）企业家融资环节犯罪的五种典型场景

无论是前面讲到的非法吸收公众存款罪和集资诈骗罪，还是这里说到的合同

---

① 典型案例判决书编号：(2020)鲁刑终4号、(2019)粤刑终1659号、(2019)鲁刑终253号、(2018)闽刑再7号、(2019)京刑终8号、(2018)冀刑终283号。

诈骗罪，都是因为融资而触犯刑法。企业家为什么会如此容易在融资环节犯罪呢？具体有五种典型的场景。

1. 把企业当"孩子"无底线输血，最终因为融资犯罪

很多时候，企业对于企业家就如同孩子对于父母，所以企业家在企业面临危机的时候，很多时候不能理智地面对，及时止损。很多企业家会为了救企业无底线地向企业输血，利用各种融资手段融资，甚至动用欺骗的手段，最终触犯了刑法，如前面讲到的杨某群触犯集资诈骗罪就是这种情况。

2. 因为赌徒心理作祟而陷入融资黑洞，最终导致犯罪

冒险精神是企业家必备的特质，但冒险精神和赌徒心理其实只有一念之差，尤其是在创业期通过搏一搏的方法取得一定成绩的企业家，面对机会时就喜欢赌一把，当失败时就加大"赌本"，从而进入恶性循环，最终又因为融资而触犯刑法。

3. 因融资环境恶化陷入融资旋涡，最终导致犯罪

中国民营企业的融资环境相对比较恶劣。首先，融资难，民营企业很难从银行、金融机构等获得低成本的融资。其次，即使可以从金融机构获得融资，但政策变化比较快。政策的变化会使得民营企业在没有准备的情况下陷入资金链紧张甚至断裂的境地。此时，部分企业家为了弥补现金流，容易触犯刑法。

4. 因高利贷陷入融资旋涡，最后触犯刑律

企业家在面临短期的资金紧张时会选择过桥贷款甚至高利贷，在这种情况下一旦出现意外导致无法及时归还，高利贷的利息负担会让企业家陷入债务泥潭，最后拆东墙补西墙都不足以掩盖债务时，企业家就容易铤而走险，触犯刑法。

5. 法律意识淡薄，自作聪明而作茧自缚

有一些企业家，法律意识淡薄又缺乏诚信精神，喜欢空手套白狼，通过一些自作聪明的手段筹集投资资金，借别人的鸡来生蛋。这就好比在钢丝上跳舞，借鸡生蛋成功固然可以获得非常高的收益，也可以按期归还债务，皆大欢喜。而一旦发生问题，导致债务危机爆发，违法犯罪的行为就立即暴露无遗，最终作茧自缚，锒铛入狱。最近几年多发的互联网融资平台暴雷，老板入狱的案件，很多就是典型的这种情况。

（四）职务侵占罪、挪用资金罪详解

如果说非法吸收公众存款罪、集资诈骗罪及合同诈骗罪是企业家在融资环节非常容易卷入的犯罪，则职务侵占和挪用资金几乎是大部分民营企业家在企业经营环节中很难避免的犯罪。用孙大午的话说就是："……罪名没落到你身上，不是你做得好,而是你幸运!"并且,这两个罪名往往是孪生兄弟,经常结伴出现。

1. 典型案例:兰某波挪用资金案[(2016)吉0103刑初201号]①

2012年12月,长春公安局宽城分局接到报案,称自己购买了天合公司房产,但天合公司未能交付房产。随后,公安局展开了调查,引发了一场合作伙伴间的纠纷,最终发展为一场刑事案件。

故事还要从2006年开始讲,2006年8月,张某丽取得长春市天合花园小区项目开发权,依此与吉林天合房地产公司原股东王某、刘某签订合同共同开发该项目。王某、刘某将持有的天合公司60%股权转让给张某丽,将法定代表人变更为张某丽。项目结算后,王某、刘某获得该工程项目税后实际利润的35%,张某丽获得利润的65%。合作期间,双方实行项目共管,财务共管。

随后,张某丽接手天合公司开始天合花园小区的运作,并将天合花园小区改名为凯悦花园小区。在经营过程中,张某丽为了自己调度资金的便利,在天合公司之外设立了附属账(账外账)。附属账的资金来源包括张某丽投入公司的2000万元资金,以天合公司名义的借款以及购房"诚意金"等,共计3000多万元。这部分资金除用于公司开发工程项目外,张某丽还将部分借款用于个人购房、偿还个人债务、为其父购车、还债等,并将个人及家属消费部分款项计入公司账目,共计368万余元。由此,由于账目不清等原因,张某丽和原股东王某、刘某产生了纠纷。(此为另一刑事案件②,在该案中,最终虽然张某丽认为自己在该项目上的可分配利润高达亿元以上,因此自己的行为没有非法占有为目的,但法院判决认为,张某丽有可分配利润并不能否认其构成职务侵占的事实,因此张某丽职务侵占罪成立,依法判处有期徒刑7年。)

2009年10月31日,天合公司张某丽与吉林大富地产公司兰某波签订协议,合作项目为凯悦花园,此时张某丽已经和天合公司的原股东发生了纠纷,兰某波就此卷入天合公司这场纠纷之中。

2009年12月,王某、刘某将张某丽诉至法院,主张张某丽违约,要求解除合同,收回天合公司60%股权。一审法院和二审法院均支持了王某、刘某的请求,双方解除合同,2010年7月,天合公司法人代表变更为刘某翠。

---

① 资料来源:裁判文书网:https://wenshu.court.gov.cn/website/wenshu/181107ANFZ0BXSK4/index.html?docId=0b21e14b39b5458e87b8ba90cb41e379。

② 资料来源:裁判文书网:https://wenshu.court.gov.cn/website/wenshu/181107ANFZ0BXSK4/index.html?docId=a452cd2a28394a8ab514aa9500911dfe。

据兰某波陈述,2009 年 11 月,原股东王某找到兰某波,告知其和张某丽在打官司的事情,请求兰某波的帮助,并承诺打赢官司后,项目依然由兰某波负责,并签了一份协议,约定 80% 利润归兰某波。在张某丽与原股东打官司的这段时间,工程正常进行,兰某波共计向项目投入了资金 400 多万元,盖起了 6 号和 7 号两栋楼。2010 年 7 月天合公司股权变更完成后,王某和刘某聘用兰某波担任公司总经理,并出具了聘书。但很快刘某就不让兰某波参与公司管理,兰某波担心自己利益受损,于是于 2010 年 8 月起诉了天合公司,随后双方达成调解,天合公司用 51 套房屋清偿所欠兰某波之债务 700 多万元。

但天合公司股东刘某在后来的办案过程中对出具聘书、调解偿债之事一概否认,并主张聘书是兰某波伪造的,调解他自己也不知情,是股东王某的个人行为,并且,股东王某后来离开了公司。并且刘某认为,天合公司并未欠兰某波债务,兰 * 波构成伪造公章罪,伙同原股东王某触犯了合同诈骗罪等。

本案的争议核心是水电院团购事件,2010 年 9 月,米兰公司和水电院达成团购意向,一共销售了天合公司的凯悦花园项目 28 套房产。收取的房款 450 多万元未进入天合公司账户,而是按照兰某波的指示进入了财务人员张某的个人账户。这就是开头报案涉及的房产。进入张某账户的 450 万元,大部分支付到了郑某、黄某、闫某等人的账户,还有 12 万元兰某波用在了给案外人王某娜购买小汽车一辆上。

公司股东刘某称,对水电院团购之事,大合公司全不知情,是兰某波的行为,并且所得款项兰某波进行了转移,因此,兰某波构成合同诈骗、职务侵占、私刻公章等数个罪名。

兰某波的说法和刘某很不一致,兰某波称,米兰公司是受天合公司的委托销售房产,此事天合公司股东刘某完全知情,因为是他们大家一起研究决定的,根本不存在合同诈骗的问题。所得款项 450 余万元也没有进入自己的账户,而是进入财务人员张某账户,资金均用于工程项目的各项支出,自己并未转移和侵占。

据米兰公司法定代表人陈某的陈述,其与水电院达成的团购协议是天合公司授权的,并签订了房地产策划销售合同,当时兰某波及股东刘某均在场,包括后来给米兰公司出具联系团购单位的委托书时,股东刘某也在场。关于团购款项交到张某账户的事,是因为天合公司账户有欠款,所以才用张某账户收款,此时股东刘某也是知情的。米兰公司帮天合公司卖掉 30 多套房子后终止了合作,兰某波代表天合公司给米兰公司结算了 10 万元代理费,同时还从王某处买了一辆 12 万元的汽车归个人使用，车辆保险单载明车辆被保险人为兰某波的妻子。

2012 年 12 月，水电院有购房户报案，这就回到了上面一幕。据来法院说明情况的办案人员陈述，这次的报案通过公安机关的调查，认为天合公司给兰某波出具了聘书，兰某波代表天合公司签订的合同合法有效，不存在合同诈骗，因此就撤案了。

但撤案不久后，天合公司股东刘某到公安机关报案，控告兰某波涉嫌诈骗，公安机关再次启动调查，2015 年 7 月，兰某波被刑拘，随后又因涉嫌合同诈骗罪、职务侵占罪、挪用资金罪，于 2015 年 8 月 26 日被逮捕。2016 年 3 月 31 日，长春市宽城区人民检察院以被告人兰某波犯挪用资金罪、职务侵占罪、合同诈骗罪，向长春市宽城区法院提起公诉。

后经法院查明：

关于在水电院团购中，兰某波是否存在私自销售凯悦花园的问题，有证据表明兰某波和天合公司合作协议合法有效，天合公司及股东刘某对此事完全知情，现有证据不能证明兰某波有私自销售的行为。

关于兰某波是否存在私刻公章的问题，根据证人证言及鉴定意见书，不能认定“聘书”上“吉林省天合房地产开发有限公司公章”及内部购协议书的“吉林省天合房地产开发有限公司合同专用章”是兰某波私刻的。

关于兰某波是否非法占有售房款的问题。现有证据不能证实兰某波非法占有所售楼款，起诉书指控被告人兰某波职务侵占 839786 元，利用合同诈骗 1599270 元的事实不清，证据不足。

关于兰某波挪用资金给案外人黄某、闫某、郑某等人的问题，事实不清，证据不足，不能认定兰某波构成挪用资金罪。

关于兰某波挪用 12 万元买车的问题，买车协议及车辆保险单均证明，车辆确系兰某波购买并归个人家庭使用，应当认定兰某波挪用公款 12 万元归个人使用的事实成立。

最终法院判决，公诉机关指控被告人兰某波犯职务侵占罪、合同诈骗罪及挪用资金给闫某等人构成挪用资金罪的事实不清，证据不足，指控的罪名不能成立；被告人兰某波利用其职务上的便利，在大富地产公司与天合公司合作期间，将收取的预售房款 12 万元未用于工程建设，而用于其本人购买小汽车，且超过 3 个月未还，该款属于公款，被告人兰某波的行为已构成挪用资金罪，公诉机关指控的罪名成立。依法判处有期徒刑 1 年 5 个月。

2. 案例详解

在这个案件中,兰某波的挪用资金罪可谓事实清楚、证据确凿,法院判罚也中规中矩,既没有徇私枉法,也没有滥用刑罚。但是,从一个普通老百姓或者不懂法律的企业家的角度看,兰某波作为一个年收入上百万元的企业家,仅仅从"自己公司"(因为天合公司欠兰某波房产 51 套,而兰某波仅从出售给水电院的 28 套房产的房款中侵占 12 万元给案外人购买了小汽车一辆)拿了 12 万元给别人买了个汽车,似乎不是什么大错。而且可能在兰某波看来,他们欠我这么多,我现在手头紧张,我先用一些,将来跟他们结算不就行了?我也不可能赖账,毕竟他们欠我更多,结果在不知不觉中就触犯了刑律,最后吞下了失去自由 1 年多的恶果。

这就是很多企业家的悲哀,为什么职务侵占和挪用资金罪案发率如此之高?其最主要的原因就是企业家缺乏法律意识,在无意识中触犯刑法。

与非法吸收公众存款罪、合同诈骗罪不同,非法集资合同诈骗大多数时候企业家还是知道其中存在欺诈成分,只是不觉得会有那么严重。有的情况是企业家知道后果很严重,但为了延续企业经营,铤而走险不得已而为之。但职务侵占和挪用资金,除了职业经理人经常是故意为之外,对一般企业家自己而言往往并非不得已而为之。而是纯属法律意识淡薄,天真地认为企业是自己的,而钱是企业的,所以我想怎么安排就怎么安排,想用到哪里就用到哪里。

但殊不知,在法律上,企业是法人,是具有独立人格的法律上承认的主体。它有自己独立的财产,公司的股东仅拥有企业的股权,但并不直接拥有企业的财产。因此,企业的财产要转移给股东,必须经过严格的法律程序。如果不经过合法的程序将企业财产转移给个人,这将会侵害企业作为独立法人的财产权益。这和一个自然人侵害另一个自然人的合法权益是没有区别的,这和工人趁他人不注意,将工厂的贵重物品带回家,属于盗窃行为是同样的道理。只不过因为这种侵害企业财产的行为是通过职务之便实现的,所以属于职务侵占行为。当然,如果在案发前已经将资金归还,这就不属于侵占行为,而是挪用资金的行为,触犯挪用资金罪。即使是企业的股东也同样会触犯职务侵占和挪用资金罪,因为企业财产并非仅牵涉这一位股东的权益,还会牵涉其他股东的权益,因此,股东将企业资金据为已有或者挪作他用当然可能侵害他人的利益。即使企业事实上全部归这位股东所有,企业财产也还牵涉企业债权人等诸多人的权益,而且,任意地侵害独立法人的财产还会破坏经济和法律秩序,都是不被法律允许的。

非常值得注意的是,职务侵占罪和挪用资金罪的量刑起点是比较低的,而且量刑标准也是比较严苛的。

关于职务侵占罪和挪用资金罪的量刑起点标准，依据《最高人民法院、最高人民检察院关于办理贪污贿赂刑事案件适用法律若干问题的解释》第 1 条、第 6 条及第 11 条的规定①，职务侵占罪的量刑起点标准目前为 6 万元，挪用资金罪的量刑起点标准目前为 10 万元。

关于职务侵占罪和挪用资金罪的量刑标准，在《最高人民法院、最高人民检察院关于办理贪污贿赂刑事案件适用法律若干问题的解释》也有规定，职务侵占罪"数额较大"的标准为 6 万元，处 5 年以下有期徒刑或拘役；"数额巨大"的标准为贪污罪的 5 倍，即 100 万元以上为"数额巨大"，处 5 年以上有期徒刑。

挪用资金罪"数额较大"为 10 万元以上，处 3 年以下有期徒刑或拘役，挪用资金达到挪用公款罪"数额巨大"标准的 2 倍，即 500 万元的 2 倍，或者虽然数额较大，但拒不归还的，处 3 年以上 10 年以下有期徒刑。

（五）企业家犯"职务侵占"与"挪用资金罪"的三种典型场景

1. 个人账户直接收取公司账款

一般个人账户收取公司账款是为了税务目的，但殊不知这样的行为就已经触犯刑律。如果公司完全是企业家自己的公司还好，因为没有直接侵害到其他股东的权益，也无人告发，风险不大。如果公司有多个股东，股东关系好的时候，大家都默许，但一旦发生股东纠纷，这可能就会成为其他股东的杀手锏；譬如，著名的雷士照明创始人、原董事长吴某江，将公司处理废料的款项一部分约 370 万元直接转入自己个人账户，供个人使用。最后，在公司控制权的斗争中，他被对手直接举报，最终锒铛入狱，企业控制权也丢了。

---

① 《最高人民法院、最高人民检察院关于办理贪污贿赂刑事案件适用法律若干问题的解释》第 1 条　贪污或者受贿数额在三万元以上不满二十万元的，应当认定为刑法第三百八十三条第一款规定的"数额较大"……

第 2 条　贪污或者受贿数额在二十万元以上不满三百万元的，应当认定为刑法第三百八十三条第一款规定的"数额巨大"……

第 6 条　挪用公款归个人使用，进行营利活动或者超过三个月未还，数额在五万元以上的，应当认定为刑法第三百八十四条第一款规定的"数额较大"；数额在五百万元以上的，应当认定为刑法第三百八十四条第一款规定的"数额巨大"……

第 11 条　刑法……第二百七十一条规定的职务侵占罪中的"数额较大""数额巨大"的数额起点，按照本解释关于受贿罪、贪污罪相对应的数额标准规定的二倍、五倍执行。

刑法第二百七十二条规定的挪用资金罪中的"数额较大""数额巨大"以及"进行非法活动"情形的数额起点，按照本解释关于挪用公款罪"数额较大""情节严重"以及"进行非法活动"的数额标准规定的二倍执行。

2. 通过虚构账目、虚开发票等办法从公司账户套取资金

这种行为部分时候也是为了达到少交税的目的。但同样的道理，其行为事实上同时侵害了公司的财产权益。一旦发生纠纷，就非常容易案发。譬如，北京天客隆原总经理杨某瑞职务侵占案，他就是通过虚开发票、将公司股权转让款转入个人账户，建立小金库等行为，最后被认定职务侵占3456万余元，被判有期徒刑13年。虽然杨某瑞辩称涉案的19个门店实际属于其个人经营的，他是该企业的实际控制人，但这不影响其客观上侵占了天客隆公司财产的法律事实。而本案的案发也是因为其与超市发集团的重组合作失败引发纠纷。被对手控告至公安机关，最终锒铛入狱。

3. 挪用资金给集团其他企业输血或者挪用资金做投资

借鸡生蛋是企业家们非常喜欢的操作之一，直接将企业的闲置资金挪到个人账户做投资，获利后再将资金归还企业。或者挪用资金给其他企业输血，拓展企业家自己的经营版图。前文提到的雷士照明创始人吴某江就因筹措“雷士大厦”建设资金，利用职务之便，用雷士照明的资金，为其个人控制的重庆无极房地产等5家公司担保，担保金额达9.2亿元，后因吴某江无法归还贷款，导致雷士照明资金损失5.5亿元，成为吴某江入狱的又一重要原因。而“真功夫”董事长蔡某标也是因为利用职务之便，挪用“真功夫”的资金用于购买潘某海的股权，[①]最终被潘某海夫妇举报而身陷囹圄，同时，也丢掉了对“真功夫”的控制权。还有一些企业家，甚至挪用公司资金用于自己炒股、放高利贷等，最后因触犯挪用资金罪而锒铛入狱，真可谓触目惊心。

四、最容易被企业家忽视的犯罪行为

本章前面部分阐述的犯罪一般还是企业家比较容易意识到的犯罪，还有一些犯罪比前面的犯罪更加容易让人忽视，甚至很多属于在企业经营中企业家习以为常的行为，如串通投标罪、贷款诈骗罪、侵犯商业秘密罪等。

（一）串通投标罪简介

串通投标罪规定在《刑法》第223条[②]，包括投标人之间相互串通，招标人与

---

① 参见许丹：《真功夫你不要学》，经济日报出版社2015年版，第154页。

② 《刑法》第223条　串通投标罪投标人相互串通投标报价，损害招标人或者其他投标人利益，情节严重的，处三年以下有期徒刑或者拘役，并处或者单处罚金。投标人与招标人串通投标，损害国家、集体、公民的合法利益的，依照前款的规定处罚。

投标人之间相互串通都属于串通投标罪的入罪范围。在企业经营实践中，尤其是中小企业和中小项目的招标，经常出现所谓的“围标”的现象。这就是典型的触犯串通投标罪的行为。并且，串通投标罪的入罪标准也并不高，依据《最高人民检察院、公安部关于公安机关管辖的刑事案件立案追诉标准的规定（二）》第76条的规定，违法所得数额在10万元以上，中标项目金额在200万元以上的，都属于应当立案追诉的案件。因此是非常容易引发刑事风险的。并且，串通投标罪很多时候被追诉的主犯往往是企业的法人代表或者实际控制人，虽然刑罚限于3年以下有期徒刑，但企业的实际控制人失去人身自由3年，对企业的打击是不言而喻的。因此，串通投标罪是企业家非常容易忽视，而又非常值得注意的犯罪。

（二）贷款诈骗罪简介

贷款诈骗罪也是企业家非常容易忽视的犯罪行为，其规定在《刑法》第193条①，以非法占有为目的，诈骗银行或其他金融机构的贷款，数额较大的都属于贷款诈骗罪。

值得注意的是，这里的非法占有为目的和我们一般意义上理解的非法占有为目的的含义有所不同。在企业经营实践中，企业家通过各种欺诈手段取得贷款后，直接携款潜逃或者用于个人挥霍的案例是比较少的，大部分企业家会将资金用于企业经营或者偿还原来的贷款的本息等。在一般老百姓看来，这样的行为很难认为是以非法占有为目的。而在司法实践中，一般认为如果明知道自己和企业不具备还款能力②，还通过各种欺诈的手段取得银行或者金融机构的贷款，数额较大，最后实际造成了金融机构的损失，就可能被认定为“以非法占有为目的”。

对于很多企业家来说，企业与自己的孩子无异，而且企业家都是具有一定冒

---

① 《刑法》第193条　有下列情形之一，以非法占有为目的，诈骗银行或者其他金融机构的贷款，数额较大的，处五年以下有期徒刑或者拘役，并处二万元以上二十万元以下罚金；数额巨大或者有其他严重情节的，处五年以上十年以下有期徒刑，并处五万元以上五十万元以下罚金；数额特别巨大或者有其他特别严重情节的，处十年以上有期徒刑或者无期徒刑，并处五万元以上五十万元以下罚金或者没收财产：

（一）编造引进资金、项目等虚假理由的；

（二）使用虚假的经济合同的；

（三）使用虚假的证明文件的；

（四）使用虚假的产权证明作担保或者超出抵押物价值重复担保的；

（五）以其他方法诈骗贷款的。

② 《全国法院审理金融犯罪案件工作座谈会议纪要》（法〔2001〕8号）。

险精神的群体。因此,在企业资金链紧张的情况下,很多企业家会不择手段地筹集资金补充现金流以挽救企业,就会出现明知道自己的企业可能已经很难有还款能力,但还心存侥幸,无原则为企业输血,甚至用欺诈手段取得金融机构贷款补充现金流的现象,最后回天无力,在无法偿还贷款时,就可能被追诉贷款诈骗罪。在很多贷款诈骗案中,辩方律师一般都会为当事人辩解说:当事人申请的大部分贷款均用于实际经营或者偿还经营债务,个人并未转移、挥霍贷款,并且已经归还部分贷款,同时也和银行积极协商还款办法,以此说明当事人并没有非法占有贷款的主观目的。但这样的辩解过于无力,一般很难得到法院的支持。

当然,在客观方面,如果在贷款过程中并没有任何欺诈的行为,也是绝不可能构成贷款诈骗罪的。但是,在金融机构的贷款实践中,欺诈的行为却是普遍存在的现象。因为金融机构对中小企业贷款的条件比较苛刻,中小企业很多时候很难完全符合金融机构的放款条件,尤其是在中小企业资金紧张的情况下,就更难达到金融机构要求的标准了。因此,提供虚假资料欺诈金融机构的现象自然就普遍了,甚至金融机构相关从业人员可能故意放纵客户的贷款欺诈行为,更有甚者,金融机构相关从业人员会伙同甚至指导贷款客户进行欺诈。欺诈的主要方式恰恰就是《刑法》第 193 条中规定的那些,(1)编造引进资金、项目等虚假理由的;(2)使用虚假的经济合同的;(3)使用虚假的证明文件的;(4)使用虚假的产权证明作担保或者超出抵押物价值重复担保的。

客观上,很多贷款过程中实际上存在欺诈的行为;主观上,只要明知欠缺还款能力,依然大量取得银行贷款。最终又实际造成了无法还款,造成金融机构损失且数额较大,贷款诈骗罪基本就坐实了。这也是贷款诈骗罪在企业家群体中较为高发的原因所在。并且,贷款诈骗罪最终承担刑事法律责任的主体大部分就是企业的法人代表或者实际控制人。非常值得注意的是,贷款诈骗罪的刑罚是比较严厉的,最高刑罚是无期徒刑,企业家不可不注意。

(三)侵犯商业秘密罪简介

侵犯商业秘密罪是一些技术型创业团队最容易触犯的商业犯罪,其规定在

《刑法》第219条。① 所谓商业秘密，是指不为公众所知悉，能为权利人带来经济利益，并且权利人采取了保密措施的所有的技术信息、经营信息等。其涵盖范围很广，包括设计、程序、产品配方、制作工艺、制作方法，甚至管理诀窍、客户名单、货源情报、产销策略等②。我国目前普遍对商业秘密、知识产权不够重视，这就导致侵犯商业秘密、知识产权的情况非常普遍。这些行为不追究则已，一追究则可能很容易面临重罪。

譬如，有一些创业者原来是其他公司的高管或者掌握技术秘密岗位的职员，甚至可能该技术秘密本来就是其在职时研发的（但仍然属于公司的知识产权和商业秘密），其离职后创业，利用了这些技术秘密创造了经济价值，给原公司造成了重大经济损失，达到刑事立案的标准，这就触犯了侵犯商业秘密罪，原公司不追究则已，一旦追究则难逃法网；还有一些创业者，掌握了原公司的一些货源情报、客户名单等，这些信息原公司都采取了保密措施，属于商业秘密。结果，他辞职后仍然利用这些信息进行商业活动，创造了经济利益，给原公司造成重大损失，达到刑事追诉的标准，也就触犯了侵犯商业秘密罪，一旦案发，也难辞其咎。

侵犯商业秘密罪刑事罪立案追诉标准不高，依据《最高人民检察院、公安部关于公安机关管辖的刑事案件立案追诉标准的规定（二）》（公通字〔2010〕23号）的规定，给对方造成损失数额50万元以上，或者非法获利50万元以上者就达到了立案追诉的标准，因此，是非常容易入刑的。

侵犯商业秘密罪的量刑不算特别严苛，最高刑期为7年，但是量刑标准不高，依据《最高人民法院、最高人民检察院关于办理侵犯知识产权刑事案件具体应用法律若干问题的解释》（法释〔2004〕19号）的规定，非法获利或造成损失50万元以上者判处3年以下有期徒刑或拘役；250万元以上者判处3年以上7年以下有期徒刑。

由此可见，侵犯商业秘密罪非常容易被触犯，而且是当前很多创业者的法律认识盲区，非常容易入刑，不可不察！

---

① 《刑法》第219条　有下列侵犯商业秘密行为之一，情节严重的，处三年以下有期徒刑，并处或者单处罚金；情节特别严重的，处三年以上十年以下有期徒刑，并处罚金：（一）以盗窃、贿赂、欺诈、胁迫、电子侵入或者其他不正当手段获取权利人的商业秘密的；（二）披露、使用或者允许他人使用以前项手段获取的权利人的商业秘密的；（三）违反保密义务或者违反权利人有关保守商业秘密的要求，披露、使用或者允许他人使用其所掌握的商业秘密的。明知前款所列行为，获取、披露、使用或者允许他人使用该商业秘密的，以侵犯商业秘密论。本条所称权利人，是指商业秘密的所有人和经商业秘密所有人许可的商业秘密使用人。

② 参见唐青林、赵启峰编著：《企业家刑事法律风险防范》，中国法制出版社2017年版，第270页。

五、企业家刑事犯罪案发的五种典型模式

前文我们说过，当前中国民营企业家存在普遍违法的现象，但发案率很低，如果不是由于一些特殊原因，一般很少被真正追究刑事责任。所以，对中国民营企业家来说，企业家刑事犯罪案发的模式就非常值得关注。我们总结了中国民营企业家刑事犯罪案发的五种典型模式。

（一）被他人举报、控告导致案发

其他的经济纠纷导致企业家被举报、控告而被追究刑事责任。举报、控告人一般都是和企业家在经济上有密切关系，对企业家的状况非常了解的人。譬如，合伙人因为公司内部矛盾举报，竞争对手举报，交易对手因纠纷举报，自己或者子女的婚姻关系人因离婚或者分手纠纷而举报。

并且，举报罪名和定罪罪名很多时候不一样，也就是说罪行主要是靠刑事立案后公安机关在侦查中重新发现的。换句话说，大部分企业家经不起查，一旦刑事立案，真正开始调查，企业家最终被判刑的概率就很高了。正因如此，刑事手段就成为经济纠纷中对付企业家的终极武器。

（二）经营失败无法善后导致刑事案件

当企业经营失败、企业家无法承担经济责任时，就有可能转为承担刑事责任。这类的罪名最典型的就是非法吸收公众存款罪。还包括贷款诈骗罪、合同诈骗罪等一些罪名。这种情况是企业家刑事案件中比较高发的模式，最为著名的应该是“吴某案”，正是吴某案引发了对民营企业家经济犯罪的大讨论。

吴某是原浙江本色控股集团有限公司法人代表，通过各种融资手段迅速成为“亿万富姐”。2006年年底吴某的资金链出现危机，甚至出现了被义务债权人软禁的情况。后来，东阳、义乌等很多民间借贷人开始频频向吴某催债，然后是本色集团4900万元假汇票被没收、光彩事业500万元捐款被本色收回，此时的吴某已经开始难以控制局面了。

2007年2月7日晚10时，吴某因涉嫌非法吸收公众存款被刑事拘留，后被逮捕。虽然吴某是在为了扩大经营规模，在从正规金融机构融资困难的情况下，才开始向他人借款，并用来展开一系列实质性经营活动，最终因为经营失败而无法偿还贷款①。但当时吴某还是一度被以集资诈骗罪判处死刑，后经最高人民法院

---

① 陈代文：《论集资诈骗罪——以吴某案为例》，载中国法院网：https://www.chinacourt.org/article/detail/2015/09/id/1705988.shtml。

发回重审改判死缓。

（三）被贪腐案件牵连导致案发

很多民营企业家都喜欢学习胡某岩，通过官员关系和政策红利发家致富，但这里面就难免存在权钱交易的问题。官员一旦倒台，企业家受牵连，导致案发。同时，官员的退休、换届，新上任的官员不再提供保护和便利，导致案发的情况也有，甚至和官员的关系恶化，直接导致案发的情况也不在少数。

（四）偶然的社会事件引发刑事案件

因偶然事件而引发刑案的故事最有名的就是“郎顾之争”了，从郎某平 2004 年的一次著名的演讲——《格林柯尔：在“国退民进”的盛宴中狂欢》开始，以顾某军锒铛入狱结束。同样偶然的还有“三九胃泰”前董事长赵某先，因为最受重用的副总裁病逝，在遗产中发现巨额财产来历不明，最后案发。

（五）因为犯罪本身引发严重后果而案发

如制造假冒伪劣商品导致人身伤亡，安全事故罪，欺行霸市、黑社会集团性质犯罪等。这些犯罪在企业家犯罪中占比不高，也不是很典型，本书不讨论。

第三节　企业家刑事风险的典型影响与应对策略

一、企业家刑事风险影响的三个层次

显而易见，企业家刑事犯罪会直接导致企业家失去人身自由的后果。但与普通人失去人身自由不同，企业家失去人生自由可能引发一系列的问题和后果，可以分为三个层次。见图 20 - 1。

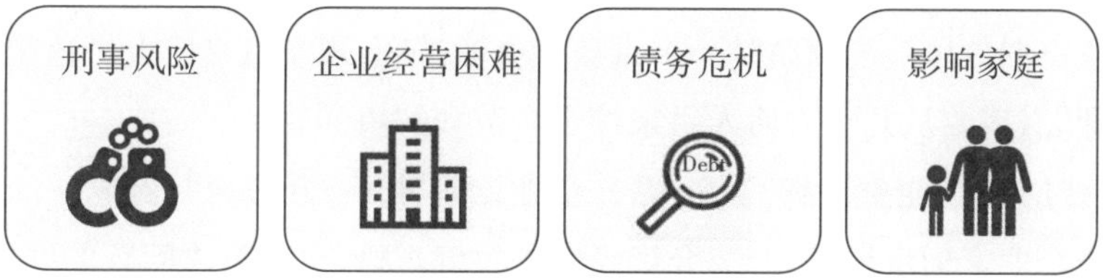

图 20 - 1　企业家刑事风险

（一）企业家刑事风险导致企业经营困难

企业家失去人身自由，可能直接导致企业经营出现问题，甚至导致企业经营困难、破产。大多数的民营企业的经营和企业家的经营能力密切相关，一旦失去企业家的经营，企业可能迅速陷入困境。2019年10月18日，最高人民检察院检察长张军同志在北京大学发表演讲时说①："比方说民营企业，在当前形势下，国际经济下行压力下，有经济上的违法犯罪，是一样的该捕就捕该诉就诉，该判实刑就判实刑？还是有个司法政策做调节，可捕可不捕的，不捕。可诉可不诉的，不诉，可判实刑可判缓刑的，判个缓刑好不好啊？我们认为是非常需要。因为民营企业把它捕了把它诉了，这个企业马上就会垮台，几十个人几百个人的就业就没了。"张军检察长的讲话，一方面，体现出党中央对民营企业家现状的理解与关怀；另一方面，也从侧面反映出企业家失去人身自由对企业产生的巨大影响。

（二）企业经营失败可能导致债务危机爆发，甚至牵连企业家家庭

企业经营失败的一个主要特征就是资不抵债，债务危机爆发。虽然大部分民营企业是有限责任公司，但实际情况是，由于各种原因，大部分企业的实际控制人及其配偶是需要对企业的债务承担连带责任的。这就导致企业债务危机可能大概率转化为企业家家庭的债务危机。

（三）债务危机对企业家家庭成员产生严重影响

在家庭债务危机的影响下，家庭财产可能会大量折损，家庭现金流可能受到严重影响。如此，企业家家庭中子女、孙子女的教育问题、家庭成员的生活品质问题、医疗品质问题、成年子女的婚嫁问题、父母的赡养问题等都会不同程度地受到影响。而子女教育、婚嫁及家庭成员的医疗问题等，都可能因为一时的影响而造成长远的损害，非常值得高净值人士关注。

二、企业家刑事风险的五大预防与规划策略

企业家刑事风险的预防是一个重要社会学课题，现实意义巨大。这也是一个综合性课题，需要从几个方面入手来综合防范和解决问题。

（一）加强企业家法律意识，提升企业治理水平，合法合规经营

预防企业家刑事风险，合法合规经营是关键举措，也是解决问题的终极策略。但在现实环境中，很多企业家是缺乏法律意识的，主要表现在：第一，对法律了解

① 资料来源：搜狐网：https://www.sohu.com/a/349118648_618578。

不够，对哪些是合法行为，哪些是违法行为不清楚，导致无意识违法；第二，对法律缺乏敬畏之心，盲目相信法不责众，相信所谓的关系，有特权思想，从而知法犯法；第三，为追求经济利益，铤而走险，知法犯法；第四，企业经营管理不规范，从而导致违法犯罪。

因此，要避免刑事风险，必须先从企业家的法律意识提升开始，只有企业家有了正确的法律意识和必要的法律知识，才能避免无意识违法或者知法犯法的行为发生，才有可能真正提升企业的治理水平，做到合法合规经营，远离刑事犯罪风险。

（二）聘请企业法律顾问或者建立法务部门，做好法律风险管控

法律是一门非常专业的应用型学科，必须靠专业人士才可能迅速、有效地解决问题。因此，对于中小企业家来说，聘请专业律师作为企业法律顾问，对企业的经营管理行为进行法律上的把控是非常必要的。对于中大型企业来说，则应当招聘专业法律人士成立公司的法务部，负责对公司经营的合法性进行管控，同时，还应当聘请高水平的律师作为法律顾问，更高水平地做好法律风险的防控。虽然聘请法律顾问、建立法务部门会产生一定的成本，一年可能需要几万元、几十万元甚至上百万元的费用，但是，如果我们放任法律风险的发生，产生的损失那将是法律服务支出的几十倍甚至成千上万倍。这还仅仅是经济损失，如果再算上对人的影响产生的非经济损失，就更加不可估量了。因此，在法律服务上的投入是一项投入产出比非常高的投资，是非常必要的。

（三）追求和谐，避免各种矛盾激化，引发刑事风险

在前文我们说过，在现实环境中，虽然企业家可能非常努力地避免违法，但仍然很难完全避免刑事法律风险。因此，我们除了采取各种预防措施避免违法以外，还应当尽量追求和谐，避免各种矛盾的激化而引发刑事风险。第一，要做好股权结构设计，避免股东矛盾激化引发刑事风险；第二，要提升公司人力资源管理水平，避免与员工矛盾激化引发刑事风险；第三，做好供应商、客户关系管理，避免与供应商、客户矛盾激化引发刑事风险；第四，避免恶性竞争，避免竞争对手矛盾激化引发刑事风险；第五，尽量避免家族婚姻关系人进入企业核心岗位，以防家族成员的婚姻矛盾激化引发刑事风险；第六，做好财富分配与传承规划，避免家族成员之间因争产矛盾激化而引发刑事风险；第七，做好企业危机公关管理工作，搞好与媒体的关系，避免与媒体关系恶化引发刑事风险，见图 20 - 2。

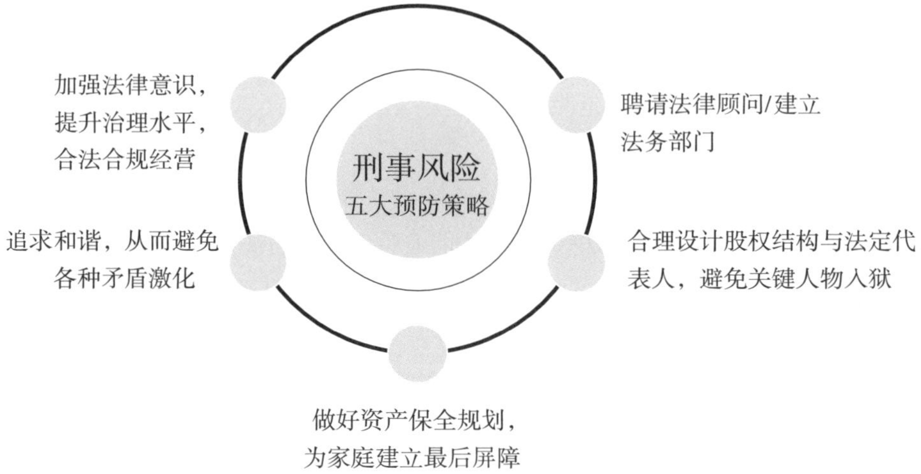

图 20－2

（四）合理设计股权结构和法定代表人，避免关键人物冤枉入狱

如果股权结构简单，所有实体经营的公司都由社会资源最多、能力最强、最重要的控制人担任，则任何一家公司牵涉刑事风险都可能导致实际控制人直接失去人身自由，从而失去对公司的有效管理，也失去对社会资源的有效调动，导致更难解决问题。

因此，通过合理的股权架构设计和法人代表的安排可以起到很好的风险防控作用。一般可以这样设计。首先，成立控股公司，由实际控制人担任控股公司董事长或者执行董事，控股公司没有实体业务，仅用作行使控制权，刑事风险较小。将公司业务合理拆分，由各实体公司分工合作经营，实际控制人可以担任核心主体公司的董事长和法人代表，其他公司董事长和法人代表由其他成员担任。一般来说，控股公司没有实体经营，产生刑事风险的可能性极小，最重要的实体经营公司一般也是集团经营最为规范的公司，刑事风险发生的概率也相对较小。如此，实际控制人本人的刑事风险大大降低，其他成员入狱，实际控制人依然可以很好地经营管理公司，并且调动社会资源，为其进行辩护，有效解决问题。

（五）做好资产保全规划，为家庭成员建立最后屏障

资产保全规划是高净值人士最值得关注的话题，尤其是当有一些风险不可避免地发生时，提前做好的资产保全规划就可以很好地进行财富的止损，将风险的影响控制在可接受的范围之内。这些资产不仅可以给企业家和家族提供东山再起的经济基础，更重要的是可以很好地保障家庭或者家族成员的重要需求，为家

庭成员的健康成长、品质生活提供强有力的保障，从而保证家族的长久兴旺发达。具体的针对债务风险的资产保全规划我们在“企业家家庭债务风险解析与解决方案设计”一章中作了非常详细的讨论，这里不再赘述。

PART 04

第四篇

税务风险篇

第二十一章

企业税务风险与解决方案设计

第一节 风险案例

金税三期系统的上线是中国企业税收征管历史上的一个分水岭,2015~2016年,随着营改增工作的逐步完成,金税三期系统在全国陆续上线。2019年1月,在通过几年的运行和改进后,金税三期在各省陆续实现国地税两套系统的并库。我国企业税收征管的大数据网络正式形成,中国企业税收征管正式进入了大数据时代。

我国企业的税收征缴不规范是历史积弊。尤其是中小企业,企业家普遍依法纳税的意识不强,也没有税收筹划的意识,偷税漏税甚至逃税骗税的情况屡见不鲜。但随着金税三期系统的上线,很多问题逐步地暴露出来,中小企业及企业家的税务风险空前增大。

企业的税务风险和财富管理联系紧密,企业的税务问题会从哪些方面影响企业家家庭的财富管理,企业家应该如何应对,这就是本章要重点讨论的问题。

一、案例导读

邵光(化名)怎么也想不到做生意会把自己送进监狱,2018年6月,邵光北京的工厂里来了一辆警车,把邵光和妻子苏芸(化名)直接戴上了手铐。被戴上手铐那一刻,邵光都不敢相信这个事情是真的。是什么原因公安机关要逮捕邵光夫妇呢?因为他们夫妻涉嫌虚开增值税专用发票,骗取国家税款,数额特别巨大。

二、案例详情

邵光,38岁,大专毕业后来北京打拼,从刚开始打工到后来自己创业,开了一家清洗设备厂。妻子苏芸39岁,是邵光的大学同学,两口子一个负责技术和销售,另一个负责财务,经过七八年的打拼,企业也算小有规模。2017年,企业的销售额突破了2000万元大关,纯利润达到了300万元左右。

但在税务问题上,他们面临着一些尴尬的境地。清洗设备制造成本不高,毛利可以达到70%左右,即使加上人工等成本,利润也可以达到50%。但是,他的实际利润一般都超不过20%,因此,在税务问题上面临以下几个难题:

难题一：清洗设备的销售对象一般都是企业单位，需要开具增值税专用发票，但清洗行业原材料成本低，进项发票很少。

难题二：因为用户是企业单位，因此营销成本是比较高的，但是大部分营销费用不会有发票。

难题三：用户单位有时候还要求给他们多开一些发票，供他们做账使用，为了争取客户，他无法拒绝。

如此，如果他从账目上不作特殊处理，工厂的利润看起来就会特别地高，税收负担当然就会特别地重。

举个例子，2017年工厂销售额2000万元，但开票实际开出了2500万元，按照制造业16%的增值税率，增值税应当为345万元左右（注意：以下都只做概念上的粗略计算，以求说明基本的逻辑）。当然，他还有一些成本是可以抵扣的，如原材料成本，购买固定资产的成本，还有一些其他有发票的成本。但这些成本本身占比不高，因此抵扣得就不多。人工成本等虽然不可以抵扣，至少还可以计入成本。

很多营销费用，只能由企业家个人支付，根本就进不了会计账目，也不能按照成本计算，不但不能抵扣增值税，如果不作任何处理，需要计入利润交企业所得税和个人所得税才能进入企业家个人账户。如果没有任何税收优惠，企业所得税25%，个人所得税20%。粗略计算一下，200万元的销售收入按照正规手段流转到股东个人账户然后再支付营销费用会变成多少呢？我们仅计算增值税，企业所得税和个人所得税三项就能让大家大跌眼镜。交完增值税后剩余=200÷1.16=172.4万元，交完企业所得税后剩余=172.4×0.75=129.3万元。再分红交完个人所得税后剩余=129.3×0.8=103.44万元。也就是说，邵光支付100万元的营销费用，其实际成本高达200万元。

而多开出的500万元增值税发票，如果没有进项发票作抵扣，首先就要付出增值税成本=500－500÷1.16=68.9万元，剩余的部分没有成本支付就全部是利润，企业所得税成本=431×0.25=107.7万元，总成本为176.6万元。公司账上还会留下300万元的虚假利润需要处理，这是他们夫妇根本无法承受的。

于是，他们夫妇就跟其他的中小企业家一样，在发票上打起了主意。因为发票需求量比较大，他们就找了几个开票公司帮自己开票。有了这些进项票，情况就完全不同了。譬如，他要从企业中拿出200万元的销售额支付100万元的销售费用，他让开票公司给他开了200万元的进项发票。首先在增值税上，应纳增值

税 =(200 - 200 ÷ 1.16) - (200 - 200 ÷ 1.16) = 0 元。在这个部分上,企业也没有利润,因此也没有企业所得税,当然也没有个人所得税。他需要付出的成本是给开票公司的税点,假设是 6%。邵光的个人账户实际会收到 188 万元,支付完 100 万元的销售费用,邵光还剩 88 万元的收入。

还有,帮客户虚开的 500 万元发票,他可以让开票公司给他开具 500 万元的进项发票,同理,增值税、企业所得税等都不需要再交,他只需要付出给开票公司的税点 30 万元即可。相比 176.6 万元的成本,压力就小多了,而且没有虚假的利润需要处理。

同时,这样的方式还可以用来套取公司利润,逃避纳税义务。在邵光夫妇看来,开票公司开具的都是税务机关认可的"真发票",至于开票公司是怎么处理的他也不懂,也不管。而且大家都这么做,他们虽然也知道这是违法行为,但觉得法不责众。最关键的问题是,他认为,如果自己不这么做,生意几乎很难做下去。

最终,邵光夫妇为他们的这种法律意识淡薄的行为付出了惨重的代价。2018 年,给他们开票的一家开票公司被金税三期系统发现,随即被查处。税务机关顺藤摸瓜,发现了邵光夫妇公司的问题,经查明,邵光夫妇不仅让开票公司给他们虚开增值税专用发票,同时还给下游客户公司开具增值税专用发票,查实的金额高达 1200 余万元,根据《刑法》第 205 条的规定,给他人虚开,让他人给自己虚开都属于虚开增值税专用发票的犯罪行为,因此,就出现了文章开头的一幕。

三、案例解析

邵光夫妇被逮捕后,知道了自己行为的严重性,如果不积极补税退赃,依据 2018 年最高人民法院颁布的虚开增值税专用发票量刑标准,1200 万元属于金额巨大,二人可能面临 10 年以上有期徒刑的处罚。

最终,邵光夫妇全部补齐了偷逃、骗取的税款,并缴纳了罚金共计 300 余万元。因为考虑到二人认罪态度良好,并积极补税退赃,法院依法对夫妻二人作出了从轻处罚,邵光被判处有期徒刑 3 年零 6 个月,妻子苏芸被判处有期徒刑 2 年。

但他们夫妇要面临的损失绝不仅仅是两三年自由。夫妻二人被逮捕后,因为犯罪情节严重,无法取保候审,公司因为无人经营立即陷入了混乱。工人不久就都走光了,有的人还拿走了一些工厂的材料和设备,抵偿工资与赔偿。订单因为无法交货,货款自然也就拿不回来。供应商、债权人等都上门要债,因为厂房租金拖欠,房东封闭了厂房,机器设备、原材料等都被抵偿了租金,被房东低价处理掉了。如此,一个年产值 2000 万元,纯利润 300 万元的企业短短几个月内变得一文不值,而且还负债累累。有一些债务是邵光夫妇签了连带责任的,债权人随即申请法院冻结了夫妻二人的个人账户,并查封了邵光夫妇名下的 2 套北京的房产。老人只得带着孩子回老家生活。2 套总价值 1100 万元的房产,最终只拍卖出了 700 万元,加上夫妻二人的金融资产,都不够清偿全部债务。

好在老人身体都还比较好,老家也都有房子,带着孩子回老家生活,基本生活还是不成问题的。只是孩子上学是个问题,孩子在北京上的是国际学校,回到老家,一则学校的教学质量不是同一个档次,而且公立学校的教学方式和国际学校完全不同,孩子适应困难。再加上父母的入狱对孩子打击很大,孩子回到老家后根本跟不上,学习成绩一落千丈。

第二节　风险解析与法律依据

企业的税务问题是企业经营中最重要的问题之一,近年来,随着金税三期、四期建设的推进,企业家们对税务问题的重视程度空前提升。但由于历史原因,大量的中小企业存在很多税收方面的历史问题,并且,因为中小企业家的税务知识贫乏,缺乏税收筹划意识,因此,纳税不规范的行为还普遍存在。这些违规行为在金税三期系统联网并库后,通过大数据分析非常容易暴露,因此近几年中小企业税务风险空前提高。

一、金税系统简介

企业税务问题纷繁复杂,风险点也特别多,本章主要讨论其中最核心部分,就是金税系统对企业税务风险的影响。金税系统是以发票管理为核心,利用大数据分析为最有力手段,依托计算机网络,总局和省局高度集中处理信息,覆盖所有税种、所有工作环节、国地税局并与有关部门联网,包括征管业务、行政管理、外部信息、决策支持等四大子系统的功能齐全、协调高效、信息共享、监控严密、安全稳定、保障有力的税收管理信息系统。因为金税四期系统还在不断完善中,因此,本书暂时主要介绍金税三期系统。其系统主要包括"一个平台、两级处理、三个覆盖、四个系统"①。

一个平台指包含网络硬件和基础软件的统一的技术基础平台。

两级处理指依托统一的技术基础平台，逐步实现数据信息在总局和省局集中处理。

三个覆盖指应用内容逐步覆盖所有税种，覆盖所有工作环节，覆盖国地税局并与相关部门联网。

四个系统指通过业务重组、优化和规范，逐步形成一个以征管业务系统为主，包括行政管理、外部信息和决策支持在内的四大应用系统软件。

二、金税三期系统税收稽查的"十一步"布局

金税三期通过十一步布局，在大数据和人工智能技术的支持下，让形形色色的偷逃税款行为全无藏身之处。②

（一）规范纳税人资料

营业执照、统一社会信用代码让每一个企业都有了唯一的识别代码。然后再实现全国的工商、税务、房产、国土管理、统计等相关部门的数据全面联网互通，为全面、准确及时地掌握征税数据打下坚实基础。

（二）规范纳税人发票

自 2017 年 7 月 1 日起，增值税发票都必须填写纳税人识别号。如此，企业的购销业务都在金税三期系统中有了全面的记录，大数据分析就有了基础。

（三）规范纳税人开票

自 2018 年 1 月 1 日起，增值税发票上的商品和服务分类的代码的简称会自动显示在发票上，通过规范发票开具内容，为后台大数据分析提供准确的数据源。

（四）规范纳税人申报

2018 年 3 月 1 日起，增值税纳税申报实行"表表比对，票表比对和表税比对"。及时发现涉税问题，将涉税问题处理控制在初始阶段。

（五）规范发票的查询

通过新系统开具的发票可实现全国统一查询，确保开具发票的真实性，进一

① 参见《金税三期》，载百度百科：https://baike. baidu. com/item/金税工程三期/6157041?fromtitle = 金税三期 &fromid = 15495128&fr = aladdin。

② 参见马昌尧编著：《降低税负：企业涉税风险防范与及节税技巧实战》，机械工业出版社 2019 年版。

步减少虚开与伪造发票。

(六)办税人员实名制

通过办税人员的实名制管理,对涉税违法行为产生极大的震慑作用,一旦违法,可以迅速确定相关责任人员,对涉税违法人员对惩戒力度空前加强。

(七)规范纳税人等级

对纳税人信用评价分级管理,针对不同的信用等级进行有针对性的管理,提升征管效率。

(八)建立完善的运行模式

金税三期系统采用一个平台、两级处理、三个覆盖、四个系统的运行模式。系统覆盖所有税种、所有工作环节,并实现了全国联网、国地税联网及相关部门联网。

(九)设置涉税监管岗位

设置专门的申报异常处理岗位,与日常办税服务的岗位完全分开,专人专岗,进一步严格税收违法行为的查处。

(十)企业账务软件并网

各地的税务系统制定对接接口规范并开放接口,实现网上办税系统和企业财务软件的对接,进一步加强税务数据的搜集。

(十一)后台大数据分析

大数据通过比对同一纳税识别号的进项与销项发票的行业相关性、同一法人的相关性、同一地址相关性,还会比对数量、比率等相关性,一旦不匹配,系统就会提示风险;将来大数据还可以实现对货物流的监控,对企业的资金流、票据流以及上下游相关企业的资金与票据流都进行比对与分析,一旦有造假,会被系统识别出来并报警。税务、工商、社保、统计、银行等数据的联网分析,还将进一步提升系统的大数据分析功能,使将来偷逃税款的行为都将无所遁形。

三、企业家涉税违法行为的法律后果

企业一旦被金税系统发现涉税违法行为,将会主要面临以下三个方面的后果。

(一)税控系统被锁,影响企业经营

金税系统一旦发现企业存在涉税的异常行为,可能会直接导致该企业的税控系统被锁,无法开具发票,直到税务机关对异常核实后,确认没有涉税违法行为,

才会重新解锁系统。无法开具发票，势必会影响企业的正常经营。

（二）补税、行政处罚

如果发现存在有涉税违法行为的嫌疑，会自动触发“涉税违法处理流程”。税务稽查部门可能会随即介入，《税务检查通知书》随后就会到，然后是《责令限期改正通知书》。企业一定要积极地配合税务机关进行调查和整改，积极地补税。如果情节比较严重，还会有相应的行政处罚，滞纳金、罚款等。

特别值得注意的是，在金税三期系统下，以往通过“关系”来解决税务问题的方法不再奏效。因为金税三期系统全国联网，一旦发现问题，立即自动触发“涉税违法处理流程”，并非某个领导可以进行干预的。因此，在涉税问题的解决上，不要再抱有依靠“关系”的幻想。积极配合调查、积极补税整改，接受处罚是最佳处理方式。

（三）涉税违法的刑事责任

偷税、漏税、逃税、骗税还会触犯刑法，主要有逃税罪、抗税罪、逃避追缴欠税罪、骗取出口退税罪、虚开增值税专用发票，用于骗取出口退税、抵扣税款发票罪等。其中，以《刑法》第 205 条①规定的虚开增值税发票，用于骗取出口退税、抵扣税款发票罪最为典型和高发。

值得注意的是，在营改增之后，一般纳税人都要求使用增值税专用发票，而规模稍微大一些的企业或者进项发票较多的企业大多是一般纳税人，在现实生活中，正如邵光的案件中所分析的那样，非常容易触犯虚开增值税专用发票罪。

并且，虚开增值税专用发票包括了为他人虚开、为自己虚开、让他人为自己虚开、介绍他人虚开都属于触犯本罪的行为。在邵光的案件中，他不仅为他人虚开，而且还让他人为自己虚开，导致数额巨大。

更值得注意的是，因为增值税专业发票可以抵扣，因此，虚开增值税发票特别

① 《刑法》第 205 条　虚开增值税专用发票或者虚开用于骗取出口退税、抵扣税款的其他发票的，处三年以下有期徒刑或者拘役，并处二万元以上二十万元以下罚金；虚开的税款数额较大或者有其他严重情节的，处三年以上十年以下有期徒刑，并处五万元以上五十万元以下罚金；虚开的税款数额巨大或者有其他特别严重情节的，处十年以上有期徒刑或者无期徒刑，并处五万元以上五十万元以下罚金或者没收财产。

单位犯本条规定之罪的，对单位判处罚金，并对其直接负责的主管人员和其他直接责任人员，处三年以下有期徒刑或者拘役；虚开的税款数额较大或者有其他严重情节的，处三年以上十年以下有期徒刑；虚开的税款数额巨大或者有其他特别严重情节的，处十年以上有期徒刑或者无期徒刑。

虚开增值税专用发票或者虚开用于骗取出口退税、抵扣税款的其他发票，是指有为他人虚开、为自己虚开、让他人为自己虚开、介绍他人虚开行为之一的。

容易用于骗取国家税款，是非常严重的涉税犯罪行为，量刑标准比较严苛。按照2018 年最高人民法院的通知，①50 万元以上即认定为“数额较大”处 3 年以上 10 年以下有期徒刑，250 万元以上认定为“数额巨大”，处 10 年以上有期徒刑或无期徒刑。

当然，从目前最高人民法院的观点来看，并非所有的虚开增值税专用发票的行为都会被认定为刑事犯罪。2018 年 12 月 4 日，为了落实习近平总书记的指示和《产权意见》关于“以发展眼光客观看待和依法妥善处理改革开放以来各类企业特别是民营企业经营过程中存在的不规范问题”的要求。切实保护民营企业家的合法权益，最高人民法院发布了关于虚开增值税专用发票罪的认定指导案例。② 认为不具有偷逃税收的目的，未对国家造成税收损失，不具有社会危害性的虚开增值税专用发票的行为，不应当追究刑事责任。

四、企业家涉税入刑对企业与家庭的严重影响

而企业家一旦触犯刑律，极有可能会面临失去人身自由，企业可能将面临无人经营的困境，甚至会导致企业经营的迅速恶化，甚至破产。用最高人民检察院张军检察长的话说③：“对于民营企业家，可捕可不捕的要不捕；可诉可不诉的要不诉；可判实刑可判缓刑的，判个缓刑好不好啊？我们认为是非常需要。因为民营企业把他捕了，把他诉了，这个企业马上就会垮台，几十个人几百个人的就业就没了。”

这绝不是危言耸听，在现实中，一个民营企业垮台，不仅仅是影响几十、几百个人的就业，影响更大的是民营企业家家庭成员的生活、子女的教育、父母的赡养等。就像本章开头的案例那样，邵光夫妇虽然只是失去两三年的人身自由，但其产生的影响却非常深远。首先，企业家被捕入狱后，大部分在很多情况下会导致公司管理陷入混乱，导致公司迅速陷入困境，合同违约、股权贬值、债权人挤兑、资产被强制执行而大幅度贬值，企业迅速陷入债务旋涡，甚至被收购或破产清算。

---

① 《最高人民法院关于虚开增值税专用发票定罪量刑标准有关问题的通知》（法〔2018〕226 号）……

二、……虚开的税款数额在五万元以上的，以虚开增值税专用发票罪处三年以下有期徒刑或者拘役，并处二万元以上二十万元以下罚金；虚开的税款数额在五十万元以上的，认定为刑法第二百零五条规定的“数额较大”；虚开的税款数额在二百五十万元以上的，认定为刑法第二百零五条规定的“数额巨大”。

② 资料来源：中国法院网：https://www.chinacourt.org/article/detail/2018/12/id/3596542.shtml。

③ 资料来源：新浪网：http://news.sina.com.cn/o/2019-10-24/doc-iicezuev4631626.shtml。

其次，随之而来的是，企业家的家庭资产会受到公司债务的牵连，被查封、扣押、冻结甚至强制执行，导致家庭资产折损。最后，企业家的家人，配偶、子女、父母的生活、教育、养老都可能因此而受到重大的影响。

由此可见，民营企业家依法纳税是经营的底线，一旦发生税务风险，其影响是比较大的。否则，开票系统被冻结、补税罚款这都算是轻的，如果牵涉刑事风险，导致失去人身自由，那么企业、家庭都会遭到严重的打击，不可不重视。

第三节　民营企业家涉税风险防范

民营企业家的涉税风险该如何防范和解决呢？当前社会上有一种观点，认为我国民营企业的税收负担过重，因此，导致企业家不得不逃税，认为我国的法律体系普遍存在严格立法、选择执法、普遍违法的问题。当然，我们不能否认这种现象在以往或者现今的阶段确实一定程度上存在。但如果过于强调环境带来的困难和影响，笔者认为至少是不全面的。

一、民营企业税收筹划常见的九种方法

民营企业的税收负担过重，更重要的原因是民营企业家普遍存在税收筹划意识不强，民营企业税收筹划能力普遍不足。近年来，我国的税收体系和制度进行了大刀阔斧的改革，同时出台了一系列的税收优惠政策，如果企业能够不断提升自己的税收筹划的能力，充分利用各种税收筹划架构和税收优惠政策，企业的税收负担并不一定很重，甚至可能大大降低企业的税收负担，同时规避掉不必要的涉税风险。企业税收筹划的方法很多，下面我们从理论的角度上介绍一些税收筹划的常用方法。

（一）充分利用税收优惠政策

充分利用税收优惠政策是企业税收筹划最重要、最简便的方法。企业家一定要聘请专业人士或者机构对国家和当地以及行业的税收优惠政策进行深入的研究，搞清楚本企业可以符合哪些税收优惠政策的要求，还有哪些税收优惠政策是本企业可以通过一定努力达到条件的。充分发挥好税收优惠政策的节税效果。

(二)分散税基,合理降低税负

因为在税收征管中,对规模更小的企业会有一些税收方面的优惠。同时,有一些税种的税率是呈阶梯状的,纳税基数越低,税率越低。因此,通过分散税基降低税负是税收筹划中常用的方法。

举例来说,有一家装修公司,设计施工一条龙服务,2019 年的应纳税所得额为 400 万元。如果没有其他税收优惠政策,企业所得税适用税率为 25%,计征比例 100%。

企业所得税 = 400 × 100% × 25% = 100 万元

需要缴纳企业所得税 100 万元。

但如果这家公司分拆为两家公司,一家装修设计公司,一家工程施工公司,将 400 万元应纳税额分解为设计公司 200 万元,工程公司 200 万元,将税基降下来,则两家公司都可以符合小型微利企业的标准。适用税率变为 20%,计征比例变为 50%。

装修设计公司企业所得税 = 200 × 50% × 20% = 20 万元;

工程施工公司企业所得税 = 200 × 50% × 20% = 20 万元;

两家公司合计 40 万元,节省了 60 万元的企业所得税。

(三)利用核定征收政策

企业税收征管的方式有两种:一种叫查账征收,另一种叫核定征收。一些小微企业,如果可以申请到核定征收的方式对税收筹划是相当有利的。核定征收的好处有以下几点:

第一点:税率低。核定征收的税率一般比较低,当然,因为核定征收是以企业整体销售额为征税基数,如果企业成本很高、利润很低,核定税率又不是太低,也不一定很合适,因此,在选择的时候一定要进行测算,但在一般情况下,核定征收的税收负担是比较轻的。

第二点:计算很简单。查账征收的计算是很复杂的,而且过程中还特别容易引发各种税务风险。而核定征收的计算很简单,就是企业的营收乘以固定的税率即可,不会有额外的税务风险。

第三点:从目前的情况来说,大部分地方的税务局是不支持核定征收的,但有一些地区会通过核定征收政策和低税率吸引投资,如果在这些地方注册公司并申请核定征收的方式,一般能起到非常好的降低税负的效果。

不过,近几年国家对核定征收的方式政策越来越严格,收紧的趋势已经非常明显。

(四)通过转让定价降低税负

转让定价是企业优化税收结构的重要方式,还以前面说到过的装修公司为例,老板是在北京做装修的东北人,在东北老家有税收优惠政策,但北京没有。

如果他就一家公司在北京,应纳税所得额为400万元,企业所得税为400×25%=100万元。利润300万元分红给股东,再支付个人所得税300×20%=60万元,综合税收160万元。

他可以这样设计他的经营模式,在北京开一家装修工程公司,在老家开一家设计公司。假设老家公司的税收优惠政策为企业所得税9%,个人所得税10%。将北京公司400万元的利润通过支付设计费的方式转移300万元到老家的公司,这就是转让定价。此时其税率为:

北京公司企业所得税=100万元×25%=25万元,个人所得税=75万元×20%=15万元

老家公司企业所得税=300万元×9%=27万元,个人所得税=273万元×10%=27.3万元

综合税收=25+15+27+27.3=94.3万元,远小于160万元。

当然,需要注意的是,转让定价的商业模式一定要设计合理,要有合理的商业目的,并且定价要合理,要符合市场正常定价,否则就属于逃税行为。

(五)合理利用会计技术

一个好的会计对企业税收的降低是有非常重大的作用的,合理地运用记账方法、报税方法等,都可以有较大的税收筹划空间。一个好的会计不仅能给企业节省很多税收,而且还可以大大降低企业的涉税风险,因此,对于企业家来讲,聘请一个好的会计是非常必要的。

(六)优化企业税收架构

企业税收架构的设计也是非常重要的,税收架构的设计非常广泛,大到跨国公司的税收架构设计,如著名的苹果公司的三明治架构,每年给苹果节省上百亿美元的税收。小到中小企业架构调整。我们再用装修公司举个简单的例子。装修公司的人工成本是非常高的,但这部分成本是不能作为进项税额抵扣增值税的,计入成本当然没有问题。这时候装修公司的老板可以在老家开一家劳务公司,向北京的装修公司输出劳务,并开具增值税专用发票。一边可以享受老家的税收优惠政策,另一边劳务成本还可以抵扣增值税,一举两得。

（七）利用税收洼地

无论是国内还是国外，都存在很多的税收洼地，这些地方通过很有吸引力的税收优惠政策吸引投资，有的是税率本身就很低，有的则是有阶段性的退税政策等，将企业注册在这些地方可以起到非常好的税收筹划效果。

读者耳熟能详的可能是前几年比较流行的新疆的霍尔果斯，因为有大量的影视公司都注册在霍尔果斯这个地方。为什么呢？是因为霍尔果斯对文化传媒类的公司有非常好的税收优惠政策，将影视公司注册在这里可以大量地节省税收。譬如，王某强注册的共青城宝亿嵘（有限合伙）公司，注册在江西抚州共青城，就是因为这里是税收洼地。

这样的税收洼地在国内外还有很多，当然也会经常变化。企业家利用好税收洼地，合理安排节税规划对降低税负是极为有利的。

（八）纳税人身份筹划

纳税人身份筹划对降低税负也有非常大的作用，注册公司时用有限责任公司还是有限合伙公司？用小规模纳税人还是一般纳税人？

如果注册有限责任公司，则需要交公司所得税和个人所得税，但个人所得税率固定为20%。如果用有限合伙公司，则不需要交企业所得税，只需要交个人所得税，但所得税率采用五级累进制，从5%～35%。需要合理地计算确定哪种方式税负更低。

还有小规模和一般纳税人的选择，小规模纳税人增值税率低，但不能够抵扣。一般纳税人增值税率高，但可以抵扣。因此，这也需要根据企业的业务模式来确定，如果企业利润高，成本低，进项票少，当然是小规模纳税人比较合适。如果企业利润低，成本高，进项票多，那当然一般纳税人税负更低。

（九）合理设计业务模式与交易结构

合理地设计交易结构，也可以大大地降低企业的税负，以某设备租赁公司的业务模式为例。①

新华机械工程公司主要从事建筑机械设备租赁服务，一般纳税人。他的业务模式不同，税率也不同。如果新华机械工程公司直接对外提供“施工设备”的租赁服务，但不配备操作人员，设备使用前的运输与安装都由客户负责，则公司的租赁收入要按“有形动产”租赁服务纳税，适用13%的增值税率。

---

① 参见马昌尧编著：《降低税负：企业涉税风险防范与及节税技巧实战》，机械工业出版社2019年版。

如果新华机械工程公司配备操作人员，并自行负责设备使用前的运输与安装，提供“建筑服务”而非单纯的设备租赁，则按“建筑服务”纳税，适用9%的增值税率。

由此可见，合理地设计业务模式与交易结构，也可以大大降低税收负担。

请注意，本书并非专业税收筹划的书籍，以上的部分只是告诉广大的理财师和企业家税收筹划的重要性而已，不构成任何实际的税收筹划的建议或指导。如果需要进行税收筹划，还需要聘请专业人士进行专业的筹划和设计。

二、涉税风险引发的刑事风险的应对策略

除了要对企业进行专业的税收筹划设计之外，企业税务风险引发的相关风险也是非常值得关注的，最典型的就是税务风险引发刑事风险，进而导致企业家失去人身自由、企业经营失败、债务危机爆发，引发家庭资产被牵连，查封、扣押、冻结甚至被强制执行。

因此，企业家应当在企业经营状况较好的时期，及时剥离一部分利润，并进行合理的资产保全规划，以避免在危急情况下全部资产被用来抵偿债务。资产保全的工具比较常见的是人寿保险与家族信托。

（一）运用人寿保险进行资产保全规划，保护家庭及家人

人寿保险因为其本身的特点，可以实现财产所有权、管理权和收益权的相对分离。在合同存续期间，人寿保险的主要财产的所有权归投保人所有，管理权则是保险公司，受益权则归受益人所有。因此只要合理的设计投保人和受益人，就可以相对地实现资产保全。

在保单架构的设计上，可以设计不参与企业经营的企业家夫妻之外的人为投保人，可以是企业家夫妇的父母，或者不参与企业经营的成年子女。被保险人一般设计为企业家的子女，生存受益人也为企业家的子女，死亡受益人在子女成年以后可以指定为孙子女。如此，即使企业家发生刑事风险失去人身自由，引发债务危机，保单资产均不会被牵连，可以实现资产的相对保全。

如果父母投保不便，则可以先以企业家夫妇作为投保人投保，交完保费以后再变更投保人为父母。当然，如果投保人和被保险人不是同一人，一定要考虑投保人去世现金价值问题的处理，需要结合第二投保人或者遗嘱进行设计。

具体的资产保全设计方案在本书“企业家家庭债务风险解析与解决方案设计”一章中有非常详细的阐述，这里不过多重复。

（二）运用保险金信托 2.0 进行资产保全规划

单纯的人寿保险规划只能实现相对的资产保全，原因就在于保单的各项资产都会属于某个自然人，会牵涉自然人的继承、婚姻、债务等诸多风险。而保险金信托 2.0 可以将投保人变更为信托，保险的受益人也变更为信托，可以实现资产的独立性，不在任何一个自然人的名下。家庭成员作为信托受益人享受受益权，如此可以实现比较完整的资产保全。具体的设计在“企业家家庭债务风险”及相关章节有详细的阐述，这里不再重复。

（三）运用家族信托实现资产保全规划

家族信托不仅可以装入保单资产，还可以装入其他金融资产和非金融资产。在企业经营状况良好的时期，将一部分利润及时剥离，以企业家夫妇为委托人，设立不可撤销的家族信托，并指定家庭成员为受益人。利用家族信托财产的独立性，实现资产和企业家的企业资产和家庭资产的彻底脱离，从而起到隔离债务风险的作用。家族信托的具体设计在“企业家家庭债务风险”及相关章节也有详细阐述，这里不再重复。

第二十二章

税务信息透明与跨境税务风险

进入21世纪以后,世界数字化的趋势越来越明显。互联网技术、通信技术、大数据技术等推动下的数字化使得世界越来越小。同时,数字化也给税收征管带来了变革性的影响,尤其体现在跨境税收征管方面。

从20世纪70年代开始,资本的全球流动变得自由,[①]欧美发达国家对国内富人的税收征管也越来越严格,促进了如BVI、开曼、瑞士等“避税天堂”的蓬勃发展,欧美等国家的富人们纷纷通过离岸架构持有资产,那是一场富人们的税收“饕餮盛宴”。面对“避税天堂”严格的保密制度、富人们复杂隐秘且不失专业的税收架构、极高的跨境税收征管难度以及高昂的跨境征税成本,欧美各国几乎只能眼睁睁地看着被日益侵蚀的税基但束手无策。

进入21世纪后,随着经济全球化、信息数字化的发展,跨境税收征管迎来了新的契机。经济全球化,使得各个大国对“避税天堂”有了规制的可能性。而信息的数字化,从技术上大大降低了跨境税收征管的难度。

2003年,欧盟发布了《储蓄指令》(欧洲理事会第2003/48/EC号指令)(EU Savings Directive/EUSD),并于2005年7月1日开始实施。EUSD制度主要是实现存款利息的跨国自动交换,参与该规则的国家不仅包括欧盟成员国,同时,包括成员国相关的海外属地或领地,如BVI、开曼、根西岛、泽西岛、马恩岛等。EUSD规则第一次将“避税天堂”们坚定维护的银行保密制度撕开了一道小口子。[②]

2010年,美国总统签署了FATCA(Foreign Account Tax Compliance Act,海外账户税收合规法案)(俗称“肥咖法案”),这是一个划时代的税收征管法案,用燕彬先生的话说,若说EUSD是将银行保密制度撕开了一道口子,那么,FATCA则是意图将存在上百年的银行保密制度彻底摧毁。2014年,“肥咖法案”开始实施,世界正式开始迈入税务信息透明时代。

受美国“肥咖法案”的鼓励和影响,努力了近20年的OECD终于有机会在全世界范围内构建一个税收信息自动交换的体系,这就是后来著名的CRS(Common Reporting Standard),中文称“统一报告标准”。CRS虽然不直接涉及实体上的税收征管问题,但自动交换的金融账户信息为各全球征税的国家提供了跨境税收征管和开展跨境税务稽查的情报基础。各国税务机关可以依此对相关国家发

① 参见[美]克里斯·爱德华兹等:《全球税收革命》,黄凯平等译,中国发展出版社2015年版,第2页。

② 参见燕彬:《认识FATCA与CRS——涉税信息交换与全球资产透明全指引》,法律出版社2018年版,第6~7页。

送专项税收情报请求,以获取更多有关该纳税人在海外资产信息的资料和证据。

FATCA 和 CRS 并不是跨境税收征管的全部,这是一个不成体系的庞大体系,比较著名的还有 OECD 于 2013 年发布的《BEPS① 行动计划》。此外,国际反洗钱组织——金融行动特别工作组(FATF)在反洗钱和反恐怖主义资助领域的若干国际标准也与这个庞大体系有紧密关联。

总之,21 世纪的今天,在税收征管方面的"全球化"趋势已然非常明显,遍布全球的税务信息透明体系已经形成。这对于高净值家庭,特别是家族财富全球化非常明显超过净值家庭和家族来说,确实是很大的变革与挑战。

在跨境税收问题方面,本书的定位是为广大的理财师和高净值客户普及知识及给予一些方向性的建议。下面,笔者将就一些基础性、常识性的问题以比较通俗的方式展开一些介绍和探讨。

第一节 风险案例

一、案例导读

2012 年年底,C 国税务局通过我国驻国际联合反避税中心(JITSIC)代表处向我国国家税务总局请求协助调查中国移民 X 某和 L 某夫妇在中国的收入和纳税情况,随后两国税务局展开了一次跨国税收征管的合作。②

二、案例详情

2006 年 12 月,广东中山的 X 某和 L 某夫妇全家办理了 C 国的移民,登陆 C 国后,他们一致按照低收入申报纳税。但这与 C 国税务局掌握的资料不符,因为这夫妇二人在 C 国期间居然购置了 5 处豪华房产和 6 辆名贵汽车。并且,X 某还经常有大笔来源于中国亲属的巨额资金的汇入。所以 C 国税务局怀疑这夫妇二

---

① BEPS,英文全称"Base Erosion and Profit Shifting",中文:税基侵蚀与利润转移。这是指跨国企业利用国际税收规则存在的不足,以及各国税制差异和征管漏洞,最大限度的减少其全球总体的税负,甚至达到双重不征税的效果,造成对各国税基的侵蚀。(虽然 BEPS 对跨境税收影响巨大,但本书主要讨论私人财富管理,故对此不多作讨论。)

② 参见吴敏哲、况淑敏:载《中国税务报》:https://www.shui5.cn/article/af/82915.html。

人没有如实申报其在中国的财产和收入，所以就通过国际联合反避税中心(JITSIC)向我国国家税务总局发出了协助调查的申请。

广东省中山市地税局最终接受了国家税务总局下达的调查任务，根据C国税务局提供的线索，成立专项工作组，对X某夫妇在国内可能的财产展开了全面调查。调查的主要对象是X某夫妇曾直接或间接持股的13家企业，其中8家位于中山市。中山市税务局在通过税务系统自身数据调查外，同时向公安、国土、工商、银行等部门发出了协查文书，全面了解X某和L某夫妇两人的出入境情况、资产购置存量、股权拥有情况和资金流水信息等。同时，工作组对X某和L某两人的国内亲属展开了约谈取证工作，希望获取国(境)内向X某银行账户汇入资金的相关信息，寻求线索及证据。

但是，开始的调查进展并不顺利，约谈工作因为当事人相关亲属，尤其是其母亲的消极配合，调查一时陷入困境。随后，工作组调整了调查切入点，改为调查涉案人员及其亲属名下银行账户的交易记录，筛查其中交易频繁且金额巨大的疑点企业和个人，取得了X某母亲为公司实际投资人的证据，由此取得了关键突破点。

最后，通过2年多的反复调查取证，确认了X某母亲以借款为由，长期套取其隐性持股企业的生产经营所得，再通过多名家族成员的香港银行账户逐步将国内投资所得向C国转移的基本事实，并向C国税务局进行了回复。

C国最后对X某夫妇的处理结果到底如何，我们没能查到相关的资料。但可以比较肯定的是，补税罚款是最起码的处理措施，且罚款金额往往是巨大的。并且，如此巨额的逃税在C国引发刑事处罚的可能性也非常大。相比之下，国内的处罚相对可能轻很多，最终，中山市地税局仅向X某的母亲依法追缴了偷逃的税款3474.37万元。

三、案例解析

X某夫妇的案例是值得国内的跨境高净值家庭及家族吸取教训的。他们犯了几个比较典型的错误。错误一：不想或者说无法承受C国的高税收，并且贸然移民到了C国，取得了C国的永久居留权，成为C国的税务居民。错误二：对境外发达国家税收政策、手段、风险都不了解，天真地认为自己在国内的资产和收入可以通过简单的代持手段就可以瞒过C国税务机关，低估了C国税务机关的能力和手段。错误三：为了少交税，隐瞒境外收入并作低收入申报，却经常有高消费行为，引起C国税务机关的怀疑。错误四：误认为境外亲属赠与自己来自C国境外的财产是没有风险的，肆无忌惮地经常接受来自境外的大额赠与，忽视了这种情况的不合常理，引起C国税务机关的怀疑。错误五：中国境内的财产没有经过专业的税收筹划，而是简单地通过转给母亲代持并将获利定期通过亲戚赠与C国的自己，在税收的实质主义处理原则下被轻易看穿。错误六：在中国境内还通过借款等违规手段偷逃国内税款，引起国内税务机关的重视。

X某夫妇的行为在中国移民到境外发达国家的高净值人士群体中并非个案，他们犯的这六个典型错误几乎是大部分的移民人士都会犯的错误。只不过大部分的人运气比较好，在税务信息不够透明、跨境征税难度大的时代侥幸没有被发现而已。

如今，随着FATCA和CRS的实施，税务信息透明时代已然来临，跨境税收问题已经成为有国际背景的高净值人士家庭或家族面临的核心问题之一，必须引起足够的重视，并及时进行专业的、合理合法的规划。

第二节　跨境财富管理专业知识介绍与应对原则

跨境税收问题是一个非常复杂的问题，"国际税法"专业，用燕彬先生在其著作《认识FATCA与CRS》的自序中描述的那样①："在这个领域，也有一群怪诞的学者和专家，他们每天在讨论一些似乎跟税收专业知识相关，但似乎又毫无关联的、晦涩难懂的词句。甚至一些在税务领域有着丰富实践经验的人在这中间有时也会迷失方向。"

一、国籍、永久居留权、税务居民与跨境税收之间的关系

在讨论跨境税收问题之前，首先必须搞清楚国籍、永久居留权、税务居民等的概念以及这些概念与跨境税收之间的关系。

先看一下国籍的概念。国籍是指一个人属于某一个国家的国民或公民的法律资格，表明一个人同一个特定国家间的固定的法律联系，是国家行使属人管辖

① 参见燕彬：《认识FATCA与CRS——涉税信息交换与全球资产透明全指引》，法律出版社2018年版，自序第2页。

权和外交保护权的法律依据。① 这是一个主权上的概念，拥有一国国籍的人就是这个国家的公民，他拥有在该国的一系列的政治权利。国籍是一个相对永久居留权、税务居民身份等更加"正式"的概念。拥有一国国籍的人肯定是在这个国家拥有永久居留权的，但不拥有某国籍的人也有可能有权利在该国永久生活，如果他取得了该国的"永久居留权"的话。

永久居留权，英文缩写 PR。这是指 A 国容许别国公民永久居留于 A 国的权利，权利持有者在 A 国享有除选举权和被选举权此一项公民权利外的一切权利和福利②。譬如，有的人取得了美国的"绿卡"，取得了加拿大的"枫叶卡"，就是获得了在该国的永久居留权，但还不是该国的正式公民，并不拥有该国国籍。但是，当取得永久居留权并生活在该国超过一定时间段并符合该国取得国籍的条件，则可以申请加入该国国籍。要注意，并非每一个国家都会设有永久居留权，一般移民国家比较常见。

税务居民虽然和国籍、永久居留权都有比较紧密的关系，但也有很大区别，并且根据各国政策的不同，关系也不尽相同。

税收居民通常是指在一国居住（或具有一国国籍），依法享有民事权利和承担民事义务的，并受该国法律管辖的自然人或法人。居民或公民通常由于其与某一特定国家的人身依附关系而被认定在该主权国负有无限纳税义务。如果该国的税收征管适用属人原则或者适用属人兼属地原则，则该居民有义务就自己在全球的所得向该国缴纳所得税，这就是所谓全球征税的概念。如果该国只适用属地原则，则居民仅就其在该国国内的所得向该国缴纳所得税。跨境税收风险一般就是因为当事人属于一个或者几个全球征税国家的税务居民并且在多个国家和地区有收入从而引发的税收风险。

税收居民和国籍、永久居留权之间有什么样的关系呢？一般来说，拥有某国国籍的人和拥有永久居留权的人同时也是该国的税收居民，哪怕是某些国家，如加拿大可以申请税收申报的豁免，但也丝毫不影响其属于该国的税收居民。但是，不拥有一国国籍和永久居留权的人依然有可能属于该国的税务居民。因为大部分全球征税的国家，只要当事人满足住所标准、居所标准或停留时间标准这三个判定自然人居民身份标准的自然人，就要向居住国政府负无限纳税义务，其在全世界范围内的所得都要向居住国政府纳税，也属于该国的税收居民。

---

① 资料来源：百度百科：https://baike. baidu. com/item/国籍/1028662？fr = aladdin。
② 资料来源：百度百科：https://baike. baidu. com/item/永久居留权/5465780。

正是因为国籍、永久居留权、住所居所标准、停留时间等都会导致某人成为某全球征税国家的税务居民，甚至可能同时是多个国家的税务居民，其有义务就全球所得向其属于的每一个国家交税。但各个国家的税收政策又不尽相同，国家之间又可能存在税收协定，同时，征税权又是一国的主权，还可能存在国家间的征税权冲突。这就使得“国际税法”专业成为一个最为复杂的专业，跨境税收问题也成为一个充满了机会、风险和不确定性的问题。

二、离岸财富管理的兴起与“避税天堂”

20世纪后半叶，对于全世界的富豪来说，跨境税收问题虽然也存在风险，但更多的是“机会”。诸多富豪通过全球资产配置的方式，依托于诸多的“避税天堂”享受着空前绝后的“税收福利”，那是一个跨境避税的疯狂时代。在那个时代，“避税天堂”扮演着极为重要的角色，离岸财富管理几乎成为“逃税”“洗钱”等的代名词。

关于“避税天堂”，OECD认为，如果一个国家为非居民纳税人提供便利，并成为非居民纳税人逃避其居住国税收的场所，则该国家可以称为“税收天堂”或者说“避税天堂”①。避税天堂具备如下特征：

* 商业服务的定位是面向非本地居民；
* 宽松的管制环境，对设立机构的公司没有明确的经营活动要求；
* 对投资活动适用零税率或低税率；
* 有严格的银行保密法，信息保密性极强；
* 相比其他行业，金融行业规模巨大。

“避税天堂”自古就有，但早期的避税天堂主要用于藏匿财富。“二战”之后，一方面，欧洲大部分国家面临战后重建和财政困难，所以纷纷提高税率；另一方面，在布雷顿森林体系解体后，欧美各国逐渐放开了资本管制，资本全球流动开始迅速增长，给资本大量流入离岸地提供了可能性。再加上，当时欧美国家在金融监管方面比较严格，于是，一批施行低税率、提供宽松监管政策并且拥有严格银行保密法，专门为吸引外国的金融资本的国家和地区应运而生了。出于逃避重税，逃避金融监管，隐匿财富等目的，全球的资本纷纷涌入这些离岸地。在离岸金融推动下，“避税天堂”由藏匿财富之地发展到为全球高净值人士提供财富持有架

① 参见佟义：《避税天堂的起源、发展与现状》，载《中国石油财会》2014年第4期。

构、税收架构、股权持有架构、交易架构、上市架构、财富传承与管理等一系列专业、复杂的离岸金融服务的提供地,发展出了很多现代金融中心。

对于全球的富人们来说,“避税天堂”无疑是他们真正的财富天堂。从20世纪下半叶到今天,富人们一直在享受着“避税天堂”给它们带来的“幸福”。在避税天堂,富人们可以轻而易举地就搭建起一个全球资产的持有架构,并隐藏在幕后控制着他们巨大的财富;这些财富可以方便地在全球各地调动而不用担心别人会发现是谁在调动它们;这些财富时刻都在获取着高额的回报但他们却不用为此而缴纳重税;甚至在这些地方对他们财产来源的合法性都疏于调查,同时还严格为他们保密;当他们想把财富传承给下一代时,他们可能只需要更换某个岛国上一家连办公室都没有的公司的董事,如此简便的同时还不用担心被课征高额的遗产税。

正因如此,富人们对这些地方趋之若鹜,以至于在2017年“天堂文件”泄密事件中,多个欧美国家的政要都名列其中,甚至连英女王也在“避税天堂”拥有大量财富。根据OECD早年的测算,全球有5万~7万亿美元财富隐藏在“避税天堂”,占全球财富的6%~8%。国际清算银行有统计数据表明,超过50%的国际银行贷款经过“避税天堂”,各跨国企业的投资有超过1/3经过“避税天堂”;国际货币基金的统计数据表明,全球国际贸易活动超过50%通过“避税天堂”中转,避税天堂拥有4000多家银行,[①]各类“公司”就更加不计其数了。“避税天堂”在近几十年可以说发展成为全球富豪财富狂欢的“法外之地”。

三、中国高净值人群的跨境财富管理现状

(一)拥有跨境财富分布的典型高净值人群

中国的高净值人士群体崛起于20世纪90年代之后,大多是名副其实的新贵,其财富管理全球化的发展就更晚了。所以,中国的高净值人群,在财富管理方面,尤其是跨境财富管理方面是缺乏经验的。但是,随着中国经济的飞速发展,中国高净值人群的财富增长速度却远远超过了他们财富管理经验的增长速度。与他们比较匮乏的全球财富管理经验形成鲜明对比的是,他们掌握的财富规模已经独步全球,以至于进入21世纪后,全球到处晃动着中国富人们“买、买、买”的身影。因为这样的不匹配,中国高净值人群的跨境财富管理现状用两个字形容,就

① 参见佟义:《避税天堂的起源、发展与现状》,载《中国石油财会》2014年第4期。

是"堪忧"。

中国高净值人群拥有跨境财富结构的主要有四大典型群体,分别是移民群体、出口贸易群体、海外投资群体、海外上市群体。这四类人群相互重合,各有特点。

(二)典型人群的跨境财富结构的特点

1. 移民人群的跨境财富结构特征

四大群体中最庞大的群体当然是移民群体。改革开放初期,工商业的粗放增长对环境破坏比较严重,再加上教育发展和欧美国家存在差距,造成了中国富人的移民潮。前些年曾流行一句话,"中国的有钱人,一半已经移民,另一半在移民的路上"。可见,中国高净值人士中移民群体之庞大。这几年随着国内外环境的此消彼长,又出现了归国潮。但中国高净值人群中因为移民而拥有跨境财富结构的比例还是很大的。高净值移民人群的跨境财富结构非常有特点。

特点一:移民目的地大部分是美国、加拿大等全球征税的国家。

特点二:大部分人办理移民的最核心目的是孩子的教育,其次是好的生活和社会福利环境。

特点三:家庭获取收入的重心一般都还在国内,家庭中的经济支柱有的没有办理移民,即使办理了移民,也一般长期工作、生活在国内。

特点四:大部分人的主要财产也还在国内,境外财产一般相对较少。

特点五:很多人会选择对移民目的国税务机关隐瞒国内的资产和收入。

特点六:境外家庭成员获取财产的方式一般通过国内亲属的赠与。

特点七:除少数超高净值家庭外,普遍缺乏离岸资产配置经验,离岸资产配置较少,更别说专业的离岸财富管理架构了。

特点八:海外投资比较喜欢跟风,喜欢追热点,投资不理性。

中国的高净值移民家庭形成这样的特征,是有其历史原因的。同时,对于高净值移民家庭来说,这样的特征也有诸多方面的好处。

首先,因为中国前40年是创富高峰期,所以中国高净值人群移民一般都不会因为商业目的,而是教育与环境的目的,因此,其移民目的国必然是发达国家。

其次,因为这部分人群主要收入在国内,而在以前,移民目的国又很难获取其在中国的收入情况,可以通过简单地隐瞒或代持就可以逃避繁重的税收负担,既能享受好的教育与福利环境,还可以不承担高昂的税负,没有比这更"幸福"的事情了。

再次,因为外汇管制,中国高净值移民家庭很难将大部分家庭资产转移到境外。同时,相对境外,资产在国内的投资收益率也相对更高,并且收益部分还可以轻松地逃避移民目的国的税收。当境外家庭成员需要资金时,可以通过中国亲属赠与境外成员的方式,在大部分移民目的国这还是免税的。因此,大部分高净值家庭只会选择将一部分资产转移到境外以达到"鸡蛋不放在一个篮子里"的目的。若非国内资产面临严重威胁,高净值移民家庭是没有将大部分财产转移至境外的动力的。

还有,因为近二三十年,中国经济在全世界一枝独秀,所以需要主要家庭经济支柱留在国内经营事业,继续创富。并且,如果经营者在国内不再有竞争优势、经营失败或者遇到一些风险,还可以选择投靠境外的家庭成员,"有选择权""自由度"大,这也是很多高净值家庭选择移民的一个理由。

最后,为什么国内的高净值移民家庭很少搭建离岸架构?离岸财富管理兴起的原因就是欧美发达国家"二战"以后的高税负驱动。而中国的税收环境虽然名义税负很重,但因为税收征管体系发展还不成熟,现实中有很多的可操作空间,并且国内的经营者们也深谙此道,因此实际税负压力并不显著。相比之下,离岸架构大部分人不熟悉,而且因为外汇管制的原因,搭建难度也很高。一边没有难以忍受的高税负的压力,一边对离岸架构不熟悉且操作难度不小,当然就没有搭建离岸架构的动力了。

2. 拓展海外版图的企业家人群的跨境财富结构特征

开始拓展海外版图的大型私营企业家家庭跨境财富分布也是比较多的,他们因为海外投资从而拥有跨境财富管理架构。这是一类财富等级相对较高的人群,一般都是超高净值人士,有一部分甚至属于超级富豪,另一部分人国内的核心企业为上市公司。一般是因为公司发展到了巨大的规模,因而产生了拓展海外版图的需求。

这类高净值人群拓展海外版图主要有两类动机:第一类动机是公司实际业务拓展的需要,是为纯商业目的进行的海外投资;第二类动机主要的目的是通过海外投资配置海外资产,是从全球资产配置、风险防控的角度从而进行的投资。在实践中,很大一部分人群其实是两个动机兼而有之。

拓展海外版图的高净值人群因为财富等级较高,因此,辅助他们进行海外投资的专业人士和专业机构是相对较多的,并且,他们的海外投资行动一般也会经过较为规范的策划和决策的过程,所用的架构也相对比较专业。此外,离岸架构在该类人群的投资架构中就较为常见了。

四、FATCA 与 CRS 制度介绍与发展进度

随着离岸金融的蓬勃发展,欧美的高净值人群纷纷通过离岸架构持有管理财富,逃避国内的税收,导致欧美各强国的税款大量流失。各发达国家第一次比较系统地看到通过离岸架构逃税的"盛况"是因为一个叫作凯博(Heinrich Kieber)的"骗子",这是"一张 CD 引发的逃税案"①。

2000 年左右的时候,凯博利用为列支敦士敦的 LGT 银行负责信托账户书面文件数据电子化的机会,将这些信息刻进了一张 CD。随后他向多个国家兜售这张 CD,最终 2006 年,德国联邦情报局花 400 万 ~ 500 万欧元购买了这张 CD。因为这张 CD,德国直接追回税款超过 2 亿欧元,间接因为 CD 的震慑作用而主动申报的税款则超过 13 亿欧元。德国又将这张 CD 的内容分享给了美国,最终导致了《美国海外账户税收遵从法案》(FATCA)的出台。而 FATCA 又成为 CRS 最终出台的最重要推手。

(一)FATCA 法案基本介绍

FATCA 本身不是一个独立的法案,而是美国 2010 年《雇佣激励以恢复就业法案》("HIRE"Act)中的部分条款,再加上《美国联邦税法典》第四章第 1471 ~ 1474 条的全部内容②。这个法案要求美国境外的金融机构将其管理的美国税务居民持有的金融账户涉税信息定期自动申报给美国国税局(IRS)。对于不遵守 FATCA 的合规要求境外金融机构,美国将对其采取一系列的处罚措施,其中最严厉的是对这些金融机构来源于美国的某些特定收入征收 30% 的预提所得税。因为全球绝大多数金融机构和美国的关系极为密切,所以这成为美国的"杀手锏",也使得 FATCA 法案成为一个有可能取得实效的跨境税收征管的法案。

2013 年,美国财政部和联邦税务局联合发布了最终版 FATCA 实施条例(FATCA Regulations),就境外金融机构的尽职调查程序、纳税申报以及代扣代缴预存所得税等问题进行了细化规定③。虽然美国的法律对境外的金融机构具有很强的震慑力,但毕竟属于美国国内的法律,因此,要解决具体实施问题,依然需要通过与金融机构所在国家的政府签订税务信息交换协议方可解决问题。

---

① 杨后鲁:《税务透明时代下的家族财富传承》,清华大学出版社 2019 年版,第 3 页。

② 参见燕彬:《认识 FATCA 与 CRS——涉税信息交换与全球资产透明全指引》,法律出版社 2018 年版,第 7 页。

③ 参见燕彬:《认识 FATCA 与 CRS——涉税信息交换与全球资产透明全指引》,法律出版社 2018 年版,第 7 页。

FATCA 的政府间税务交换协议分为两种模式：模式一为"政府间交换模式"，由金融机构将信息上报给本国政府，然后进行政府间的交换，模式一又分为两种类型，即仅由一方向美方提供数据的"单边交换模式"和双方互相交换数据的"双边模式"；模式二为金融机构直接向美国政府申报的模式。其中，模式二虽然可以节省合规成本，但这种模式只可能实现单边模式，并且由本国金融机构直接向美国税务局申报信息也是很多国家从情感上所无法接受的。因此，在实践中超过 90% [①]的 FATCA 参与国采用的是政府间交换模式。

理解 FATCA 的税务信息交换有几个要点一定要注意。首先，信息交换针对的是个人涉税信息而非法人的涉税信息。其次，需要交换的并非所有财产信息，而是金融账户信息。再次，需要遵从的金融机构和传统意义上理解的金融机构的概念并不完全重合，也包括相关的托管机构、投资机构等。最后，金融账户概念和传统的金融账户的概念也有差别，还会包括人寿保险现金价值、股权、债权权益等。由于篇幅所限，本书对这些内容不作深入探讨，如果需要详细了解，请参阅燕彬先生所著的《认识 FATCA 和 CRS》一书。

（二）FATCA 法案的发展进度

目前，全球已有 113 个国家和地区与美国签署（包括草签）了关于实施 FATCA 的《政府间协议》，包括中国大陆、香港特别行政区、澳门特别行政区与台湾地区。[②] 中国大陆与美国于 2014 年草签了《政府间协议》（模式一），也就是说，将来中美之间会进行有限对等的税收信息交换。而香港特别行政区、澳门特别行政区和台湾地区与美国政府签订的《政府间协议》均为模式二，即这些地区的金融机构会将其管理的美国纳税人持有的金融账户直接申报给美国国家税务局 IRS，而无须像模式一下的那样，先申报给本国税务机关，而后由本国税务机关交换给美国国家税务局。

到 2020 年年底，中美双方仍未就是否正式签署和实施 FATCA 协议发布任何官方信息，但是笔者认为，基于中国在实施 CRS 上的经验，以及为方便中国金融机构开展国际业务与合作，中美之间签订和实施 FATCA 协议应是确定中的事情。

高净值个人在进行跨境资产配置中，尤其是在涉及中国或美国身份以及位于

① 参见燕彬：《认识 FATCA 与 CRS——涉税信息交换与全球资产透明全指引》，法律出版社 2018 年版，第 12 页。

② 资料来源：美国财政部网站：https://home.treasury.gov/policy-issues/tax-policy/foreign-account-tax-compliance-act 信息。

中国或者美国的资产时，应当关注中美之间FATCA《政府间协议》的签署和实施情况，并对资产架构进行及时的考虑和调整，以有效降低跨境税务管理风险。

（三）CRS制度基本介绍

和美国FATCA属于国内法律不同，CRS属于国际涉及各国税收主权和税收利益的国际准则。《CRS实施手册》主要包含了四个方面的主要内容①，第一部分是有关金融机构对其管理的金融账户开展尽职调查的程序、账户识别与账户信息申报的内容标准等，这是整个CRS的核心内容；第二部分是《主管当局协定范本》（CAA），这为各主管当局之间签订交换协定提供了参考标准；第三部分内容是OECD对《CRS文本》和《CRS文本的释义》，对这些CRS下金融机构的合规要求进行了更加详细的解释说明，方便各参与国理解运用；第四部分内容是CRS信息申报的技术解决方案指引，规定有关账户信息自动交换的模式以及传送和加密的指导，确保所传递信息的保密和安全。

CRS的交换模式和FATCA不同，有显著的国际协议的特征，所有的模式都是名义对等的，大体包括以下三种：

1. 多边互换模式（MCAA）

即涉税信息在多国之间进行自动交换，该模式是OECD最为推崇的模式，它可以免去每两个国家都需要分别签署协议的烦琐程序。注意，只有加入了《多边征管互助公约》的国家才可以采用多边互换模式。并且，并非参与多边互换模式的每两个国家之间都会进行信息互换，而是只有满足了相关税务信息保密性和数据安全标准的基础上并有相互交换意愿的国家间才会自动进行信息互换。

2. 双边互换模式

这种模式主要针对那些没有加入《多边征管互助公约》的国家和地区。他们就需要和每一个有意愿互换的国家和地区单独签订《主管当局协定》，来实现双方之间的信息互换。

3. 双边非互换模式

对于那些国内根本没有所得税或者对本国税务居民的境外收入根本不征税的国家和地区，如开曼群岛、阿联酋等，本国税务居民的海外金融账户信息对本国的税收征管没有意义，这时候可能信息就会是单边交换而不是互换。这就是双边非互换模式。见图22－1。

---

① 燕彬：《认识FATCA与CRS——涉税信息交换与全球资产透明全指引》，法律出版社2018年版，第17页。

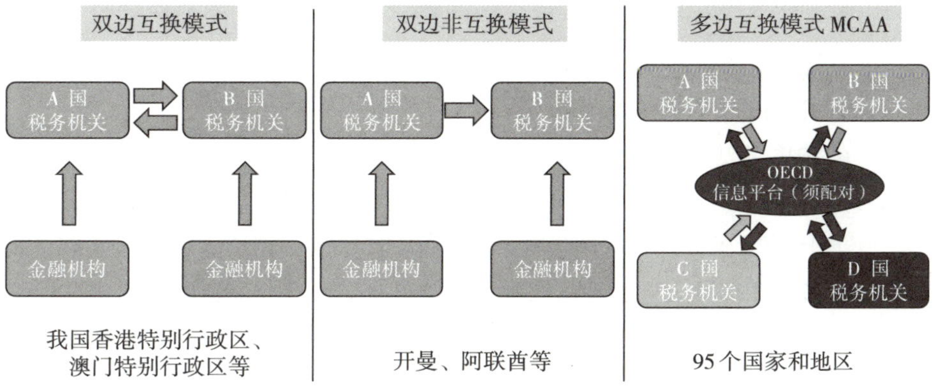

图 22 - 1

在 CRS 的体系下，通过涉税信息的交换，各国的税务机关就可以方便地获得本国税务居民在海外的金融账户信息，从而大大增强了本国税务机关的跨国税务稽查能力，也在很大程度上促进了本国居民的纳税遵从。

（四）CRS 的发展进度

目前，全球有 115 个国家和地区承诺实施 CRS[①]，包括所有的发达国家，二十国集团成员国，设立了离岸金融中心的发展中国家，以及部分主动承诺实施 CRS 的发展中国。根据 OECD 全球税务透明论坛与 2020 年年底发布的报告[②]，在 2019 年，全球有近 100 个国家和地区进行了 CRS 下的金融账户涉税信息自动交换，涉及 8400 万个金融账户，所有交换账户的总账户价值达 10 万亿欧元（约合人民币 78 万亿元），相当于中国 2017 年全年的国内生产总值。

截至 2020 年年底，OECD 全球税务透明论坛已经完成了对全球 100 个承诺在 2017 年和 2018 年开始 CRS 下信息交换的国家和地区的 CRS 立法审议工作，并对 100 个国家和地区的立法状况进行了总结，对于一些国家立法中存在的与国际标准不一致或者存在漏洞的地方，已经建议进行立法修改。同时，从 2021 年开始，OECD 全球税务透明论坛还将对这 100 个国家和地区就 CRS 在本国的有效实施问题进行评估和审议，确保各国 CRS 法规在实践中得到了有效执行，同时各国政府对于金融机构和纳税人的不合规行为进行有效的制约和处罚。鉴于此，各国

---

① 资料来源：https://www.oecd.org/tax/transparency/AEOI-commitments.pdf。

② 资料来源：https://www.oecd-ilibrary.org/docserver/35806350-en.pdf?expires=1612294042&id=id&accname=guest&checksum=982AA364504280F1C848DF77E03CF7CD。

政府必然会进一步加强对本国金融机构的CRS合规审查,而金融机构对于客户的反洗钱和反逃税相关尽职调查程序也将会进一步严格。

(五)中国的CRS发展情况

早在2014年9月中国政府就在G20上承诺实施CRS,并确定首次对外交换信息的时间为2018年。2015年7月全国人大常委会批准了《多边税收征管互助公约》,已于2016年2月对我国生效,为中国实施CRS奠定了多边法律基础。随后,国家税务总局签署了《金融账户涉税信息自动交换多边主管当局间协议》,为我国与其他国家(地区)间相互交换金融账户涉税信息提供了操作层面的多边法律工具。2017年5月发布的《非居民金融账户涉税信息尽职调查管理办法》,要求从2017年7月1日开始正式实施CRS。

截至2019年年底,①中国向71个国家和地区在CRS下发送了这些国家非居民在中国金融机构持有的金融账户信息,同时中国从全球100个国家和地区在CRS下获得了中国居民在这些国家和地区所持有的金融账户信息,这些国家和地区就包括了瑞士、中国香港特别行政区、中国澳门特别行政区、开曼群岛、英属维尔京群岛、英国、加拿大和澳大利亚等。

同时,值得关注的是,在2020年OECD全球税务透明论坛发布的CRS法律评估报告中,中国的CRS立法得到了OECD的认可,获得"到位"(in place)的评级。随着中国税务机关对于CRS信息交换经验的积累,以及不断从国外获得中国居民的账户信息,这将势必导致中国税务机关对中国纳税人(尤其是海外持有资产的高净值个人)的税务合规进行更大有理有据的调查。因此,跨境资产配置中,高净值个人应当合理评估CRS下的税务合规风险,进行有效的合法合理架构,规避风险的同时,减低税务合规成本。

五、国际反洗钱制度对跨境税收的影响

反避税和反洗钱从来都有着千丝万缕的联系,在税务信息透明时代,他们更加紧密地融合了。反洗钱(Anti - Money Laundering,AML),一般是指预防通过各种方式掩饰、隐瞒毒品犯罪、黑社会性质的组织犯罪、恐怖活动犯罪、走私犯罪、贪污贿赂犯罪、破坏金融管理秩序犯罪等犯罪所得及其收益的来源和性质的洗钱活动的措施。反洗钱在全世界各国都是金融机构的重要任务之一,而随着跨境毒

---

① 资料来源:https://www.oecd.org/tax/automatic - exchange/international - framework - for - the - crs/exchange - relationships/。

品犯罪,尤其是恐怖犯罪在全世界越来越猖獗,世界各国在反洗钱合作上也越来越紧密。

反避税和反洗钱在税务信息透明时代将会紧密结合,起到互相支持,互相促进的效果。

首先,在账户持有者身份的识别工作——反避税和反洗钱上,金融机构需要进行的工作是一致的。在 CRS 和 FATCA 下,金融机构对于管理的账户的尽职调查工作基本上仍然依托金融机构已有的 AML 的相关程序来进行,只不过多了一项识别账户持有人税收居民身份的义务①。所以,全球金融机构已经建立的反洗钱的账户识别体系,将对 CRS 和 FATCA 的实施产生强有力的支持和推动作用。

其次,CRS 文件中中关于对消极非金融机构的"实际控制人"的识别规则,认为应当与反洗钱金融行动特别小组(FATF)相关建议中的"受益所有人"一致。而这些法规,大部分国家已经完成了国内的立法。譬如,《中国人民银行关于加强反洗钱客户身份识别有关工作的通知》(银发〔2017〕235 号)就将 FATF 下"受益所有人"的识别规则纳入了我国国内法中。在 CRS 下,我国金融机构就可以直接通过反洗钱的程序完成对实际控制人的识别而不需要再做重复工作。

再次,在 CRS 下,金融机构的账户持有人需要声明自己的税务居民身份,这将包括账户持有人身份、住址、出生地、税收居民所在国等一系列的信息。金融机构在收到声明文件后,可以与账户持有人反洗钱身份识别资料进行比对,当二者不一致时,就需要账户持有人给出合理的解释,对反避税和反洗钱信息的真实性都可以起到很好的检验作用。

又次,与以征税为目的的税务信息交换工作相比,反洗钱、反恐怖融资、反腐败工作的强制力度肯定更大。而其中很多的内容二者又是一致的,因此,反洗钱对税务信息透明工作的推进可以起到强有力的推动作用。

复次,与反洗钱相比,CRS 的各种规则更加地细化和完善,这对于反过来促进反洗钱、反恐怖融资工作的进一步细化和完善会有很好的促进作用。

最后,CRS 的信息从国际法理的角度上看,除了可以用于税务目的以外,还可以用于反洗钱、反恐怖融资等非税收目的,这对于反洗钱、反恐怖融资、反腐败工作又会产生很好地推动作用。

---

① 参见燕彬:《反逃税与反洗钱在 CRS 下的融合》,载《中国外汇》2018 年第 10 期。

六、FATCA与CRS对传统跨境财富布局构成的影响

随着FATCA和CRS的逐步推进，全球税务信息透明的时代到来了。虽然全球税务信息透明的工作推进的困难还有很多，交换来的涉税信息的有效运用也是各国亟待解决的现实问题，“征税”与“避税”这个猫捉老鼠的游戏也将永远玩下去。但无论如何，这将是全球税收征管发展历史上的一个重要的里程碑，对全球私人财富格局的影响也将是划时代的。

（一）财富涉税信息阳光化、税收规划专业化是趋势

当瑞士等国家和地区曾经牢不可破的银行保密制度被FATCA和CRS一举击穿后，靠简单地通过把资产架构搭建在“避税天堂”隐藏资产就可以逃避纳税义务的时代就已经成为过去。对于以美国为代表的各高福利、高税负且税收征管极为严格国家的高净值人士来说，作为这些国家的税务居民，他们在全世界的财富涉税信息都将通过FATCA和CRS的情报交换体系自动地、定期地被交换到各国的税务机关。因此，相关高净值人士明智的选择就是按照税务居民身份所在国的要求如实地申报其全球的相关涉税信息，将自己的财富架构和收入情况对相关税务主管部门透明化、阳光化。如果继续选择隐瞒信息，让税务主管部门通过交换来的税务信息查实其逃税的情况，其面临的风险可能就不仅仅是多交点税那么简单了。

当然，税务信息透明、财富涉税信息阳光化并不是说就不能通过离岸架构进行税收规划设计。在税收法定原则的前提下，在任何时候，合理合法的税收规划都是每一个纳税人的权利。虽然架构相对税务机关透明化了，但架构中合理合法节税的部分依然是有效的。并且，离岸架构在税收规划方面的优势还是比较显著的，在税务信息透明的时代，通过专业、合法的规划构架一个阳光、合法的跨境财富税收架构将是每一个国际化的高净值家庭或家族的不二之选。

（二）将给中国高净值移民人群带来巨大的潜在税务风险甚至刑事风险

在CRS和FATCA的时代，对于中国高净值人士来说，受影响最大的应该是高净值移民家庭这个群体。这类家庭的特点是家庭成员大多有欧美国家的税务居民身份，但家庭财产和收入大部分在国内，并且关于国内的财产和收入，一般都没有如实申报给移民国的税务主管部门。我们把这一类高净值人群形象地描述为“人在国外、钱在国内”。与之相对应的高净值人群叫“人在国内、钱在海外”，也就是说，这些人仅有中国税务居民身份（注意：“人在国外”的人群很多是双重

甚至多重税务居民身份,他们国籍还在国内属于中国税务居民,同时还是移民目的国税务居民,我们只是形象地将其描述为“人在国外”),但因为海外有生意而拥有海外的收入,这些收入信息在以往他们可能没有如实地申报给国内的主管税务机关,见图 22 - 2。

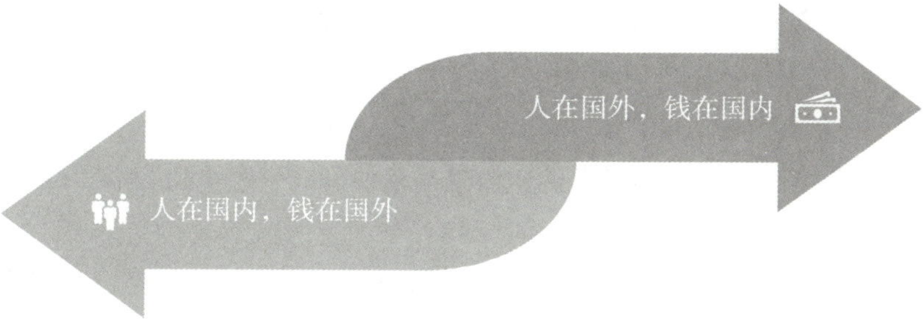

图 22 - 2

这两类人群在 CRS 和 FATCA 的影响下肯定都会存在风险,但显然“人在国外,钱在国内”的高净值移民人群显然风险更大。为什么这么说呢?

首先,相比欧美发达国家,我国个人税收征管体系的发展还处于初级阶段,无论从征税力度、征税手段等方面和欧美发达国家相比,还存在巨大的差距。我国个人所得税的国内征管体系要完善起来还有待时日,就更别说跨境的个人所得税征管体系的完善了。

其次,从税源开拓的角度上分析,国内税务主管部门税源的主要方向还是在企业税收征管方面,并且随着经济的发展,制度的完善,税源潜力还较大。个人所得税还不是我国的主力税种,就更别说个人所得税的海外部分了。但欧美国家就不同了,其国内税源的开发几乎已经到了极致,海外税源已经成为其税收增长的主要希望。尤其是 2020 年开始的“新冠疫情”给全球经济产生了巨大的负面影响,国际货币基金组织(IMF)总裁格奥尔基耶娃在今年 4 月就曾表示,新冠肺炎疫情或将引发 1930 年代大萧条以来最严重的经济衰退。[①] 为了应对疫情,西方各国政府财政投入巨大,让他们本来就捉襟见肘的财务状况雪上加霜。为了弥补财政赤字,进一步加大国际反避税力度是必然结果。从这个角度上分析,风险孰高孰低也是不言而喻的。

最后,虽然对于国内很多企业家来说,税务风险是他们最为担心的风险之一。

① 参见燕彬:https://mp.weixin.qq.com/s/IlfTwsdHn7ImsjFT_9qLNA。

但是，从客观上讲，相对欧美国家的税务机关，国内税务机关对高净值人士相对来说是比较友好的，在国内的涉税问题产生的后果，尤其是涉个人所得税产生的后果的严重程度远远小于欧美发达国家。有一些高净值人士习惯了国内的税收征管环境后，移民到欧美国家依然用国内的经验处理税务问题，最后自尝恶果，这样的案例不在少数。从这个角度上分析，风险孰高孰低当然也不言而喻。

因此，对于中国高净值移民家庭群体来说，在 CRS 和 FATCA 时代，跨境税务风险是不容小觑的，必须要引起足够的重视并且及时采取专业、有效的规划措施，否则一旦风险爆发，其后果轻则面临补税和巨额罚款，重则锒铛入狱，身陷囹圄于异国他乡。

有一个很有意思的现象可能大家会很疑惑，就是 CRS 的信息已经自动交换超过 2 年了，为什么没有出现大批移民欧美的中国高净值人士爆发涉税风险呢？有两个现实原因：第一个原因是，目前 CRS 信息的运用对于各国税务机关来说还有很多技术性问题没有解决，据 OECD 的调查，目前 CRS 信息的利用率还比较低，还需要时间改进；第二个原因是，大部分移民欧美的中国高净值人士取得的是永久居留权，他们的国籍依然是中国，他们还有中国的身份证件，他们在国内的账户持有的证件都是国内的证件，并且这部分人也不会主动声明自己的税务居民身份，因此中国金融机构一般很难发现其境外税务居民的身份，因此大部分人的涉税信息就没有被搜集。但是，我国是不允许双重国籍的，将来这些人一旦加入外国国籍，就将自动失去中国国籍，中国的证件按照规定就会被注销，当他们不得已去金融机构更换身份证件时，会出现什么情况就可想而知了。

（三）因 CRS 和反洗钱双重影响，将极大地改变传统离岸财富持有的架构

“穿透”是 CRS 和 FATCA 体系中最为重要的词汇之一了，各种架构需要“穿透”到财产的最终受益的自然人，各种以私密性为目的的架构，最终都很难逃脱被“穿透”的命运。当然，“穿透”并非 CRS 和 FATCA 体系的专利，在以往的税务征管领域以及法洗钱领域，“穿透”被使用的频率也是非常高的。以至于 CRS 文件中关于对消极非金融机构的“实际控制人”的识别规则，认为应当与反洗钱金融行动特别小组（FATF）相关建议中的“受益所有人”一致。

在穿透规则的影响下，离岸架构，尤其离岸信托架构的设计将发生很大的变化，一些隐藏实际控制人和受益人的架构变得不再有价值。并且，“代持”尤其是“股权代持”的问题目前也是 OECD 重点关注的领域，在越来越完善的“穿透”规则的影响下,"代持"这种全世界富人都钟情的财产持有方式的可运用空间和作用可能也会越来越有限。

(四)将改变全球私人财富分布的形态

在全球税务信息透明的影响下,许多传统的离岸金融中心的竞争力可能受到较大的影响,许多离岸财富可能会发生回流本国的现象,这将一定程度上改变全球私人财富的分布形态。同时,当一部分传统离岸金融中心开始衰落,另一批新型的离岸金融中心正在悄悄崛起,这些地方也将大量地吸纳财富。这也会在很大程度上改变全球私人财富的分布形态。

(五)各国"税收竞争"的永远存在将导致"避税天堂"不可能消失

虽然如此多的国家和地区都加入了全球税务信息透明的大集体,大家在打击跨境逃税的问题上似乎"万众一心"。但实际上,在税收领域,这么多的国家从来都不会是纯粹的朋友,因为全球各国在税收这个领域上,是赤裸裸的竞争关系,而非朋友关系。即使大家在 CRS 体系建立和执行的过程中,"税收竞争"的动作也始终在伴随全过程。

创设"避税天堂"作为税收竞争的重要手段,从来都不是小国的专利,包括英国、美国在内的打击跨境逃税的"排头兵",在他们国内就有不少"避税天堂"。一边大义凛然地倡导信息透明,打击本国税务居民的跨境逃税行为;另一边却在本国内建立"避税天堂"为他国的税务居民提供逃税的机会,以取得财税收入。这种双标行为到现在也屡见不鲜。譬如,在 CRS 执行后,就有大量的非美国税务居民的资产流入了美国国内的如特拉华州、内华达州等税收优惠地,这是多大的讽刺。

七、对 CRS 理解的十大常见误区

CRS 对于绝大部分人来说是陌生的,因此在人们理解 CRS 时,容易产生很多误解,常见的有以下十大误区①。

误区一:CRS 等同于全球征税。

很多人看到 CRS,就说这是要全球征税,其实 CRS 和全球征税是完全不同的两个概念。CRS 是成员国之间实现金融账户涉税信息自动交换的体系,而全球征税(Worldwide Taxation),是指某个国家对其税务居民在全球范围内的所得都进

---

① 参见燕彬:《CRS 下全球反避税的十大误区》,载《中国外汇》2017 年第 22 期。

行税收征管。所以,CRS本身并不征税,但通过自动的信息交换,可以实现一国纳税人在海外所持有账户的“透明化”,以便该国税务机关能准确把握其税收居民在海外的收入是否在本国依法履行了纳税义务。

并且,其实很大一部分CRS的成员国并不是全球征税的国家,这些国家对其本国的税务居民的海外收入根本不征收所得税。所以,CRS是不能和全球征税画等号的。

误区二:企业账户余额小于25万美元都不会被申报。

关于CRS,还有一种流行的说法,就是当企业账户余额小于25万美元时,那么金融机构可以选择豁免对其进行尽职调查和申报,只需要对其进行持续监控。这样的说法也是有问题的。

对于账户持有人来说,其是否可以享受25万美元的豁免门槛规定,首先,要考虑金融机构所在国家的法规是否有该豁免门槛的规定;其次,由于该豁免门槛并非强制性规定,金融机构可以根据其实际需要来决定是否适用该25万美元的门槛。因此,即使企业账户余额小于25万美元,也不一定不被申报。

误区三:个人账户余额100万美元以上的才会被尽职调查和申报。

对于个人持有的账户还有一种认识误区,认为100万美元以下的账户不需要进行尽职调查。其实,在CRS的规范中,不论是新增账户还是存量账户,也不论账户余额是多少,均需要进行尽职调查。

只是金融机构具体实施时,因为存量个人账户数量过于庞大,强制要求金融机构采取统一的标准进行账户的尽职调查,合规成本较大。鉴于此,CRS才规定以100万美元为界点分为高价值个人账户和低价值个人账户。对于存量低价值个人账户,金融机构可以选择适用相对简化的尽职调查程序。同时,对于存量低价值个人账户的尽职调查时限通常要比高价值个人账户晚一年,减轻金融机构的合规负担。

误区四:房产、古董字画和珠宝等非金融资产不需要申报。

对CRS还有一个误区就是认为不动产、古董字画珠宝首饰等非金融资产不需要申报,这个理解是不全面的。如果是自然人在境外直接持有的这些非金融资产,当然不用申报,但如果这些资产是在金融账户下持有的。注意这个金融“账户”的概念绝不是银行账户的概念,公司也完全有可能属于需要申报的金融“账户”。因此,金融账户完全有可能同时涉及金融资产和非金融资产。一个金融账户如果属于需申报的账户,那么该账户下所持有的所有资产,不论是金融资产还是非金融资产,均需要申报和交换,哪怕是不动产或者字画珠宝等。

误区五:CRS 实施以后,设立离岸信托没有任何意义。

有一种看法认为,在税务信息透明时代,离岸信托就没有价值。这完全是对离岸信托的误解。离岸信托绝不是一个单纯的避税工具,其最核心的优势是资产隔离、资产保全、隐私保护、股权架构优化、税收结构优化等。这些功能都是合理合法的功能,而利用离岸信托逃避税收本身就是不合法的。

虽然在税务信息透明时代,离岸信托架构需要被穿透并对其账户持有人或实际控制人等进行尽职调查并申报。但这根本不会影响其资产保全、隔离、股权架构优化等功能。并且,合理合法的税收结构优化也不会被影响,甚至连隐私保护的功能也不会丧失,因为 CRS 下的所谓“资产曝光”只是相对税务机关来说,相对其他,信托隐私保护的功能不受影响。

误区六:CRS 是申报“非居民”的信息,因此把钱存在国内最“安全”。

有一些观点认为,既然国内金融机构搜集的是“非居民”的信息,那么我作为中国居民把钱存在国内金融机构,就不属于申报范围了,因此,中国税务机关也不会知道这些账户的信息了,反而是最安全的。这种想法是不正确的,虽然我国金融机构确实还没有自动向税务机关上报金融账户涉税信息的制度,但当税务机关发现问题时,向金融机构发出协查通知是非常方便的。

并且,2015 年 1 月公布的《中华人民共和国税收征收管理法修订草案(征求意见稿)》专门增设了第四章有关涉税信息披露的问题。国内金融账户涉税信息的自动申报也已经为期不远了。

误区七:美国不是 CRS 参与国,所以把钱放在美国最“安全”。

还有观点认为,美国不是 CRS 参与国,因此把钱放在美国就不需要被 CRS 披露,是最安全的,这种观点也是不正确的。美国确实不是 CRS 参与国,但美国有自己的 FATCA 体系。并且,美国和中国之间在 2014 年关于税务信息自动交换达成了实质一致,协议也已经处于草签状态。并且,中美之间是双边交换模式,一旦正式签署并启动信息交换,中国税务居民在美国的金融账户信息自然也会被披露和交换。所以,把钱放在美国也并非一劳永逸的“安全”之举。

误区八:离岸壳公司属于积极非金融机构而不需要被“穿透”。

因为在 CRS 规则中,只有不从事积极的经营活动,且大部分的收入来源于利息、股息等消极收入的消极非金融机构才需要被穿透和披露。因此,有观点认为,将金融资产放在离岸的积极非金融机构中不就不会被穿透了吗?

但是,现实中“避税天堂”的离岸壳公司要符合积极非金融机构是非常不容易的,因为这些空壳公司通常不会有实质性的经营活动,也没有雇员和经营场所,仅仅持有能够产生消极收入的资产(如现金存款)。因此,在 CRS 规则下,其应当属于消极非金融机构,是需要被“穿透”的。

当然,如果是真正实体经营的离岸公司是属于积极非金融机构,确实不会被穿透。因为其已经属于公司税收的体系,不再属于个人税收征管的范畴。同时,真正实体经营的公司因为实际业务的限制,也比较难以用来作为个人跨国逃税的工具。

误区九:投资移民获得小国护照和税收居民身份就可以规避 CRS。

CRS 施行以后,投资移民获取小国护照突然流行起来,因为有一种观点认为这些非 CRS 参与国或者低税率国家的居民的账户信息是不需要进行披露的,这样就规避 CRS 了。这种想法也是不正确的。

因为大部分的高净值人士即使取得了小国的身份,也不可能长期居住在这些小国。他们大部分的时间可能还是居住在国内或者其他全球征税的大国,所以他们极有可能拥有双重甚至多重税务居民的身份。因此,按照 CRS 的规则,他们的金融账户信息依然应当被披露。

即使这些人通过提供小国的“居住地址证明”,从而隐瞒了其他国家的税务居民身份。但是,这种隐瞒的行为一旦暴露,当事人可能面临严厉的处罚,甚至可能让当事人面临刑事风险。其隐瞒和伪造身份的行为,甚至还会触发反洗钱法律中的洗钱等金融犯罪条款。

另外,OECD 相关部门早已经注意到这类“居民投资计划”的规避方案。2016 年 12 月,经合组织税务中心主任帕斯卡尔 · 阿曼在接受英国《金融时报》采访时就曾表示,“我们目前正在处理(‘居民投资计划’),它不会存在太久”。[①] 见图 22 - 3。

① 燕彬:《CRS 下全球反避税的十大误区》,载《中国外汇》2017 年第 22 期。

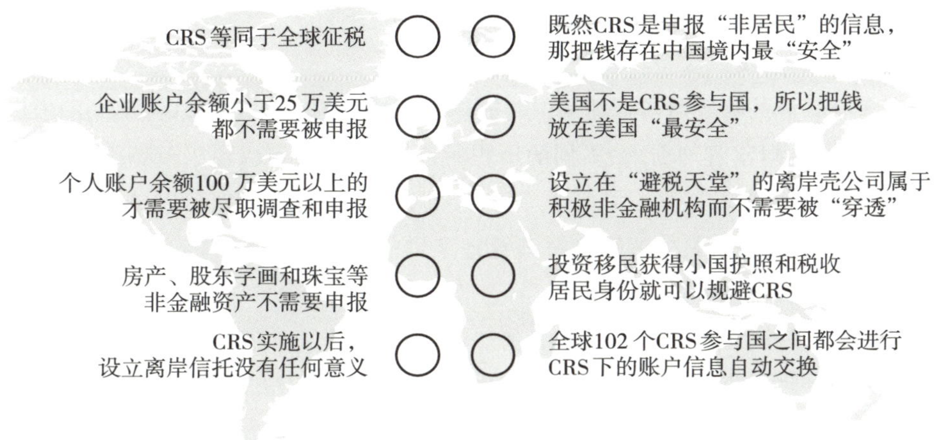

图22-3 CRS下“全球反避税”的十大误区

误区十：全部CRS参与国之间都会进行CRS下的账户信息自动交换。

目前，全球已经有100多个国家和地区参与到CRS体系。所以有一种观点认为，金融账户涉税信息将在所有国家之间进行自动交换，这也是一种误解。

其实，各国之间进行CRS下的账户信息自动交换，在具备了多边国际法律条约以及相关数据安全制度等的基础上，还需要一个额外的“激活”程序，即各国在提交给经合组织秘书处的“愿意交换国家名单”中列明伙伴国。只有那些双方相互都有交换意向的国家，交换关系才会被“激活”，两国才会切实进行CRS下的账户信息交换。没有匹配成功，交换关系没有“激活”的国家之间，是不尽兴信息交换的。

八、跨境财富架构搭建的一些指导原则

税务信息透明的体系和制度，给跨境财富管理和跨境税收架构的搭建提出了更高的要求。如何尽快调整跨境财富架构、税收架构以适应新环境的要求，这是摆在每一个拥有跨境财富架构的高净值家庭或家族目前最为关注的问题。

在新的环境中，跨境财富架构的搭建需要遵循一些新的基本原则，这些原则可能和传统的跨境财富管理的理念完全背道而驰，然而，这就是现实，必须遵从。

原则一：家族财富面对税收征管实现透明化、阳光化。

原则二：用专业合法的税收规划代替隐匿逃税的方式。

原则三：主动合规，与税务机关保持融洽关系。

原则四：家族成员身份规划非常关键。

原则五:不要考虑一劳永逸的规划。

原则六:重资产保全、管理、传承功能规划。

关于具体的跨境财富管理架构的搭建、维护等,不同的国家地区、不同的家庭情况、不同的财富管理需求、不同的历史时期,应对方案可以说千差万别,且专业性极高,在很多时候甚至不是某个理财师、税务师或者律师团队可以单独完成的。因此,如果需要进行具体的跨境财富管理架构的搭建与调整,请务必聘请专业人士和专业团队进行咨询和指导。

鉴于跨境税收筹划问题过于纷繁复杂,并作者个人知识积累及能力的不足,本书仅对国际税收的一些专业知识和发展状况作简要介绍,并作出一定的风险提示。为了保证不误导读者,本书对具体的规划策略与规划方法不作阐述,敬请见谅。

PART 05

第五篇

家庭篇

第二十三章

家庭经济支柱风险与解决方案设计

第一节　风险案例

一、案例导读

你相信吗？一个年收入五六十万元的家庭，还有一套价值近800万元的住房，房贷400万元，最后居然会因为40万元的医疗费用问题而导致整个家庭的经济崩溃。这样一个看似不可能发生的事情在现实中就是发生了，而且屡见不鲜，为何会如此呢？

二、案例详情

2018年6月，笔者突然收到了原单位一个同事的水滴筹链接，这个同事姓周，我们都叫他小周，非常招人喜欢，当时才32岁的他得了肝癌，需要大笔的医疗费用。小周两口子都是农村的，大学毕业以后就来北京闯荡，家里负担重，也没有基础，要在大城市落脚真的非常不易。好在小周很能干，做销售，这么多年一直业绩优秀。2015年年底，小两口终于在北京有了自己的房子，小周终于靠着自己的本事，让一家人在北京站稳了脚跟。

销售虽然赚钱快，但也非常消耗身体，喝酒、抽烟、应酬、熬夜、没有时间锻炼，加上做销售压力特别大，最终导致小周32岁就患上了肝癌。

小周2015年买的房子，95平方米的房子，6万多元一平方米，首付200万元，把小两口这些年的积蓄都用完了，还借了20来万元。后来他又贷款400多万元，贷30年，每月还款2.5万元。2016年交房，马上又开始装修，又花掉40多万元。小周一年的收入在40万~60万元，小周的爱人小艾每年收入8万元左右，家里支出，孩子的支出、还朋友的欠款，加上房子的月供，小两口这两年来就没有什么储蓄。如果小周不生病，他们的日子就能慢慢地松快起来了。但偏偏这时候小周被查出了肝癌，接着他们家就发生了一系列的问题。

第一个难题就是医疗费的问题，肝癌的治疗费是比较高的，就算不用特别好的药物，大概也需要40万元。如果按照小周家庭的积累来说，40万元医疗费不算什么太大的数字，他们的房子这两年已经从6万元每平方米涨到了8万多元一平方米，95平方米的房子涨了200多万元，足够治病了。况且小两口收入加起来一年还有五六十万元。但是,房子涨得再多,不卖了也当不了钱用,小周两口子这两年又没有积蓄,医疗费首先就成了“拦路虎”,只能先找朋友拼凑。

第二个难题就是房子的月供问题,小周一生病,工作就停了,即使能治好,恢复恐怕也得三五年,这个时间小周是无法再从事繁重的销售工作的。现在家里只有小艾一个人挣钱,家里开支都不够,一个月 2.5 万元的月供就更加没有着落了。如果连续还不上月供,银行就可能收房子,迫不得已,两口子只能决定赶紧把房子出售。

第三个难题就是房子出售的问题,房子到了卖的时候才知道卖不上价钱,小周的房子平时中介都标价到了 8.3 万元每平方米,95 平方米的房子总价应该在 780 万元,而且自己还刚精装修花了 40 万元,才住了 1 年多。所以小两口决定卖 800 万元,如果能全款,则只要 780 万元。但没想到,事情根本不是他们想象的那样。最后,房子卖是卖掉了,但全款成交价只有 700 万元。因为贷款的时候选用的是等额本息还款,这两年的月供基本还的都是利息,本金部分很少,所以还完贷款之后,居然只剩下了 320 万元。当时买房子首付了 200 万元,税加上其他支出又是 10 多万元,装修又花掉 40 多万元,这两年贷款月供差不多还了 60 万元,算下来成本差不多是 310 多万元。原以为房价涨了 2 万元,多少能赚点,实际到头来只落了个收回本金。如果不是因为这两年房价涨得快,否则非得赔本不可。

第四个难题是租房的问题,房子卖了,月供是不需要了,但房租就需要支付了。原来小两口的房子是个小三居,但这种房子租金需要 1 万元左右一个月,他们现在根本无法承受。最后租了一个一居室,小艾自己带着孩子睡卧室,客厅用帘子隔了一下,父母睡在客厅。即使如此,房租也依然需要 4800 元一个月。小艾一个人的工资,付完房租、孩子幼儿园的学费就完全没有了。

第五个难题是坐吃山空的问题,虽然卖了房子以后还剩下 300 多万元,但因为小艾的收入根本不够每个月的家庭日常支出,就更别说小周的医疗费支出了。现在房子也卖掉了,就剩下这 300 多万元每个月都在减少。小周和小艾也想过回老家,这样支出能低一点。但如果回老家,小艾的工资可能就只有两三千元一个月了,除去房租也剩不下什么。

第六个难题是小周的治疗方案问题,小周的肝癌是中期,还可以做手术,但不一定能保证切干净,总之,做手术比不做好,再晚一点扩散厉害了,就没有效的办法了。所以他们立刻选择了手术,手术做得也比较成功,但现在还是出现了边缘复阳,下一步就需要放化疗来抑制癌细胞,但放化疗对人身体的损害非常严重。医生建议如果经济条件允许,可以用靶向药,一个月的费用3万元左右,并且需要长期服药,但效果会好得多,而且有机会长期生存。现在小两口还有300多万元,吃几年靶向药暂时还可以负担,如果能治好,将来小周还可以赚钱,家庭倒还可以维持。但如果钱也花掉了,人也没留住,最后孩子的教育成长费用就会很成问题。在这个问题上,小周坚决反对用靶向药,但小艾和小周的父母还希望搏一搏,现在陷入了矛盾之中。最后实在没有办法了,他们所以就想到了发一个水滴筹,希望能得到一些帮助。

三、案例解析

我们经常会把家庭财富形象地比喻成一个蓄水池,水源就是收入,水池的出口就是各项支出。家庭财务状况一般有三种状态:第一种状态,水源很大,出口相对较小,蓄水池中的水会越来越多,这就是财富的积累状态,这种状态是比较安全的,抗风险能力也较强;第二种状态,水源和出口差不多大,蓄水池的水位会保持相对的平衡,家庭财务状况处于暂时的平衡状态;这种状态只能说是暂时安全,但抗风险能力很弱,只要稍微发生一些意外问题,就会迅速变为第三种状态,就是水源小,但出口却大,蓄水池中的水位就会逐步降低,处于消耗状态。此时,家庭财务就处于危险的状态中。

而家庭经济支柱就是最主要的那个水源,在一般情况下,家庭的支出是相对稳定且可预计的,因此,家庭财务状况的好坏主要取决于家庭经济支柱挣钱能力的变化。家庭经济支柱的挣钱能力持续增长,财富就会加速地积累。如果挣钱能力保持持续稳定,则家庭财务会暂时地保持平衡。如果挣钱能力减弱,则家庭财富就会被逐渐消耗。如果家庭财富的积累足够厚,消耗得就会慢一些,如果积累不够,则很快家庭财务就将陷入困境。

但还有一种状况是比前面几种情况都更加危险的状况,就是家庭经济支柱发生风险的情况。包括家庭经济支柱因意外身故、残疾或者罹患重大疾病。这种情况一旦发生,给家庭财务带来的打击将是毁灭性的,无数的案例曾给过我们血的教训。

第二节　风险解析与典型风险人群

我们回过头来分析一下小周的这个案例，一个年收入五六十万元的家庭，还有一套价值近 800 万元的住房，虽然负债 400 万元，但计算下来积累还是比较充足的。为什么会被一个医疗费 40 万元的疾病就击垮了呢？

其关键点就在于家庭经济支柱发生了风险，家庭的经济收入从一年五六十万元降低到几万元，支出却因为医疗费而大大提高，我们回到前面家庭财富蓄水池的那个比喻中，就好比蓄水池进水的水源被关掉了，但出水口却开得更大了，当然就会很快就放干了。

一、家庭经济支柱的三大典型风险类型

从前文分析可以清楚地看到，家庭经济支柱风险的实质是，风险导致了家庭收入的大幅度降低甚至长时间或永久地中断，导致家庭经济收支平衡被打破，入不敷出最终导致家庭经济危机。所以，家庭经济支柱风险中的风险主要就是指那些会导致家庭经济支柱收入大幅降低甚至长时间或永久中断的风险。这种风险主要有三种类型：死亡、严重残疾、重大疾病。

首先，家庭经济支柱的死亡是会造成家庭经济支柱收入永久中断的。死亡可能是意外造成死亡，也可能是疾病造成的死亡。如果是意外死亡，而且属于事故或者工伤，则一般还有一定的抚恤金或者死亡赔偿。如果是因疾病死亡，则不仅收入中断，很难有赔付或补偿，甚至还会有死亡前的大笔医疗费支出。对家庭经济的打击是巨大的。

其次，严重的残疾也会导致家庭经济支柱收入永久中断。残疾的原因也有两种，意外或者疾病。残疾的结果与死亡相比，从家庭成员情感上来分析显然是一个好得多的结果。但是，如果从家庭经济的角度出发，则是一个比死亡更加可怕的结果。因为家庭经济支柱的严重残疾不仅导致收入的永久中断，还需要长期的照顾与护理，会持续造成支出的上升，从而加速家庭资产的消耗，加重家庭经济的困境。

最后，重大疾病可能会造成家庭经济的长时间中断，如果严重还会造成永久

的中断。重大疾病和死亡及残疾风险还是有所区别的，因为疾病是有治愈可能性的。但是，重大疾病即使最终被治愈，那也需要很长一段时间，一般少则两三年，多则五六年。在重大疾病治疗的期间，家庭经济支柱的收入是中断的，不仅收入会中断，还会有巨大的医疗费支出，对家庭经济的阶段性打击极大。如果没有强大的医疗费用作为支撑，导致病情被耽误，或者疾病严重到无法治愈，则最终结果就是严重残疾或者死亡，收入永久中断，造成家庭经济的困局。

除了这三种风险外，其他的如失业、技能淘汰、年龄太大等问题也会造成收入的降低，但这些风险是通过人力可以克服的。一方面，不会造成支出的大幅度上升；另一方面，只要足够努力不可能导致收入的大幅度降低，更不可能造成收入的中断。所以，这些风险和死亡、严重残疾与重大疾病风险比起来，其对家庭经济的打击要小得多，不属于我们的重点讨论范围。

二、中产以下家庭经济支柱风险产生的三大损失

家庭经济支柱发生身故风险、意外伤残、重大疾病等风险，直接带来的经济损失可能是比较大的，但间接造成的经济损失会更加巨大，这和其他家庭成员发生风险会有本质性的区别。其经济损失主要会体现在以下几个方面：

（一）家庭经济支柱风险的直接经济损失

在直接经济损失方面，身故风险的直接经济损失可能相对是最低的，如果家庭经济支柱因为突发疾病，如急性心梗、脑出血、猝死等，或者因为意外事故直接死亡，其损失一般只是丧葬相关的费用，损失是非常有限的。

如果发生严重的残疾风险，其直接经济损失就大多了。无论是疾病导致的残疾还是意外事故造成的残疾，医疗费用损失一般就会比较大，并且，严重的残疾一般需要终身的照顾与护理，这个费用支出无疑是更加巨大的。

如果发生重大疾病风险，医疗费支出的损失就是巨大的，尤其是如果需要好的医疗条件，期待治愈的话。重大疾病如果最终治愈还好，如果导致严重残疾，则将来也需要终身的照顾与护理，还会产生巨大的费用支出。

（二）家庭经济支柱风险造成的收入损失

家庭经济支柱风险造成的收入损失是比直接损失影响更大的损失。如果发生身故风险，则家庭经济支柱以后的收入必将全部损失，以家庭经济支柱40岁，收入每年20万元计，到65岁退休，收入损失为500万元。若收入按60万元计，损失将高达1500万元；如果发生严重残疾风险，收入也几乎将永久损失，和身故风

险并无二致，并且还会有看护照顾的损失；如果发生重大疾病风险，无法治愈导致死亡或者严重残疾则损失以后的全部收入，与前两种情况没有区别。即使最终治愈，一般也至少 3 ~5 年不能工作，损失 3 ~5 年的收入是最起码的。以小周的家庭为例，即使小周能治好，至少也要损失 5 年的收入 300 万元。并且，即使将来小周治愈了，他也无法再胜任如此高强度的销售工作，其收入水平将大大降低。

（三）紧急变卖财产的损失

当家庭经济支柱发生风险，短期需要大量现金流，或者像小周的家庭一样，月供无法承担，很多家庭不得不变卖部分财产解决问题。但在被迫紧急变卖财产时，往往会造成很大的损失。房子是中国老百姓的主要财产形式，我们就以变卖房产为例，如果是紧急变卖房产变现，又要求买方全额付款，一般价格会比正常市场价低很多，在小周的案例中，原本可以卖 780 万元的房子，最终只卖了 700 万元，损失了整整 80 万元。其实还不止 80 万元，因为房子是被迫交易，每一次交易税费成本也需要计算，700 万元的房子，税费成本又是 10 多万元，虽然名义上税费买方出，但实际叫羊毛出在羊身上。还有一些其他损失，此处就不一一列举了。

三、中产家庭风险规划的认识误区

在现实生活中，孩子是一个家庭里最受关注的对象，孩子的风险防范是首要被考虑的问题。因此有很多的家庭在考虑风险转移，如在购买各种保险时，会首先考虑孩子的保险问题，然后再考虑大人的，这其实是一种误区。

我们这里再作一个不恰当的对比，假设小周家发生重大疾病的不是小周，而是他们的孩子，同样也需要的是这些医疗费。对小周家庭财务状况的影响就完全不同了。首先小周还可以继续每年五六十万元的收入，爱人小艾应该会辞职照顾孩子，收入损失七八万元。只要小周能继续挣钱，孩子的医疗费是完全不用愁的，凭小周的收入水平，快速拆借三四十万元绝对不会有问题，房子也不会被迫变卖，几年以后孩子身体恢复，他们损失的也就是这点医疗费和小艾的收入损失，家庭财务状况基本不会受到太大影响。

由此可见，家庭经济支柱的风险防范才是一个家庭的风险转移必须首要考虑的问题，如果不把家庭经济支柱的风险防范做好，一旦出现问题，家庭财务状况就会极度恶化，孩子的成长、教育、医疗都会成为无法解决的问题。

四、高净值家庭的经济支柱风险特点

前文我们所讨论的是中产及中产以下家庭的经济支柱的风险问题，很多企业家家庭的财富积累非常丰厚,家庭净资产高达几千万元甚至上亿元,即使经济支柱出了问题,但他们的家庭资产依然可以保证家人正常的生活、教育、医疗等。那企业家家庭的经济支柱风险需不需要关注呢?

其实,企业家家庭经济支柱出现风险,对家庭财务状况的影响同样是巨大的,只是其表现形式会和中产及中产以下家庭不同。因为无论是企业家身故,还是残疾或者重大疾病,都可能导致其无法亲自经营企业。若是企业职业经理人或者企业家家庭成员中没有可以接替企业家继续经营好企业的人,企业经营就可能陷入困境。

在现实生活中,企业家之所以成功就是因为其自身能力远优于其他人,因此,除非原来有过长时间的接班人培养和准备,临时找到可以替代企业家经营企业的人选的概率是极低的。

所以,作为家庭经济支柱的企业家一旦遭遇身故、严重残疾或者重大疾病风险时,就会大概率间接导致企业经营状况恶化,债务危机爆发,牵连到家庭资产,最后导致家庭资产损失殆尽,再厚的家庭财产积累都有可能被企业债务的黑洞吸光。这个问题我们在传承模块中的继承人能力不足风险中进行了详尽的讲解,我们这里就不再重复。

五、家庭经济支柱风险的典型人群

家庭经济支柱风险比较集中的人群类型最典型的特点就是单经济支柱。也就是说,在这个家庭中,大部分的经济收入来源来自某一个家庭成员,这个家庭成员带来的收入,可能是职业收入也可能是经营性收入,其占比至少在家庭总收入的70%~80%甚至于更高。这样的家庭可以按照收入来源划分为两个群体:单经济支柱的白领金领家庭与单经济支柱的企业家家庭。

(一)单经济支柱的白领金领家庭的特征

单经济支柱的白领金领家庭一般都会存在经济支柱风险,但若具有以下特征,其家庭经济支柱风险尤其集中,需要特别关注。

特征一:家庭为单经济支柱结构,经济支柱收入占比过大。

单经济支柱并非家里只有一个人有收入,而是这个人的收入占比很高,失去这个人的收入,家庭就将严重入不敷出。譬如,有很多的白领金领家庭,男方忙事业,收入很高。女方也上班,但因为要照顾家庭教育孩子赡养老人,所以会选择相对压力小的工作,收入也比较低。就像小周两口子,小周年收入60万元以上,妻子收入七八万元,虽然在白领阶层中也算是比较不错的,但只是小周的几乎十分之一。当小周的60 万元收入丧失后,妻子的七八万元的收入是远远低于其家庭的必要支出线的,这就是典型的单经济支柱家庭。

特征二:夫妻双方有未成年子女,家庭责任较重。

如果家庭有未成年子女,则家庭经济支柱风险会相对比较重。子女未成年的白领、金领家庭往往处于上有老下有小的阶段,家庭责任重,支出大,刚性支出占比高。一旦失去家庭经济支柱,立即会入不敷出。又因为子女的抚养、教育的责任还没有完成,出现家庭经济危机,对子女的成长影响巨大。

如果一个家庭还处于没有孩子的阶段,父母也还年轻,即使是单经济支柱的家庭收入结构,也不会有太大的家庭经济支柱风险,因为收入的下降不会产生太严重的后果。

特征三:家庭财富的积累不足,甚至可能有较重的房贷负担。

如果一个家庭的财富积累已经很足,家庭经济支柱风险就不明显了。譬如有的一线城市家庭,虽然是单经济支柱的家庭收入结构。但夫妻名下通过父母财产的继承或者赠与有房产数套,金融资产数百万元。即使家庭经济支柱遭遇风险,其丰厚的财产也足够以维持家庭品质生活。并且,他们也不经营企业,也没有债务危机吞噬家庭资产的可能性,这样的家庭是不太担心家庭经济支柱风险的。

但这样的家庭毕竟是少数,大部分的城市白领或者金领家庭,其家庭财富的积累是不足的,并且往往还会有比较重的房贷负担。这样的家庭如果一旦丧失家庭主要经济来源,立即就会入不敷出,并且贷款会成为其巨大的压力,甚至迅速摧毁整个家庭经济。这样的家庭经济支柱风险是异常突出的。

特征四:家庭财产流动性比较差,资产主要以房子为主。

家庭财产流动性差是国内大部分白领、金领家庭的典型特征,这是因为我国近十几年来的高房价决定的。很多家庭其不动产的占比会达到家庭总资产的70% ~80%,不管剩余其他的资产流动性如何,其家庭资产整体的流动性就已经很差了。这样的资产结构其抗风险能力是很弱的,一旦遭遇家庭经济支柱风险,家庭经济收入中断并且支出大幅度增加,马上就会陷入流动性枯竭,必须被迫变现资产,卖股票、突击出售不动产,进一步扩大损失,加重家庭经济危机。

(二)单经济支柱的企业家家庭的特征

企业家家庭的风险特征和白领、金领家庭不同,企业家家庭一般没有财富积累不足的情况。但他们有另一个问题,就是其财富的源泉企业同时也可能转化为吞噬财富的黑洞。所以,风险相对集中的单经济支柱的企业家家庭具有如下特征。

特征一:企业经营对经营者能力要求较高。

企业家家庭经济支柱风险的关键是企业经营不好容易发生债务危机吞噬家庭资产。如果企业经营简单难度低,即使企业家遭遇风险,其他家人继任后也可以轻松经营,不会造成债务危机,自然就不会有多大的风险。

如果企业经营复杂,对经营者能力要求高,那情况就完全相反了。一旦企业家发生身故、严重残疾或重大疾病风险,企业极有可能经营失败并陷入债务危机,最终拖累家庭。

特征二:重资产、高负债企业家家庭风险更加集中。

相比之下,轻资产、轻负债的企业即使经营失败也不过是企业倒闭,但不会有很大的债务风险,也不会影响企业家家庭的资产积累,不会有很大的家庭经济支柱风险。

如果企业属于重资产、高负债的企业,则一旦经营失败,爆发债务危机并拖累家庭的概率就很高了,因此其经济支柱风险当然就更加集中了。

特征三:企业主要由企业家经营,其他人起到的作用不关键。

在绝大多数情况下,一个企业的主要经营者就是企业家本人,企业之所以有今天的成功,和企业家本身的能力关系重大。其他股东或者其他家庭成员即使参与企业的经营,也往往仅是起到辅助的作用,如有的股东管技术,有的家人负责管财务等。一旦企业家发生身故、严重残疾或重大疾病风险,其他人是很难接替企业家掌控全局的,这就会引发企业的经营风险。

特征四:企业还没有做好接班人的安排与培养。

企业如果做好了接班人的安排与培养,即使企业家发生身故、严重残疾或重大疾病风险,接班人也能顺利地接替企业家掌管全局。但实际上做好了企业接班人安排并且接班人已经培养成熟的企业那是少之又少的。

如果没有做好接班人的安排,又或者做了安排但还没有培养成熟企业家就发生身故、严重残疾或重大疾病风险,企业经营会很容易陷入困境,最终发生企业债务吞噬家庭资产,累及家人的问题。

第三节　解决方案设计策略与规划实操

从前两节的分析我们可以清晰地看到，家庭经济支柱一旦发生身故、严重残疾或重大疾病风险时，其对家庭造成的影响是巨大的。所以必须要提前有针对性地进行规划。需要注意的是，在规划方案和思路上，白领、金领等中产家庭和高净值企业家家庭是不太一样的。

一、中产家庭的家庭经济支柱风险规划方案设计

中产家庭中经济支柱风险之所以集中，其主要原因是家庭资产积累不足，如果发生风险，其最重要的就是要进行收入损失的填补。因此，保险工具是解决问题的唯一的工具，因为只有保险的杠杆作用可以转嫁相关风险，通过保险赔款来填补可能产生的损失，从而保证家庭财务的安全。解决方案的设计需要从以下几个方面着手：

（一）保险计划的保障范围要全面

在中产家庭家庭经济支柱的保障规划设计中，其保障范围覆盖必须要全面。以小周的家庭为例，小周不仅有重大疾病的风险，同样还有意外身故和意外伤残的风险，因此，经济支柱小周的保障必须覆盖意外身故、意外医疗、意外伤残、疾病身故、疾病医疗和重大疾病六大方面，缺一不可。

（二）保单设计中收入填补原则的运用

在设计中产家庭经济支柱的保障时，保额设置必须符合收入填补原则，如果发生身故或者全残，经济支柱将损失全部收入，此时身故或者全残的保险额度应当为经济支柱年收入的10～20倍为宜，越年轻倍数越高。譬如，小周，才32岁，孩子还很幼小，家庭责任才刚刚开始，保险额度就以20倍较为合适。按平均50万元的年收入，小周身故或全残的保险额度应当为1000万元。如果发生重大疾病并可以康复的情况下，收入损失一般在5年左右，因此重大疾病保险的额度应当至少为收入的5倍。对于小周来说，300万元是比较适合的额度。

（三）保单设计中收入覆盖债务原则的运用

最低保额的设置要至少覆盖现有全部家庭债务，收入中断直接会导致家庭债

务无法偿还，从而导致被迫变卖家庭资产，因此，对于有债务的家庭，家庭经济支柱各险种的最低保额应当全部覆盖家庭债务。具体什么意思呢？以小周家庭为例，他们家有房贷400万元，因此，他的各类保险的最低保额应当是400万元。其身故和全残类保险保额为1000万元，满足要求。但重疾保额设计只有300万元，不符合要求，应当调整为400万元。

（四）保单设计中要注意区分家庭责任阶段

保额要根据经济支柱的家庭责任进行阶段性设计，家庭经济支柱各类保险的额度是为了覆盖收入损失，完成家庭责任的。家庭责任会持续变化，因此，保险额度也不能一成不变。还以小周家庭为例，小周和爱人刚结婚时，没买房也没有生孩子，其家庭责任主要是对父母的，还有就是不要拖累另一半。此时小周的保额只需要够父母的养老金，发生重疾时不会大量地消耗家庭资产，还能稍微给小艾留下一点财产就可以了。但当小周按揭买了房子，还生了孩子以后，家庭责任就要大大加重了，因为房子的贷款、孩子的成长教育医疗费用、小艾的生活与养老都是他的责任，此时他的保额是要求最高的，身故责任为收入的20倍完全有必要。到小周50多岁的时候，孩子也成年了，教育也即将完成。小周的家庭责任就大大降低了，保额就不用年轻时那么高了，身故责任收入的5～10倍就差不多了。等小周60多岁退了休，他的责任基本就已经结束了，这时候身故保险的意义就不在收入补偿上了，重疾保险的保额也满足补充医疗、营养和护理费用的要求就可以了，也不再有收入补偿的意义，高保额就已经没有太大必要了。

（五）善于利用定期保险降低保费、提升保额、匹配需求

因为对于中产家庭来说，责任重大，财富积累不足，所以对保费支出金额是比较敏感的。因此，一定要善于利用定期保险降低保费，做高保额，匹配保额的阶段性规划。终身寿险、终身重疾险价格都是非常高的，如果全部用终身寿险和终身重疾来解决经济支柱的保险问题，保费就太高了，根本做不到。而且终身寿险、终身重疾在年老了以后依然保持非常高的保额，完全没有必要。相反，定期保险以其阶段性、低保费、高保额的优势非常适合用来作阶段性的保险规划。仍以小周家庭为例，小周的终身重疾保险只需要能满足医疗费的支出就可以了，这主要是为其老年阶段准备的，重疾保险因为可以提前给付，可以弥补医疗报销险种需要垫付现金再报销的问题，50万～100万元保额就够了。终身重疾的主险一般都是终身寿险，因此，也不用再另外规划终生寿险。小周的孩子刚上幼儿园，其主要责任期还有20年左右，因此，可以配置20年期的定期寿险和定期重疾，保费就会大

大降低。如果保费还偏高，可以将一半保额设计成10年期定期寿险和定期重疾。保费就可以进一步降低，而且非常符合保额的阶段性需求。意外险配置比较简单，这里就不详细阐述了。

（六）利用高免赔额的医疗保险低成本转移大额医疗费用风险

对于中产家庭来说，经济支柱的医疗费的支出也是必须要考虑的，尤其是保证医疗品质的自费药，可以大大地提高医疗的效果，可以让病人更快更好地康复，副作用小，生活质量也大大提升。但报销自费药的高端医疗类保险保费是比较高的。如何能做到既能报销自费药，费用又比较低呢？我们就可以牺牲免赔额，购买高免赔额的医疗报销类保险。因为高的免赔额可以大大地降低保险公司理赔的概率，从而大幅度降低保费。但一两万元的免赔额其实不会对家庭经济产生实质性的影响，规避低概率、高损失、无法承受的风险，小的风险则选择自留，是保费预算有限的家庭最佳的选择。

如果我们能从以上六个方面综合考虑规划方案，一般中产家庭的经济支柱的保障就会非常充分，而且保费支出也不会太高。

二、企业家家庭经济支柱风险解决方案设计

企业家家庭经济支柱风险的表现形式和中产家庭有本质的区别，企业家家庭的风险不在于填补收入损失，因为其家庭资产的积累是足够满足家庭成员的支出的。他们的主要问题是经济支柱风险导致企业债务黑洞，吸光家庭资产。因此，企业家家庭经济支柱风险的对策是保住现有的资产而不是填补收入损失。

那么如何保全家庭资产呢？最有效的方法就是隔离。在现实中，要想把企业和家庭之间完全隔离开是做不到的。因此，唯一的办法就是将一部分家庭资产剥离出来，使其独立于家庭之外或者置于特殊的保护之中，才能真正起到保全的效果。在资产保全的具体规划中，主要考虑两个问题。一是需要保全多少资产才能满足需求？二是用什么方法或者工具保全比较安全可靠？

（一）企业家家庭资产保全规模的确定

需要保全多少资产才能满足需求，这个问题肯定是不同的家庭有不同的标准。但是，最起码要能满足家庭成员的各项基本需求，这是底线。从底线规划的角度，主要考量以下几个方面。首先，从父母的底线保障方面，主要涵盖养老生活、医疗和护理三方面的保障；其次，从配偶的需求方面来看，品质生活、品质医疗以及将来的养老与护理四个方面都是非常重要的；最后，从孩子基本需求方面考

虑,成长所需的生活费用、品质医疗、品质教育是最起码的,这三个方面如果得不到可靠的保障,孩子前途未卜。如果有条件还应当考虑孩子的发展基础,即婚嫁与创业的支持。

如果保全下来的资产足够满足家人这些方面的需求,则无论家庭经济支柱发生何种风险,自己的家庭成员的基本生活和成长都不会受到影响。当然,这只是基础的需求。

那么这些资产应当用什么办法保全呢?人寿保险、保险金信托和家族信托都是可以选择的工具,可以根据各个家庭自身的情况进行合理的选择与规划。

(二)企业家家庭经济支柱风险的保险解决方案设计

1. 通过保单架构的合理设计的保全规划方法

因为保单可以部分实现所有权、管理权和受益权分离的特点,依据各个家庭不同的特点有针对性地进行保单架构的设计,合理地分配所有权和受益权给负债风险轻的家庭成员,可以很好地实现债务隔离规划,从而解决高净值企业家家庭经济支柱风险。

首先,对于父母的养老品质的保证,如果父母还较为年轻,可以给父母购买足够的养老保险,保证养老生活的现金流。注意要用父母自己作为投保人和被保险人。具体规划架构如表 23－1 所示。

表 23－1

投保人	被保险人	死亡受益人	险种
父母	父母	孙子女	年金/养老年金/增额终身寿

这样的架构设计,即使企业出现问题,使企业家的家庭资产也受到牵连。但是,根据《民法典》第 1161 条[①]的规定,企业家家庭和父母家庭之间有代际的天然债务隔离屏障,企业家作为子女,其债务风险不会波及父母的家庭,故父母作为投保人持有的保单不会受到债务的影响,依然可以很好地照顾好父母。同时,保单的受益人要隔代指定为企业家的子女,如此,父母去世了以后,保单中剩余的财产会隔代直接传承给企业家的子女,也不会受到企业债务的牵连。

如果父母年纪比较大,不能做被保险人购买养老保险,则可以企业家和企业

① 《民法典》第 1161 条　继承人以所得遗产实际价值为限清偿被继承人依法应当缴纳的税款和债务。超过遗产实际价值部分,继承人自愿偿还的不在此限。

继承人放弃继承的,对被继承人依法应当缴纳的税款和债务可以不负清偿责任。

家夫人自己作为投保人和被保险人购买年金保险，其架构如表23－2所示。

表23－2

投保人	被保险人	死亡受益人	险种	备注
企业家夫妇	企业家夫妇	孙子女	年金/增额终身寿	短期缴费，投保人变更

这种架构的操作要点有以下四个：首先，缴费期不要太长，3～5年为宜，缴费完成后，将投保人变更为父母；其次，受益人需要隔代指定为企业家的子女；再次，父母要立好遗嘱，自己去世以后要将投保人的权益隔代传承给企业家的子女；最后，如果要选择年金类保险，最好附加万能账户，以方便投保人用钱。

这样的保单架构设计有以下几个方面的优势。

优势一：先用企业家夫妇投保，克服父母年纪太大不能担任投保人的困难，同时还可以更加顺利地承保。

优势二：短期缴费，缴费完后变更投保人为父母，在此之后如果企业家夫妇再卷入债务问题，只要变更保单的行为没有严重影响债权人债权的实现，则保单依然是安全的。

优势三：父母虽然不是被保险人，但投保人依然可以通过保单获得养老金的保障，譬如通过领取年金保险附加的万能账户现金价值，又或者通过增额终身寿产品的部分减保功能。

优势四：父母通过遗嘱将保单投保人的权益隔代传承给孙子女，依然可以很好地隔离企业家夫妇的债务风险。

优势五：父母去世后，保单又可以给作为被保险人的企业家和夫人提供养老现金流，企业家和夫人是保单的实际受益者，却不是保单的持有者，因此不会被企业债务牵连。

在财产保全规划中，通过投保人合理的选择、变更与隔代转移来合理合法隔离企业家夫妇债务风险的设计策略就是财富规划设计策略三十六计中的“偷梁换柱”。

其次，配偶的品质生活费用以及子女的教育金、生活费等可以参照父母养老金规划的方法，通过合理规划保单持有人的方法来实现。如果父母健在，子女年幼，则用父母作为保单持有人。若子女成年且不参与企业经营，也可以由子女作为投保人持有保单。这个方法因为前文有详细解析，这里不再重复。

再次，与父母养老规划不同的是，因为配偶相对比较年轻，配偶的养老规划还可以选择一种比较特殊的养老保险产品来实现。这种产品有部分公司提供，其特点是必须到被保险人50岁、55岁、60岁、65岁以后才能开始领取，是专业的养老金，一般领取会很高，而且活多久领多久。但这种保单的现金价值一般很低，开始领取后现金价值甚至为零，而且如果已经领满20年，被保险人去世没有任何的身故赔付。因为其现金价值低，开始领取后现金价值为零，使得其资产保全的空间特别大，非常适合企业家夫人做养老规划。利用现金价值为零的保险产品进行债务隔离设计的方式，在财富管理规划设计策略三十六计中被称为“空城计”。

复次，配偶及子女的医疗品质规划最好用重疾保险加高端医疗，高端医疗的保费最后能由年金保险或者信托来支付。父母因为年纪比较大，一般很难购买医疗保险，故父母的医疗风险一般只能选择风险自留。

最后，父母以及将来企业家夫妇的养老护理问题都可以用高端养老社区解决问题，中国的高端养老社区发展如火如荼，而且往往一个名额可以父母用完儿女用，用保险的现金流支付养老社区的费用，用养老社区的专业护理服务解决养老护理问题，两全其美地解决问题。

2. 通过保险死亡理赔金隔离债务风险的规划设计方案

企业家家庭的债务风险最为集中的情况是企业家突然去世的情况。企业家一旦突然身故，依赖于企业家经营的家族企业很多时候会迅速陷入经营困境甚至导致债务危机爆发，最后企业债务风险传导到家庭，就形成了企业家家庭经济支柱风险。

在这种情况下，人寿保险的债务隔离功能是最为可靠的，其债务隔离原理如下。首先，依据《保险法》第42条的规定，指定了受益人的保险死亡理赔金不属于被保险人的遗产，直接属于受益人，故不用偿还被保险人的债务；其次，依据《民法典》第1161条的限定继承制度，被保险人的继承人对被保险人的债务在继承的遗产价值内承担责任，超过部分不用承担，如果继承人放弃遗产继承，则同时放弃债务。如此，受益人取得的死亡理赔金完全不会受到被保险人债务的影响。所以，只需要通过简单的保单架构设计就可以轻松地实现债务隔离，保护好家人不受影响，其保单结构如表23－3所示。

表23－3

投保人	被保险人	死亡受益人	险种	备注
不限	企业家	子女	终身寿险/年金/增额终身寿	

在设计本架构也有几个注意之点。首先,如果企业家身体较好,最好用高杠杆终身寿险,并且可以考虑长期缴,以加大杠杆;其次,如果企业家身体不允许,可以用增额终身寿或者带万能账户的年金保险产品,只要最后绝大部分保费及收益可以转化为保险死亡理赔金赔付给受益人就可以起到很好的债务隔离的效果;再次,受益人一定要隔代指定,可以是子女、孙子女等,但不要指定为配偶,因为配偶一般会对债务承担连带责任;复次,如果考虑企业家没有去世的情况下的债务隔离,投保人可以设计为企业家的父母或者成年子女,具体操作可以参考前一个架构;最后,如果企业家的子女也牵涉债务风险,可以隔代指定受益人为孙子女或者指定受益人为保险金信托,然后再指定家庭成员为信托受益人,利用信托财产的独立性进行资产保全。

这样的架构设计有以下几个方面的优势。

优势一:用死亡理赔金不属于遗产的特性隔离债务,争议小,可靠性非常高。

优势二:企业家夫妇可以作为投保人,对投保人要求低,操作难度低。

优势三:可以利用终身寿险与保费期缴的双杠杆,保费低保障高,节省现金流。

优势四:允许选择低杠杆或者无杠杆的年金或者增额终身寿险产品,企业家身体不好的也可以利用本架构顺利地进行债务隔离设计。

优势五:还可能通过投保人的设计或者变更进行企业家身前的债务隔离设计。

优势六:还可以成立保险金信托,进一步隔离子女和其他家庭成员的债务。

除了以上六个方面的优势外,这样的架构还可以兼顾资产传承、子女婚姻资产规划、税收筹划、创造身后现金流等多方面的功能,这些功能在其他风险章节都有相应的阐述,这里不再重复。

(三)企业家家庭经济支柱风险的家族信托规划设计策略

在资产保全方面,保单规划虽然能解决一部分问题,并且相对于信托还有杠杆高、收益锁定、创造身后流动性、门槛低、架构简单等特点。但对于一些超高净值家庭来说,依靠保单解决全部资产保全问题是不实际的,因为保单只能解决金融资产的保全问题。因此,如果有条件的客户,在保单规划的基础上再搭建保全的信托架构是非常有必要的。

首先,保单和信托完美结合的保险金信托是不错的选择。保险金信托规划相对家族信托的最大优势是在现阶段大大降低家族信托的设立门槛,在企业家家庭经济支柱风险的防控上,以企业家作为投被保险人,购买终身寿险类产品,成立保险金信托是比较可靠的方法。企业家发生风险身故后,依据《保险法》第42条的规定,保险死亡理赔金直接进入信托,又根据《信托法》第15条的规定,信托财产独立于委托人,也就是企业家之外,不作为其遗产和清算财产,因此自然不会受到债务问题的牵连。父母、配偶、子女作为信托的受益人,可以从信托获得资金的支持,保证生活的各种需求。至于具体如何安排,可以按照企业家的意愿在信托文件中作详细的规定。

如果有保险金信托2.0以上的产品,即保单的投保人可以变更成信托,则保险金信托的应用范围将更广一些,可以将其他家庭成员的保单在未发生理赔之前都放入保险金信托中,因为前段中所说的信托财产的独立性,这些保单均不会受到债务的影响,可以给家人提供各种现金流。

其次,保险金信托虽然是保单与信托的完美结合,但也不是万能的。譬如,年老和身体不好的家庭成员的医疗费用问题,孩子大量的婚嫁、创业金等问题,以及不动产及其他非金融资产的保全问题等,保险和保险金信托就不一定是最佳的解决方案了。因此,如果有条件可以再设立家族信托。当然,很多保险金信托同时也支持追加现金资产、金融投资资产、不动产等,其实这就是家族信托了,因为保险金信托和家族信托本质上并没有什么区别。当然,目前不动产放入信托的税费成本确实要高一点,笔者相信将来一定会有所改观,而且相对保全,税费就是小问题了。家族信托设立后,家庭成员就可以依据信托合同受益人的设置在不同的阶段,不同的条件下领取相应的受益金。因为单纯的资产保全信托相对比较简单,所以这里我们不详述信托的设立细节问题,这些问题我们在企业家家庭债务风险等章节我们会展开详细的讨论,请阅读参照。

第二十四章

教育规划风险与解决方案设计

第一节 风险案例

一、案例导读

高品质的教育是以经济实力作为基础的,而教育持续的时间又特别长,从幼儿园到研究生毕业至少 20 年。而且,各个阶段的资金需求又近乎刚性,如果资金不足,就可能导致教育路径的中断。譬如,一个孩子学艺术,学到高中家里经济遇到问题了,转而只能去参加高考。或者一个孩子上国际学校到了初中,结果家里经济遇到问题了,转而只能转到公立学校。教育路径的中断,对孩子教育的打击几乎是毁灭性的。

二、案例详情

为什么有“毁灭性”打击一说呢?陈总家的案例就是最好的证明,这是一个非常励志的故事。陈总是山东的一位民营企业家,在北京经营一家小型自动化机械设备制造厂,2012 年前基本产值都在 3000 万元以上。当时小型自动化机械设备制造的利润率还是比较可观的,毛利能到 40%,纯利也能到 20%。但比较麻烦的是回款周期比较长,所以他也会同时适当延长原材料的付款周期,这样工厂才能周转起来,但这就形成了三角债。

不幸的是,2012 年 6 月,陈总因为一场车祸突然离世,工厂立即就停工了,货交不出去,货款收不回来,大量的质保金石沉大海,供应商和债主上门要债,工厂很快就垮掉了,家里的房子也被法院冻结了。

最可怜的是陈总的独生女儿,陈总自己的学历水平比较高,研究生毕业。因此,对女儿的教育比较重视,不喜欢国内的应试教育,从小就送女儿上国际学校,陈总出事的时候,小陈刚好读到高二,连雅思成绩都过了。但家里现在破产了,坚持读完高中的费用亲戚朋友帮衬一下应该还能完成,但出国留学财力上根本不允许了。

摆在小陈面前的是三条路:

第一条路,转公立学校,参加高考。虽然小陈很优秀,成绩很好,但国际学校培养的方向和高考完全是两个方向,现在即使转去公立学校念高一,他都不一定能跟上。如果能按期完成学业并去英国,她应该能申请到英国一流的大学。但如果高考,她恐怕想考国内的一本都很难。如果靠一个二本甚至三本,将来毕业了找工作都非常不容易。

第二条路,申请国外大学的全额奖学金,但难度非常之高,即使不太考虑学校与专业,要申请到全额奖学金也很难。

第三条路,读一个职业类的学校,学一门技术,早点走上社会。这条路相对高考读一个二本、三本,就业可能更好解决,但这样的落差无论如何也是难以接受的。

最后,小陈决定背水一战,选择第二条路,想办法申请全额奖学金。好在苍天不负有心人,小陈最终幸运地申请到了英国一所大学的全额奖学金,去了英国上学。

三、案例解析

孟子说,生于忧患,死于安乐。孟子又说,天将降大任于斯人也,必先苦其心志,劳其筋骨,饿其体肤……似乎人需要在逆境中才能成长,但现实是,只有小部分人能在逆境中成长,大部分人却将在逆境中沉沦。

试想一下,如果小陈没有申请到奖学金,恐怕就只能重上公立学校参加高考,耽误时间不说,跟上班都很困难,在心理上要承担家庭变故和学习的双重压力,在这样的环境下,要考一个好的学校何其困难。如果坚持不下去,辍学回家,她的人生轨迹又将会是如何?

还要注意到,小陈已经上到高二,如果是高一呢?如果是初三呢?小陈就连申请奖学金的机会都没有了,只剩下转回公立学校或者去上职业高中两条路了。转回公立学校能跟上班的可能性很小,上职业学校产生的落差对孩子的打击也几乎将是致命的,其结果如何真的很难想象。

第二节　教育金风险详解与解决方案设计

子女教育是每一个家庭最关注的问题之一,好的教育是需要提前做规划的,教育规划中最重要的是两个方面:一是教育模式的规划,二是教育金的储备。什么是教育模式的规划呢？主要就是孩子成长路径的规划，高考学霸路径、艺术特长路径、国际化路径这是三条教育成长最典型的路径。

一、教育成长的三条典型路径

高考学霸路径的关键是要好学校、好成绩。学校的好坏通常是通过学生所处的区域和其本身的学习成绩决定的，但也可以通过择校，购买学区房等作改变。成绩的好坏，一般来说取决于学生自身的天分和努力程度，但更好的学校，好的补习班等，也确实会对学习成绩产生一定的效果。因此，在现实中，择校和课外补习有条件的父母一般都会选择，它事实上是教育路径规划中很现实也很重要的一个部分。但无论是择校还是补习班，没有强大的经济实力作为后盾是根本无法实现的。

艺术特长路径的关键就是好的天分、孩子的努力和权威的老师了，而其中可以规划的只有权威的老师，但聘请权威的老师又是以经济实力为后盾的。

国际化路径则更是以经济实力为基础的，从幼儿园、小学、初中就可能开始进入国际学校，接受完全不同体系的教育。但国际学校的学费支出是非常高昂的。而留学的费用就更高昂了，要用国家化路径培养一个孩子出来，少也需要三五百万元，如果要加上移民和境外买房的费用，至少千万元起。

这三条路径都有一个共同特点，就是不能中断并且品质不能降低。

二、高品质教育金的三大核心要求

无论选择三条教育成长路径中的哪一条，好的教育品质都需要强大的经济储备作为坚实后盾，如果一旦因为经济储备丧失导致教育中断或者品质下降，对孩子的教育与成长的打击几乎是毁灭性的。所以，教育金规划在整个教育规划中是非常重要的，高品质的教育金储备有以下三大核心要求。

（一）教育金的“时间刚性”要求

教育金的第一个核心要求就是“时间刚性”。教育是连续的，是有年龄限制的，一旦开始，时间几乎不可更改，不可能因为缺乏教育金而暂停。因此，家庭财务状况的不确定性和教育金的时间刚性是不匹配的，必须要通过教育金规划方能保证。

（二）教育金的“金额刚性”要求

教育金的第二个核心要求是“金额刚性”。教育金要求的金额是刚性的，学费是不能砍价的,并且也不能因为缺乏教育金而改变教育路径,因为路径的改变对孩子学业的打击将是致命的,因此,必须有非常可靠的教育金规划,才能在家庭财务环境发生恶化的情况下还可以顺利地完成孩子的教育。

(三)教育金必须要现金的要求

教育金的第三个核心要求是必须要现金。教育金规划和养老金规划一样,都是现金流规划,而不是财产规划。不能及时变现的财产,都不能称之为教育金。有一些朋友喜欢投资房产,但房产不可以做教育金规划,因为房产的变现比较麻烦,尤其是在房地产市场不景气的情况下,变现时间长,短时间变现可能造成巨大损失。同理,炒股也不能作为教育金规划的方式。见图 24－1。

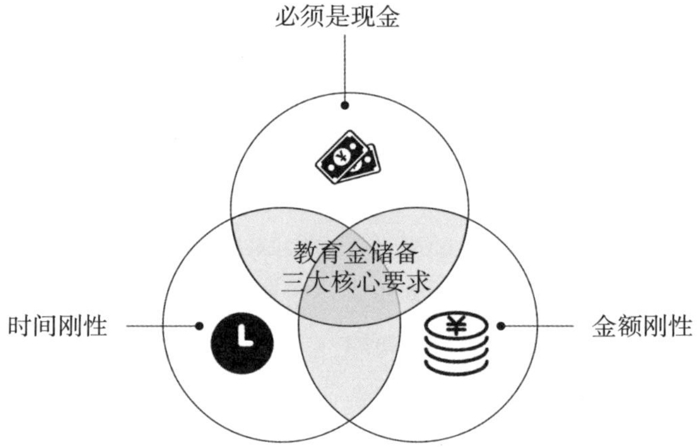

图 24－1　教育金规划设计

教育金具体该如何规划呢? 中等收入家庭和高净值家庭的规划方式是不同的。中产家庭的财富积累不够,因此,需要逐步地积累和规划教育金。高净值家庭财富积累足够,但财富的不确定性很大,应当采用及时剥离、充分保全、专款专用的方式。

三、中产家庭的教育金规划策略

(一)中产家庭教育金储备的四大误区

中产家庭的家长们对孩子的教育金储备都是非常关心的,但是储备规划的方法却五花八门,并且很多时候会存在严重误区,影响最大的有两个。

1. 只重视储蓄,忽视家庭经济支柱风险

大部分中产家庭的父母都会认为只要做好了强制教育储蓄计划,譬如,给孩子做了分10年、15年储备的教育金保险,做了10年的教育金定投储备计划,只要这些储备逐年完成后足以支付孩子教育的费用,教育金规划就完成了。这是非常错误的,而风险可能恰恰隐藏在强制储蓄教育金的这个过程中。

因为教育金储蓄来源于家庭收入,而中产家庭的收入是存在中断风险的,如果收入中断,教育储蓄计划就自然会中断,教育金保险的保费交不上了,基金定投的计划终止了,教育金储蓄计划就落空了。因此,仅仅做好教育金的储蓄计划是远远不够的,还必须转移掉收入中断的风险才是万全之策。而家庭收入中断风险的主要表现形式就是家庭经济支柱风险,家庭经济支柱意外身故、残疾、重大疾病都可能导致其收入中断。因此,做好家庭经济支柱的保障,让保障额度足以覆盖所有的教育金支出是非常必要的。

2. 不做专户管理,不注意专款专用

在现实生活中,虽然大部分的家庭很重视教育金的储备,但一般都不会做专户管理,也不会专款专用。因为对于大部分中产及以下家庭来说,除去教育支出外,家庭生活的现金流需求还有很多,如买房买车的需求、家庭成员医疗费的紧急支出,这些都需要我们平时做好现金流的储备。如果一个家庭在教育金储备中没有做好专户管理,不注意专款专用,很容易导致教育金储备被挪用。

3. 用高风险投资产品储备刚性教育金

教育金因为有时间刚性、金额刚性等特点,注定是不可以通过高风险投资产品进行储备等。首先,高风险投资产品虽然可以获得高收益,但也可能产生严重的亏损,这就不符合教育金金额刚性的特点。其次,高风险投资产品变现不方便,虽然很多投资产品理论上可以随时变现,但如果变现时间刚好在投资的低点,就会产生很大的损失,这与教育金时间刚性的要求又是冲突的。

4. 用普通的年金保险做教育金规划

在现实生活中,很多理财师会用普通的年金保险帮客户规划教育金。但实际上,普通年金保险是不适合做教育金规划的。因为普通年金保险的特点是为被保险人提供伴随一生的长期现金流,细水长流,活多久领多久,被保险人身故后再返还本金。其现金流的特点是前期较少,随着时间的推移越来越充沛,其现金流的优势往往体现在被保险人的老年时期而非青少年受教育阶段。

举个简单的例子,我们通常能看到这样的规划方案。宝宝0岁,购买10年交,每年10万元保费,总保费100万元的年金保险。第6年开始返还每年2万元,不领取可以进入万能金账户。孩子60岁以后,每年领取增长至4万元每年,作为养老金。万能金账户随时可以部分领取,可以作为教育金。高中教育金,每年 2 万元,大学教育金每年 5 万元,30 岁领取婚嫁创业金 30 万元……

我们来分析一下这个规划,就会知道这是不太合理的。首先,一年可以承受 10 万保费的家庭,高中教育金每年 2 万元,大学教育金每年 5 万元是无法满足要求的。如果我们想高中大学领取较高额的教育金,这类产品的现金流往往是无法满足的。其次,如果家庭经济支柱发生风险导致收入中断,每年 10 万元的保费来源将成为问题,如果发生保费断交,会给客户带来严重损失。最后,即使保费交完才中断或者附加了投保人豁免,100 万元的资金在孩子教育阶段却只有几十万元能动用,即使加上保单贷款,也可能还超不出保费。储备的资金的收益在最需要教育金的时候用不上,大部分的资金反而留给 30 岁婚嫁,60 岁养老用,这显然是比较尴尬的。

(二)中产家庭做教育金储备规划的要点

中产收入群体的教育金规划应当至少由两部分组成:第一组成部分为家庭经济支柱的保障,第二组成部分为教育现金流规划。

1. 中产家庭教育金规划中的经济支柱保障的规划

家庭经济支柱的保障规划是中产家庭教育金规划中的重中之重,是一切规划的基础。因为对于中产家庭来说,其财富储备比较少,因此,需要较长时间才能完成教育金的储备。如果在教育金储备期出现了家庭经济支柱风险,导致家庭收入来源的大幅降低甚至中断,所有的教育金储备就会变成梦幻泡影,甚至以往已经储备的教育金也会被家庭中的其他更重要的需求,如医疗费的需求、房贷等迅速消耗殆尽。由此可见,不以家庭经济支柱保障规划为基础的教育金储备几乎可以说是没有意义的。

家庭经济支柱保障的部分笔者在“家庭经济支柱风险”一节中已经详细地阐述过,只要家庭经济支柱的身故和伤残保障能达到 10 ~ 20 倍年收入,重疾保障达到 5 倍以上年收入,教育金储备完全不会有问题,所以这里就不再重复了。笔者这里重点讲教育现金流规划的方法。

2. 中产家庭教育金储蓄需求的诊断

教育金规划不是简简单单的强制储蓄,而是现金流规划。规划之前要先根据客户的教育路径规划分析教育现金流需求的特点,然后再分析其家庭现金流的特点。从而找出现金流的缺口,有针对性地予以补充,这才是真正的教育现金流规划。

举例说明,周先生 36 岁,是一位外资公司的管理层,周太太 31 岁,是某公司财务主管，二人的儿子周小宝3岁，周先生和周太太学历都比较高，特别重视孩子的教育，因为周先生有海外留学的经历，因此，也希望将来孩子大学或者研究生阶段能去国外留学。但留学的费用是比较高的，从高中开始，每年的学费加上生活费等各项开销，按照目前的标准就需要50万元左右。周先生目前一年税后收入60万元左右，太太一年税后10万元左右，除去房贷、生活费用等各项开销后，净结余仅30万元左右。周先生和周太太的收入应该还能持续增长，负担孩子高中以前的学费，各种培训班等都比较轻松，但孩子一出国，现金流就可能捉襟见肘了，因此，提前储备现金流作为补充就显得非常必要了。按照目前的收入支出粗略地测算一下，每年的缺口预计在20万元左右，高中大学加硕士，最短7年，最长10年，缺口在140万~200万元。从孩子3岁到高中还有12年左右，考虑到通货膨胀，学费上涨等的影响，最好是本金可以储备到140万~200万元，投资收益的部分覆盖通胀和学费上涨，教育现金流的储备才会比较可靠。

从上述分析我们可以清楚地看到，周先生孩子的教育现金流规划分为两个时期：第一个时期（3~15岁）为储备期，这个阶段家庭财务有结余，可以强制储备现金流；第二个时期（16~25岁）为消耗期，这个阶段家庭财务不足够覆盖教育支出，需要现金流的补充。在此就可以清晰地看到，教育现金流规划就是清晰地分析出储备期和消耗期，让储备期强制储蓄的资金足够覆盖消耗期的支出缺口。

周先生孩子储备期需要储备的教育金总规模为140万~200万元，时间为12年，因此每年的强制储备金额为11万~16万元。

（三）中产家庭教育金保险规划设计策略

中产家庭的教育金具体用什么方式储备呢？本书主要推荐两个渠道：一是教育金保险；二是教育金定投。这里我们再次强调，中产家庭的教育金储蓄必须建立在家庭经济支柱的保障已经非常充足的情况下，忽视家庭经济支柱的保障而直接储蓄教育金是没有意义的。

1. 中产家庭教育金储蓄保险规划的四大要点

笔者先来讨论教育金保险的储备方法，以前面讲的周先生家庭为例，对周先生家庭来讲，教育金保险的储备必须满足以下几个要点。

首先，教育金保险的缴费期必须在教育金需求高峰来临前结束，否则将出现一边大笔从保单中领取教育金，一边大笔地交保费，出现现金流冲突的尴尬局面。以前面周先生家庭为例，孩子打算高中开始留学，教育金需求出现高峰，因此教育金储备就必须在高中前结束，合理的储备期应该是 10～12 年。

其次，教育金保险储备的大部分的现金流在 25 岁主体教育阶段结束之前必须可以释放，如果大部分现金流需要 25 岁以后才能释放，则现金流和教育时间会产生错配，不能满足教育现金流的需求。释放的方式可以是直接领取，也可以是保单贷款。

再次，最好有投保人的豁免责任，虽然家庭经济支柱的保障非常充分，但投保人豁免还是会让教育金储备变得更简单与方便。

最后，教育金保险的险种可以是有针对性提供现金流的专业教育金保险，也可以是现金价值比较高，领取或者保单贷款很灵活，可以通过部分减保或者保单贷款在 25 岁前释放大部分现金流的年金或者增额终身寿险。

2. 人寿保险储蓄教育金的六大优势

用人寿保险工具储备教育金是有其独特的优势的。人寿保险不仅可以通过杠杆解决家庭经济支柱风险，为教育金的储备打好基础，同时，在教育金储蓄中优势也非常明显。

优势一：本金安全，因为人寿保险制度的特点，使得教育金保险本金的安全性是所有金融产品中最高的之一。因此只要储备金额足够，就可以可靠保证教育金储蓄“金额刚性”的需求。

优势二：预定利率长期锁定，在利率下行周期中有明显优势，这对需要长期储备教育金的中产家庭来说是一个很大的优势。

优势三：强制储蓄功能强，很难被挪用，是储备专款专用资金的上佳渠道。

优势四：具有一定的投资功能，收益稳健，保险分红，万能险账户收益都具有一定的投资属性，且收益水平比较稳健，可以对冲通胀风险。

优势五：变现方式多，现金流充分，只要选用的是我前面所说的特点的保险产品，其现金流会非常充分，可以领取年金的储备，可以部分领取保单价值，还可以通过保单质押贷款迅速获取大量的现金流。

优势六：可以附加投保人豁免功能，如果投保人发生风险，未交完的后续各期保费视为一次交齐，现金流储备不会受到任何影响。

（四）中产家庭教育金定投规划设计策略

在中产家庭教育金储备渠道选择上，第二个值得推荐是基金定投，基金定投这种方式主要适用于现金流不够充分，希望通过较高的投资收益弥补现金流不足的客户。

1. 基金定投在教育金储备中的五大优势

基金定投储备教育现金流有以下五个方面的优势：

优势一：每月强制储蓄，可以自动扣款，省心省力。

优势二：傻瓜式投资，不用过多地关注市场动态，不需要技术。

优势三：长期投资亏损概率小，尤其是坚持10年以上的定投，其安全性尚可。

优势四：长期定投收益率相对较高。

优势五：赎回就可以变现，流动性好。

2. 基金定投储备教育金的实操注意之点

虽然基金定投是非常不错的教育金储备渠道，但相对教育金保险，用基金定投储备教育金还是有几个非常值得注意的地方。首先，基金定投流动性好，注意一定不要挪作他用。其次，基金短期可能亏损，亏损时一定不要割肉赎回，如果有现金流，还可以适当补仓。再次，基金有亏损风险，要注意分散投资。建议债券型、指数型、股票型等各种基金都配置一些，当然货币型基金不要配置。每一种基金类型又要分别持有两支到三支，不要押在某一支上；还有，不能全部用基金定投做教育现金流的储备，否则风险有点大。最后，建议教育金保险和教育金定投组合规划，这是安全性和成长性兼顾的选择。对于现金流充裕的家庭，保险的占比可以高一些，定投的占比低一些，追求稳健；现金流不够充裕的家庭，定投占比高一些，保险占比低一点，适当博取收益。

四、高净值家庭教育金规划策略

高净值家庭和中产家庭不同，其财富积累一般比较充裕，其要点不是积累，而是隔离与保全。一般来说，高净值家庭其资产是足够以负担任何阶段的教育支出需求的，只有在家庭财务恶化的情况下才可能会面临教育金短缺的问题，因此，高净值家庭教育金规划的关键是提前将家庭资产中的一部分剥离出来，专门用作教育金的储备，专款专用，并保证这部分资金完全不受家庭财务状况变化的影响。

（一）高净值家庭教育金规划的四大要点

1. 未雨绸缪，切忌拖延

高净值家庭在财务状况好的时期，准备足够的教育金是相对较轻松的。但高净值家庭财务情况相对会比较不稳定，拖延会导致极大的不确定性。因为企业经营的恶化、行业市场的变化、经济大环境的变化、经营者的身体和健康状况恶化、经济纠纷、经营者刑事责任、安全事故甚至偶发的自然灾害和流行性疾病都可能导致家庭财务状况的恶化。一旦恶化,则教育金规划可能就无法完成。因此,一定要趁着经济状况好的时候及时规划完成,一劳永逸。

2. 安全第一,收益不论

高净值客户家庭创造财富的能力很强,因此,教育金的收益稍微提高一些对他们整体的财富几乎不会产生影响,安全才是高净值家庭教育规划的核心重点。千万不能因为追求收益的一点点提升而牺牲了安全,最后影响孩子的教育,那就舍本求末了。

3. 短期积累,迅速剥离

高净值家庭教育规划的积累期不能太长,一次性最佳,如果一次性有压力,也可以分 3 年、5 年完成,一般不建议超过 5 年,因为很难保证家庭财务状况不会发生任何的变化。

4. 独立于家庭资产之外,隔离风险

必须与家庭资产隔离开来,因为在国内现实环境中,高净值家庭的家庭资产和企业资产很难彻底地隔离,导致家庭资产受企业经营的影响很大。如果不实现教育金与家里资产的隔离,则很难保证其安全性。

高净值家庭做教育金规划有两个工具,人寿保险与家族信托,除此之外再也没有其他合适的储备手段和工具。

(二)高净值家庭教育金保险规划方案

人寿保险本金安全、收益稳健、现金流充沛,可以用来规划高净值家庭的教育金。用人寿保险规划高净值家庭的教育金,其关键是风险隔离的处理,主要是保单现金价值的风险隔离的处理。因为人寿保险现金价值归属于投保人,投保人如果面临债务问题,则该财产就要受牵连。所以合理地选用投保人是规划的关键所在。

在投保人选择的问题上,如果孩子的父母并不从事企业经营等高负债风险的活动,其作为投保人也是可以的。如果父母从事高债务风险的经营活动,则最好以其他没有债务风险的家庭成员担任投保人,如孩子的爷爷奶奶外公外婆等。其保单架构如表 24 - 1 所示。

表 24 - 1

投保人	被保险人	险种	备注
祖辈	孩子	教育保险/高现价年金/增额终身寿	短期缴费

1. 高净值家庭教育金保险规划的实操要点

在实操中，虽然在孙辈未成年的情况下，祖辈年龄一般不是特别大，还可以作为投保人。但是，祖辈作为投保人依然可能面临两方面的问题。首先，如果孩子年龄在8周岁以下，依据《保险法》规定无法隔代投保以死亡为给付条件的保险；其次，祖辈作为投保人在财务调查等环节可能会面临一些问题。

如果遇到上述问题可以这样处理，先由孩子的母亲作为投保人，孩子作为被保险人购买高现价储蓄型保单，缴费期趸交，3年交或5年交，交完保费后，将投保人变更为孩子的外公外婆，如此就可以较好地解决投保困难的问题。当然，如果外公外婆还有其他的子女，则第二投保人或者遗嘱的配合就非常必要了。

先用孩子的母亲而不是父亲作为投保人也是有考虑的，基于两个方面的原因。首先，在很多情况下妻子一般不参与企业经营，当企业面临问题时，风险不会直接传导到妻子，还需要通过夫妻共同债务，妻子被列为被执行人才会导致妻子名下的财产受到威胁。因此，这样相对安全性高一些，万一没有完成就出了问题，可以用来处理的时间也长一些，保全空间也会大一些。其次，是在孩子比较小的情况下，母亲一般年龄就相对较小，外公外婆也相对年轻，比较适合持有保单。

2. 人寿保险在高净值家庭教育金储备中的优势

在高净值家庭的教育金储备规划中，人寿保险是最合适的规划工具，甚至可以说，人寿保险是最适合做高净值家庭教育金规划的工具之一，因为其具有以下几个方面的独特优势：

优势一：可以通过祖辈作为投保人代持保单实现债务风险的隔离。

与中产或中产以下家庭的教育金规划不同，高净值家庭的教育金储备不需要长期积累与强制储蓄，而是需要绝对保证剥离出来的资产独立于家庭及企业的债务风险之外。在大陆法系下，人寿保险可以部分实现所有权、管理权和受益权分离的特性使得其在资产保全、债务隔离等方面具有先天性的优势。在高净值人士家庭的教育金储备问题上，人寿保险可以让没有债务风险的祖辈持有资产，孙辈享受受益权保证其教育品质，并隔离企业家夫妇的债务风险。

优势二：相比祖辈代持其他资产做教育金储备，人寿保险更加安全且可控。

相比之下，其他金融资产祖辈私自处分或者被迫私自处分，譬如，被骗，被其他子女动用等的风险是比较大的，且不好预防。但人寿保险投保人只有通过退保或者贷款的方式才能动用其中的资产。退保的行为过于严重，祖辈大概率不会有。贷款需要被保险人的监护人签字，祖辈不可能私自处分。

优势三:本金安全,没有投资风险,更符合高净值家庭的需求。

教育品质作为孩子成长道路上的关键因素,是每一个高净值家庭必须要全力保证的。因此,对于财富积累丰厚的高净值家庭来说,教育金储备的关键是安全。只要安全能够保证,多少根本不是问题。并且,对于高净值家庭来说,因为其创富能力很强,教育金储蓄本身的收益高低对其家庭财富的多少根本不会有什么影响,保证绝对安全才是关键所在。而教育金保险本金的安全性无疑是所有金融产品中最为安全的渠道之一,虽然没有太高的收益,但几乎没有什么投资风险,只要储备足够,将来孩子的教育品质就一定能够保证,这非常符合高净值家庭对教育金的需求。

优势四:专款专用、现金流储备针对性强。

对于财富储备非常丰富的高净值家庭来说,教育金的专款专用绝对不会影响家庭其他的现金流需求,这和中产及以下家庭的现金流经常捉襟见肘有着本质区别。因此,对于高净值家庭来说,其关键点就是要在经济状况好的时期把教育金专款专用、专户管理、保证流动性的工作切实有效的落实下来,并保证其不被挪作他用。

在这个问题上人寿保险的优势也非常明显,因为一旦以子女为被保险人配置了教育金保险,一方面可以真正做到专款专用,不到万不得已一般都不会被挪作他用;另一方面现金流的准备有针对性,可以有效保障教育现金流,保证教育品质。

优势五:通过保单贷款可以更灵活地释放现金流,满足教育金需求。

高净值家庭的教育金要求一般都是比较高的,支出也是比较高的,并且可能会有一定的不确定性。在家庭经济情况没有出现恶化的情况下,其实高净值家庭的教育金储备是用不到的,只有在家庭经济状况出现了一定的问题、现金流紧缺的情况下,教育金储备才会真正被动用,并且有时候需求的规模可能会比较高。譬如,留学相关的学费、生活费甚至房产的购买都需要教育金储备提供现金流支持,此时,就可以通过保单贷款在短期内大规模释放现金流,保证教育需求得到充分的保障。

(三)高净值家庭教育金的信托规划方案

家族信托也是高净值家庭储备与规划教育现金流的上佳工具。高净值家庭既可以专门成立教育金信托来做储备,也可以在综合的家族信托中设置教育金的条款来解决教育金储备的问题。企业家们可以以自己为委托人,在家庭经济状况好，现金流充沛的时期将一部分家庭资产剥离出来，成立家族信托，并指定子女为受益人，通过受益条款的设计规划好子女的教育现金流，保障其教育品质。

1. 家族信托规划高净值家庭教育现金流的三大独特优势

因为家族信托财产独立，保全与隔离功能更加强大，并且受益条款设计比较灵活，在高净值家庭的教育金规划中有以下三个方面的独特优势。

优势一：信托财产的独立性，隔离功能强，安全性高。

家族信托可以完全的实现所有权、管理权和受益权的分离，并且信托成立后信托财产独立于委托人，因此具有更强的隔离功能。只要企业家在经济状况好的情况下合理合法地成立了家族信托，依据《信托法》第15条的规定，委托人破产或者死亡，信托财产不作为其遗产或清算财产。如此就不会受到委托人债务问题的牵连，安全性很高，可以为教育品质提供强有力的保障。

优势二：资金安排更加灵活，现金流规划针对性更强。

家族信托中教育现金流的给付完全根据信托合同中的规则，这些规则都是委托人在设立信托时依据需求来定制的，可以非常灵活地安排各种现金流，甚至灵活安排各种支付条件及支付方式。所以家族信托的教育金规划针对性更强，可以更好地满足各个家庭不同的教育金需求。

优势三：还可以设立激励条款，鼓励孩子更加努力地学习。

美国当代“信托之父”斯考特教授说，信托的应用范围可以与人类的想象力媲美，家族信托的条款设计是非常具有想象力的。虽然我国目前的家族信托条款设计想象力还不够丰富，但发展趋势是明显的。在教育金规划的问题上，我们可以向犹太人学习，犹太人习惯在信托中进行后代激励条款的设计。家族信托不仅仅为子孙后代提供强大的现金流保障，同时，还通过其中的激励条款鼓励子孙后代更加努力地学习。譬如，设立奖学金鼓励考上更好的学校，设立奖学金鼓励后代攻读更高的学位，奖励子孙后代取得的学术成就等。

除了以上三个独特的优势外，家族信托还有很多其他的共性化的优势，这里就不再重复。

2. 人寿保险与家族信托结合的教育金规划方法

虽然家族信托在规划教育金时有明显优势，但是有一个问题和高净值家庭教育金储备的要求是不太匹配的，就是信托资产本身本金的安全性没有保证。因为资产装入信托后还需要进行资产管理，但这些资产的安全性信托并不能保证其本金的安全性，这一点不符合高净值家庭教育金储备安全第一的要求。好在信托是一个资产持有框架,其资产的安全性是可以通过配置安全的资产来实现的。譬如,可以通过在信托财产中配置保单来解决教育金储备安全性的问题,将人寿保险和家族信托结合起来,相互配合、取长补短。

人寿保险和家族信托的结合在教育金储备问题上有以下几个方面的优势。首先,教育金安全性问题得到完美解决,充分匹配高净值家庭的需求。其次,还可以享受人寿保险提前锁定收益的优势,突破信托财产收益无法保证的缺陷,让教育金储备不会受到经济环境和利率下行的影响。再次,人寿保险财产没有独立性的缺陷得到补正,再也不需要通过代持的方式解决债务隔离的问题,资产保全与债务隔离更加可靠。要注意,这里需要保险金信托2.0以上版本,需要能将投保人变更为信托方能实现。此外,人寿保险受益金支付相对较为固化的缺陷得到补正,现金流安排更加灵活,针对性更强。最后,还可以享受信托受益条款灵活,可以设立激励机制的优势,不仅保证子孙后代的教育,还可以激励子孙后代更加努力成长。

第二十五章

养老现金流与老年监护风险

第一节 风险案例

一、案例导读

2018年4月,上海电视台新闻综合频道“法制特勤组栏目”播出了一期节目,叫作《孤老的遗愿》①。这期节目讲述了上海的一位儿童文学作家,有价值200多万元的房子、退休金、医保,最后却因为没有足够的医疗费用,在医院滞留2年多,最后不治身亡的故事。

二、案例详情

乔某文老人是上海市作家协会的一位儿童文学作家,一生没有结婚,没有孩子。2016年冬天,80多岁独居的乔某文老人因为没有人照顾,脚趾被冻伤。居委会发现后将其送至医院,遗憾的是,老人的半个脚掌依然不得不被截肢,从此老人失去了独自下床活动的能力。并且,因为老人的工资卡丢失了,所以医疗费也一下没了着落。

因为老人没有子女,居委会通知了他居住在上海的妹妹。妹妹和外甥来到医院后,明确表示愿意照顾老人,并带走了老人的身份证、医保卡等。随后,老人的外甥说要卖掉老人的房子给他治病,老人可能是考虑自己病好了需要居住,没有同意卖房的事情,老人不愿意卖房,外甥和妹妹就此失踪。

原来,老人的外甥是有想法的。就在2016年的上半年,妹妹和外甥就向法院申请了老人的行为能力的鉴定,鉴定结果为限制民事行为能力人。随后,妹妹就向法院申请指定其为老人的监护人。关于为何要申请成为老人的监护人,援助律师张玉霞如此分析:“限制民事行为能力人在意识不清醒的情况下,老人需要监护人代其履行民事活动。监护人有权保管及处分老人的财产。”但是,因为乔某文老人有一个弟弟和一个妹妹,两个人都是其法定监护人,如果要指定妹妹作为其唯一监护人,需要弟弟放弃监护权,但弟弟根本不愿意放弃。所以,最后妹妹不得不撤诉。关于这件事,老人的妹妹如是说:“我做了这么多努力,还是没有拿到监护

① 资料来源:https://kuaibao.qq.com/s/20180406A0KL8B00?refer=spider。

证,没有监护证,他(外甥)觉得就没法救舅舅了。”虽然在大家看来,有没有监护权和能不能救老人之间似乎没有什么逻辑关系,但外甥就以这个理由,不愿意给老人垫付医药费,哪怕老人去世后,妹妹作为老人遗产的继承人,至少能获得一半的遗产,价值有百万元之巨。甚至,连交出老人的身份证帮老人去补办银行卡,让老人能用自己的钱治病这样最起码的事情,也不愿意配合。

弟弟为什么不愿意放弃监护权呢?毕竟他远在湖南,也没办法切实履行监护职责,交给妹妹一个人有何不可呢?笔者分析,可能是弟弟担心监护权给了妹妹以后,老人的财产就都由妹妹和外甥说了算了,哥哥的财产治病根本花不完,将来的遗产是比较丰厚的,如果妹妹和外甥利用监护权,卖掉房子,转移财产,将来他和他的子女就什么都捞不着了。

外甥是否可能有这样的想法呢?可能性是比较大的,从他给老人做民事行为能力的鉴定,想卖掉房子给老人治病,老人不同意卖房就玩失踪,以及着急要拿到老人监护权,如此不需要老人同意就可以卖房的种种行为来看,外甥极有可能想独吞老人财产。节目中还讲到一个细节,就是老人给外甥写了遗嘱,说自己百年之后把房子给他,老人说这是他哄妹妹和外甥不得已而为之。在老人去世以后,外甥还强调,舅舅写了遗嘱把房子留给自己了。

妹妹和外甥不管,乔某文老人就只能靠居委会和三个老兄弟照顾,三个老兄弟两个都年过八十,身体也不好。医药费也没有着落,三个老兄弟支持一点,但也非常有限,居委会组织了募捐,还申请了救济款,但还是不够。

2017 年 11 月,老人在万般无奈之下,想到了一个办法,和居委会签订遗赠抚养协议,由居委会负担他的生活和医疗,老人身故以后,将房产捐献给国家。虽然签订了遗赠抚养协议,但通过遗赠抚养协议并不能取得老人的监护权。2018 年年初,老人病情恶化,居委会向法院申请指定自己为老人的监护人。但因为法院正在审理乔某文老人弟弟妹妹争夺监护权的案件,驳回了居委会的申请。

原来,在老人病情加重之后,妹妹和外甥再次申请了行为能力的鉴定,这次老人被鉴定为无民事行为能力人,所有的民事行为都需要监护人作为法定代理人作出。于是,老人的妹妹和外甥再次起诉,要求法院指定其为老人的监护人。但湖南的弟弟还是不愿意放弃,最终官司还没打完,乔某文老人却因为褥疮发作于 2018 年 3 月 23 日离开了人世。

在居委会请求指定其为老人监护人的努力失败后,为了救老人,居委会费尽周折再次找到了老人的妹妹和外甥,请求他们立即去医院,救救乔某文老人。但老人的妹妹在视频中回应说:"我晓得的啊,我没得办法啊!"

令人意外的是,老人去世后,妹妹和外甥立即到医院结清了所有的费用。对于为什么老人去世后外甥就愿意出医药费,而且如此积极的原因,援助律师张玉霞分析认为:妹妹和外甥是想赶紧结清医药费,开出死亡证明,好尽快开始办理遗产继承的手续。关于老人的后事,外甥主张一切从简,连追悼会都不愿意开。但当居委会说老人和自己签了遗赠扶养协议,要为老人办理丧事后,外甥的态度180 度大转弯,坚持要将舅舅的丧事办隆重一些。

但是,无论丧事多隆重,乔某文老人已经去世了。守着他价值 200 多万元的房子,因为没钱治病,在医院滞留 2 年多,慢慢"拖"死了。他的晚年生活是一个悲剧。

三、案例解析

乔某文老人的悲剧,给我们带来很多思考。乔某文老人并不是没有经济实力,相反,一个孤寡老人拥有价值超过 200 万元的房产,他的财产是足够他的养老和医疗的。但为什么他会因为没钱治病最后在医院滞留 2 年多呢? 原因有几个。首先,因为他虽然有财产,但没有流动性,关键时刻没办法救命。其次,因为他的监护人不可靠,不负责任,不愿意给他垫付医疗费用。甚至连给他补办银行卡,用老人自己的钱来救命都不愿意配合。最后,监护人之所以有如此恶劣的行为,是因为惦记老人的巨额遗产,引发了人性中恶的一面。如果老人没有如此丰厚的遗产,妹妹和弟弟不至于争夺监护权。如果老人事先做好了遗产分配安排,也不至于让外甥有独吞财产的想法。在监护人的"扯皮"中,老人的生命健康反而被忽略了,最终造成了乔某文老人的悲剧。

第二节　风险解析与法律依据

一、成年人监护的概念与监护人的权利和义务

上海有一位资深公证员李先生说过一句话:"人生是一个圆,我们从原点出发,最终还是要回到原点。"在我们出生的时候,因为太小,不能自己为自己做主,所以需要父母给自己做主;而当我们老了,最后大概率还会有一段时间会因为病

情严重,身体机能退化严重等原因神志不清,自己不能给自己做主,这时候我们需要老伴、儿女、家人给我们做主。对于一个孩子来讲,父母的责任心、能力等会直接影响他们的成长甚至命运。而对于父母来说,老伴、儿女、家人是否孝顺、负责任、不离不弃则会直接决定老人最后的尊严和命运。而这些可以决定被照顾人命运和尊严的人,就叫监护人。监护人对于无民事行为能力或者限制民事行为能力人来说,意义堪比"上帝"。

(一)成年人监护的概念与成年人的法定监护

监护制度是指对无民事行为能力人和限制民事行为能力人的人身、财产及其他合法民事权益,进行监督和保护的法律制度。① 履行监护职责的人被称为监护人,受到监督和保护的人是被监护人。中国的监护制度分为对未成年人的监护和对无民事行为能力或限制民事行为能力的成年人的监护两种情况,设定监护人主要有法定和指定两种形式。

1. 设立监护制度的目的

监护制度设立的目的,系为保护被监护人的利益。通过为行为能力欠缺者设定监护人,一方面,对被监护人进行照管,保护其人身财产等权益;另一方面,代理被监护人实施法律行为,从而避免被监护人因行为能力上的瑕疵而受到的法律限制,使被监护人能够为自身利益和发展进行更为充分的社会交往和活动。②

2. 哪些成年人需要监护人的监护

我国《民法典》第 21 条③与第 22 条④分别规定了成年的无民事行为能力和限制民事行为能力人的监护情况。

通常认为,无民事行为能力人是指对事物没有判断能力,对自己缺乏自我保护能力,不知道其行为后果的人,可以认定为不能辨识自己行为能力的人。限制民事行为能力人则是指对于简单的事物有辨识能力,但对于比较复杂的事物或者比较重大的行为缺乏判断能力和自我保护能力,并且不能预见其行为后果的,可

---

① 参见最高人民法院民法典贯彻实施工作领导小组主编:《民法典总则编理解与适用》(上),人民法院出版社 2020 年版,第 162 页。

② 参见朱庆育:《民法总论》(第 2 版),北京大学出版社 2016 年版,第 398 页。

③ 《民法典》第 21 条 不能辨认自己行为的成年人为无民事行为能力人,由其法定代理人代理实施民事法律行为。

八周岁以上的未成年人不能辨认自己行为的,适用前款规定。

④ 《民法典》第 22 条 不能完全辨认自己行为的成年人为限制民事行为能力人,实施民事法律行为由其法定代理人代理或者经其法定代理人同意、追认;但是,可以独立实施纯获利益的民事法律行为或者与其智力、精神健康状况相适应的民事法律行为。

以认定为不能完全辨识自己行为的人。①

请注意,辨识能力不足必须是一种持续的状态,不能是暂时性或者短暂的状态。暂时没有识别能力的成年人,不属于限制民事行为能力人或无民事行为能力人。

3. 成年人的法定监护人

我国民法规定的基本监护制度类型目前包括法定监护、指定监护、意定监护三种类型。关于成年人的法定监护人,我国《民法典》第28条②规定:第一顺位监护人为配偶,没有配偶的由父母、子女担任,都没有的再由其他近亲属担任。如果其他近亲属也没有,则可以由其他愿意担任监护人的个人或组织担任。我国构建了“以家庭监护为基础,以社会监护为补充,以国家监护为兜底”的监护制度体系。

与《民法通则》(已废止)相比,新颁布的《民法典》强调了法定监护人“按顺序”产生的原则。此即有第一顺位监护人时,第二顺位监护人没有监护资格,以此类推。确立该原则的主要目的是防止监护人相互推诿,因为对有身心障碍的成年人的亲属来讲,担任监护人无疑会是一个沉重的负担。并且,成年人法定监护人顺序的规定是具有强制性的③,不得任意地推辞。

(二)监护人的权利与义务

我国监护制度下的监护人拥有什么样的权利呢?《民法典》第34条④作出了具体规定,其中最为关键的一点就是监护人以法定代理人的身份代理被监护人实施民事法律行为,其所实施的法律行为的效力直接归属于被监护人。⑤ 通俗来讲,就是被监护人的事情他自己说了不算,监护人说了算。

---

① 参见最高人民法院民法典贯彻实施工作领导小组主编:《民法典总则编理解与适用》(上),人民法院出版社2020年版,第134页。

② 《民法典》第28条 无民事行为能力或者限制民事行为能力的成年人,由下列有监护能力的人按顺序担任监护人:

(一)配偶;

(二)父母、子女;

(三)其他近亲属;

(四)其他愿意担任监护人的个人或者组织,但是须经被监护人住所地的居民委员会、村民委员会或者民政部门同意。

③ 参见最高人民法院民法典贯彻实施工作领导小组主编:《民法典总则编理解与适用》(上),人民法院出版社2020年版,第175~177页。

④ 《民法典》第34条 监护人的职责是代理被监护人实施民事法律行为,保护被监护人的人身权利、财产权利以及其他合法权益等。监护人依法履行监护职责产生的权利,受法律保护。……

⑤ 参见最高人民法院民法典贯彻实施工作领导小组主编:《民法典总则编理解与适用》(上),人民法院出版社2020年版,第205页。

1. 监护人的监护职责

监护人的权利与义务紧密结合，这就是监护人的监护职责。监护职责由两部分组成，即人身监护职责与财产监护职责。人身监护主要是强调对被监护人人身的监管与照顾；财产监护则是管理被监护人的财产，并代表被监护人从事财产法律行为。

成年人监护人的监护职责和未成年人监护人的监护职责稍有不同，现代成年人监护制度的目的并不在于对被监护人的监管，而是对其进行必要的保护、照顾，使其获得与他人平等的主体地位。[①]

2. 监护人履行监护职责的原则

监护人依法履行监护职责的权利被称为监护权。[②] 监护权受法律保护，任何单位和个人都不得非法干涉或侵犯。按照《民法典》第35条的规定，监护人行使监护权，应当按照最有利于被监护人的原则。在财产监护上，除了为维护被监护人利益外，不得处分被监护人的财产。在代理被监护人实施民事法律行为时，应当最大限度地尊重被监护人的真实意愿，并协助被监护人实施与其智力、精神健康状况相适应的民事法律行为，并不得干涉被监护人有能力独立处理的事务。监护人不履行监护职责或者侵害被监护人合法权益的，应当承担法律责任[③]。

3. 监护人的监督与监护资格的撤销

监护人应受监督。可惜的是，我国法律对监护监督人没有明确的规定，从法律规定上看，《民法典》第36条[④]中规定的具有申请撤销监护人监护资格的人应当都同时拥有监护监督的权利，这些人包括其他具有监护资格的人，即法定监护

---

① 参见最高人民法院民法典贯彻实施工作领导小组主编：《民法典总则编理解与适用》（上），人民法院出版社2020年版，第207页。

② 《民法总则要义——规范释论与判解集注》，法律出版社2017年版，第105页。

③ 参见最高人民法院民法典贯彻实施工作领导小组主编：《民法典总则编理解与适用》（上），人民法院出版社2020年版，第207～208页。

④ 《民法典》第36条　监护人有下列情形之一的，人民法院根据有关个人或者组织的申请，撤销其监护人资格，安排必要的临时监护措施，并按照最有利于被监护人的原则依法指定监护人：

（一）实施严重损害被监护人身心健康的行为；

（二）怠于履行监护职责，或者无法履行监护职责且拒绝将监护职责部分或者全部委托给他人，导致被监护人处于危困状态；

（三）实施严重侵害被监护人合法权益的其他行为。

本条规定的有关个人、组织包括：其他依法具有监护资格的人，居民委员会、村民委员会、学校、医疗机构、妇女联合会、残疾人联合会、未成年人保护组织、依法设立的老年人组织、民政部门等。

前款规定的个人和民政部门以外的组织未及时向人民法院申请撤销监护人资格的，民政部门应当向人民法院申请。

后续顺位的监护人们,以及居委会、村委会等相关基层机构。但是,如果这些监护监督人都只是具有监督的权利,但是并没有监督的法定义务,这就会导致很多时候监护人处于无人监督的状态。未成年人父母担任监护人时还好,成年人的监护人很多时候并非被监护人的父母,如果没有相应的监督机制,发生风险概率就比较大。

如果监护人严重损害被监护人身心健康或者严重侵害被监护人的财产或其他合法权益,又或者严重不负责任同时还拒绝他人代为监护,导致被监护人处于危困状态时,就可能被撤销监护权。监护权由法律规定的有关个人或组织向人民法院申请,由人民法院依法决定是否撤销。

二、我国的意定监护制度

我国意定监护制度的发展源于对老年人权益保护的考虑。随着我国步入老龄化社会,失智、失能老人逐步上升,已经形成一个巨大的社会群体。截至 2015 年,我国失能、半失能老年人占到老年人口总数的 18.1%,约 4063 万人①。失智老人也逐年增多,最典型的如阿尔兹海默病群体。老人失能失智后就需要有可靠的监护人予以看护、照顾监护等,与未成年人不同,老人的监护人一般是父母以外的亲属,与父母担任监护人相比,其风险概率大大增高,一旦监护人不合格,老人的权益很难得到保护。更为严重的问题是,我国失独家庭、丁克家庭、同性家庭、子女移民家庭等的数量也在逐年增长。这些家庭的老人一旦失能、失智,其看护照管还可以通过养老院等专业机构解决,但监护人缺位的问题就不好解决了,没有监护人,很多时候要进养老院都困难,在医院生病了,连个签字的人都没有。因此,为了解决老年人的监护问题,我国《老年人权益保障法》首先规定了意定监护制度,给了具备完全民事行为能力的老年人通过协议给自己指定监护人的权利。随后颁布的《民法总则》(已废止)以及《民法典》,不仅继续沿用了意定监护制度,而且把意定监护的群体范围扩展到了有民事行为能力的成年人。

(一)意定监护制度的含义与对保护老年人权益的积极意义

意定监护制度规定在《民法典》第 33 条②,其核心内容就是当事人通过书面

---

① 参见全国老龄工作委员会办公室编:《第四次中国城乡老年人生活状况抽样调查数据开发课题研究报告汇编》,华龄出版社 2018 年版,第 414 页。

② 《民法典》第 33 条 具有完全民事行为能力的成年人,可以与其近亲属、其他愿意担任监护人的个人或者组织事先协商,以书面形式确定自己的监护人,在自己丧失或者部分丧失民事行为能力时,由该监护人履行监护职责。

形式确定自己的监护人。意定监护制度来源于英美法上的"持续性委托代理"制度,美国《统一持续性代理权授予法案》第二章规定,"持续性代理权是指,本人以书面方式指定其他人作为其代理人,被代理人确认日后丧失行为能力不影响该代理权的效力"①。后来这一制度被大陆法系国家普遍引入,形成了意定监护制度。通常认为,意定监护协议属于被监护人与意定监护人双方关于监护事宜签署的法律协议,属于双方法律行为。

意定监护制度对解决老年人的监护问题意义重大。

第一,老年人可以依据自己的意思选任可靠的监护人,打破法定监护顺序,防止老人不放心的法定监护人介入老人的监护事务。

第二,对于有法定监护人缺位问题的老人,如失独家庭、丁克家庭、同性家庭、子女在海外的老人等,可以通过意定监护解决监护人缺位的问题。

第三,与法定监护不同,意定监护可以通过监护协议确定监护权的范围,详细约定被监护规则,体现被监护人意愿的同时降低监护风险。

第四,可以实现人身监护权与财产监护权的分离。

第五,如果有条件,还可以设置继任监护人,避免因监护人自身风险导致监护人缺位。

(二)意定监护的设立与生效

1. 意定监护协议的设立

意定监护的设立是一个严肃的法律问题,虽然没有规定必须通过某种固定的程序或者必须通过某个特定的部门,但依然需要遵循严格的法律规定。

第一,监护协议是确立监护法律关系的基本依据,因此,书面的监护协议必不可少。虽然说在法律上不局限于正式的书面协议,但是,为谨慎起见,如果能采用正式的书面协议是睿智之选。

第二,监护协议是双方法律行为,因此被监护人为自己指定监护人时,应当事先与监护人达成一致。

第三,监护协议要明确约定本人授权的范围、权限、期限,明确监护人与被监护人之间的权利义务。

第四,签订监护协议的主体在签订协议时必须具备完全民事行为能力,若行为能力有缺陷,会导致协议无效。

---

① 参见最高人民法院民法典贯彻实施工作领导小组主编:《民法典总则编理解与适用》(上),人民法院出版社2020年版,第200页。

2. 意定监护协议的生效

我国意定监护协议自订立协议的一方①当事人丧失或者部分丧失行为能力时生效②。当事人是否已经丧失民事行为能力需要经过法定的程序来进行判定，依据《民法典》第 24 条的规定，可以由指定的监护人向人民法院申请行为能力的认定。当事人被认定为限制民事行为能力人或无民事行为能力人后，协议生效。

虽然法律上没有规定意定监护需要通过公证处办理，但是，从目前的社会实践来看，公证处是办理意定监护最具公信力，也最为有经验的机构，如果要办理意定监护，建议最好通过公证处办理。

三、老年人因监护而产生的相关风险

因为监护人作为被监护人的法定代理人，相对于被监护人来说权力是巨大的，尤其是法定监护人，其法定代理权限及于被监护人的几乎所有领域，其意义堪比“上帝”。并且，在我国司法实践中，针对监护人的监督制度和体系并不完善，这就对监护人的责任心、道德水准提出了更高的要求。如果碰上缺乏责任心、道德败坏的监护人，被监护人的权益被侵害的可能性是极大的。

从现实角度上讲，与未成年人相比，老年人的法定监护风险更大。因为未成年人大部分情况下监护人是其亲生父母，而老年人的监护人则是配偶、子女、兄弟姐妹等其他近亲属，甚至有一些老人可能没有合适的监护人。老年人法定监护风险主要有以下几个方面：

（一）监护人缺乏责任心，导致被监护老年人处于无人照管的困境

虽然《民法典》规定的法定监护义务属于强制义务，但是，因为缺乏有效的监督机制，大部分时候监护人处于自我约束和监督的状态。并且，因为老年人在失智、失能之后，无论是经济压力还是生活照管、医疗看护压力都是比较大，甚至比照顾未成年人的压力还要更大。如果监护人责任心不够强，老人的生活质量就可能大大降低，甚至可能陷入无人照管的困境。

（二）监护人滥用监护权，侵害被监护老年人的财产权益

在现实生活中，有一部分老人是有不错的财富积累的。当老人进入失能、失智状态，需要被监护时，老人财产的管理权就归属于其监护人了。虽然《民法典》

---

① 这里的“一方”为协议中指定监护人的一方，而不是将来可能担任监护人的一方。

② 参见最高人民法院民法典贯彻实施工作领导小组主编：《民法典总则编理解与适用》（上），人民法院出版社 2020 年版，第 203 页。

明确规定监护人只有为被监护人的利益才能处分被监护人的财产,并且侵害被监护人财产需要承担法律责任。但是,因为缺乏有效的监督体系,即使监护人滥用监护权,侵害被监护老年人的财产权益,也很难被发现和追究。

(三)多个监护人意见不一、相互推诿等,导致被监护老年人陷入困境

在成年人的法定监护中,除第一顺位监护人只有配偶一人之外,其他顺位都可能有多个监护人。俗话说,三个和尚没水吃。在比较繁重的监护责任面前,多个监护人相互推诿的情况是时有发生的,因为这个原因导致老人无人照管的案例在现实中层出不穷。除了相互推诿以外,因为一些利益或者情感纠葛的原因,在一些关键问题的决定上,可能出现监护人意见不一的情况,也可能导致被监护老年人陷入困境。

(四)老年人没有法定监护人,导致监护人缺位

在前述三种情况中,老人至少还是有法定监护人的,但有一些老人没有近亲属,没有法定监护人,这就更加尴尬了。比较典型的如失独家庭、丁克家庭、同性家庭、虽然有子女,但子女移民国外监护不能等,都会导致监护人缺位等问题。虽然我国法定监护制度有国家兜底,但因为缺乏成熟的监护配套体系,监护质量是很难保证的。

(五)多个监护人争夺被监护人财产,导致被监护老年人陷入困境

财富是最考验人性的东西。所以,对于很多富有的老人来说,当失去行为能力时,其名下的财产将会成为考验其监护人人性的东西。如果多个监护人之间因为争夺老人的财产而陷入纠纷之中,老人的照管和监护反而就被忽视了,甚至可能沦为财产争夺的工具和牺牲品,这样的情况在现实生活中也时有发生。

综上所述,对于一些特殊的老年人群体来说,通过科学的监护规划设计,给自己提前指定好可靠的监护人,并约定和分配好监护职责,才能更好地保障自己的权益,拥有一个金色晚年。

第三节　典型高风险人群与风险发生场景

从乔某文老人的案例可以看到,养老规划不简单,绝不是简单的有钱没钱的问题。上海公证界资深公证员李先生曾总结说:“人老了,最可贵的是尊严!”笔者在后面加了一句:“这不取决于你有没有钱,而在于你有没有规划!”

对于高净值人群来说,虽然在经济基础的角度上讲,养老对他们并不是问题。但是,这并不意味着他们就一定能有有尊严的养老生活。因为对于养老生活来说,至少存在四大风险:监护风险、护理品质风险、养老现金流风险与遗产争夺风险。这四大风险中一个解决不好,都难以拥有有尊严的养老生活。

一、高净值人群养老风险高发人群

因为存在监护、护理品质、现金流及遗产争夺四大风险的存在,导致很多高净值老年人依然会面临养老风险。但也并不是每一个高净值的老人都一定会面临严重的养老风险的,一般来说,下列一些老年人群养老风险比较突出,需要特别注意。

(一)独生子女的高净值老年人群

中国第一代独生子女家庭的父母现在已经年近七旬,对于独生子女家庭的老人来说,养老风险最集中的是护理品质风险。独生子女家庭只要儿女孝顺,监护风险是不大的。对于高净值人群来说,在有子女的情况下,现金流风险也不会太大。遗产争夺风险也基本没有,因为最终只有一个儿女作为继承人。但护理品质风险就集中了,因为这样的家庭往往是“421”家庭,两个子女需要照管四个老人,如果采用居家养老的模式,两个子女即使全心全意照顾老人也将分身乏术,何况他们还会有自己事业上的、抚养儿女上的重重压力。

(二)婚姻复杂、子女关系复杂的高净值老年人群

有一部分高净值老年人群子女是比较多的,这个人群一般婚姻都会比较复杂,一般多个子女分属于不同的婚姻,甚至还有非婚生子女,其配偶也往往与其年龄差距比较大。对于这部分老人来说,法定监护风险和遗产争夺风险将会非常集中。并且,子女关系复杂家庭老人的看护风险和现金流风险也是很大的,因为子女关系复杂,在老人的生活看护问题上容易造成扯皮,在老人资产变现问题上也容易因为难以达成一致而无法变现,导致现金流风险的发生。

(三)子女不孝、家庭财产纠纷复杂的高净值老年人群

老人如果子女不孝,养老风险就会很大了,不管是一个子女还是多个子女,只要有一个子女不孝,法定监护风险和遗产争夺风险就会存在。并且,只要有一个子女不孝,就容易导致家庭财产纠纷比较复杂,使得风险发生的概率大大增高。并且,子女不孝家庭老人的看护风险和现金流风险也是很大的,因为子女不孝的话,在老人的生活看护问题上容易造成扯皮,在老人资产变现问题上也容易因为

难以达成一致而无法变现，导致现金流风险的发生。

（四）无子女的高净值老年人群

无子女的高净值老年人群主要有失独家庭、丁克家庭、同性家庭等。同时还包括子女均移民国外或者子女残疾没有监护能力的情况，虽然有子女，但因为照看不能，和无子女是同样的道理。无子女的老人并不必然没有监护人，因为还会有兄弟姐妹及其他近亲属，但相比子女作为监护人，监护人推诿或者争夺财产的风险就会大大升高。并且，子女以外的监护人很难有足够的时间和精力亲自照顾老人，看护品质风险比较大。并且，如果老人的资产缺乏流动性，在需要变现资产获取现金流时会因为监护人很难达成一致而导致变现困难。

如果没有其他近亲属，就会发生监护人缺位，那么监护、护理品质、现金流三大风险就会比较集中，是非常严重的。

二、高净值老人监护风险发生的四种典型情况

老年人发生监护风险主要有以下四种典型情况：

（一）监护人缺位或监护人无法履行监护职责

这种情况主要发生在失独老人、无子女老人、丁克老人、同性婚姻老人、残疾子女老人以及子女长期在境外的老人群体中。这些老年人在配偶去世以后，因为没有子女或者子女没有监护能力又或者子女远在国外，无法履行监护职责，就会导致监护人缺位的问题。这些老人一旦陷入无民事行为能力或者限制民事行为能力的状态，立即就会面临无人照管的问题。除了照管问题之外，他的财产也将处于无人管理的状态，可能被侵害、损坏、丢失。如果需要处分财产，没有监护人也无法完成。甚至需要支付费用给养老院，医院这样的简单事项，没有监护人也将变得困难重重。还有，老人是居家照顾还是去养老院，选择什么档次的养老服务，生病了去哪个医院，选择什么样的治疗方案，要不要做手术，手术同意书的签字都需要监护人来代为决定。如果监护人缺位或者监护人无法履行监护职责时，对老人的影响可想而知。在乔某文老人的案例中，当老人病情恶化在医院需要做决定时，因为居委会不是他的监护人，因此，居委会只能求妹妹去医院救老人，此时的妹妹作为监护人之一，是可以为老人作医疗决定的。可惜的是，妹妹和外甥拒绝了去医院，最终乔某文老人不治身亡。

（二）监护人扯皮、不作为

监护人扯皮、相互推诿不作为，这又是一种高发的监护风险。很多时候出现

在多子女家庭。也有少量的无子女老人家庭出现其他近亲属相互推诿的情况。

即使在高净值家庭，监护人互相推诿的情况依然存在。为何会这样呢？有的是因为老人过早地将财产给了儿女，儿女又不孝顺，当老人需要照顾和监护时，没有财产的老人就成了不肖子孙的累赘，谁都不愿意管。还有的老人是有财产的，但当老人陷入限制民事行为能力甚至无民事行为能力状态后，他就很难再调整遗产分配的安排，因为依据我国《民法典》第 1143 条的规定，无民事行为能力或者限制民事行为能力人所立的遗嘱无效。这时候的不肖子孙们作为老人的遗产继承人，他多作为不会多分，少作为也不会少分。攀比心理在这时候尤其容易作怪，就容易出现相互推诿、扯皮、不作为了，这和俗话说的"三个和尚没水吃"的道理并无二致。如果是这样，老人即使再有钱，其处境也可想而知。

而对于无子女的老人来说，他的兄弟姐妹和其他近亲属是他的监护人，因为亲属关系比较远，更加容易出现互相推诿的情况。如在前文提到的乔某文老人的案例及还有 2020 年影响比较大的上海老人将房子送给水果摊老板的案例中，都出现了其他近亲属相互推诿的情况。并且，其他近亲属都存在推诿的同时还觊觎老人财产的情况。如果不做相应的准备，老人一旦失去行为能力，处境是堪忧的。

（三）监护人通过争夺监护权来争夺财产

监护人除了可能相互推诿以外，还可能会通过争夺监护权来争夺财产。比较有名的案例是国内著名"慈善家"李某平监护权争夺的案例。这个案例真实情况到底如何，最终结果又如何，暂时外人都无从知晓。但是，可以通过互联网曝出的一些情况进行分析监护权对高净值老人的重要性。

争夺李某平监护权的势力综合分析来看应该是两方。一方是其身边的工作人员，他们依托的是他们对李某平的实际控制与一个自称李某平妻子的女人"余某存"。另一方是李某平的两个妹妹和一个叫韩某的女人，这个女人没有和李某平结婚，但为李某平生下了唯一的儿子，为什么韩某没有和李某平结婚呢？据说是因为李某平承诺过给予她巨额财富的神秘美国老太太，一生不结婚。

据报道，财产争夺始于 2016 年 2 月，李某平的妹妹给哥哥打电话，发现哥哥神智有一些问题①，回国带哥哥去医院检查，医生鉴定，李某平患有阿尔茨海默病及额颞叶痴呆。

2016 年 6 月，李某平与中科联合企业管理有限公司（以下简称中科）签订了

① 资料来源：搜狐网：http://news.sohu.com/20170103/n477594348.shtml。

一份资产管理协议书，将李某平在北京的全部地产及其他物业，包括土地与房屋、在中国拥有所有权的不动产和物业，均交由中科管理，托管期为20年，李某平每年可获得7000万元的收入。这家公司有权将其房产进行抵押。协议签订后，这些房产被用于担保借款2.5个亿，该笔贷款2017年就开始被追索本金利息和赔偿金。① 见图25－1。

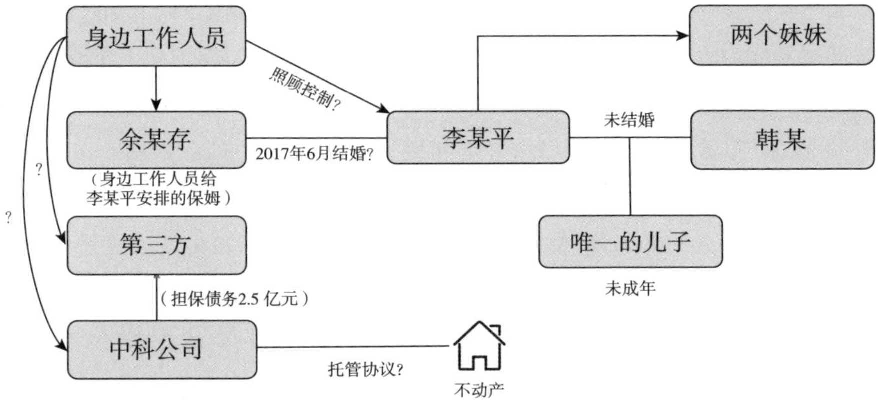

图25－1

据李某平的两个妹妹讲，2016年7月，他们再次回国时，发现哥哥病情加重，并且其身边的工作人员控制已经糊涂的哥哥疯狂侵吞哥哥的财产。

自此，双方开始在网络上展开激烈交锋，李某平的两个妹妹和韩某指责身边工作人员侵吞财产。身边工作人员则指责对方别有用心，想通过监护权控制李某平。半年之内，李某平两次被送进疗养院，又两次又被抢出来。关于李某平财产的争夺也进行得非常激烈，春平广场两帮人都在收租，李某平的39个房产证也被抢来抢去。

2016年10月，韩某以儿子的名义起诉，要求对李某平作出精神鉴定。2017年5月，李某平被鉴定为器质性精神障碍。2017年7月，李某平被法院认定为限制民事行为能力人。如此，李某平的重要民事法律行为需要其监护人代理作出，并且，李某平原来实施的民事法律行为，如果有充足证据，也可能被认定为无效。而关于李某平的法定监护人，按照2017年1月1日实施的《民法总则》（已废止）的规定，李某平有儿子，但年仅2岁多，不能担任监护人，韩某虽然是孩子的母亲，

① 资料来源：https://www.sohu.com/a/156827678_313745。

但没有和李某平结婚也不是监护人，因此不出意外监护人应当是李某平的两个妹妹。

但是，意外偏偏发生了，一个叫余某存的女人出现了，她声称自己于2017年6月20日在重庆和李某平结婚。有人指出，这个余某存可能就是李某平身边工作人员安排的，因为她2017年5月才被介绍到李某平身边当保姆，一个月以后就跟李某平办理了结婚手续，这不得不令人怀疑。[①] 但是，如果余某存的配偶身份被认定，那监护权配偶更加优先，最后监护权到底归属谁就未可知了。见图25－2。

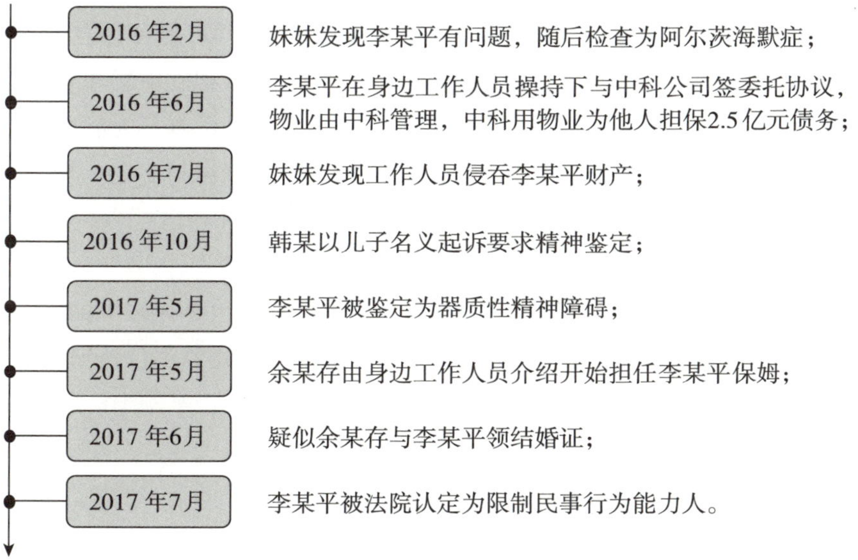

图25－2

李某平2018年后的情况，互联网上就很难查到了，结果到底如何也无从了解。双方到底谁是谁非，也没有人可以下定论。但是，这个案件给我们带来的启示是有价值的。

从案例中我们可以看到，在李某平身体状况良好、神志清醒时，并没有出现什么争夺财产的状况。韩某、工作人员、两个妹妹都能和睦相处。但当李某平因为阿尔茨海默病开始糊涂时，用李某平两个妹妹的话说，身边的工作人员就开始哄骗李某平签各种协议，以此转移李某平的财产。

---

① 资料来源：http://blog.sina.com.cn/s/blog_73bebdef0102xifg.html。

两个妹妹和韩某不在李某平的身边，他们就启用了监护权作为武器，因为一旦他们获得监护权，依据《民法典》第 34 条的规定，身边工作人员即使哄骗李某平作出了财产处分也无效，李某平的财产归监护人管理和处分了，这是一个釜底抽薪的方案。

但身边的工作人员出了奇招，居然在 2 个月内让李某平有了妻子，他们就此就有了争夺监护权的砝码，因为依据《民法典》第 28 条的规定，配偶是监护人中具有最优先级别的。这甚至比李某平的两个妹妹都更有优势。当然，在这种如此复杂的情况下，余某存这个配偶要取得监护权也并不简单。

由此可见，对于高净值老人来说，在其神志清醒的时候，他可以自己掌控财产，即使他去世，他也可以通过遗嘱来安排他的财产传承。但在清醒和死亡之间，可能会还有一段中间状态，这就是限制民事行为能力或无民事行为能力的状态，老人的财产和人身权益都是失控的。如果被别有用心的人取得了监护权，老人的人身权益和财产权益都将处于极度危险中，不可不早作安排。

（四）监护人不负责任，甚至侵害老人权益

监护人不负责任，甚至侵害老人权益，对老人的影响也是比较大的。中国意定监护生效第一案中就存在这样的情况。这个案件是上海的那位资深公证员李先生经手办理的，后来包括中央电视台在内的各大媒体都对该案例作了简单的报道①。

故事的主人公周奶奶是上海郊区的农民，养了一辈子的猪，到老了赶上了拆迁，政府给了两套房子。周奶奶有两个女儿，大女儿比较忠厚，小女儿比较精明。办理房产证的时候，小女儿主动提出要帮父母去跑腿，周奶奶老两口很高兴，把户口本身份证给了小女儿。但是，3 年过去了，老两口都没有见到房产证。在老人的一再追问下，小女儿拿出了房本，但是，房本上除了老两口的名字外，小女儿名字赫然在列。老两口非常生气，要求小女儿改过来，但小女儿拒绝了。于是，老两口将小女儿告上了法庭。遗憾的是，因为老两口缺乏足够的证据，官司输了，老爷子一气之下撒手人寰，留下了孤零零的周奶奶。见图 25 – 3。

---

① 资料来源：http://m.app.cctv.com/video/detail/81d4f9b9f8654ed6bb9665728e4571c0/index.shtml#0。

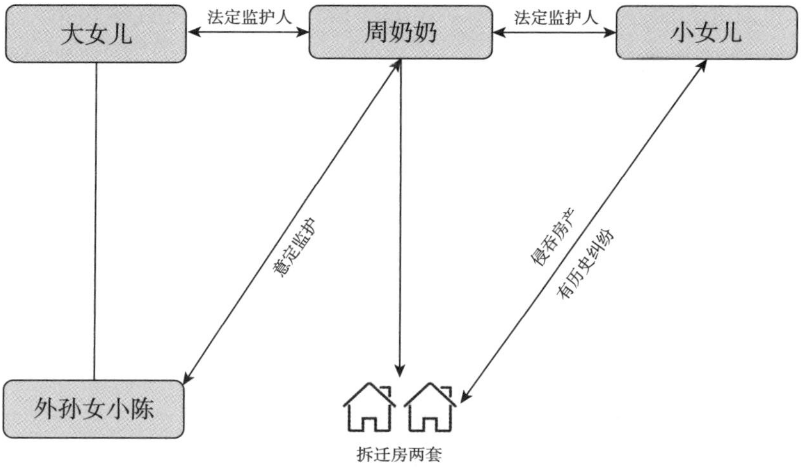

图 25－3

2016 年，周奶奶脑出血，身体状况开始恶化，需要人照顾。但小女儿对周奶奶并不关心，有时候连送周奶奶去医院看病都不积极，周奶奶给自己最信任的外孙女小陈打电话求助，小陈把外婆接到了自己家。但是，小陈和周奶奶都非常担心，因为小女儿和周奶奶有经济纠纷，并且觊觎周奶奶的财产。如果周奶奶病情恶化，作为周奶奶监护人之一的小女儿有可能利用监护权捣乱。幸运的是，2017 年 1 月 1 日颁布实施的《民法总则》（已废止）第 33 条①，赋予了周奶奶自己通过意定监护决定自己将来的监护人的权力，意定监护优先于小女儿的法定监护。于是，他们于 2017 年上半年到上海的一家公证处申请办理意定监护，希望在老人失去行为能力后由外孙女小陈担任外婆的监护人。经手处理本案的公证员李先生通过多方走访，详细了解了周奶奶的情况后，为其办理了意定监护的公证。

办理完手续不久，周奶奶的病情就进一步恶化了，医院诊断为血管性痴呆，这个病情不可逆，老人失去了民事行为能力。周奶奶住院期间，小女儿还曾经趁大女儿和外孙女不在时，企图接走老人。但因为外孙女小陈曾经给医生出示过意定监护协议并作了交代，所以医生拒绝了小女儿接走老人的请求。

---

① 《民法典》第 33 条［《民法总则》（已废止）第 33 条］ 具有完全民事行为能力的成年人，可以与其近亲属、其他愿意担任监护人的个人或者组织事先协商，以书面形式确定自己的监护人，在自己丧失或者部分丧失民事行为能力时，由该监护人履行监护职责。

经过对老人的行为能力鉴定等一系列法律程序后，小陈成为外婆的唯一监护人。现在，老人在外孙女给她精心挑选的护理院内生活着，老人生活的一点一滴，外孙女都会仔细地挑选和评估。周奶奶通过合理地安排自己的监护人，保障了自己的幸福。不难想象，如果周奶奶没有做意定监护，她有可能在医院就被小女儿接走了，外孙女即使想照顾外婆，也可能会因为没有监护权而困难重重。周奶奶的生活境况会如何，可想而知。

因此，高净值老人如果不提前做好监护规划，一旦失去行为能力，就有可能面临有钱仍然没人管、被欺负、任人宰割的尴尬境地。

三、高净值老年人群护理品质风险的表现模式

（一）养老生活三阶段及各阶段的特点

养老品质是高净值人士比较关心的问题。养老生活一般分为三个阶段：第一个阶段是活力养老阶段，在这个阶段，老人身体健康，养老品质是老人自己可以决定的；第二个阶段帮助养老阶段，在这个阶段，老人因为疾病或者身体功能退化的原因，不能独立完成正常生活，需要人照顾与帮助，此时的养老生活品质开始更多地取决于照顾的人是否足够用心与专业了；第三个阶段是护理养老阶段，这个阶段的老人几乎没有生活自理能力，全部依赖于他人的照顾，此时的生活品质不仅需要足够用心和专业的人，还需要足够专业的设置，还需要足够专业的医疗配套资源。

因此，养老品质的关键不在第一阶段，而在第二阶段和第三阶段，当老人需要辅助或者护理的时候，才是真正体现养老品质的时候。但与之矛盾的是，国内专业的高品质的辅助和护理服务发展还处于初级阶段，专业的高品质养老资源还比较匮乏。目前，大部分的人对辅助和护理的概念还处于病了有人照顾，行动不便时由家人或者保姆辅助，如果还能有比较科学系统的康复训练等服务，那就已经是比较好的养老品质了。

（二）专业养老护理的三个层面

实际上，专业的养老护理共包含三个层面，分别是生物层面、心理层面和人文层面。

前面所说的辅助、护理、康复都属于生物层面的护理。仅最基础的生物层面上的护理，我们也还有很大的提升空间。首先，硬件设置方面需要提升。因为生物层面的护理不仅包含辅助、医疗、康复、护理等，还包括专业的生活环境和设施，

如防摔倒装置、心率监控、一键报警、智能系统等，以此提前发现老人的异常，减少风险，提升救助效率，从而提升老人的存活时间和生活质量。目前，这样的设施一般的养老院是根本不具备的，只有少数的高端养老院才具备。更别说很多高净值的老人还停留在居家养老，请几个保姆照顾的阶段了。其次，护理人才极缺，我国目前老年人护理队伍的主力军还是老人的配偶和保姆，年龄大、学历低、体力和精力不足、没有经过专业的训练，其实是很难给被护理老人一个比较高的生活品质的。在护理人才管理比较严格的日本，要成为一名“福祉士”，要具备本科以上学历，并且经过严格的专业训练。并且，保姆护理养老还存在一个缺乏监督的问题，因此在社会上，无良保姆虐待老人的情况都时有发生。可见，在生物层面的护理上我们都还有很大的提升空间。

第二个层面是心理层面。老人在进入辅助养老阶段后，身体机能退化，疾病缠身，自身价值感降低，不安全感增加，老人的心理健康会经受比较大的考验。专业统计表明，大部分进入后两个养老阶段的老人，会不同程度地存在孤独忧郁、悲观失望、多疑恐惧的情绪。因此，专业的护理人员和护理机构需要通过系统的、专业的心理疗法解决老年人的心理问题，譬如，音乐疗法、陪伴疗法等，以此提升老年人的生活质量，延长存活时间。在我国，目前只有极少数的高端养老机构引进了国外的一些比较先进的养老体系，能够提供一些心理层面的护理。但是，因为心理层面的护理对护理人员的要求比较高，专业护理人员的缺乏也是目前制约我国养老护理品质提升的重要因素。

第三个层面是人文层面，人文层面的提升需要全社会的努力，通过科学的社区建设，如养老区域与幼儿园的结合、候鸟式养老社区体系、社会的养老关爱体系的建设等，这就更加任重而道远了。见图 25－4。

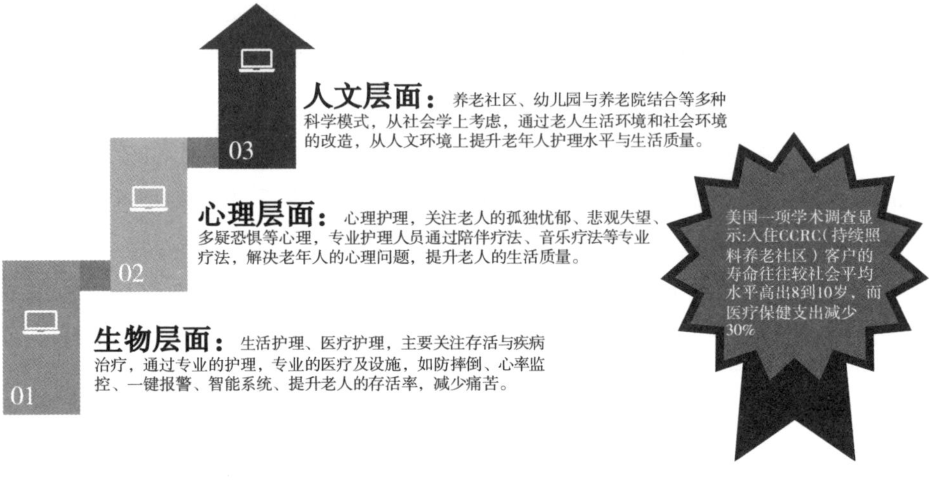

图 25 –4

因此，对于高净值人士来说，如果不关注养老品质问题，提前做好规划，占据优质养老服务资源，当进入辅助养老阶段以后，就有可能会面临“有钱也没有好日子过”的尴尬境地。

四、高净值老年人群的养老现金流风险

不重视养老现金流规划，误认为有钱就不愁养老是目前国内高净值人士普遍存在的重大误区。笔者总结过一句话：“养老规划不是财产规划，而是现金流规划。”这句话在乔某文老人的案例中体现得就非常明显，乔某文老人的养老财产不可谓不丰厚，但是他的养老财产是没有流动性的房产，所以，当他紧急需要大笔医药费支出时，房产的流动性根本无法满足。为什么现金流对养老如此重要呢？这是因为老人的各项支出都需要现金支付，具体如生活费、保姆工资、平常医疗护理等费用、养老机构费用、医院的医药费。

（一）养老现金流的三个特点

养老现金流需要符合以下几个特点，才能为高品质的养老生活，尤其是护理阶段的养老生活提供强有力的资金保障。

1. 必须肯定有

只要不发生意外，养老是每一个人都会面临的问题，因此，养老金是每个人的刚性需求，是必须肯定有的。因此，作为养老现金流的储备，必须要保证本金安全，不被挪用。

2. 必须一直有

一个人需要多少养老金，这是没办法预知的，因为人的寿命不可预知，尤其是在生命科技发展如此迅速的今天，从前百岁老人很罕见，但是不久的将来可能百岁只是平均年龄而已。所以养老现金流必须要能活多久领多久，才能真正满足养老现金流的需要。

3. 时间刚性

养老费用、医疗费用都是属于不能赊欠，也不能推迟的费用，其支付时间是刚性的。尤其是医疗费，及时足够的医疗费储备，是高品质医疗的必要条件。因此，养老现金流需要有针对性的准备，还要有足够的弹性空间，以保证资金可以按时、足额地支付，这才能满足时间刚性的需求。

4. 金额刚性

高品质的养老无疑是昂贵的，因此，对于高净值人士来说，养老金不仅要能活多久领多久，而且必须足够多，才能持续地保持养老品质。如果养老金供应出现虎头蛇尾，所谓由俭入奢易，由奢入俭难，如果养老生活品质一年不如一年，是最为尴尬的事情。并且，有很多养老现金流需求是刚性的，如养老社区每个月的护理费、生活费。又如，医院的医疗费、康复费用等，这都是金额上几乎不能打折扣的。但是，在经济增速放缓，投资回报率逐年降低的时代，要保持稳定的现金流供应是不容易的。因此，基础养老金的储备，如果能在本金安全的基础上还可以锁定收益率是比较理想的。

（二）高净值人群在准备养老现金流上的误区

对于高净值人群来说，财产他们是不缺的。但是，有财产不意味着有可靠的现金流，如果现金流规划不到位，即使有再多的财产也无法保证养老的品质，在这个问题上，中国的高净值人群往往会存在以下一些误区。

1. 误认为房产、商铺可以养老

近年来，中国高净值人士在不动产投资上的比例是比较大的。在很多高净值人士的眼中，不动产既有很好的保值增值性能，还可以通过租金产生现金流，需要大笔资金还可以直接出售变现，所以将养老现金流的提供寄托于不动产投资。这是有问题的，在活力养老阶段，老人具有完全民事行为能力，可以管理好自己的财产，同时获得养老现金流，这问题不大。但是，一旦进入辅助养老甚至是护理养老阶段，老人管理处分财产的能力大大下降，甚至受制于监护人，养老现金流就会非常容易出现问题。

2. 过分追求收益率,将养老金集中投资于高风险渠道

过分追求收益率是中国高净值人士准备养老金的又一大误区。并不是说老人不可以做高风险的投资,但切忌将大部分养老储备都配置在高风险投资渠道,因为高风险投资渠道一是可能产生严重亏损,导致养老金储备计划落空。二是高风险投资在亏损状态下变现不易,流动性差,如果投资比例过高,会导致流动性危机。

因此,高净值人士可以将养老金储备分为两个部分:一是基础养老金,满足基本生活需求以及辅助和护理养老阶段的生活费、康复费、医疗费、护理费等刚性需求,投资于非常稳健、流动性好的渠道。二是改善型养老金储备,可以投资于高风险渠道,追求高收益。

3. 投资过于保守,误认为简单地储蓄可以养老

过分追求收益率不正确,但过于保守也并非良策。有一些老人非常保守,不是保本的投资一概不考虑,所有资金全部投资于绝对安全的渠道,这也是不明智的。在利率下行周期中,这种养老金储备方式将会产生巨大的利息损失,随着人均寿命的提高,如果资产不能保值增值,有可能出现养老金不足的情况。对于保守的老人,建议可以配置一部分可以锁定收益的商业养老保险,提前锁定一个较高的收益,兼顾安全性。同时,还要有资产配置的思维,分出一小部分资金,做一些长期的较高收益的投资,用时间化解风险,获取较高收益,对冲长寿风险。

4. 资产交给儿女,靠儿女养老

还有一部分老人对儿女过于溺爱,很早就将大部分财产提前传承给子女,没有给自己做好养老现金流的规划,把自己的养老责任全部交到儿女身上。如果儿女能力强且非常孝顺,儿女家庭也和睦,老人确实不用担心自己的养老问题。但是,如果儿女能力不够强、家庭压力大、夫妻财产纠纷复杂,老人的养老现金流可能就会有很大问题。

综上所述,如果高净值人士误认为有钱就不愁养老,不及时做好养老现金流规划,最终就可能陷入守着一堆财产却没有救命钱的尴尬境况。

5. 高净值老年人群的遗产争夺风险

对于高净值老人来说,最悲凉的事情莫过于自己还没走,就看着自己的后人为争抢自己身后的遗产而打得不可开交,甚至亲人反目,祸起萧墙。而且,无论这个老人当年是如何有能力,到现在已经陷入限制民事行为能力或者无民事行为能力的状态,对这一切无能为力,只能眼睁睁地看着自己的家庭和家族陷入混乱。

就像乔某文老人，当他看着他的妹妹、外甥和弟弟为争夺自己的遗产而对簿公堂的时候，他的心情是悲凉的，所以当记者问他有没有兄弟姐妹时，他的回答是有，但有和没有是一样的，最后，他终于失望地选择不给弟弟妹妹留任何财产，死后全部捐献给国家。

一旦后人们开始争夺财产，老人就难免会成为财产争夺的工具和财产争夺的牺牲品。就像乔某文老人，当妹妹、外甥和弟弟陷入争夺他财产的状态后，就没有人关注他的医疗与护理了。就像李某平先生，当大家开始陷入争夺他的财产的状态时，他就被抢来抢去，成为大家争夺财产的工具。

因此，如果高净值老人不提前做好财富传承的规划，任由财富去考验身边人的人性，人性贪婪自私的一面就可能展现出来，而老人自己则将沦为牺牲品，他的财富不但没给他带来老年的尊严与幸福，反而可能让他的老年生活沦为悲剧。

第四节　解决方案设计策略与规划实操

对于高净值人士来说，如果想要一个有尊严有品质的老年生活，科学的、专业的、系统的规划是必不可少的。其中最关键的部分是辅助养老和护理养老两个阶段的规划。具体可以从四个方面考虑：一是监护规划，二是养老品质规划，三是现金流规划，四是传承规划。四个方面，四位一体就形成一个完整的养老规划方案。

一、高净值老年人群监护规划的方法

监护规划仅限于有监护风险的人群需要，主要有无子女的老人、子女残疾无法履行监护责任的老人，子女在境外无法履行监护责任的老人，有不孝子女的老人。子女孝顺，家庭和睦的老人一般是不需要监护规划的。而运用的主要规划工具就是“意定监护”。意定监护制度规定在《民法典》第 33 条，有民事行为能力的成年人可以以书面的形式，为自己指定将来的监护人，从而达到保护自己权益的目的。

（一）意定监护实际案例介绍

2020 年下半年，陈晓楠主持的谈话节目《和陌生人说话》播出了一期名为《余

生只信陌生人》[1]的节目，节目中上海有一位老人将自己的房子送给了楼下水果摊的老板，引发全民热议，也让很多老百姓认识了意定监护制度。

这个故事的主人公是上海的一位快 90 岁的老人马老爷子。2017 年的一天，他做了一个让身边人跌破眼镜的事，他要把他的所有财产，包括房子送给楼下外地来的水果摊老板小游。这是老爷子深思熟虑后的明智之举。

马老爷子 88 岁，和老伴有一个痴呆的儿子，老伴先他一步去世了，80 多岁的老爷子带着一个痴呆的儿子，生活非常艰难。马老爷子有两个妹妹，一个在上海，另一个在海南，他们都有子女，但是他们也是自顾不暇，对马老爷子的求助，很多时候也很难及时地提供帮助。俗话说，远亲不如近邻，老爷子楼下的水果摊老板小游很热心，倒是偶尔能帮老爷子一些忙。见图 25 - 5。

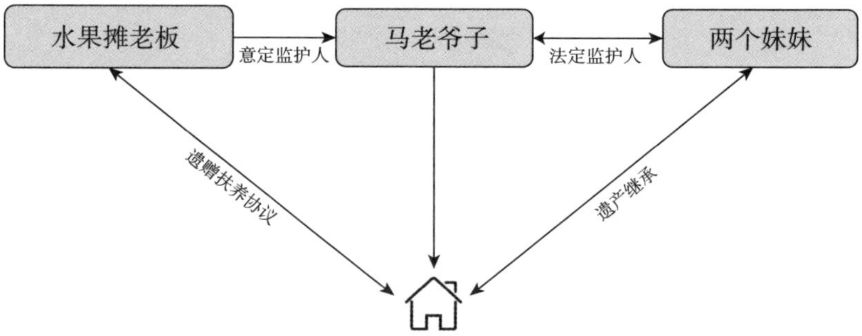

图 25 - 5

老伴去世 3 年后的一天晚上，马老爷子打着手电筒到了小游家，跟他说："我儿子死了，你后天跟我一起去火葬场。"小游去了火葬场，结果发现老人的亲戚一个都没来，小游只得帮着老人料理了儿子的后事。

2007 年，老人生病了，向妹妹求助，但妹妹和子女们都比较忙，能帮的也很有限，所以最终也是小游一家主要担负了照顾老人的责任。出院以后，老人把小游两口子和三个孩子都接到了自己家，并想把所有的财产都赠送给小游。但他们了解到，如果老人将来糊涂了，小游没有监护权，也就没有权力帮老人做决定，管事情，有监护权的是老人的两个妹妹。

于是，小游到了上海的公证处找到了公证员李先生，说他要做意定监护。公证员李先生问他，当他说到他跟老人没关系，老人还邀请他们全家住到了老人家里的时候，公证员李先生都觉得不可思议，认为他是瞎掰的。但通过调查了解情

① 参见《余生只信陌生人》，载 https://v.qq.com/x/cover/mzc00200ew8a416.html。

况后,公证员李先生理解了老人的想法,他帮助老人作了两个法律安排:一个是意定监护安排,指定小游为老人的监护人;另一个是遗赠扶养协议,约定由小游承担赡养照顾老人的义务,老人百年之后老人的遗产遗赠给小游。

意定监护的安排有两个目的:第一个目的是通过法律赋予与老人没有亲属关系的小游对老人的监护权;第二个目的是相对排除老人两个妹妹的监护权,因为老人担心妹妹和外甥会利用监护权惦记自己的房产。老人的担心并不是多余的,因为2020年老人的妹妹和外甥知道了遗赠扶养协议的事以后,就申请给老人做了行为能力的鉴定,并主张公证员李先生对老人情况调查不仔细,目的是借此推翻老人在3年前做的意定监护和遗赠扶养协议。如果说亲戚只是关心老人,怕老人上当受骗,他们只需要监督好小游的行为就可以了,完全没必要推翻协议。因此,虽然亲戚嘴上说他们不惦记财产,但是行动总是比嘴巴更诚实。

当然,在大部分的意定监护的案件中,一般不会设计将财产遗赠给监护人的,用公证员李先生的话说:"财产遗赠给监护人,有可能引发道德风险,可能会加速老人的死亡。"公证员李先生在节目中还举了一个老人将房子遗赠给尽心尽力照顾他的保姆两口子的案例,但遗赠安排,保姆是完全不知情的,直到老人去世以后,公证员李先生才公开了遗嘱。

但在这个案件中,老人的愿望非常明确,他想要将房子给小游一家,并且早就和小游表达了意愿。为了尽量减少道德风险的发生,老人和小游签订了遗赠扶养协议。遗赠抚养协议不同于遗嘱,是一个双方法律行为,遗赠人和受遗赠人之间是互负义务的。依照《民法典》第1158条①的规定,首先是受遗赠人必须按照协议的约定承担对遗赠人生养死葬的义务,然后才能在遗赠人去世后接受遗赠。如果生养死葬的义务没有按质按量地履行,那么受遗赠人就会失去受遗赠的资格。因此,虽然小游已经是马老爷子的监护人,但最后他能不能得到房子,还要看他赡养老爷子的具体表现,他的行为还会受到公证处及身边相关机构和人员的监督,如果他没有切实履行遗赠扶养协议规定的义务,他最终是会丧失受遗赠权利的。如此,监护人的道德风险就大大降低了。

(二)高净值老年人群的意定监护规划注意事项

在意定监护中,监护人的职责和权利可能和普通老百姓的理解会有很大的区别。前文说过,在大部分情况下,监护人不会同时是遗产的继承人。同时,和继承

---

① 《民法典》第1158条　自然人可以与继承人以外的组织或者个人签订遗赠扶养协议。按照协议,该组织或者个人承担该自然人生养死葬的义务,享有受遗赠的权利。

人作为监护人的责任不同，意定监护的监护人一般只负责代理被监护人作出民事法律行为，但一般不承担实际的照顾工作，照顾工作一般会由专业养老机构来完成。意定监护人的监护权很多时候也会在监护协议中予以必要的限制，人身监护和财产监护也可能会分开，公证处有时还会负责财产的保管和监督等。其目的是通过这样的规划，在解决被监护人的监护难题的同时，最大限度地保护被监护人的意愿、防止被监护人的人身权益和财产被侵害、最大限度地限制道德风险。具体有以下注意事项：

1. 有必要的家庭才需要进行意定监护规划，不要画蛇添足

监护规划仅限于有监护风险的人群需要，主要有无子女的老人、子女残疾无法履行监护责任的老人，子女在境外无法履行监护责任的老人，有不孝子女的老人。子女孝顺，家庭和睦的老人，一定要充分相信自己的子女，要相信绝大部分情况下子女的可靠性远超于其他人，不要疑神疑鬼，画蛇添足，反而引发家庭矛盾。

2. 要谨慎选择自己的监护人，并和监护人达成一致

监护人的选择是意定监护中最关键的工作，监护人可以是法定监护人也可以是法定监护人以外的人，可以是自然人也可以是有资质的机构。一般来说，首先尽量从法定继承人中选定合适的监护人，然后再考虑其他监护人。并且，监护人一定要有足够的监护意愿，不能勉强。如果有条件，最好设置继任的监护人。

3. 要约定好监护人的监护范围、监护原则等，体现被监护人的意愿

意定监护和法定监护不同，意定监护可以约定监护范围，可以提前通过协议约定被监护人的被监护的原则，充分体现被监护人的意愿。因此，办理意定监护时，要充分发掘被监护人的真实意愿，并通过文字固定到监护协议中。

4. 如果有条件最好人身监护与财产监护分离，并设置监护权“负面清单”

在意定监护规划设计中，如果有条件，最好将人身监护与财产监护分离，如此可以大大降低监护人的道德风险。并且，可以设置监护权的“负面清单”，明确禁止一些被监护人绝对不希望的，或者大概率会严重损害被监护人利益的行为。譬如，将被监护人的财产进行高风险投资、抵押被监护人的房产、以被监护人财产为他人提供担保，等等。

5. 合理运用人寿保险、家族信托、公证处提存账户等加强财产监护的监管

可以通过合理运用人寿保险、家族信托、公证处提存账户等进行养老现金流规划，加强财产监护的监管，防止监护人侵害被监护人的权益。

6. 儿女以外的监护人，最好约定明确的监护报酬

即使不用直接照顾被监护人，监护人的工作依然是非常辛苦的工作，而高净值老年群体经济实力较好，完全有能力支付监护人报酬，以提高监护人履职的积极性。因此，如果指定儿女以外的人为监护人，最好在监护协议中明确约定监护报酬。

7. 最好借助有经验的公证处与公证员做意定监护安排

前面列举的六个注意事项都只是方向性的指导性的事项，在具体的规划工作中，还必须要结合案件的具体情况进行专业的规划设计。所以，通过专业人士操作是明智之选，在目前的环境下，公证处是比较专业且比较有经验的机构。高净值老年群体做意定监护规划，最好借助有经验的公证处与公证员。

8. 做好监护的同时要做好传承规划方案

在做好监护安排的同时，财富传承安排必不可少，不做好财富传承规划，一旦老年人陷入限制民事行为能力或无民事行为能力状态，就可能引发继承人们的争产风险。首先，可能严重干扰监护人的工作；其次，可能诱发亲属监护人的道德风险；最后，亲人为争夺财产起纠纷，亲人反目，祸起萧墙也是老人们不希望看到的。

二、高净值老年人群的养老品质规划方法

在活力养老阶段，养老生活怎么过，追求什么样的品质，这是老人可以自己做主的，即使不满意也可以进行直接的调整，品质是比较好保证的。需要规划的是辅助养老和护理养老两个阶段的品质。

对高净值人士来说，要做好这两个阶段的品质规划，首先就要摒弃靠儿女和靠多请几个保姆的想法。儿女照顾虽然可以尽享天伦之乐，但是儿女大都有自己的生活，儿女还有自己的儿女，很难一心放在老人的照顾上，同时儿女也很难有专业的护理知识和技能，要达到高品质的辅助和护理是很难的。多请几个保姆就更不可行了，首先是保姆的专业护理知识和能力都很难达到，其次是保姆的工作缺乏有效的监督，所以，护理品质也很难保证。此外，靠儿女，请保姆的居家养老模式，其硬件设施，配套服务等也是明显的短板，如防摔倒系统、老人监控系统、健康管理系统、康复训练体系、紧急救护体系、配套医院等。更别说心理层面的护理服务和人文层面的护理服务了。

因此，如何选择一套专业的养老护理服务体系是养老品质规划的关键所在。选择养老护理服务体系需要从以下几个方面考察。

第一，要考察硬件设施，硬件设施是护理品质保证的物质基础，我们考察硬件设施不要重点关注面积有多大、装修多豪华、材料多昂贵。而是要看对护理工作有帮助的硬件设施是不是齐全，是不是先进，是不是在不断地提升与改进。

第二，要考察周围配套，最为核心的是医疗资源的配套，其次包括自然环境、人文环境，等等。

第三，要关注护理队伍素质，护理队伍素质是保证护理品质的关键性因素，包括护理队伍的年龄结构、学历结构、性别结构等。目前我国护理队伍的整体情况是年龄偏大，学历水平偏低，并且女性为主。而一支高素质护理队伍的形象应该是年龄结构中青结合、学历水平较高并且有一定比例的男性。

第四，要考察机构的管理水平，包括管理制度是否健全，队伍执行力如何，员工精神面貌如何，培训体系是否先进，等等。

第五，服务理念和文化氛围的契合度也非常重要，简单说来就是是否符合自己的风格，喜不喜欢。因为这是在为自己选择一个长期居住的地方，这里的服务理念是否和自己的价值观一致，这里的文化氛围，人文环境自己是否习惯，长期在这样的环境和氛围中身心是否愉悦，这都会直接影响养老生活的品质。

三、高净值老年人群的养老现金流规划方法

高品质的养老生活一定需要充足的养老现金流作为经济基础，离开了经济基础，任何高品质的养老规划都是一句空话。活力养老阶段的现金流还是比较好保证的，因为在这个阶段，费用的需求弹性可以比较大，老人自己有能力自由处分财产，获得现金流。在这个阶段，只要有足够的财产，即使因为流动性问题影响养老品质也是暂时的，养老品质比较好保证。

一旦进入辅助养老和护理养老阶段，情况就会发生很大的变化：首先，资金需求不再有弹性；其次，老人自己失去了自由处分财产的能力。此时，就需要记住我们总结的那句话："养老规划不是财产规划，而是现金流规划。"笔者在前文中分析过，辅助、护理阶段的养老现金流需要达到四个基本要求：第一必须肯定有；第二必须一直有；第三必须满足时间刚性；第四必须足够多。

（一）人寿保险规划养老现金流的四大天然优势

在养老现金流规划方面，商业养老保险具有天然的优势。

首先，商业养老保险本金安全，强制储蓄，不容易被挪用。只要我们提前通过商业养老保险储备了养老金，就必然可以满足必须肯定有的需求。

其次，商业养老保险不同于普通的投资和理财，保险是射幸合同，保险公司的职责就是承担风险，其中就包括被保险人的长寿风险。因此，只要合同中约定了保险金可以终身领取，无论被保险人最终有多长的寿命，保险公司都必须按期足额地给付保险金。因此，可以满足必须一直有，活多久领多久的要求。

再次，商业保险的规划具有针对性，可以满足时间刚性的特点。辅助、护理阶段的养老金需求主要有以下几个方面，每个月支付给养老机构的养老金、给康复机构的康复费、日常慢性疾病医疗费以及因意外或重大疾病的临时大额医疗费需求。养老金、康复费、日常慢性疾病的医疗费可以通过固定给付型的年金保险解决。因意外或重大疾病产生的临时大额资金需求，可以通过重疾保险和高端医疗保险等解决。其他的临时大额需求，还可以通过保单贷款的方式解决。

最后，商业保险还具备终身锁定收益的特点。从欧美日本等发达国家的发展历程来看，当经济发展到一定程度后，就会进入低利率甚至零利率时代。目前，我国利率下行到趋势也非常明显，在利率下行时代，终身锁定收益的功能就非常适合做长期的养老现金流储备规划。只要提前储备了足够的本金，通过商业保险收益锁定的功能，就必然可以给被保险人提供伴随终身的足够的现金流，满足必须足够多的要求。

（二）利用人寿保险规划三大养老现金流

用商业养老保险可以轻松规划三大养老现金流，以目前比较流行的年金结合万能账户的产品为例，以自己作为投保人和被保险人，为将来的辅助、护理养老阶段储备养老金。这样的养老金设计可以提供三大现金流，高度契合养老需求。

第一，固定现金流。年金给付锁定收益，提供固定现金流。可以满足养老机构费用的需求。

第二，机动现金流。万能账户长期储备，复利增值，部分领取创造机动现金流。满足康复费用、慢性疾病医疗费用的需求等。

第三，应急现金流。如果遇到紧急大额资金需求，如紧急医疗费支付等，可以通过保单贷款提供大额资金需求。

商业养老保险规划养老现金流还有一个好处，就是可以同时进行传承的安排，储备的资金没有用完的部分，还可以通过指定受益人的方式实现定向、高效、有控制力地传承。

四、高净值老年人群身后传承规划的方法

对于高净值人士来说，身后传承规划对其养老生活和养老尊严也非常重要。

主要是要通过传承规划，做到定向、确定、有控制力地传承，避免出现财产考验继承人的人性。

定向、确定地传承可以预防继承人争产的问题，防止老人进入限制民事行为能力或无民事行为能力状态时，继承人利用老人作为争夺财产的工具，沦为继承人争产的牺牲品。有控制力地传承可以防止子孙不孝，改善家庭关系，让老人可以享受天伦之乐。

具体的传承规划设计方法在本书的其他章节有大量的讲解，这里不再重复。

第二十六章

失智残疾人士监护风险

第一节 风险案例

一、案例导读

失智残疾人是社会上最为弱势的群体，对于他们来说，父母就是他们的一切，是他们生活的依靠与希望。然而，父母终有一天要老去，终不能陪伴他们一生，父母去世后他们怎么办，这是最值得关注与解决的问题。

二、案例详情

孙教授和丈夫李教授都是北京某著名大学的教授，他们的大女儿出生于20世纪80年代的北京。因为大女儿小时候高烧烧坏了脑子，导致智力发育严重滞后。为了防止大女儿将来没人管，大女儿10岁左右的时候他们又生下了他们的小女儿。但让他们没想到的是，小女儿最终并没有成为姐姐可以依靠的人。因为大女儿身体的原因，孙教授夫妻二人需要把大部分的精力放在大女儿身上，而且，大女儿的各种康复需要费用，所以经济压力也比较大，李教授还需要花更多的时间去想办法赚钱。所以，花在小女儿身上的时间和精力就少了，而且小女儿从小就需要帮助母亲照顾姐姐，什么都需要让着姐姐，家里的钱也很多都花在姐姐的身上，而且父母还经常教育她将来照顾姐姐是她的责任，又因为孙教授夫妻二人用的方法可能不太合适，不但没有培养出小女儿的责任感，而且这一切让小女儿感觉非常疲惫，也感受到非常大的压力。这种疲惫和压力在她青春期时爆发了，她变得非常逆反，不但拒绝帮母亲照顾姐姐，甚至将姐姐看作自己的拖油瓶，把自己的幸福带走的人。在她的心里，对姐姐的恨甚至要大于爱。

如今，李教授因病已经去世了，孙教授带着大女儿相依为命，和小女儿的关系依然紧张。孙教授如今已经六十有余，李教授去世后，她一个人照顾大女儿，身体状况也大不如前。孙教授非常担心，自己一旦动不了或者走了，大女儿的生存状况就非常堪忧。

对于他们家来说，她去世后大女儿的经济状况她不是太担心。她们家在北京有3套房子，如今总价值已经超过1500万元，她和李教授省吃俭用，攒下了400多万元的存款，这些钱大女儿、小女儿一人一半也足够大女儿下半辈子的花销。

她担心的是她去世以后大女儿的照顾问题。她去世以后，大女儿的监护人就是小女儿，但是，孙教授对小女儿根本不放心。现在小女儿就一心惦记她手里的财产，女婿孙教授也不太满意，但小女儿什么都听女婿的。前几年李教授去世之后，小女儿就一直要求分割父亲的遗产，以至于现在家里的3套房，除了孙教授和大女儿住的这1套之外。小女儿自己住1套，还有1套虽然在孙教授名下，但钥匙在小女儿手中，每个月租金也是小女儿收着。对此她还不满足，她还要求分割孙教授手中的存款。

孙教授担心，如果将来自己动不了了，甚至去世了，小女儿对姐姐肯定不会有多关心，可能会把姐姐往养老院一送就不管不问了。即使孙教授给大女儿留下大笔的遗产，但这些财产也归小女儿管理。从现在的表现看，小女儿估计不会舍得给姐姐找多好的养老院；如果姐姐生病了，小女儿也不一定会舍得给姐姐多好的医疗条件。现在自己在，小女儿都想办法要从自己手中要钱，如果将来钱都归小女儿管了，那可能就变本加厉了。即使小女儿现在不直接侵吞姐姐的财产，将来姐姐去世后，剩下的也全是小女儿的。姐姐花掉的钱越少，她将来剩下的就越多。

所以，这几年孙教授一直在到处寻求一个妥善的解决方案。

三、案例解析

对于孙教授这样的群体，因为残疾子女不具有完全民事行为能力，自己去世以后的子女照顾问题确实是一个很大的难题。即使像孙教授这样经济实力比较雄厚的家庭，依然有三大问题亟待解决。

第一个难题是，这类残疾子女的监护问题难以解决。这类子女因为缺乏民事行为能力，父母去世以后需要监护人的监护，但合适的监护人又比较难找。孙教授家的情况还算好一些的，毕竟还有一个小女儿可以作为监护人的人选。只不过是小女儿和姐姐的关系不好，因此，可能存在监护人不负责任，甚至侵害被监护人的风险。一旦监护人缺位或者监护人不负责任，可能造成侵害监护人的结果。即使给残疾子女留再多的财产，也会面临“没人帮他花”的尴尬境地，甚至诱发别有用心的人侵害残疾子女，成为子女的“祸患”。

第二个难题是，残疾子女的照顾问题难以解决。残疾子女大多数是需要照顾的，在孙教授的案例中，离开孙教授的悉心照顾，大女儿是无法正常生活的。但是，妹妹不喜欢姐姐，所以让妹妹亲自照顾姐姐的生活基本不具备可行性。即使妹妹和姐姐关系很好，妹妹还有自己的家庭责任，肯定不可能像孙教授一样全部精力照顾大女儿一个人,因此也不具备可行性。小女儿通常的选择就是送大女儿进养老院,但是,目前要找到一个对残疾人照顾比较全面,服务比较好的养老院难度也是比较大的。并且,养老院的服务监督的问题,也需要监护人比较用心。一旦面临疾病,一个负责任的监护人就更加重要了。因此,照顾的这些问题,即使有专业机构主要承担,也需要有切实负责的监护人才可以最终监督和保证照顾的质量。见图 26 – 1。

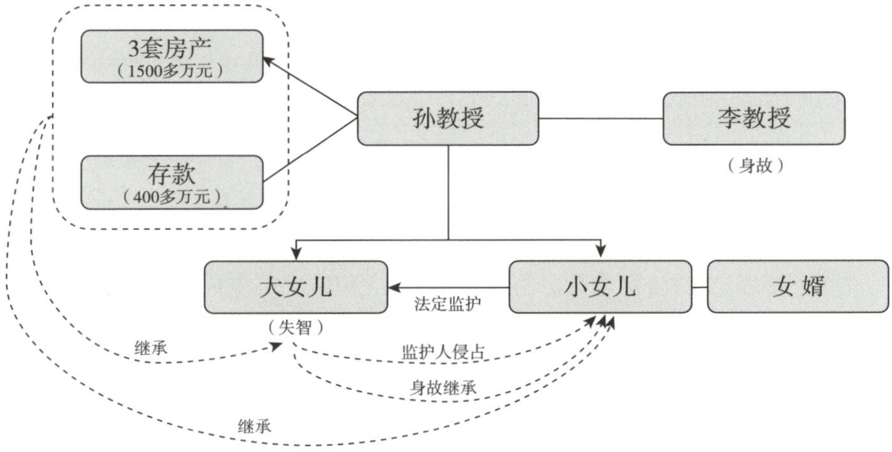

图 26 – 1

第三个难题是,父母自己失去民事行为能力后的监护问题。除了大女儿的照顾问题,孙教授一旦自己因为疾病需要照顾,甚至失去民事行为能力的时候,她自己的照顾和监护问题也将面临挑战,这和大女儿的问题是同样的道理。并且,如果孙教授对身后的财产分配的安排不够专业和全面,在她自己失去民事行为能力到死亡这一段时间,小女儿是她的监护人,其财产也由小女儿以监护人的身份代为管理,她的财产就有可能被小女儿趁机转移,她原来做的安排就有可能无法实现。

由此可见,残疾子女的监护和照顾问题确实是一个比较难以解决的问题。

第二节　风险解析与法律依据

残疾子女是父母最难以放下的人。目前,我国关于残疾人群的保障、监护和照顾的体系和制度发展还不完善，残疾人的照顾还主要依赖于家庭。如果子女只是运动机能的残疾，神智正常，可以自己为自己做主。在这种情况下，只要给子女做好现金流规划，从经济上给予足够保障，问题还是比较好解决的。比较困难的是对失智残疾子女（不具有完全民事行为能力）的照顾，因为这还牵涉监护问题。

因为计划生育国策的原因，很多家庭都是独生子女家庭。虽然对于残疾子女家庭，计划生育一般允许多生一胎，但是很多家庭没有选择再生，即使生了，正常子女本身的精力也非常有限，照顾残疾兄弟姐妹压力非常大。如此，残疾子女的监护和照顾就成为一个难以解决的问题。

一、失智残疾人士的监护制度

（一）失智残疾人士的监护人是哪些人

失智残疾人士的法定监护分为两种情况：一种情况是未成年的失智残疾人士的监护；另一种情况是成年失智残疾人士的监护。未成年失智残疾人士的法定监护规定在《民法典》第 27 条中[①]，父母是其法定监护人，父母死亡或没有监护能力的才依次有祖父母外祖父母，有监护能力的兄、姐，或者其他愿意担任监护人的个人或者组织；失智残疾人士成年后，不再属于未成年人，法定监护顺序规定在《民法典》第 28 条，[②]第一顺位是配偶，第二顺位是父母、子女，第三顺位才是其他近亲属等。如果是从小失智失能的残疾人，一般不会结婚，因此监护人依然会由父母担任。

当失智残疾人士的父母去世以后，祖父母外祖父母大概率应该已经去世了，

---

① 《民法典》第 27 条　父母是未成年子女的监护人。

未成年人的父母已经死亡或者没有监护能力的，由下列有监护能力的人按顺序担任监护人：

（一）祖父母、外祖父母；

（二）兄、姐；

（三）其他愿意担任监护人的个人或者组织，但是须经未成年人住所地的居民委员会、村民委员会或者民政部门同意。

② 《民法典》第 28 条　无民事行为能力或者限制民事行为能力的成年人，由下列有监护能力的人按顺序担任监护人：

（一）配偶；

（二）父母、子女；

（三）其他近亲属；

（四）其他愿意担任监护人的个人或者组织，但是须经被监护人住所地的居民委员会、村民委员会或者民政部门同意。

其法定监护人的主力军就是有监护能力的兄弟姐妹了。如果兄弟姐妹也没有，则由其他近亲属担任监护人。如果没有其他近亲属的，也可以由其他愿意担任监护人的个人或者组织担任，但是需要经过相关部门的同意。如果以上监护人都没有，就进入国家监护的范围了，规定在《民法典》第32条中，[①]由民政部门或者居委会、村委会等担任。

（二）失智残疾人士的监护人的权利与义务

监护人监护权的核心是以被监护人法定代理人的身份，辅助或替代被监护人实施民事法律行为，其所实施的法律行为的效力直接归属于被监护人[②]。监护权主要可以分为两大部分，即人身监护权与财产监护权。人身监护包括对被监护人人身的照料、保护等，财产监护权则是管理被监护人的财产。

监护人监护权受到法律的严格限制，《民法典》第35条[③]确定了监护人行使监护权的指导原则，即“最有利于被监护人的原则”。并且，在财产监护方面，监护人除为维护被监护人利益外，不得处分被监护人的财产。

需要注意的是，失智残疾人士的监护和未成年人的监护有所不同，因为失智残疾人士虽然不能完全辨认自己的行为，但程度各有不同，大多数的失智残疾人士多少会具有一定的行为能力。因此，监护人行使法定代理权更多的时候应当是出于辅助的目的，对于被监护人可以独立实施的与其智力、精神状况相适应的民事法律行为，监护人不得干涉。超出被监护人行为能力范围的民事法律行为，也要最大限度地尊重被监护人的意愿。

（三）残疾人法定监护面临的问题

在我国目前的社会和法律环境下，当父母去世之后，失智残疾人士的监护还面临一些难题。

---

① 《民法典》第32条　没有依法具有监护资格的人的，监护人由民政部门担任，也可以由具备履行监护职责条件的被监护人住所地的居民委员会、村民委员会担任。

② 参见最高人民法院民法典贯彻实施工作领导小组主编：《民法典总则编理解与适用》（上），人民法院出版社2020年版，第205页。

③ 《民法典》第35条　监护人应当按照最有利于被监护人的原则履行监护职责。监护人除为维护被监护人利益外，不得处分被监护人的财产。

未成年人的监护人履行监护职责，在作出与被监护人利益有关的决定时，应当根据被监护人的年龄和智力状况，尊重被监护人的真实意愿。

成年人的监护人履行监护职责，应当最大程度地尊重被监护人的真实意愿，保障并协助被监护人实施与其智力、精神健康状况相适应的民事法律行为。对被监护人有能力独立处理的事务，监护人不得干涉。

1. 监护人缺位的问题

对于独生子女的家庭，父母去世之后，残疾子女可能就没有其他的近亲属了，这时候就没有相应的自然人作为其法定监护人履行监护职责。虽然我国有兜底的国家监护制度，由民政部门和居委会、村委会等担任其监护人，但是缺乏成熟的配套制度和实施细则，责任不清晰、制度不完整，没有专职、专业人员，缺乏经费支持，很难真正解决问题。

2. 法定监护人缺乏监督，不作为或侵害被监护人权益风险比较大

虽然我国《民法典》第34条、第35条规定了监护人的义务与责任，第36条规定了监护权撤销，第39条规定了监护终止，并确立了一系列的监护权行使的原则。但现行法律法规项下缺乏实施细则，缺乏明确的监督责任人与责任单位，缺乏监督程序等，导致很难对法定监护人进行有效的监督。

一方面，法定监护人本身责任重、压力大，非常不容易；另一方面，其权力很大，还缺乏第三方的监督。因此，监护人怠于履行监护义务、滥用监护权侵害被监护人权益的情况就容易发生。

3. 监护人和继承人身份重合，道德风险也比较大

在法定监护制度中，一般是近亲属作为监护人，这就导致监护人同时还是被监护人的继承人。在这种情况下，如果被监护人名下财产比较多，平时看护、医疗等费用也比较高，就会出现一个悖论：监护人越是尽职尽责，被监护人生存的时间越长，监护人作为继承人能继承的遗产就越少，反之则会更多。所以，父母以外的近亲属作为监护人兼继承人时，道德风险相对还是比较大的。当然，毕竟血浓于水，绝对大部分法定监护人还是会尽职尽责地照顾好被监护人的。但是，也可能有少部分的监护人就会被诱发道德风险。倒不一定说监护人会通过什么激烈手段致使被监护人过早死亡，但其可能缺乏积极性、怠于履行监护职责，有的甚至还可能发生虐待被监护人的情况。

二、遗嘱监护制度与失智残疾子女监护

如上所述，很多失智残疾人士的父母对自己去世以后残障子女的监护就非常担心。2017年颁布实施的《民法总则》（已废止）第一次规定了遗嘱监护制度，《民法典》完全承继了《民法总则》（已废止）的遗嘱监护制度，规定在《民法典》第29条，被监护人的父母担任监护人的，可以通过遗嘱指定监护人。这为失智残疾人士的父母安排规划自己身后子女的监护提供了法律依据。

（一）遗嘱监护制度的内涵与发展现状

我国遗嘱监护制度规定比较简单，即"被监护人的父母担任监护人的，可以通过遗嘱指定监护人"。这显著区别于域外很多国家遗嘱监护制度的是，我国的遗嘱监护制度不限于未成年人的父母为未成年子女指定监护人，而是涵盖成年失智残疾人士的父母为失智残疾子女通过遗嘱指定监护人。

理解遗嘱监护需要理解以下几个关键点：

1. 谁有通过遗嘱指定监护人的权利

有权通过遗嘱指定监护人的人限于有正在担任监护人的被监护人的父母，两个条件缺一不可。一是必须是被监护人的父母。亲生父母、养父母均可，继父母是否有指定权结合其他法律规定来看，[①]应当也是可以的。二是必须是正在担任监护人的父母，丧失监护资格的父母并不能通过遗嘱指定监护人。

2. 指定监护与法定监护谁更优先

父母通过遗嘱指定有监护人的，指定的监护人的监护权具有优先地位，其优于但不限于《民法典》第 27 条和第 28 条所列法定监护人。[②] 要注意，如果父母有一方还生存，遗嘱监护并不能优于父母的监护权。

3. 指定的监护人的监护权何时生效

父母为子女指定监护人，仅限于用遗嘱的方式，而遗嘱需要立遗嘱人死亡方得生效，故通过遗嘱指定的监护人之监护权也需要立遗嘱人死亡时方才生效。

（二）失智残疾子女遗嘱监护的设立程序

父母具体如何为失智残疾子女设立遗嘱监护需要遵循一定的法定程序，虽然我国法律并没有对具体的程序有详细的规定，但至少应当满足以下条件[③]：

1. 遗嘱监护设立人具有法定资格，即属于被监护人的父母且实际担任监护人。

2. 指定监护应当以遗嘱的方式，而非通过协议等其他方式。与意定监护不同，遗嘱是单方法律行为，因此遗嘱监护等设立也是单方法律行为。

3. 被指定的遗嘱监护人应当具有监护能力。

4. 遗嘱监护在立遗嘱人死亡时生效，被指定的遗嘱监护人的监护权具有优先

---

① 《民法典》第 1072 条第 2 款　继父或者继母和受其抚养教育的继子女间的权利义务关系，适用本法关于父母子女关系的规定。

② 参见最高人民法院民法典贯彻实施工作领导小组主编：《民法典总则编理解与适用》（上），人民法院出版社 2020 年版，第 180 ~ 181 页。

③ 参见最高人民法院民法典贯彻实施工作领导小组主编：《民法典总则编理解与适用》（上），人民法院出版社 2020 年版，第 180 ~ 181 页。

地位。

在实践中，设立遗嘱监护一般通过公证处办理比较妥当。

（三）委托监护对遗嘱监护的补充

因为遗嘱监护的生效条件是立遗嘱人即失智残疾人士的父母死亡，这就会产生一个问题，如果父母失去监护能力但并未死亡，失智残疾子女的监护就出现了空档。这时候就需要通过委托监护对遗嘱监护予以补充。

委托监护制度我国《民法典》并没有规定，但在废止的《最高人民法院关于贯彻执行〈中华人民共和国民法通则〉若干问题的意见（试行）》（以下简称《民通意见》）[①]第22条[②]有规定。同时，关于未成年人的委托监护在《未成年人保护法》第22条[③]有相关规定。委托监护制度是指监护人由于各种原因无法切实履行监护责任时，可以将部分监护职责委托给他人的法律制度。委托监护制度对于解决父母监护和遗嘱监护之间的空档问题意义重大。

三、专业机构监护人及监护制度的设计

遗嘱监护虽然没有明确说明可以指定机构作为监护人，但参照意定监护制度来看，监护人包含具有监护能力的机构与组织。由专业机构担任监护人相比于自然人担任监护人有比较明显的优势。

（一）专业机构监护人解决失智残疾子女监护问题的优势

1. 专业机构担任监护人，可以解决监护人稀缺的问题

在实践中，失智残疾人士的父母要找到合适的监护人是非常不容易的，如果

---

① 2021年1月1日《民法典》实施后，该法律已经废止。

② 《最高人民法院关于贯彻执行〈中华人民共和国民法通则〉若干问题的意见（试行）》（以下简称《民通意见》）第22条　监护人可以将监护职责部分或者全部委托给他人。因被监护人的侵权行为需要承担民事责任的，应当由监护人承担，但另有约定的除外；被委托人确有过错的，负连带责任。

③ 《未成年人保护法》第22条　未成年人的父母或者其他监护人因外出务工等原因在一定期限内不能完全履行监护职责的，应当委托具有照护能力的完全民事行为能力人代为照护；无正当理由的，不得委托他人代为照护。

未成年人的父母或者其他监护人在确定被委托人时，应当综合考虑其道德品质、家庭状况、身心健康状况、与未成年人生活情感上的联系等情况，并听取有表达意愿能力未成年人的意见。

具有下列情形之一的，不得作为被委托人：

（一）曾实施性侵害、虐待、遗弃、拐卖、暴力伤害等违法犯罪行为；

（二）有吸毒、酗酒、赌博等恶习；

（三）曾拒不履行或者长期怠于履行监护、照护职责；

（四）其他不适宜担任被委托人的情形。

发展出一批专业的监护机构，则能有效解决监护人稀缺的问题。

2. 专业机构担任监护人，可以解决监护人缺乏经验和专业知识积累不足的问题

监护人并不是任何身心健全的成年人就可以完全胜任的，尤其是一些特殊的失智残疾人士的监护，如孤独症人士的监护，需要监护人有比较丰富的经验与相关专业知识的积累。专业机构担任监护人，有助于监护专业知识和经验的积累，方便专业监护人才的培养，是真正解决失智残疾人士监护问题的重要出路。

3. 专业机构担任监护人，可以方便建立完善的监护人监督体系，可以降低监护人侵害被监护人的风险

专业机构担任监护人，监护监督难度大大降低。首先，机构内部有规范的监护工作规程，监护工作更加规范；其次，机构内部可以建立内部监督机制；最后，外部监护监督部门的工作更加集中，工作难度大大降低。

4. 专业机构担任监护人，可以方便解决继任监护人问题

与自然人不同的是，机构监护人不会有身故、疾病、失能等风险，不会轻易失去监护能力，在大部分情况下不需要继任监护人。即使机构失去监护资格，如果有成熟的机构监护服务市场，监护人更换也比较方便。

5. 专业机构担任监护人，有利于建立规范的监护服务市场

专业监护机构既包括专门国家机构，也包括社会监护机构。监护机构有营利性的也有非营利性的。一般来说，非营利性的监护机构经常接到几无财产的被监护人，其资金来自各种途径：公共资金、基金会、捐助、补助金、自筹资金、医疗补助、教会资金等。营利监护机构则有比较规范的收费机制，为有经济条件的人士提供专业监护服务。这有利于建立成规模的规范的监护服务市场，最终真正解决监护问题。

虽然目前国内的专业监护机构服务还处于空白状态，但发展空间无疑是巨大的。从美国监护机构的发展经验来看，20 世纪 90 年代开始，美国的社会机构监护蓬勃发展起来，随着社会监护机构的迅速发展，法律制度的逐步完善，机构工作人员标准的严格制定，现今美国社会机构监护制度已经相当完备，以其高质量的监护服务赢得了其公民的青睐与信任。①

（二）监护机构章程设计的几个基本的建议性原则

笔者在机构监护人方面也有过一些初步的实践，在监护机构章程的设计方面

① 参见孙海涛、李霞：《美国成年人公共监护与社会机构监护制度研究及对我国的启示》，载《浙江警察学院学报》2009 年第 4 期。

有一些不成熟的想法和实践，总结了几条基本的建议性原则，供有意实践的读者们参考。

1. 监护机构只负责监护工作和临时看护工作，日常的看护工作交给其他专业养老、看护、孤独症学校等专业机构处理，在短暂的没有具体机构看护的情况下，由监护机构负责临时看护。

2. 监护机构内部由监护部、法务部、监察部三部门组成，监护部负责具体监护工作，法务部负责监护工作合法性把握，监察部负责监护工作之监督。

3. 在监护制度设计上要充分尊重被监护人的权利与情感；建立常任监护人制度，常任监护人长期负责对某几个被监护人的监护。常任监护人在监护协议签订后，通过一系列前置的熟悉和交流的流程，由被监护人从多个备选人中选择，并通过长期的、定期的交往熟悉被监护人的特点，并建立一定的情感；同时，通过监护协议中的预嘱事项对被监护人的特殊监护需求予以确定，充分尊重被监护人的权利与感情。

4. 将监护事项分为五种基本类型：日常监护、一般事项、重大事项、预嘱事项、禁止事项。日常监护与一般事项以效率为第一原则，采用由常任监护人一人决策的方式；重要事项决策以谨慎为第一原则，兼顾效率，由监护部与法务部人员组成决策小组，共同决策；预嘱事项按照监护协议约定决策；禁止事项禁止监护人代理实施。

5. 合法原则，重大决策事项由律师参与，保证其合法性。

6. 常任监护人职业化原则，无论是营利机构还是非营利机构的常任监护人都需要职业化、市场化，必须有合理的报酬。

7. 常任监护人工作尽量简化，可采用日常监护自主，一般事项处置后记录备案，重要事项、预嘱事项、禁止事项报告，紧急的重要事项由常任监护人以保护被监护人利益为原则先处分再报告。

8. 重要事项、预嘱事项、禁止事项的处置决议书面作出，并及时报送监察部及外部监察组织备案。

9. 监察部建立完整的内部监察流程，定期监察与不定期抽查相结合。

10. 建立常任监护人考核、更换、辞任制度，常任监护人以稳定为第一原则，以充分照顾被监护人的情感。

11. 建立志愿者制度，充分调动社会资源。

这些设计原则虽有实践，但并未通过长期实际运行的检验，还非常之不成熟，仅供参考之用。我国机构监护人体系的建立,还需要有更完善的法律体系的支持,更需要全社会坚持不懈地实践努力。

第三节　典型高风险人群与风险发生场景

一、失智残疾子女家庭的分类和特点

残疾子女家庭按照残疾类型来分,主要有几种典型的类型:运动机能残疾型、一般失智残疾型、孤独症等。

运动机能残疾型的情况相对较好,因为残疾子女智力没有问题,具有民事行为能力,只不过因为残疾很多事情需要依赖于他人才能解决,很多民事法律行为的实施,需要委托他人代为处理。在生活上,有的残疾子女甚至有基本的生活自理能力,只需要有人辅助即可。即使生活不能自理,但可以正常交流沟通,照顾问题也相对好解决。

失智残疾型就不一样了,因为这类残疾人不具有完全民事行为能力,需要有监护人。监护问题自然就成为一个难点问题,没有兄弟姐妹的家庭,就会存在监护人缺失的问题。即使有兄弟姐妹,监护人缺乏责任心,甚至侵害监护人的权益的风险也依然是存在的。失智残疾型残疾人大部分时候也没有独立生活的能力,因此大多数是需要照顾的。父母去世后,如果要保证照顾的品质,靠监护人照顾几乎是不可能的,所以一般需要依托专业机构解决照顾问题。但目前我国高品质的专业照顾机构,尤其是针对残疾人群的机构发展还严重不足。

孤独症作为失智残疾人士群的一种类型,还有别于其他的失智残疾型。因为孤独症的监护和照顾对监护人与照顾机构的专业要求比较高。但目前我国还严重缺乏对孤独症人群有监护和照顾经验的监护人与照顾机构。据上海某公证处资深公证员李先生透露,父母去世之后,孤独症子女的生活大部分是比较悲惨的,以至于存活的平均时间不会太长。天下的父母都希望自己走在子女后面,不希望白发人送黑发人。但是,对于孤独症人群的父母来说,他们很多希望能自己亲自送走自己的孩子。由此可见,失去父母照顾的孤独症人士其监护和照顾问题的严重性。随着我国第一批被诊断出孤独症的人士进入不惑之年,父母年龄普遍接近70 岁,孤独症的照顾问题逐渐凸显出来。

二、失智残疾人士监护与照顾的九大难点

当父母去世以后，残疾人士的监护和照顾问题就变得非常复杂，尤其是对于很多高净值家庭来讲，还要保证残疾子女相对好一些的生活品质，就更难了。当然，对于那些家庭经济状况并不太好的家庭来说，父母去世后，哪怕只保证残疾子女的正常生存环境，都需要面临巨大的挑战。因此，这些问题是全社会都应当关注的问题。

父母去世后的残疾人士的监护和照顾问题主要面临以下几个难点：

（一）监护人缺位的问题

当监护人缺位时，没有民事行为能力的残疾人士将面临一系列的问题。第一，没有监护人就没有对他负责的责任人，简单来说就是没人管；第二，即使父母给残疾子女留下了足够的财产，但财产无人管理；第三，没有监护人，很多养老院不愿意收，因为出了问题养老院很麻烦；第四，没有监护人，连支付养老院费用、康复费用、医疗费用都是问题，有财产都没有用；第五，没人进行医疗救治决定，医院治疗手段的选择、手术等无人签字；第六，权利被人侵犯没有法定代理人维护其权利，代理其起诉等；第七，身后事无人料理。因此，在现代法治社会，没有监护人的无民事行为能力人和限制民事行为能力人几乎是无法生活的。由此可见，监护人缺位问题的严重性。

（二）监护人缺乏责任心，甚至侵害、虐待被监护人的问题

从《民法典》第34条①和第23条②规定的监护人的职责和权利来看，监护人对被监护人的责任非常重，权力也非常大。但是，父母以外的人担任监护人，因为缺乏天性方面的责任心，这对于监护人的思想道德品质提出了很高的要求，同时，也对监护人的监督制度和体系提出了很高的要求。

从监护人责任心要求方面来看，当一个负责任的监护人并不容易。除父母之外，其他的监护人，不管是亲兄弟姐妹、表兄弟姐妹或者是叔叔、姑姑、阿姨、舅舅等，他们一般都有自己的家庭，生活压力本来就很大。但监护人的责任同样也非常重大，要做一个负责任的监护人是需要付出很多时间和精力的，尤其是如果还

---

① 《民法典》第34条第1款、第2款、第3款　监护人的职责是代理被监护人实施民事法律行为，保护被监护人的人身权利、财产权利以及其他合法权益等。

监护人依法履行监护职责产生的权利，受法律保护。

监护人不履行监护职责或者侵害被监护人合法权益的，应当承担法律责任。……

② 《民法典》第23条　无民事行为能力人、限制民事行为能力人的监护人是其法定代理人。

需要从生活方面担负具体的看护等具体事务时,负担就更重了。这就势必会产生很多冲突。所以,要当一个有责任心的监护人确实是非常不容易的。

从对监护人监护权的监督和约束方面来看,监护权如果不受监督和约束,被监护人的权益是很难保证的。因为监护权包括了对被监护人的人身、健康医疗、财产等广泛的处分权,这么大的权力掌握在被监护人父母以外的人手中,是非常容易诱发道德风险的。因此,对监护权的约束和监督非常重要。虽然我国的法律制度中对监护人的监督有相应的法律规定,如《民法典》第35条、第36条,确定了履行监护责任,行使监护人权利,必须"有利于被监护人""尊重被监护人意愿"的原则,并且规定了监护人违反相关法律对法律后果。但规定比较笼统,缺乏实施细则,缺乏配套的监督制度、体系等。又如,在《残疾人保障法》中,仅有第9条有一款对残疾人的监护人有所规制,但仅是从原则上的规制,也没有超出《民法典》第35条的范围。其他法律制度中则罕见对监护问题的规定。

因为监护法律制度、监护监督制度与体系的不完善。所以,在社会实践中,父母之外的监护人缺乏责任心,怠于履行监护职责,甚至虐待被监护人,侵害残疾被监护人权益的情况时有发生。

(三)监护人缺乏专业性的问题

对残疾人士的监护,尤其是对没有民事行为能力的残疾人士的监护和未成年人的监护不同,他们一般都身患特殊疾病,其父母因为长时间的陪伴,对相关疾病的特点,被监护人的特点等都很熟悉。同时,经过长时间的陪伴照顾,监护人也积累了大量的医学方面、照顾护理方面的专业知识。当父母去世以后,继任的监护人在专业知识、经验方面的积累不一定可以达到要求,这对于监护职责的履行和监护质量也会产生相应的影响。尤其是孤独症人士监护等对专业要求比较高的人群的监护,监护人是否够专业,对被监护人的生活和医疗影响是尤其重大的。

(四)被监护人生活、医疗费用等不足的问题

一般来说,有残疾子女的家庭,一方面,家庭支出超出正常家庭;另一方面,因为要照顾残疾子女,父母收入受到影响。所以,经济问题在有残疾子女家庭广泛存在。虽然本书介绍的是关于高净值人群的财富管理问题,但牵涉残疾人问题时,我们不再只讨论高净值家庭问题的处理。对于大部分的残疾子女家庭来说,父母去世以后,被监护人的生活费、医疗费等不足的问题,是一个非常现实的问题,是必须要解决的。

（五）监护人侵害被监护人财产的问题

前文笔者分析过，因为我国缺乏监护权限制和监督的完善的制度和体系，使目前监护权很多时候可能存在监督缺失的情况。如果被监护人财产比较多，此时作为拥有财产处分权的监护人，被诱发道德风险的可能性是很大的。虽然《民法典》第35条①明确规定，监护人除为被监护人的利益外，不得处分被监护人的财产。但是，谁来监督监护人处分财产？监督流程是什么？“为被监护人的利益”的标准是什么？谁来评判处分行为是不是为被监护人的利益？是事前监督还是事后监督？这些问题目前在我国法律制度中都还没有被系统地解决，虽然依据《民法典》第36条②的规定法院在法律列举的情况下可以撤换监护人，但缺乏相关的监督机构和监督体系③及监督的流程。这导致事实上监护人处分财产是否符合“为监护人利益”的原则，几乎只能靠监护人的自觉，被监护人的财产被监护人侵害的情况时有发生。

（六）被监护人财产流动性不足的问题

对于残疾子女家庭来说，父母去世以后，残疾子女自己并不具备管理财产、投资理财等能力。在财产方面，他们基本只有消费的动作，而消费是需要现金支付的。但他们自己又没有资产的变现能力，只能仰仗于监护人，但监护人变现资产

---

① 《民法典》第35条　监护人应当按照最有利于被监护人的原则履行监护职责。监护人除为维护被监护人利益外，不得处分被监护人的财产。

未成年人的监护人履行监护职责，在作出与被监护人利益有关的决定时，应当根据被监护人的年龄和智力状况，尊重被监护人的真实意愿。

成年人的监护人履行监护职责，应当最大程度地尊重被监护人的真实意愿，保障并协助被监护人实施与其智力、精神健康状况相适应的民事法律行为。对被监护人有能力独立处理的事务，监护人不得干涉。

② 《民法典》第36条　监护人有下列情形之一的，人民法院根据有关个人或者组织的申请，撤销其监护人资格，安排必要的临时监护措施，并按照最有利于被监护人的原则依法指定监护人：

（一）实施严重损害被监护人身心健康的行为；

（二）怠于履行监护职责，或者无法履行监护职责且拒绝将监护职责部分或者全部委托给他人，导致被监护人处于危困状态；

（三）实施严重侵害被监护人合法权益的其他行为。

本条规定的有关个人、组织包括：其他依法具有监护资格的人，居民委员会、村民委员会、学校、医疗机构、妇女联合会、残疾人联合会、未成年人保护组织、依法设立的老年人组织、民政部门等。

前款规定的个人和民政部门以外的组织未及时向人民法院申请撤销监护人资格的，民政部门应当向人民法院申请。

③ 《法国民法典》《德国民法典》《日本民法典》都对监护监督制度有明确的规定。并且，有相应的机构和制度流程保证监督权的实施，法国有法官监督制度和监护监督人制度，德国和日本则由家庭法院和监护监督人行使监督职责。

时，变现产生亏损、损失的风险比较大，监护人要选择变现时机、变现手段等，责任也比较大，同时，在变现过程中道德风险也比较大。所以，对于残疾人士来说，现金流问题相比之下就非常重要了。如果父母去世时给子女留下的财产流动性不足，被监护人就可能出现有财产但“没钱”的情况，产生资产流动性风险。

（七）被监护人身后遗产的处理问题

没有民事行为能力的残疾人大部分都没有子女，如果兄弟姐妹也没有的话，他事实上就没有法定的继承人。他自己没有民事行为能力，也不可能发生遗赠的行为。所以，他们身后可能根本没有继承人。因此，残疾人士身后的遗产如何处理就是一个问题。因为人的生存时间的不确定性，所以不可能做到残疾人士刚好花完所有的财产以后去世，这时尴尬的场景就出现了。一方面，残疾人士的各种费用可能还捉襟见肘；另一方面，监护人又不敢把被监护人的财产一下花完，结果被监护人去世后却还留下无人继承的遗产。

即使残疾人士有继承人，但是简单地把遗产留给继承人的风险也是比较大的。尤其是残疾人士财产比较丰厚的情况下，对于继承人来说，客观存在残疾人士去世越早，花钱越少，其获得的遗产就越丰厚的情况。这对于继承人来说也是一个人性的考验。虽然大部分的继承人是善良的，但这样的一种制度设计本身对残疾人士就是一种潜在的风险和威胁。

由此可见，残疾人士作为被监护人，其身后遗产的处理问题也是比较难办的。

（八）残疾人士的生活照顾、护理等问题

父母去世以后，残疾人士的生活照顾和护理问题就会凸显出来。在父母有照顾能力的情况下，大部残障子女都是父母亲自照顾的。一旦父母去世，首先对于监护人缺位的家庭来说，子女就会缺乏在生活上看护、照顾的人。即使能找到合适的人担任其监护人，但监护人几乎是无法承担起亲自看护和照顾的责任的。其次，即使残障人士有兄弟姐妹等近亲属，但前文分析过，其他近亲属一般都有自己的家庭责任，也是很难亲自担负起生活上看护的责任的，更不用说照顾的品质了。

（九）缺乏专业的照顾机构的问题

残障人士的生活照顾、护理等问题基本只能依托于专业机构来解决。目前国内照顾残疾人士的专业机构还很不发达，在大部分情况下是由养老院同时担负起残障人士的照顾任务。但照顾残障人士和照顾老年人是完全不同的概念。

照顾的方式，需要的专业都完全不同。而且，各种不同的残疾人士，照顾的方法也不尽相同，对照顾机构专业化的要求是比较高的。但遗憾的是，国内针对残

疾人士的看护机构几乎是空白。

更严重的是,对于那些存在攻击性的残障人士,很多养老机构根本不收,他们的看护问题几乎就没办法解决。比较典型的还有孤独症人士,目前国内缺乏专业的孤独症人士的长期专业看护机构,尤其是针对症状比较严重的孤独症人士的机构。这都是短期之内很难解决的难题。

三、残障子女家庭父母自身的监护和护理问题

对于残障子女家庭来说,当父母自身失去生活自理能力和民事行为能力时,他们自身的照顾和监护也可能成为问题。老年人的护理和监护的问题,笔者在"养老现金流与老年监护风险"一章中作过非常详细的阐述,这里就不再重复了。

第四节　解决方案设计策略与规划实操

失智残障子女的照顾和监护的问题到底该如何处理呢?虽然目前还不能说有完美的解决方案,但是,通过社会各界及相关专业人士的不懈努力,还是实践出了很多相对较好的解决方法的。这些方法需要法律、金融等多种工具的结合运用,如遗嘱监护制度、意定监护制度、公证处提存账户制度、公证处监督制度、机构监护人、人寿保险工具、特殊需要信托工具、保险金信托工具、家族信托工具、慈善信托工具以及慈善基金会等。

一、残疾人士监护、照顾方案设计的七大基本原则

在设计残障人士的监护和照顾方案时,有几个基本原则是比较值得采纳的。

(一)监护和看护分离

从社会实践的现实来看,监护人同时负责生活上的照顾和看护对监护人的要求过高,责任过重,很难保证监护品质。因此,在监护上和生活上的照顾、看护分离是比较可行的。监护人主要负责代理被监护人行使各种民事权利,帮助监护人找合适的看护机构、监督看护机构的服务、支付各类费用、作出医疗决定、处理后事等。如此,监护人的工作量大大降低,监护人和监护机构分工合作,各司其职,可行性大大增加,监护和照顾的品质也能比较好得到保障。

（二）人身监护和财产监护分离

在意定监护的领域，监护权是可以通过监护协议进行分割的。如果我们将人身监护和财产监护权分开，则两方面的监护人的道德风险都大大降低。财产监护人专门负责财产的管理，并按照人身监护人的指令支付各种费用，同时对费用的使用也可以起到监督的作用，管钱但不用钱，道德风险较小；人身监护人专门负责人身监护，用钱但不经手钱，监护责任也相对较轻，道德风险也较小。

（三）设立监护权“负面清单”

父母可以通过监护协议，禁止继任监护人的一些高风险行为。譬如，将被监护人的财产进行高风险投资、抵押被监护人的房产、以被监护人财产为他人提供担保，等等。设置监护权“负面清单”，可以进一步降低监护风险。

（四）构建监护监督机制

监护监督机制的设置也是非常有必要的，可以是多个监护人之间的相互监督，也可以设置专门的监护监督人，还可以利用公证处的公共监督职能。虽然目前还不能做到尽善尽美，但有监督比没有监督总是要好得多。

（五）现金流规划重于财产规划

对于残疾被监护人来说，财产对于他的意义就是：生活上有保持其品质生活的生活费、康复有足够的康复费用保证其康复品质、医疗有足够医疗费用保证其医疗品质、其他自己喜欢的事情也有相应的费用作为保证。除此之外，即使拥有再多的财富、再多的房子、再多的豪车、投资有再高的收益率、财富有再多的增长，这一切，对于他们都没有任何现实意义。因此，对于残疾被监护人来说，各种现金流的规划和准备才是关键所在，财产规划反而是为现金流规划服务的。

（六）父母的监护必须关注

父母的监护规划也非常重要，一方面，父母缺乏监护规划和护理规划，会导致其老年生活的困境；另一方面，父母自身的监护不做好设计，也可能会造成财产上的损失，间接影响残疾子女未来的生活质量。

（七）被监护人遗产处理要设计好

被监护人的遗产处理也要事先做好规划安排，对于有继承人的残疾被监护人，要通过制度设计避免继承人产生道德风险。这可以通过信托的隔离和保护功能进行规划和设计，也可以将部分财产由父母直接传承给残疾被监护人的继承人，将要保留给残疾被监护人的财产则专款专用，将专款专用剩余没有花完的部分捐献给相关的慈善机构或慈善基金，如此，就可以避免道德风险，也可以帮助到其他需要帮助的人。对于没有继承人的被监护人，可以设计将没有花完的部分捐献给相关慈善机构和慈善基金，让财产能帮到更多的残疾人士，充分发挥其社会价值。

二、公证制度对残障人士监护的意义与典型方案

公证制度是解决残障人士的监护问题首先要用到的工具，要通过意定监护制度(广义)和公证制度相结合来解决问题。意定监护制度对我国的老百姓来说还是一个全新的制度，从《老年人权益保障法》第一次提出，《民法总则》第一次将意定监护的权利授予所有完全民事行为能力人，并授予了担任监护人的父母通过遗嘱给子女指定监护人的“遗嘱监护”制度，发展到今天的《民法典》，广义上(包含遗嘱监护)的意定监护制度已经在国内初步形成。

解决残障子女的监护问题，首先要用到遗嘱监护制度为残障子女安排合适的监护人。遗嘱监护规定在《民法典》第29条，被监护人的父母担任监护人的，可以通过遗嘱指定监护人。以前文孙教授的案例来说，如果孙教授对小女儿作为大女儿的监护人不放心，她可以找一个她非常信任，同时又有能力有意愿担任监护人的学生，然后通过公证程序签订遗嘱监护协议，指定其学生为大女儿的监护人。并且通过监护协议明确规定监护人的监护职责，明确孙教授的监护意愿，列明被监护人的一些特殊需求，并且列明监护权的“负面清单”。如果可以找到合适的财产监护人，最好是能把财产监护权和人身监护权分开，进一步降低监护的道德风险。

如果找不到合适的财产监护人，并且财产比较简单，如孙教授，只有房子和现金，还可以由公证处对财产的处分进行监管。公证处的提存账户还可以作为金融资产保管的可靠账户，但目前必须以牺牲收益性为前提。孙教授的房子在其去世以后对大女儿其实就没有意义了，最好能出售变成现金资产，保障大女儿的生活。孙教授房产的出售还可以用到“委托代理”制度，避免遗产继承的麻烦。售房款可以直接进入公证处提存账户监管。如果有其他的托管计划，也可以由受托人按指示打入其他的托管账户或子女照顾的信托专户。

同时，要注意，监护职责和看护、照顾的职责最好要分开，监护人只负责监护，具体看护、照顾的工作交给专业机构承担。监护人负责为被监护人挑选合适的看护机构、及时支付看护机构费用、对看护机构的服务予以监督、和看护机构沟通被监护人的特殊需求等进行整体规划。

从目前的实践来看，在意定监护中担任监护人的大部分是自然人，并且大多

是私人关系，义务担任监护人。但合适的监护人是比较难找的，更别说找到多个监护人，做到人身和财产分开监护，并且还有多个顺位的监护人了。所以，长远来看，发展专业监护人和机构监护人，并进行有偿监护是非常有必要的。

最后，切不可遗漏的一点是父母本身的监护安排，需要依据《民法典》第33条①的规定，通过成年人的意定监护制度来安排，这个工作一般也是通过公证程序完成。

三、人寿保险对解决残障人士监护、照顾问题的意义和典型方案

由前文分析可知，解决残疾子女的监护、照顾问题，现金流的安排是尤为重要的。设计原则第5条“现金流规划重于财产规划”对方案的整体效果非常重要。在做好监护规划的同时，一定要同时做好现金流的规划设计。

（一）残障人士监护、照顾中需要的现金流的四大特点

1. 生活费、看护费等供给必须足额、准时、稳定

因为被监护人由机构照管，机构有其固定的费用标准，所以被监护人的生活费、看护费用等必须满足足额、准时、稳定的特点，这和普通人的生活费是完全不同的。

2. 与生命等长的现金流

这个特点是必然的，因为被监护人的寿命长短是不确定的，所以这些费用，被监护人活多久就必须可以领多久，这是毋庸置疑的。

3. 随时必须有应急医疗费用的储备

被监护人属于残疾人，其疾病发生的概率也非常高，因此，应急医疗费用的储备也是非常重要的。如果没有应急费用，哪怕有再多的房子等资产，也救不了被监护人的命。

4. 可能产生长期的慢性疾病治疗和康复费用

对于残障人士来说，长期慢性疾病治疗和康复也是大概率的需求，相关的费用也必须要准备充足。

（二）人寿保险规划残障子女保障现金流的方法

人寿保险中的一些储蓄性保险，因为有本金安全、收益率锁定、可以保单贷款

---

① 《民法典》第33条　具有完全民事行为能力的成年人，可以与其近亲属、其他愿意担任监护人的个人或者组织事先协商，以书面形式确定自己的监护人，在自己丧失或者部分丧失民事行为能力时，由该监护人履行监护职责。

的特点，在提供稳定现金流方面是具备明显优势的。疾病医疗保险则在应对医疗费用的支出方面也有自己不可替代的优势。护理保险虽然在国内发展还不成熟，但将来也可能成为提供护理费、慢性疾病康复费用现金流的重要工具。

具体来说，首先，可以通过年金型保险或者锁定利率的增额终身寿险准备生活费、护理费，用其现金流稳定的特点满足足额、准时、稳定的要求。

其次，如果残疾子女身体条件允许，最好能用残疾子女作为被保险人，这样就可以打造伴随残疾子女一生的现金流，满足能活多久领多久的要求。

复次，对于紧急的医疗费用的支出，如果残障子女身体允许可以购买重大疾病保险、医疗保险等，可以配置足额的医疗保险，满足医疗费支出的需求。对于医疗费的垫付问题，可以通过保单贷款的形式解决，当然，这就最好在监护协议对保单贷款权利的行使作出明确的规定。但是，在大部分情况下，残障人士是很难正常买到医疗保险的。如果是这样，医疗费可以直接通过部分减保、领取万能账户现金价值或者保单贷款的方式获得资金。如果医疗费用支出不高，一般对现金流影响不大，还可以用其他财产及时地还款或者追加资金，完全恢复现金流供给。若医疗费特别高，病一般也比较重，被监护人存活的时间也可能比较短。如此，刚好把保险的本金部分用于了疾病的治疗，将财产的利用率做到了极致。

最后，人寿保险产生的固定现金流没有用完的部分会持续储备起来并复利增值，这一部分可以作为将来慢行疾病治疗和康复费用的来源之一。

（三）保险金信托及人寿保险结合公证处提存账户/信托专户的规划方法

如果被监护人不能作为被保险人，则可以通过保险金信托或者人寿保险结合公证处提存账户来安排被监护人的现金流问题。以父母自己为投保人和被保险人，购买高额的终身寿险。如果健康状况允许，建议购买尽量高杠杆的终身寿险，利用保单进一步放大资产。

如果资金量比较充足，可以达到保险金信托设立的门槛，则可以设立保险金信托，将人寿保险的受益人指定为信托，而残障子女作为信托的受益人。当父母去世之后，保险死亡理赔金进入信托，由信托负责提供各种现金流并监督审核资金的使用，由监护人负责申请领取或发出支付的指示。当然，相比之下，信托公司的受益金支付效率还有待提升。剩余的资产可以由信托公司按照委托人的意愿，以审慎、安全为前提，进行稳妥的投资安排，以获得一个安全稳定的收益，保障持续的现金流供给。

除保险金信托外，将人寿保险死亡理赔金转入公证处提存账户，由公证处监管，监护人按时按需申请领取并支付的方式也可以解决现金流安排的问题。当然，公证处提存账户是一个储蓄账户，没有投资的功能，相对保险金信托，其安全性当然更高，但其保值性就不是太好了。当然，在将来的低通胀、低利率时代这也应当不是太大的问题。

对于一些相对比较年轻且家庭资产储备还不足的父母，人寿保险的杠杆还可以对冲父母的身故风险，解决部分家庭资产储备不足的问题。这些残障子女的父母可以自己作为投保人和被保险人，购买高杠杆的终身寿险。如果自己能平安陪子女到老，他们可以通过自己的努力积累足够的费用。如果因意外提前离世，则巨额的保险理赔金产生资产放大的效果，直接解决子女所需费用问题。如果在终身寿险额度因缴费能力不能满足需求的情况下，还可以结合定期寿险和意外保险进一步降低保费，提升杠杆，解决资金缺口，对冲父母的身故风险。

四、家族信托解决残障人士监护、照顾问题的八大规划要点

家族信托尤其是这两年逐步发展起来的特殊需要信托也是解决残障人士监护、照顾问题的重要工具之一，其典型优势是财产的监管、安排以及规则的设计功能。具体而言，可以更加妥善地做好财产的安排和保护，预防道德风险；更加个性化地体现委托人对子女照顾的意愿；还可以通过一些规则设计解决传承问题和一些其他特殊问题；以及，目前国内信托公司出色的资产管理能力也是信托的一个重要优势。

设计残障子女特殊需要信托有以下八大要点。

（一）放入信托的财产要充分考虑其流动性，非现金资产要考虑变现方式与变现条件

前文分析过，对于残疾受益人来说，最关键的是现金流的保障。因此，放入信托的财产，一定要把流动性、现金流质量作为第一考虑要素。信托财产的结构建议以金融配置增值保值中要综合平衡以流动性。对于信托中持有的非现金类资产，一定要考虑其变现的触发条件以及变现的方式。

（二）信托支付和分配规则既要考虑受托人的监督职能，又要考虑支付的效率

家族信托因为信托财产的独立性特点和受托人有信托责任的特点，非常适合作为残疾子女财产的监管人。因此，受托人不仅要有按信托合同的约定支付受益金的责任，同时还对受益金的支付去向，用途等有监管的责任。一般来说，受益人

的监护人负责受益人的监护，并根据受益人的需求以及信托合同的规定，向信托的受托人申请受益金或者发出支付的申请。受托人一方面应当在信托合同约定的范围内及时完成支付，保证受益人的权益。同时，还应当对资金用途、合理性、去向等在其能力范围内作出审查和监督，对于信托财产本身的管理可以防止监护人侵害被监护人/受益人权益。

要注意，监督职能和支付效率必须兼顾，且支付效率优先于监督职能，因为支付效率对受益人至关重要，尤其是在紧急情况下。因此，在监督方面，可以采取事前审查结合事后监督的方法，长期稳定的受益金支付可以采取事前审查，紧急的支付请求可以采取事后监督。灵活、高效的受益金支付服务目前还是各国内大部分信托公司的短板，整体有待各公司通过制度创新努力，不断提升。

（三）要充分考虑委托人的特殊意愿和残障受益人的特殊需求

美国当代信托之父斯考特教授说，信托的应用范围可以和人类的想象力媲美。信托在适应不同的委托人、受益人的特殊需求，实现特殊意愿方面有着无可比拟的优势。而这恰恰是大部分的委托人，尤其是残障人士的父母所最为看重和关心的。因此，在设立信托前，对委托人的特殊意愿，受益人的特殊需求要进行深入的了解，并在受托人的能力范围之内，合理设计信托合约，满足其需求。在满足特殊意愿、特殊需求上，信托合约设计和监护协议设计要结合起来，信托提供经济支持，监护人负责具体实施。

（四）信托财产投资安全性要作为第一考虑要素，然后再兼顾收益性

和其他目的的家族信托不同，这类侧重照顾残障子女的信托，按时、按需、稳定的现金流供应才是对残疾受益人最重要的因素。因此，在信托财产的投资管理上，安全性是要作为第一要素考虑的。信托文件中委托人会对信托财产的投资渠道和方式进行一定的限制，可以禁止将信托财产大比例投资于高风险产品，对国债、存款、货币基金等安全资产的持有比例上下限作出规定。防止投资风险过高影响到给残障子女的基础现金流。

（五）要考虑和人寿保险的结合，利用人寿保险的杠杆和收益锁定的功能，创造现金流

人寿保险在安全性和收益性的平衡上具有较大的优势，因此，信托可以利用人寿保险本金安全、收益稳健的特点，设计受益人的基础现金流保障。同时，作为可以长期锁定收益的金融产品，人寿保险在长期稳定现金流的供给上也有不可替代的优势，这也是信托在资产管理中可以合理利用的。如果受益人身体状况允许，还可以

为受益人配置一些疾病类保险产品，利用杠杆，对冲风险，创造精准现金流。

当然，目前由家族信托直接为受益人投保的保险金信托 3.0 版本还有很多的障碍，还只能由委托人先作为投保人配置保单，然后再将受益权和投保人的权益放入信托的迂回方式达到前面说的目的。

（六）要合理设计信托受托人及保护人的自由裁量权，防止信托合同的僵硬性在一些特殊情况下严重影响受益人信托利益的支付

信托的受托人履行受托义务的依据是信托合同，作为一个合约文件，其能够约定的内容必然有限。作为一个覆盖残障子女长期运行的文件，必然会有历史的局限性。还必然会有很多想不到，也无法约定的情况。在信托合同运行过程中，遇到了一些信托合约中没有约定的极特殊情况，如果完全按照信托文件约定无法实现信托目的，则可能对受益人的利益造成巨大损害，甚至严重危及受益人的生命健康权益。

因此，合理设计信托受托人的自由裁量权是非常必要的，如果有条件，还可以再设计信托保护人或信托监察人，由保护人和受托人共同行使自由裁量权，以保证在一些特殊情况下，可以在信托合约规定的决策原则的基础上，及时、合理、审慎地作出裁量，实现信托目的，保护受益人的权益。

（七）设计好受益人去世后剩余信托财产的传承规则

残疾子女的身后传承问题解决难度是比较高的。一方面，残疾子女作为无或限制民事行为能力人，没有能力对自己的遗产作出安排；另一方面，监护人也无权代理被监护人作出遗产的安排，基本只能按照法定继承办理。但按照法定继承办理，如果没有继承人就只能捐献给国家，如果有继承人，又容易引发继承人的道德风险，甚至可能引发争产问题。

信托在残疾子女身后财产的传承安排上有着独特的优势。因为信托财产本身并不是受益人的财产，因此也不会因为受益人身故而变为受益人的遗产。完全可以按照信托合同的安排，按照委托人的意愿进行合理的安排和处理。如果安排设计合理，还可以起到很多特殊的作用。

譬如，在孙教授的案例中，如果孙教授设立信托照顾大女儿，则可以这样设计剩余财产的分配问题。虽然小女儿不作为大女儿的监护人，也不掌管财产，但是，将来大女儿去世以后，还是可以有条件地将财产留给小女儿与其子女的。规则可以这样设计（仅供参考）。

第一，孙教授将自己的所有财产均放入家族信托，大女儿、小女儿及其子女都作为信托的受益人。

第二，信托财产优先照顾大女儿，小女儿及其子女获取受益金都有相应的条件。

第三，小女儿及子女如每星期去养老院看大女儿一次，每次奖励 3000 元。

第四，如果大女儿在孙教授去世后 2 年内去世，信托剩余的全部财产以大女儿的名义全部捐献给相关慈善基金；若大女儿存活 2 年以上 5 年以下，剩余信托财产的 30% 分配给小女儿及其子女；若大女儿存活 5 年以上 10 年以下，剩余信托财产的 60% 分配给小女儿及其子女；若大女儿存活超过 10 年，剩余信托财产的 80% 分配给小女儿及其子女。剩余部分以大女儿的名义捐献给相关慈善基金。见图 26 - 2。

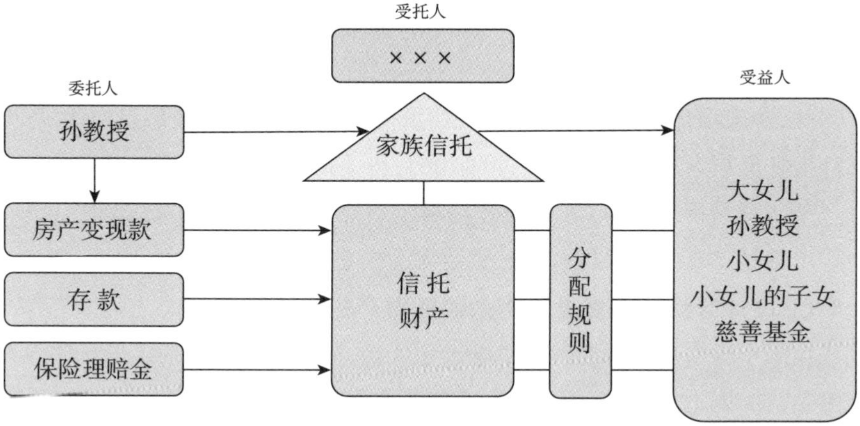

图 26 - 2

在这样的规则下，最关心大女儿的看护质量、医疗条件、身体健康状况的可能就是小女儿及其子女了。因为孙教授将自己所有财产都放入了信托，信托财产规模预计超过 2000 万元，每年的收益保守估计也有几十万元，但大女儿看护、医疗的支出费用是非常有限的，因此大女儿去世后，信托的剩余财产是非常可观的。

在这种情况下，如果大女儿看护条件不好、医疗条件不好，短时间内去世的话，小女儿及其子女财产损失是巨大的。反之，大女儿条件好、心情好、身体好，存活时间长，小女儿及其子女就会有上千万元的信托分配，正向激励小女儿照顾好大女儿。此时，小女儿及其子女估计会经常主动去看望大女儿，并且会非常关注大女儿养老院的条件、护理人员的服务品质、医疗是否及时、医疗水平是否够高等。当发现问题时，他们可能会积极地向养老机构、监护人和信托的受托人提出意见。

如果大女儿真的有幸在孙教授去世后还生存了10年以上,小女儿全家对大女儿关心了10年,亲情带来的依赖性大概率就超过了财产的意义了,这时,关心、看望大女儿已经上升为亲情的需求,形成良性循环。

(八)家族信托可以兼顾保障父母的养老、看护现金流

在安排好残障子女照顾的同时,家族信托还可以兼顾父母自身的养老、看护现金流的规划。因为当父母自身失去生活自理能力,甚至失去民事行为能力后,他们自己的看护问题也是必须要解决的。因此,可以将父母也设置为信托受益人,并设置好受益规则,保障好父母自身的养老和看护。

附录

风险预判“标签法”的运用方法

在财富保全与传承规划的咨询面谈中,财富风险的预判是非常重要的。只有提前对客人的风险有初步的预判,专业财富顾问才能有清晰的面谈思路与面谈目标,KYC 才会有针对性,面谈效率和成功率才能比较高。

但财富风险的预判对于大部分专业财富顾问来说,掌握起来都是比较难的。为了简化风险预判的工作,降低难度,我们研发了“标签法”结合重点风险判定“五大标准”的风险预判辅助方法,希望能对大家有所帮助。

一、“标签法”与重点风险判定“五大标准”简介

何为“标签法”? 我们通过对高净值人士群体风险特征体系的深入研究,总结了高净值人士的八大标签,并针对每一个标签,在“高净值人士的三十六个风险维度”图谱(见图 1)的基础上,绘制了每一个标签的图谱。专业顾问在使用时,只需要根据客人的简单信息判断出他的标签,然后将这些标签的风险图谱综合起来,就形成了这个客人的风险图谱。

图 1　高净值人士的 36 个风险维度(V4.0)

（一）高净值人士的“八大类标签”

“八大类标签”依据客人的年龄阶段、财富来源、家庭情况三个维度进行分类（见图2），极其简单，并且只需要知道客人的简单信息，专业顾问就可以进行准确的标签判别。

客户年龄	青年客户	中年客户	老年客户
财富来源	企业经营	金领阶层	家庭主妇
家庭情况		移民家庭	婚姻复杂

图2　【标签法】八大客户标签

（二）“八大类标签”的风险图谱

在“八大类标签”的基础上，结合实践经验总结，我们详细绘制了每一个标签的风险图谱，具体见图3：

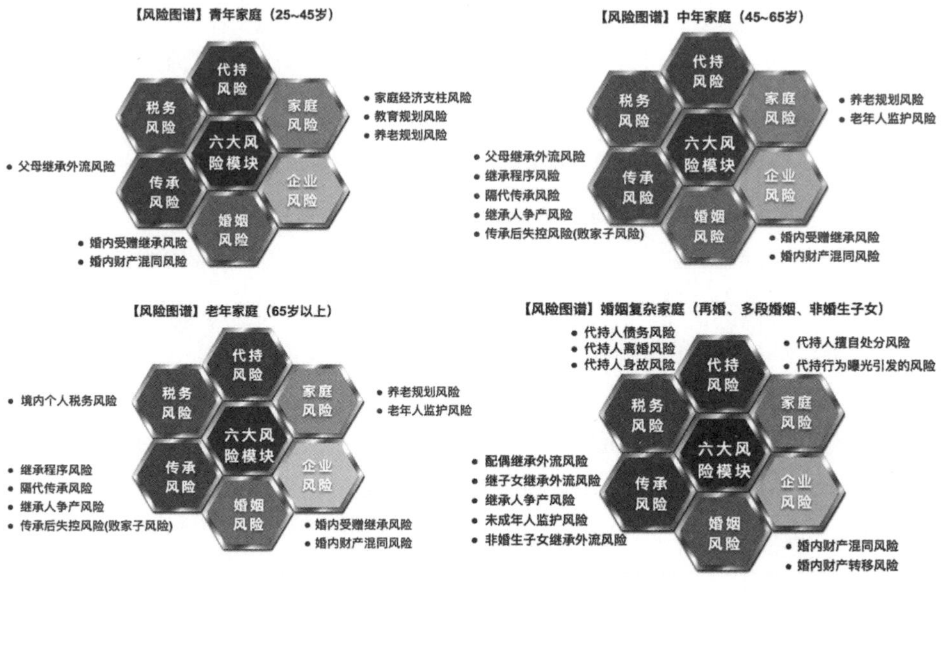

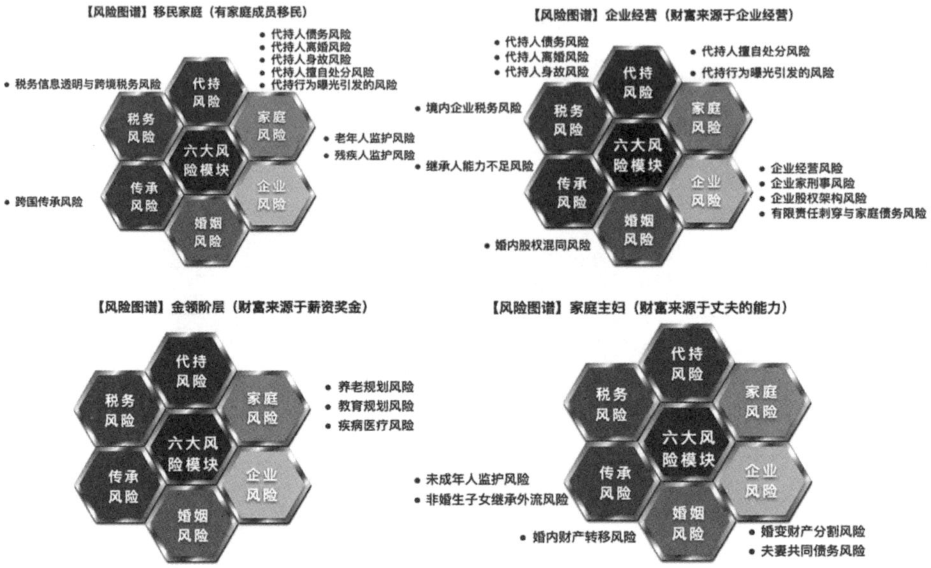

图 3 “八大类标签”的风险图谱

请注意，每一个客户标签的风险图谱并不是说只要有这个标签的客人就一定会有这些风险，而是根据我们的经验总结来看，这些风险存在的可能性比较大。具体风险的确定，还需要我们与客人进行深入的 KYC 面谈后才能最终确诊。

（三）“标签法”的运用方法

第一步，根据客人初步信息确定标签。

“标签法”中确定客人标签需要的信息极为简单，一般都属于公开信息，大多数的财富顾问在面见客人之前一般都已经掌握。包括客人的年龄阶段、创富渠道、家庭成员是否有移民以及客人大概的婚姻家庭状况。专业财富顾问依据这些简单信息就可以确认客人具备哪几个标签。

第二步，融合客人标签的风险图谱，生成客人的整体风险图谱。

八个标签每一个都有对应的风险图谱，当我们确定了客人具备八个标签中的某几个时，只需要简单地把这几个标签对应的风险图谱融合在一起，就生成了客人的整体风险图谱。

第三步，运用“五大标准”判别客人的重点风险以及确定初步的 KYC 方案。

一般来说，客人整体风险图谱中包含的风险是比较多的，如果要高效沟通，就必须抓住重点。所以需要运用“五大标准”结合已经初步掌握的客人信息判断出重点风险，以达到抓住重点，有的放矢的目的。

当我们用“五大标准”判别重点风险时，可能会发现信息不足，这些缺失的信息就是我们和客人面谈时首先要 KYC 的内容，初步 KYC 的方案就出来了。

当我们通过面谈，初步 KYC 搜集到了这些关键信息之后，基本就能确定哪些风险是重点需要和客人沟通的风险，面谈效率和成功率都会显著提高。

特别值得注意的是，风险预判不仅仅出现在与客人沟通之前，在与客人沟通的过程中，如果发现客人的一些新的标签，也需要及时地作出风险预判，增加沟通思路。当然，这要求财富顾问具备在沟通过程中随时预判风险的能力，这是需要以丰富的风险预判经验为基础的，不可强求。因此，在学习与实践的初级阶段，我们完全可以舍弃随时预判风险的机会，集中精力沟通我们已经提前预判并做好了充分准备的部分，力求在有限的沟通范围内追求最高的沟通效率与最好的面谈成果。

（四）重点风险判定的“五大标准”

要判定客人整体风险图谱中哪些风险是重点需要关注和沟通的风险，就必须要有标准地结合客人的初步信息进行分析预判，判定需要依托下面“五大标准”（见图 4）：

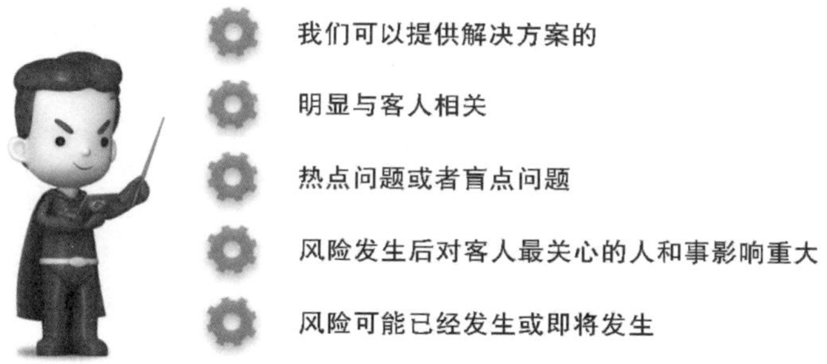

图 4　重点风险判定的“五大标准”

1. 我们可以提供解决方案的

首先，我们要和客人沟通的风险必须是我们能够提供解决方案的，也就是说，解决方案必须是依托于财富顾问所在机构的产品与服务能够解决的风险。虽然“高净值人士的三十六个风险维度”都是需要金融工具配合才能解决的，但具体到某一个机构，其产品的覆盖面有限，也可能出现有的风险是其无法解决的。所以财富顾问在预判风险时，必须考虑自己是否能解决。不能解决的风险不要关注。

2. 明显与客人相关

根据客人的初步情况，我们能够用直觉大致判断出某个风险是否与客人明显相关，如果感觉与客人关系不大，就不用重点关注和沟通。

3. 热点问题或者盲点问题

对于与客人相关的风险，如果属于当前社会的热点问题，或者客人明确关心的热点问题，这类风险就属于需要重点关注的。同时，即使不是热点问题，但是属于客人平时容易忽略的风险，也非常值得重点关注。

4. 风险发生后对客人最关心的人和事影响重大

风险之所以需要被解决，最核心的原因就是不解决的话，会对客人最关心的人和事影响重大。虽然有风险，但影响不大，客人是没有解决问题的急迫性的。反之则会非常急迫地寻求解决方案。

5. 风险可能已经发生或即将发生

将来的风险虽然也是风险，一旦发生也可能后果严重，但是，如果在短期之内确定不会发生，譬如子女的婚姻财富风险，现在客人的女儿还只有10岁，风险一定是将来的事，客人目前是不会关心的。所以，我们需要抓住的风险一定是风险可能已经发生或者即将发生。

二、“标签法”运用实例演示

（一）案例情况概述

钱先生，57岁，企业家。是X银行私人银行客户，公司厂区拆迁，获得了一大笔拆迁补偿款，目前已经到公司账上，但因为税收负担较重，不好拿出来。钱先生向银行的理财经理小张咨询，有没有什么好办法可以缴比较少的税把钱转出来的方法。钱先生承诺，只要能帮他拿出来，资金全部委托小张打理。钱先生是小张的老客户，对他的家庭情况也稍有了解，知道钱先生和夫人系原配夫妻，关系融洽，有一个儿子已经结婚，还给钱总生了一个大孙子。小张计划给钱先生做一个比较全面的分析，但在整理面谈思路时遇到了难题，这时候他想到了“标签法”。

（二）给客人钱先生贴标签

从目前掌握的初步信息来看，钱先生57岁，符合【中年家庭】的标签，财富来源主要是企业经营，符合【企业经营】标签，其余标签特征不明显（见图5）。

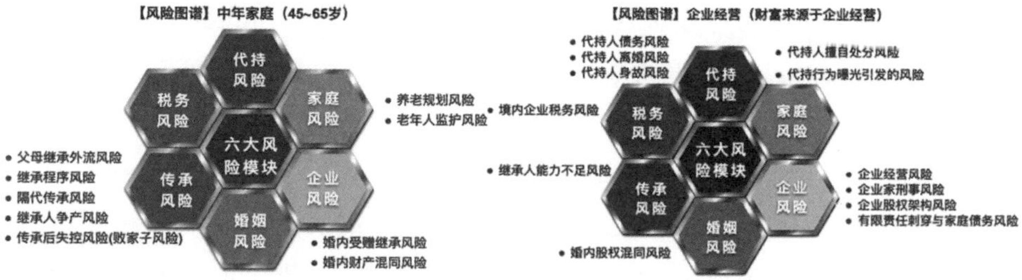

图5

（三）绘制钱先生的风险图谱

小张只需要把两个标签的风险图谱进行综合，就得到了钱先生的完整风险图谱（见图6）。

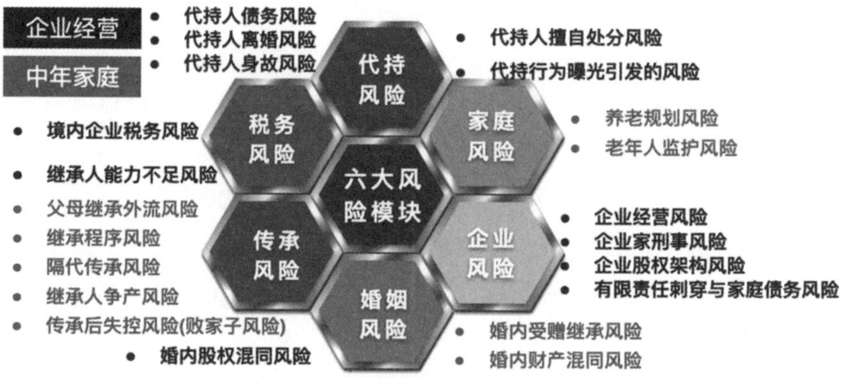

图6　钱先生的风险图谱

（四）用"五大标准"判定重点风险

我们看到，钱先生的风险图谱包含的风险种类还是比较多的，这真应了颜怀江老师那句话："你们现在很幸福，因为你们就一个烦恼——没钱。等你们以后有钱了，烦恼就多了！"但是，这么多的风险如果都要沟通，就容易胡子眉毛一把抓，沟通效率低，效果差。所以，如何能找到钱先生的关键风险，抓住客人的核心问题，以此为基础确定我们的KYC和面谈思路是极为重要的，所以我们需要用"五大标准"来对钱先生的完整风险图谱逐条地进行分析与预判。

1. 代持风险部分

代持的五大风险是大部分企业家都会存在的问题，但从目前掌握的信息，我们无法判断钱先生是否存在该风险，更无从判断是否重要，因此我们在面谈的时候，一定要注意询问钱先生是否有代持的问题，然后再根据情况确定是否作为重点风险沟通。

2. 家庭风险部分

关于养老规划风险，钱先生已经快 60 岁，养老问题显然和他高度相关，而且属于即将发生的一个风险，问题也属于社会的一个热点问题，也是我们能够解决的。但是钱先生财富积累深厚，即使没有做养老金规划，影响与后果也不会很严重。当然，养老规划中的养老品质问题，如果客人比较重视品质，那么缺乏规划相对还是有一定影响的。因此我们在 KYC 的时候应该问一问客人对养老品质的关心程度，如果客人重视，则可以作为沟通点之一，但一般不是最重要的沟通点。

老年人监护风险和前一个风险差不多，关键看客人对子女将来作为自己的监护人是否放心，所以这个问题也是在 KYC 的时候应该问一问客人的。

3. 企业风险部分

对于企业风险部分，依据“我能提供解决方案”的标准，我们必须清楚地知道，企业经营风险、企业家刑事风险以及企业股权架构风险都是我们无法直接提供解决方案的。但是，这三个风险都可能导致企业陷入债务风险，债务风险很容易传导到家庭，从而引发“有限责任刺穿与家庭债务风险”，这是我们能够提供解决方案的。企业风险对客人的影响，毫无疑问是非常严重的，所以属于重点需要沟通的部分。

从钱先生的初步信息来看，是否存在经营风险目前无法判断，所以我们在初步 KYC 时要和客人沟通一下他对企业发展趋势与经营难度的看法。关于企业家刑事风险，客人目前有避税的想法，风险是比较大的，如果通过虚开增值税发票避税，则容易引发刑事风险，所以我们在 KYC 的时候可以跟客人讨论一下他企业的增值税发票处理的情况。企业股权架构风险依据目前的信息无法判断，KYC 时要询问一下客人的股权架构情况，在知道客人企业的准确名称后，也可以通过企查查、天眼查等工具查询股权架构，从而判断是否存在股权架构风险。关于有限责任刺穿与家庭债务风险，依据目前信息也不好判断，所以需要沟通客人是否存在刺穿有限责任的经营行为，企业的资产负债情况与企业经营特点等，从而进一步判断。

4. 婚姻风险部分

关于婚内受赠继承风险与婚内财产混同风险，钱先生已年近六十，与夫人系原配，因此其本身的婚姻风险不大。但儿子已经结婚，儿子的风险是比较大的，与客人明显相关，属于客人关心的热点问题，一旦发生起码近半财产外流，后果严重，并且儿子已婚，风险已经切实存在，且我们可以提供解决方案。由此可见，这是一个重点沟通的方向无疑。

关于婚内股权混同风险，跟前面一样，客人本身风险不大，但儿子风险是比较大的。不够有前提，就是儿子将来会接班，且企业规模要比较大才会有典型的股权混同风险，所以我们需要通过 KYC 弄清楚这两个关键信息，然后才好下判断。

5. 传承风险部分

关于继承人能力不足风险，这是民营企业家们普遍存在的关键风险，首先高度相关，其次一般属于客人的盲点问题，再次一旦发生后果极其严重，还有只要客人企业在持续经营风险就可能随时发生，最后这属于我们可以解决的问题。因此这个风险只要是企业家家庭，一般都要作为重点沟通。

关于父母继承外流风险，关键点就是钱先生与夫人父母是否健在，如果健在，就需要进一步沟通。

关于继承程序风险，与客人一般都是高度相关的，并且一般属于盲点问题，并且风险和客人夫妻的身故风险一样是随时存在的，同时我们有解决方案。但是，这个风险后果的严重程度要视情况而定，所以关于继承程序风险，我们一般作为一个辅助沟通点来处理，回到钱先生的具体情况，钱先生家庭结构简单，继承程序的复杂程度一般有限，所以不用作为重点沟通方向。

隔代传承风险的重要程度一般直接取决于客人隔代传承的意愿，因此在沟通时只需要注意沟通钱先生对隔代传承的想法即可，除非客人表现出强烈的隔代传承意愿，否则一般都不是重点方向。

关于继承人争产风险，因为客人只有一个孩子，所以继承人争产风险并不典型，不是重点沟通方向。

关于败家子风险，在 KYC 的过程中，通过对钱先生儿子情况的了解很快就可以作出判断，如果确实存在儿子败家的情况，那就大概率会符合“五大标准”，可以作为核心风险深入沟通。

6. 税务风险

关于企业税务风险，从钱先生的情况看显然是存在的，但我们必须清楚的是，企业税务风险并不属于我们直接能解决的风险。但是，企业税务风险可能引发刑事风险，刑事风险容易引发企业债务风险，传导到家庭引发家庭债务风险，这是我们能够解决的。企业税务风险引发刑事风险最大的可能性就是虚开增值税专用发票,因此我们要沟通的方向是增值税专用发票问题,如果通过沟通发现钱先生并无虚开增值税专用发票的问题,就不需要深入沟通了。反之则可以作为重点风险进行沟通。

最后我们需要再次强调,预判风险并不仅仅在沟通前准备阶段,而且贯穿于面谈沟通全过程,如果我们在与钱先生沟通过程中发现钱先生还有譬如移民家庭、婚姻复杂家庭的标签,就需要及时地进行风险预判并针对性沟通。当然,如果我们暂时不具备随时预判风险的能力,我们也可以先聚焦在我们已经准备好的问题范围内,追求在有限范围内达到最佳沟通结果。

至于具体风险的案例、专业细节、法律依据、发生场景、影响后果以及解决方案等,读者如有不清楚的地方,就可以直接查阅本书相关的章节,快速获取答案。